S E E
Kap Arkona
Hiddensee
13°
161
Stubbenkammer
Saßnitz
Rügen
91
Barth
Stralsund
14°
Grimmen
Greifswald
Trebel
Wolgast
Usedom
60
54°
Peene
Demmin
Tollense
Kummerower See
Anklam
Oder-haff
125
Ueckermünde
Neubrandenburg
Waren
Pasewalk
179
Müritz
Havel
Neustrelitzer Seenplatte
Neustrelitz
Feldberg
Uckermark
Ucker
Prenzlau
Fürstenberg
Kleinseengebiet
Rheinsberg
Templin
Rhin
Angermünde
Schwedt
53°
Werbellinsee
Parsteiner See
Neuruppin
Oder-Havel-Kan.
Eberswalde-Finow
3
Oderbruch
Oder
Alte Oder
Rhinkanal
Oranienburg
Bad Freienwalde
158
Bernau
Gr. Hauptkan.
Strausberg
Märkische Schweiz
Buckow
34
BERLIN
Havel
Brandenburg
Erkner
Fürstenwalde
Frankfurt
Potsdam
Königs Wusterhausen
Oder-Spree-Kan.
Teupitz-Köriser Seengebiet
Scharmützelsee
Eisenhüttenstadt
Dahme
Spree
178
52°
Jüterbog

Reiseführer DDR

Reiseführer DDR

Herausgegeben von Bruno Benthien
in Zusammenarbeit
mit einem Autorenkollektiv

VEB Tourist Verlag
Berlin · Leipzig

Autorenkollektiv

B. Benthien, Greifswald: Die DDR im Überblick (anteilig); **H. Berger,** Berlin: Märkische Schweiz und östliches Berliner Seengebiet, Havelland, Fläming und Zauche; **R. Biederstedt,** Greifswald: Ostseeküste (anteilig); **D. Brunner,** Greifswald: Ostseeküste (anteilig); **H. Brunner,** Dresden: Osterzgebirge, Dresdner Elbtal; **I. Burghoff,** Erfurt: Spreewald und Niederlausitz, Thüringer Wald, Rhön und Werratal, Westliches Erzgebirge, Oberlausitz und Zittauer Gebirge; **L. Burghoff,** Erfurt: Kyffhäusergebirge, Thüringer Becken, Vogtland; **H. Ewe,** Stralsund: Ostseeküste (anteilig); **H. Geier,** Magdeburg: Altmark und Elb-Havel-Winkel; **A. Gomolka,** Greifswald: Ostseeküste (anteilig); **L. Gumpert,** Magdeburg: Magdeburger Elbtal und Börde; **W. Gutsche,** Erfurt: Stadtbeschreibung Erfurt; **S. Harksen,** Potsdam: Landschaft zwischen Dessau und Wittenberg; **H. Hartmann,** Leipzig: Leipziger Land; **H. Hering,** Leipzig: Landschaft zwischen Saale und Elster; **E. Hobusch,** Berlin: Mecklenburg und seine Seen (anteilig), Rheinsberger Landschaft; **M. Kunze,** Berlin: Stadtbeschreibung Potsdam; **P. Meßner,** Weimar: Stadtbeschreibung Weimar; **E. Poschmann,** Berlin: Stadtbeschreibung Berlin; **E. Rosenkranz,** Jena: Saaletal; **R. Schöneich,** Hagenow: Südwestmecklenburg und Prignitz; **M. Succow,** Eberswalde–Finow: Uckermark, Barnim-Hochfläche und mittleres Odertal; **K. Üblacker,** Ilsenburg: Harz, Harzvorland; **G. Walter,** Krippen: Sächsische Schweiz; **E. Weber,** Greifswald: Die DDR im Überblick (anteilig); **W. Weiß,** Greifswald: Ostseeküste (anteilig), Mecklenburg und seine Seen (anteilig)

Anmerkung der Redaktion: Der vorliegende Reiseführer ist im wesentlichen vor den historischen Ereignissen im Herbst und Winter 1989 erarbeitet worden. Seitdem haben sich vielfältige Veränderungen ergeben, die noch nicht alle in den Darstellungen und Beschreibungen berücksichtigt werden konnten. Hierfür bitten wir die Leser um Verständnis.

Reiseführer DDR/Hrsg.: Bruno Benthien. – Berlin; Leipzig:
Tourist Verl., 1990. – 488 S.:
137 Farbfotogr., 35 Textkt., Kt.-Anh.

ISBN 3-350-00321-4

1. Auflage

Lizenznr.: 1002/550; TV 028–7056
LSV 5269
Lektor: Evelyn Schulz
Bildlektor: Sigrid Butenhoff
Redakteur: Claus Peter Woite
Typographie: TV
Einbandgestaltung: Gerhard Bunke
Satz und Reproduktion: (140) Druckerei Neues Deutschland, Berlin
Druck: Druckhaus Karl-Marx-Stadt III/6/15
Buchbinderische Verarbeitung: INTERDRUCK Graphischer Großbetrieb, Leipzig
Bestellnummer 596 835 7
02980

Die Deutsche Demokratische Republik ist ein interessantes Reiseland. Ihre historischen Sehenswürdigkeiten und Gedenkstätten, das kulturelle Leben und die musealen Schätze ihrer vielen großen und kleinen Städte und Ortschaften, die natürliche Schönheit zahlreicher Landschaften, die Jahr für Jahr vielen Menschen zur Erholung dienen, die Bauten der Gegenwart in Stadt und Land, alles das ist Anreiz für einen Besuch.

Die geographische Lage der DDR im mittleren Europa, im Schnittpunkt wichtiger Nord-Süd- und Ost-West-Verbindungen unseres Kontinents, macht sie zudem von allen Seiten her schnell und leicht erreichbar. Gästen aus dem Ausland wie inländischen Touristen möchte dieser Reiseführer vielfältige Anregungen vermitteln und ein stets verläßlicher Begleiter auf ihrer Reise sein.

Die touristisch reizvollen Landschaften und attraktiven Orte werden von sachkundigen Autoren vorgestellt. Ihre Ausführungen machen auf viele sehenswerte geographische, historische und insbesondere kulturgeschichtliche Einzelheiten aufmerksam – darunter befindet sich manches, was bisher weniger bekanntgemacht wurde, aber durchaus Beachtung verdient.

Dieser Reiseführer ist nach Landschaften gegliedert, das will bei seinem Gebrauch beachtet werden. Von der Küste der Ostsee im Norden mit ihren Inseln führt die Darstellung über die Wald-, Seen- und Flußlandschaften der mittleren Tief- und Hügelländer zu den Mittelgebirgen im Süden der DDR. Im Anschluß an regional-geographische Erläuterungen werden interessante Städte mit ihrer Lage und Bedeutung, ihrer Geschichte und ihren Sehenswürdigkeiten beschrieben. Daran schließen sich Hinweise auf die von diesen Städten aus erreichbaren Ausflugsziele an. So sollte man, um „seine“ Reiseroute vorzubereiten oder zu verfolgen, neben dem Inhaltsverzeichnis und dem Kartenanhang „Sehenswürdigkeiten an Ihrem Reiseweg“ stets auch das ausführliche Register nutzen. Die beigegebenen Stadt- und Lagepläne erleichtern die individuelle Gestaltung der touristischen Route, die Fotos vermögen Anregungen zu vermitteln und Erinnerungen an Gesehenes wachzuhalten.

Autoren, Herausgeber und Verlag wünschen allen Benutzern des Reiseführers DDR viele schöne Eindrücke und nachhaltige Erlebnisse. Für alle Hinweise, die zur Verbesserung des Buches beitragen, sind Autoren und Verlag den Lesern dankbar.

Herausgeber und Verlag
Juni 1989

Die DDR im Überblick

Geographie: Die DDR umfaßt eine Fläche von 108 333 km². In Mitteleuropa gelegen, grenzt sie im Osten an die VR Polen (460 km Grenzlänge), im Süden an die ČSSR (454 km) und im Westen an die BRD (1378 km). Im Norden bildet die Ostsee die natürliche Grenze.

Tabelle 1: Äußerste Grenzpunkte
Nördlichster Punkt:
54°41'N, Insel Rügen
Südlichster Punkt:
50°10'N Elstergebirge (Vogtland)
Westlichster Punkt:
9°54'O, Vorderrhön
Östlichster Punkt:
15° 2'O, Lausitzer Neiße bei Görlitz

Sie hat teil an zwei natürlichen Großlandschaften, dem Tiefland des nördlichen Mitteleuropa und der Mittelgebirgsregion. Das Tiefland erfuhr seine natürliche Formung im wesentlichen im Quartär, der jüngsten geologischen Vergangenheit. Damals stieß das nordische Inlandeis mehrmals weit nach Süden vor (Elster-, Saale- und Weichselkaltzeit) und lagerte hier gewaltige Massen von Gesteinsstücken, Geröll, Sand, Mergel und Ton ab. Diese Grund- und Endmoränen, letztere als Hügelzüge ausgebildet, die den Norden der DDR von Nordwesten nach Südosten durchziehen (Nördlicher und Südlicher Landrücken), bilden das Grundgerüst der Landschaft. Den Endmoränen vorgelagert sind Sandergebiete, Ablagerungen von eiszeitlichen Schmelzwasserströmen, und ehemalige Urstromtäler, in denen das Schmelzwasser gebündelt abfloß.

Eine Hinterlassenschaft der Kaltzeit sind auch die zahlreichen großen und kleinen Seen. Während die Grundmoränenflächen im Verlauf der menschlichen Besiedlung vom Ackerbau eingenommen wurden und heute intensiv landwirtschaftlich genutzt werden, stehen in den waldreichen, von Talzügen und Seen durchsetzten Endmoränengebieten Forstwirtschaft und Erholungswesen voran.

Tabelle 2:

Inseln	Fläche (km²)
Rügen	926,4
Usedom	445,0
DDR-Anteil	354,2
Poel	37,0
Ummanz	19,7
Hiddensee	18,6

Tabelle 3:

Flüsse	Länge (km)
Elbe	1165
DDR-Anteil	566
Oder	912
DDR-Anteil	162
Saale	427
Spree	382
Havel	343
Weiße Elster	257
Lausitzer Neiße	256
DDR-Anteil	199
Mulde mit Freiberger und Zwickauer Mulde	433
Unstrut	192
Elde	184
Schwarze Elster	181
Bode	169

Die Mittelgebirgsregion der DDR ist Teil des nach seinem geologischen Aufbau und seinen Formen vielgestaltigen Mittelgebirgsgürtels, der in Europa nördlich der Alpen von West nach Ost verläuft. Die Bergländer, die auf dem Territorium der DDR Höhen bis über 1200 m erreichen, sind aus alten Gesteinen aufgebaut und bergen verschiedene Bodenschätze. Die wichtigsten Glieder der Mittelgebirgsschwelle auf dem Gebiet der DDR sind der Harz, der Thüringer Wald, das Thüringer Schiefergebirge, das Erzgebirge, das Elbsandsteingebirge sowie das Lausitzer Bergland mit dem Zittauer Gebirge.

Trotz aller Unterschiede im einzelnen weisen die Mittelgebirge der DDR in morphologischer, klimatischer und pflanzengeographischer Hinsicht manche Ähnlichkeit auf. Eine Sonderstellung hat lediglich das Elbsandsteingebirge inne, wo sich die

Rügen: Kap Arkona

Karstlandschaft im Kyffhäusergebirge

Tabelle 4:

Seen	Bezirk	Fläche (km²)	Größte Tiefe (m)
Müritz	Neubrandenburg	115,3	31,0
Schweriner See	Schwerin/Rostock	65,5	51,0
Plauer See	Schwerin/Neubrandenburg	38,7	23,8
Kummerower See	Neubrandenburg	32,9	25,5
Kölpinsee	Neubrandenburg	20,5	27,8
Tollensesee	Neubrandenburg	17,4	33,2
Krakower See	Schwerin	15,7	29,0
Malchiner See	Neubrandenburg	14,4	10,6
Scharmützelsee	Frankfurt	13,8	29,0
Schwielochsee	Frankfurt/Cottbus	10,5	7,0
Werbellinsee	Frankfurt	7,9	54,0
Großer Müggelsee	Berlin	7,5	7,7
Arendsee	Magdeburg	5,1	49,5

Tabelle 5:

Bodenerhebungen	Gebirge bzw. Lage	Höhe (m)
Fichtelberg	Erzgebirge	1214
Brocken	Harz	1142
Auersberg	Erzgebirge	1019
Großer Beerberg	Thüringer Wald	982
Schneekopf	Thüringer Wald	978
Großer Inselsberg	Thüringer Wald	916
Kahleberg	Erzgebirge	905
Kieferle	Thüringer Schiefergebirge	867
Kickelhahn	Thüringer Wald	861
Pöhlberg	Erzgebirge	831
Geising	Erzgebirge	824
Lausche	Zittauer Gebirge	793
Kapellenberg	Elstergebirge	759
Hochwald	Zittauer Gebirge	749
Valtenberg	Lausitzer Bergland	589
Großer Auerberg	Harz	580
Großer Zschirnstein	Elbsandsteingebirge	561
Großer Winterberg	Elbsandsteingebirge	552
Kyffhäuser	Thüringer Becken	447
Lilienstein	Elbsandsteingebirge	415
Bastei	Elbsandsteingebirge	317
Wartberg	Thüringer Wald	277

Tabelle 6:

Kanäle	Länge (km)	Größte Tragfähigkeit für Schiffe (t)
Oder-Spree-Kanal	83,7	750
Oder-Havel-Kanal	82,8	1000
Mittellandkanal Anteil der DDR	62,6	1000
Elbe-Havel-Kanal	56,4	1000
Teltowkanal	37,8	750
Havelkanal	34,9	1000
Finowkanal	31,8	270

Tabelle 7: Talsperren und Speicheranlagen (Stauraum über 10 Mill. m^3)

Talsperre/Fluß	Lage	Stauraum (Mill. m^3)
Bleiloch/Saale	Thüringer Schiefergebirge	215
Hohenwarte/Saale	Thüringer Schiefergebirge	182
Rappbode/Bode	Harz	109
Eibenstock/Zwickauer Mulde	Erzgebirge	75
Pöhl/Trieb	Vogtland	62
Borna/Pleiße	Leipziger Tieflandsbucht	49
Bautzen/Spree	Oberlausitz	45
Spremberg/Spree	Niederlausitz	43
Kelbra/Helme	Südliches Harzvorland	36
Zeulenroda/Weida	Vogtland	29
Schönbrunn/Schleuse	Thüringer Schiefergebirge	23
Saidenbach/Saidenbach	Erzgebirge	22
Lehnmühle/Wilde Weißeritz	Erzgebirge	22
Witznitz-Borna/Wyhra u. Eula	Leipziger Tieflandsbucht	22
Quitzdorf/Schwarzer Schöps	Oberlausitz	21
Straußfurt/Unstrut	Thüringer Becken	19
Dossespeicher Kyritz/Dosse	Prignitz	18
Niemtsch/Schwarze Elster	Niederlausitz	18
Ohra/Ohra	Thüringer Wald	18
Dröda/Feilebach	Vogtland	17
Klingenberg/Wilde Weißeritz	Erzgebirge	16
Rauschenbach/Flöha	Erzgebirge	15
Muldenstein/Mulde	Leipziger Tieflandsbucht	15
Lichtenberg/Gimmlitz	Erzgebirge	14
Lohsa/Kleine Spree	Oberlausitz	14
Gottleuba/Gottleuba	Erzgebirge	13
Kriebstein/Zschopau	Mittelsächsisches Hügelland	12
Pirk/Weiße Elster	Vogtland	10
Stöhna/Pleiße	Leipziger Tieflandsbucht	10

Elbe tief in den Sandstein der Kreidezeit eingeschnitten und im Verein mit der Abtragung durch den Wind die eigentümliche Formenwelt der Sächsischen Schweiz geschaffen hat. Den Mittelgebirgen ist in den höheren Lagen eine zusammenhängende Waldbedeckung eigen, was sie in Verbindung mit den teilweise tief eingeschnittenen Tälern zu Wandergebieten prädestiniert, in schneesicheren Teilen auch zu Wintersportgebieten bzw. bei starken Reliefunterschieden zu Klettersportgebieten.

In die Mittelgebirgslandschaften eingelagert ist eine ganze Reihe von zum Teil mit mächtigen Lößschichten ausgekleideten Becken und Senken. Besonders weit verbreitet ist der Löß in einem breiten Band, das sich am Nordsaum der Mittelgebirgsschwelle erstreckt, so im Harzvorland (Börde) und im Thüringer Becken, aber auch im Vorland des Erzgebirges. Im Vorland der Mittelgebirge und in den Becken befinden sich auch die für die Wirtschaft der DDR so bedeutungsvollen Lagerstätten an Braunkohlen und Salzen.

Klima: Die DDR liegt im Übergangsbereich zwischen dem ausgeglichenen Seeklima Westeuropas und dem gegensatzreichen osteuropäischen Kontinentalklima. Auch von Norden nach Süden ist mit wachsender Entfernung von der Ostsee eine Zunahme der Kontinentalität zu verzeichnen. Charakteristisch ist der zu allen Jahreszeiten vorkommende

Berlin: Staatsratsgebäude

Wechsel von Hochdrucklagen und durchziehenden Tiefdruckgebieten. Die Tiefs rufen im Sommer kühle und im Winter verhältnismäßig milde Witterung, verbunden mit meist ergiebigen Niederschlägen, hervor; das Maximum der Niederschläge liegt im Sommer. In den temperaturbegünstigten Becken und Senken sowie im Regenschatten der Gebirge sinken die Jahresniederschläge zum Teil auf unter 500 mm ab, während in den regenreichen, kühlen Mittelgebirgen bis knapp über 2000 mm (Brocken) gemessen werden.

Der einst dichte Waldbestand ist durch die ständige Ausweitung der landwirtschaftlichen Nutzfläche, insbesondere des Ackerlandes, seit dem frühen Mittelalter stark verringert worden. Größere geschlossene Wälder, oft nur durch Rodungsinseln und -gassen gelichtet, zeichnen die Mittelgebirge aus. Fichten und Kiefern herrschen vor, jedoch finden sich im Thüringer Wald und im Harz auch Laubwälder. Die nährstoffarmen kaltzeitlichen Sandablagerungen im Tiefland sind von größeren zusammenhängenden Waldflächen mit Nadelgehölzen überzogen. Dagegen ist der Lößstreifen am Nordrand der Mittelgebirgsschwelle fast ohne Wald, und die warmtrockenen fruchtbaren Becken und Senken sind bereits frühzeitig völlig gerodet worden.

Staatsaufbau: Die DDR ist ein sozialistischer Staat. Gemeinsam mit den anderen sozialistischen Ländern betreibt sie eine dem Frieden, der Völkerverständigung und der internationalen Sicherheit und Zusammenarbeit dienende Außenpolitik. Bei der Gestaltung der entwickelten sozialistischen Gesellschaft in der DDR steht die Einheit von Wirtschafts- und Sozialpolitik im Vordergrund. Die

DDR ist in die Hauptstadt Berlin und 14 Bezirke gegliedert.

Die Volkskammer der DDR – das Parlament – hat 500 Abgeordnete, die auf die Dauer von 5 Jahren gewählt werden. Sie wählt den Staatsrat, den Ministerrat und den Nationalen Verteidigungsrat der DDR als die obersten Staatsorgane. In der DDR bestehen fünf politische Parteien: die Sozialistische Einheitspartei Deutschlands (SED), von deren Parteitagen die entscheidenden Orientierungen für die politische und ökonomische Entwicklung der Gesellschaft ausgehen; sie ist 1946 durch den Zusammenschluß von KPD und SPD entstanden. Neben ihr bestehen die Demokratische Bauernpartei Deutschlands (DBD), gegründet 1948, die Christlich-Demokratische Union Deutschlands (CDU), die Liberal-Demokratische Partei Deutschlands (LDPD), beide gegründet 1945, sowie die 1948 gegründete National-Demokratische Partei Deutschlands (NDPD).

Im politischen Leben der DDR spielen eine Reihe von Massenorganisationen eine wichtige Rolle: der Freie Deutsche Gewerkschaftsbund (FDGB), der Demokratische Frauenbund Deutschlands (DFD), die Freie Deutsche Jugend (FDJ), der Kulturbund der DDR (KB) sowie die Vereinigung der gegenseitigen Bauernhilfe (VdgB). Alle Parteien und Massenorganisationen arbeiten im demokratischen Block und in der Nationalen Front der DDR zusammen.

Bevölkerung: In der DDR leben rund 16,7 Mill. Menschen (1988). Die einzige nationale Minderheit bilden die etwa 100 000 Sorben in der Ober- und Niederlausitz, den 10 östlichen Kreisen der Bezirke Cottbus und Dresden.

Die Bevölkerung der DDR ist, entsprechend dem Standortgefüge der materiellen Produktion, recht ungleichmäßig über das Territorium verteilt (vgl. Tabelle 8). Am dichtesten sind die hochindustrialisierten Bezirke Karl-Marx-Stadt, Leipzig, Dresden und Halle besiedelt; dagegen liegt die Bevölkerungsdichte in den Bezirken Neubrandenburg und Schwerin, aber auch in den Bezirken Frankfurt, Potsdam und Cottbus weit unter dem DDR-Durchschnitt.

Drei Viertel der Bevölkerung leben in Gemeinden über 2000 Einwohner. Die Verstädterung ist erwartungsgemäß in den hochindustrialisierten Bezirken Leipzig, Karl-Marx-Stadt und Dresden am weitesten fortge-

Tabelle 8: Bezirke der DDR – Flächen, Einwohner und Bevölkerungsdichte (1986)

Bezirk	Fläche (km²)	Einwohner (1000)	Einwohner/km²
Hauptstadt Berlin	403	1 260,9	3 129
Cottbus	8 262	884,9	107
Dresden	6 738	1 766,7	262
Erfurt	7 349	1 238,1	168
Frankfurt	7 186	712,1	99
Gera	4 004	741,2	185
Halle	8 771	1 779,4	203
Karl-Marx-Stadt	6 009	1 863,3	310
Leipzig	4 966	1 366,0	275
Magdeburg	11 526	1 249,4	108
Neubrandenburg	10 948	620,4	57
Potsdam	12 568	1 122,8	89
Rostock	7 075	913,6	129
Schwerin	8 672	593,6	68
Suhl	3 856	548,9	142
DDR	108 333	16 661,4	154

schritten, weist dagegen in den stärker agrarisch strukturierten Bezirken Schwerin und besonders Neubrandenburg noch einen vergleichsweise niedrigen Stand auf.

Tabelle 9: Städte mit mehr als 100 000 Einwohnern (1987)

Hauptstadt Berlin	1 260 921
Leipzig	549 230
Dresden	521 210
Karl-Marx-Stadt	313 240
Magdeburg	289 780
Rostock	251 890
Halle	235 420
Erfurt	218 700
Potsdam	142 190
Gera	133 990
Schwerin	129 480
Cottbus	128 140
Zwickau	121 870
Jena	107 770
Dessau	103 831

Insgesamt leben 4,5 Mill. Menschen in Großstädten, das sind 27,1 Prozent der Bevölkerung.

Kennzeichnend für die Bevölkerung der DDR ist ein hoher Bildungsgrad. Mit dem Gesetz über die demokratische Schulreform 1945 begann die Entwicklung eines einheitlichen Bildungswesens, dessen einzelne Stufen (Kindergarten, allgemeinbildende polytechnische Oberschule mit 10 Klassen, erweiterte Oberschule mit 2 Klassen bzw. Berufsausbildung mit Abitur in 3 Klassen) eine aufeinander abgestimmte Schulbildung ermöglichen. Den Schülern werden vielfältige Möglichkeiten der außerunterrichtlichen Betätigung in Zirkeln und Arbeitsgemeinschaften geboten. Als höchste Bildungsstätten vermitteln 53 Universitäten und Hochschulen sowie etwa 240 Fachschulen vielen jungen Menschen ein praxisbezogenes Wissen. Diese Einrichtungen sind zugleich wichtige Stätten der Forschung. In Verbindung mit den Akademien – der Wissenschaften, der Gesellschaftswissenschaften, der Staats- und Rechtswissenschaften, der Landwirtschaftswissenschaften, der Pädagogischen Wissenschaften, der Künste, der Bauakademie u. a. – sind sie Zentren der Grundlagen- und angewandten Forschung. Sie arbeiten in enger Verbindung mit den Kombinaten der Industrie und der Landwirtschaft.

Wirtschaft: Die DDR gehört zu den zehn führenden Industrieländern der Welt. Grundlage der wirtschaftlichen Entwicklung sind die Fünfjahrpläne und die daraus abgeleiteten Volkswirtschaftspläne. Es gilt der Grundsatz der Einheit von Wirtschafts- und Sozialpolitik. Die DDR ist Mitglied des Rates für Gegenseitige Wirtschaftshilfe (RGW); auf seiner 41. Tagung 1985 wurde das richtungweisende Komplexprogramm des wissenschaftlich-technischen Fortschritts bis zum Jahr 2000 beschlossen.

Die Ausgangsbasis für den Aufbau einer modernen *Industrie* war in der DDR aus mehreren Gründen ungünstig. Die Vorkommen an wichtigen Bodenschätzen wie Erdöl, Erdgas und Eisenerz sind unbedeutend. Das ererbte Standortgefüge der materiellen Produktion wies erhebliche Ungleichmäßigkeiten auf: den industriellen Zentren in Sachsen und Sachsen-Anhalt sowie in und um Berlin stand der Norden mit Mecklenburg und den angrenzenden Teilen von Brandenburg gegenüber, der zu den rückständigsten deutschen Gebieten gehörte. Zu den territorialen Disproportionen kam die Unausgeglichenheit der Industriezweigstruktur, die durch die Spaltung Deutschlands noch verschärft wurde.

Ein wichtiger Rohstoff für die Energiewirtschaft und die chemische Industrie ist die Braunkohle, die in großen Tagebauen in den Bezirken Cottbus, Halle und Leipzig gewonnen wird. Auf die DDR entfällt über ein Viertel der Weltförderung an Braunkohle.

Die im Gebiet von Zwickau/Lugau/Oelsnitz lagernden Steinkohlenvorkommen sind gering. Mit der fortschreitenden Erschöpfung der bereits vor 1945 weitgehend abgebauten kleinen Lagerstätten ist die Förderung eingestellt worden.

Vetschau: Kraftwerk

Die DDR verfügt über große Salzvorkommen. Kalisalze werden in vier Revieren (Werra-, Südharz-, Saale-Unstrut- und Nordharz-Revier) abgebaut. Sie werden in der Landwirtschaft und in der chemischen Industrie eingesetzt; große Mengen werden exportiert. Die Vorkommen nördlich von Magdeburg bergen große Vorräte an begehrtem Sylvenit.

Die bestehenden Kraftwerksanlagen wurden rekonstruiert und neue Wärmekraftwerke errichtet, von denen die Anlagen in Boxberg und Jänschwalde im Bezirk Cottbus zu den bedeutendsten zählen. Die DDR unterhält zwei Kernkraftwerke in Rheinsberg und in Lubmin bei Greifswald.

Voraussetzung für eine eigene metallurgische Basis war der Ausbau bestehender und die Errichtung neuer Hüttenbetriebe; nach Kriegsende gab es nur wenige, dazu meist veraltete Werke auf dem Territorium der DDR. Die wichtigsten Standorte der Eisenmetallurgie sind die Maxhütte Unterwellenborn, das Eisenhüttenkombinat Ost in Eisenhüttenstadt (seit 1968 mit Kaltwalzwerk und seit 1984 mit Konverterstahlwerk) sowie die Stahl- und Walzwerke Riesa, Brandenburg, Hennigsdorf und Gröditz sowie das Edelstahlwerk in Freital. Die Nichteisenmetallurgie ist im Mansfeld-Kombinat „Wilhelm Pieck" Eisleben sowie im Bergbau- und Hüttenkombinat „Albert Funk" Freiberg konzentriert; sie verarbeitet Kupferschiefer, Zinn-, Wolfram- und Nickelerze aus eigenen Lagerstätten und Importen (z. B. Bauxit für die Aluminiumproduktion).

Die chemische Industrie ist vor allem im Bezirk Halle konzentriert (z. B. Leuna-Werke „Walter Ulbricht", Chemische Werke Buna Schkopau, Chemiekombinat Bitterfeld, Stickstoffwerk Piesteritz und Filmfabrik Wolfen). Neben umfangreichen Rekonstruktions- und Erweiterungsbauten entstanden neue Großbetriebe, darunter im Bezirk Halle das Werk Leuna II, im Bezirk Cottbus das Gaskombinat „Schwarze Pumpe" und im Bezirk Frankfurt das Petrolchemische Kombinat in Schwedt, das 1964 die Produktion auf der Grundlage sowjetischer Erdöllieferungen (Erdölleitung „Freundschaft") aufnahm. Die DDR importiert jährlich über 17 Mill. t Erdöl und 7 Mrd. m^3 Erdgas aus der Sowjetunion.

Der Maschinen- und Fahrzeugbau der DDR steigerte seine Produktion von 1950 bis 1986 auf das 17,5fache und hat einen Anteil von rund 47 Prozent am Gesamtexport der DDR. In den Bezirken Karl-Marx-Stadt, Dresden und Leipzig sind wichtige Betriebe des Maschinenbaus (Textilmaschinen, Bagger, Kräne u. a.) angesiedelt; sie bestreiten etwa 40 Prozent der industriellen Bruttoproduktion dieses Zweiges. Die modernen Werften in Rostock, Wismar, Stralsund und Wolgast, deren Produktionsprogramm von kleinen Spezialeinheiten, Fischereifahrzeugen, großen Eisenbahntrajekten und Ro/Ro-Schiffen bis zu Universalfrachtern reicht, haben für die DDR eine leistungsfähige Handels- und Fischereiflotte geschaffen und liefern Schiffe für den Export.

Die DDR verfügt im Bereich Elektrotechnik/Elektronik und wissenschaftlicher Gerätebau, in dem über 14 Prozent der Industriebeschäftigten der Republik tätig sind, über ein bedeutendes Produktionspotential. Zu diesem Industriezweig gehören die Kombinate Carl Zeiß Jena, Robotron Dresden, Elektronische Bauelemente Teltow und Keramische Werke Hermsdorf. Rund 70 Prozent der industriellen Bruttoproduktion des Bereiches Elektrotechnik/Elektronik und wissenschaftlicher Gerätebau entfallen auf Berlin sowie die Bezirke Dresden, Karl-Marx-Stadt, Erfurt und Gera. Die Leichtindustrie, für deren Standortverteilung die herausragende Konzentration im Bezirk Karl-Marx-Stadt charakteristisch ist (sein Anteil an den Beschäftigten der Leichtindustrie der DDR beträgt rund 30 Prozent), hat eine hohe Produktivität und ist vielseitig und exportintensiv; Markenporzellan aus Meißen und Gebrauchsporzellan aus Kahla und Ilmenau, Klingenthaler Musikinstrumente, Spielzeug aus Sonneberg, Glaswaren aus Weißwasser, Dekorationsstoffe aus Plauen, Möbel und andere Erzeugnisse sind im In- und Ausland begehrte Konsumgüter.

Die DDR exportiert in erster Linie Erzeugnisse des Maschinen- und Fahrzeugbaus. Nach dem Ausfuhrwert folgen industrielle Konsumgüter und chemische Erzeugnisse. Importiert werden vor allem Brennstoffe und verschiedene Rohstoffe sowie Maschinen und Ausrüstungen. Die zweimal jährlich stattfindende Leipziger Mustermesse, eine der ältesten Messen der Welt, spielt eine hervorragende Rolle im Außenhandel der DDR und hat sich zum wichtigsten Ost-West-Handelsplatz entwickelt.

An erster Stelle im Außenhandel der DDR mit den sozialistischen Ländern steht die Sowjetunion, gefolgt von der ČSSR, Polen, Bulgarien und Ungarn. Der Anteil der UdSSR am Außenhandel der DDR beläuft sich auf 39 Prozent; umgekehrt nimmt auch die DDR den ersten Platz unter den Außenhandelspartnern der Sowjetunion ein. Die UdSSR deckt den Importbedarf der DDR gänzlich bzw. zu hohen Anteilen an Erdgas, Erdöl, Eisenerz, Baumwolle und Walzstahl und liefert ferner Erzeugnisse des Maschinenbaus und anderer Produktionsmittel sowie Konsumgüter. Seit 1950 stieg der Warenaustausch mit den RGW-Staaten auf mehr als das 40fache an. Auch mit den entwickelten kapitalistischen Staaten ist die DDR durch regen Warenaustausch verbunden, hier nimmt die BRD den ersten Platz unter den nichtsozialistischen Handelspartnern ein. Insgesamt werden mit etwa 70 Ländern der Welt Handelsbeziehungen unterhalten.

Das *Bauwesen* hat vielfältige Aufgaben im Wohnungsbau sowie im Bau von Produktions- und Verkehrsanlagen zu erfüllen. Im Wohnungsbau kommen dem Neubau und der Rekonstruktion vorhandener erhaltenswerter Bausubstanz gleichermaßen große Bedeutung zu, denn es ist erklärtes Ziel, bis 1990 die Wohnungsfrage als soziales Problem zu lösen. Es entstanden neue Stadtteile in vielen größeren Städten der DDR; der Wiederaufbau und die Gestaltung der im zweiten Weltkrieg stark zerstörten Stadtzentren von Berlin, Dresden, Leipzig, Karl-Marx-Stadt, Magdeburg, Neubrandenburg, Rostock und anderer Städte ist im großen und gan-

Landschaft bei Schönebeck

zen abgeschlossen. Dabei wurden zahlreiche kulturhistorisch wertvolle Bauten rekonstruiert. Gleichzeitig entstanden neue Kulturbauten. Ständig erweitert wird das Netz der Gemeinschaftseinrichtungen zur Verbesserung der Versorgung und Betreuung der Bevölkerung.

In der DDR wird eine intensive *Landwirtschaft* betrieben. 1945 wurde eine demokratische Bodenreform durchgeführt, die die Enteignung von Großgrundbesitz über 100 ha sowie des Besitzes von Nazi- und Kriegsverbrechern und die Verteilung des Bodens an landarme Bauern, Landarbeiter und Neubauern beinhaltete. Von 1952 bis 1960 schlossen sich die werktätigen Bauern zu landwirtschaftlichen Produktionsgenossenschaften (LPG) zusammen. Der Prozeß der Umgestaltung in der Landwirtschaft war verbunden mit dem Aufbau leistungsstarker Betriebe der Pflanzenproduktion und Tierhaltung, einer beträchtlichen Steigerung der Agrarproduktion sowie einer Verbesserung der Arbeits- und Lebensbedingungen der in der Landwirtschaft Beschäftigten.

5,9 Mill. ha der landwirtschaftlichen Nutzfläche werden von 78 Volkseigenen Gütern (VEG) und 1152 Landwirtschaftlichen Produktionsgenossenschaften der Pflanzenproduktion (LPG/P) bearbeitet. Hinzu kommen 313 VEG und 2738 LPG Tierproduktion sowie 203 Gärtnerische Produktionsgenossenschaften (GPG). Es werden 57 Prozent des Territoriums landwirtschaftlich genutzt (Stand 1987). In der Landwirtschaft sind gegenwärtig rund 10 Prozent aller Berufstätigen beschäftigt.

Die Bodennutzung weist in der DDR auf Grund der erheblichen geographischen Differenzierung der natürlichen und sozialökonomischen Bedingungen starke regionale Unterschiede auf. So ist zum Beispiel für die mecklenburgische Boddenlandschaft ein hoher Grünlandanteil typisch, dagegen sind in den mittleren Teilen des Tieflandes größere Grünlandflächen an die Urstromtäler gebunden (Wische, Spreewald u. a.), lediglich das seit dem 18. Jh. weitgehend meliorierte Oderbruch wird überwiegend ackerbaulich genutzt.

Hirschberg: Viadukt an der Strecke Suhl–Schleusingen

Auch die Mittelgebirge und die Vorgebirgslagen sind grünlandreich. Auf der anderen Seite prägen vor allem in der Lößzone (Magdeburger Börde, Thüringer Becken u. a.), aber auch im fruchtbaren Grundmoränenbereich des Jungglazials Ackerfluren weithin das Landschaftsbild. Als wichtigste Kulturen werden – nach der Anbaufläche – Gerste, Weizen, Roggen, Futterpflanzen, Kartoffeln, Mais, Zuckerrüben und Ölfrüchte angebaut.

Die DDR verfügt über eine leistungsfähige Hochseefischerei, die von Rostock und Saßnitz aus erfolgt; die Küstenfischerei wird ebenfalls von Fischereiproduktionsgenossenschaften (FPG) betrieben, deren Standorte über den Küstenbereich verteilt sind.

Forsten und Holzungen bedecken 2,97 Mill. ha, das sind 27,4 Prozent der Gesamtfläche. Die wirtschaftlich wichtigsten einheimischen Nadelhölzer sind Kiefer und Fichte. Unter den Laubholzarten stehen Rotbuche sowie Stiel- und Traubeneiche voran. Die Verteilung der Wälder ist, vor allem den unterschiedlichen klimatischen und Bodenbedingungen entsprechend, sehr ungleichmäßig. Ausgedehnte Wälder befinden sich besonders in den höheren Lagen der Mittelgebirge sowie auf den Sand- und Talsandflächen im Norden und Süden der Bezirke Potsdam und Frankfurt sowie im Bezirk Cottbus. Zu den waldreichsten Bezirken der DDR gehören die Bezirke Potsdam und Cottbus, wo Forsten 14,7 ha bzw. 11,4 Prozent der Fläche einnehmen; am waldärmsten ist der Bezirk Leipzig mit 2,3 Prozent.

Die Wälder haben als Rohstofflieferanten, zur Sicherung des Wasseraufkommens, als Jagdreviere und als natürliche Quelle für die Erholung der Bevölkerung einen hohen Wert für die Volkswirtschaft. Viele Waldareale unterliegen als Naturschutzgebiete (NSG) bzw. Landschaftsschutzgebiete (LSG) besonderen Schutzbestimmungen im Rahmen des Landeskulturgesetzes. In der DDR gibt es 761 Naturschutzgebiete von rund 1030 km^2 Größe und 400 Landschaftsschutzgebiete von über 19 000 km^2 Größe (zusammen rund 19 Prozent der Fläche der DDR).

Verkehr: Die *Eisenbahn* ist der wichtigste Verkehrsträger. 1986 wurden auf den Verkehrswegen der DDR einschließlich See- und Binnenschiffsverkehr sowie Pipelinetransport knapp 1 Mrd. t Güter transportiert; davon entfielen auf die Bahn 345 Mill. t. Auch in der Personenbeförderung nimmt die Deutsche Reichsbahn eine wichtige Stellung ein, wenngleich ihr Anteil an der Beförderungsleistung von 69 Prozent (1949) auf 41 Prozent (1987) zugunsten des Kraftverkehrs erheblich zurückgegangen ist. Der Hauptknoten im Eisenbahnnetz ist – wie auch bei den anderen Verkehrsträgern – Berlin, von hier verlaufen Strecken in alle Richtungen. Der nach dem zweiten Weltkrieg geschaffene Berliner Außenring trägt wesentlich zur Verbesserung des Verkehrs im Raum Berlin bei. Weitere bedeutende Eisenbahnknoten sind u. a. Leipzig, Dresden, Halle und Magdeburg.

Etwa ein Viertel der rund 14 000 km umfassenden Eisenbahnstrecken ist elektrifiziert.

Von Berlin und anderen Großstädten wie Leipzig und Dresden bestehen täglich Eisenbahnverbindungen nach vielen europäischen Großstädten.

Das *Straßennetz* hat eine Länge von rund 47 200 km, darunter sind 1855 km Autobahnen und 11 330 km Fernverkehrsstraßen. Durch die vom Berliner Ring sternförmig ausgehenden Autobahnen, die mit einigen Fernverkehrsstraßen zugleich das Netz der durch die DDR führenden Transitstraßen bilden, werden alle Bezirksstädte außer Suhl und Neubrandenburg sowie die Mehrzahl der weiteren regionalen Zentren mit der Hauptstadt und untereinander verbunden. Das Omnibusliniennetz ist mit über 17 000 Linien das dichteste in Europa. Insgesamt werden gegenwärtig durchschnittlich über 11 Mill. Personen täglich mit öffentlichen Verkehrsmitteln befördert.

Die DDR verfügt über ein *Binnenwasserstraßennetz* von über 2300 km Länge; davon sind 1675 km Hauptwasserstraßen, die in der Regel für Binnenschiffe bis 1000 t Tragfähigkeit (Elbe bis 1350 t) genutzt werden können. Die wichtigsten Glieder sind die Elbe mit der Saale und dem Mittellandkanal, die untere Havel mit dem Elbe-Havel-Kanal und dem Havelkanal sowie die Oder mit dem Oder-Havel-Kanal und dem Oder-Spree-Kanal. Die Binnenschiffahrt ist in der DDR nach der Eisenbahn der wichtigste Verkehrsträger für den Massenguttransport, wofür das weitverzweigte Wasserstraßennetz gute Voraussetzungen bietet. Über das Binnenwasserstraßennetz ist ein direkter Verkehr u. a. mit der VR Polen, der ČSSR und der BRD möglich.

Der Güterumschlag in den nach dem zweiten Weltkrieg großzügig ausgebauten *Seehäfen* Rostock, Wismar und Stralsund ist von 2,7 Mill. t im Jahr 1956 auf über 25 Mill. t angestiegen. Auf Grund seiner natürlichen Bedingungen bedient der Hafen Stralsund vorwiegend Küstenmotorschiffe im Ostseeverkehr. Wismar, bedeutendster Kaliexporthafen und zugleich größter Umschlagplatz für Schnittholzimporte aus der UdSSR, ist auf die Abfertigung der Liniendienste vorrangig nach Südamerika und in den Mittelmeerraum spezialisiert. Der Überseehafen Rostock, einer der größten Häfen im Ostseeraum, bestreitet über drei Viertel des gesamten seewärtigen Güterumschlages der DDR. Er ist ein Universalhafen und verfügt über mehrere Umschlagkomplexe für Container und Roll-on/Roll-off-Transporte sowie für Flüssig-, Schütt- und Stückgüter. Die Deutsche Seereederei (DSR) betreibt 26 Liniendienste (z. T. Vollcontainer- bzw. Ro/Ro-Dienste), darunter nach Ländern des Mittelmeerraumes, West- und Ostafrikas, des Mittleren und Fernen Ostens und Süd- und Mittelamerikas.

Saßnitz: Fährbahnhof

Über die Fährlinien Saßnitz–Trelleborg (Schweden) und Warnemünde–Gedser (Dänemark) ist die DDR mit den skandinavischen Ländern verbunden. Die Deutsche Reichsbahn hat dafür die modernen Großfähren „Warnemünde“, „Rügen“, „Rostock“ und „Saßnitz“ im Einsatz. Der Ausbau des Eisenbahntrajektes Mukran–Klaipeda (UdSSR; 506 km) ist zur Zeit das umfangreichste Integrationsvorhaben im Bereich des Verkehrswesens zwischen der DDR und der UdSSR. Die 1986 eröffnete Linie wird nach ihrer endgültigen Fertigstellung 1990 mit den sechs auf der Mathias-Thesen-Werft Wismar gebauten Eisenbahnfähren jährlich über 5 Mill. t Güter befördern.

Im Mittelpunkt der *Zivilluftfahrt* der DDR steht der internationale Personen- und Frachtverkehr. Die INTERFLUG unterhält die Flughäfen Berlin-Schönefeld, Leipzig, Dresden. Zu den Leipziger Messen im Frühjahr und Herbst wird ein Sonderflugverkehr gemeinsam mit ausländischen Luftverkehrsgesellschaften zwischen Leipzig und den wichtigsten europäischen Städten eingerichtet.

Erholung und Tourismus: Reisen zu unternehmen, sich dabei zu erholen und seine Bildung zu erweitern ist heute für viele Menschen eine wichtige Form der Nutzung ihrer Freizeit. Der Tourismus ist nicht nur ein völkerverbindender Faktor, er vermittelt Lebensfreude und Leistungsmotivation, fördert die Persönlichkeitsentwicklung und hat eine erhebliche ökonomische Bedeutung. Reiseziele sind – je nach den individuellen Bedürfnissen, der verfügbaren Zeit und den gegebenen Möglichkeiten – sowohl Städte und Landschaften im eigenen Land wie im Ausland. Über 1 Mill. Ausländer besuchen auf Urlaubsreisen, Mehrtagereisen und Tagesfahrten jährlich als Touristen die DDR.

Der Städtetourismus hat in den letzten Jahren ständig zugenommen. Das ist zum einen auf die gewachsene Mobilität und zum anderen auf ein Bildungsbedürfnis, auch während des Urlaubs, zurückzuführen. Dabei haben sich insbesondere die Großstädte als eigenständige Ziele der Touristen erwiesen, da sie das ganze Jahr über Möglichkeiten der aktiven Erholung auf dem Gebiet der Kultur, der Bil-

FDGB-Erholungsheim Schloß Klink

dung und des Sports anbieten. Die kulturhistorischen und architektonischen Sehenswürdigkeiten der größeren und kleineren Städte und Ortschaften sind zu Schwerpunkten des in- und ausländischen Tourismus geworden. Dazu gehören Denkmale des Städtebaus und der Architektur wie Stadt- und Ortsanlagen, Straßen- und Platzräume, Burgen, Schlösser, Rat- und Bürgerhäuser, Kulturbauten, Kirchen und Klöster, Parks und Gärten. Dem Erhalt und der Pflege des kulturhistorischen Erbes hat die DDR in den letzten Jahren verstärkte Aufmerksamkeit geschenkt.

Die Hauptsäule des sozialpolitisch ausgerichteten Erholungswesens der DDR bilden die gewerkschaftlichen Erholungseinrichtungen (vgl. Tab. 10). Jährlich werden über die betrieblichen Gewerkschaftsleitungen mehr als 5 Mill. Erholungsreisen in Einrichtungen des Feriendienstes der Gewerkschaften und der Betriebe vergeben. Für diese Ferienplätze zahlt der Werktätige weniger als ein Drittel der tatsächlichen Kosten für Unterkunft und Verpflegung. Der größere Teil wird aus gesellschaftlichen Fonds gedeckt, ein Ausdruck erfolgreich praktizierter Einheit von Wirtschafts- und Sozialpolitik.

Weit über 2 Mill. Erholungsuchende in der DDR unternehmen jährlich eine Campingreise. Die Campingurlauber – unter ihnen auch viele ausländische Anhänger dieser naturnahen Erholungsform – sind viel beweglicher als die an ein Standquartier gebundenen Urlauber. Den Campern vergleichbar sind die Wasserwanderer, die in den fluß- und seenreichen Landesteilen auf Wegen den Schönheiten der Natur nachspüren, die dem Fußwanderer verschlossen bleiben, es sei denn, die Weiße Flotte befährt sie im Rahmen ihres Angebotes. Fahrten mit der Weißen Flotte auf der Elbe oberhalb von Dresden (Sächsische Schweiz, ČSSR), auf den märkischen und mecklenburgischen Wasserstraßen mit ihren ausgedehnten Seenketten und an der Ostseeküste sind sehr beliebt.

Das Reisebüro der DDR bietet neben Inlandsfahrten rund 1 Mill. Auslandsreisen für DDR-Bürger im Jahr an. Etwa 3,5 Mill. Bürger der DDR organisieren ihre Auslandsreise individuell. Rechnet man alles zusammen – auch die Jugend- und Kindererholung –, so ergibt sich die stattliche Summe von 12,5 Mill. Urlaubsreisen im Jahr. Etwa 60 Prozent der erwachsenen Bürger der DDR verreisen mindestens einmal jährlich.

Die Ostseeküste der DDR ist vor allem im Sommer ein vielbesuchtes Erholungsgebiet. Die Waldlandschaften an den Seen und Wasserläufen des Tieflandes haben in den letzten Jahren erheblich an Bedeutung für den Urlaub gewonnen, insbesondere für Camping und Wasserwandern. Man findet dort günstige klimatische Bedingungen, kann die verschiedensten Arten von Wassersport betreiben, und wie an der Ostseeküste auch gibt es Möglichkeiten der Freikörperkultur. Man kann auch Wanderungen durch die ausgedehnten Wälder unternehmen und dabei während der geeigneten Jahreszeiten Beeren und Pilze sammeln. Alle diese Landschaftsräume bieten den Besuchern ganzjährig Erholung.

Die Mittelgebirge sind ebenfalls ganzjährig für Erholungszwecke nutzbar. Der hohe Waldanteil und die durch die Höhenlage etwas gemäßigten Temperaturen bieten im Sommer wie in den Übergangsjahreszeiten vielfältige Wandermöglichkeiten über kürzere oder längere Strecken. Das unterschiedlich starke Relief, der Wechsel von Hochflächen, Bergrükken und Tälern mit Wasserläufen und Stauseen, das alles verbunden mit einem dichten Siedlungs- und Verkehrsnetz, mit zahlreichen kulturhistorischen und technischen Sehenswürdigkeiten, erweist sich als attraktiv.

Angemerkt werden muß, daß die witterungsbedingten Voraussetzungen für den Wintersport von Jahr zu Jahr und auch innerhalb der Wintermonate schwanken. Dann steht jedoch für die Touristen ein großes Angebot kultureller Möglichkeiten zur Verfügung.

Jedes Mittelgebirge weist eine Spezifik auf: Den Harz charakterisieren enge Täler und steile Klippen; der Thüringer Wald und das Erzgebirge mit den sanften Steigungen und den zahlreichen Siedlungen – zu jeder Jahreszeit für die Erholung geeignet – sind zumindest in den höheren Lagen relativ schneesicher; das Elbsandsteingebirge, in der Zeit der Romantik von Dresden aus „entdeckt“ und erschlossen, und seitdem als „Sächsische Schweiz“ gerühmt, wird als hervorragendes Wander- und Klettergebiet zu allen Jahreszeiten genutzt.

Sieht sich der Besucher in den Erholungsorten um, so wird er unschwer feststellen, daß diese häufig eine lange historische Entwicklung hinter sich haben. Auch schon im 18. Jh. und z. T. schon früher genutzte Heilbäder sind heute vielbesuchte Kurorte und Bäder der Werktätigen.

Im Zeitalter der Technik gibt es keine unerreichbaren Gebiete mehr, somit sind Touristen eigentlich überall im Land anzutreffen. Eine Begrenzung ihrer Zahl bilden vor allem die örtlich vorhandenen Übernachtungsmöglichkeiten. Für die Erholung am Feierabend und am Wochenende, weniger für die Urlaubserholung, spielen in der DDR auch die ausgedehnten Kleingartenanlagen am Rand der Städte sowie andere Freizeitsiedlungen eine Rolle.

Die in vielen Städten eingerichteten „Stadtinformationen“ bieten verschiedene Dienstleistungen wie Informationsmaterial, Stadtführungen, Eintrittskarten für Museen und Veranstaltungen u. ä. m. an.

Für alle Fragen der Entwicklung des Erholungswesens und des Tourismus in den einzelnen Territorien sind die örtlichen Volksvertretungen verantwortlich. Ihnen unterstehen auch die staatlichen Campingplätze.

Auch die Verhaltensweisen der Touristen tragen mit dazu bei, inwiefern die Natur sowie die Sehenswürdigkeiten der Städte und Dörfer in ihrer Schönheit erhalten bleiben oder Schaden leiden. Das gilt besonders für sehr stark besuchte Reiseziele. Auch daran sollte man denken, wenn man an Hand des Reiseführers die vielen interessanten Möglichkeiten prüft, Zusagendes auswählt und danach eine Reise unternimmt.

Tabelle 10: Entwicklung der Erholungseinrichtungen in der DDR

Einrichtungen	1955	1965	1975	1985
Anzahl der Ferienheime des FDGB	1 373	1 175	1 225	1 166
Bettenkapazität (in 1000)	84,8	93,8	110,8	137,1
FDGB-Urlaubsreisen für DDR-Bürger im Inland (in 1 000)	1 049,8	1 036,4	1 446,9	1 856,8
Urlaubsreisen für Ausländer in FDGB-Ferienheimen (in 1000)		8,0	14,5	16,9
Kuren in Einrichtungen des FDGB (in 1000)		35,8	65,8	79,6
Anzahl der Übernachtungsplätze in betrieblichen Erholungseinrichtungen (in 1000)				380,8
darunter ganzjährig nutzbare Übernachtungsplätze (in 1000)				77,2
Anzahl der Urlauber in betrieblichen Erholungseinrichtungen (in 1000)				3 018,4
Anzahl der Jugenderholungs-einrichtungen	222	257	249	258
Übernachtungsplätze in Jugend-erholungseinrichtungen (in 1000)	19,5	20,1	22,5	24,1
Übernachtende Personen in Jugend-erholungseinrichtungen (in 1000)		961,0	1 065,9	1 533,3
Anzahl der staatlichen Campingplätze			522	527
Tageskapazität der Campingplätze (in 1000)			270,2	381,1
Übernachtende Personen auf Campingplätzen (in 1000)			1 979,3	2 312,0

(Alle Angaben in den Tabellen nach dem Statistischen Jahrbuch der DDR 1987)

Reiselandschaften

Berlin
Ostseeküste · Mecklenburg und seine Seen
Uckermark
Barnim-Hochfläche und mittleres Odertal
Märkische Schweiz und östliches Berliner Seengebiet
Südwestmecklenburg und Prignitz
Rheinsberger Landschaft
Altmark und Elb-Havel-Winkel · Havelland,
Zauche und Fläming · Spreewald und Niederlausitz
Magdeburger Elbtal und Börde
Landschaft zwischen Dessau und Wittenberg
Leipziger Land · Harz · Harzvorland
Kyffhäusergebirge
Thüringer Becken · Thüringer Wald
Rhön und Werratal
Landschaft zwischen Saale und Elster
Saaletal · Vogtland · Westliches Erzgebirge
Osterzgebirge · Dresdner Elbtal
Sächsische Schweiz
Oberlausitz und Zittauer Gebirge

Berlin

Lage und Bedeutung: Berlin umfaßt eine Fläche von 403 km². Die Stadt grenzt im Nordosten und im Osten an den Bezirk Frankfurt, im Süden und im Nordwesten an den Bezirk Potsdam, im Westen mit einer Gesamtlänge von etwa 40 km Luftlinie an das Territorium von Berlin (West). Die Ortshöhenlage beträgt im Zentrum 36 m ü.d.M. Über 7650 ha Waldgebiete bieten Erholungsmöglichkeiten. Die Stadt liegt an der in ostwestlicher Richtung fließenden Spree, eingebettet in die von Seenketten, Misch- und Kiefernwäldern gekennzeichnete märkische Landschaft zwischen Oder und Elbe. Die Spree folgt etwa dem Lauf des Urstromtales, das in der letzten Kaltzeit durch die Wässer der abschmelzenden Inlandeismassen vom Warschauer Raum bis zur Nordsee hin entstand.

Die größte Stadt der DDR ist in 11 Stadtbezirke gegliedert und hat etwa 1,2 Mill. Einwohner. Berlin, die Hauptstadt der DDR, ist politisches, administratives, wirtschaftliches und geistig-kulturelles Zentrum des Landes. Hier haben die Volkskammer, das oberste staatliche Machtorgan der DDR, der Staatsrat und der Ministerrat der DDR ihren Sitz. Tagungsort der Stadtverordnetenversammlung ist das Rote Rathaus. Die Akademie der Wissenschaften der DDR unterhält in Berlin die meisten ihrer Institute, darunter das Heinrich-Hertz-Institut und die medizinischen Institute im Städtischen Klinikum Berlin-Buch. Ebenfalls vertreten sind die Akademie der Künste, die Bauakademie der DDR, die Akademie für Gesellschaftswissenschaften beim ZK der SED, die Akademie der Landwirtschaftswissenschaften, die Akademie für Ärztliche Fortbildung, die Akademie der Pädagogischen Wissenschaften der DDR. Die Humboldt-Universität, 1810 gegründet, geht in ihren humanistischen Traditionen in Lehre und Forschung auf ihren Begründer, den Politiker und Sprachforscher Wilhelm von Humboldt zurück. Sie ist eine der bedeutendsten Hochschulen der DDR mit jährlich etwa 20 500 Direkt- und Fernstudenten. Der Universität angeschlossen ist die traditionsreiche Charité, die einst aus einem 1710 errichteten Pesthaus entstanden war. In der mehr als 270jährigen Geschichte wirkten hier u. a. solche bedeutenden Ärzte wie Ferdinand Sauerbruch und Rudolf Virchow.

In Berlin befinden sich auch international bekannte Bildungseinrichtungen: die Kunsthochschule Berlin, die Hochschule für Musik „Hanns Eisler", die Hochschule für Schauspielkunst „Ernst Busch", die Hochschule für Ökonomie „Bruno Leuschner", die Parteihochschule „Karl Marx" des Zentralkomitees der SED sowie eine Reihe von Ingenieurhochschulen und Fachschulen.

Der Berliner Stadtbezirk Köpenick weist die meisten Industrieansiedlungen auf. Größter Betrieb des Stadtbezirkes ist der VEB Kabelwerk Oberspree „Wilhelm Pieck". Traditionelle Berliner Industrien sind der Maschinenbau, die chemische, die polygraphische, die Arzneimittel- und die Leichtindustrie. Moderne Industriezweige wie Elektrotechnik und Elektronik, wissenschaftlicher Gerätebau, Datenverarbeitungs- und Automatisierungstechnik, die Nachrichten-, Meß-, Regel- und Signaltechnik haben sich in jüngster Vergangenheit herausgebildet. Die Betriebe des Bauwesens, wie der VEB Ingenieurhochbau Berlin und das volkseigene Wohnungsbaukombinat, der VEB Elektroapparatewerke „Friedrich Ebert", der VEB NARVA „Rosa Luxemburg" Berliner Glühlampenwerk, der VEB Berliner Werkzeugmaschinenkombinat „7. Oktober", das Kombinat

Kraftwerksanlagenbau sowie Betriebe der Nahrungsgüterwirtschaft und der holzverarbeitenden Industrie bestimmen das wirtschaftliche Profil Berlins.

Von den etwa 8,5 Mill. Berufstätigen in der DDR arbeiten 670 000 in Berliner Betrieben (1986). Straßenbahnen, Omnibusse und U-Bahnen gehören zu den vielgenutzten öffentlichen Verkehrsmitteln. Die S-Bahn geht in ihren Anfängen bis in die achtziger Jahre des vorigen Jahrhunderts zurück. Sie verbindet heute Oranienburg, Bernau, Ahrensfelde, Wartenberg, Strausberg, Erkner, Grünau, Königs Wusterhausen und Flughafen Berlin-Schönefeld mit der Innenstadt. Berlin hat drei Fernbahnhöfe, den Hauptbahnhof und die Bahnhöfe Berlin-Lichtenberg und Berlin-Schöneweide. Am südlichen Stadtrand befindet sich der 1955 eröffnete Flughafen Berlin-Schönefeld. Er wurde in den sechziger Jahren zu einem modernen Flughafen für Düsenpassagierflugzeuge ausgebaut und ist durch die S-Bahn sowie eine Fernverkehrsstraße mit dem Stadtzentrum verbunden.

Seinen traditionellen Ruf als Kultur- und Kunstmetropole hat sich Berlin bewahrt. Es pflegt diesen Ruf durch interessante Spielpläne und international stark beachtete Inszenierungen der Berliner Bühnen und Musiktheater, durch zahlreiche Ausstellungen und nicht zuletzt durch seine Museen, die in hervorragender Weise Schätze der Weltkultur bewahren.

Stadtgeschichte: Die erste Besiedlung erfolgte während der mittleren Altsteinzeit. Um 1180/90 siedelten sich Kaufleute an beiden Seiten der Spreefurt, am Molkenmarkt und dem Köllnischen Markt an. Die so entstandene Doppelstadt erhielt um 1230 Brandenburger Stadtrecht. Hier kreuzten sich auch zwei wichtige Handelsstraßen: die West-Ost-Verbindung Magdeburg–Brandenburg–Frankfurt (Oder) mit der Süd-Nord-Verbindung Meißen über den Fläming, Teltow und Oderberg. Die urkundliche Erwähnung Köllns geht auf das Jahr 1237, die von Berlin auf das Jahr 1244 zurück. Das Stadtrecht wurde von Johann I. und Otto III., Urenkel des askanischen Eroberers der Mark Brandenburg Albrecht der Bär verliehen. Die wirtschaftliche Macht der mittelalterlichen Stadt beruhte auf dem feudalen Landbesitz, dem Handwerk und auf dem Fernhandel mit Bauholz und Roggen. 1307 verbündeten sich Kölln und Berlin und bildeten einen gemeinsamen Rat. 1359 wurde die nun Berlin genannte Stadt Mitglied der Hanse, zehn Jahre später erwarb sie das Münzrecht. Berlin wurde, wie andere mittelalterliche Städte auch, mit einer Stadtmauer umgeben. 1442 nutzte der brandenburgische Kurfürst innerstädtische Machtkämpfe aus, um die Stadt seiner Herrschaft zu unterwerfen. Er nahm ihr sämtliche Hoheitsrechte und ließ ab 1443 seine Zwingburg, das spätere Hohenzollernschloß, errichten. 1448 rebellierten die Bürger offen gegen die kurfürstliche Unterdrückung, sie brachten das im „Berliner Unwillen" zum Ausdruck. In der Mitte des 15. Jh. lebten etwa 6000 Menschen in der Stadt. 1486 wurde Berlin kurfürstliche Residenz. Nach dem Dreißigjährigen Krieg wurde Berlin vorübergehend zur Festung ausgebaut. 1700 wurde durch Gottfried Wilhelm Leibniz die Deutsche Akademie der Wissenschaften zu Berlin gegründet. In der 2. Hälfte des 17. Jh. entstanden die neuen Stadtteile Friedrichswerder, Dorotheenstadt und Friedrichstadt. Sprunghaft stieg die Einwohnerzahl, als ab 1685 Hugenotten, französische Glaubensflüchtlinge, in Berlin angesiedelt wurden. Sie belebten das handwerkliche Gewerbe, eröffneten Betriebe, förderten die moderne Produktionsweise und auch Wissenschaft und Kultur wurden durch sie bereichert.

Als Residenzstadt des 1701 zum Königtum erhobenen Preußen war Berlin an der Wende vom 17. zum 18. Jh. drittgrößte europäische Stadt nach London und Paris mit knapp 140 000 Einwohnern. Berlin wurde zur prächtigen Barockstadt umgebaut. Es wurde zum materiellen und geistigen Mittelpunkt des erstarkenden

Berlin: Im Nikolaiviertel

preußischen Absolutismus. Friedrich II., der dem Ausbau und der Weiterentwicklung der preußischen Armee besonders hohe Bedeutung beimaß, legte im Stadtzentrum das „Forum Fridericianum“ an. Breite Straßen und Plätze sollten große Militärparaden ermöglichen. Es entstanden Repräsentativbauten, z. B. das Opernhaus, das unter der Leitung von Knobelsdorff als erster Bau des „Forum Fridericianum“ errichtet wurde. Der sog. „aufgeklärte Absolutismus“ des Preußenkönigs förderte Künste und Wissenschaften.

Das Stadtbild des frühen 19. Jh. wurde durch den bedeutenden Baumeister des Klassizismus Karl Friedrich Schinkel geprägt. Von hier gingen nun auch überregionale Wirkungen für die Architekturentwicklung aus. In der 1. Hälfte des 19. Jh. entwickelte sich Berlin zu einer Industriestadt (Maschinenindustrie). Das sich herausbildende Proletariat trat bereits in der bürgerlich-demokratischen Revolution von 1848 mit eigenen Forderungen auf. Mit der Reichsgründung von 1871 wurde Berlin Hauptstadt des Deutschen Reiches unter Kaiser Wilhelm I., schnell entwickelte es sich zur Großstadt und um 1900 schließlich zu einer Weltstadt. Bereits 1876 war die Einwohnerzahl auf über eine Million angestiegen. Wirtschaft und Bautätigkeit nahmen einen enormen Aufschwung. Es entstanden Industriegebiete u. a. in Schöneweide, Stralau, Weißensee und Wohnviertel für die Arbeitenden im Osten und Nordosten der Stadt mit den denkbar schlechtesten Wohnbedingungen (sog. „Mietskasernen").

Zu Beginn des 20. Jh. wurde Berlin Schauplatz härtester Klassenauseinandersetzungen. Sie richteten sich vor allem gegen die „Zuchthauspolitik" des deutschen Imperialismus nach innen und gegen das imperialistische Weltmachtstreben. Als hervorragende Führer der Arbeiterklasse, die von Berlin aus wirkten, sind vor allem Wilhelm Liebknecht, Clara Zetkin, Rosa Luxemburg und Karl Liebknecht zu nennen. Karl Liebknecht stimmte im Dezember 1914 als einziger Abgeordneter im Reichstag gegen die Bewilligung der Kriegskredite. Als durch das kaiserliche Deutschland, unterstützt durch den Verrat der sozialdemokratischen Reichstagsfraktion, der erste Weltkrieg entfacht wurde, waren es die deutschen Linken, die den kompromißlosen Kampf gegen Chauvinismus und Krieg aufnahmen. Sie konstituierten sich im März 1916 zur Spartakusgruppe, die die Keimzelle der späteren Kommunistischen Partei Deutschlands bildete. Durch die Große Sozialistische Oktoberrevolution 1917 in Rußland wurden die deutschen Arbeiter zum revolutionären Kampf ermutigt. Während der Novemberrevolution in Deutschland wurde der Grundstein für die marxistisch-leninistische Entwicklung der revolutionären Partei der deutschen Arbeiterklasse gelegt. Am 9. November 1918 zerbrach das kaiserlich-imperialistische Deutschland. Berlin wurde die Hauptstadt einer bürgerlichen Republik. Im Ergebnis der revolutionären Ereignisse fand am 30. Dezember 1918 der Gründungsparteitag der Kommunistischen Partei Deutschlands statt. Der Konterrevolution fielen ihre revolutionären Führer Rosa Luxemburg und Karl Liebknecht zum Opfer, sie wurden am 15. Januar 1919 in Berlin ermordet. Am 11. August 1919 wurde die Weimarer Republik ausgerufen. Rechte Kräfte des deutschen Imperialismus und Militarismus unternahmen im Frühjahr 1920 den Versuch, die bürgerlich-demokratische Republik wieder zu beseitigen und eine Militärdiktatur zu errichten. Kapp, Interessenvertreter der Großgrundbesitzer, übernahm die Macht. Der Generalstreik von etwa 12 Mill. Arbeitern und bewaffnete Gegenwehr brachten den Kapp-Putsch zum Scheitern.

Ende 1920 erfolgte die Gründung von Groß-Berlin. Mit fast 900 km^2 war Berlin von seiner Fläche her die größte Stadt der Welt, mit seinen 4 Mill. Einwohnern nach New York und London die Stadt mit der dritthöchsten Einwohnerzahl.

Die Weltwirtschaftskrise, die zu Beginn der zwanziger Jahre ihren Anfang nahm, erreichte einen ersten Höhepunkt in der Inflation und verschärfte die politischen Auseinandersetzungen. 1930 war die Zahl der Arbeitslosen im Land auf 450 000 angestiegen. Die von der KPD initiierte Aktionseinheit der Arbeiterklasse gegen den aufkommenden Faschismus kam nicht zustande. Bei den Reichstagswahlen 1932 erhielt die KPD 31 Prozent der abgegebenen Stimmen und wurde damit stärkste Partei. Mit Hilfe der Großindustriellen und des Finanzkapitals gelang den Faschisten am 30. Januar 1933 die Machtübernahme. Sie inszenierten am 27. Februar 1933 den Reichstagsbrand, Anlaß zum Terrorfeldzug gegen alle antifaschistischen Kräfte, besonders gegen die KPD. Von 1933 bis 1945 war Berlin ein bedeutendes Zentrum der illegalen Tätigkeit antifaschistischer Widerstandsgruppen, z. B. der Gruppen Rote Kapelle, der Widerstandsgruppen um Harro Schulze-Boysen und Arvid Harnack, um Herbert Baum u. a. Die XI. Olympischen Spiele, die 1936 in Berlin stattfanden, sollten der Welt ein friedliebendes Deutschland vortäuschen, von den Kriegsvorbereitungen der Faschisten ablenken. Architekten wurden mit bombastischen Umgestaltungsplänen beauftragt, Gebäude wurden abgerissen. Die Stadt sollte auch in ihrem Erscheinungsbild, ihrer Architektur, die nationalsozialistische Ideologie widerspiegeln. Die Pogromnacht vom 9. zum 10. November 1938 war der Auftakt zur physischen Vernichtung der jüdischen Bevölkerung, die bereits seit dem Machtantritt der Faschisten dem nationalsozialistischen Terror ausgesetzt war. Während des zweiten Weltkrieges wurde Berlin durch die Angriffe englischer und amerikanischer Bombenflugzeuge schwer zerstört. Ende April 1945 befreiten die Sowjetarmee und ihre Verbündeten in der Antihitlerkoalition das deutsche Volk vom Faschismus. Am 8. Mai 1945 mußte die Hitlerwehrmacht in Berlin-Karlshorst die bedingungslose Kapitulation unterzeichnen. Unter der Leitung der Sowjetarmee und des sowjetischen Stadtkommandanten von Berlin Generaloberst Nikolai Bersarin sowie unter Mitwirkung der antifaschistisch-demokratischen Selbstverwaltungen wurde die Stadt wiederaufgebaut, denn 70 bis 90 Mill. m^3 Schutt mußten beseitigt werden. 50 Prozent aller Brücken, 40 Prozent der Schulen, die Mehrzahl der Krankenhäuser waren zerstört, auch die meisten der wertvollen historischen Gebäude. Die Zahl der Einwohner Berlins war von 4,3 Mill. (1939) auf 2,5 Mill. Menschen gesunken.

Nach den Festlegungen des Potsdamer Abkommens vom Juli/August 1945 gehörte Berlin zur sowjetischen Besatzungszone. Berlin war Sitz des Alliierten Kontrollrates, der von hier aus für das gesamte Deutschland zuständig war. Die von sowjetischen, amerikanischen, britischen und französischen Truppen besetzten Sektoren sollten einheitlich verwaltet werden. 1948 wurde durch die Einführung einer separaten Währung in den Westzonen das einheitliche Wirtschaftsleben Berlins zerschlagen, vollzogen wurde die Spaltung Berlins durch die Bildung einer Westberliner Verwaltung. Am 30. November 1948 wurde der Beschluß zur Bildung eines neuen demokratischen Magistrats von Groß-Berlin gefaßt. Bereits am 19. Mai 1949 nahm er seine Arbeit auf. Am 7. Oktober 1949 wurde die DDR gegründet, als erster sozialistischer Staat der Arbeiter und Bauern mit der Hauptstadt Berlin. 1952 begann der kontinuierliche Aufbau ganzer Stadtteile mit der Gründung des Nationalen Aufbauwerkes. An der Weberwiese im Stadtbezirk Berlin-Friedrichshain wurde das erste 13geschossige Wohnhochhaus gebaut. Anfang der fünfziger Jahre entstand als erster moderner Straßenzug die heutige Karl-Marx-Allee, in der beispielhafte Wohn- und Einkaufsbedingungen geschaffen wurden. 1959 begann der komplexe Wiederaufbau des Stadtzentrums; der Aufbau des traditionsreichen Alexanderplatzes und der Leipziger Straße sowie die weitere Gestaltung der Karl-Marx-Allee. Am 13. August 1961 wurde die Staatsgrenze zu Berlin (West) gesichert. Das auf dem VIII. Parteitag der SED 1971 beschlossene Programm der Einheit von Wirtschafts- und Sozialpolitik stellte das Wohnungsbauprogramm in den Mittelpunkt. 1976 faßte das Politbüro des ZK der SED den Beschluß über die weitere Entwicklung Berlins als Hauptstadt bis 1990, der den planmäßigen Ausbau auf allen entscheidenden Gebieten beinhaltet. Die Einheit von Neubau und Rekonstruktion im innerstädtischen Bauen wird darin besonders berücksichtigt. Ende der siebziger und in den achtziger Jahren entstanden die drei neuen Stadtbezirke Marzahn, Hohenschönhausen und Hellersdorf. 1979 wurde Berlin vom Weltfriedensrat der Titel „Stadt des Friedens“ verliehen.

Sehenswürdigkeiten: Als kulturhistorisches Schmuckstück ist das *Nikolaiviertel* um die Nikolaikirche zwischen Molkenmarkt, Spandauer Straße, Mühlendamm und Spreeufer südlich des Marx-Engels-Forums neu entstan-

Alexanderplatz
Marx-Engels-Pl.
Friedrichstr.
Jannowitzbr.
Ostbahnhof (Hauptbf.)
Klosterstr.
Spittelmarkt
Stadtmitte
Hausvogteiplatz
Märk. Museum
Rosa-Luxemburg-Platz
Otto-Grotewohl-Str.
Strausbgr. Pl.
Schillingstr.
Volkspark Friedrichshain
Spree
Unter den Linden
Karl-Marx-Allee
Leninplatz
Lichtenberger Str.
Holzmarkt-Str.
Fischerinsel
Breite Straße
Wilhelm-Pieck-Str.
Oranienburger Str.
Chausseestr.
1020

Molkenmarkt, Spandauer Straße, Mühlendamm und Spreeufer südlich des Marx-Engels-Forums neu entstanden. Die *Nikolaikirche,* auf ältestem Stadtgebiet gelegen, wurde mit ihren beiden Türmen wieder aufgebaut. Diese älteste, aus Feldsteinen erbaute Kirche wurde zwischen 1230 und 1240 errichtet. Sie war dem Schutzheiligen der Kaufleute und Seefahrer, dem Hl. Nikolaus geweiht. Am Ende des zweiten Weltkrieges wurde sie bis auf die Umfassungsmauern zerstört. Die kreuzförmige Pfeilerbasilika hat noch romanische halbkreisförmige Apsiden am Querhaus und am Chor; Ausstellungen in der Kirche machen den Besucher mit der Entstehungsgeschichte Berlins bekannt. In der Nikolaikirche finden auch Konzerte statt. Auf einer etwa 12 ha großen Fläche gestaltete ein Architektenkollektiv ein Wohngebiet, bei dem Gebäude des 18., 19. und 20. Jh. ein harmonisches Ensemble bilden. Hier entstanden 780 Wohnungen, etwa 33 Läden und mehr als 22 Gaststätten mit rund 1 800 Plätzen. Als gastronomische Einrichtung lädt auch der „Nußbaum", Berlins älteste Restauration, wieder ein. Einst war der „Milljöh"-Zeichner Heinrich Zille hier Stammgast. Die unmittelbar beim Bau des zweiten Rathauses in Berlin um 1270 entstandene „Gerichtslaube" empfängt in der Poststraße ihre Gäste. Auch die Gaststätten „Zum Paddenwirt", „Zur Rippe" und „Mutter Hoppe" tragen historischen Charakter. Im modernen Baustil entstand der Gaststättenkomplex „Am Marstall". In der Poststr. 23 wurde das dreistökkige *Knoblauch-Haus* mit den „Historischen Weinstuben" rekonstruiert. Er befand sich 170 Jahre lang im Besitz der gleichnamigen Familie, der viele angesehene Bürger, darunter mehrere Universitätsprofessoren und der bekannte Architekt Karl Heinrich Eduard Knoblauch, entstammten. Mühlendamm/Ecke Poststraße wurde das *Ephraimpalais* als eines der schönsten Bürgerhäuser der Rokokozeit der Öffentlichkeit wieder übergeben. Friedrich II. hatte das Palais 1766 für seinen jüdischen Hofbankier Veitel Heine Ephraim erbauen lassen. Die Nationalsozialisten ließen es 1936 abtragen, wichtige Fassadenteile wurden aber geborgen. Jetzt bietet es den Besuchern Ausstellungen und Gastronomie. Einen Einblick in die Entwicklung des Berliner Handwerks vom Mittelalter bis zum 19. Jh. vermittelt das *Berliner Handwerksmuseum* am Mühlendamm.

Zwischen Nikolaiviertel, Spandauer Straße und dem abgesenkten Spreeufer befindet sich das *Marx-Engels-Forum.* Das inmitten der Parkanlage befindliche repräsentative Denkmalensemble entstand 1985/86. Es symbolisiert den Kampf des Proletariats für die Befreiung der Menschheit von Ausbeutung und Unterdrückung. Die überlebensgroßen Bronzefiguren der Klassiker des Marxismus, Karl Marx und Friedrich Engels, auf einem Marmorsockel sind umgeben von vier Doppelstelen aus Edelstahl mit fotografischen Dokumenten der internationalen Arbeiterbewegung. Westlich der Marx-Engels-Gruppe, in Ufernähe zum Palast der Republik, symbolisiert ein fünfteiliges Marmorrelief Knechtschaft und Not, aber auch Schönheit und Würde des Menschen auf seinem Weg durch die Geschichte. An der Stelle des ehemaligen Hohenzollernschlosses steht längs der Spree der im April 1976 eröffnete *Palast der Republik.* Hier hat die Volkskammer ihren Sitz. In diesem „Haus des Volkes" befinden sich das Theater im Palast (tip), der Jugendtreff, eine Galerie, mehrere Restaurants, Cafés, ein Bowlingzentrum, ein Souvenirladen, ein Zeitungsstand sowie ein Postamt. Der bis zu 5 000 Besuchern Platz bietende Große Saal wird für Kongresse oder Kulturveranstaltungen genutzt. Den Marx-Engels-Platz, den größten Platz Berlins, begrenzt an der Südostseite der Amtssitz des *Staatsrates,* der Bau wurde 1964 vollendet, den Eingang schmückt das von Eosander für die Lustgartenfassade des Schlosses geschaffene Portal. An den Aufstand der Roten Matrosen und Spartakuskämpfer während der Novemberrevolution 1918/19 erinnert eine Gedenktafel am *Neuen Marstall* (1897–1901). Südwestlich des Staatsratsgebäudes liegt das Gebäude des ehemaligen Zentralkomitees der SED (jetzt PDS).

1987 wurde in der rekonstruierten *Friedrichswerderschen Kirche* das Schinkelmuseum eröffnet. Mit diesem Bauwerk begründete Schinkel die neogotische Architektur der Stadt. In dem über 60 m langen Kirchenschiff hat die ständige Ausstellung „Skulpturen des Klassizismus" ihren Platz. Weithin sichtbar ist das moderne Gebäude des *Ministeriums für Auswärtige Angelegenheiten.* Auch das Ministerium für Hoch- und Fachschulwesen hat hier seinen Sitz. Das *Rote Rathaus*, dessen Fries als „Steinerne Chronik" die Berlin-brandenburgische Geschichte darstellt, ist der Sitz des Oberbürgermeisters und der Stadtverordnetenversammlung. Im Wappensaal des Rathauses finden regelmäßig Rathauskonzerte statt. Auf der Freifläche vor dem Rathaus hat der von Begas 1891 geschaffene *Neptunbrunnen* seinen Platz. Die *Marienkirche* wurde Anfang des 14. Jh. fertiggestellt. Nach dem Brand von 1380 wurde sie zur dreischiffigen gotischen Halle erweitert. Der neogotische Turmhelm wurde nach einem Entwurf von Langhans im 18. Jh. gestaltet. Im Innern der Halle ist das beeindrukkende spätgotische Wandgemälde „Totentanz" erhalten. Das bronzene Taufbecken im Chor der Kirche stammt von 1437, die Marmorkanzel schuf Schlüter.

Als höchstes Bauwerk Berlins überragt der 1969 gebaute, 365 m hohe *Fernseh- und UKW-Turm* die Stadt. In 203 m Höhe befindet sich ein Aussichtsgeschoß, noch darüber liegt das Tele-Café. Seine Plattform vollführt in einer Stunde eine ganze Umdrehung, der Gast erhält so einen interessanten Blick auf Berlin. Am Fuße des Fernsehturms befinden sich die Berlin-Information und ein Ausstellungszentrum sowie gastronomische Einrichtungen.

Ein Mahnmal, das an die Schrekken des zweiten Weltkrieges erinnert, ist die *Ruine der Franziskaner-Klosterkirche* hinter dem Roten Rathaus, in der von Mai bis Oktober Ausstellungen zu besichtigen sind. Das *Haus der Jungen Talente* befindet sich in der Klosterstraße (ehemaliges Palais Podewils, von de Bodt 1701/04 errichtet), die schwer beschädigte *Parochialkirche* (Nering, Grünberg) wurde 1695–1703 errichtet. Das Stadtgericht Berlin-Mitte (Schmalz, Mönnich; 1896–1905) mit schöner Jugendstilfassade und -treppenhaus ist in der Littenstraße. Zwischen Waisen- und Littenstraße ist ein Stück der mittelalterlichen *Stadtmauer* erhalten. Dort findet man auch die Altberliner Gaststätte *„Zur letzten Instanz"*, 1525 erstmals erwähnt.

Beliebter Treffpunkt auf dem *Alexanderplatz* ist die *Weltzeituhr.* Der Platz erhielt seinen Namen anläßlich eines Besuches des russischen Zaren Alexander I. Der Platz war zuerst Vieh- und Wollmarkt und diente später der preußischen Armee als Exerzierplatz. 1966 wurde er neu gestaltet. Das 1930/31 erbaute *Berolinahaus* und das *Alexanderhaus* (P. Behrens; 1928/30) blieben erhalten. Rund um den *Brunnen der Völkerfreundschaft* (Womacka) befinden sich das 39geschossige *Hotel „Stadt Berlin"* und das *Centrum-Warenhaus.* Der Platz, der früher von Straßenbahnen gekreuzt wurde, ist heute Fußgängerbereich. Ein Tunnelnetz ermöglicht Zugänge zur U- und S-Bahn sowie zum Berliner Verlag, zum *Haus des Reisens* und zum 12geschossigen *Haus des Lehrers* mit dem angrenzenden Kuppelbau der *Kongreßhalle*, die 1961/64 nach Plänen eines Architektenkollektivs (Henselmann, Geyer, Streitparth) erbaut wurde. Die Bildungsstätte für Lehrer und Eltern verfügt über die Pädagogische Zentralbibliothek, Lesesäle, Klubräume und eine Gaststätte. Den 7 m hohen und 125 m langen Bildfries aus Glas-, Emaille-, Keramik- und Metallelementen schuf Womacka.

Südwestlich vom Alexanderplatz verläuft die modern gestaltete *Karl-Liebknecht-Straße* mit ihren Wohnbauten, der Berliner Markthalle, wei-

Berlin: Alexanderplatz

teren Geschäften, Cafés, dem ungarischen und dem polnischen Kultur- und Informationszentrum sowie dem Palasthotel. Am Ufer des Spreearmes nördlich des Palastes der Republik erhebt sich der Berliner *Dom.* Er wurde nach Abriß des alten Domes von 1894 bis 1905 nach Plänen des Architekten J. Raschdorff erbaut. Im zweiten Weltkrieg stark zerstört, wurde er wiederaufgebaut, die Außenfront original wiederhergestellt, im Innern werden die Restaurationsarbeiten fortgesetzt. Unter dem Zentralbau befinden sich in der Gruft die Sarkophage der Hohenzollern.

Am Lustgarten wurde 1966 als Teil der Nationalgalerie nach der Restaurierung das *Alte Museum*, ein Schinkelbau, wiedereröffnet. Schätze der Welt- und Nationalkultur beherbergt die *Museumsinsel* zwischen der Spree und der Straße Am Kupfergraben. Die *Nationalgalerie* zeigt Gemälde und Skulpturen des 19. und 20. Jh. Das im zweiten Weltkrieg stark zerstörte Neue Museum wird wieder aufgebaut. Weltberühmt ist das *Pergamonmuseum* mit dem Pergamonaltar und dem Burgtor von Milet. Im *Bodemuseum* befinden sich u. a. das Ägyptische Museum, die Frühchristlich-byzantinische Sammlung, eine Gemäldegalerie und das Münzkabinett mit einer der größten Sammlungen der Welt. Die *Marx-Engels-Brücke*, die frühere Schloßbrücke, führt über die Spree zur Straße Unter den Linden. Die Brücke wird gesäumt von acht Marmorstatuen nach Motiven aus der griechischen Mythologie (Entwurf von Schinkel). Durch Berliner, preußische und deutsche Geschichte geprägt wurde die Straße *Unter den Linden.* Ursprünglich war sie der kurfürstliche Reitweg vom Schloß zum hinter dem Brandenburger Tor gelegenen Tiergarten. Kurfürst Friedrich Wilhelm ließ hier 1647 die erste Lindenallee anlegen. Unter Friedrich II. wurde sie im 18. Jh. zur Pracht- und Repräsentationsstraße ausgebaut. Sie ist 1 390 m lang und 60 m breit. Als erstes Gebäude entstand in dieser Straße ein Meisterwerk des Frühbarocks, das *Zeughaus* (Ende 17. Jh./ Anfang 18. Jh.). Heute ist darin das Museum für Deutsche Geschichte,

u. a. mit der Gedenkstätte „Lenin in Berlin“, untergebracht. Die Schinkelsche *Neue Wache* (1816/18) ist heute Mahnmal für die Opfer des Faschismus und Militarismus. In einem geschliffenen Kristallwürfel brennt die Ewige Flamme in der Mitte der Halle. Davor befinden sich in einer mit bronzenen Grabplatten verschlossenen Gruft die Urnen mit den sterblichen Überresten des Unbekannten Soldaten und des Unbekannten Widerstandskämpfers. Seit dem 1. Mai 1962 halten Angehörige des Wachregimentes „Friedrich Engels“ der Nationalen Volksarmee vor dem Mahnmal Ehrenwache. Jeden Mittwoch sowie an Staatsfeiertagen zieht ein großer Wachaufzug die Aufmerksamkeit der Berliner und ihrer Gäste an. Hinter dem Kastanienwäldchen liegen das *Zentrale Haus der Deutsch-Sowjetischen Freundschaft* (ehemaliges Palais Donner, 1751/53 erbaut) und der sich anschließende klassizistische Bau des *Maxim Gorki Theaters*, 1825/27 von Fasch als Berliner Singakademie begründet. Vor dem Portal der *Humboldt-Universität* (ehemaliges Palais Prinz Heinrich, 1748/53 erbaut) stehen die Marmordenkmäler der Brüder Wilhelm und Alexander von Humboldt, deren Namen sie seit 1949 trägt. Eine Tafel und eine Büste im Hauptflügel der Universität erinnern daran, daß Karl Marx hier von 1836 bis 1841 studierte. Das Gebäude der *Deutschen Staatsbibliothek* wurde 1903/04 von Ihne erbaut. Das moderne *Hotel Unter den Linden* grenzt an die Kreuzung mit der Friedrichstraße. Die Straße Unter den Linden setzt sich fort mit dem Ministerium für Außenhandel, der Galerie des Staatlichen Kunsthandels der DDR und den Gebäuden der ungarischen und der polnischen Botschaft.

Den architektonischen Abschluß der Straße Unter den Linden bildet hinter dem Pariser Platz das 26 m hohe, wiedererrichtete berühmte *Brandenburger Tor*, von C. G. Langhans geschaffen. Den Torbogen krönt die Quadriga mit der Friedensgöttin von Schadow.

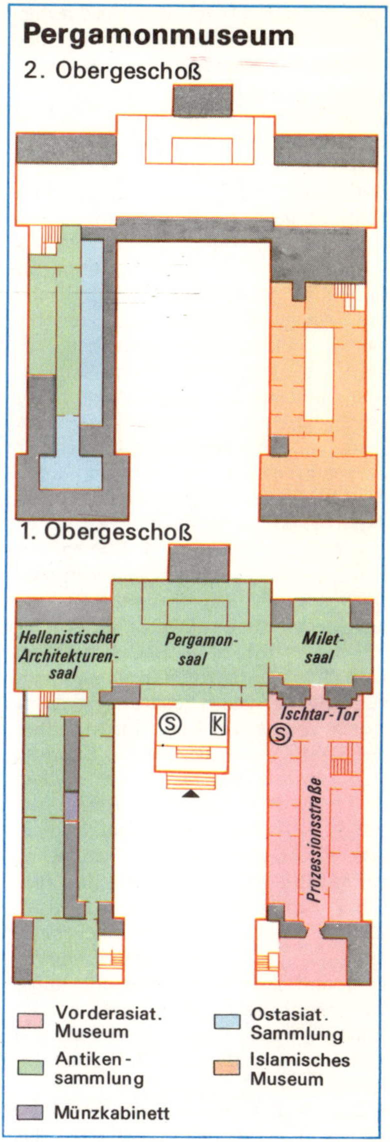

Auf der Südseite der Straße Unter den Linden befinden sich die 1950/53 von einem sowjetischen Kollektiv erbaute *Botschaft der UdSSR* sowie in der Behrenstraße die *Komische Oper*, die durch Walter Felsensteins Inszenierungen Weltruf errang. An der Südostecke der Kreuzung Unter den

Linden befindet sich das 1987 fertiggestellte *Grand Hotel.* Gegenüber der Humboldt-Universität liegt das Lindenforum mit dem früheren Opernplatz, heute *Bebelplatz.* Am 10. Mai 1933 hatten hier die Nationalsozialisten Bücher von bedeutenden humanistischen und demokratischen Schriftstellern des In- und Auslandes verbrannt. Im Hintergrund des Platzes steht die 1747/73 unter Leitung von Boumann d. Ä. erbaute katholische *St.-Hedwigs-Kathedrale.* Ihr Inneres wurde nach dem Wiederaufbau modern gestaltet. In der Alten Königlichen Bibliothek, wegen ihrer Form auch „*Kommode*" genannt, sind heute Institute der Humboldt-Universität untergebracht. Eine Tafel und auch das Bleiglasfenster erinnern daran, daß 1895 Lenin hier arbeitete.

1741/43 entstand nach Plänen von Knobelsdorff die *Deutsche Staatsoper.* Im Bereich der angrenzenden Parkanlage stehen die *Denkmäler* der preußischen Heerführer im Befreiungskrieg 1813/14: Neidhardt von Gneisenau, von Blücher, von Scharnhorst, Graf Yorck von Wartenburg. Im Mittelteil der Straße unter den Linden befindet sich das bronzene *Reiterstandbild Friedrichs II.*, 1851 von Rauch geschaffen. Auf dem Sockel sind Generale, Dichter und andere Persönlichkeiten des 18. Jh. dargestellt. Zwischen Kronprinzenpalais und Ministerium für Auswärtige Angelegenheiten steht das Denkmal des Freiherrn vom und zum Stein. Das ehemalige *Kronprinzenpalais* dient heute als Gästehaus, daneben ist im ehemaligen *Prinzessinnenpalais* das Operncafé untergebracht.

Südwestlich des Marx-Engels-Platzes, in der Breiten Straße, steht das *Ribbeckhaus*, ein Renaissancebau von 1624. Zwischen der *Jungfernbrücke*, der 1798 erbauten und ältesten noch erhaltenen Berliner Brücke, und der *Gertraudenbrücke* befindet sich am Spreeufer der Gebäudekomplex Friedrichsgracht, Kleine Gertraudenstraße und Scharrenstraße mit den „Alt-Cöllner Schankstuben". In der Brüderstraße sind das Nicolaihaus, ehemals Wohnhaus des Verlegers Friedrich Nicolai, und das Galgenhaus sehenswert. Gegenüber liegt die *Fischerinsel*, eines der ältesten Siedlungsgebiete der Doppelstadt Berlin-Kölln. Heute ist sie mit ihren sechs 21geschossigen Hochhäusern mit je 240 Wohnungen eines der modernen innerstädtischen Wohngebiete. Über die hinter der Mehrzweckgaststätte Ahornblatt befindliche Brücke Neue Roßstraße gelangt man zum Märkischen Ufer mit dem *Otto-Nagel-Haus*, dem *Ermelerhaus* und zum Märkischen Museum (neogotisch, 1901/07) am *Köllnischen Park*, das über die Stadtgeschichte informiert.

In der neugestalteten *Leipziger Straße* zwischen Spittelmarkt und Friedrichstraße wurde die Kopie einer Hälfte der *Spittelkolonnaden* aufgestellt. In seiner architektonischen Harmonie einer der schönsten Plätze Europas ist der *Platz der Akademie* mit dem *Schauspielhaus*, der *Deutschen Kirche* (Grünberg; 1701/08) und der *Französischen Kirche* (Cayart, Quesnay; 1701/05) mit dem Hugenottenmuseum. Im Innern der Kirche der französisch-reformierten Gemeinde befindet sich ein Glockenturm. Das Glockenspiel wurde von Spezialisten aus Pößneck und Apolda gefertigt. Es besteht aus 60 Glocken. In etwa 20 m Höhe lädt ein Weinrestaurant ein. Über insgesamt 254 Stufen erreicht der Besucher den Balustradenring und genießt das Panorama der Stadt. Der Bau des Schauspielhauses war 1819/21 von Schinkel auf den Grundmauern des 1817 abgebrannten Nationaltheaters neu errichtet worden. Es wurde nach seiner Zerstörung im zweiten Weltkrieg 1984 wiedereröffnet und dient nun ausschließlich als Konzerthaus.

In der *Friedrichstraße* entsteht ein 2 km langer, attraktiver Boulevard mit rund 3 300 Wohnungen, einschließlich der in der Otto-Grotewohl-Straße, Geschäften und Gaststätten. Die Friedrichstraße war 1690 als langer Straßenzug zwischen dem Halleschen und dem Oranienburger Tor angelegt worden. Zu ihren jetzigen Bauten gehört das 1984 eröffnete *Haus der sowjetischen Wissenschaft und Kultur*, nahe dem U-Bahnhof Stadtmitte, mit Kino- und Konzertsaal, Kunst- und Musiksalons, Gaststätten und der ständigen Exportmusterschau der UdSSR in der DDR. Als höchster Bau der Straße ragt das 93 m hohe, 25geschossige *Internationale Handelszentrum* heraus. Gegenüber befindet sich ein weiterer moderner Bau, das Hotel Metropol. In der Nähe des Bahnhofs Friedrichstraße konzentrieren sich viele kulturelle Einrichtungen: das *Metropol-Theater* im ehemaligen Admiralspalast – hier fand am 21./22. April 1946 der Vereinigungsparteitag von KPD und SPD zur SED statt –, das Kabarett „Die Distel", das Haus des Journalistenverbandes der DDR, und etwas zurückgesetzt, am Schiffbauerdamm, das von Bertolt Brecht gegründete *Berliner Ensemble.* An der Weidendammer Brücke entstanden Wohnbauten mit gastronomischen Einrichtungen. Zwischen Ziegel- und Johannisstraße steht der neue *Friedrichstadtpalast.* Das Haus verfügt über etwa 2 100 Plätze, einschließlich der „Kleinen Revue", eine hochmoderne Bühnentechnik, Eisfläche, Wasserbassin und Fontänen. Gegenüber führt die Reinhardtstraße zum *Deutschen Theater* und zu den *Kammerspielen* in der Schumannstraße, die die Traditionen ihres langjährigen Leiters Max Reinhardt weiterführen.

Die Charité, 1710 als Pesthaus gegründet, ist der Humboldt-Universität angeschlossen. Durch den Neubau des Bettenhauses und Einrichtungen für Lehre und Forschung wurde die Charité 1983 beträchtlich erweitert. Am Robert-Koch-Platz das Hauptgebäude (1904/06) der Akademie der Künste der DDR (1987 nach Restaurierungsarbeiten wiedereröffnet).

In der Chausseestraße liegt der *Dorotheenstädtische Friedhof* mit den Grabstätten von Schadow, Schinkel, Hegel, Brecht, Weigel, Becher, A. Zweig u. a. Persönlichkeiten, daran grenzt der *Französische Friedhof* mit den Grabstätten bekannter Künstler des 18./19. Jh. Chausseestr. 25 war die letzte Arbeits- und Wohnstätte von Bertolt Brecht und Helene Weigel. Im *Brecht-Haus* wurde 1978 das Brecht-Zentrum der DDR mit Archiv, Gedenk- und Forschungsstätte eröffnet.

Der Humboldt-Universität angeschlossen ist auch das *Naturkundemuseum* in der Invalidenstraße mit Sauriersaal, Mineraliensammlung und Sammlungen zur Erdgeschichte und zur Entwicklungsgeschichte des Lebens. In der *Großen Hamburger Straße 26* erinnert ein *Gedenkstein* an die mehr als 50 000 Berliner Juden, die von den Faschisten ermordet wurden. Dahinter befindet sich das Gelände des ältesten jüdischen Friedhofs im Berliner Stadtgebiet, unter den hier Beigesetzten ist der Philosoph Moses Mendelssohn. Die 1712 erbaute *Sophienkirche* mit dem schönen Barockturm grenzt an die etwa 300 Jahre alte *Sophienstraße*, die rekonstruiert wurde.

Vielfältige Möglichkeiten zur aktiven Erholung bietet das *Sport- und Erholungszentrum* (SEZ) an der Leninallee/Ecke Dimitroffstraße im **Stadtbezirk Friedrichshain.** Es ist mit verschiedenen Schwimmbecken, Wellenbad, Sauna, Solarium, Bowlingbahn, Konditionsräumen, Gaststätten und einem Freizeitpark ausgestattet. Im angrenzenden *Volkspark Friedrichshain,* der 1846 an den Hängen des früheren Mühlenberges nach Entwürfen von Lenné angelegt wurde, entstanden nach 1945 zwei aus Trümmern aufgeschüttete und mit Gehölzen bepflanzte Berge, 48 m und 78 m hoch. Am westlichen Rand des Parkes liegt der neobarocke Märchenbrunnen (L. Hoffmann, 1913). Im Park gibt es eine Gedenkstätte für die deutschen Interbrigadisten mit der 6 m hohen Plastik eines Spanienkämpfers (Cremer, 1968). Das Denkmal des gemeinsamen Kampfes polnischer Soldaten und deutscher Antifaschisten an der Straße Am Friedrichshain entstand 1972 nach dem Entwurf eines deutsch-polnischen Künstlerkollektivs. In der Südostecke des Volksparkes liegt der *Friedhof der Märzgefallenen.* Hier wurden nach den Märzkämpfen 1848 die Opfer der Barrikadenkämpfe und während der Novemberkämpfe 1918 neun gefallene Rote Matrosen beigesetzt. Gegenüber dem Volkspark, in der Straße Am Friedrichshain, befindet sich die Großgaststätte „Saalbau Friedrichshain“, früher ein Versammlungsort der Berliner Arbeiter.

Im dichtbesiedelten **Stadtbezirk Prenzlauer Berg** bilden die Schönhauser Allee, die Prenzlauer Allee, die Dimitroffstraße und die Greifswalder Straße die Haupt- und Einkaufsstraßen, von denen weitere 113 Straßen abgehen. Eng mit der Geschichte der Berliner Arbeiterbewegung verbunden ist der *„Prater“*, jetzt Kreiskulturhaus. 1986, zum 100. Geburtstag von Ernst Thälmann, wurde der *Ernst-Thälmann-Park*, ein großes Neubaugebiet mit 1 340 Wohnungen zwischen Prenzlauer Allee und Greifswalder Straße, übergeben. An der Westseite befindet sich die monumentale Denkmalanlage mit der *Büste Ernst Thälmanns*, nach dem Entwurf des sowjetischen Bildhauers Lew Kerbel. Einbezogen in dieses Wohnensemble ist das *Zeiß-Großplanetarium* mit dem modernen Projektionsgerät Kosmorama. Im Stil der Jahrhundertwende wurde die Husemannstraße neugestaltet, hier sind das *Museum Berliner Arbeiterleben um 1900* und das *Friseur-Museum* sehenswert. In der Schönhauser Allee befindet sich der *Jüdische Friedhof*, der 1827 angelegt und nach der Zerstörung in der Zeit des Dritten Reiches wiederhergestellt wurde.

In der Homeyerstr. 13 in Berlin-Niederschönhausen **Stadtbezirk Pankow** wurde das Wohnhaus des Schriftstellers und ersten amtierenden Präsidenten der Akademie der Künste der DDR *Arnold Zweig* 1987 anläßlich seines 100. Geburtstages als *Gedenkstätte* eröffnet. Ebenfalls in Pankow-Niederschönhausen, Majakowskiring 34, befindet sich das *Johannes-R.-Becher-Haus*. Die ehemalige Wohnung des Dichters und Kulturpolitikers beherbergt ein Literaturmuseum. In der Leonhard-Frank-Str. 11 lohnt das *Ernst-Busch-Haus* eine Besichtigung. Sehenswert in Pankow sind auch der *Schloßpark* und der *Bürgerpark*.

Zum Stadtbezirk Pankow gehört das Städtische Klinikum Berlin-Buch mit seinen ausgedehnten medizinischen Forschungsstätten der Akademie der Wissenschaften der DDR.

Im **Stadtbezirk Weißensee** befinden sich neben Industriebetrieben auch viele landwirtschaftliche Betriebe, ausgedehnte Kleingartenanlagen und Naherholungsgebiete, wie der *Faule See*, der mit seinem reichen Baumbestand unter Naturschutz steht, der *Obersee* sowie der *Weiße See* und der *Orankesee*, die beide über Freibäder verfügen. In der Herbert-Baum-Straße, nahe der belebten Hauptstraße Weißensees, der Klement-Gottwald-Allee, befindet sich der über 100 Jahre alte *Jüdische Friedhof*. Im Eingangsrondell erinnert ein Gedenkstein an die 6 Millionen Opfer der Verfolgung zwischen 1933 und 1945.

Im **Stadtbezirk Lichtenberg** wurde unter Einbeziehung des von Lenné gestalteten Landschaftsparks der *Berliner Tierpark* geschaffen. Er konnte durch die Mithilfe der Bevölkerung, die viele freiwillige Aufbaustunden und Geldspenden leistete, als Sehenswürdigkeit von hohem Rang am 2. Juli 1955 eröffnet werden. Hier leben mehr als 6 500 Tiere von über 900 Arten. Die natürlichen Lebensbedingungen der Tiere finden in den Anlagen weitgehend Berücksichtigung. Besonders sehenswert ist das Alfred-Brehm-Haus mit den Raubtierzwingern, der Tropenhalle und zwei Felsenhallen. Ein Krokodilhaus und ein Dickhäuterhaus entstanden Ende der achtziger Jahre. Jährlich empfängt der Tierpark mit seinem im Barockstil erbauten Schloß (M. H. Böhme, 1719), in dem auch Veranstaltungen stattfinden, über 2 Mill. Besucher.

In dem ebenfalls zum Stadtbezirk Lichtenberg gehörenden Stadtteil Karlshorst befindet sich in der Fritz-Schmenkel-Straße die *Historische Gedenkstätte Karlshorst*. Hier wurde am 8. Mai 1945 der Sieg der Sowjetarmee

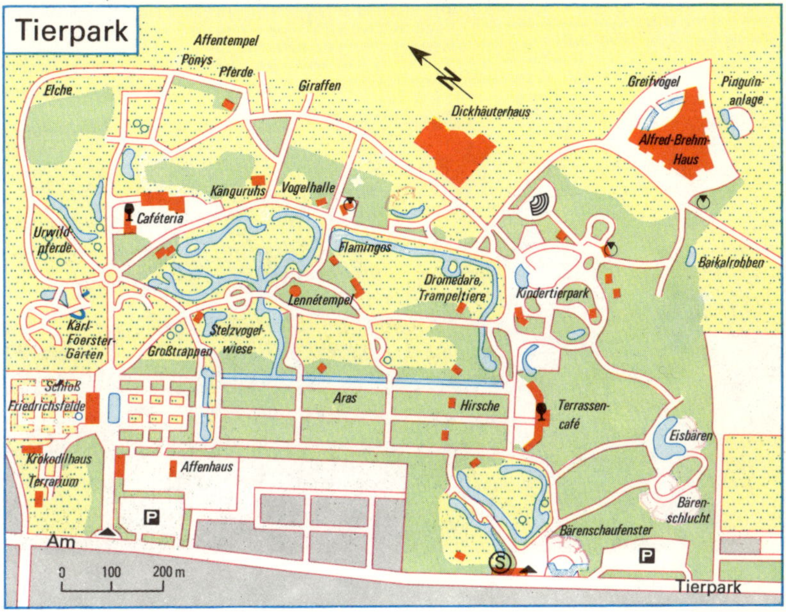

und ihrer Verbündeten über den Hitlerstaat besiegelt: Ort der Unterzeichnung der Kapitulationsdokumente (fremdsprachige Führungen durch das Museum).

Die Herrmann-Duncker-Straße ist die Einkaufsstraße von Karlshorst, bekannt aber vor allem durch die *Trabrennbahn Karlshorst*.

Zwischen den **Stadtbezirken Marzahn** und **Hellersdorf** gelegen, erwartet die 1987 eröffnete *Berliner Gartenschau* am Kienberg von April bis Oktober ihre Besucher.

Im **Stadtbezirk Treptow,** inmitten des ausgedehnten *Treptower Parkes*, befindet sich das *sowjetische Ehrenmal*. Das langgestreckte Oval des Ehrenhains mit dem Mausoleum ist den Soldaten und Offizieren der Sowjetarmee gewidmet, die im Kampf gegen das Hitler-Regime während der Schlacht um Berlin gefallen sind. In den Anlagen des Treptower Parkes findet seit 1956 in zweijährigem Rhythmus die Ausstellung „Skulpturen im Treptower Park“ statt.

Am Treptower Hafen starten fast ganzjährig Schiffe der Weißen Flotte zu Fahrten auf den Berliner Gewässern. Ausgedehnte Touren führen u. a. nach Woltersdorf und Bad Saarow.

In Alt-Stralau ist die Dorfkirche aus dem 15. Jh. noch erhalten.

Eine besondere Attraktion ist der *Kulturpark Berlin* im Plänterwald, ein von den Berlinern und ihren Gästen gernbesuchter 16 000 m^2 umfassender Vergnügungspark. Eine 76 m lange geschwungene Stahlbetonbrücke verbindet die Insel der Jugend mit dem Festland. Ganzjährig lädt die am Wasser gelegene Ausflugsgaststätte „Zenner“ ein, ein ehemaliges Gasthaus mit einer über 150jährigen Tradition. Das längste Riesenfernrohr der Welt ist an der *Archenhold-Sternwarte* zu finden. Es hat eine Brennweite von 21 m. Erstmalig wurde es bei der Gewerbeausstellung 1896 gezeigt. Seit 1968 ist es technisches Denkmal.

Zu den Naherholungsgebieten der Berliner gehört auch der **Stadtbezirk Köpenick** mit den Ortsteilen Friedrichshagen, Schmöckwitz, Grünau, Karolinenhof, Wendenschloß, Müggelheim, Wilhelmshagen, Rahnsdorf. In den Köpenicker Forsten erholen

sich jährlich viele Tausende Urlauber aus dem In- und Ausland auf 10 Campingplätzen und in einem Urlauberdorf am Müggelsee. 80 Prozent der Fläche des Bezirkes Köpenick sind Landschaftsschutzgebiet.

Der Name dieses Berliner Stadtbezirks wurde auch durch die Anekdote vom Schuster Voigt, dem „Hauptmann von Köpenick", weltbekannt. Auf der *Schloßinsel* stand ursprünglich die Burg des Slawenfürsten Jaxa. Das hier befindliche *Barockschloß* wurde am Ende des 17. Jh. errichtet. Seit 1963 ist darin das *Kunstgewerbemuseum* mit dem berühmten Giselaschmuck und dem Silberbuffet aus dem ehemaligen Stadtschloß untergebracht. In der Schloßkapelle finden Konzerte statt.

Die große Anzahl von Berliner Seen, ihre Fläche umfaßt insgesamt 1 600 ha, ermöglicht viele Arten des Wassersports. Bei Berlinern und Berlinbesuchern beliebt ist ein Besuch der *Regattastrecke Grünau*, auf der nationale und internationale Kanu- und Ruderwettbewerbe stattfinden. Zu den zahlreichen Freibädern gehören das *Strandbad Müggelsee* mit FKK-Bereich, das *Strandbad Grünau*, das *Seebad Wendenschloß*.

Der *Müggelsee* ist der größte See im Berliner Stadtgebiet, seine Wasserfläche umfaßt 7,5 km². Durch den 160 m langen Friedrichshagener *Spreetunnel*, 1926 erbaut, gelangt der Spaziergänger von Friedrichshagen aus ans andere Müggelseeufer und zu den 115 m hohen Müggelbergen. Auf dem kleinen Müggelberg befindet sich der 30 m hohe Müggelturm mit Restaurant, Terrasse und Aussichtsgeschoß. Hier hat man einen weiten Rundblick über die Wald- und Seenlandschaft um Berlin. Um den am Fuß des Müggelturmes gelegenen *Teufelssee* führt ein Wanderlehrpfad zu einem Lehrkabinett. Empfehlenswert sind die von der Weißen Flotte veranstalteten Rundfahrten.

In der Wuhlheide wurde 1976/79 auf dem Gelände des *Pionierparkes* ein moderner *Pionierpalast* erbaut. Er ist eine Einrichtung mit Schwimmhalle und Räumen für Arbeitsgemeinschaften und Veranstaltungen. Rechts vom Haupteingang des Parkes befindet sich der Bahnhof der *Pioniereisenbahn*. (↗ Bl. 7)

Ostseeküste

Geographische Besonderheiten: Der westliche Teil der Ostseeküste der DDR und das daran anschließende Binnenland unterscheiden sich in ihrem Aufbau deutlich von der östlichen Boddenausgleichküste. Der als Buchtenküste bezeichnete Abschnitt mit Boltenhagen-Bucht, Wohlenberger Wiek und Wismar-Bucht bildet mit dem sich östlich anschließenden Salzhaff bis zur Bukspitze bei Kühlungsborn eine landschaftliche Einheit. Sie ist durch die sie umgebende Pommersche Hauptendmoräne geprägt und steht außerdem z. T. in unmittelbarem Einfluß der westlichen Ostsee, der Beltsee. Der Raum wird durch kuppige Höhenzüge umspannt, die den Verlauf der Endmoränen der Pommerschen Eisrandlage markieren. Sie erreichen in relativer Küstennähe Erhebungen von z. T. über 100 m, streichen vom Hohen Schönberg (92 m) westlich von Klütz zunächst in südöstliche Richtung (Iserberg 101 m; Fierdsberg 113 m) und biegen am Nordrand des Schweriner Sees nach Nordosten in Richtung Neukloster um. Von dort laufen sie in Richtung Heiligendamm wieder auf die Küste zu und erreichen im Bereich der Kühlung, einem etwa 4 km breiten und 20 km langen Stirnstauchmoränenkomplex, noch größere Höhen (Dietrichshäger Berge 128 m). An diese Kette schließen sich in Richtung Ostsee, z. T. dicht gedrängt, Ablagerungen mehrerer jüngerer Staffeln des Weichsel-Spätglazials, der letzten Vereisung im Norden der DDR, an. So entstand eine Landschaft mit überwiegendem Grundmoränencharakter, deren Oberfläche zumeist flachwellig bis eben ist, aus der zuweilen aber recht beachtliche Erhebungen emporragen, die einen weiten Blick ins Land und auf die Küsten gestatten.

Der Tätigkeit des Eises verdanken wir nicht nur eine reiche Vielfalt an Oberflächenformen. Für die Menschen sind im besonderen Maße Ablagerungen wichtig, die wirtschaftlich verwertbar sind. So bilden z. B. schwere Geschiebelehmböden die materielle Grundlage für den „Klützer Winkel", eines der landwirtschaftlich fruchtbarsten Gebiete Mecklenburgs. Die vielfach vor den Endmoränen abgelagerten Sander markieren die Fließrichtung des Schmelzwassers der gewaltigen Gletscher. Sie haben eine besondere Bedeutung für die Baustoffindustrie und werden hauptsächlich bei Grevesmühlen und um Neukloster abgebaut. Der unmittelbare Uferbereich der Ostsee ist durch niedrige Kliffstrecken, die nur selten über 10 m aufragen, gekennzeichnet. Ihnen lagern zumeist schmale, häufig geröllbedeckte Strände vor. Teilweise vollziehen sich langfristige Senkungsprozesse, so daß nur wenige Küstendünen existieren. Der Wert für die Erholung im Freien ist dadurch aber kaum herabgesetzt. Selbst im Strandbereich hat die Küste einen urwüchsigen Ausdruck.

Der Raum um Wismar hat eine besonders interessante Pflanzenwelt. Mit etwa 1500 nachgewiesenen Arten von Samenpflanzen, Farnen und Moosen gehört er zu den botanisch vielseitigsten Gebieten Mecklenburgs. Dabei verdienen insbesondere die Salzgrasländer und Küstenschlickgesellschaften einzelner Uferabschnitte, in denen z. T. Pioniervegetation des Nordsee-Watts vorkommt, ebenso Aufmerksamkeit wie die Buchenmischwälder im Endmoränenbereich. Ausgewählte Standorte wurden unter Schutz gestellt: NSG „Fauler See" auf Poel; NSG „Döpe" bei Hohen Viecheln; NSG „Züsow": Waldschutzgebiet; LSG „Kühlung", einschließlich der Küste zwischen Rerik und Warnemünde; LSG „Wallensteingraben" zwischen Wismar und dem Schweriner See. Besondere Aufmerksamkeit gilt auch der Tierwelt. Die der Insel Poel vorgelagerte Vogelschutzinsel Langenwerder ist als Brut- und Rastplatz für viele Wasser- und Sumpfvogelarten ebenso bekannt wie das NSG „Conventer See" bei Heiligendamm. Auch das NSG „Dambecker See“ westlich von Bad Kleinen gehört zu den zoologischen Schutzgebieten.

Geschichte: Küste und Binnenland Nordwestmecklenburgs sind altes Kulturland. Die Besiedlung in prähistorischer Zeit wird durch eine Vielzahl an Grabstätten bezeugt, von denen die bekanntesten wohl die jungsteinzeitlichen Großsteingräber östlich von Grevesmühlen sind. Bis zur germanischen Besiedlung ist der gesamte Raum wahrscheinlich ununterbrochen bewohnt gewesen. Das können bronzezeitliche Kegelgräber unterschiedlicher Stadien, wie sie z. B. südwestlich von Bad Doberan zu finden sind, eindrucksvoll belegen.

Aus germanischer Zeit existieren nur wenige Zeugnisse. Der äußerste Nordwesten könnte bis zur Wismar-Bucht randliches Siedlungsgebiet der Sachsen gewesen sein. Als eines der letzten von der Völkerwanderung betroffenen Gebiete war der Landstrich dann zwischen 500 und 600 u. Z. nahezu menschenleer und wurde höchstens von wandernden Stämmen durchzogen.

Historisch bedeutsam wird der Nordwesten Mecklenburgs mit der deutschen Ostexpansion. Zwar entspricht ihr Verlauf im allgemeinen der Entwicklung des gesamten Nordens, doch vollzogen sich gerade hier einige für die Christianisierung und die Herausbildung des späteren Landes Mecklenburg maßgebliche Prozesse. Marksteine der Geschichte sind z. B. die bereits 1167 urkundlich belegte Einflußgrenze des Bistums Ratzeburg bis zur „aqua Wissemara“, des „Wassers Wismar“, die Verleihungen von Stadtrecht (Schwerin 1160, Wismar 1229, Kröpelin 1250, Neubukow 1260, Grevesmühlen 1262), Klostergründungen (Bad Doberan 1171 zunächst in Althof, Westenbrügge 1210, Neukloster 1219) und frühe Kirchenbauten. Der Name des Landes geht auf den 6 km südlich von Wismar gelegenen ehemaligen Hauptsitz der Obodritenfürsten zurück, der bereits 995 als „Mikilinburg“ („Große Burg“) bezeugt ist. Hier gab es schon vor dem Slawenaufstand von 1066 einen Bischofssitz.

Lange Zeit kämpften die Kirche, deutscher, slawischer und auch dänischer Adel sowie die Städte in mehrfach wechselnden Bündnissen um die Vorherrschaft. Zeitgleich zur deutschen Ansiedlung führte das schließlich zur Zurückdrängung bzw. teilweisen Vernichtung oder Assimilation der slawischen Bevölkerung. Wichtigste Hinterlassenschaft dieser Epoche ist das in seinen Grundzügen bis zum Ende des 14. Jh. entstandene Siedlungsnetz, das sich im wesentlichen bis heute kaum verändert hat.

Zu den historischen Besonderheiten des Nordwestens zählt die schwedische Herrschaft über Wismar, die Insel Poel und das Amt Neukloster von 1648 bis 1803. Des günstigeren Zugangs zur Ostsee beraubt, orientierten sich die Mecklenburger stärker auf Rostock, was später u. a. sogar bei der Herausbildung des Streckennetzes der Eisenbahn seinen Niederschlag fand.

Erholungswesen und Tourismus: Eine besondere Bedeutung besitzt der Landstrich für die historische Entwicklung des Erholungswesens. Das erste deutsche Seebad wurde 1793 in Heiligendamm gegründet. Es entsprach anfänglich lediglich den Ansprüchen des Adels nach Repräsentation. Bald entstand jedoch auf Bestreben aufgeklärter bürgerlicher Intellektueller ein weniger aristokratischer Badebetrieb, u. a. in dem seit 1830 zweitältesten Seebad an dieser Küste, in Boltenhagen. Bis zur Entwicklung von Erholungsorten, deren Strände für alle zugänglich sind, vergingen aber auch hier noch über 100 Jahre. (↗ Bl. 1, 2)

Wismar

Lage und Bedeutung: In der Seestadt Wismar leben 58 000 Einwohner. Das regionale Zentrum im Westen des Küstenbezirkes ist ein bedeutender Standort des Schiffbaus, der Seeverkehrs- und Hafenwirtschaft sowie von Bildung, Kultur und Tourismus. Wismar liegt an der Südspitze der durch die vorgelagerte Insel Poel geschützten Wismar-Bucht.

Der Charakter Wismars als Industriestadt wird vorrangig durch die Mathias-Thesen-Werft und wichtige Zulieferer für den Schiffbau bestimmt. Ergänzt wird die Produktionsstruktur durch Möbel-, Elektroinstallations-, Papier- und Baubetriebe, Fisch- und Fleischverarbeitung, eine Zuckerfabrik und andere Einrichtungen der Leicht- und Lebensmittelindustrie. Der zweitgrößte Überseehafen der DDR hat eine Umschlagkapazität von 5 Mill. Tonnen im Jahr. Durch die 1969 gegründete Ingenieurhochschule, seit 1988 Technische Hochschule, mit etwa 2 500 Studenten, profilierte sich die Stadt weiter. Einrichtungen wie die Kultur- und Mehrzweckhalle, Theater und Staatliches Puppentheater, Stadtarchiv und Stadtgeschichtliches Museum, der Internationale Seemannsklub, eine Schwimmhalle und andere Sportstätten sowie die Naherholungsgebiete Seebad Wendorf und Köppernitztal (Heimattiergarten) kennzeichnen die Breite des kulturellen Spektrums. Hervorzuheben ist der architekturgeschichtliche Wert der 75 ha großen Altstadt, die auf über einem Drittel Fläche besonders wertvollen und dichten Denkmalbestand aufweist.

Stadtgeschichte: Verkehrsgeographisch günstig gelegen, an der Ostseestraße von Lübeck nach Stettin, entstand, landseitig geschützt durch die Wendenburgen Schwerin, Dobin und Mecklenburg schon vor 1200 eine Kaufmannssiedlung mit der Nikolaikirche. 1211 bekam das Bistum Schwerin das kaiserliche Recht, hier Schiffe zu halten. Es gab den Hafen also bereits vor der ersten urkundlichen Erwähnung der Bürger Wismars im Jahre 1229. Der damit bezeugten Existenz des Ortes als Stadt ging die Gründung einer planmäßigen Anlage mit Marktplatz und Marienkirche voraus, die sich unmittelbar südlich der ersten Siedlung anschloß. Bis 1250 erfolgte eine Stadterweiterung durch Angliederung der Neustadt mit der Georgenkirche. Die Verwaltung der kirchlichen Hebungen fiel nach 1260 in die Hand der Stadt – eine lokale Besonderheit, die das Verhältnis von weltlicher und geistlicher Macht über Jahrhunderte bestimmte. Bereits 1276 war Wismar erstmals vollständig ummauert. Dabei ließ man den Fürstensitz der Mecklenburger, der 1256 hierher verlegt wurde, zunächst außerhalb. Ein weiteres Zeichen der ökonomischen Stärke setzte die hiesige Streitschlichtung zwischen Lübeck und Rostock 1256. Damit kam Wismar im Prozeß wirtschaftlicher Verflechtung der großen Handelsstädte eine besondere Funktion als Beförderer und Vermittler zu. Bereits 1259 wurde das erste Bündnis zwischen diesen drei Städten geschlossen, das als Vorläufer der 1358 gegründeten Hanse gilt, in deren Wendischem Kontor Wismar Mitglied wurde. Weitreichende Handelsbeziehungen führten zur ersten Blüte der Stadt. Die aus dieser Zeit stammenden bemerkenswerten Kirchenbauten gingen auf hohe Einkünfte zurück. Wollweberei und Bierexport waren besonders wichtig. Um 1480 gab es hier z. B. über 180 Brauer. Diese Periode war aber auch von harten sozialen Auseinandersetzungen geprägt. Ab 1408 kam es zu zahlreichen Erhebungen der Zünfte gegen das Patriziat, in deren Folge der Wollweber Klaus Jesup Bürgermeister wurde.

Mit dem Dreißigjährigen Krieg setzte ein wirtschaftlicher Niedergang ein. 1648 fiel Wismar an Schweden und wurde zu einer der stärksten Festungen Europas ausgebaut. Ohne wirtschaftliches Hinterland verfiel die Stadt aber zusehends. Erst 1803 kam sie zunächst als Pfand und 1903 auch

Wismar: Hafen

formell an Mecklenburg zurück. Der damit einsetzende wirtschaftliche Aufschwung fand nur zögernd statt, doch nach Eisenbahnanschluß, Gründung von Großbetrieben und Ausbau des Hafens blühte Wismar wieder auf. Im zweiten Weltkrieg wurde die Stadt mehrfach bombardiert, und über ein Viertel des Wohnungsbestandes, 80 Prozent der Industrie und unersetzbare Kulturgüter wurden vernichtet.

Aus der 1946 gegründeten Schiffsreparaturwerft entwickelte sich die Mathias-Thesen-Werft, mit etwa 7000 Beschäftigten größter Betrieb der Stadt. Langfristige Aufträge und umfangreiche Neubauserien für die Sowjetunion profilierten die Produktion. Bekannte Beispiele dieser Entwicklung sind Binnenfahrgastschiffe, mittelgroße und große Seefahrgastschiffe, Forschungsschiffe, Atlantik-Hecktrawler und Universalfrachter. Zu den größten auf DDR-Werften gebauten Schiffen gehören die Eisenbahnfähren der Linie Mukran–Klaipeda. Der Hafen Wismars wurde zu einem der größten Kaliumschlaghäfen der Welt entwickelt. An den über 2 km langen Kais werden Getreide, Holz, Chemikalien und Stückgut verladen; hier ist der Ausgangspunkt der „Mittelmeerlinie" (Levante).

Sehenswürdigkeiten: Ein Rundgang durch die historische Altstadt könnte auf dem *Marktplatz* beginnen, der zu den größten im Küstenraum gehört. Er wird im Norden durch das 1819 von Barca im klassizistischen Stil errichtete *Rathaus* begrenzt, in dessen Westflügel die Gerichtslaube aus dem 14. Jh. eingepaßt wurde. Im Südostwinkel des Marktes fällt die *Wasserkunst* von 1580 auf, ein tempelartiger Bau der holländischen Renaissance von Brandin. Von hier wurde die Stadt bis 1897 mit Quellwasser versorgt. Östlich dahinter befindet sich der *„Alte Schwede"* (1380), das älteste Bürgerhaus Wismars. Auf dem freien Platz südwestlich vom Markt stand die im Krieg stark zerstörte *Marienkirche,* deren Turm erhalten werden konnte. Das *Archidiakonat,* ein Kleinod gotischer Baukunst, wurde originalgetreu wieder aufgebaut. Der *Fürstenhof* (1554), nach dem Vorbild italienischer Palazzi errichtet, gilt als bedeutendster Profanbau der Frührenaissance in Mecklenburg. Die Georgenkirche ist seit dem zweiten Weltkrieg nur als Ruine erhalten. Dagegen blieb die in Bahnhofsnähe liegende *Nikolaikirche* unversehrt. Viele Kunstschätze der zerstörten Kirchen wurden hier aufgenommen. Mit 37 m ist ihr Mittelschiff das höchste in der DDR. Daneben, im *Schabbelthaus* (1569), einem Brauhaus von Brandin, wurde das *Stadtgeschichtliche Museum* eingerichtet. Für die Hansezeit charakteristisch ist eine Vielzahl alter Giebelhäuser, deren Stil auch bei Rekonstruktion und Neubau z. B. in Hafennähe teilweise nachempfunden wird. Touristisch besonders attraktiv ist der frei zugängliche Alte Hafen mit dem Wassertor (um 1450), dem letzten erhaltenen Stadttor. Vom *Baumhaus* ist ein Rundblick auf die Silhouette der Altstadt, aber auch auf die Werft und das Neubaugebiet Wendorf empfehlenswert.

Ausflugsziele in der Umgebung: Insel Poel kann nicht nur vom Wismarschen Hafen aus mit Schiffen der Weißen Flotte erreicht werden, sondern auch mit dem Kraftfahrzeug (Linienbus) über den 1927 aufgeschütteten Damm bei Groß Strömkendorf. Wirtschaftliche Grundlagen der über 2800 Inselbewohner sind Landwirtschaft und Fischfang. Das VEG Saatzucht Malchow beschäftigt sich mit einer international anerkannten Vermehrungszucht u. a. von Rotklee und Raps. Zunehmende Bedeutung erlangt das Erholungswesen. Mit über 30 000 Gästen, vorwiegend bei Camping (Timmendorf) und in Betriebsheimen, ist die Insel das wichtigste Urlaubsziel im Kreis Wismar. Die besten Strände findet man vor dem Schwarzen Busch, bei Timmendorf und Wangern (FKK). Die Kirche von Kirchdorf, dem Hauptort der Insel, gehört zu den ältesten in Mecklenburg. Sie steht innerhalb der Wallanlagen einer im Dreißigjährigen Krieg zerstörten Festung.

Das **Ostseebad Boltenhagen** ist der wichtigste Urlaubsort westlich von Wismar. Jährlich erholen sich fast 80 000 Gäste am über 3 km langen Sandstrand.

4 km landeinwärts befindet sich die Kleinstadt **Klütz** mit der Stadtkirche, einem Backsteinbau aus romanisch-gotischer Übergangszeit (13. Jh.); Gaststätte in der Klützer Mühle. Das *Schloß Bothmer* (1726), ein großzügiger barocker Backsteinbau in einem 13 ha großen Park, dient heute als Pflegeheim. Die gesamte Anlage ist dem englischen Blenheim Castle in Oxfordshire nachempfunden. Dem motorisierten Touristen wird die Route von Schwerin über Grevesmühlen empfohlen. (↗ Bl. 1)

Rostock

Lage und Bedeutung: Flachwellige bis ebene Grundmoränen aus der letzten (Weichsel-)Eiszeit prägen das Bild des Küstenhinterlandes der Ostsee im mittleren Teil des Bezirkes Rostock. Dieses Gebiet wird von der Warnow durchflossen, die sich 15 km vor der Mündung zur Unterwarnow verbreitert. Nach weiteren 10 km buchtet der Fluß zum Breitling aus. Dieser wird von einer Dünennehrung geschützt, die sich im Verlauf der Küstenformung am Kliff der Stoltera in östlicher Richtung anlagerte.

Die Stadt Rostock erstreckt sich beiderseits entlang der Unterwarnow bis zur Mündung des Flusses in die Ostsee. Zwischen den historischen Siedlungskernen Rostocks – Altstadt an der Warnowverbreiterung (slaw. Roztoc – Auseinanderfluß) und Warnemünde auf der Nehrung – ist eine Großstadt von 250 000 Einwohnern gewachsen. Ein Großteil der Bevölkerung wohnt in den jüngsten Stadtteilen Evershagen, Lütten Klein, Lichtenhagen, Schmarl, Groß Klein und Dierkow, in naher Zukunft auch in Toitenwinkel.

Die Bezirksstadt Rostock ist das bedeutendste Zentrum der Industrie-, Seeverkehrs- und Hafenwirtschaft und wissenschaftlicher Forschung und Lehre an der Küste der DDR. Das Fluidum einer Hafenstadt, die

Schönheiten und kulturellen Werte einer alten Hansestadt und einer modernen Großstadt machen Rostock zu einem beliebten Anziehungspunkt im nationalen und internationalen Reise- und Erholungsverkehr.

In der Umgebung der Stadt bewirkten klimatische und landschaftliche Reize die Entwicklung eines ausgeprägten Bäder- und Kurwesens (z. B. Graal-Müritz). Das Mosaik von Strand, ebener und kuppiger Moränenlandschaft mit Feldern, Wiesen, Wäldern (z. B. Rostocker Heide, Kösterbecker Berge) und zahlreichen kleinen Siedlungen bietet ausreichende Möglichkeiten für Nah- und Fernerholung im Rostocker Raum.

Rostocks Bedeutung als Werft- und Hafenstadt gründet sich besonders auf den Schiffbau in zwei Großwerften und in Betrieben entsprechender Zulieferindustrien, auf den Überseehafen, die Hochseeflotte der DDR und die Hochseefischerei. Im VEB Warnowwerft Warnemünde werden Vollcontainer- und Mehrzweckfrachtschiffe, im VEB Schiffswerft „Neptun" vor allem Mehrzweckfrachtschiffe und Spezialschiffe gebaut, vorwiegend für den Export in die UdSSR. Etwa 18 Schiffe laufen auf beiden Werften jährlich vom Stapel. Der VEB Dieselmotorenwerk und der VEB Schiffselektronik sind wichtige Rostocker Zulieferbetriebe des Schiffbaus, der in einem Kombinat vereinigt ist.

Der VEB Deutfracht/Seereederei Rostock (DSR) ist der Stammbetrieb des Kombinates Seeverkehrs- und Hafenwirtschaft, zu dem u. a. auch der Seehafen Rostock gehört. Unter der blauroten Flagge der Deutfracht/Seereederei sind 176 Schiffe mit 1,8 Mill. Tonnen Tragfähigkeit und etwa 12 Mill. Tonnen Transport pro Jahr auf allen Meeren der Welt im Dienste des Außenhandels der DDR und von internationalen Kunden im Einsatz. 26 Liniendienste nach 4 Kontinenten bietet die DSR neben der Trampschifffahrt an. Der VEB Seehafen Rostock mit dem Überseehafen und dem Stadthafen ist größter Seeumschlagplatz der DDR für Schütt-, Stück- und Flüssiggut. Gegenwärtig werden schon über 20 Mill. Tonnen Güter im Jahr umgeschlagen. Schiffe bis zu 60 000 Tonnen Tragfähigkeit können den Überseehafen, bis zu 5 000 Tonnen Tragfähigkeit den Stadthafen ansteuern.

Die maritime Wirtschaft Rostocks ist auch durch die Fischerei, insbesondere die Hochseefischerei, geprägt. Die Fanggebiete der Flotte des VEB Fischfang Rostock (Stammbetrieb im VEB Fischkombinat) mit über 50 Fang-, Verarbeitungs- und Transportschiffen liegen vor allem im Nord- und Südatlantik sowie im Indischen Ozean.

Das wirtschaftliche Profil Rostocks wird weiterhin durch Betriebe des Bauwesens, aber auch durch die Nahrungs- und Genußmittelindustrie, die Bekleidungsindustrie und die chemische Industrie mitbestimmt. Letztere ist durch den Großbetrieb VEB Düngemittelwerk vertreten.

Rostock ist außerdem ein wichtiger Verkehrsknoten im Eisenbahn- und Straßenverkehr; von besonderer Bedeutung ist der grenzüberschreitende Trajektverkehr nach Gedser (Dänemark). Das wissenschaftliche Leben der Stadt wird durch die Wilhelm-Pieck-Universität (mit vorrangiger Ausbildung und Forschung auf den Gebieten Seewirtschaft, Landwirtschaft, Informationsverarbeitung, Lehrerbildung und Medizin), die Ingenieurhochschule für Seefahrt Warnemünde/Wustrow sowie Fachschulen geprägt.

Bedeutende Einrichtungen des Gesundheits- und Sozialwesens (Universitätskliniken, Bezirkskrankenhaus), der Kultur (Volkstheater Rostock, Museen, Kunsthalle u. a.), des Sports (Sportforum, Sport- und Kongreßhalle, Meeresbrandungsbad) und des Kur- und Erholungswesens unterstreichen Rostocks hohen Stellenwert für die DDR.

Stadtgeschichte: Neben einem slawischen Siedlungs- und Handelsplatz am Warnowübergang entstand im

Am Strande
Stadtmauer
Petrikirche
Alter Markt
Nikolaikirche
Mühlen-
Straße
Bleicher-
Bahnhof-
Am Bagehl
Wollenweber-
Gruben-
straße
Faule Straße
Gartnerstr.
Wendenstr.
Große Mönchenstraße
Kleine Mönchenstr.
Mönchentor
Weinstr.
Trägerstr.
Koßfelder-
Krönkenhagen
Burg-
Strand-
wall
Lager-
Petersilienstr.
Wokrenter-
Plaster-
Schnickmannstraße
Bad-
Strand-
Auf der Huder
Fischer str.
Aalste-
Haus der Gewerkschaften
Fischerbastion
Warnowufer
Lange Straße
Breite Str.
Vogelsang
Kleine Fisch-
Kramer-
Marienkirche
Ernst-Thälmann-Platz
Rathaus
Ratskeller
Steinstr.
Hauptpost
Hotel Nordland
Seemannshotel Haus Sonne
Steintor
Rat des Bezirkes
Haus der Armee
OdF-Mahnmal
Rosengarten
Karl-Marx-Platz
Ernst-
Kistenmacher-
Glatter Aal
Gar-
Johannisstr.
binder-
Buch-
Faule Grube
Am Ziegenmarkt
Alte Münze
Stadt- u. Bez.-bibliothek
Heiligengeisthof
Eselföter-
Boulevard-
Intimes Theater
Rostocker Heide
Runge-
Michaeliskloster
Altbettelmönchstr.
Hermann-
Schwaansche Straße
Wall-
Volkstheater Kleines Haus
Capitol
Univ.-bibl.
Barocksaal
Universitätsplatz
Blücher-dkm.
Pädagogienstraße
Klaus-Störtebeker-Platz
Apostelstraße
W.-Pieck-Universität
Universitätskirche ehem. Kloster Zum Heil. Kreuz
Klosterhof
Kl. Katthagen
Gr. Katthagen
Kröpeliner Straße
Kröpeliner Tor
Rostock-Information
Ostseegaststätte und Bar
Varna
Ostseetourist
Hotel Warnow
Newa-Bar
Hermann-Duncker-Platz
Kino-Café
Wallanlagen
Am Bussebart
Beim grünen Tor
Ring
Radiol. Univ.-klinik
Schröder-platz
August-Bebel-
Schröder-
Vögenstr.
Pieck-
Weg
Haedge-
Zochstraße
Gertruden-
Luisenstraße
Gertrudenplatz
Werder-
Neue
Doberaner Platz
Stampf-
muller-
Friedrich-
Trocadero
Feld-
Hum
Rich.

Verlauf der Ostexpansion im 12./13. Jh. auf dem Hügel des jetzigen Alten Marktes und der St.-Petri-Kirche eine deutsche Ansiedlung, die 1218 Stadtrecht erhielt. Noch im 13. Jh. entstanden westlich der Altstadt – durch Warnowmündungsarme getrennt – eine Mittelstadt mit der Marienkirche und eine Neustadt um den heutigen Universitätsplatz. Eine weitere Ansiedlung um die Nikolaikirche wuchs mit der Altstadt zusammen. Bis 1265 vereinigten sich die drei Teilstädte zu einer Stadt. Das Rathaus der Mittelstadt wurde Verwaltungssitz. Eine Stadtmauer mit 22 Toren, später ergänzt durch Wallanlagen, Bastionen und Wassergräben, umschloß allmählich die gesamte Stadt. Bis ins 19. Jh. hinein verharrte die Stadt in dieser territorialen Begrenzung. Rostock entwickelte sich als Handelsplatz an einer großen West-Ost-Handelsstraße und an der Warnow. Beizeiten sicherte sich die Stadt das Warnowmündungsgebiet, erwarb 1323 das Fischerdorf Warnemünde und förderte in ihren Mauern Schiffbau, Schiffahrt und Handwerk. Schwunghafter Zwischenhandel vermehrte das Kapital, und im Städtebund der Hanse erlebte Rostock im 14./15. Jh. eine Zeit politischer, wirtschaftlicher und kultureller Blüte. Prachtvolle Kirchen, das Rathaus, Bürgerhäuser, Stadttore und -mauern zeugen vom Aufschwung in dieser Zeit, die allerdings auch von Klassenkämpfen stark erschüttert wurde. 1419 wurde die Universität als erste im nördlichen Europa gegründet, und die Stadt entwickelte sich zu einem Zentrum des geistigen Lebens im Ostseeküstengebiet.

Nach dem Niedergang der Hanse folgten jahrhundertelang schwere Zeiten durch Kriege und Besatzungen, verbunden mit beträchtlichen Schiffahrts- und Handelseinschränkungen (z. B. 1632 Schwedenzoll, napoleonische Kontinentalsperre). Erst von 1850 bis 1880 erlebte die Schiffahrt noch einmal eine Glanzzeit. Rückständige politische und ökonomische Verhältnisse in Mecklenburg und die Konkurrenz großkapitalistischer Unternehmen in anderen Nord- und Ostseestädten führten erneut zu wirtschaftlichem Niedergang. Die industrielle Entwicklung vollzog sich nur sehr langsam (z. B. Neptunwerft).

Warnemünde, bis ins 19. Jh. hinein ein in Handel und Gewerbe stark beeinträchtigtes Anhängsel Rostocks, wandelte sich um 1820 vom Fischer- zum Badeort. Der Fremdenverkehr erhielt aber erst am Ende des vorigen Jahrhunderts entscheidende Bedeutung, die auch an den Gebäuden noch heute ablesbar ist. Zunächst errichteten die Vermieter Veranden an ihren Häusern. Nach 1870 entwickelte sich Warnemünde mit Hotels und Pensionen zu einem kapitalistischen Badeort, vor allem für Berliner Badegäste. Weitere wirtschaftliche Impulse erhielt der Ort durch die Einrichtung der Fährverbindung nach Dänemark. Die zögernd verlaufende kapitalistische Entwicklung Rostocks bewirkte ein langsames Wachstum der Stadt über ihre mittelalterliche Begrenzung hinaus. Insbesondere nach 1870 entstand als Villenviertel der Bourgeoisie die Steintorvorstadt, und der Arbeitskräftezustrom vom Land wurde hauptsächlich in die Kröpeliner-Tor-Vorstadt gelenkt. Obwohl Rostocks ökonomisches Potential im Vergleich zu anderen deutschen Städten gering blieb, entwickelte sich die Stadt im rückständigen Mecklenburg zum führenden Industriestandort und zum Mittelpunkt der Mecklenburger Arbeiterbewegung.

In der Weimarer Republik wurde Rostock als See- und Hafenstadt sowie Versorgungs- und Handelszentrum für die mecklenburgische Landwirtschaft ausgebaut und im Zuge der faschistischen Aufrüstung zum Standort der Flugzeugindustrie ausgewählt. 1935 hatte die Stadt erstmals über 100 000 Einwohner. 1942/43 zerstörten britische Bomber große Teile der Altstadt und damit viele Wohnungen, Industrieanlagen und Baudenkmale.

Nach der Befreiung vom Faschismus entwickelte sich Rostock zu einer sozialistischen Großstadt. Zunehmend erhielt sie den Charakter einer Industriestadt auf der Basis leistungsfähiger volkseigener Betriebe der Seewirtschaft, allen voran der Warnowwerft (1946 gegründet), der Neptunwerft und des Dieselmotorenwerkes (1950 gegründet). Mit dem Aufbau des Seehafens (1957/60) und der Erweiterung der Handelsflotte der DDR erhielten Seeschiffahrt und Hafenwirtschaft für die Stadt vorrangige Bedeutung. Die industrielle Entwicklung verlief parallel mit dem Ausbau aller weiteren Funktionen der Stadt, insbesondere von Wissenschaft und Bauwesen. Es entstanden zahlreiche neue Wohngebiete zwischen der Südstadt und Warnemünde bzw. Dierkow entlang der Unterwarnow. Im Rahmen der umfassenden intensiv erweiterten Reproduktion im Städtebau als Einheit von Wohnungsneubau, Rekonstruktion, Modernisierung und Werterhaltung wurden ältere Stadtteile gestaltet. Der nördliche Teil der historischen Altstadt und die Nordseite des Universitätsplatzes sind dafür ansehenswerte Beispiele.

Im Stadtteil Warnemünde wurde die Erholungsfunktion vor allem durch das Hotel Neptun und das erste Meeresbrandungsbad der DDR erweitert. Über 120 000 Urlauber und 2,5 Mill. Tagesbesucher werden jährlich in Warnemünde gezählt. Im Rostock benachbarten Ostseebad Graal-Müritz erholen sich jährlich etwa 100 000 Urlauber und über 650 000 Tagesbesucher.

Sehenswürdigkeiten: Ein Blick auf den Stadtplan läßt eine klar gegliederte Stadtanlage erkennen, die bei einem Aufenthalt in Rostock leicht zu erfassen ist: mittelalterliche Altstadt an der südlichen Unterwarnow mit den drei historischen Stadtkernen – Neubauten wurden errichtet und Rekonstruktionsmaßnahmen durchgeführt –, Steintor- und Kröpeliner-Tor-Vorstadt und unmittelbar benachbarte Stadtteile aus kapitalistischer Zeit, die neuen Wohngebiete westlich der Unterwarnow von Reutershagen I bis Groß Klein (einschließlich Südstadt), die jüngsten Neubaugebiete im Nordosten der Stadt (Dierkow u. a.), Warnemünde-Markgrafenheide.

Am *Ernst-Thälmann-Platz* entstand als Mittelpunkt der Altstadt im 13. Jh. das *Rathaus* durch die Vereinigung von zwei Bürgerhäusern, die durch eine gotische Backstein-Schauwand mit sieben Türmchen verschönt wurden. Seit dem 18. Jh. verdeckt jedoch ein barocker Vorbau diese Wand fast völlig. Giebelhäuser unterschiedlicher Bauepochen prägen die Westseite des Platzes und künden vom Reichtum des alten Rostock. Die Häuser um den Platz wurden im zweiten Weltkrieg stark zerstört. Die neuen Bauten an der Südseite (Hauptpostamt, Seemannshotel „Haus Sonne") passen sich der alten Bauweise an. Das Nordende des historischen Neuen Marktes geht heute fließend in die *Lange Straße* über. Lange Str. 5 befindet sich die Rostock-Information.

Gleich hinter dem Rathaus sieht man ein schönes Haus aus dem 16. Jh. mit aufstrebendem gotischen Giebel und Terrakotten aus der Renaissance, das *Kerkhofhaus*. Im Nordwesten erhebt sich die *Marienkirche*, das größte und bedeutendste gotische Bauwerk Rostocks. Das Innere der kreuzförmigen Basilika birgt Kostbarkeiten der Kunst aller Epochen (Bronzetaufkessel, Altar, Astronomische Uhr, Kanzel, Orgelprospekt u. a.). Unweit des Ernst-Thälmann-Platzes befinden sich in südlicher Richtung Reste der mittelalterlichen Stadtbefestigung: das *Steintor* (Renaissance), Stadtmauer, Grünanlagen auf den früheren Festungswällen (Rosengarten, Wallanlagen). Am Platz vor dem Steintor liegen der Neubaukomplex des graphischen Großbetriebes „Ostsee-Druck" und gegenüber das *Schiffahrtsmuseum der DDR*.

Zwischen Ernst-Thälmann-Platz und dem 54 m hohen *Kröpeliner Tor* (um 1280; heute stadtgeschichtliches Museum) – schöner Ausblick über die Stadt – wurde 1968/69 die *Kröpeliner Straße* zum Fußgängerboulevard umgestaltet. In den historischen Bürgerhäusern mit zum Teil architektonisch

Rostock: Universitätsplatz

beeindruckenden Giebeln aller Bauperioden sind Geschäfte, Gaststätten, Bibliotheken usw. eingerichtet, so daß die Straße ein belebtes Einkaufszentrum darstellt und auch zum Promenieren einlädt. Im Mittelteil erweitert sich der Boulevard zum *Universitätsplatz* mit dem *Universitätshauptgebäude* (1867/70), dem ehemaligen Palais und seinem Barocksaal, dem Brunnen der Lebensfreude, dem Blücherdenkmal und – an der Nordseite – dem 1986 fertiggestellten, architektonisch sich bestens einfügenden Bauensemble aus Wohnungen, Läden und Gaststätten. Ein Glockenspiel lenkt die besondere Aufmerksamkeit auf sich. Hinter dem Universitätshauptgebäude befindet sich das ehemalige *Kloster zum Heiligen Kreuz*, heute *Kulturhistorisches Museum*.

Beim Gang zur nördlichen Altstadt sollte man am *Hermann-Duncker-Platz* die Gebäudeeinheit von Langer Straße (1953), Hotel Warnow und Haus der Gewerkschaften sowie den Blick über den Stadthafen und die Unterwarnow genießen. Im Gebiet nördlich der Langen Straße lag Mitte der achtziger Jahre der Schwerpunkt innerstädtischen Bauens. Über 500 Wohnungen, Gaststätten, Läden, Handwerksbetriebe entstanden in backsteinbetonter Architektur neu, einige Gebäude wurden rekonstruiert und restauriert, z. B. das spätgotische Giebelhaus aus der Hansezeit *Wokrenter Str. 40.*

Im ältesten Stadtteil Rostocks lohnt sich ein Blick von der Stadtbefestigung hinter der Petrikirche über das Mündungsgebiet der Oberwarnow hinweg auf die Stadtteile Brinckmansdorf und Dierkow. Auch im ältesten Stadtteil ist die *Nikolaikirche* mit dem für Wohn- und Verwaltungsräume ausgebauten Turm und Kirchendachgeschoß sehenswert.

In Richtung Warnemünde steht in der Doberaner Straße das *Volkstheater Rostock.* Am Kabutzenhof, nahe der Anlegestelle der Weißen Flotte, befindet sich seit 1971 eine *Gedenkstätte der revolutionären Matrosen.* Der *Botanische Garten* der Universität, das Sportforum (mit Ostseestadion, Schwimmhalle „Neptun“ u. a.), die Barnstorfer Anlagen (mit Freilichtbühne, Gaststätten usw.), der *Zoologische Garten* und die Anlagen am Schwanenteich mit der *Kunsthalle* sind zwischen der Kröpeliner-Tor-Vorstadt und Reutershagen Stätten vielfältiger Freizeitgestaltung.

Im Neubaukomplex Nordwest vermitteln die einzelnen Stadtteile unterschiedliche und zugleich reizvolle Eindrücke. Sie werden kontrastiert durch die dörflichen Siedlungskerne am Rand der Neubaugebiete mit zum Teil wertvollen niederdeutschen Bauernhäusern (Lütten Klein, Lichtenhagen). An der Nordseite von Schmarl ist das *Traditionsschiff „Frieden"* vertäut, das zusammen mit weiteren maritimen technischen Denkmalen vor allem *Schiffbaumuseum* ist.

Warnemünde bietet mit der Promenade am Alten Strom mit *Leuchtturm* und *Westmole*, mit *Museum* und Hafenrundfahrt im Überseehafen Seefahrtskolorit. Außerdem vermitteln Strand, Seepromenade und Seestraße mit den zahlreichen Erholungseinrichtungen die typische Atmosphäre eines großen Ostseebades. In Rostocks Südstadt, unweit des Hauptbahnhofes (1886), ist die *Sport- und Kongreßhalle* (1979) ein beliebtes Ziel. (↗ Bl. 2)

Rostock-Warnemünde:
Mole mit Leuchtturm

Bad Doberan

Lage und Bedeutung: Das administrative, ökonomische und kulturelle Zentrum des Agrarkreises im westlichen Umland der Bezirksstadt Rostock zählt 12 200 Einwohner. Der Kurort ist 6 km von der Küste entfernt und breitet sich am Ostrand der bewaldeten Kühlung in einer Senke aus. Bad Doberan ist über die F 105 zu erreichen und liegt an der Eisenbahnstrecke Wismar–Rostock. Die Produktionsstruktur der Stadt ist eng mit dem Schiffbau verbunden (Zulieferer), traditionell aber auf Landwirtschaft orientiert. Mineralquellen in der Umgebung (Glashagen) sind Grundlage für die Getränkeindustrie. Von Bedeutung ist das Eisenmoorbad, dessen Sanatorium jährlich 1300 Patienten betreut.

Stadtgeschichte: Nach einer ersten Klostergründung in Althof (1171) wurde das Zisterzienserkloster 1186 an der heutigen Stelle eingerichtet. Bereits 1232 konnte die erste, im romanischen Stil erbaute Kirche geweiht werden, der bald das Münster folgte (1294–1368). Als größtes Kloster Mecklenburgs wurde es 1552 säkularisiert. Nur langsam entwickelte sich die Siedlung. Doberan wird erst 1611 als Flecken erwähnt. Durch die 1793 hierher verlegte Sommerresidenz des Herzogs erfuhr der Ort Aufschwung. Dem 1814/16 entstandenen Kurhaus folgte die Anlage einer Villensiedlung. 1879 zur Stadt erklärt, erhielt Doberan 1883 Eisenbahnanschluß. 1929 wurde die Bezeichnung „Bad" verliehen. Seit 1952 ist der Ort Kreisstadt.

Sehenswürdigkeiten: Im In- und Ausland bekannt ist das *Doberaner Münster*. Der für die klassische Stilstufe des gotischen Backsteinbaus ausgewogenste Sakralbau ist einer der schönsten im Küstenraum mit reicher mittelalterlicher Ausstattung, besonders liturgischer Geräte. Außer der Kirche sind von den ehemaligen Klosteranlagen nur noch das Beinhaus

Bad Doberan: Münster

(vor 1250), das Kornhaus (1270/80) und das Brauhaus (1290) erhalten. Mittelpunkt der klassizistischen Anlagen ist der dreieckige *Kamp*, eine vormals als Viehweide genutzte Parkanlage. Er wird östlich durch das *Große Palais* (Severin, 1806/09) und nördlich durch das *Salongebäude* (1802) begrenzt. Auf dem Kamp befinden sich zwei Pavillons im chinesischen Stil (1808/13), als Café bzw. Bibliothek genutzt. Das *Stahlbad* (1825; Sanatorium) liegt in Bahnhofsnähe.

Mit dem *„Molli"*, der 1910 nach Kühlungsborn in Betrieb genommenen Schmalspurbahn, kann man bereits seit 1886 **Heiligendamm** erreichen, Ortsteil von Bad Doberan. Hier hat eine Fachschule für angewandte Kunst ihren Sitz. Im Seeluftsanatorium des Kurbades werden jährlich 8000 Patienten behandelt. 1793 als erstes deutsches Seebad gegründet, war Heiligendamm bis 1945 ein aristokratischer Vergnügungsort. Der Anregung des Rostocker Mediziners Vogel, von Hufeland unterstützt, ein Heilbad einzurichten, wurde erst nach 150 Jahren entsprochen. Das *Kurhaus* (1814) ist ein Beispiel des akademischen Klassizismus. Hell gestrichene Villen an Promenade und Kurplatz führten zur Bezeichnung „Weiße Stadt am Meer". Nach Osten geht der geröllbedeckte Strand in den „Heiligen Damm" über, eine sturmflutbedingte Steinaufspülung, die das NSG „Conventer See" zum Meer hin abschottet. (↗ Bl. 2)

Ausflugsziele in der Umgebung: Die Lage des **Ostseebades Kühlungsborn** zwischen dem 4 km langen flachen Ostseestrand und den bewaldeten Höhen der schluchtenreichen Kühlung ist äußerst reizvoll. Mit fast 150 000 Urlaubern ist Kühlungsborn einer der bedeutendsten Erholungsorte der DDR und war bis zur jüngsten Entwicklung von Binz (Rügen) unser größtes Seebad. Zu den vorrangig für die Urlauberbetreuung ausgestatteten Einrichtungen der Stadt gehören etwa 70 Ferienheime, Sportanlagen, Campingplätze, eine beheizbare Meerwasserschwimmhalle u. a. Fischerei sowie Leichtindustrie und Nahrungsgüterwirtschaft sind weitere ökonomische Grundlagen der Stadt. Hier befindet sich ein Observatorium für Ionosphärenforschung. Die Stadtgründung erfolgte 1938 durch Zusammenschluß der Dörfer Arendsee, Brunshaupten und Fulgen. Ab 1857 entwickelte sich der Badebetrieb. Noch Ende des 19. Jh. begann die Anlage von Parks, Konzertgärten und der 3 km langen Kurpromenade.

Der durch Wanderwege gut erschlossene, südlich von Kühlungsborn gelegene Abschnitt der **Kühlung** ist geologisch interessant. Durch in die Endmoränen eingepreßte Tertiärschollen entstand eine den Mittelgebirgen ähnliche Oberflächenform. Weitere Wanderwege führen nach Westen bis **Rerik** – die 2100 Einwohner zählende Kleinstadt zwischen Ostsee und Salzhaff ist jährlich Ziel von 30 000 Urlaubern. (↗ Bl. 1)

Fischland, Darß und Zingst

Geographische Besonderheiten: Das Fischland, der Darß und Zingst waren einst Inseln, die durch schmale Verbindungen zwischen den Bodden und der offenen See voneinander getrennt waren.

Kennzeichnend für die heutige Halbinsel, die längste der südlichen Ostseeküste, ist der Kontrast zwischen der glatten Kontur der Außenküste, die nur von der markanten Richtungsänderung bei Darßer Ort unterbrochen wird, und den zahlreichen Buchten, Landvorsprüngen und Inseln auf der Boddenseite. Dieser Gegensatz ist charakteristisch für die Boddenausgleichsküste und das Ergebnis einer relativ jungen erdgeschichtlichen Entwicklung. Die Vergletscherung hatte hier ein Relief hinterlassen, das dem des südlich angrenzenden Festlandes sehr ähnlich gewesen sein muß. Gegen dieses Land begann vor etwa 8000 Jahren die See vorzudringen; ein schneller und weltweiter Anstieg des Meeresspiegels erreichte vor etwa 5700 Jahren bereits annähernd das gegenwärtige Niveau. Die Erhöhung des Meeresspiegels führte nicht einfach zu einer „Überflutung“ oder zu einem „Ertrinken“ des Landes, sondern infolge umfangreicher und intensiver Küstenprozesse zur Entstehung neuer Formen, die gerade auf dem Darß und Zingst das Landschaftsbild prägen. Die höher gelegenen Flächen wurden zu Inseln, an denen der Seegang brandete, das Material abgetragen und verfrachtet wurde. Das Fischland, das sich ursprünglich wesentlich weiter nach Westen ausdehnte, der Altdarß, aber auch Untiefen, die heute einige Meter unter dem Meeresspiegel liegen, sind die Reste solcher Inselkerne. Über eine weite Strecke wird z. B. die Grenze zwischen dem Neudarß und Altdarß durch eine deutliche Geländestufe gebildet, die nordöstlich des Großen Sterns sehr gut erkennbar ist. Bis hierher reichte noch um die Zeitenwende die Meeresbrandung, denn diese Geländestufe ist ein ehemaliges Steilufer, ein fossiles Kliff, das erst durch die allmählich nach Norden wachsenden neuen Landbildungen inaktiv wurde. Die Landverluste waren und sind also die Voraussetzung dafür, daß Neulandflächen gebildet werden können.

So besteht fast der gesamte Nordteil des Darß, der sog. Neudarß, aus zahlreichen langgestreckten Erhebungen mit zwischenliegenden Senken, die sich in sanft geschwungenem Verlauf etwa in west-östlicher Richtung hinziehen. Sie werden als Reffe und Riegen bezeichnet und weisen einen charakteristischen Wechsel der Vegetation auf. Auf den trockeneren Reffen verlaufen mehrere Wanderwege, wie z. B. der Neue Langseer Weg, der Mittelweg und der Leuchtturmweg. Auch die Straßenzüge in Prerow zeichnen die Lage der Reffe nach, hier bot sich geeigneter Baugrund und mehr Sicherheit als in den tiefergelegenen, häufig feuchten und vermoorten Riegen. Die besonders zahlreichen Reffe und Riegen sind vom Meer geschaffene Bildungen, ehemalige Strandwälle, auf denen Dünen entstehen konnten und flache Strandseen, die verlandeten.

Ein eindrucksvolles Zeugnis für den gegenwärtigen Küstenrückgang ist das Hohe Ufer des Fischlandes. Vergleichsmessungen ergaben hier einen durchschnittlichen Landverlust von etwa 60 cm pro Jahr. So wie das Steilufer des Fischlandes sind große Teile der gesamten Westküste des Darß im Rückgang begriffen. Die Abtragung erfaßt dabei auch Formen, die in früheren Entwicklungsphasen durch das Meer geschaffen wurden. So unterliegen am Westufer, besonders deutlich bei Esper Ort, Strandwälle und Dünen, die nur einige hundert Jahre alt sind, schon wieder dem Abbruch.

Derartige Prozesse des Küstenausgleichs führten zu einer allmählichen Abschnürung der Bodden von der offenen See. Vorher unterlagen auch diese Gewässer stärkeren Veränderungen, worauf z. B. zahlreiche heute bewachsene Steilufer hinweisen. Noch im 14. Jh. wurde das Fischland im Norden und Süden durch schmale Wasserarme begrenzt, die auch für den Schiffsverkehr nutzbar waren; sie wurden jedoch in späteren kriegerischen Auseinandersetzungen blokkiert. Die letzte Verbindung, der Prerow-Strom, wurde erst im Jahre 1874 abgeriegelt. Diese Schließung stand im Zusammenhang mit umfangreichen Schutzmaßnahmen, die nach dem schweren Sturmhochwasser von 1872 notwendig geworden waren. Besonders bei Nord- und Oststürmen auftretende hohe Wasserstände hatten häufig verheerende Wirkungen für die Halbinsel; sie verursachten Landverluste, Durchbrüche und Überflutungen. Jahrhundertelang waren die Bewohner solchen Katastrophen nahezu schutzlos ausgeliefert. Erst seit Mitte des vorigen Jahrhunderts wurden umfangreiche und wirkungsvolle Küstenschutzmaßnahmen getroffen. Heute sind See- und Boddendeiche, Dünen, Schutzwaldstreifen, Strandaufspülungen und Buhnen in diesem besonders gefährdeten Küstengebiet äußere Kennzeichen solcher Bemühungen. Ständig wird versucht, die Sicherungssysteme zu vervollkommnen. Kennzeichnend für die Küste östlich von Prerow ist z. B. die Kombination von Buhnen, die auf über 10 km Küstenlänge geschlagen wurden, mit Aufspülungen und Aufschüttungen von Seesand (seit den sechziger Jahren insgesamt etwa 1,3 Mill. m^3), mit gepflegten Dünen, Schutzwaldstreifen und Seedeichen. In ähnlicher Weise wird die Küste zwischen Dierhagen und Wustrow durch Deiche, Dünen und Aufspülungen geschützt. Vor dem Hohen Ufer des Fischlandes wird gegenwärtig versucht, durch den Einsatz küstenparalleler Wellenbrecher im Flachwasser die Energie des Seegangs an den am stärksten angegriffenen Uferpartien zu vermindern.

Vielfältig ist die Pflanzenwelt des Darßwaldes; charakteristische Vegetationsgemeinschaften zeichnen durch ihre Verbreitung die erdgeschichtliche Entwicklung der Landschaft nach und geben gleichzeitig Zeugnis von ehemaligen und heutigen Bewirtschaftungsformen und von Naturkatastrophen. Besonders eindrucksvoll ist der kleinräumige Wechsel auf dem Neudarß. Die feuchten, z. T. sogar noch von Seen erfüllten Riegen werden vielfach von Erlen-Bruchwäldern eingenommen, auf den trockeneren Reffen siedeln sich vorzugsweise Kiefern und Rotbuchen an. Bizarre Formen und dichter Unterwuchs mögen Anlaß gewesen sein, das Wort vom „Darßer Urwald“ zu prägen. Die dem Seewind ausgesetzten Windflüchter waren und sind bevorzugte Bildmotive. Breitkronige Buchen, Erlen mit kurzen Stämmen und der Wacholder erinnern an die jahrhundertelang üblich gewesene Praxis der Waldweide. Stürme und Hochwasser zogen die Waldbestände wiederholt stark in Mitleidenschaft; so wurden 1967/68 fast 1000 ha überwiegend vierzig- bis achtzigjährige Bestände durch Stürme vernichtet.

In den ausgedehnten Wäldern gibt es zahlreiche Greifvögel, darunter den See- und den Fischadler, den Baumfalken und den seltenen Turmfalken. Weitbekannt ist der reiche Bestand an Rot- und Schwarzwild, bemerkenswert sind auch die Vorkommen seltener Lurche und Kriechtiere, z.B. des Springfrosches oder der harmlosen Schlingnatter.

Von den Ribnitzer Stadtwiesen im Südwesten bis zur Sundischen Wiese im Nordosten wurde die Halbinsel mit Ausnahme der Ortslage Zingst zum Landschaftsschutzgebiet erklärt. Eingeschlossen oder direkt benachbart sind mehrere Naturschutzgebiete, die jedoch nur teilweise allgemein zugänglich sind. Sehr gut erschlossen ist das NSG „Ahrenshooper Holz", unmittelbar nordöstlich des Ortes gelegen, mit dem größten Bestand an Stechpalmen in der DDR; einfach erreichbar ist auch der größte Teil des NSG „Westdarß/Darßer Ort", wo u. a. die aktuellen Küstenprozesse im Zusammenhang mit der Vegetationsentwicklung beobachtet werden können. Die Naturschutzgebiete auf den Inseln Oie und Kirr (zwischen Barther und Bodstedter Bodden) und Hohe Düne/Bock (östlich von Zingst) zeigen Besonderheiten der Küstendynamik und sind als Brut- und Rastplätze von internationaler Bedeutung für den Vogelschutz.

Geschichte: Funde von Feuersteinwerkzeugen belegen die Anwesenheit des Menschen schon in der mittleren und jüngeren Steinzeit. In slawischer Zeit existierten auf den damals noch getrennten Inseln vermutlich schon dauerhafte Siedlungen, worauf sowohl Namen wie Wustrow und Prerow hinweisen als auch die Anlage eines Burgwalles, auf dem die Wustrower Kirche errichtet wurde. Sicherlich bestanden enge Beziehungen zum slawischen Siedlungsgebiet um Barth. Von der weitreichenden Handelstätigkeit zeugt u. a. ein Silberschatz aus der Zeit um die Wende vom 8. zum 9. Jh., der 1974 bei Bauarbeiten zum Seedeich bei Prerow entdeckt wurde. Die deutsche Besiedlung erfolgte nur zögernd, wohl vor allem, weil die überwiegend kargen Böden wenig Anreiz für eine ackerbauliche Nutzung boten. Hervorzuheben sind die Leistungen der Zisterziensermönche des Klosters Neukamp bei Franzburg, die Pionierarbeit bei der Rodung der Wälder leisteten und die Insel Zingst 1292 erwarben. Jahrhundertelang boten lediglich Fischfang und Landwirtschaft (überwiegend Viehzucht) den Bewohnern eine im allgemeinen nur dürftige Existenzgrundlage. Bemühungen, am Seehandel teilzunehmen, scheiterten am rigorosen Widerstand der benachbarten mächtigen Städte Rostock und Stralsund, die sich nicht scheuten, auch mit Gewalt gegen die „Klippschiffer" vorzugehen. Hinzu kam, daß das Land politisch geteilt war. Zwischen Ribnitz und Damgarten und zwischen Althagen und Ahrenshoop verlief die Grenze zwischen Mecklenburg und Pommern, letzteres gehörte seit dem Dreißigjährigen Krieg zu Schweden und war seit 1815 preußische Provinz.

Begünstigt durch politische und ökonomische Bedingungen entwikkelte sich im 18. Jh. eine eigenständige Schiffahrt, die während ihrer Glanzzeit im 19. Jh. das Leben der Bewohner prägte. In zahlreichen Orten entstanden Schiffswerften, und es gab für einen jungen Fischländer, Darßer oder Zingster kaum eine andere Möglichkeit, als Seefahrer oder Schiffbauer zu werden. Schoner, Jachten, Galeassen, Briggs, Barken und Vollschiffe kreuzten in der Nord- und Ostsee, befuhren das Mittelmeer und wagten sich nach Übersee. In Barth oder Zingst waren zeitweilig mehr Schiffe beheimatet als in Stralsund oder Greifswald. Die Bewohner blieben jedoch bodenständig und erhielten sich mit ihren kleinen Hofstellen immer einen wirtschaftlichen Rückhalt in Krisenzeiten. In diesen Jahrzehnten wurde das äußere Bild der Siedlungen nachhaltig beeinflußt, es entstanden viele der charakteristischen Einzelhäuser in lockerer Nachbarschaftslage. An diese Zeit erinnert auch die 1846 in Wustrow gegründete Seefahrtschule, deren Traditionen derzeit in der Sektion Schiffsführung der Ingenieurhochschule für Seefahrt weitergeführt werden; sie ist Ausbildungsstätte für die Handels- und Hochseefischereiflotte der DDR. Der Niedergang der Segelschiffahrt, die der Konkurrenz der aufkommenden Dampfschiffahrt hoffnungslos unterlegen war, hatte einschneidende Folgen. Zahlreiche, gerade jüngere Bewohner suchten Arbeit in den Werften und Reedereien der aufstrebenden Großstädte oder wanderten gänzlich aus. Die in der Nähe der Außenküste gelegenen Orte Wustrow, Ahrenshoop, Prerow und Zingst orientierten sich in den letzten Dezennien des vorigen Jahrhunderts zunehmend auf den Fremdenverkehr. Die Zahl der Badegäste stieg allerdings zunächst nur langsam, vor allem wegen der noch mangelhaften Verkehrsverbindungen. So kam es hier nicht zu größeren Hotel- oder Pensionsbauten wie in vielen anderen Badeorten. Die Betreuung der Gäste behielt vielmehr eine individuelle Note.

Eine gewisse Sonderentwicklung nahm Ahrenshoop, das nach 1880 nicht nur als Badeort, sondern auch als Malerkolonie bekannt wurde. Seither werden das Wirtschaftsleben und das äußere Bild der Gemeinden vom Fischland bis zum Zingst weitgehend durch das Erholungswesen bestimmt. Es erhielten sich jedoch auch andere traditionelle Erwerbszweige, allerdings vollzogen sich vor dem Hintergrund der gesellschaftlichen Entwicklung in den letzten Jahrzehnten entscheidende strukturelle Wandlungen. Für die Konzentration und Spezialisierung in der Landwirtschaft ist das VEG Darß-Zingst beispielgebend. Durch komplexe Meliorationsmaßnahmen entstanden weiträumige landwirtschaftliche Nutzflächen. Auf ihnen wird auf industrielle Weise Futter produziert, Voraussetzung für die Aufzucht tausender Jungrinder. Hervorzuheben ist, daß bei der Verwirklichung dieser Projekte Belange der Landeskultur und des Erholungswesens die gebührende Berücksichtigung fanden.

Erholungswesen und Tourismus: Die Halbinsel Fischland-Darß-Zingst entwickelte sich in der jüngsten Vergangenheit zu einem bevorzugten Erholungsgebiet, wobei zunehmend auch die angrenzenden Boddengewässer mit ihren Küsten einbezogen wurden. Damit erweiterten sich auch die Möglichkeiten für die kulturelle, touristische und sportliche Freizeitgestaltung. Die herkömmliche private Vermietung von Quartieren wurde in den Bädergemeinden überwiegend von der Vermittlung durch den Feriendienst der Gewerkschaften und durch das Reisebüro abgelöst. Außerdem wurden zahlreiche betriebliche Erholungseinrichtungen geschaffen sowie Kinderferienlager und Campingplätze (Prerow, Born, Wieck, Pruchten und Fuhlendorf) eingerichtet.

Die ausgedehnten Sandstrände der Außenküste bei Zingst, Prerow und Dierhagen bieten ausgezeichnete Bademöglichkeiten und sind über ein gut ausgebautes Straßennetz und strandnahe Parkplätze auch leicht erreichbar. Lediglich vor dem Steilufer des Fischlandes und am Weststrand des Darß weicht der Sandstrand streckenweise einem Block- oder Geröllstrand; der Besucher wird aber dafür durch den Formenreichtum und die Reize des Landschaftsbildes reichlich entschädigt. Die Boddengewässer werden gern von Seglern, Windsurfern und Anglern aufgesucht. In zahlreichen Orten ist ein Bootsverleih vorhanden, und es bestehen ausreichende Möglichkeiten, eine Angelgenehmigung zu erwerben. Durch Strandaufspülungen wurden auch die Bademöglichkeiten an den Boddenküsten we-

Darß: Weststrand

sentlich verbessert und damit insbesondere für Kinder und weniger geübte Schwimmer günstige Voraussetzungen geschaffen.

Die ausgedehnten Waldgebiete laden auch bei ungünstiger Witterung zu Wanderungen und Spaziergängen oder zum Sammeln von Beeren und Pilzen ein. Naturschutzgebiete und Naturdenkmale bieten dem interessierten Besucher ästhetische Reize und gleichermaßen eine Fülle von Anregungen für eingehendere Beobachtungen. Hinzu kommt ein reichhaltiges kulturelles Angebot; während der Badesaison finden häufig Konzerte, Tanzveranstaltungen, Filmvorführungen und Lichtbildervorträge statt. Heimatmuseen und Ausstellungen in Prerow, Zingst und Ahrenshoop, die engagiert und mit Sachkenntnis gestaltet sind, vermitteln u. a. Einblicke in die Landschaftsentwicklung und die Ortsgeschichte, wobei mit Exponaten zur Schiffahrt und zur Fischerei thematische Schwerpunkte gesetzt werden. Weitere Anziehungspunke sind traditionsreiche Volksfeste, z. B. das in mehreren Ortschaften während der Sommermonate übliche Tonnenschlagen, diese Veranstaltung zieht besonders in Wustrow zahlreiche Besucher an. In Bodstedt wird jährlich am ersten Septemberwochenende die Zeesenbootregatta durchgeführt. Die behäbigen und doch eleganten Zeesenboote erhielten ihren Namen nach einem beutelartigen Fangnetz und erinnern an eine spezielle Fangtechnik, die in den Bodden praktiziert wurde. (↗Bl. 2, 3)

Ribnitz-Damgarten

Lage und Bedeutung: Die beiderseits der Mündung der Recknitz gelegene Stadt (17 500 Einw.) wird als „Tor zum Fischland“ bezeichnet. Das ehemals mecklenburgische Ribnitz und das pommersche Damgarten wurden erst 1950 zu einer Verwaltungseinheit zusammengefaßt. Die Kreisstadt (seit 1952) ist ein bedeutender Standort der Leichtindustrie, bekannt durch die Herstellung von Faserplatten, Täschnerwaren und Schmuck.

Stadtgeschichte: Die ursprünglich getrennten Siedlungen erhielten 1257 und 1258, also unmittelbar aufeinanderfolgend, das Stadtrecht. Ihre Namen sind slawischen Ursprungs (Rybenitz – Fischort; Damechore – Eichenberg). Die Städte sind jedoch planmäßige Gründungen, die im Verlauf der deutschen Ostexpansion in der Nähe bzw. anstelle slawischer Siedlungen angelegt wurden. Entsprechend ihrer strategischen Bedeutung an der Landesgrenze und wegen ihrer Lage an dem Handelsweg, der von Kiel, Wismar und Rostock nach Osten führte, wurden die beiden Städte von ihren Landesherren mit bedeutenden Privilegien ausgestattet und befestigt. Sie gelangten aber nie zu größerer wirtschaftlicher oder politischer Bedeutung; ihr Wachstum wurde immer wieder durch Kriege und ihre Folgen, durch Seuchen und Brände gehemmt. Hinzu kamen wie in Ribnitz innere Auseinandersetzungen zwischen dem Rat und dem in der Stadt befindlichen Nonnenkloster oder auch mit den Grundbesitzern der Umgebung. Bescheidene Ansätze zur Industrialisierung im 19. Jh. (Glashütte, Zündholzfabrik, Kalkbrennerei) wurden bald wieder Opfer der kapitalistischen Konkurrenz.

Sehenswürdigkeiten: Historische Bausubstanz blieb vor allem in Ribnitz erhalten. Ein Überrest der in der Mitte des vorigen Jahrhunderts größtenteils abgetragenen Stadtbefestigung ist das *Rostocker Tor,* ein quadratischer Turm mit spitzbogiger Durchfahrt. Die *Stadtkirche St. Marien* ist ein dreischiffiger Hallenbau aus der Gründungszeit der Stadt, das Mansarddach und ein großer Teil der Innenausstattung stammen aus der 2. Hälfte des 18. Jh. Eine kunsthistorisch interessante Ausstattung (Schnitzfiguren, Gemälde, Grabmäler) weist die Kirche des ehemaligen Klarissinnenklosters auf. Die übrigen Klostergebäude blieben nicht erhalten, die jetzigen Bauten entstanden im 18. und 19. Jh. und beherbergten ein adliges Damenstift. Heute befindet sich hier u. a. das *Bernsteinmuseum.* Schlichte klassizistische Bauten sind um den Karl-Marx-Platz, den Markt, gruppiert, so das ehemalige *Rathaus* und einige Wohnhäuser.

Westlich der Stadt, an der Straße nach Graal-Müritz, befindet sich das *Freilichtmuseum Klockenhagen,* das Einblicke in die dörfliche Lebensweise der letzten Jahrhunderte gewährt; das älteste Gebäude ist ein niederdeutsches Hallenhaus von 1690. (↗Bl. 2)

Barth

Lage und Bedeutung: Am Südwestzipfel des nach ihr benannten Boddens liegt Barth (12 800 Einw.), das Zentrum eines gleichnamigen Gemeindeverbandes und der bedeutendste Ort für den Ostteil der Halbinsel und das angrenzende Festland. Seine wirtschaftliche Struktur wird im Gegensatz zu zahlreichen anderen Kleinstädten des Nordens eindeutig durch die Industrie bestimmt (Schiffsanlagen, Möbel, Fischverarbeitung, Saatzucht/Zierpflanzen).

Stadtgeschichte: In slawischer Zeit war die Gegend um Barth ein bevorzugtes Siedlungsgebiet. Die Stadt selbst wurde um die Wende vom 12. zum 13. Jh. gegründet. Für die Bedeutung der jungen Ansiedlung spricht, daß der rügensche Fürst Jaromar II. bei der Verleihung des Stadtrechts im Jahre 1255 zu beachtlichen Zugeständnissen bereit war. So ließ er eine slawische Burganlage unmittelbar nordwestlich der Stadt schleifen und gab die Zusicherung, daß ohne Einverständnis der Bürger in der Stadt kein Kloster gegründet werden dürfe. Der letzte Rügener Fürst, Witzlaw III., richtete sich in Barth eine Residenz ein; sie blieb auch erhalten, als Barth 1325 an das Herzogtum Pommern fiel. Bei dieser Gelegenheit erhielt die Stadt weitere Rechte, z. B. zur Nutzung der angrenzenden Gewässer und Zollfreiheit für die Ausfahrt in die Ostsee durch den Prerowstrom. Natürliche Nachteile, wie die seichten Fahrwasser, behinderten die weitere Entwicklung der Stadt jedoch ebenso wie die Auseinandersetzungen mit den Herzögen, Fehden mit Raubrittern der Umgebung, Brände, Seuchen und Sturmhochwasser. Unter der schwedischen Herrschaft (1648–1815) wirkten die Folgen des Dreißigjährigen Krieges noch lange nach.

In der 2. Hälfte des 18. Jh. setzte ein beachtlicher Aufschwung der Barther Schiffahrt ein. Während der Blütezeit der Segelschiffahrt in den sechziger und siebziger Jahren des vorigen Jahrhunderts waren hier mehr Schiffe beheimatet als in den größeren preußischen Nachbarstädten; um 1877 z. B. 172 Segelschiffe, 16 Küstenschiffe und 1 Dampfer, daneben existierten 4 Werften und 18 Reedereien. Der nachfolgende Niedergang der Segelschiffahrt war jedoch unaufhaltsam und einschneidend im Leben der Stadt; er konnte durch die Anlage von Industriebetrieben nur teilweise ausgeglichen werden. Die unvermeidlichen sozialen Spannungen führten auch zum Erstarken der Arbeiterbewegung; aus dieser Zeit stammt das Wort vom „roten Barth“. Im Zuge der faschistischen Kriegsvorbereitungen wurden hier Rüstungsbetriebe errichtet, in denen auch Tausende KZ-Häftlinge ausgebeutet und zu Tode geschunden wurden. Die Mahn- und Gedenkstätte am südlichen Ausgang der Stadt erinnert an ihr qualvolles Leben und Sterben.

Sehenswürdigkeiten: Das markanteste historische Bauwerk der Stadt ist die *Marienkirche,* ein dreischiffiger gotischer Backsteinbau, dessen 87 m hoher Turm ein wichtiger Orientierungspunkt für Seefahrer ist und bestiegen werden kann. Die hier eingerichtete kirchengeschichtliche Sammlung präsentiert u. a. eines der wenigen noch erhaltenen Exemplare der prächtig ausgestatteten niederdeutschen Bibel, die 1588 in der „Förstliken Drückerye“ zu Barth geschaffen wurde. An der Stelle der ehemaligen Residenz des Landesherrn wurde 1733 ein Fräuleinstift errichtet; das schlichte barocke Bauwerk wird gegenwärtig restauriert und zum Kindergarten und *Kulturzentrum* umgebaut. Von der ehemaligen Stadtbefestigung blieben u. a. das 35 m hohe *Dammtor* und der *Fangelturm* erhalten. Ein 1728 in Fachwerk errichteter *Speicher* in der Badstüberstraße erinnert an die Blütezeit der Segelschiffahrt. Die Barth-Information befindet sich in der Ernst-Thälmann-Str. 51. (↗Bl. 3)

Insel Hiddensee

Geographische Besonderheiten: Die 17 km lange und nur 18,6 km² große Ostseeinsel ist erdgeschichtlich Rügen nahe verwandt. Hier wie dort beobachtet man gleiche Erscheinungen: Landabbruch (am Nordufer des Dornbuschs) und Anlandungen (am Sandarm des Bessin sowie am Gellen). Allein die Tatsache, daß die Insel nur auf dem Wasserweg erreichbar ist, daß auf Hiddensee kaum breite Straßen vorhanden und nur wenige Autos zu hören und zu sehen sind, heben das Eiland von der benachbarten großen Insel ab. Hiddensee ist auch häufiger noch als Rügen von Sturmhochwassern bedroht. Kostspielige Mauern im Nordwesten des Dornbuschs, der neue mit einem Rauhdeckwerk in Fertigteilen und Bitumenguß hergestellte Dünendeich zwischen Kloster und Vitte (1971/81), Wallanlagen im Süden sowie ein ausgedehntes Buhnenfeld von 83 Pfahl-

Hiddensee: Steilküste

reihen gewähren gegenwärtig Schutz gegen die starken Brandungswellen des Meeres. Nur der Dornbusch trägt eine geschlossene Walddecke, der 15 km lange und schmale Südteil hingegen ist fast baumlos.

Geschichte: Um die Wende vom 13. zum 14. Jh. gründete der Zisterzienserorden südlich des Dornbuschs ein Kloster, das dem heute weit bekannten Badeort seinen Namen verliehen hat. Die Inselkirche (als ehemalige Bauernkirche) führt noch auf jene Mönche zurück. Ausgrabungen durch Kunsthistoriker der Ernst-Moritz-Arndt-Universität Greifswald und des früheren Museumsleiters Karl Ebbinghaus vermochten Einzelheiten der alten Klosteranlage zu rekonstruieren.

Die Geschichte weiß über Notzeiten der Inselbevölkerung zu berichten. Die mit der Leibeigenschaft verbundene Unterdrückung kennzeichnete auch auf Hiddensee das Leben der Bewohner. Neben den Erträgen einer kargen Landwirtschaft ernährten sie sich vor allem durch den Fischfang. Auch der Ortsname Vitte (Verkaufsplatz von Heringen) deutet darauf hin. Unter der Arbeiter-und-Bauern-Macht besitzen die Fischer eine gesicherte Existenz. Sie haben sich in einer Fischereiproduktionsgenossenschaft vereinigt und verfügen über moderne Fanggeräte.

Später als Rügen wurde Hiddensee als Urlaubs- und Erholungsinsel entdeckt. Erst gegen Ende des 19. Jh. kamen Erholungsuchende hierher. Zu ihnen gehörte Gerhart Hauptmann

(1885), der, seinem Wunsch entsprechend, auf dem Inselfriedhof bestattet wurde. Die engen Beziehungen des Dichters zu Hiddensee klingen verschiedentlich in seinen Werken an, so in den Gedichten „Mondscheinlerche“ und „Die Insel“, in den dramatischen Dichtungen „Schluck und Jau“ und „Gabriel Schillings Flucht“. Das von ihm 1930 erworbene Haus „Seedorn“ ist zur *Gerhart-Hauptmann-Gedenkstätte* ausgebaut und am 6. Juni 1956, seinem 10. Todestag, eröffnet worden. Es vermittelt, wissenschaftlich sorgfältig erarbeitet und didaktisch gelungen, zugleich einen Einblick in das Leben und Schaffen des großen deutschen Humanisten und weltbekannten Dichters.

Ganz in der Nähe befindet sich das *Heimatmuseum*, in dem der Besucher mit vielen Eigentümlichkeiten der Insel (Fangmethoden und Hausmarken der Fischer usw.) vertraut gemacht wird.

Erholungswesen und Tourismus: Seit 1945 entwickelte sich die Insel (1300 Einw.) zu einem der beliebtesten Erholungsgebiete an der Ostseeküste mit 30 000 bis 40 000 Urlaubern jährlich. Dazu kommt eine große Anzahl von Tagesausflüglern von Stralsund aus. Die wichtigsten Orte sind **Kloster, Vitte** und **Neuendorf.** In der Dünenheide wurden komfortable, der Landschaft angepaßte „Urlauberdörfer“ mehrerer Betriebe errichtet.

Der Besucher lernt mit Hiddensee auch ein Gebiet naturwissenschaftlicher Forschung kennen. Die Biologische Station der Greifswalder Universität war die erste Einrichtung, die Lehrer und Studenten bei Untersuchungen der Inselnatur vereinte. Andere kamen hinzu, so die Vogelwarte Hiddensee in Kloster mit ihren Verbindungen in viele Länder der Erde, das Zentralinstitut für Mikrobiologie und experimentelle Therapie Jena der Akademie der Wissenschaften der DDR auf der Fährinsel und das Zentralinstitut für Elektronenphysik derselben Akademie auf dem Schwedenhagen von Kloster.

Die Inselflora mit besonderen Arten der heimischen Vegetation wie Sanddorn, Ginster, Heidekraut, Sonnentau, Glockenheide, Strandhafer, Stranddistel und Sauergräser und die Vogelwelt bieten nicht nur dem Wissenschaftler lohnende Studienobjekte, sondern vermitteln dem Besucher einmalige Naturerlebnisse. Die gesamte Insel steht unter Landschaftsschutz. Teile wie Dornbusch, Alt-Bessin, Dünenheide und Fährinsel sind Naturschutzgebiete. Die Ostseeinsel, die von den Hiddenseern gern als „dat söte Länneken“ („das süße Ländchen“) bezeichnet wurde, ist ein einmaliges landschaftliches Kleinod. (↗ Bl. 3)

Stralsund

Lage und Bedeutung: Zwei Erscheinungen prägen heute im wesentlichen das Gesamtbild der Ostseestadt Stralsund: der Reichtum an historischen Bauwerken, die in ihrer Geschlossenheit mit dem Rathaus, den gotischen Pfarrkirchen, den Klosteranlagen, Befestigungswerken und Bürgerhäusern Denkmale des Städtebaus und der Architektur im Norden der DDR darstellen, und die großartigen Leistungen der Gegenwart, die vor allem in der nach 1945 entwickelten Schiffbauindustrie und in den neuen, modernen Wohnvierteln der Vorstädte ihren Ausdruck finden. Zahlreiche volkseigene Betriebe, so das Bau- und Montagekombinat Industrie- und Hafenbau, Wohnungsbaukombinat, Bauelementewerk, die Technische Gebäudeausrüstung, Essig- und Konservenfabrik, das Blechverpackungswerk und Robotron sind weithin bekannt. Die größte Leistung wurde jedoch mit der durch sowjetische Hilfe geförderten Entwicklung des Schiffbaus vollbracht. Bis 1989 befuhren bereits mehr als 1500 auf der Stralsunder Volkswerft hergestellte Fischereifahrzeuge die Meere. Mit ihren Erzeugnissen, wie den Fang- und Verarbeitungsschiffen (seit 1986 „Atlantik 488“, Typ „Stralsund“), erwarb sie sich hohes internationales Ansehen. Stralsund ist somit durch seine Volkswerft, in der über 8000 Werktätige beschäftigt sind, ein Schwerpunkt des Schiffbaus in der DDR. Der Hafen erfüllt heute vor allem als Brücke zu den Ostseeländern im Wirtschaftsleben der Republik wichtige Aufgaben. Er bot am Ende des zweiten Weltkrieges mit verheerenden Zerstörungen ein Bild des Grauens. Erst nach Beseitigung zahlreicher Wracks konnte mit dem Auf- und Ausbau begonnen werden. Neue Kai- und Krananlagen, ein vierstöckiges Kühlhaus (Fassungsvermögen 6000 t), eine große Salzlagerhalle und vorbildliche soziale Einrichtungen für Hafenarbeiter und Seeleute wurden inzwischen fertiggestellt. Schon 1949 waren die Umschlagziffern der Vorkriegszeit erreicht und überschritten. Jährlich werden jetzt etwa 1 Mill. t Güter umgeschlagen. Während früher nur ein Fünftel aller in Stralsund verkehrenden Schiffe ausländischer Herkunft war, sind es nun mehr als zwei Drittel, vor allem aus der Sowjetunion, den skandinavischen Ländern, aus Finnland, der VR Polen und der BRD. Exportiert werden Steinsalz, Düngemittel, Zucker; importiert Holz, Erze, Schwefelkies u. a. m.

Stadtgeschichte: Der kunst- und kulturgeschichtlich bedeutsame Baubestand kündet auch gegenwärtig noch eindrucksvoll von der ersten wirtschaftlichen Entfaltung der Stadt. Stralsund erhielt 1234 lübisches Stadtrecht. Das Gelände bot für die Stadtgründung und -entwicklung und die Anlage eines Seehafens beste Voraussetzungen. Dieser Platz lag im Schnittpunkt alter binnenländischer Handelswege, die hier aus verschiedenen Richtungen zusammenkamen und zur Insel Rügen führten.

In einer erstaunlich schnellen Entwicklung, an der nach neueren Forschungen auch slawische Bewohner Anteil hatten, zeichneten sich bereits im Jahrhundert der Stadtgründung durch Anlage der beiden Marktplätze und Führung der Straßen die Grenzen der alten Stadt ab, die erst im 19. Jh. endgültig gesprengt wurden. Noch im 13. Jh. wurde mit der Errichtung des Rathauses, der großen kirchlichen Gebäude und der Stadttore begonnen.

Die ökonomische Grundlage des mittelalterlichen Stralsunds bildete der Seehandelsverkehr. Schon vor der Wende vom 13. zum 14. Jh. erlangten Kaufleute auf den bekannten Märkten Skandinaviens Sonderrechte. Bald darauf liefen ihre Schiffe, Koggen genannt, die bedeutenden Häfen Ost-, Nord- und Westeuropas an. Die Produktion trat hinter dem Handel zurück. Lediglich die dem Fernhandel dienenden Wirtschaftszweige, wie das Böttcherhandwerk und der Schiffbau, erlangten eine besondere Bedeutung. Mit dem wirtschaftlichen Erstarken der Stadt zeichnete sich zugleich eine größere Selbständigkeit in politischer Hinsicht ab. Im 13./14. Jh. verbanden sich dann zahlreiche Städte im Tiefland Mitteleuropas zur Wahrung ihrer Interessen in der Hanse. Stralsund vermochte sich von der Bevormundung durch die Fürsten von Rügen, die anfangs Gründung und Entwicklung der Stadt im eigenen Interesse gefördert hatten, frei zu machen. Die zügige Entwicklung der Stadt wurde wiederholt durch Kriege unterbrochen. Am Anfang des 14. Jh. waren es vor allem die Auseinandersetzungen mit dem um die Vorherrschaft im Ostseeraum besorgten Dänemark. 50 Jahre später kam es erneut zum Kampf zwischen den Hansestädten und Dänemark. Nach neunjährigem Ringen und dem Sieg der Städte wurde der Friedensvertrag 1370 im Rathaus der Sundstadt geschlossen, für Stralsund erster Höhepunkt seiner Entfaltung.

Noch heute zeugen die großartigen Bauwerke der Backsteingotik von dem damaligen Reichtum der Stadt und der Schaffenskraft ihrer Bürger. Die niederdeutsche Backsteingotik, die sich von den Hausteinbauten des Westens und Südens durch Schlichtheit und Strenge unterscheidet, der überladenes Zierwerk fehlt, die wuchtig, stark und ernst wirkt, hat in Stral-

Zur Quelle
Knieper-
Große
Sarnow-
Bootshaus
Spielhagenstr.
Hint. Brunnenaue
Scheele-str.
E.-Thälmann-Dkm.
Ufer
Ernst-
Straße
Klubhaus Ernst Thälmann
straße
Brunnen-aue
Von-Gosen-Str.
Carl-von-Essen-Str.
Sport-platz
Hauptmann-
Sarnow-
Ventspils
Thälmann-
Schill-anlagen
F.-v.-Schill-Dkm.
Haut-klinik
Freilichtbühne
damm
Knieper-
Sommerfilmth.
Boots-verleih
Warmbad
Seestraße
Ufer
Fahrgasthafen der Weißen Flotte
Rosengart.
Bleichen Str.
Olof-Palme-
Fährwall
Knieportor
Johannis-kloster
Theater
Platz
Hospitaler Bastion
Külz-
Straße
Nachtigallenweg
Tennis-anlagen
Dielen
Mühlen-
Alter Markt
Rathaus
Rats-cafe
Scheele-
Fähr.
Seestraße
An der Fährbrücke
Hafen-
Neue Semlow. Str.
Am Semlow.Kan.
Am Fischmarkt
Wasser-
Mauer-
Semlower
Nikolaikirche
Schlachteplatte
Neue Badenstr.
Terrine
Engels-
WERDER
Bacchus
zum Kurhof
Ossenreyer-
Kleinschmiedstr.
Stadtbibl. u. Stadtarchiv
Kampischer Hof
Martins-
Allee
Friedrich-
Wasserkunst
A/16
Küterto
Heilgeist-
Hs.d. Jungen Pioniere
Störteb. Keller u. Gastm. d. Meeres
Wein- u. Bierst
Jakobikirche
Jakobi-chor-str.
Badstüber-
Zur Keule
Heilge bastio
Küterbastion
Fasanerie
Meeres-
Kulturhist.
Katharinenkloster
Böttcher-
Espresso
Grillka
Papen-
Apollonien-markt
Wald-schenke
Heilgeistkirche u.-hosp
wall
Franken
Katharinen-bastion
Trocadero
Haupt-post
Milchbar
Langen-
Blauturm-
Priegnitz
Blaue Turmbastion
Leninpl.
Sowj. Ehren-mal
Grillroom
Frankenhof
Zur Kogge
Schwer. Hof
Marien-kirche
Zi-pollenha-gen
Weingarten-bastion
Stadion der Freundschaft
Rat des Kreises
Knieper-
Tribseer
Nordland
Apollonien-kap.
Marienchor
Damm
Pl. d. Solidar.
Kinder-krhs.
Polikl.
Bf Stralsund
Busbf.
Franken-
Frankenwall
Karl-
Tribseer Bastion
Bahnhof-
Mühlenbastion
Knieper Teich
Franken Teich
Störtebeker-
Krautholstraße
Smiterlowstraße
Sundlicht-spiele
Ufer
Kegler
Bebel-
Klaus-
Lambert-Steinwich-Str.
Franz-Wessel-Str.
Otto-
Voge-
Straße
August-
Friedr.-Ludw.-Jahn-Sportstätte
Marx-
Fähr-
hof-
straße
damm
Sackg
August-Bebel-Ufer
weg
straße
Sastrow-
Hühner-berg
Franken friedhof
Sichelweg
Kalands-hof
Neuer Frankenfriedhof
Kreuz-
Gentzkow-
Franken-
Straße
Werft-
FRANKEN-
Bahnhof-
straße
Zur Schranke

Stralsund

sund Denkmale von großer baukünstlerischer Bedeutung hervorgebracht. Doch dieser äußere Glanz darf über die dauernden Spannungen und Gegensätze innerhalb der städtischen Bevölkerung nicht hinwegtäuschen. Wie ein roter Faden zieht sich durch die Stadtgeschichte der Kampf der unteren Bevölkerungsschichten gegen den von wenigen Familien beherrschten Rat. Bereits im 14. Jh. lehnten sich fortschrittliche Kräfte gegen die Alleinherrschaft des Rates auf und errangen vorübergehend Erfolge. Als sich 1525 die Reformation in Stralsund durchsetzte, forderte die Bevölkerung erneut eine Verbesserung der städtischen Verfassung und erreichte im Ausschuß der „Achtundvierzig Männer“ ein Mitbestimmungsrecht. Um diese Zeit war die wirtschaftliche und politische Stellung Stralsunds bereits außerordentlich erschüttert. Mit dem Niedergang der Hanse verlor auch die Stadt ihre hervorragende Bedeutung und relative Selbständigkeit. Das Jahr 1628 im Dreißigjährigen Krieg hatte die Stadt mit der vergeblichen Belagerung Wallensteins in den Blickpunkt europäischer Geschichte gebracht. Den Stralsundern waren damals dänische und schwedische Truppen zu Hilfe gekommen. Und mit dem Bündnis, dem „Alliancevertrag“, den die Stadt 1628 mit dem schwedischen König Gustav II. Adolf geschlossen hatte, begann die Epoche der „Schwedenzeit“.

Wiederholt wurde Stralsund bis 1815, dem Ende der Schwedenherrschaft, in kriegerische Verwicklungen hineingezogen. 1809 ließ der Freiheitsheld Ferdinand von Schill im Kampf gegen die napoleonische Fremdherrschaft in der Fährstraße sein Leben.

Die wirtschaftliche Entwicklung war bis 1815 infolge des eng begrenzten Hinterlandes stark behindert. Im 19. Jh. verdient lediglich eine kurze Blüte der Segelschiffahrt besondere Beachtung. In der zweiten Jahrhunderthälfte waren hier mehr als 200 Fahrzeuge beheimatet. Die sundischen Schoner, Briggs, Barken und Vollschiffe verkehrten auf allen Weltmeeren. In dieser Zeit suchte Stralsund unter Ausnutzung gegebener Produktionsbedingungen neue ökonomische Beziehungen zu gewinnen. So entstanden auf dem Gelände der Vorstädte vorwiegend bodenständige Industrien, wie Brauereien, eine Zuckerfabrik, Mühlenwerke, Fischverarbeitungsbetriebe usw. Mit dieser bescheidenen industriellen Entwicklung des vorigen Jahrhunderts zeigten sich auch in Stralsund Anfänge einer organisierten Arbeiterbewegung. Ab 1864 gab es gewerkschaftliche Vereinigungen; 1891 wurde eine Gruppe der sozialdemokratischen Partei gegründet. Härte und Entschlossenheit kennzeichneten den Kampf, den die Arbeiter gegen Unterdrückung und Polizeiterror führten. In den zwanziger Jahren kämpfte vor allem die KPD konsequent für die Forderungen der Arbeiterklasse. Immer, wenn die Arbeiter geschlossen zusammenstanden – wie beim Kapp-Putsch 1920 und bei der Abwehr eines faschistischen Aufmarsches 1932 – konnten beachtliche Erfolge erreicht werden.

Der zweite Weltkrieg fügte der Stadt schwere Wunden zu. So wurden bei Angriffen englischer und amerikanischer Flieger 8000 Wohnungen getroffen und kulturgeschichtlich bedeutsame Baudenkmale, wie die Johanniskirche, das Semlower Tor und Bürgerhäuser der Gotik, der Renaissance und des Barocks, zerstört.

Nachdem am 1. Mai 1945 Verbände der Sowjetarmee Stralsund erreicht und die Stadt von der faschistischen Willkürherrschaft befreit hatten, begann für die Stadt eine neue, aufwärtsführende Entwicklung. Aus der alten, in ihrer wirtschaftlichen Stellung stagnierenden Provinzstadt ist eine moderne Industriestadt (75 900 Einw.) geworden.

Sehenswürdigkeiten: Unter den Museen blickt das *Kulturhistorische Museum* an der Mönchstraße auf eine fast hundertfünfzigjährige Geschichte zurück. In 40 Räumen des ehemaligen *Dominikanerklosters St. Katharinen,* das mit seinen kulturgeschichtlich beachtenswerten Refektorien (15. Jh.) und Kreuzgängen den Schausammlungen einen schönen Rahmen verleiht, sind die Abteilungen zweckmäßig aufgebaut, u. a.: Ur- und Frühgeschichte; Stadtgeschichte mit der Sonderabteilung „Stralsund im Sozialismus“, Plastik, Malerei und Kunsthandwerk des Mittelalters; Erzeugnisse des heimischen Handwerks; Wohnraumkunst des 17. bis 19. Jh.; Volkskunst mit Schiffer- und Bauernstuben, Trachten, Arbeitsgeräte (jetzt im Speicher an der Böttcherstraße). Die Ur- und Frühgeschichtssammlung zählt zu den bedeutendsten im Norden Mitteleuropas (wertvollster Fund: Hiddenseer Goldschmuck aus dem 10. Jh.).

Das *Meeresmuseum Stralsund* als das einzige seiner Art in der DDR ist eine Gründung des Jahres 1951 und seit 1957 nach neuesten Erkenntnissen umgestaltet worden. Arbeitsthema des Museums ist das Meer als Lebensraum, seine Erforschung und Nutzung durch den Menschen. Es ist in folgende Abteilungen gegliedert: das Meer als unbelebter Raum; das Meer als Lebensraum; die Nutzung des Meeres durch den Menschen; die Ostseeküste als Lebensraum; das Meeresaquarium (die größten Becken umfassen 50 000 l Seewasser).

Die gesamte *Altstadt* steht unter Denkmalschutz. Das *Rathaus* am Alten Markt (Baubeginn 13. Jh.) gehört zu den prächtigsten Profanbauten der niederdeutschen Backsteingotik. Die repräsentative Schauwand an der Nordseite wurde um 1400 geschaffen. Der von Säulen getragene Umgang im Innenhof entstammt dem 17. Jh. Die *Nikolaikirche* am Alten Markt, erste urkundliche Erwähnung 1276, ist die älteste der drei erhaltenen Pfarrkirchen. Ursprünglich besaß das als dreischiffige Basilika errichtete Gebäude nur einen Turm. Nach 1366 wurde mit dem Bau der zweitürmigen Anlage begonnen. Ein von der Jakobikirche ausgehender Brand zerstörte 1662 die beiden spitzen Pyramiden. Der südliche Turm erhielt später den Barockhelm, der nördliche das Notdach. Das Innere der Kirche, es wird seit 1983 umfassend restauriert, birgt wertvolle Kunstschätze. Die *Marienkirche* am Leninplatz, dem einstigen Neuen Markt, unterscheidet sich von der Nikolaikirche durch das Querschiff und den weit vorgelagerten Westbau, mit dessen Turm die Kirche eine Höhe von 104 m erreicht. Bei einer Einsturzkatastrophe im 14. Jh. wurden Chor, Turm und Langhaus zertrümmert. Die Kirche ist in ihrer heutigen Gestalt großenteils eine Bauleistung des 15. Jh. Im Innern ist die Barockorgel beachtenswert, ein Werk des bekannten Meisters Friedrich Stellwagen. Die *Jakobikirche,* östlich der Böttcherstraße, ursprünglich Hallenbau, im 14. Jh. in eine dreischiffige Basilika umgewandelt, hat von den Stralsunder Gotteshäusern das schwerste Schicksal erlitten. Während der Kriege des 17., 18. und 19. Jh. wurde es wiederholt getroffen und verwüstet. Die größten Schäden erlitt es durch englische und amerikanische Bomben im Jahr 1944. Von den weiteren unter Denkmalschutz stehenden Bauwerken sind u. a. beachtenswert: das *Johanniskloster* an der Schillerstraße (heute Außenstelle des Stadtarchivs), von 1963 bis 1986 restauriert, mit freigelegter gotischer Malerei, der Barockbibliothek (1970 eingerichtet), dem Kapitelsaal (Vortrags- und Konzertraum), Räucherboden, mit dem Rosengarten und den Vorhöfen und ihren Fachwerkgebäuden. Das *Heilgeisthospital* an der Wasserstraße mit seiner spätgotischen *Hallenkirche*; der *Kampische Hof* an der Mühlenstraße, ein gotischer Speicherbau; die *Stadtmauer,* von der Teile an der Knieperwallseite von polnischen Spezialisten rekonstruiert wurden, mit dem *Knieper-* und dem *Kütertor,* mit dem 1978 im alten Stil als Jugendcafé erbauten *Torschließerhaus*; zahlreiche *Bürgerhäuser* der Gotik am Alten Markt, an der Mühlen-, Baden-, Mönch- und Frankenstraße; der Renaissance, z. B. Badenstr. 42; des Barocks an der Baden-, Mühlen-, Semlower-, Fähr-, Ossenreyer-, Heilgeist-, Mönch- und Frankenstraße und des Klassizismus an der Baden-, der Mönchstraße und am Alten Markt (Sitz der Stralsund-Information). In den Vorstädten sind die neuen Wohnviertel mit Schulen, sozialen und kulturellen Einrichtungen sehenswert. Neubauzentrum war seit 1959 die Knieper-Vorstadt („Knieper Nord“ und „Knieper West“). Hier und im Stadtteil Grünhufe (Baubeginn 1980) entstanden bis 1988 etwa 13 000 neue Wohnungen. Das Neubaugebiet, in dem drei zehngeschossige und drei elfgeschossige Hochhäuser aufragen und die Stadtsilhouette maßvoll bereichern und das vom Wasser des Strelasunds und den Baumbeständen des Stadtwaldes mit dem *Tierpark* begrenzt wird, fügt sich gut in die Landschaft ein.

Erholungswesen und Tourismus: Auf Grund der geographischen Lage Stralsunds vor den Inseln Rügen und Hiddensee, wichtigen Erholungsgebieten der DDR, gewinnt der Verkehr nach den Badeorten in zunehmendem Maße an Bedeutung. Alljährlich befördert der hier beheimatete VEB Fahrgastschiffahrt Weiße Flotte mehr als 2 Mill. Fahrgäste. Dieser Betrieb versieht mit seinen schönen Schiffen vor allem den täglichen Linienverkehr zu den Ostseebädern. Die Stadt am Strelasund ist bemüht, vielen Gästen einen Aufenthalt zu ermöglichen. Der Hotelbau „Baltic“ (1953 erbaut, 1984 rekonstruiert) am Frankendamm, das Hotel „Am Bahnhof“, Tribseer Damm (1988 rekonstruiert), die Gaststätten „Stadt Stralsund“ an der Maxim-Gorki-Straße, „Stadtkoppel“ an der Barther Straße und „Scheele-Haus“ an der Fährstraße dienen u. a. diesem Zweck.

Auch die Stralsunder Kultureinrichtungen wirken mit ihren Leistungen weit über die Mauern der Stadt hinaus. Das trifft im besonderen für das Theater und die Museen zu. Neben dem Theater, das nach großzügiger Umgestaltung seines Innern hohen Ansprüchen zu genügen vermag, sind das *Klubhaus „Ernst Thälmann“* und – während der Sommermonate – die *Freilichtbühne* am Knieperdamm sowie die restaurierte *Chorruine des Johannisklosters* an der Schillstraße zu attraktiven Kulturstätten geworden. (↗Bl. 3)

Insel Rügen

Geographische Besonderheiten: Rügen ist mit 926 km^2 die größte Insel der DDR. Sie ist seit 1936 durch den 2,5 km langen Rügendamm zwischen Stralsund und Altefähr mit dem Festland verbunden.

Man trifft auf Rügen auf einen landschaftlichen Formenreichtum, der für den Norden der DDR einmalig ist. Er beginnt in der Küstenzone mit den Ausprägungen der Steilufer (Arkona, Stubbenkammer, Göhren), die deutlich die zerstörende Kraft des Meeres erkennen lassen, und jenen Gebieten, bei denen das vom Hochufer abgebrochene Material durch Strandversetzung wieder angelandet wird, wie dem Buger Haken im Nordwesten der Halbinsel Wittow und dem Gellen und dem Bessin von Hiddensee. An anderen Stellen umsäumen Nehrungen, so die Schmale Heide und die Schaabe, Einbuchtungen des Meeres. Die Küste Rügens zeigt eine ungewöhnlich starke Gliederung – die Küstenlinie ist 570 km lang –, vor allem in Süd- und Westteil, wo die sog. Wieken und Bodden tief in das Land eingreifen.

Auf der Inseloberfläche zeichnen sich zwei Landschaftsteile voneinander ab: die leicht gewellte Ebene Süd- und Westrügens, die sich nur wenige Meter über den Meeresspiegel erhebt, und das Hügelgebiet Nord- und Ostrügens (höchste Erhebung Piekberg mit 161 m). Die fast ebenen Flächen Niederrügens bieten durch ihre fruchtbaren Böden gute Bedingungen für die Landwirtschaft. Nord- und Ostteil (Hochrügen) bilden indessen durch ihre reich gegliederte Gestalt – Steil- und Flachküste, Boddenzone –

Rügen: Stubbenkammer

und durch ihre landschaftliche Schönheit – prächtige Waldreviere der Stubnitz und der Granitz – stets einen besonderen Anziehungspunkt für Erholungsuchende. Auf diesem Inselteil tritt auch die Kreide sichtbar hervor (Jasmund und Arkona). Die rügensche weiße Schreibkreide entstand vor 60–75 Mill. Jahren, als das Gebiet im Norden Mitteleuropas von ausgedehnten Wassermassen überflutet war. Der Ursprung des von den Wellen der Ostsee ans Tageslicht beförderten Bernsteins, ursprünglich Baumharz, der zugleich Schlüsse auf das frühere Klima und die Vegetation zuläßt, liegt im Tertiär. Die Inlandeismassen des Kaltzeitalters überzogen dann mehrmals das Gebiet. Die zwischen den Moränenablagerungen befindlichen interglazialen Sedimente lassen durch pflanzliche und tierische Reste eine relative Altersdatierung zu. Auf Grund der Ablagerungen sind auf der Insel drei Vereisungsperioden nachzuweisen. Das Abschmelzen des Inlandeises verlief bei der letzten Vereisung (Weichselkaltzeit) nicht in ungestörtem Ablauf. Auf Süd- und Westrügen, wo Eismassen bewegungslos liegenblieben und allmählich wegtauten, kam es zu Ablagerungen von Ton, Sand und Steinen (Grundmoräne). Der Ostteil der Insel wurde jedoch durch die letzten Bewegungen des Eises, das hier beim Abschmelzen vorübergehend kurz vorstieß, äußerst abwechslungsreich gestaltet. Durch die formende Tätigkeit des Eises entstanden auch die Becken des Großen und Kleinen Jasmunder Boddens und des Schmachter Sees.

Geschichte: Der Mensch dürfte um 9000 v. u. Z. in dieses Seerandgebiet gelangt sein. Gerätefunde (Schaber und Stielspitzen) deuten darauf hin. Diese seltenen Funde gehören noch der Altsteinzeit an. Das Bild ändert sich jedoch hinsichtlich der Funddichte überraschend für die folgenden Epochen, für die Mittel- und Jungsteinzeit. Der Steinzeitmensch fand auf der Insel Rügen ein vorzügliches Material zur Herstellung seiner Waffen und Arbeitsgeräte: den in der Kreide eingelagerten Feuerstein. Aus der Jungsteinzeit stammen auch die riesigen, mit Findlingsblöcken errichteten Grabstätten (sog. Hünengräber). Auf Rügen sind gegenwärtig noch 54 vorhanden. Im Gegensatz zu diesen steinzeitlichen Großgräbern handelt es sich bei den bronzezeitlichen in der Regel um Einzelbestattungen.

In der Eisenzeit kamen slawische Volksstämme in das vorher von Germanen besiedelte Gebiet. An sie erinnern heute die mit Erdmassen errichteten großen Burgwälle (Arkona, Herthaburg, Rugard, Garzer Burgwall u. a.), ferner zahlreiche Keramikfunde und viele Orts- und Flurnamen mit den Endungen -ow, -in, -itz und -gast.

Die Dänen hatten 1168 durch ihre Angriffe mit dem Fall von Arkona und der Vernichtung des Standbildes der Gottheit Swantewit die Selbständigkeit des Slawentums auf Rügen beseitigt. Länger als auf dem Festland vermochten indes die slawischen Bewohner, denen man eine beispielhafte Gastfreundschaft nachzurühmen wußte, hier noch Eigenheiten ihres Brauchtums und ihrer Sprache zu bewahren. Erst allmählich verschmolzen sie mit deutschen Siedlern, die im 13./14. Jh. auf die Insel gekommen waren.

Bei der überwiegend bäuerlichen Bevölkerung setzte bereits im Spätmittelalter ein starker Differenzierungsprozeß in rechtlicher Beziehung ein. Er führte dazu, daß der weitaus größte Teil der Landbevölkerung in ein Abhängigkeitsverhältnis zum „Grundherrn" geriet. Die Ausbreitung der Gutsherrschaft wurde durch den Dreißigjährigen Krieg und das durch ihn begünstigte Bauernlegen erheblich gefördert. Die breite Schicht der Landbevölkerung wurde „leibeigen". Es hat den entrechteten Rügenern nicht an Mut gefehlt, sich gegen diese Versklavung aufzulehnen. Um die Wende vom 18. zum 19. Jh. prangerte Ernst Moritz Arndt, der Sohn eines aus der rügenschen Leibeigenschaft Entlassenen, laut und wahrnehmbar die unmenschliche Ausbeutung an. 1806 wurde die Leibeigenschaft aufgehoben. Doch damit war die Unterdrückung keineswegs beseitigt. Bis in die ersten Jahrzehnte des 20. Jh. hinein blieben mehr als 70 Prozent der Wirtschaftsfläche in den Händen weniger Gutsbesitzer. Erst 1945 trat ein grundlegender Wandel ein. Im Zuge der demokratischen Bodenreform konnten 5398 Neubauernstellen und mehrere volkseigene Güter mit einer Nutzfläche von 495,85 km^2 geschaffen werden. Seit 1960 sind alle rügenschen Bauern in landwirtschaftlichen Produktionsgenossenschaften vereinigt. Das Neue in den Inseldörfern zeigt sich nicht nur in der Anwendung moderner Technik, sondern findet auch in mannigfachen Einrichtungen der Volksbildung, Kultur, des Sozial- und Gesundheitswesens, im Bau neuer Straßen, in der Entwicklung von Versorgungszentren und auf vielen anderen Gebieten seinen sichtbaren Ausdruck.

Neben der Landwirtschaft sind die Fischerei und Fischverarbeitung, die Kreideindustrie (Standort Klementelvitz) sowie der Fährverkehr mit den internationalen Verbindungen Saßnitz–Trelleborg (Schweden) seit 1909 und seit 1986 Mukran–Klaipeda (UdSSR) von großer wirtschaftlicher Bedeutung.

Erholungswesen und Tourismus: Zusammen mit der westlich vorgelagerten Insel Hiddensee bildet Rügen eines der bedeutendsten Erholungsgebiete der DDR. Jährlich weilen über 800 000 Urlauber auf der Insel, eine Zahl, wie sie in früheren Zeiten nie erreicht worden ist. Zahlreiche gut ausgestattete Heime des FDGB stehen den Werktätigen zur Verfügung. Dazu kommen betriebseigene Ferienheime, die Häuser des Reisebüros der DDR, ein Jugendtouristenhotel und Jugendherbergen. Viele Erholungsuchende bevorzugen auch die Campingplätze in unmittelbarer Küstennähe.

Große Flächen der Insel sind heute Landschaftsschutzgebiete, so ganz Ostrügen von Arkona im Norden bis Thiessow/Mönchgut im Süden. Zu den Naturschutzgebieten gehören u. a. das Waldrevier der Stubnitz mit der Kreideküste, die Feuersteinfelder der Schmalen Heide, die Inseln Vilm im Greifswalder Bodden und Pulitz im Kleinen Jasmunder Bodden sowie die Vogelinseln Libitz und Heuwiese an der Westseite Rügens.

Saßnitz, eine der jüngsten Städte der DDR (Stadtrecht 1957), dokumentiert mit seiner Entfaltung in eindrucksvoller Weise den umfassenden Aufbau des Sozialismus. Aus einem kleinen Fischer-, Bade- und Fährort (1945 noch 6200 Einw.) ist im Verlauf weniger Jahre eine moderne Industriestadt entstanden. Ob es der volkseigene Betrieb Fischfang und der ausgebaute Fischereihafen, das Fischverarbeitungswerk, das Kreidekombinat Klementelvitz oder die dem Weltentwicklungsstand entsprechende Fähranlage mit den großen Fährschiffen „Saßnitz“, „Rügen“ und „Rostock“ ist – die junge Ostseestadt nimmt als „Tor zum Norden“ heute mit ihren Betrieben und Einrichtungen, u. a. dem „Rügen-Hotel“, einen wichtigen Platz im wirtschaftlichen und kulturellen Leben der DDR ein. Auch die Außenhandelsstatistik veranschaulicht dies überzeugend. Vor dem zweiten Weltkrieg gelangten über das Trajekt Saßnitz–Trelleborg etwa 250 000 t Waren von und nach Skandinavien; 1988 waren es bereits mehr als 4 000 000 t.

Für die Inselkreisstadt **Bergen** begann während der letzten Jahre ebenfalls eine aufwärtsführende Entwicklung, die sich vor allem durch die hier angesiedelte Lebensmittelindustrie (Großmolkerei, Großbäckerei, Fleischkombinat) abzeichnet und die zugleich die Versorgung der Urlauber ausreichend zu sichern vermag.

Die Rügener sind bestrebt, den vielen Gästen ihren Erholungs- und Ferienaufenthalt äußerst angenehm zu gestalten. Zahlreiche Bade- und Kurorte, wie Binz, Sellin, Baabe, Göhren, Thiessow, Putbus, Lauterbach, Altefähr, Lietzow, Lohme, Glowe, Wiek und Breege konnten bereits erweitert und deren Anlagen, z. B. Klubhäuser, Bäderbüchereien, die Heimatmuseen Göhren und Garz vorbildlich ausgestattet werden.

Binz entwickelte sich nach 1870 schnell zu einem der größten Badeorte des Ostseegebietes. Binz gehörte einst zu den exklusivsten Bädern, in denen sich die herrschenden Schichten aufhielten. Heute erholen sich hier die Gäste des Feriendienstes der Gewerkschaften als auch die des Reisebüros der DDR. 1974 wurde das Ferienheim „Arkona“ eröffnet. Danach kamen weitere große Bettenhäuser und Gaststätten hinzu. In Binz befindet sich ein Jugendtouristenhotel. Mit dem breiten steinfreien Strand, dem größten rügenschen *Kurhaus,* der sehr schönen landschaftlichen Umgebung (Laubwaldungen der Granitz, Feuersteinfelder der Schmalen Heide) bietet Binz die Vorzüge eines idealen Ferienortes.

Die Geschichte von **Sellin** reicht wie die der übrigen bekannten ostrügenschen Badeorte in die Zeit der slawischen Besiedlung zurück. Der Ortsname Sellin (= grün) charakterisiert in vortrefflicher Weise die Lage des vom Wald umgebenen Bades, in dem etwa 4600 Bettenplätze für Urlauber vorhanden sind. Die steilen Ufer, von denen man eine gute Aussicht auf Saßnitz und Stubbenkammer genießt, sind für Wanderungen in die nächste Umgebung ebenso beliebt wie der *Schwarze See* (Waldsee in der Granitz) und das *Jagdschloß Granitz.*

Von einem kleinen, unbedeutenden Fischerdorf hat sich **Baabe** zu einem bekannten Badeort (etwa 1600 Bettenplätze) entwickelt. Ein vorbildlich eingerichteter Campingplatz steht den Campingfreunden zur Verfügung.

Der Hauptort und zugleich das größte Bad der rügenschen Halbinsel Mönchgut ist **Göhren** mit rund 4400 Betten, die vor allem dem FDGB-Feriendienst zur Verfügung stehen. Der slawische Ortsname Göhren bedeutet „Berg" und das Steilufer des „Höwts" rechtfertigt diese Deutung. In der näheren Umgebung des Badeortes mit seinem 2 km langen steinarmen Strand, seinen gepflegten Grünanlagen und dem Musikpavillon verdient das *„Herzogsgrab"*, ein steinzeitliches Grab, Beachtung. 1963 öffnete das mit viel Sorgfalt aufgebaute *Heimatmuseum* seine Pforten. Es vermittelt Einblicke in die Geschichte der auch volkskundlich interessanten Halbinsel. Inzwischen sind dem Museum ein *Rauchkaten*, das *Museumsschiff „Luise"* und das *Schulmuseum* in **Middelhagen** angegliedert worden.

Thiessow liegt auf dem südöstlichsten Teil der Insel Rügen in landschaftlich reizvoller Umgebung und ist an drei Seiten von Wasser umgeben. Der Badeort mit etwa 950 Übernachtungsmöglichkeiten wahrt gegenwärtig noch in vielem die Züge des alten Fischer- und Lotsendorfes.

Die Glanzpunkte der Insel, die die Besucher immer wieder in ihren Bann zu ziehen vermögen, wurden unter Naturschutz gestellt. Die reizvolle *Stubnitz* auf der Halbinsel Jasmund umfaßt 15 km² und ist mit dem großartigen Naturdenkmal der *Kreidesteilküste* (Stubbenkammer, Wissower Klinken), mit den Buchenwaldungen und dem sagenumwobenen *Herthasee* das größte rügensche Naturschutzgebiet. Es birgt eine Fülle botanischer Kostbarkeiten. Uralte Eiben, die Stechpalme, Große Segge, Berghirschwurz, Elsbeere sowie seltene Orchideenarten (Frauenschuh, Rotes Waldvögelein) haben dort ihren Standort.

Auch im Bereich der für Europa einmaligen *Feuersteinfelder* beobachtet man interessante Vegetationsformen mit Wacholder, Bergahorn, mit dem Schmalen Streifenfarn, dem Glanzkraut, der Krähenbeere, dem Gefleckten Knabenkraut und dem Moosglöckchen.

In das umfangreiche Landschaftsschutzgebiet Ostrügens wurde 1964 auch die Zone der beiden Jasmunder Bodden einbezogen. Die Landschaft mit den abwechslungsreichen Küstenpartien (Sandstrand mit idealen Bademöglichkeiten von Binz bis Thiessow, Hochufer von Arkona usw.), den lichten Kiefernholzungen auf der Schaabe (zwischen Jasmund und Arkona), den Mischwäldern des Bergener und Lietzower Reviers, den herrlichen Laubbaumbeständen und dem stillen Waldsee (Schwarzer See) der Granitz bildet hauptsächlich den Erholungsraum der Insel. Besonders hervorzuheben sind für diese Gebiete die berühmten *Parkanlagen* von **Ralswiek** und **Putbus.** Unter mehr als 60 Baumarten findet man dort dendrologische Seltenheiten, wie den Mammutbaum, die Japanische Kirsche, den Mandschurischen Korkbaum, die Griechische und Spanische Tanne, den Asiatischen Maulbeerbaum, Ginkgo, Kaukasusfichte u. a.

Die Insel besitzt außerdem eine ganze Anzahl kultur- und kunstgeschichtlich bedeutsamer Baudenkmale. Neben den spätromanischen und gotischen Backsteinkirchen *St. Marien* zu **Bergen**, den *Dorfkirchen* von **Schaprode, Altenkirchen** und **Vilmnitz** sind die *Schlösser Ralswiek* und *Spycker* (1966/67 restauriert; FDGB-Heim), das *Badehaus* an der

Rügen: Ralswiek – Schloß

Goor (Lauterbach) und jene Bauwerke beachtenswert, die unter Mitwirkung Schinkels im 19. Jh. entstanden, so der *Alte Leuchtturm* auf Kap Arkona und das *Jagdschloß* in der Granitz (heute Jagdmuseum). Von dem 38 m hohen Turm des Schlosses hat man einen umfassenden Blick über die Insel. Das gleiche trifft für den *Ernst-Moritz-Arndt-Turm* des Rugards bei Bergen zu, der stets zum Überblick über die mannigfachen und interessanten geographischen Gegebenheiten Rügens bestiegen werden sollte, seit 1970 befindet sich hier auch eine Gaststätte. (↗ Bl. 3)

Greifswald

Lage und Bedeutung: Die geographische Lage der Stadt (etwa 67 300 Einw.), von der einst ihre Wirtschaft bestimmt wurde, spielt heute eine untergeordnete Rolle. Der kleine Küstenfluß Ryck, schon im Mittelalter von der Stadt bis zur 5 km entfernten Mündung in eine Bucht der rügischen Boddengewässer schiffbar, entspricht nicht mehr den heutigen Anforderungen an eine Wasserstraße. Der Hafen hat daher nur noch für den lokalen Bedarf und als Umschlagplatz Bedeutung. Auch die einst leistungsfähigen Werften sind seit dem Niedergang der Segelschiffahrt im letzten Viertel des 19. Jh. zu einer kleinen Reparatur- und Bootswerft geschrumpft.

Die innere Struktur und das äußere Bild der Stadt haben sich in den beiden letzten Jahrzehnten grundlegend verändert. Aus einer etwas verträumten Universitätsstadt ist ein Zentrum der Energiewirtschaft, der Elektronik und der wissenschaftlichen Lehre und Forschung geworden. Der bedeutendste Produktionsbetrieb, das Kernkraftwerk „Bruno Leuschner“, liegt zwar bei dem benachbarten Seebad Lubmin, doch wohnen seine Werktätigen fast alle in Greifswald. Es liefert bisher etwa 10 Prozent des gesamten Aufkommens an Elektroenergie der DDR, ermöglicht daher die Ansiedlung weiterer Industrien sowie die Elektrifizierung des Eisenbahnnetzes im Norden der DDR. Darüber hinaus gibt es noch Energie in das gemeinsame Verbundnetz der Staaten des RGW ab. Der VEB Nachrichtenelektronik produziert Erzeugnisse für das Funk- und Fernmeldewesen sowie für die Unterhaltungselektronik. Eine bedeutende Rolle für die Stadt und die Region spielt die Ernst-Moritz-Arndt-Universität (etwa 3000 Studenten) mit ihren zahlreichen Sektionen, Kliniken und Institutionen.

Stadtgeschichte: Greifswald ist eine der wenigen Städte im Gebiet der deutschen Ostexpansion des 12./13. Jh., die nicht an der Stelle oder neben einer slawischen Siedlung entstanden sind. Der Ansatzpunkt für die neue Siedlung war ein Salzvorkommen in den feuchten Wiesen (Rosental) nördlich der späteren Stadt, das schon in der slawischen Zeit (1193) ausgebeutet wurde. Am Südufer des Rycks, das zum Gebiet des 1199 gegründeten Zisterzienserklosters Hilda (später Eldena) an der Ryckmündung gehörte, bildete sich nach 1204 eine Ansiedlung von Salzarbeitern, Händlern und Handwerkern, die 1248 erstmals erwähnt wird. Sie ging dann in den Besitz der pommerschen Herzöge über, die ihr 1250 das lübische Stadtrecht verliehen. Damit gewann die junge Stadt einen erheblichen Grad an Selbständigkeit, der sich in den nächsten hundert Jahren dadurch noch vergrößerte, daß die im Ost-West-Handel aufblühende Stadt den Landesherren ein Recht nach dem anderen, dem umwohnenden Adel einen Grundbesitz nach dem anderen abkaufte. Seit 1278 Mitglied der Hanse, hat Greifswald in diesem Städtebund keine entscheidende Rolle gespielt, da die Stadt infolge ihrer schwächeren ökonomischen Entwicklung (Fehlen eines guten Hafens) nicht zu solcher Macht gelangte wie ihre Nachbarn Stralsund oder Rostock.

Die Gründung der Greifswalder Universität 1456 erfolgte auf Betreiben und zum Teil auf Kosten des Greifswalder Bürgermeisters und Doktors der Rechte Heinrich Rubenow, der 1462 einem politischen Mord zum Opfer fiel. Jahrhunderte hindurch hat die Universität das Gesicht der Stadt geprägt. Am Anfang des 16. Jh. studierte u. a. Ulrich von Hutten hier.

Zwar berührte der Dreißigjährige Krieg die Stadt direkt nur durch eine vierjährige Besetzung, 1627/31 durch die kaiserlichen Truppen Wallensteins, aber diese Jahre genügten, um Greifswald zu ruinieren und die Zahl der Einwohner auf etwa die Hälfte sinken zu lassen. Die politische und wirtschaftliche Lage der Stadt veränderte sich nur wenig, als Greifswald nach dem Aussterben der meist unbedeutenden Herzöge (1637) und dem Ende des Krieges Schweden als Reichslehen zufiel. Der schwedische König war nun in Personalunion Herzog von Pommern. Zwei Belagerungen durch brandenburgische Truppen, 1659 und 1678, die Wirren des Nordischen Krieges, 1700/20, und die mehrfachen preußischen Besetzungen im Siebenjährigen Krieg, 1756/63, verhinderten immer wieder einen ökonomischen Aufschwung.

Nach den mannigfachen Bedrängnissen der napoleonischen Zeit kamen durch den Wiener Vertrag von 1815 Greifswald und sein Umland zu Preußen. Es entstanden einige kleinere, meist jedoch nur kurzlebige Unternehmen der Eisenverarbeitung und Kreideproduktion. 1863 erhielt Greifswald Eisenbahnanschluß.

Die Universität vergrößerte sich mit dem Aufschwung der Naturwissenschaften im 19. Jh., die Studentenzahlen, besonders die der Mediziner, stiegen, Kliniken (die erste 1856/59) und Institute entstanden. Bedeutende Persönlichkeiten wie der Historiker und spätere Propagandist der Befreiungskriege, Ernst Moritz Arndt, der Chir-

Greifswald: Marktplatz

urg Ferdinand Sauerbruch, der Tierseuchenhygieniker Friedrich Loeffler oder der Diabetes-Forscher Gerhardt Katsch waren mit ihr verbunden.

Nach dem ersten Weltkrieg kämpften Arbeiter und fortschrittliche Bürgerliche gegen die Reaktion, die sowohl im Landadel als auch bei der Mehrzahl der Lehrer und Studenten der Universität einen starken Rückhalt fand.

Am 29./30. April 1945 erreichte die Rote Armee die Stadt. Durch den mutigen Einsatz von Oberst Rudolf Petershagen und seinen Helfern wurde Greifswald kampflos an die sowjetische Armee übergeben.

1953 wurden die ersten Neubauten errichtet. In den Neubaugebieten Schönwalde I und Schönwalde II entstanden seit den siebziger Jahren mehrere tausend Wohnungen mit entsprechenden Folgeeinrichtungen, der erste Teil eines Klinikums und ein Ambulatorium. Die vielfach überalterte Bausubstanz der Altstadt wird seit Jahren teils stilgerecht restauriert, teils durch Neubauten ersetzt, die sich dem Charakter der Altstadt anpassen.

Sehenswürdigkeiten: Das *Rathaus* wurde 1720/38 auf den Grundmauern des 1713 abgebrannten und 1736 wieder durch Brandschaden mitgenommenen mittelalterlichen Vorgängers errichtet. Den Eingang verschließt eine zweiflügelige Bronzetür von Joachim Jastram mit Motiven zum Thema Widerstand – Befreiung – Wiederaufbau (1966). Im Innern ist nach einer Modernisierung 1936/37 nur noch das Trauzimmer – die ehemalige kleine Ratsstube – mit seiner Innenausstattung von 1748/49 sehenswert.

Die drei gotischen Backsteinkirchen, *St. Marien, St. Nikolai* und *St. Jakobi,* wurden 1280 erstmals urkundlich genannt. Der Volksmund unterscheidet sie nach ihrer äußeren Gestalt. Die „dicke Marie“ (2. Hälfte 13. bis Mitte 14. Jh.) wirkt breit und behäbig. Sie ist eine chorlose Hallenkirche mit geschmücktem Ostgiebel und der zierlichen Annenkapelle (um 1400) an der Südseite. Die Kirche birgt einige beachtliche Kunstwerke, so die Kanzel (1587) mit reichen Intarsien und den Gedenkstein (nach 1462) für den 1462 aus politischen Gründen ermordeten Bürgermeister Heinrich Rubenow. Der „lange Nikolaus“ (letztes Viertel 13. Jh. bis 2. Viertel 14. Jh.) fällt durch seinen schlanken Turmhelm auf, der nach zweimaligem Einsturz der alten steilen Spitze 1652 aufgesetzt wurde. Von der Inneneinrichtung ist eines der ältesten Gruppenbilder Europas, ein Tafelbild (1460) mit der Darstellung der ersten Professoren der neugegründeten Universität erwähnenswert, ebenso auch zahlreiche Grabkapellen, Epitaphe und Bildnisse. Der „kleine Jakob“ (3. Viertel 13. Jh. bis Ende 14. Jh. als chorlose zweischiffige Halle) wurde Mitte des 14. Jh. zur dreischiffigen Halle mit Chor umgebaut. Der Turm trägt nach einem Brand (1955) einen vierseitigen Helm.

Das in der Nähe liegende *Hauptgebäude der Universität* ist 1747/50 in strengen barocken Formen auf den Grundmauern seines Vorgängerbaus von 1590/96 nach Plänen des Mathematikprofessors Andreas Meyer aufgeführt worden. Die festlichschmuckvolle *Aula*, ursprünglich Bibliothek, dient feierlichen Versammlungen und Konzerten. Im Konzilsaal befindet sich eine Reihe von wertvollen Professorenporträts aus der Zeit des Biedermeiers vom Maler Wilhelm Titel.

Sehenswert auch die *Bürgerhäuser* in der Baderstr. 2 (14. Jh., barock verändert), am Platz der Freundschaft 11 (Anfang 15. Jh.), am Platz der Freundschaft 25 (1561; 1670 und 1861 umgebaut; neogotische Fassade 1975 restauriert), in der Brüggstr. 5 (1. Hälfte 16. Jh.; nach Abtragung 1978 aus Originalmaterial wiedererbaut), in der Knopfstr. 19 (um 1600), in der Johann-Sebastian-Bach-Str. 33 (1803).

Das *Museum* (Theodor-Pyl-Straße) ist in dem letzten noch erhaltenen Gebäude des ehemaligen Franziskanerklosters untergebracht. Die weiteren Gebäude werden seit 1974 rekonstruiert. Zugänglich sind die Abteilung Stadtgeschichte (Raum für Sonderausstellungen, Kellercafé) und der Gedenkraum für den bedeutenden, in Greifswald geborenen Maler der Romantik Caspar David Friedrich.

Als technisches Denkmal ist die *Holländermühle* am nördlichen Stadtausgang eingerichtet.

Die 1939 eingemeindeten Ortsteile **Wieck** und **Eldena**, rechts und links der Ryckmündung, sind durch eine *hölzerne Klappbrücke* (1887) miteinander verbunden. Die gesamte Dorfanlage des alten Fischerdorfes Wieck (1248 erstmals genannt) steht unter Denkmalschutz. Am Hafen liegt die *Marineschule „August Lütgens“* der Gesellschaft für Sport und Technik mit ihrem *Segelschulschiff „Wilhelm Pieck“* und weiteren Schulschiffen. Auch der Seglerhafen befindet sich dort. In Eldena steht noch die *Ruine des Zisterzienserklosters*, die durch die Darstellungen Caspar David Friedrichs bekanntgeworden ist.

Die Forschungsanstalt „Friedrich Loeffler“ liegt auf der **Insel Riems.** Mehr als 600 Mitarbeiter widmen sich der Erforschung von Tierseuchen und der Produktion von Heilserum. Das Zentralinstitut für Diabetes „Gerhardt Katsch“ in **Karlsburg** arbeitet an der Erforschung der Zuckerkrankheit und behandelt auch Patienten stationär (beide Institute sind der Öffentlichkeit nicht zugänglich). Dem naturwissenschaftlich Interessierten sind der *Botanische Garten* in der Nähe des Bahnhofes mit seinen Gewächshäusern (Palmen, Orchideen u. a.), das *Arboretum* (Baum- und Strauchgarten, nach Erdteilen gegliedert) in der Friedrich-Ludwig-Jahn-Straße, und der *Tierpark*, etwa vier Minuten vom Bahnhof entfernt, zu empfehlen.

Weitere Stadtinformationen erhält der Besucher auch bei der Greifswald-Information, Straße der Freundschaft 126. (↗ Bl. 3)

Grimmen

Lage und Bedeutung: Grimmen (14 400 Einw.) liegt am Zusammenfluß zweier Trebelarme. Die Landwirtschaft, die mit Wiesen und Feldern die Stadt umgibt, hat ihr ihren Stempel aufgedrückt. Getreidewirtschaft und Ziegelwerk sind traditionelle Produktionszweige der heutigen Kreisstadt. Der VEB Leichtzuschlagstoffe fördert aus einem Tagebau Blähton der geologischen Liasformation und verarbeitet ihn in zwei Werken zu Porensinter.

Seit 1962 besteht hier der VEB Erdöl/Erdgas, der für die Suche und die laufende Förderung nach Erdöl und Erdgas im nördlichen Teil der DDR zuständig ist. Allein 13 Mrd. m^3 Erdgas jährlich werden an die Städte Magdeburg, Schwerin und Rostock geliefert.

Der VEB Geflügelwirtschaft ist Verarbeitungsbetrieb für alle in weitem Umkreis liegenden Geflügelmastbetriebe und Eierproduzenten.

Stadtgeschichte: Der ersterwähnte Name „Grimme" (1267) deutet auf slawische Wurzeln. Vermutlich war eine Burg, die im 14. Jh. genannt wird und gegen Ende des Dreißigjährigen Krieges abbrannte, der Kristallisationspunkt. Die kleine Stadt überschritt Jahrhunderte hindurch nicht den Rahmen einer Ackerbürger- und Handwerkerstadt, denn ihr Wohlstand wurde immer wieder von Stadtbränden und Durchzügen fremder Truppen vernichtet. Erst der Anschluß an die Nordbahn Berlin–Neubrandenburg–Stralsund (1878) und an die Nebenbahn Greifswald–Grimmen–Tribsees (1896) förderte den wirtschaftlichen Aufschwung.

Nach 1945 ist eine Reihe teils bedeutender Betriebe entstanden. Die Förderung von Erdöl und Erdgas im Gebiet Grimmen (erste fündige Bohrung am 21. 3. 1961) unter der Anleitung sowjetischer Spezialisten brachte der Stadt eine rapide Entwicklung. Der größte danach entstandene Baukomplex ist die Südweststadt.

Sehenswürdigkeiten: Eines der wenigen erhaltenen mittelalterlichen Bauwerke ist die *St.-Marien-Kirche.* Sie wurde aus Backstein auf Feldsteinsockel in der 2. Hälfte des 13. Jh. als dreischiffige chorlose Halle erbaut, jedoch im 15. Jh. durch den Anbau eines Chores mit Umgang erweitert. Die Innenausstattung enthält einige beachtenswerte Stücke: die Kanzel (1707), das Ratsgestühl (1590) und ein Grabmal (1603) mit vollplastischer Darstellung. Das *Rathaus* (14. Jh.) ist ein Kleinod mittelalterlicher Baukunst. Sein prächtiger Pfeilergiebel zeugt von der Fertigkeit und dem Kunstsinn früherer Handwerker. Im *Mühlentor* ist ein interessantes kleines *Museum* untergebracht. Der an der Stelle des ehemaligen Schloßturmes gelegene *Wasserturm* wurde als Aussichtspunkt mit Gaststätte ausgebaut. Am Nordwestrand der Stadt liegt ein von Wasserquellen gespeistes *Naturschwimmbad* mit 7 100 m^2 Wasserfläche. (↗Bl. 3)

Demmin

Lage und Bedeutung: Demmin (17 000 Einw.) liegt an der Mündung von Trebel und Tollense in die Peene. Da die Peene über Demmin hinaus schiffbar ist, ist bis heute ein kleiner Hafen erhalten geblieben, der jedoch nur noch von lokaler Bedeutung ist. Drei große Speicher zeigen, welche Rolle die Landwirtschaft für die Stadt spielt. Der Güterumschlag erfolgt über die Peene bis in das Oderhaff oder über die Eisenbahnstrecke. Außer der Zuckerfabrik sind alle größeren Betriebe erst nach 1945 entstanden: das Landtechnische Instandsetzungswerk, ein großes Kühlhaus mit Eiskremfabrik, ein Möbelwerk und ein Zweigwerk des VEB Elektromotorenwerk Hartha.

Stadtgeschichte: Demmin war eine alte slawische Siedlung, die sich im Schutz einer Burg der pommerschen Fürsten gebildet hat. Der Chronist Adam von Bremen nennt „Dymin" bereits „eine sehr große Stadt". Sie war zeitweise auch Zentrale eines pommerschen Teilherzogtums. Die Stadt lübischen Rechts zählte seit spätestens 1358 zu den Hansestädten. Das alte Gewerbe des Schiffbaus hat sich hier bis zum Anfang des 20. Jh. gehalten. Die Lage der Stadt an einem Knotenpunkt mehrerer Landstraßen und am Flußübergang hatte zur Folge, daß sie besonders in den Kriegen des 17./18. Jh. immer wieder zu leiden hatte. Nachdem sie seit 1627 vier Belagerungen, zahllose Truppendurchzüge und Einquartierungen sowie drei Stadtbrände durchgemacht hatte, war sie so ruiniert, daß sie offiziell Konkurs anmeldete. Die Regulierung dieses Verfahrens dauerte mehr als 140 Jahre. Dabei verlor die Stadt den größten Teil ihres einst bedeutenden Grundbesitzes. 1648 wurde sie schwedisch, 1720 preußisch. In der Zeit der industriellen Revolution entwickelten sich einige kleinere Betriebe, aber erst durch den Anschluß an die Eisenbahnlinie Berlin–Neubrandenburg–Stralsund (Nordbahn) 1878 konnte ein so großer Betrieb wie die Zuckerfabrik rentabel arbeiten. In den letzten Kriegstagen des Jahres 1945 wurde die Stadt durch Brand weitgehend zerstört. Die Wirtschaft der Stadt wird heute in erster Linie durch die Landwirtschaft bestimmt.

Sehenswürdigkeiten: Von der mittelalterlichen Bebauung ist infolge der Zerstörungen des 17. und 18. Jh. und des Jahres 1945 sehr wenig erhalten. Die *St.-Bartholomäi-Kirche* (14. Jh., Backstein auf Granitsockel, Ende 17. Jh. nach Brand wieder restauriert, Mitte 19. Jh. neogotisch verändert), das *Luisentor* (früher Kuhtor, 15. Jh.), ein *Mauerturm* und kleine *Reste der Stadtmauer* (Feldstein) sind noch vorhanden. Das interessante *Kreisheimatmuseum* befindet sich in der Ernst-Thälmann-Str. 22. (↗Bl. 3)

Insel Usedom

Geographische Besonderheiten: Usedom ist mit einer Fläche von 445 km^2 (DDR-Anteil 371 km^2) die zweitgrößte Insel an der südlichen Ostseeküste. Drei schmale Meeresarme verbinden das Oderhaff mit der Ostsee und trennen gleichzeitig die Inseln Usedom und Wolin (VR Polen) voneinander und vom Festland: der Peenestrom, die Swina und die Dziwna (beide in der VR Polen). Die Küstenumrisse Usedoms sind kennzeichnend für die Boddenausgleichsküste. Die etwa 42 km lange Außenküste ist sanft geschwungen, während die Binnenküste (164 km) besonders im Bereich des Peenestromes und des Achterwassers stark gegliedert ist. Der Nordwestteil Usedoms ist nur durch eine schmale Landbrücke mit dem größeren Südostteil verbunden; an der engsten Stelle, zwischen Koserow und Zempin, ist das Achterwasser nur knapp 300 m von der Ostsee entfernt. Auch die Oberflächengestalt der Insel weist bemerkenswerte Gegensätze auf. Im Nordwesten herrschen Niederungsgebiete und flache Erhebungen vor, die nur auf der Halbinsel Gnitz Höhen über 30 m erreichen. Der markanteste Punkt des zentralen Teils ist der Streckelsberg, er ist mit 60,1 m ü. d. M. zugleich die höchste Erhebung Usedoms. Abwechslungsreich ist der Südostteil gestaltet, wo auf engem Raum verhältnismäßig große Höhenunterschiede auftreten (sog. „Usedomer Schweiz").

Diese Formenvielfalt ist das Resultat eiszeitlicher Gestaltungsprozesse und der nachfolgenden Veränderungen durch das Meer, die noch heute andauern. So bildeten sich einerseits die sanftgewellten, kaum auffälligen Aufschüttungs- oder Satzendmoränen und andererseits die wesentlich höheren und steileren Stauchendmoränen. Erstere prägen die Oberflächengestalt weiter Teile des Südens und Westens der Insel, letztere konzentrieren sich auf den Ostteil. Sie lassen sich von hier am Grund der Oderbucht bis nach Mönchgut (Rügen) verfolgen und setzten sich auch über die Insel Wolin zum polnischen Festland fort. Die heutigen Höhenunterschiede vermitteln nur ein abgeschwächtes Bild des damals geschaffenen Reliefs. Vielfach existieren dort, wo sich gegenwärtig weitgespannte Ebenen zwischen den Hügelrücken ausdehnen, tiefausgeschürfte Hohlformen, sog. Gletscherzungenbecken; ihre Basis liegt häufig mehrere 10 m unter dem heutigen Meeresspiegel. Im Zuge des Küstenausgleichs wurden solche Becken während der Nacheiszeit mit Sanden und Kiesen verfüllt, die von Wellen und Strömungen hierher verfrachtet wurden. Als die Ablagerungen schließlich das Meeresniveau erreichten und sich Strandwälle bildeten, konnten auch Dünen entstehen. Auf diese Weise wurden ältere eiszeitliche Kerngebiete durch jüngere Landbildungen miteinander verbunden. An der gesamten Außenküste wechseln daher Steilküsten und Dünen einander ab. Im Verlauf dieser Vorgänge wurden auch ehemalige Meeresbuchten von der offenen See getrennt; der Gothensee, der Schmollensee und das Achterwasser sind derartige Relikte, an ihren Ufern herrschen heute Verlandungsprozesse vor.

Mit verminderter Intensität geht der Küstenausgleich noch in der Gegenwart vonstatten. Das von den Steilküsten stammende Abbruchmaterial wird generell nach Nordwesten und nach Südosten, in Richtung zum Peenemünder Haken und zur Swina-Niederung transportiert. Ein besonders gefährdeter Punkt ist der Streckelsberg. Bereits 1853 wurde an seinem seeseitigen Fuß ein Deckwerk errichtet, der Uferrückgang konnte damit aber nicht wesentlich vermindert werden. 1895 wurde eine neue Ufermauer gebaut, die nach Beschädigungen mehrfach verlängert und verstärkt werden mußte. Die derzeitigen Reste stammen überwiegend aus den Jahren 1914/15. In den letzten Jahrzehnten verstärkte sich allerdings der Küstenabbruch an den Flanken der Schutzmauer; das Bauwerk wirkt also gegenwärtig als Störkörper und wird deshalb nicht mehr erhalten. (Das Betreten der Mauer ist wegen der damit verbundenen Gefahren untersagt!) Die an den Streckelsberg angrenzenden Niederungen wurden – wie auch andere Dünenküstenstrecken – bei Sturmhochwasser häufig stark in Mitleidenschaft gezogen und mehrfach durchbrochen. Besonders verheerend wirkten die mit orkanartigen Stürmen verbundenen Wasserstandserhöhungen von 1872, 1904 und 1913/14. Im November 1872 zerbrach dadurch die Landverbindung bei Damerow, und das Wasser strömte ungehindert von der See ins Achterwasser. Die Bewohner des dortigen Vorwerks konnten nur durch den aufopferungsvollen Einsatz von Fischern aus Koserow gerettet werden. Zwei Jahre später wütete erneut ein Sturmhochwasser, und die zerstörte Siedlung wurde endgültig aufgegeben. Ein Gedenkstein am Straßenrand westlich von Koserow erinnert an diese Ereignisse. Die umfangreichen Küstenschutzmaßnahmen, die gerade an dieser Stelle sehr augenfällig sind, dokumentieren die gewachsenen technischen und gesellschaftlichen Möglichkeiten, die Folgen solch extremer und katastrophaler Ereignisse abzuwehren oder zu vermindern. Buhnenfelder sollen zur Erhaltung und Verbreiterung des Strandes beitragen; damit steht dann genügend Sand zum Aufbau einer Düne zur Verfügung, die das erste Bollwerk gegen eine hochauflaufende Sturmbrandung ist. Für den Fall, daß dieser Riegel – wie mehrfach in der Vergangenheit geschehen – durchbrochen werden sollte, sorgt ein dichter Küstenschutzwald dafür, daß die Wellen gebremst werden und das letzte große Hindernis, den mehr als 3 m hohen Seedeich, nicht durchbrechen können. In seinem Schutz verlaufen die Straße und die Eisenbahnlinie. Ein niedrigerer Deich zum Achterwasser hin bannt außerdem die Gefahr einer Überflutung von der Boddenseite her.

Um die reiche natürliche Ausstattung und die Erholungsmöglichkeiten der Insel zu erhalten und die planmäßige territoriale Entwicklung zu erleichtern, wurde der größte Teil Usedoms zum Landschaftsschutzgebiet erklärt. Angesichts der zahlreichen Gäste und Touristen und der intensiven wirtschaftlichen Nutzung kommt auch dem Naturschutz eine besondere Bedeutung zu. Auf der Insel gibt es sieben Naturschutzgebiete, die einen hohen Anteil an der Gesamtfläche haben. Einige dieser Reservate sind dem allgemeinen Besucherverkehr nicht zugänglich, wie der Peenemünder Haken, der zusammen mit den Inseln Struck und Ruden das größte Naturschutzgebiet des Bezirkes Rostock darstellt – ein Flachküstengebiet mit reicher natürlicher Ausstattung, das als Brut- und Rastgebiet für Wasservögel internationale Bedeutung hat. Auch von den Inseln Böhmke und Werder im Achterwasser(Nepperminer See) müssen Störungen möglichst ferngehalten werden, um den weiteren Bestand gefährdeter Vogelarten zu sichern. Günstig gelegen und zugänglich sind dagegen einige andere, vor allem in Küstennähe gelegene Objekte. So sind die Bruchwälder, Moor- und Röhrichtgürtel am Wockninsee bei Ückeritz kennzeichnend für die natürlichen Verlandungsprozesse eines flachen Strandsees. Wenige Kilometer südwestlich und in der Nähe der F 111 liegt der Mümmelkensee. In einer abgeschlossenen Hohlform konnte sich hier, weitgehend unbeeinflußt von menschlichen Einwirkungen, ein fast 15 m mächtiges Moor bilden. Ein kleiner Restsee, mit Kiefern und Heidekraut bewachsene Bülten, abgestorbene Bäume und eine typische und reichhaltige Flora (u. a. Lebermoose, scheidiges Wollgras, Sumpfporst, Krähen- und Moosbeere) sind charakteristisch für die natürliche Entwicklung. Der Besucher muß sich allerdings, vor allem wegen der gefährlichen Schwingmoorflächen, an die ausgewiesenen Wanderwege halten. Das größte zugängliche Naturschutzgebiet ist der Gothensee mit einem Teil des benachbarten Thurbruchs. Seit Jahrhunderten wurde versucht, die ausgedehnte Niederung zu entwässern und zu kultivieren; einen vorläufigen Höhepunkt fanden diese Bemühungen mit der komplexen Melioration 1966/70. Trotz der damit zwangsläufig verbundenen Veränderungen wurden Restbestände der Moorvegetation erhalten. Kenner schätzen den Artenreichtum der im Thurbruch noch vorkommenden Insekten; der See mit seinem Röhrichtgürtel ist Brut- und Rastgebiet für zahlreiche Wasservögel, und auch der Fischadler ist hier gelegentlich bei seiner Nahrungssuche anzutreffen. Der artenreiche Buchenwald des NSG „Streckelsberg" ist auch Heimat bestandsbedrohter Orchideen. Etwas abgelegener liegt der Golm im Südosten Usedoms. Stauchmoränen erheben sich hier fast 60 m ü. d. M. Sie sind durch ein ehemaliges, heute vollständig bewachsenes Steilufer deutlich von der Swina-Niederung abgegrenzt und tragen artenreiche Buchenwälder.

Geschichte: Die Zeugnisse für eine steinzeitliche Besiedlung Usedoms sind nicht sehr zahlreich, dennoch kann man eine ähnliche Entwicklung wie in den Nachbarräumen annehmen. Von den so typischen Großsteingräbern blieben hier nur wenige Reste erhalten; sie wurden als billige und bequeme Quellen für Baumaterial in der Vergangenheit vielfach beseitigt. Die letzte bedeutende Grabanlage bei Lütow konnte 1936 vor der beabsichtigten Zerstörung bewahrt werden. Die damalige Grabung lieferte zahlreiche Einzelfunde – Waffen, Werkzeuge und Schmuck. Aus der nachfolgenden Bronzezeit stammen die sog. Hortfunde (Ückeritz, Morgenitz, Zinnowitz) mit einer Fülle teilweise kunstvoll gearbeiteter Stücke und die Reste der ältesten Burganlage der Insel auf dem Golm. Etwa im 7. Jh. setzte die slawische Besiedlung ein. Ackerbau, Viehzucht und Fischfang waren sicher die vorherrschenden Wirtschaftsformen, aber mit der sich herausbildenden Arbeitsteilung ergaben sich gleichzeitig gesellschaftliche Differenzierungen und intensivere Handelsbeziehungen. Hacksilber-

Usedom: Großsteingrab bei Lütow

funde (die Münzen wurden nach ihrem Gewicht beurteilt und beim Kauf häufig zerkleinert) weisen auf Verbindungen bis nach Westeuropa. Die Menge des Edelmetalls – bei einem Fund 12 kg! – repräsentiert einen beträchtlichen Reichtum und bietet eine plausible Erklärung für die häufigen kriegerischen Einfälle der Wikinger und Dänen. Zugleich ist damit der sachliche Hintergrund für die „Vineta-Sage“ angedeutet. Jumne, in dessen Nähe die Dänen im 10. Jh. vermutlich die Jomsburg anlegten, war damals ein in weiten Teilen Europas bekannter Handelsplatz und lag bei dem heutigen Ort Wolin auf der gleichnamigen Nachbarinsel. Der Umfang und die Bedeutung der frühstädtischen Siedlung wurden bereits bei Grabungen 1871 und 1934 ersichtlich. Durch Veränderungen der Schreibweise mag aus Jumne latinisiert Jumneta und schließlich Vineta geworden sein.

Während einer Missionsreise des Bischofs Otto von Bamberg wurde 1128 von den auf der Burg Usedom versammelten pommerschen Adligen das Christentum angenommen. Diese folgenreiche Entscheidung war sicherlich von realpolitischen Einschätzungen und Erwägungen diktiert und stellt sich vor allem als eine verständliche Reaktion auf die vorangegangenen, lang anhaltenden Auseinandersetzungen dar. Mönche, die sich zunächst bei der Stadt Usedom niederließen, ihr Kloster aber schon 1307 nach Pudagla verlegten, waren die Pioniere der deutschen Besiedlung im 12. und 13. Jh. Es gelang dem Kloster Pudagla – auch durch teilweise recht dubiose Machenschaften – zum größten Grundbesitzer der Insel zu werden. Nach der Einführung der Reformation in Pommern (1534) fielen die kirchlichen Besitzungen zwar dem Landesherrn zu, aber an der mißlichen Lage der Bevölkerung änderte sich nichts. Die „Baur- und Schäferordnung“, die 1647 auch im Herzogtum Pommern-Wolgast gültig wurde, degradierte die Bauern zu Leibeigenen, beraubte sie ihres Besitzes und lieferte sie der Willkür der Gutsherren aus. Schwere zusätzliche Belastungen verursachten die Besetzungen durch kaiserliche und schwedische Truppen während des Dreißigjährigen Krieges. Beim Friedensschluß 1648 fiel die Insel an Schweden, blieb aber ein permanentes, häufig von Kriegszügen heimgesuchtes Streitobjekt. Preußen, das seine Besitzungen an der Ostsee zu erweitern trachtete, blieb in diesen Auseinandersetzungen erfolgreich und gliederte Usedom 1720 seinem Territorium an. Die straff zentralisierte Verwaltung war vor allem aus militärischen Interessen auf ökonomische Stabilität und Leistungsfähigkeit gerichtet. So wurde die Bevölkerung zwar weiterhin mit umfangreichen Diensten auf den königlichen Domänen belastet, aber das im benachbarten Schwedisch-Vorpommern und Mecklenburg hemmungslos betriebene Bauernlegen wurde hier nur eingeschränkt praktiziert. In jener Zeit wurden erstmals Versuche unternommen, das Thurbruch urbar zu machen (Kolonistensiedlung Ulrichshorst); auch der Ausbau der Swine (Swina) zu einem leistungsfähigen Schiffahrtsweg lag im Interesse des preußischen Staates und wurde zielstrebig betrieben. Davon profitierte insbesondere Swinemünde (Świnoujście), dessen Einwohnerzahl rasch zunahm und das 1758 das Stadtrecht erhielt. Damit geriet die weit ältere Stadt Usedom ebenso wie große Teile der Insel zunehmend in eine Abseitslage. Weitere Belastungen und wirtschaftliche Rückschläge traten als Folgen des Siebenjährigen Krieges und der französischen Besetzung (1806/13) auf. Erst nach 1815 wurden erneut Entwicklungsimpulse wirksam. Die Arbeiten zur Entwässerung des Thurbruchs wurden fortgesetzt, wobei ein neuer Durchstich zur Ostsee angelegt wurde; es setzten systematische Bemühungen zur Bewaldung der Dünen ein, wie überhaupt die Forstwirtschaft planmäßiger betrieben wurde. Die Fischerei orientierte sich stärker auf den Fang in der offenen See, an der Außenküste entstanden Niederlassungen, wie z. B. 1823 die Fischerkolonie „Hammelstall“, das spätere Trassenheide. Erst seit den sechziger Jahren wurden feste Chausseen gebaut, und 1876 erhielt Swinemünde Eisenbahnanschluß; es dauerte aber noch bis 1894, ehe die Bahn bis Heringsdorf, und weitere 17 Jahre, bis sie zur Wolgaster Fähre verlängert wurde.

Während des Faschismus wurde die bislang friedliche Insel massiv in die Kriegsvorbereitungen einbezogen. Sichtbare Zeichen waren die Munitionsdepots in der Mellenthiner Heide, ein Fliegerhorst bei Garz und ein Netz von Artilleriestellungen und Beobachtungstürmen an der Außenküste. Die wichtigsten Objekte waren jedoch die Anlagen der Heereswaffen-Versuchsanstalt bei Peenemünde. Zwangsarbeiter, KZ-Häftlinge und Kriegsgefangene mußten hier an der Entwicklung und Produktion der V-Waffen mitwirken. Am Ortseingang von Karlshagen erinnert eine Mahn- und Gedenkstätte an die Opfer der Barbarei und an den heldenhaften Widerstand der Antifaschisten.

Nach der Befreiung durch die Rote Armee waren auf Usedom große

Strand auf Usedom

Schwierigkeiten zu überwinden. Die Brücken zum Festland waren noch in den letzten Kriegstagen gesprengt worden. Tausende Umsiedler, die vor allem in den Badeorten Unterkunft gefunden hatten, mußten beschäftigt und ernährt werden. Entscheidende Impulse zur Bewältigung dieser Probleme gingen von der verstärkten Industrialisierung aus. Besonders in der neugegründeten Peenewerft in Wolgast fanden viele Inselbewohner eine Arbeitsstätte. Auf Usedom selbst entwickelten sich Erholungswesen und Landwirtschaft zu den dominierenden Wirtschaftszweigen.

Erholungswesen und Tourismus: Mehr als ein Viertel aller Badegäste des Bezirkes Rostock wählt die Insel Usedom als Reiseziel. Die ausgedehnten Sandstrände der Außenküste und das Hinterland mit seiner vielseitigen Natur bieten mannigfaltige Erholungsmöglichkeiten.

Der Funktionswandel der ehemaligen küstennahen Bauern- und Fischerdörfer zu Erholungsorten begann bereits im vorigen Jahrhundert. Ausgehend von Swindemünde, wo 1824 die erste offizielle Badesaison eröffnet wurde, erschlossen sich besonders in der 2. Hälfte des vorigen Jahrhunderts zahlreiche Orte in rascher Folge diese neue Erwerbsquelle (Ahlbeck und Zinnowitz 1852, Koserow 1856, Karlshagen 1886, Zempin 1895, Bansin 1897, Kölpinsee 1899).

Begünstigt wurde diese Entwicklung dadurch, daß Usedom von binnenländischen Konzentrationsräumen der Industrie und Bevölkerung, z. B. von Berlin und Stettin (Szczecin) aus, relativ günstig erreichbar war. Angehörige des Großbürgertums und des Adels, aber auch weniger bemittelte bürgerliche Kreise suchten zunehmend den Sommeraufenthalt an der See. Die wachsende Nachfrage führte besonders in den Jahrzehnten um die

Jahrhundertwende zu gesteigerter Bautätigkeit, zur Entstehung einer regelrechten „Fremdenverkehrsindustrie“, die aus dem Erholungsbedürfnis größtmögliche Profite erwirtschaften wollte. Zahlreiche Bewohner auch aus abgelegeneren Dörfern wurden billige Arbeitskräfte in den sich sprunghaft ausdehnenden Dienstleistungsgewerben. Architektonische Zeugnisse jener Zeit sind die villenartigen Hotel- und Pensionsbauten, mondän gestaltet an den bevorzugten und teuren Standorten wie den Strandpromenaden, bescheidener in den Nebenstraßen, auf billigerem Bauland. Die allgemeine Zunahme der Besucherzahlen wurde durch den ersten Weltkrieg jäh unterbrochen, und die zwanziger Jahre waren durch die Auswirkungen der Inflation und der Weltwirtschaftskrise gekennzeichnet. Während des Faschismus bestimmte die zunehmende Militarisierung immer stärker das Leben in den Badeorten.

Trotz erheblicher Schwierigkeiten konnte schon 1946 in einigen Gemeinden der Badebetrieb wieder aufgenommen werden, und um 1950 hatte die Zahl der Erholungsuchenden bereits wieder das Vorkriegsniveau erreicht. Allerdings hatte sich die soziale Struktur der Feriengäste grundlegend gewandelt, denn die Urlaubsplätze wurden jetzt überwiegend durch den Feriendienst der Gewerkschaften vermittelt. Den steigenden gesellschaftlichen Anforderungen wurde in den sechziger Jahren mit dem Ausbau des Netzes der Campingplätze entsprochen. Parallel dazu entstanden mehr als 400 betriebliche Ferieneinrichtungen und private Wochenendsiedlungen. Die fortschreitende Motorisierung führt auch dazu, daß zahlreiche Gäste in küstenferneren Orten Quartier nehmen. Zu den Erholungsuchenden, die auf den Campingplätzen und in den Badeorten untergebracht sind, kommt also eine steigende Anzahl von Tagesbesuchern. Angesichts der damit zwangsläufig verbundenen Belastungen ist deshalb im Interesse der weiteren Erhaltung des Erholungswertes und der landschaftlichen Schönheiten gegenwärtig keine wesentliche Erhöhung der Übernachtungskapazitäten mehr vorgesehen. Die Bemühungen des Feriendienstes und der zahlreichen kommunalen Zweckverbände sind jetzt vorrangig darauf gerichtet, die Ausstattung der vorhandenen Einrichtungen zu verbessern. Geeignete Objekte werden häufig schon ganzjährig für Urlaubsaufenthalte und prophylaktische Kuren genutzt. Diese Entwicklung wurde im letzten Jahrzehnt durch anspruchsvolle Neubauten gezielt gefördert. Beispielhaft dafür ist das Ferienzentrum „Roter Oktober“ in Zinnowitz mit 950 niveauvoll ausgestatteten Urlaubsplätzen, Dienstleistungseinrichtungen und einer Meerwasserschwimmhalle. (↗ Bl. 4)

Wolgast

Lage und Bedeutung: Die Kreisstadt stellt einen Siedlungstyp dar, der im Norden der DDR selten ist: eine Industrie-Kleinstadt (16 800 Einw.). An einem der drei Ausflüsse des Oderhaffs, dem Peenestrom, gelegen, bietet der recht tiefe Hafen seit alters gute Möglichkeiten für Schiffbau und Seehandel. 1948 nahm man hier eine alte Tradition wieder auf und legte die Peenewerft an, die jetzt der Stadt das Gepräge gibt. Sie baut Küstenmotorschiffe und Spezialfahrzeuge.

Die zweite bestimmende Komponente neben der Industrie ist der Tourismus. Von Wolgast aus erreicht man die Bäderinsel Usedom. Der Straßenverkehr rollt über die 1950 nach Kriegszerstörung wiederhergestellte „Brücke der Freundschaft“ über den Peenestrom. Einige Betriebe vervollständigen das ökonomische Profil: VEB Bauelemente, VEB Kraftfuttermischwerk, eine Großbäckerei u. a.

Stadtgeschichte: Wolgast geht auf eine alte slawische Siedlung zurück, die sich im Schutz einer fürstlichen Burg (letzte Reste Anfang 19. Jh. beseitigt) bildete. Während aber die

Burg auf der Schloßinsel im Peenestrom lag, entstand die Stadt etwas entfernt von ihr auf einem Endmoränenhügel. Otto von Bamberg ließ 1128 den Tempel der wendischen Gottheit Gerovit zerstören und taufte die Bevölkerung. Die Burg, im 13. und im 16. Jh. zum Schloß ausgebaut, war zeitweise Zentrale eines der pommerschen Teilherzogtümer. Die Stadt, die 1282 lübisches Stadtrecht erhielt, jedoch schon 1257 als „Stadt" erwähnt wurde, gehörte zwar der Hanse an, mußte sich aber immer dem Willen der hier residierenden Herzöge unterordnen. Die Kriege des 17.und 18. Jh. fügten ihr enormen Schaden zu, das Schloß wurde zerstört. 1713 brannte die zaristische russische Armee die Stadt als Vergeltungsmaßnahme bis auf die Kirche nieder.

Der Aufschwung des Seehandels im letzten Viertel des 18. Jh. ließ auch Wolgast aufblühen. Seit dem Frieden von 1815 gewann die Seefahrt mehr und mehr an Bedeutung. Noch 1865 waren hier 65 seetüchtige Segler beheimatet. 1863 bekam Wolgast Anschluß an die Bahnlinie Berlin–Pasewalk–Stralsund. Nun entwickelte sich am Schnittpunkt von Seeweg und Eisenbahn eine bedeutende Industrie: Eisengießerei – später Gußstahl- und Panzerwerk –, Holzverarbeitung, Zementwerk u. a. Der Streik der Zementwerker 1908 war für die Arbeiterbewegung der Region ein Signal. Nach 1945 entstand der VEB Peenewerft. Im Westen und Norden der Stadt wurden Neubaugebiete mit 2200 Wohnungen und einem Kreiskrankenhaus errichtet.

Sehenswürdigkeiten: Vor dem *Rathaus* (ursprünglich gotisch, nach 1713 barock wiederaufgebaut) steht ein moderner *Brunnen* mit Darstellungen aus der Stadtgeschichte. Die *Kirche St. Petri* (2. Hälfte 14. Jh. an der Stelle einer Vorgängerkirche) wurde nach 1713 verändert. Seit einem Brand 1920 trägt der Turm der dreischiffigen Basilika ein niedriges Zeltdach. Im Innern befinden sich die Gruft der Herzöge von Pommern-Wolgast, ein wertvolles Epitaph aus Bronze (1560) des Herzogs Philipp I. vom Meister Hilliger aus Freiberg und der wohl noch slawische sog. Gerovit-Stein. Außen an der Westfront des Turmes, dicht über dem Erdboden querliegend, ist ein slawischer Bildstein (12. Jh.) zu sehen. Die *St.-Gertrud-Kapelle* auf dem Friedhof besitzt einen zwölfeckigen Grundriß und reiches spätgotisches, auf einen Mittelpfeiler gestütztes Sterngewölbe. In der Burgstraße und am Hafen einige stattliche *Bürgerhäuser* und *Speicher* des 18. und 19. Jh.

Am Karl-Liebknecht-Platz, dem ehemaligen Markt, steht ein wegen seiner Form „Kaffeemühle" genannter Fachwerkbau des 17. Jh., ehemals Gasthaus, nun *Kreisheimatmuseum,* mit den Abteilungen Stadtgeschichte, Geschichte der Herzöge, Seewirtschaft, Geschichte der Arbeiterbewegung, Volkskunde, Sonderausstellungen. Das *Geburtshaus* des bedeutenden Malers der Romantik *Philipp Otto Runge* ist Kronswiek 2 zu finden. Ein *Tierpark* liegt im Ortsteil **Tannenkamp.** (↗ Bl. 4)

Anklam

Lage und Bedeutung: Anklam, der Mittelpunkt des gleichnamigen Kreises, ist eine kleine Seestadt (19 900 Einw.), denn sie liegt auf einem flachen Moränenhügel im Urstromtal der Peene, nur 7,5 km oberhalb der Mündung dieses Küstenflusses in den Peenestrom, 51 km von der offenen Ostsee entfernt. Noch heute überqueren an dieser Stelle wichtige Verkehrswege (Eisenbahnstrecke Berlin–Stralsund und F 109) die Peene. Die Schiffahrt ist nur noch von lokaler Bedeutung. Das auf Landwirtschaft ausgerichtete Einzugsgebiet der Stadt erhielt 1863 Anschluß an das Eisenbahnnetz.

Die Wirtschaft bestimmen das Zukkerkombinat „Fritz Reuter", große Getreidespeicher, der VEB Möbelwerke „Wilhelm Pieck" und der VEB Innenausstattung.

Stadtgeschichte: Die ursprünglich slawische Siedlung, 1243 erstmals als „Tanchlim" genannt, ist am Schnittpunkt eines Wasserweges (Peene) mit einer alten Landstraße gewachsen. Die spätere Stadt wird 1264 erstmals erwähnt. So günstig zur Entstehungszeit die geographischen Bedingungen waren, so hemmend wirkte sich später der nicht ausbaufähige Weg zum Meer ökonomisch aus. Zwar war auch Anklam Hansestadt (seit 1283), doch gehörte sie nicht zu den einflußreichen Bündnispartnern. An inneren Spannungen hat es in der mittelalterlichen Geschichte der Stadt nicht gefehlt. So sollen in dem sog. Fischeraufstand 1387 unzufriedene Volksmassen die Ermordung des gesamten korrupten Rates beabsichtigt haben. Die führenden Köpfe der Revolte büßten das mit ihrem Leben.

In den Kriegen des 17. und 18. Jh. litt die Stadt sehr unter den militärischen Aktionen der kriegführenden Mächte Habsburg, Schweden, Brandenburg-Preußen, Rußland, Sachsen und Dänemark. 1648 fiel die Stadt mit Vorpommern an Schweden, 1720 an Preußen und war bis 1815 Grenzstadt zu Schwedisch-Pommern, bis auch dieses an Preußen überging. Erst seit den siebziger Jahren des 19. Jh. entwickelte sich eine standortbedingte Industrie (Zuckerrüben, Holzverarbeitung.)

Sehenswürdigkeiten: Die *Kirche St. Marien* beeindruckt durch ihre Innenmaße. Sie ist eine dreischiffige Halle mit dreiseitigem Chor, in mehreren Bauphasen von der 2. Hälfte des 13. Jh. bis zum Anfang des 16. Jh. entstanden. Von den geplanten zwei Türmen ist nur der südliche in graugelbem Backstein ausgeführt und seit 1945 mit einem Satteldach gedeckt. Im Innern Wandmalereien aus der Entstehungszeit, formschöne Kapelleneinbauten (17./18. Jh.), Grabplatten aus Stein und Bronze (14.–16. Jh.), geschnitztes Chorgestühl u. a. An der südlichen Außenfront des Chormittelschiffes ist ein reiches Portal mit Maskenköpfen (Ende 13. Jh.) bemerkenswert. Von der Stadtbefestigung des Mittelalters sind nur noch der 18 m hohe *Pulverturm* und das *Steintor* (um 1450) erhalten, in dem ein Heimatmuseum eingerichtet wurde; weiterhin sehenswert das *Memorialmuseum* für den hier geborenen Pionier der Luftfahrt *Otto Lilienthal.* Ein *Denkmal* (1982) für Lilienthal befindet sich auf dem Marktplatz. (↗ Bl. 4)

Ueckermünde

Lage und Bedeutung/Stadtgeschichte: Die Kreisstadt Ueckermünde (12 300 Einw.) liegt abseits der großen Verkehrsströme zur Ostsee in waldreicher Umgebung dicht vor der Mündung der Ücker in das Oderhaff. Obwohl der Hafen die Schiffahrt ermöglicht, hat sich die Stadt nicht zu einer See- und Handelsstadt entwickelt. Seit 1818 ist Ueckermünde Zentrum des gleichnamigen Landkreises. Hier befindet sich u. a. die einzige Produktionsstätte für Schiffslaternen in der DDR. Sonst sind Landwirtschaft und Tourismus bestimmend. Jedes Jahr besuchen etwa 25 000 Urlauber und 300 000 Naherholer die Stadt. Vor allem das Strandbad zieht die Besucher an. Jedes Jahr findet Ende Juli die Haffwoche, das „Fest des Friedens, der Freundschaft und der Waffenbrüderschaft" statt, an dem Schiffe der Volksmarine der DDR, der sowjetischen Baltischen Rotbannerflotte und der polnischen Flotte teilnehmen.

Die Stadt ist als Siedlung neben einer Burg der slawischen Pommernherzöge entstanden. Bereits um 1260 war sie im Besitz des Stadtrechtes. An der Stelle der mittelalterlichen Burg bauten die Herzöge kurz vor der Mitte des 16. Jh. ein kleines Schloß in spätgotischen Formen. Nach dem Teilabriß 1720 blieben nur noch der Südflügel und der Bergfried mit vorgelagertem Treppenturm erhalten. Nach dem Ende der Regierungszeit der pommerschen Herzöge gehörte die Stadt bis 1720 zu Schwedisch-Pommern, anschließend zu Preußen.

Ueckermünde: Tierpark

Sehenswürdigkeiten: Der *Markt* bildet mit seinen Häusern ein reizvolles Ensemble. Das durch spätere Bauten etwas verdeckte *Schloß* enthält heute Verwaltungsräume des Rates der Stadt und ein Museum. Sein Eingang befindet sich in dem alten Treppenturm. Über dem Portal ist eine ornamentale Sandsteinplatte mit dem Porträt des Bauherrn, des Herzogs Philipp I., vom Bildhauer Schenck in Schneeberg aus dem Jahre 1546 eingelassen. 1908 wurde der Turmhelm aufgesetzt. Das Museum enthält eine reiche Sammlung zur Stadtgeschichte und zur Geschichte von Handwerk, Fischerei und Handel. Die *Stadtkirche St. Marien* ist ein nüchterner Putzbau, der 1752/66 an der Stelle eines Vorgängerbaus aus dem späten Mittelalter errichtet wurde; bemerkenswert der prunkvolle Kanzelaltar von 1775. Die Wohnhausbebauung stammt meist aus dem 17. und 18. Jh., da die mittelalterliche Stadt durch mehrere Brände zerstört worden war. Die Fachwerkspeicher verraten, welche Bedeutung Landwirtschaft und Getreidehandel für die Stadt hatten.

Der *Tierpark* (8,5 ha) mit seinen 600 Tieren lenkt die Aufmerksamkeit vieler Besucher auf sich. (↗ Bl. 4)

Mecklenburg und seine Seen

Geographische Besonderheiten: Der besondere Reiz der Erholungsgebiete im Mecklenburger Binnenland liegt in der unmittelbaren Nachbarschaft von Seen und Wäldern, die größtenteils in stark gegliederte Oberflächenformen eingebettet sind. Dem Reisenden bleibt der jähe Wechsel des Landschaftsbildes selbst auf kurzen Strecken in Erinnerung. Im Hinterland der Ostsee ziehen mildere klimatische Verhältnisse als an der Küste, unberührte Natur mit überwiegend sauberen Seen sowie die teilweise günstigere Erreichbarkeit jährlich mehr Urlauber aus den südlicher gelegenen Landesteilen an.

Die Seenplatte verdankt ihr heutiges Aussehen hauptsächlich der Weichselkaltzeit, der letzten großen Vereisung in Mitteleuropa. Gletscher aus Skandinavien stießen mehrfach bis in unseren Raum vor, wobei sie zumeist nach jeweils kürzeren Entfernungen zum Stillstand kamen. Die randlichen Ablagerungen des Eises, hoch aufgeschobene Endmoränen, werden somit von Süden nach Norden immer jünger. Der Nördliche Landrücken wurde in zwei großen Stillstandsphasen des Eises, dem Pommerschen und dem Frankfurter Stadium, geformt. Der größte Teil des mecklenburgischen Seenlandes liegt, wie in einer riesigen Wanne, zwischen den Endmoränen beider Eisrandlagen und zieht sich vom Schweriner See bis in die Uckermark. Breite Abflußbahnen des Schmelzwassers zerfurchten die hinterlassenen Grundmoränen und Sander jeweils älterer Vereisungen. In solchen Niederungen befinden sich z. B. fast alle kleineren Seen südöstlich der Müritz. Die meisten Seen entstanden an Orten, wo beim Eisrückgang größere Gletscher unter Schmelzwassersanden lange erhalten blieben. Durch aktive Gletscherbewegungen wurden tiefe Wannen „ausgehobelt" und das Material zum Teil in den Endmoränen angehäuft, dadurch entstanden die heutigen Seen.

In der Hügelkette des Pommerschen Stadiums findet man die größten Höhen Mecklenburgs, so z. B. die Helpter Berge (179 m) und Brohmer Berge (148 m) bei Strasburg, einen Stirnstauchmoränenkomplex ähnlich der Kühlung, und die Hohe Burg (144 m) bei Bützow. Die Ruhner Berge (178 m) bei Parchim gehören bereits zur wesentlich älteren Saalekaltzeit. Zwischen den Endmoränen und Sandern breiten sich auf flachwelligen Grundmoränen sandige Lehmböden aus. Die fruchtbaren sandarmen Lehmböden östlich des Tollensesees sind sogar mit denen des Klützer Winkels vergleichbar, so daß hier hochproduktive Landwirtschaft betrieben werden kann.

Vielfach verdanken wir der engen Beziehung der heutigen Seen zu den Auftauprozessen am Ende der Eiszeit ausgezeichnete Strände. Das Schmelzwasser wusch die feineren Bestandteile der Erde aus und sortierte die Sande. Die großflächigen Sander zwischen den Seen sind für die Landwirtschaft zu geringwertig, die Kuppen der Endmoränen werden vornehmlich forstwirtschaftlich genutzt. So hat auch der Mensch seinen Anteil an der Bewahrung dieser einzigartigen wasser- und waldreichen Landschaft.

Geschichte: Zahlreiche steinzeitliche Großsteingräber und bronzezeitliche Grabhügel belegen auch im Bereich der Mecklenburger Seen die frühzeitige Besiedlung. Doch erst durch Funde und Überlieferungen seit Beginn der slawischen Zeit läßt sich die Geschichte im Norden der DDR durchgängig verfolgen.

Die vordringenden deutschen Feudalherren und Siedler trafen im Zuge ihrer Ostexpansion auf frühfeudalistische Gesellschaftsformen. In den slawischen Stammesverbänden hatte sich ein Adel entwickelt, der die Bildung von

Zentralgewalten anstrebte. So entstand eine Vielzahl von Burgen, sowohl zur Verteidigung als auch als Basis eines frühen Siedlungsnetzes. Zu den Hauptburgen zählt die dem Land namengebende Mecklenburg zwischen Wismar und Schwerin, Stammsitz der Obodritenfürsten. Nach wechselvollen Kämpfen wurde die slawische Bevölkerung zurückgedrängt und verschmolz schließlich mit den deutschen Einwanderern. Es begann die volle Herausbildung des Feudalismus. Bauernlegen und Leibeigenschaft sind Beispiele der völligen Entrechtung der arbeitenden Menschen durch den Adel. Dabei war Mecklenburg so konservativ, daß sogar die Durchsetzung des Feudalabsolutismus verhindert wurde. Treffend kennzeichnete der mecklenburgische Heimatdichter und Patriot Fritz Reuter den Zustand mit einer Satire auf die „Landesverfassung", deren Hauptparagraph „Alles bleibt beim alten!" lauten sollte. Andere lästerten, daß hier „alles um 100 Jahre zurück" sei. Dagegen hatte sich z. B. in der Uckermark, der preußischen Entwicklung der Landwirtschaft folgend, der Weg zur kapitalistischen Produktionsweise leichter erschlossen. Mecklenburg blieb selbst nach Gründung eines einheitlichen deutschen Nationalstaates ein Land der Junker, deren reaktionäres Wesen sich letztlich in engen Verbindungen zur Führungsschicht des deutschen Faschismus äußerte.

Erst die demokratische Bodenreform nach dem zweiten Weltkrieg leitete bedeutende wirtschaftliche Veränderungen und vor allem soziale Verbesserungen für die Arbeitenden ein. Damit erfüllte sich, wofür Landarbeiter und fortschrittliche Bauernschaft bereits seit 1848 gekämpft hatten.

Die 1952 gebildeten Bezirke Schwerin und Neubrandenburg sind die ausgeprägtesten Agrargebiete der DDR. Mit der Entwicklung der sozialistischen Landwirtschaft, der planmäßigen Industrialisierung des Nordens sowie der Einführung industriemäßiger Produktionsmethoden in der Landwirtschaft wurden frühere Niveauunterschiede in den Arbeits- und Lebensbedingungen im Maßstab des ganzen Landes weitgehend abgebaut; Kultur und Bildung haben Einzug gehalten; das Antlitz der Dörfer hat sich grundlegend gewandelt. (↗ Bl. 1, 2, 3, 5, 6, 7)

Schwerin

Lage und Bedeutung: Die Bezirksstadt (128 300 Einw.) liegt am Südwestufer des Schweriner Sees, eingebettet in einen Kranz kleiner Seen in waldreicher Umgebung. Schwerin entwickelte sich nach 1945 aus einer ehemaligen Residenz- und Beamtenstadt zum politischen, wirtschaftlichen und kulturellen Zentrum des gleichnamigen Agrar-Industrie-Bezirkes. Die ökonomische Struktur wird durch moderne Großbetriebe geprägt, in denen Plastverarbeitungsmaschinen, Hydraulikanlagen, Lederwaren (Kombinatsleitung), Baumaterialien, Schiffsausrüstungen, Kabel und Plasterzeugnisse hergestellt werden. Weiterhin sind die Holz-, Möbel-, polygraphische, Verpackungsmittel-, Nahrungsmittel- und Baustoffindustrie sowie die dienstleistende Wirtschaft vertreten. Zu den bedeutendsten Kultur- und Bildungseinrichtungen gehören das Mecklenburgische Staatstheater, die Schweriner Philharmonie, das Staatsarchiv und zahlreiche Museen sowie die Ingenieurschule für Maschinenbau, Fachschulen für Musik und Medizin, Institute für Lehrerbildung, Lehrmeisterausbildung und für Funktionäre der Landwirtschaft. Von der Entwicklung Schwerins zur Großstadt zeugen Wohnungsneubaugebiete, die modernen Lebensbedürfnissen genügen (Weststadt, Lankow, Großer Dreesch), neue Verkehrslösungen, moderne Einrichtungen wie die Sport- und Kongreßhalle und das Bezirkskrankenhaus sowie gelungene Lösungen bei der Altstadtrekonstruktion durch harmonische Einbeziehung von Neubauten ins traditionelle Stadtbild mit kulturhistorisch wertvoller Architektur (Großer Moor).

Schwerin: Dom

Stadtgeschichte: Die ehemalige slawische Burg „Zuarin" auf der heutigen Schloßinsel wurde 1018 erstmals genannt. Als sie 1160 an Heinrich den Löwen (Stadtwappen) fiel, gab es bereits den Ansatz zur Stadtentwicklung bei der Nikolaikirche auf der Schelfe. Dieser Kaufmannssiedlung wurde noch im selben Jahr das Stadtrecht zuerkannt. Mit der Weihe des Mariendomes 1171 verlegte man den Bischofssitz von der Mecklenburg hierher. Ab 1167 war die wieder aufgebaute Burg Sitz der Grafen von Schwerin. 1358 ging sie mit der Stadt in den Besitz der Herzöge (ab 1815 Großherzöge) von Mecklenburg über, die dann vom Ende des 15. Jh. bis 1918 fast ununterbrochen (von 1756 bis 1837 war Ludwigslust die Residenz) in Schwerin residierten.

Abgelegen von den wichtigsten Handelsstraßen entwickelte sich die Stadt über Jahrhunderte in Abhängigkeit von den Bedürfnissen des Adels. So wurde durch Herzog Johann Albrecht die Entwicklung des geistig-kulturellen Lebens im 16. Jh. gefördert. Mit der Gründung von Fürstenschule, Archiv und Bibliothek wurden führende Wissenschaftler angezogen, und später entstanden bedeutende Kunstsammlungen.

Mehrfach haben verheerende Stadtbrände große Teile der historischen Altstadt vernichtet. Das heutige Gesicht Schwerins wurde maßgeblich im 19. Jh. vom Schinkel-Schüler Demmler geprägt. Er begann mit der Neugestaltung des Schlosses (1843) und führte zahlreiche andere Repräsentativbauten aus. Eine Industrialisierung der Stadt wurde lange durch den Hof unterdrückt. Sie setzte sich erst nach der Reichsgründung zögernd durch (Pianofabrik 1871, Exportbrauerei 1872, Zentralmolkerei 1881, Maschinenfabrik 1900 u. a.).

Schwerin wurde durch die Verwaltungsreform 1952 Bezirksstadt. Damit begann eine stürmische Entwicklung. Umfassende Industrialisierung und Bevölkerungskonzentration (seit 1972 über 100 000 Einw.) bestimmen diesen Prozeß bis heute.

Sehenswürdigkeiten: Bekanntestes Baudenkmal der Stadt ist das am Rand der Altstadt auf einer Insel gelegene *Schloß*. Am Platz der bereits

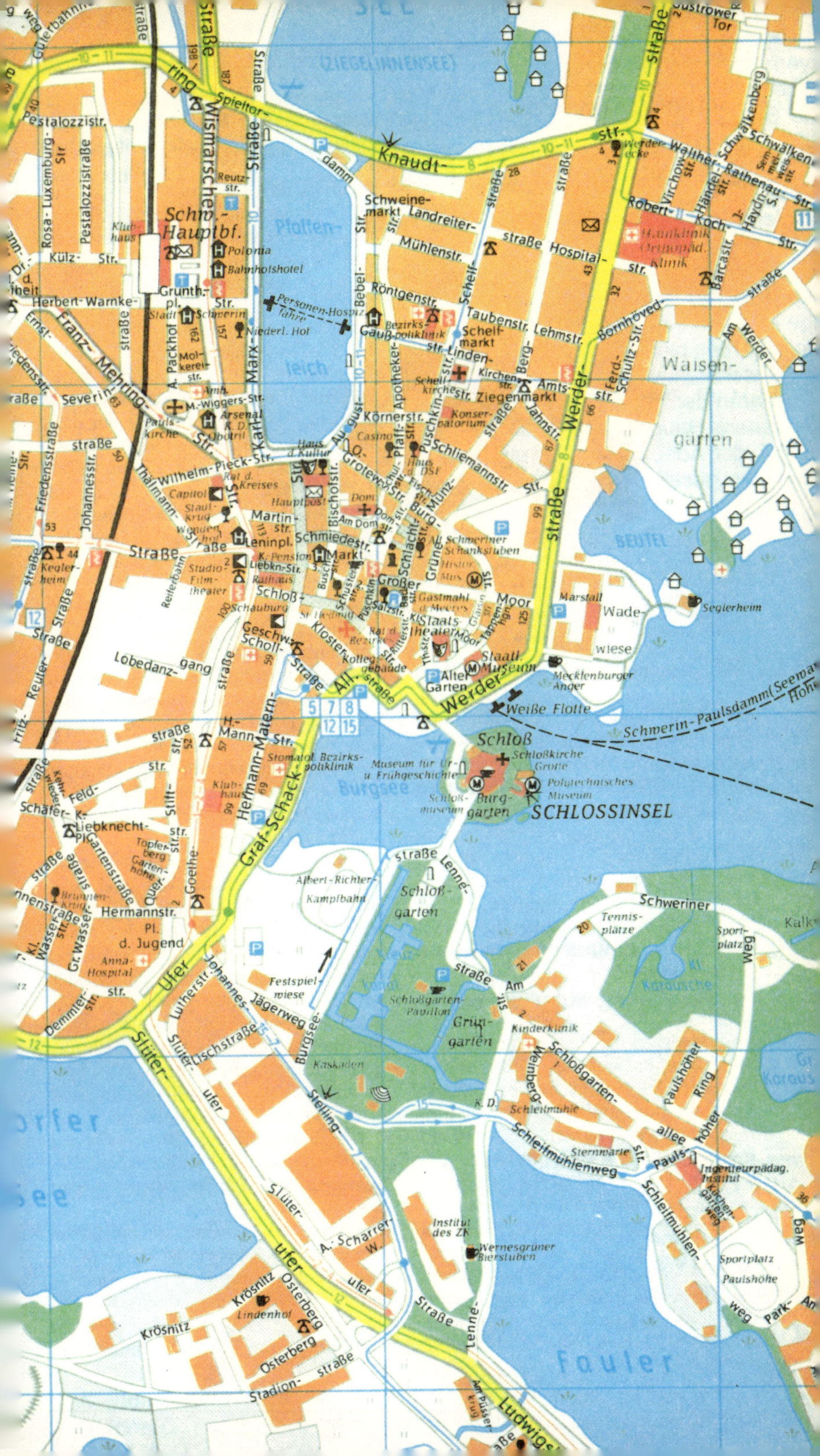

(ZIEGELINNENSEE)
Gustrower Tor
Spieltor-
ring
Knaudt-
damm
Werder-
Walther-Rathenau-Str.
Schwälkenberg
Schwälken
Pestalozzistr.
Rosa-Luxemburg-Str.
Pestalozzistraße
Wismarsche Straße
Reutz-str.
Klubhaus
Schw.-Hauptbf.
Polonia
Bahnhofshotel
Külz-Str.
Grunth.-pl.
Stadt Schwerin
Niederl. Hof
Personen-Fähre
Pfaffen-
teich
Herbert-Warnke-
Franz-Mehring-
Schweine-markt
Landreiter-
Mühlenstr.
straße
Hospital-
str.
Robert-Koch-
Virchow-Str.
Händel-Str.
Haydn-Str.
Barcastr.
Hautklinik Orthopäd. Klinik
Röntgenstr.
Bezirks-poliklinik
Taubenstr.
Lehmstr.
Schelf-markt
Linden-
Schelf-straße
Bornhöved-straße
Am Werder
Waisen-
gärten
Ferd.-Schultz-Str.
Molkerei-str.
A.-Packhof
Severin-
M.-Wiggers-Str.
Arsenal
Pauls-kirche
Schelfkirche
Kirchenstr.
Amtsstr.
Ziegenmarkt
Körnerstr.
Konservatorium
Casino
Puschkinstr.
Schliemannstr.
Werder-straße
Jahnstr.
Wilhelm-Pieck-Str.
Haus d. Kultur
Rat d. Kreises
Capitol
Hauptpost
Dom
Am Dom
Grotewr. Str.
Münz-str.
Martin-str.
Leninpl.
Schmiedestr.
Markt
All. Schweriner Schankstuben
Histor. Mus.
BEUTEL
Seglerheim
Friedensstr.
Johannesstr.
Straße
Kegler-heim
Reiterbahn
K.-Pension
Liebkn.-Str.
Rathaus
Studio-Filmtheater
Schloß-
Schauburg
Großer Moor
Gastmahl d. Meeres
Staats-theater
Marstall
Wade-wiese
Mecklenburger Anger
Staatl. Museum
Alter Garten
Lobedanz-gang
Geschw.-Scholl-
Kloster-straße
Kollegiengebäude
Werder
Weiße Flotte
Schwerin-Paulsdamm (Seedamm)
Schloß
Schloßkirche
Grotte
Museum für Ur- u. Frühgeschichte
Polytechnisches Museum
Schloß-museum
Burg-garten
SCHLOSSINSEL
Burgsee
Fritz-Reuter-Straße
H.-Mann-Str.
Hermann-Matern-
Graf-Schack-
Stomatol. Bezirks-poliklinik
Klubhaus
Feld-
Schäfer-
K.-Liebknecht-Pl.
Gartenstraße
Töpferberg
Gartenhöhe
Quer-
Goethe-
straße
Lenné-
Albert-Richter-Kampfbahn
Schloß-garten
Schweriner
Tennis-plätze
Sportplatz
Weg
Kl. Karausche
Kalk
Hermannstr.
Pl. d. Jugend
Anna-Hospital
Wasserstr.
Demmlerstr.
Ufer
Festspiel-wiese
Lutherstr.
Johannes-
Jägerweg
Burgsee-
Schloßgarten-Pavillon
Grün-garten
Am
Kinderklinik
Weinberg-
Schloßgarten-allee
Paulshöher Ring
Gr. Karausche
Stüfer-
Lischstraße
Kaskaden
Stelling-
K. D.
Schleifmühle
Sternwarte
Schleifmühlenweg
Paulshöher
Ingenieurpädag. Institut
Küchengarten-weg
Schleifmühlen-
Sportplatz Paulshöhe
Park-
Institut des ZK
Wernesgrüner Bierstuben
A.-Scharrer-W.
ufer
Straße
Krösnitz
Lindenhof
Osterberg
Stadion-straße
Ludwigs
Fauler
See

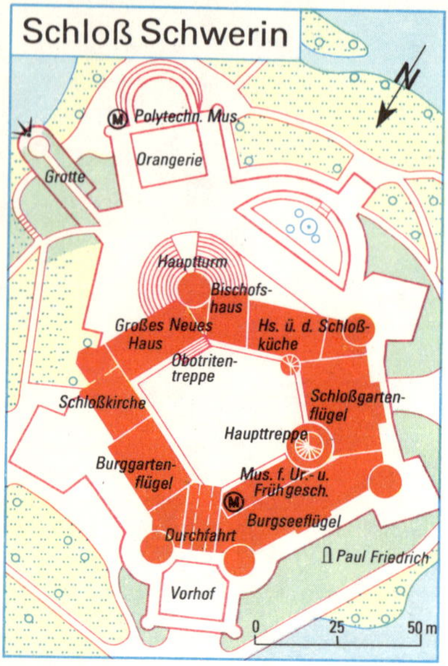

1018 genannten slawischen Burg schufen Baumeister vieler Generationen dieses einzigartige architektonische Werk. Der etwa fünfeckige Bau ist reich mit Türmen und Türmchen verziert. Gebäude mit Stilmerkmalen aus Gotik, Barock und Renaissance wurden beim Umbau 1843/57 harmonisch miteinander verbunden. In den seit 1973 restaurierten Teilen des Schlosses sind untergebracht: das *Schloßmuseum* mit historischen Räumen in der Fest- und Hauptetage und Gemäldesammlung, das *Museum für Ur- und Frühgeschichte,* Ausstellung im Burgseeflügel und das *Polytechnische Museum* in der *Orangerie.* Der *Burggarten* umfaßt das Schloß an der Seeseite. Die Anlage mit prächtigem Gehölzbestand und romantischer Einbeziehung von Orangerie, Grotte und anderen Details wurde von Lenné umgestaltet. Der *Schloßgarten* ist ein unverändert gebliebener Barockgarten (1748/56 nach Plänen von Legeay). Durch einen Landschaftspark und Laubengänge zum Bürgerpark erweitert, ist er der beliebteste innerstädtische Naherholungsbereich. Nordwestlich des Schlosses reihen sich am *Alten Garten,* dem ehemaligen Paradeplatz, sowie der *Schloßstraße* mehrere repräsentative Gebäude zu einem harmonischen Ensemble. Platzbestimmend ist das 1835 von Demmler als Palais begonnene *Museum,* das später zur Gemäldegalerie umgebaut wurde und heute eine der bedeutendsten Kunstsammlungen der DDR, u. a. Gemäldesammlung mit Werken der holländischen und flämischen Schule des 17. Jh., beherbergt. Das *Theater* (Daniel, 1883/86) zeigt äußerlich den Stil der italienischen Renaissance; der Innenraum im Neorokoko steht dazu im Kontrast. Ältester Komplex am Alten Garten ist das *Alte Palais,* ein Fachwerkbau von 1799. An der Schloßstraße gegenüber beherrscht das Kollegiengebäude (Demmler, 1825/34) das Bild. Es entstand auf dem Gelände des ehemaligen Franziskanerklosters, war Sitz der Landesregierung und beherbergt heute die Bezirksleitung der SED. Der relativ kleine Marktplatz wurde durch die Fassaden des *Alten Rathauses* (1835 im Stil der Tudorgotik verblendet) und des *Neuen Gebäudes* (1783/85; Ständige Ausstellung des Stadtarchivs) mit monumentaler Säulenvorhalle geprägt (Schwerin-Information, Markt 11).

Der *Dom,* eines der prächtigsten Bauwerke norddeutscher Backsteingotik, ist der einzige vollständig erhaltene mittelalterliche Bau der Stadt. Sehenswert sind wertvolle Details der Innenausstattung. Die Turmbesteigung gewährt einen guten Überblick über die Stadt. Die Straße *Großer Moor,* ein gelungenes Experiment moderner Altstadtsanierung, wird seeseitig durch den *Marstall* wirkungsvoll abgeschlossen.

Die Einbeziehung von Gewässern ins Stadtbild ist charakteristisch für Schwerin. Am *Pfaffenteich* dominiert das *Hans-Kahle-Haus,* 1840/44 von Demmler als Arsenal gebaut. Vom modernen Schwerin ist der Wohnungsneubaukomplex *Großer Dreesch* hervorzuheben. Er zeichnet sich durch harmonische Einbettung in die Landschaft und durch Nähe zu Nah-

Schwerin: Agrarhistorisches Museum Mueß

erholungsgebieten in **Zippendorf, Mueß** (Strandbäder, Agrarhistorisches Museum) und dem *Fernsehturm*, von dem man die Stadt und ihre Umgebung mit dem Südteil des Schweriner Sees im Blick hat, aus.

Im benachbarten **Raben Steinfeld,** *OdF-Gedenkstätte,* endete am 2. Mai 1945 der Todesmarsch von 30 000 Häftlingen des Konzentrationslagers Sachsenhausen mit der Befreiung durch die Sowjetarmee.

Der **Schweriner See** (37,4 m ü. NN; 62,9 km^2; 51 m Tiefe), befindet sich in einem Gletscherzungenbecken. Nach Norden gibt es einen künstlichen Abfluß über den Wallensteingraben zur Ostsee. Der natürliche Abfluß erfolgt nach Süden über Stör, Elde in die Elbe zur Nordsee. Die Elde, mit 220 km längster Wasserlauf Mecklenburgs, und die Stör treffen sich südlich des Schweriner Sees in der *Lewitz,* einem etwa 150 km^2 großen Niederungsgebiet. In einem Senkungsraum wurden hier mehrfach Sander aufgeschüttet, die großflächig vermoorten. Erst seit 1958 wird der Raum melioriert (Jugendobjekt) und landwirtschaftlich genutzt. Die Lewitz und der Schweriner See sind Landschaftsschutzgebiete, in denen mehrere Teile unter Naturschutz gestellt sind (Naturschutzgebiete „Kaninchenwerder“ und „Fischteiche“). Das gesamte Gebiet des Schweriner Sees ist für die Naherholung gut erschlossen. Mehrere Linien der Weißen Flotte befahren vornehmlich den südlichen Teil. (↗ Bl. 1)

Gadebusch: Marktplatz mit Pfarrkirche

Gadebusch

Lage und Bedeutung/Stadtgeschichte: Die Kreisstadt (7100 Einw.) ist Zentrum eines ausgedehnten Landwirtschaftsgebietes im Nordwesten des Bezirkes Schwerin. Sie ist über die F 104 (Schwerin–Schönberg) zu erreichen und hat Eisenbahnanschluß. Die Ökonomie der Stadt wird durch neue Betriebe der Leicht- und Lebensmittelindustrie sowie Großanlagen der industriemäßig produzierenden Landwirtschaft bestimmt. Über vier Fünftel des Wohnungsbestandes entstanden nach dem zweiten Weltkrieg.

Schon 1154 als Burg bezeugt, wurde Gadebusch, das ab 1201 im Besitz der Herzöge von Mecklenburg war, 1225 als Stadt nachgewiesen. Durchgangshandel belebte die Wirtschaft der Stadt. Das 1570 anstelle der Burg errichtete Schloß war im 16. und 17. Jh. zeitweilig herzogliche Residenz. Die Ende des 19. Jh. einsetzende Industrialisierung blieb bis 1945 bedeutungslos.

Sehenswürdigkeiten: Am Markt, einem Teil des ehemaligen Dorfbrinks, befindet sich das *Rathaus*, ein 1618 errichtetes Giebelhaus aus Backstein mit offener Laube. Einige Teile des Vorgängers von 1340 sind erhalten. Die *Stadtkirche* (13. Jh., mit romanischen Elementen) gehört zu den ältesten Backsteinbauten des Bezirkes. Mit ihr wurde der mecklenburgische Eigenstil eingeleitet. Das *Schloß* (heute Internat), ein einflügeliger Renaissancebau (1570/71 von Haubitz) ist das eindrucksvollste Baudenkmal der Stadt. Die Medaillonfriese und Pilaster aus Terrakotta (Werkstatt des Statius van Düren) erinnern an den Fürstenhof in Wismar, der Lünettengiebel an das Neue Lange Haus im Schloß Schwerin. (↗ Bl. 1)

Sternberg: Stadtkirche

Sternberg

Lage und Bedeutung/Stadtgeschichte: Die Kleinstadt (5200 Einw.) befindet sich etwa 35 km östlich von Schwerin in einer reizvollen waldreichen Hügel- und Seenlandschaft. Sie ist administratives und wirtschaftliches Zentrum des Agrarkreises. Sternberg kann günstig über die F 104 und F 192 erreicht werden und liegt an der Eisenbahnlinie Wismar–Karow.

Wirtschaftliche Grundlage der Stadt sind Betriebe des Fahrzeug- und Holzbaus, der Bekleidungs- und Lebensmittelindustrie sowie Landwirtschaft und Fischzucht. Zunehmende Bedeutung erlangt Sternberg auch als Erholungsort.

Die Stadt wurde 1250 unter der Herrschaft der Fürsten von Mecklenburg gegründet und planmäßig befestigt. Die nach 1310 errichtete Burg war im 14. Jh. zeitweilig herzogliche Residenz. Von 1492 bis 1572 war die Stadt ein bedeutender Wallfahrtsort. Vom 15. Jh. bis 1918 tagte in Sternberg im Wechsel mit Malchin der mecklenburgische Landtag. Mit dem Eisenbahnanschluß 1887 nach Wismar setzte eine schwache Industrialisierung ein.

Sehenswürdigkeiten: Beeindruckend ist die vollständige Anlage der spätmittelalterlichen *Altstadt*. Die *Stadtkirche* (1309 begonnen) ist ein frühgotischer Backsteinbau des chorlosen Langhallentyps. Das *Rathaus*, Mitte des 19. Jh. unter dem Einfluß Demmlers erbaut, repräsentiert englische Tudorgotik mit Elementen der italienischen Palastarchitektur. Interessant sind Reste der Stadtbefestigung mit dem *Mühlentor*.

Ausflugsziele in der Umgebung: Bei **Groß Raden** (5 km nordöstlich von

Sternberg) befindet sich ein altslawischer Tempelort, der zu einem bedeutenden *Freilichtmuseum für Ur- und Frühgeschichte* ausgebaut wurde. In der Nähe liegt das NSG „Durchbruchstal der Mildenitz und der Warnow" mit gut erschlossenen Wanderwegen. (↗ Bl. 2)

Parchim

Lage und Bedeutung: Parchim mit 23 500 Einwohnern liegt auf der Südwestabdachung des Mecklenburgischen Landrückens an der schiffbaren Elde am Kreuz der F 191 und F 321 und hat Eisenbahn- sowie Autobahnanschluß. Als wichtigste Betriebe gelten der VEB Hydraulik-Nord, das Gasbetonwerk und das Metallformwerk. Weiterhin werden Produkte der Leicht- und Nahrungsgüterindustrie hergestellt. An gesellschaftlichen Einrichtungen sind Landestheater, Landwirtschaftsschule, Musikschule, Kinderkurheim und ein zentrales Pionierlager hervorzuheben.

Stadtgeschichte: Als Kaufmannssiedlung an einem Eldeübergang entstanden, wurde Parchim 1225 erstmals als Stadt erwähnt. Die 1229 genannte Burg bestand wahrscheinlich schon in slawischer Zeit. Bis 1436 wechselte die Stadt mehrfach die Besitzer und blieb dann mecklenburgisch. Durch Zollfreiheit zunächst bedeutende Handelsstadt, die ab Ende des 16. Jh. wirtschaftlichen Niedergang erfuhr, entwickelte sich Parchim in kapitalistischer Zeit zu einem der wichtigsten Industriestandorte Mecklenburgs. Der Charakter einer Ackerbürgerstadt konnte aber erst mit der planmäßigen Industrialisierung nach 1945 überwunden werden.

Sehenswürdigkeiten: Das Bild des altstädtischen Zentrums wird von gotischen Backstein- und Fachwerkbauten geprägt. Die *Marienkirche*, deren dreijochige Halle 1278 geweiht wurde, repräsentiert den sog. westfälischen Typ. Der Bau der *Georgenkirche* begann 1289 nach dem Brand der vorangegangenen Basilika. Reste des Vorgängerbaus, für die mecklenburgische Kunstgeschichte aufschlußreich, sind in der Westfassade erhalten. Das *Rathaus*, ein Backsteinbau aus dem 14. Jh., wurde 1818 durch Barca umgestaltet.

Ausflugsziele in der Umgebung: In der Umgebung von Parchim befinden sich mehrere gut erschlossene Naherholungsgebiete. Unmittelbar nordöstlich des Stadtzentrums liegt der **Wokkersee.** Das daran anschließende 5 km lange Landschaftsschutzgebiet flankiert die nördlich Parchims gelegenen ausgedehnten Wälder. Südöstlich der Stadt ist das LSG „Buchholz" zu erreichen. Von besonderer Bedeutung ist das südwestlich liegende Gebiet des **Sonnenberges** (126 m ü. d. M.). Hier befindet sich der tertiäre Untergrund dicht unter der Erdoberfläche, so daß Mitte des 19. Jh. sogar Braunkohle gefördert wurde. In einem 1880 hier angelegten Douglasienforst wachsen die größten Exemplare dieser Nadelbaumart in Europa. Der *Aussichtspunkt „Kiekindemark"* gestattet nach Nordwesten einen weiten Blick über die Lewitz. Diese einzigartige Feld-, Wald- und Wiesenlandschaft verdankt großflächigen Vermoorungsprozessen in weiten Teilen ihre Unberührtheit durch den Menschen. Naturfreunde und insbesondere Wasserwanderer finden hier Erholung. In vier Naturschutzgebieten wird die vorhandene Tierwelt, u. a. zoologische Gesellschaften, geschützt. (↗ Bl. 6)

Güstrow

Lage und Bedeutung: Güstrow (39 000 Einw.), geographisch günstig an einem Übergang über die sumpfige Niederung der Nebel, eines Nebenflusses der Warnow, gelegen, besaß schon im Mittelalter eine große Bedeutung. Heute ist sie ein wichtiges Kulturzentrum im Norden der DDR. Die zahlreichen kulturhistorischen

Denkmale in der Altstadt sowie die Naherholungszentren am Inselsee oder „Am Filter" sind gern besuchte Ausflugsziele. Mit dem Namen der Stadt bleiben die Werke von John Brinckman und Ernst Barlach untrennbar verbunden.

Die Nebel zählt noch heute zu den interessantesten Gewässern für Faltbootwanderer in Mecklenburg.

Stadtgeschichte: Aus einer Gründung Fürst Heinrich Borwins II. hervorgegangen, erhielt Güstrow 1228 Schweriner Stadtrecht. Vom 13. bis zum 15. Jh. Residenz der Fürsten von Werle, war die Stadt nach deren Aussterben im 16./17. Jh. Sitz der Herzöge von Mecklenburg-Güstrow, bis die Residenz 1756 nach Ludwigslust verlegt wurde. Während dieser Zeit erfuhr die Handelsstadt einen weiteren wirtschaftlichen Aufschwung. 1807/13 war Güstrow von den Truppen Napoleons besetzt – es war Zentrum des Widerstandes gegen die französische Fremdherrschaft in Mecklenburg. Mit dem Eisenbahnanschluß ab 1850 entwickelte sich die Stadt auch zu einem Verkehrsknotenpunkt. Zahlreiche Industrien (Maschinenbau, Zuckerfabrik) siedelten sich an. Nach Zerstörungen im zweiten Weltkrieg erfolgte am 2. Mai 1945 die kampflose Übergabe an die Rote Armee. 1949 wurde das Lehrerbildungsinstitut, die heutige Pädagogische Hochschule, gegründet. 1978 wurde das ehemalige Atelierhaus von Barlach als Ernst-Barlach-Gedenkstätte der DDR eröffnet. Seit den siebziger und achtziger Jahren wird der denkmalgeschützte Altstadtkern kontinuierlich restauriert.

Sehenswürdigkeiten: In den Jahren zwischen 1558 und 1566 entstand der Neubau des *Schlosses* als Residenz der Herzöge von Mecklenburg-Güstrow durch Baumeister Parr, das zu den wichtigsten Bauwerken der Renaissance im Norden Mitteleuropas zählt. Prunkvolle Innenausstattung, wertvolle Decken- und Wandmalereien in den Räumen des Erd- und ersten Obergeschosses sind besonders eindrucksvoll. 1572 schuf Parr im Festsaal den Rotwildfries, und 1620 entstand eine reich ornamentierte Stuckdecke mit Jagdszenen nach Galle, wahrscheinlich von Anckermann gefertigt. Nach 1695 diente das Schloß als Kaserne und später als Zwangsarbeitshaus, Um- und Einbauten zerstörten die Innenarchitektur, und das Gebäude verfiel. Ab 1964 erfolgte eine kostspielige, umfassende Restaurierung des gesamten Schloßkomplexes, der seit 1972 den kulturellen Mittelpunkt der Stadt bildet. Im *Schloßmuseum* werden neben den Ausstellungen zur Baugeschichte Kunstgegenstände, Jagd- und Prunkwaffen sowie Münzen gezeigt. Sehenswert sind in den Kellerräumen die Schloßgaststätte sowie an der Südseite des Schlosses der rekonstruierte, gepflegte *Schloßpark,* einer der wenigen Renaissancegärten in der DDR.

Güstrow: Schloß

Gegenüber dem Schloß befindet sich das *Stadtmuseum*, Franz-Parr-Platz 7, mit Ausstellungen zu Regionalgeschichte, Kunsthandwerk des 18./19. Jh. Zu den erwähnenswerten Baudenkmalen der Stadt gehören der restaurierte *Markt*, mit Brunnen, *Rathaus* und zahlreichen Bürgerhäusern; die *Stadtpfarrkirche* mit dem 1522 aufgestellten berühmten Flügelaltar des Brüsseler Meisters Borman; der *Dom* (1228 gestiftet), eine 1335 vollendete Pfeilerbasilika mit reicher Innenausstattung: Hochaltar um 1500, die zwölf „Güstrower Apostelfiguren" um 1530, Ehrenmal für die Gefallenen des ersten Weltkrieges mit der Plastik „Der Schwebende" von Ernst Barlach, 1927, in der Nordhalle.

Die *„Ernst-Barlach-Gedenkstätte der DDR"* mit Ausstellungen in der spätgotischen *Gertrudenkapelle* sowie in seinem *Atelierhaus* am Inselsee, das sich der Künstler 1930/31 errichten ließ, gehört zu den bedeutendsten Sehenswürdigkeiten. Der Bildhauer, Graphiker und Dichter Ernst Barlach, von den Faschisten geächtet, lebte von 1910 bis 1938 in Güstrow. Über 100 Plastiken, viele Zeichnungen, Skizzen und Briefe sind in der Gedenkstätte zu besichtigen. In der Nähe befindet sich der *Inselsee* mit Badestrand und Kurhaus. Der Güstrower *Tierpark* ist eine 3 ha große Anlage mit vorwiegend heimischen Wildarten. Im Waldgebiet am Heidberg ein Gedenkstein für die Arbeiterjugend, die hier 1923 eine Blockhütte errichtete. Informationen erhält der Besucher in der Güstrow-Information, Gleviner Str. 33.

Ausflugsziele in der Umgebung: An der F 103 südlich von Güstrow liegt das Krakower Seengebiet. Der Blick von den Höhen um die Stadt **Krakow am See,** seit 1956 Kurort, gehört zu den beeindruckendsten Erlebnissen bei einer Reise durch Mecklenburg. Der 16 km² große Krakower See mit seinen zahlreichen Buchten und Inseln zeichnet ein idyllisches, abwechslungsreiches Landschaftsbild. In einem Kreis von nur 8 km Durchmesser sind 15 verschiedene Seen von Krakow aus zu erreichen.

Goldberg, im LSG „Goldberg-Dobbertiner Seenlandschaft" gelegen, wurde 1248 zur Stadt erklärt. Das *Kreismuseum* ist in der alten Wassermühle an der Mildenitz untergebracht. Im benachbarten Dobbertin ein ehemaliges *Benediktinerinnenkloster,* um 1220 gegründet, heute Pflegeheim; die *Klosterkirche* wurde 1828/37 nach Plänen von Schinkel umgestaltet. (↗ Bl. 2)

Der **Plauer See,** der drittgrößte Binnensee der DDR (38,7 km²), gehört zum Landschaftsschutzgebiet „Müritz-Seen-Park". Rings um den See entstanden beliebte Erholungszentren und Freizeitsiedlungen.

Die Stadt **Plau,** am Westufer des 15 km langen Sees gelegen, erhielt 1235 das Stadtrecht. Zum Schutz gegen märkische Raubritter erfolgte in der Mitte des 15. Jh. der Ausbau der *Burg.* Der 12 m hohe Bergfried sowie das 11 m tiefe Burgverlies sind noch erhalten. Südlich der Stadt, in Plau-Appelburg, befindet sich die größte *Pelztierfarm* der DDR, in der Nerze, Silberfüchse, Waschbären und Biber gezüchtet werden. Im angeschlossenen Pelztierzoo sind die verschiedenen Mutationen der Pelztiere zu besichtigen.

Am Nordufer des Plauer Sees, auf der Halbinsel Plauer Werder, befindet sich gegenüber dem Campingplatz der FKK-Strand. Der Werder gehört zur Gemeinde **Alt Schwerin.** Das sehenswerte *Agrarhistorische Museum* berichtet als Spezialmuseum für den Norden der DDR von der geschichtlichen Entwicklung eines typischen ritterschaftlichen mecklenburgischen Dorfes und seiner Menschen (Schnitterkaserne, Tagelöhnerkate, Herrenhaus, Dorfschule, Gutsschmiede, Neubauernhaus usw.).

Am Ostufer des Plauer Sees ist das Steilufer an den Lenzer Höhen ein beliebter Aussichtspunkt und auch Badestrand. Die Elde verbindet den Plauer See mit den anderen Oberen Seen der Mecklenburgischen Großseenplatte.

Am Plauer See

Am Südende des Plauer Sees liegt **Bad Stuer,** 1840 als Kaltwasserheilanstalt gegründet, aber schon vor dem ersten Weltkrieg eingegangen, heute ein Naherholungsgebiet mit Badestrand. Im Ortsteil **Stuer-Vorwerk** befindet sich die *Ruine* der alten *Burg Stuer*, nach der der Plauer See früher auch „Stuerscher See" genannt wurde.

Südlich des Plauer Sees dehnen sich die Nadelwälder der Meyenburger und der Wittstocker Heide aus, unterbrochen vom ehemaligen Schmelzwassertal der oberen Dosseniederung.

Die F 103 verbindet Plau mit Pritzwalk. Von **Meyenburg** aus – Reste der mittelalterlichen Feldstein-Stadtmauer; ehemaliges Schloß (heute Schule) dort noch vorhanden – ist ein Abstecher nach **Freyenstein** zu empfehlen. Das *Alte Schloß*, 1556 erbaut, mit schönen Erkern und Terrakottenschmuck an der Giebelseite, ist heute *Heimatmuseum*; ebenso sehenswert eine frühgotische *Feldsteinkirche*.

Die Kreisstadt **Pritzwalk** erhielt 1256 das Stadtrecht. Bemerkenswert ist die *Pfarrkirche St. Nikolai*, eine spätgotische Hallenkirche. Im ehemaligen Salzmagazin am Karl-Liebknecht-Platz 10 befindet sich das *Heimatmuseum*. An der Straße von Pritzwalk nach Wittstock ist der Besuch des ehemaligen *Zisterzienser-Nonnenklosters Heiligengrabe* möglich (heute Diakonissenhaus und Pflegeheim). Das Kloster wurde 1287 gegründet; eindrucksvolle Backsteinbauten der Stiftskirche (um 1300), der Klausur, des Kreuzganges und der Heiliggrabkapelle. Auch zum alten Friedhof sowie zum nahegelegenen Stiftsforst lohnt ein Spaziergang.

Die Kreisstadt **Wittstock** an der Dosse besitzt eine gut erhaltene mittelalterliche *Stadtbefestigung* mit Stadtmauer, Wiekhäusern, Wällen und Gräben sowie Stadttoren. In der ehemaligen Bischofsburg ist das *Kreisheimatmuseum* untergebracht. *Rathaus* und dreischiffige *St.-Marien-Kirche* sind sehenswert, vor allem die reichgeschnitzte Innenausstattung mit dem Hauptaltar von Berg um 1530.

10 km nördlich von Wittstock erinnert die *Mahn- und Gedenkstätte Belower Wald* an den Todesmarsch der 20 000 Häftlinge aus den Konzentrationslagern Sachsenhausen und Ravensbrück in den letzten Apriltagen 1945. (↗ Bl. 5, 6)

In der Mecklenburgischen Schweiz

Mecklenburgische Schweiz

Das teils bewaldete, teils beackerte Hügelland zwischen Teterow und Reuterstadt Stavenhagen wird wegen der auffälligen Höhenunterschiede als „Mecklenburgische Schweiz" bezeichnet. Während Malchiner und Kummerower See fast auf Meereshöhe liegen, reichen die Kuppen der Stauchendmoränen bis 120 m über den Meeresspiegel empor (Hardtberg 123 m ü. d. M.). Die Peene entwässert die Seenbecken zur Ostsee.

Die Transit- und Fernverkehrsstraße Neubrandenburg–Rostock (F 104) führt durch diese abwechslungsreiche Landschaft. Besonders eindrucksvoll ist die Umgebung von **Teterow.** Mit dem Namen der Stadt sind die Ausgrabungen auf der slawischen Burgwallinsel im Teterower See sowie die bekannten Grasbahnrennen auf dem Teterower Bergring verbunden. Bei Untersuchungen der ehemaligen Burganlage konnte eine 720 m lange Holzbohlenbrücke aus dem 7./12. Jh. freigelegt werden. Auch bei den Ausgrabungen der slawischen Burganlage in Sukow sind ähnliche eichene Bohlenwege nachgewiesen worden.

Von der mittelalterlichen *Stadtbefestigung* Teterows sind der Rostocker und der Malchiner Torturm erhalten. In der dreischiffigen *Stadtkirche St. Peter und Paul* beeindrucken die Gewölbemalereien aus der Mitte des 14. Jh. sowie ein vierflügeliger Altar, um 1430 entstanden, mit sehr schönen

Reuterstadt Stavenhagen: Fritz-Reuter-Literaturmuseum

Holzschnitzereien. Der 1930 eingeweihte *Teterower Bergring* gilt als bedeutende Grasrennbahnstrecke für den internationalen Motorradrennsport. Südlich von Teterow liegt die *Burg Schlitz,* 1806/23 inmitten eines englischen Landschaftsparkes erbaut, zählt sie zu den schönstgelegenen ehemaligen Herrensitzen in Mecklenburg. Die klassizistische Anlage ist gut restauriert und wird als Alters- und Pflegeheim genutzt. Die ehemalige Schmiede, von 1832 und 1960 in Betrieb, kann als *Schmiedemuseum* besichtigt werden.

Der *Malchiner* und der *Kummerower See* prägen besonders bei Rothenmoor und Seedorf eine vielgegliederte Landschaft. **Basedow** besitzt eine baugeschichtlich interessante Schloßanlage (16./19. Jh.), eine sehenswerte Dorfkirche mit prunkvoller Innenausstattung aus dem 16./17. Jh., u. a. eine klangvolle Orgel von 1680.

Malchin, seit 1236 im Besitz des Schweriner Stadtrechts, ist das Zentrum der Mecklenburgischen Schweiz. In den letzten Tagen des zweiten Weltkrieges wurde die Stadt zu zwei Dritteln zerstört. Von den erhaltenen Baudenkmalen sind das *Kalensche Tor* (gotisches Stadttor) sowie das *Vortor* und der *Mauerturm* des Steintores (2. Hälfte 15. Jh.) zu nennen. Die dreischiffige *Backsteinkirche St. Marien und St. Johann* (um 1400 erbaut) besitzt einen eindrucksvollen Schnitzaltar um 1430. Eine Gedenktafel am Geburtshaus von Siegfried Marcus, am Platz der Freundschaft 12, erinnert an den Erfinder des ersten benzingetriebenen Viertakt-Verbrennungsmotors.

11 km östlich von Malchin liegt die **Reuterstadt Stavenhagen.** Das ehemalige Rathaus, die Geburtsstätte des bedeutenden niederdeutschen Dichters Fritz Reuter, wurde anläßlich seines 150. Geburtstages 1960 zum *Fritz-Reuter-Literaturmuseum* umgestaltet. In dieser Forschungs- und Gedenkstätte werden das Werk und das Erbe des großen niederdeutschen Schriftstellers und Demokraten gewürdigt. Reuter hat in seinen Werken die gesellschaftlichen Mißstände unter der Herrschaft der mecklenburgischen Junker angeprangert.

In der Nähe von Stavenhagen sind die „Tausendjährigen Eichen“ im Tiergarten sowie das Damwildgatter in **Ivenack** touristische Anziehungspunkte. Die sechs noch erhaltenen alten Eichen, die stärkste und schönste besitzt einen Umfang von 13 m, sind etwa 1200 Jahre alt. Auch die unter Denkmalschutz stehende Ivenacker Dorfanlage mit Barockschloß – heute Feierabendheim –, Orangerie, Teehaus und Park ist baugeschichtlich interessant. (↗ Bl. 2, 3)

Müritz-Seengebiet

Im Mittelmecklenburgischen Großseenland liegen 38 größere Seen, die sich zwischen der nördlichen und südlichen Hauptendmoräne erstrecken. Der größte von ihnen, die Müritz (vom slawischen Wort „morcze" – „Kleines Meer" abgeleitet) ist mit 117 km^2 zugleich der größte Binnensee der DDR. 30 km Länge und 14 km Breite mißt er bei einer mittleren Tiefe von 6,28 m. Die größte Tiefe von 30,5 m liegt in der Warener Binnenmüritz. Die Elde verbindet als Müritz-Elde-Wasserstraße die großen Seen. 31 Schleusen ermöglichen es, die auf unterschiedlicher Meereshöhe liegenden Gewässer (Müritz 63 m ü. d. M.) mit Sportbooten zu befahren.

1962 wurden 530 km^2 als „Müritz-Seen-Park" unter Landschaftsschutz gestellt. Mit 38 Seen und über 80 km^2 Laub-, Misch- und Nadelwald ein großräumiges Schutzgebiet, das planmäßig für den Erholungsverkehr erschlossen wird. Das Randgebiet der Schutzzone bietet Raum für Ferien- und Urlaubersiedlungen, während verschiedene charakteristische Lebensräume der Tier- und Pflanzenwelt als Naturschutzgebiete erhalten bleiben sollen. So beispielsweise entstand 1967 auf einer 600 ha großen Halbinsel zwischen Kölpinsee und Jabeler See das Schutzgebiet für Wisente auf dem Damerower Werder. Die NSG „Ostufer der Müritz" bei Waren, der „Mönchsee" bei Wredenhagen und die Halbinsel „Großer Schwerin" bei Röbel sind bekannte Vogelschutzreservate und gleichzeitig Lebensraum für seltene Pflanzen- und Tiergemeinschaften.

Das NSG „Ostufer der Müritz" zählt zu den bekanntesten und größten Naturschutzgebieten der DDR. Im Rahmen der Europareservate hat es als Vogelschutzgebiet internationale Bedeutung, da hier alljährlich Tausende von Zugvögel auf ihrer Wanderung rasten. Die vom Aussterben bedrohten Tierarten, u. a. Kranich, See- und Fischadler, haben hier noch ihre selten gewordenen Brutreviere. Die Zentrale Lehrstätte für Naturschutz führt Ausbildungslehrgänge für Mitarbeiter des Naturschutzes durch.

Zwischen Wäldern und Seen liegt im Westen des Bezirkes Neubrandenburg **Malchow.** 1235 wurde dem Ort das Stadtrecht verliehen. Der alte Stadtkern liegt auf der Insel im Malchower See, während das 1298 gegründete Nonnenkloster am Ostufer errichtet wurde. Von 1572 bis 1923 war es Damenstift der mecklenburgischen Ritterschaft, die *Stiftskirche* mit reicher Innenausstattung stammt in der jetzigen Form von 1844/49. Malchow ist eine alte Tuchmacherstadt, und noch heute produzieren hier verschiedene Werke der Textilindustrie, u. a. das 1976 errichtete VEB Teppichwerk Nord.

Zentrum des Urlauberverkehrs im Müritzgebiet ist **Waren.** Zu den Sehenswürdigkeiten gehören der *Alte Markt* mit der *St.-Georgen-Kirche,* einem Backsteinbau der Frühgotik, der *Neue Markt* mit der *Löwen-Apotheke,* die *St.-Marien-Kirche* aus dem 13./14. Jh. und das *„Weinbergschloß",* das ehemalige Wohnhaus des bekannten mecklenburgischen Volkskundeforschers Richard Wossidlo. Das *Müritz-Museum* mit Heimattiergarten vermittelt in seinen Ausstellungen einen Überblick über Landschaft und Geschichte des Müritzgebietes. Als bedeutendste naturwissenschaftliche Sammlung in Mecklenburg verfügt das Museum über reiche Bestände.

Zahlreiche Wanderwege führen in die herrliche Umgebung dieses Ferienortes, z. B. um den Tiefwarensee oder durch die Ecktannen zu den Wienpietschseen. In der *Petrikirche* in

Groß Gievitz wurden interessante mittelalterliche Fresken freigelegt, so daß diese Dorfkirche zu den kunstgeschichtlich bemerkenswertesten Baudenkmalen im Müritzgebiet zählt.

Die Produktionsgenossenschaft der Binnenfischer Waren/Plau bewirtschaftet über 100 Seen der Mecklenburgischen Großseenplatte. Für den Angelsport sind weite Wasserflächen freigegeben. Im Warener *„Müritz-Aquarium"* kann man den Artenreichtum heimischer Gewässer bewundern.

Mit dem Bau der FDGB-Urlaubersiedlung bei **Klink** begann die Erschließung des Müritz-Seen-Parkes für den Ferien- und Urlauberverkehr. Architekten und Landschaftsgestalter schufen 1974 das FDGB-Erholungsheim „Herbert Warnke", das über ein eigenes Schwimmbad, Sauna und weitere Sport- und Kultureinrichtungen verfügt. Auch das Gebäude des *Schlosses Klink* (Ende 19. Jh.) wurde restauriert und in das FDGB-Ferienzentrum einbezogen. Jährlich werden hier 30 000 Urlauber und 5500 Kurgäste betreut. Auch die Einrichtungen der ehemals bei Waren stationierten sowjetischen Raketeneinheiten wurden als FDGB-Erholungsheim „Warenshof" zur Nutzung an den Feriendienst übergeben. Das Ostufer des Kölpinsees ist für FKK-Freunde geeignet. Von der Urlaubersiedlung Klink oder von Waren aus kann man mit Sportbooten oder Fahrgastschiffen der Weißen Flotte Ausflüge zu den benachbarten Seen unternehmen. Sehr beliebt sind Rundfahrten auf der Außenmüritz oder eine Fahrt quer über den See nach Röbel.

Röbel am Westufer der Müritz entwickelt sich mehr und mehr zum Ausflugs- und Ferienort. Der Stadt wurde 1261 das Stadtrecht verliehen. Sehenswerte Kirchen sind die *Nikolaikirche,* eine frühgotische Backsteinhallenkirche, und die *Marienkirche,* von der aus sich der Blick über die Dächer der Stadt sowie auf die Müritz und ihre verlandeten, mit Schilf dicht bestandenen Ausläufe richtet.

Die Halbinsel Großer Schwerin kann man vom Steilufer der Müritz in Richtung Ludorf überblicken. Das 80 ha große Vogelschutzgebiet darf nicht betreten werden, da hier zahlreiche Vogelarten (Strandläufer, Enten, Möwen, Schnepfen u. a.) brüten.

Ausgezeichnete Campingplätze für Wasserwanderer befinden sich nördlich von Röbel (bis zum Strand von Gotthun) sowie auf der Halbinsel Steinhorn bei **Ludorf,** hier ist die achteckige *Dorfkirche,* 1346 geweiht, sehenswert.

Für Wasserwanderer lohnt aber nicht nur die Außenmüritz, auch die Müritzarme bei Vipperow in Richtung Buchholz/Krümmel sind mit ihren herrlichen Waldseen eine Kostbarkeit für jeden Naturfreund. (↗ Bl. 6)

Neustrelitzer Kleinseengebiet

Die Landschaft zwischen Neustrelitz, Mirow und Fürstenberg wird wegen ihrer vielen kleinen Gewässer als Neustrelitzer Kleinseengebiet bezeichnet. Gletscher und Schmelzwässer der letzten Inlandvereisung haben das Landschaftsgebiet geformt. Vor allem die Schmelzwässer schufen ausgedehnte Sanderflächen sowie lange, schmale und sehr tiefe Rinnenseen. Größere Gebiete stehen unter Landschaftsschutz, viele Naturschutzgebiete und Naturdenkmale sichern die Erhaltung der seltenen Fauna und Flora dieser herrlichen Wald- und Seenlandschaft. So ist das Kleinseengebiet heute zu einer idealen Erholungslandschaft geworden. Die vielen Campingplätze nehmen im Sommer nach Tausenden zählende Erholungsuchende auf. Wassersport und Angeln sind weit verbreitet.

Neustrelitz wurde 1733 nach Entwürfen von Löwe als Residenzstadt der Herzöge von Mecklenburg-Strelitz sternförmig angelegt. Zu den noch erhaltenen barocken Sehenswürdigkeiten gehören der *Marktplatz* sowie der *Schloßpark.* Der französische Barockpark erfuhr durch Lenné im 19. Jh. eine Veränderung zum Landschafts-

Am Zierker See

park, während die 1755 errichtete *Orangerie* 1842 auf Anregungen von Schinkel und Rauch durch Buttel im klassizistischen Stil umgestaltet wurde. Für den 1721 angelegten Waldpark schuf Buttel 1824/26 ein neues *Hirschtor*. In dem 50 ha großen Parkgelände ist ein *Tierpark* mit etwa 500 Tieren untergebracht, vorwiegend Huftiere.

Durch das *Friedrich-Wolf-Theater* und das Staatliche Folklore-Ensemble der DDR ist Neustrelitz als Stätte der Kunst und Folklore weit über die Grenzen Mecklenburgs hinaus bekanntgeworden. Das *Museum* der Stadt befindet sich in der Gutenbergstr. 3

Westlich von Neustrelitz liegt der **Zierker See** mit Bootsverleih. Vom Bahnhof Kratzeburg bietet sich ein lohnender Blick über den Käbelick-See. Von hier aus sind Wanderungen zur Gedenkstätte für den bekannten Trojaforscher Heinrich Schliemann in **Ankershagen** zu empfehlen (Museum im Geburtshaus, Dorfkirche, ehem. Schloß); weitere Wanderungen zu den Havelquellseen, zum Burgwall Pieversdorf und zu verschiedenen Hünen- und Hügelgräbern.

Mirow, 1227 als Komturei des Johanniterritterordens gegründet, weist einige Sehenswürdigkeiten auf, vor allem das im Rokokostil 1748/52 erbaute *Schloß* (heute Museum und Feierabendheim), die Kavaliers- und Küchengebäude (1758) gegenüber sowie das Torhaus (1588, mit Krüppelwalmdach aus dem 18. Jh.). Die 1945 zerstörte ehemalige Johanniterkomtureikirche, ein gotischer Backsteinbau, wurde rekonstruiert. Beliebte Ausflugsziele am **Mirower See** sind der Schillerdorfer Teerofen, am **Kotzower See** der *Forstbotanische Garten „Erbsland“*, der Zotzensee mit der Halbinsel Holm und der FKK-Strand am Reetzsee. Durch den Müritz-Havel-Kanal gelangt man bei Vipperow in die Müritz.

Zu den schönsten Gebieten in Mecklenburg gehört die **Feldberger Seenlandschaft.** Typisch für dieses Gebiet sind dicht beieinander liegende flächenhafte Seen, Rinnenseen und Kesselseen, sie sind tief und sauber. So beträgt die größte Tiefe des **Breiten Luzin** 58,8 m. Vielen Wassersportlern sind die Namen der Seen ein Begriff: Schmaler Luzin, Carwitzer See, Krüselinsee, Feldberger Haussee u. a. Ein Rundblick vom Hauptmannsberg oder vom Reiherberg (143,3 m ü. d. M.) bei Feldberg ist für jeden Touristen ein bleibendes Erlebnis. Auch

Feldberg

der slawische Burgwall (Höhenburg aus dem 7./9. Jh.) auf dem Schloßberg zählt zu den beliebten Ausflugszielen.

In **Feldberg** und Templin errichtete der FDGB moderne Ferienzentren. Im ehemaligen Spritzenhaus, Am Amtswerder, ist die *Heimatstube Feldberg* untergebracht, sie informiert über die Entwicklung des Städtchens. Im Ortsteil **Carwitz** lebte und wirkte Hans Fallada, hier entstanden einige seiner weltbekannten Romane. Im Wohnhaus ist das Arbeitszimmer des Schriftstellers zu besichtigen und das Zentrale Fallada-Archiv der DDR untergebracht. Sein Grab befindet sich auf dem Carwitzer Friedhof.

Der FKK-Strand auf der Insel Bohnenwerder bei Carwitz ist sehr beliebt. Die Feldberger Gewässer dürfen nicht mit Motorbooten befahren werden.

Templin besitzt, wie Neubrandenburg, eine fast vollständig erhaltene mittelalterliche Stadtbefestigung mit einer 1734 m langen, aus Feldsteinen errichteten Stadtmauer. Architektonisch wertvoll ist das *Prenzlauer Tor*, ein Backsteinbau aus dem 13./14. Jh. mit Torturm, Zwinger und Vorturm, heute als Volkskundemuseum genutzt. Auch am Berliner und am Mühlentorturm sind noch immer die hohen Fallgittervorbauten gut zu erkennen. Am **Lübbesee** liegt das 1983 errichtete FDGB- Erholungsheim „Friedrich Engels“. Zahlreiche Wanderwege führen durch diese reizvolle Wald- und Seenlandschaft im Kreis Templin.

Lychen, die „Stadt der Seen und Wälder“, war durch die ozonreiche Luft ein beliebter Luftkurort vor den Toren Berlins. 1902 wurde die international bekannte Lungenheilstätte des „Volksheilstättenverbandes des Roten Kreuzes“ in Hohenlychen errichtet. Viele Wanderwege erschließen auch heute das Gebiet um den **Lychener** See, so z. B. zum „Fegefeuer“, einer ehemaligen Strafkolonie des Klosters Himmelpfort. Innerhalb der alten *Klosteranlage Himmelpfort* (1299 als Tochtersiedlung der Zisterzienser vom Kloster Lehnin gegründet, seit 1541 verfallen) wurde die ehemalige Klosterkirche wieder als Dorfkirche instand gesetzt. Das ehemalige Brauhaus und der Klostergarten erinnern noch an den alten Klosterbesitz, zu dem einst 39 Seen und die Feldmarken von 13 Dörfern gehörten. Zahlreiche Familien der Havelschiffer hatten sich in Himmelpfort und Bredereiche angesiedelt. (↗ Bl. 7)

Neubrandenburg

Lage und Bedeutung: Die Bezirksstadt Neubrandenburg (87 200 Einw.) liegt unmittelbar am Nordufer des 11 km langen Tollensesees. In Neubrandenburg kreuzen sich wichtige Fernverkehrsstraßen, Eisenbahn- und Omnibuslinien, so daß sich die Stadt immer mehr zum Zentrum im Nordosten der DDR entwickelt.

Stadtgeschichte: Die Gründung der Stadt erfolgte 1248. Seit 1299 gehört Neubrandenburg zu Mecklenburg. Im Dreißigjährigen Krieg stürmten einmal die Schweden unter Gustav II. Adolf, ein andermal die Kaiserlichen unter Tilly die Stadt. Große Feuersbrünste äscherten sie 1676 und 1737 ein. Von 1856 bis 1863 lebte in Neubrandenburg der niederdeutsche Dichter Fritz Reuter und machte „Nigenbramborg" durch seine Werke bekannt, u. a. schrieb er hier „Ut mine Festungstid", „Ut mine Stromtid", „Kein Hüsung" und „Urgeschichte von Mecklenborg".

Aus einer kleinen Ackerbürgerstadt entwickelte sich Neubrandenburg, seit 1952 Bezirksstadt, zu einer Industriestadt und zum geistig-kulturellen Zentrum des gleichnamigen Bezirkes.

Neubrandenburg:
Befestigungsanlagen mit Wiekhäusern

Sehenswürdigkeiten: Die „Stadt der vier Tore" besitzt eine vollständig erhaltene mittelalterliche *Wehranlage* mit einer 2,3 km langen, etwa 6 bis 8 m hohen Ringmauer mit einst 53 *Wiekhäusern* (ehemals Kampfhäuser zur Verteidigung der Stadt, im 18. Jh. aber zu Wohnungen umgebaut) und dem vorgelagerten doppelten Wall- und Grabensystem. Türme und Stadttore vervollständigen die mittelalterliche Stadtbefestigung, die zu den besterhaltenen historischen Wehranlagen in unserer Republik zählt. Sie steht als Baudenkmal von nationaler und internationaler Bedeutung unter Denkmalschutz.

Die Innenstadt wurde in den letzten Tagen des zweiten Weltkrieges zu 84 Prozent zerstört, die Ringmauer mit Türmen und Wiekhäusern war teilweise betroffen. Gleichzeitig mit dem Neuaufbau des Stadtzentrums erfolgten umfangreiche Restaurierungsarbeiten an der Stadtbefestigung.

Kunstgeschichtlich besonders wertvoll sind das 32 m hohe *Treptower Tor*, in dem heute das Historische Bezirksmuseum mit ur- und frühgeschichtlichen Sammlungen untergebracht ist, und das *Stargarder Tor* zur Stadtseite hin mit neun frühgotischen weiblichen Terrakottafiguren. Das älteste der vier Stadttore ist das *Friedländer Tor*, die am vollständigsten erhaltene Toranlage mit Innen- und Außentor, Verbindungsmauern (Zwinger) und dem halbrunden, davor gelagerten Kampfturm (Zingel). Heute befindet sich hier das Zentrum für Bildende Kunst. Die alten Fachwerkbauten der ehemaligen Torschreiber-, Zoll- und Zingelwärterhäuser wurden in den siebziger Jahren rekonstruiert. Das *Neue Tor* entstand in der 2. Hälfte des 15. Jh.

Zu den bemerkenswerten sakralen Baudenkmalen der Stadt gehören das *Franziskanerkloster* mit der restaurierten Backsteinhallenkirche St. Johannis (1. Hälfte 14. Jh.); das ehemalige Refektorium mit seinen spätgotischen

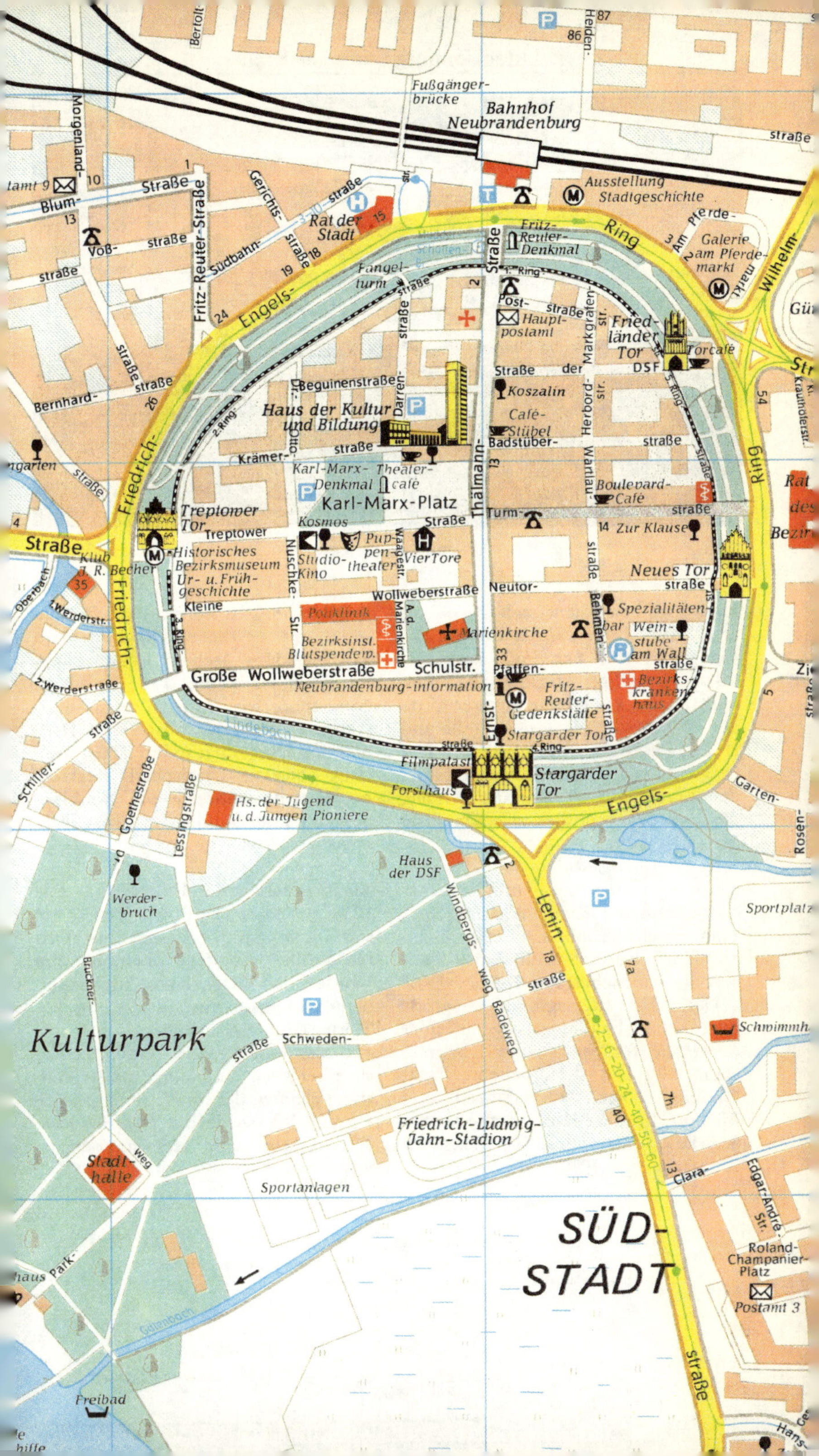
Bahnhof Neubrandenburg
Fußgängerbrücke
Ausstellung Stadtgeschichte
Rat der Stadt
Fritz-Reuter-Denkmal
Galerie am Pferdemarkt
Fangelturm
Post-Hauptpostamt
Friedländer Tor
Torcafé
Koszalin
Café-Stübel
Haus der Kultur und Bildung
Beguinenstraße
Karl-Marx-Denkmal
Theatercafé
Karl-Marx-Platz
Boulevard-Café
Treptower Tor
Historisches Bezirksmuseum Ur- u. Frühgeschichte
Kosmos
Studio-Kino
Puppentheater
Vier Tore
Zur Klause
Neues Tor
Klub J. R. Becher
Wollweberstraße
Poliklinik
Bezirksinst. Blutspendew.
Marienkirche
Spezialitätenbar
Weinstube am Wall
Große Wollweberstraße
Schulstr.
Neubrandenburg-information
Fritz-Reuter-Gedenkstätte
Bezirkskrankenhaus
Stargarder Tor
Filmpalast
Forsthaus
Hs. der Jugend u. d. Jungen Pioniere
Haus der DSF
Werderbruch
Kulturpark
Schwedenstraße
Friedrich-Ludwig-Jahn-Stadion
Sportanlagen
Stadthalle
Sportplatz
Schwimmh
SÜD-STADT
Roland-Champanier-Platz
Postamt 3
Freibad
Friedrich-Engels-Ring
Lenin-straße
Ernst-Thälmann-Straße
Morgenland-straße
Blumstraße
Voßstraße
Fritz-Reuter-Straße
Gerichtsstraße
Südbahnstraße
Bernhardstraße
Darrenstraße
Otto-Nuschke-Str.
Krämerstraße
Badstüberstraße
Turmstraße
Treptower Straße
Neutorstraße
Herbord-Wartlau-str.
Markgrafenstr.
Behmenstraße
Pfaffenstraße
Stargarder Straße
Goethestraße
Lessingstraße
Schillerstraße
Windbergsweg
Badeweg
Brucknerstraße
Gartenstraße
Rosenstraße
Clarastraße
Edgar-André-Str.
Wilhelm-Pieck-Ring
Am Pferdemarkt
Oberbach
Werderstraße
Lindebach
Gatenbach

Am Tollensesee

Sterngewölben dient seit 1979 als Standesamt, die *„Hospitalkirche St. Georg* (15. Jh.). Die 1945 stark zerstörte ehemalige *Marienkirche* (dreischiffige Backsteinhalle aus der Mitte des 14. Jh.) wird als Konzerthalle und Kunstgalerie wieder aufgebaut. Der Ostgiebel mit seinem Maßwerk bildet den prachtvolleren Teil der Kirche, die auf der zentralen Denkmalliste der DDR steht.

In der Innenstadt entstand 1965 als neues Wahrzeichen das fünfzehnstökkige *„Haus der Kultur und Bildung"*. Vom Dachgeschoß hat man einen herrlichen Rundblick über die Stadt und die Landschaft am *Tollensesee*.

Der 1970 angelegte 30 ha große Kultur- und Erholungspark mit einer *Stadthalle* für Sport- und Kongreßveranstaltungen ist ein beliebtes Naherholungsgebiet (FKK-Strand am Buchort, Brodaer Holz). Neue Wohnbezirke für mehr als 25 000 Menschen entstanden seit 1970.

Die schönsten Bereiche am Tollensesee mit herrlichen Buchen- und Mischwäldern stehen unter Landschaftsschutz, während die Halbinsel Nonnenhof seit langem als Naturschutzgebiet bekannt ist. Vom Hellberg bei **Usadel** hat man einen Rundblick über die Landschaft Mecklenburgs. (Informationen bei Neubrandenburg-Information, Ernst-Thälmann-Str. 35).

Ausflugsziele in der Umgebung: Die 1236 errichtete *Burg Stargard* (7 km südöstlich von Neubrandenburg) ist die größte erhaltene Steinburg im Norden der DDR, heute Jugendherberge; Heimatstube, Kurze Str. 1; Tierpark am Klüschenberg.

In der Stadt **Penzlin** werden die Reste einer alten Burganlage als Heimatstube genutzt, der im 15. Jh. angelegte Hexenkeller sowie die *Heinrich-Voß-Gedenkstätte* sind ebenso sehenswert.(↗Bl. 3, 7)

Uckermark

Geographische Besonderheiten: Als Uckermark wird der nordöstliche Teil der ehemaligen Mark Brandenburg bezeichnet, der sich zwischen oberer Havel und unterer Oder erstreckt und von der Ücker durchflossen wird. Das Gesicht dieser Landschaft wurde von der jüngsten Eiszeit geprägt. Durch das Gebiet ziehen sich eine Hauptendmoräne, die von Feldberg über Joachimsthal und Chorin nach Oderberg verläuft, und mehrere parallel um das Ueckerbecken verlaufende Endmoränenstaffeln. Parallel zu dieser ehemaligen Haupteisrandlage erstreckt sich ein kleinerer Endmoränenzug von Fürstenwerder durch die Zerveliner Heide zur Südspitze des Oberückersees. Die Hauptendmoräne bildet die Wasserscheide zwischen Ostsee und Nordsee. Die etwa 75 km lange Ücker, in die die 53 km lange Randow bei Eggesin mündet, fließt ins Oderhaff. Die kleineren Gewässer bei Templin und aus der Schorfheide fließen dagegen in die Havel. Die Moränenwälle und ihr Vorland sind von großen Wäldern, wie z. B. der Schorfheide, bedeckt. In dieses hügelreiche Land sind zahlreiche Seen eingebettet. Ober- und Unterückersee (auch Oberer und Unterer Ückersee genannt), Grimnitzsee, Werbellinsee und Parsteiner See sowie die Templiner und Lychener Seenketten sind die größten und bekanntesten von ihnen. Der nördliche Teil um Prenzlau ist eine flachwellige Grundmoränenlandschaft.

Das breite, wannenförmige Ückertal mit dem Unteren Ückersee südlich von Prenzlau ist in diese uckermärkische Lehmplatte eingesenkt. Die Landschaft um Oberen Ückersee und Angermünde, die den südlichen Teil der Uckermark bildet, ist reich an Kuppen und Hügeln, größeren und kleineren Rinnenseen, geschlossenen Hohlformen und einigen steilen Taleinschnitten. Nördlich von Angermünde zieht sich der Endmoränenzug (Angermünder Staffel) ostwestwärts, während die Haupthöhen des nördlichen Landrückens südlich von Angermünde (Pommersche Hauptendmoräne) eine abwechslungsreiche, stark bewegte Landschaft ergeben. Die Angermünder Heide grenzt im Süden an den Wolletzsee, ein viel besuchtes Naherholungsgebiet. Die Moränenstaffeln bilden hier eine reizvolle, an Seen reiche Waldlandschaft mit hohem Erholungswert. So ist es selbstverständlich, daß weite Teile der Uckermark als Landschaftsschutzgebiete ausgewiesen und besonders erhaltenswerte Areale unter Naturschutz gestellt sind. „Oberückersee“ und „Lychen–Boitzenburg“ im Bezirk Neubrandenburg sowie „Choriner Endmoränenbogen“, „Wolletzseengebiet“ und „Werbellinsee–Grimnitzsee“ im Bezirk Frankfurt sind die bekanntesten Landschaftsschutzgebiete der Uckermark. Besonderer Schutz vor Eingriffen aller Art gilt den Naturschutzgebieten dieser vielgestaltigen Landschaft. Stellvertretend seien hier das NSG „Gellmersdorfer Forst“, das NSG „Fauler Ort“ und die NSG „Plagefenn“ und „Breitefenn“ genannt.

Geschichte: Der Name „Uckermark“ stammt vermutlich vom slawischen Volksstamm der Ukranen, der hier seit etwa 500 u. Z. siedelte und im 12. Jh. von den Herzögen von Pommern unterworfen wurde. Nachdem die Askanier, die sich seit 1157 Markgrafen von Brandenburg nannten, 1230 die Landschaften des Teltow und des Barnim erobert hatten, erwarben sie um 1250 auch die Uckermark. Diese Erweiterung ihres Herrschaftsbereiches vollzog sich in langen und schweren Auseinandersetzungen mit den Herzögen von Pommern. Das Randow- und Welsetal im Osten und das Havelland im Westen stellen eine natürliche Begrenzung der Uckermark dar. Die südliche Grenze bildet das Eberswalder Urstromtal gemeinsam mit einem Stück Oderbruch. Der ehemalige Verwaltungsbezirk Uckermark befand sich zwischen dem großherzoglichen Bezirk derer von Mecklenburg-Strelitz und der Provinz Pommern, was langanhaltende Kämpfe der Mecklenburger, Brandenburger und Pommern um diesen Landstrich bewirkte. 1816 wurde auf Betreiben der preußischen Reformer Fürst von Hardenberg und Freiherr vom und zum Stein die Uckermark in die drei noch heute bestehenden Kreise Prenzlau, Templin und Angermünde umgewandelt.

Unverändert ist die Uckermark bis heute eine Landschaft, in der die Landwirtschaft und im südlichen Teil die Forstwirtschaft vorherrschen. Nur in Prenzlau und Zehdenick gibt es nennenswerte Industrien. Besonders in den Grundmoränen der nördlichen Uckermark ermöglichen die ertragreichen lehmigen Böden mit industriemäßigen Produktionsmethoden eine intensive Landwirtschaft (Weizen- und Zuckerrübenanbau). Westlich und südwestlich der Hauptmoräne liegen mehr sandige Böden, auf denen vorwiegend Roggen und Kartoffeln angebaut werden, wenn nicht Wälder diese Gebiete bedecken.

Erholungswesen und Tourismus: Das wald- und seenreiche Gebiet nordöstlich von Berlin ist auf Grund seines hohen Erholungswertes beliebtes Ausflugsziel und spielt insbesondere für den Naherholungsverkehr aus dem Raum Berlin eine große Rolle. So haben sich in reizvoller Landschaft Ferienzentren entwikkelt: um Templin, Lychen, Joachimsthal, Chorin und Warnitz am Oberückersee. Die zahlreichen großen und kleinen Seen bieten hervorragende Wassersport- und Campingmöglichkeiten. Die uckermärkischen Gewässer sind zum Rudern, Kanusport, Segeln, Motorbootsport, Wasserskisport und Windsurfing geeignet. Die vielen Ab- und Zuflüsse der Seen einschließlich ihrer Schleusen ermöglichen es Wasserwanderern, die Uckermark auf diese Weise vom Wasser aus kennenzulernen. Die Jugendherbergen „Bernhard Kellermann" in Chorin und „Hermann Matern" in Joachimsthal, beide Kreis Eberswalde, sind gern besuchte Touristenunterkünfte. Campingfreunde kennen die Zeltplätze bei Prenzlau, Seehausen und Warnitz am Ufer des Oberückersees, die in Templin am Lübbe- und Fährsee, die „Röthen" am Üdersee sowie die beiden Campingplätze am Werbellinsee im Kreis Eberswalde, den „Pehlitzwerder" am Parsteiner See und das Urlauberparadies am Angermünder Wolletzsee. Als touristisch einmalige Attraktion von historischer Bedeutung gilt die slawische Burgwallanlage auf der Insel im Oberückersee, die einst durch Brücken mit dem Festland verbunden war. FKK-Anhängern sei Herzsprung am Parsteiner See empfohlen. Dem Erholungsuchenden seien noch der Prenzlauer Unterückersee mit Seebadeanstalt, Anglerheim, Fahrgastschiffahrt mit der „Ückerperle", Bootsverleih, der beliebten Uferpromenade und dazugehörigen Versorgungseinrichtungen, der hübsche Urlauberort Altenhof am Werbellinsee und der Wolletzsee mit ähnlichen Anziehungspunkten genannt. Erwähnenswert ist das große Waldgebiet Schorfheide im Südwesten der Uckermark mit seinem reichen Wildbestand. (↗ Bl. 7, 8)

Prenzlau

Lage und Bedeutung: Die südöstlichste Kreisstadt des Bezirkes Neubrandenburg ist das am Nordufer des Unterückersees gelegene Prenzlau (23 600 Einw.). Prenzlau war einstige Hauptstadt der Uckermark. Die Altstadt wurde auf der Terrasse am Rand der etwa 1 km breiten Ückerniederung erbaut. Die F 198 mit Anschluß an die Autobahn (bei Hohengüstow) ist Transitstraße, dadurch hat Prenzlau auch als Durchgangsort für Ostseeurlauber Bedeutung. Die Stadt liegt an der Eisenbahnlinie Berlin–Stralsund. Prenzlau hat sich zu einer Agrar- und Industriestadt mit einer vorwiegend landwirtschaftliche Erzeugnisse verarbeitenden Industrie sowie dem VEB Armaturen- und Kondensatorenwerk entwickelt.

Stadtgeschichte: Der Ort wurde vom Hevellerfürsten Pribislaw im 12. Jh. gegründet. 1188 erstmals urkundlich erwähnt, erhielt Prenzlau 1234 Stadtrecht. In ständigen Kämpfen zwischen pommerschen und uckermärkischen Feudalfürsten sicherte sich die Stadt ihre Privilegien, und der 1289 bis 1340 errichtete Hallenbau der Marienkirche widerspiegelt den Reichtum und die ökonomische Macht der Prenzlauer Patrizier. 1483 kam es zu einem schweren Brand, der den Ort total verwüstete. Trotz starker Stadtbefestigung zog der Dreißigjährige Krieg Prenzlau in Mitleidenschaft, besonders als durch das Eingreifen Schwedens in den Krieg die Uckermark ständiges Durchgangsgebiet für alle Heere wurde. Bei der Überwindung der schweren Folgen spielten die 1685 angesiedelten Hugenotten eine positive Rolle. Im 19. Jh. wurde durch den Bau von Chausseen und der Eisenbahnlinie Berlin–Stralsund die wirtschaftliche Erschließung der Uckermark eingeleitet. Eine Industrialisierung vollzog sich in der preußischen Ackerbürger-, Beamten- und Garnisonstadt nur sehr langsam. Im zweiten Weltkrieg wurde Prenzlau zu 85 Prozent zerstört. Heute hat sich die Stadt zu einem wichtigen Wirtschafts- und Kulturzentrum der Uckermark entwickelt.

Das uckermärkische Land war seit jeher bevorzugtes Jagdrevier der Landesherren. Friedrich I. veranstaltete hier in Prenzlau auf dem Unterückersee großangelegte Schwanenjagden, an die der schwimmende Schwan, den die Stadt mit königlicher Genehmigung seither unter dem roten Adler im Stadtwappen abbilden durfte, noch heute erinnert.

Sehenswürdigkeiten: Bedeutendstes und größtes mittelalterliches Baudenkmal ist die im 13./14. Jh. erbaute und in den letzten Kriegstagen des Jahres 1945 ausgebrannte *Marienkirche.* In ihrem Hauptschiff lag der Leichnam des gefallenen schwedischen Königs Gustav II. Adolf im Dezember 1632 vor dem Weitertransport in sein Heimatland zwei Tage aufgebahrt. Der unter Denkmalschutz stehende, in norddeutscher Backsteingotik ausgeführte Kirchenbau wird als einzigartiges Zeugnis nationaler Baukunst rekonstruiert und zu einem kulturhistorischen Museum umgestaltet. Baukünstlerisch besonders wertvoll ist der an Ziermaßwerk aus roten und schwarzen Glasursteinen reiche Ostgiebel. Die ehemalige Dominikaner-Klosterkirche zum Heiligen Kreuz, die jetzige *Nikolaikirche* ist eine von 1275 bis 1334 erbaute frühgotische Backsteinhallenkirche. Das Klostergebäude beherbergt das *Kreisheimatmuseum.* Die Prenzlauer Klosteranlage ist das größte und am besten erhaltene Dominikanerkloster auf dem Gebiet der DDR. Von der 2,6 km langen *Stadtbefestigung*, deren Bau 1287 durch die askanischen Markgrafen gestattet wurde, sind große Teile der Stadtmauer mit Wiekhäusern und Mauertürmen (u. a. Hexen- oder Pulverturm) sowie drei Stadttortürme (Blindower Tor, Steintorturm, Mitteltor) erhalten. Im *Steintorturm* ist seit 1962 eine Volkssternwarte untergebracht. Interessante frühgotische Feldsteinkirchen sind die im 13. Jh. entstandene *Jakobikirche*, die Ruine der *Heiliggeistkapelle* aus dem 14. Jh. sowie die *Dreifaltigkeitskirche* (ehem. Franziskaner-Klosterkirche), aus der Mitte des 13. Jh. stammend. Im *Stadtpark* befinden sich der Seelöwenspringbrunnen, der Rosengarten der Jungvermählten und der Staudengarten mit Freilichtbühne. Dieser Park findet in der Uferpromenade am Unterückersee seine Fortsetzung.

Ausflugsziele in der Umgebung: In **Boitzenburg** (21 km südwestlich) die *Pfarrkirche* (Feldsteinbau, 13. Jh.) mit barockem Turm (im Innern Grabmäler derer von Arnim aus dem 18. Jh.), ferner das Schloß (jetzt Erholungsheim) mit dem von Lenné angelegten Landschaftspark und klassizistischem Marstall. Am Stadtrand eine alte Wassermühle, heute ein *Mühlenmuseum,* in dem noch immer mit Wasserkraft Korn gemahlen wird.

In **Potzlow** (10 km südlich) sind ein hölzerner Roland auf dem Markt, die Wassermühle am Nordende des Ortes und eine Fachwerkkirche aus dem 18. Jh. sehenswert. (↗ Bl. 8)

Angermünde

Lage und Bedeutung: Angermünde gehört neben Prenzlau und Templin zu den markanten Städten der Uckermark. Die 11 700 Einwohner zählende nördlichste Kreisstadt des Bezirkes Frankfurt liegt an der F 2, die eine direkte Verbindung zwischen Szczecin (VR Polen) und Berlin darstellt. Die Bahnlinie Berlin–Stralsund, die durch Angermünde verläuft, bietet günstige Verkehrsverbindungen. Wirtschaftlich ist die Stadt vorwiegend auf die Land- und Nahrungsgüterwirtschaft ausgerichtet (VE Molkereikombinat, VEB Kalksandsteinwerk, VEB Stanz- und Emaillierwerk „G. Bruhn").

Stadtgeschichte: Als Gründungsjahr wird 1233 angenommen, worauf u. a. die ältesten Bauten der Stadt, St.-Marien-Kirche und Klosterkirche, die um 1250 bereits fertiggestellt wurden, hinweisen. Der folgenschwere Dreißigjährige Krieg unterbrach die Entwicklung der Stadt. Erst mit dem Bau des Eisenbahnnetzes 1843 gewann die bis dahin kleine Landstadt an Bedeutung. Mit der Auflösung des Verwaltungsbezirkes Uckermark (1816) wurde Angermünde Kreisstadt. Doch ließ sich die Industrie nur zögernd nieder, so daß die Landwirtschaft bestimmend blieb. Am 27. April 1945 befreite die Sowjetarmee die Stadt vom Faschismus. Die Bevölkerungszahl (1935 zählte man 9500 Einwohner) stieg, ebenso das wirtschaftliche Potential der Kreisstadt. Der Stadtpark mit der dort befindlichen *Ehm-Welk-Gedenkstätte* (s. Ausflugsziel Biesenbrow) und dem Tiergehege sowie der Wolletzsee mit Wassersportmöglichkeiten, Campingplatz und entsprechender Gastronomie sind heute attraktive Naherholungsgebiete der Angermünder und ihrer Gäste.

Sehenswürdigkeiten: Die in zwei Bauphasen entstandene *Stadtkirche St. Marien* besteht aus dem mächtigen querrechteckigen Westturm und den Umfassungswänden des Langhauses (frühgotische Feldsteinbauten, Mitte 13. Jh.) sowie der in der zweiten Bauphase im 15. Jh. entstandenen dreischiffigen Backsteinhalle mit reichen Sterngewölben. Ebenfalls im 15. Jh. wurden an der Nordseite die Marienkapelle und ein zweigeschossiger Bau mit Sakristei im Erdgeschoß angefügt. Bedeutendstes Ausstattungsstück ist der Bronzetaufkessel mit Heiligenfiguren, der in der 1. Hälfte des 14. Jh. inschriftlich von Justus geschaffen wurde. Der Orgelprospekt (1742/44) stammt aus der Werkstatt des Berliner Meisters Wagner. Die ehemalige *Franziskaner-Klosterkirche*, ein ursprünglicher Feldsteinbau, um 1270 erweitert, ist eine der großartigsten Leistungen der Bettelordenarchitektur in der Mark Brandenburg. Viele Einzelformen dieser Kirche im hochgotischen Stil sind in enger Anlehnung an die Choriner Klosterkirche entstanden. Die Klostergebäude wurden 1760/75 abgerissen, die Klosterkirche selbst nach der Säkularisation und einer Verfallsphase als reformierte Kirche genutzt. Die Rekonstruktion und spätere museale Nutzung sind geplant. Ein weiterer Kirchenbau ist die aus dem 15. Jh. stammende *Heiliggeistkapelle* (heute Evangelisch-methodistische Kirche) mit Sterngewölben und Backsteinschmuckgiebel.

Von der *Stadtbefestigung* aus der Zeit um 1300 sind noch Teile sowie der *Pulverturm* (15. Jh.) erhalten. Lediglich Reste des Torhauses (13. Jh.) zeugen heute von der einstigen Burganlage. Um den *Marktplatz* befinden sich viele, teilweise schön restaurierte Fachwerkgebäude.

Ausflugsziele in der Umgebung: In **Mürow** (5 km nördlich) befindet sich das südlichste Großsteingrab im Osten der DDR aus einem Viereckdolmen, der jungsteinzeitlichen Bauern als Begräbnisstätte diente; Feldsteinkirche (2. Hälfte 13. Jh.).

Biesenbrow (12 km nördlich) ist der Geburtsort des Verfassers der „Kummerow“-Romane, Ehm Welk, der am 29. August 1884 als viertes Kind des Schäfers Gottfried Welk hier geboren wurde. Sein Geburtshaus, die ehemalige Schäferei am Schäferweg 13 (2 km außerhalb des Ortes), ist erhalten.

Das 230 ha große NSG „Gellmersdorfer Forst“ (10 km südöstlich Angermünde) umfaßt einen vielseitig ausgestatteten, naturnahen Komplex von Waldgesellschaften am Rand des Odertals in einer ansonsten waldarmen Landschaft. Das Gebiet ist durch ein sehr belebtes Relief (Höhenlage von 2 m bis 61 m ü. d. M.) gekennzeichnet und weist zahlreiche Quellen und kleine Fließgewässer auf. Entsprechend mannigfaltig sind auch Flora und Fauna. Insbesondere im Frühling, wenn Adonisröschen und Buschwindröschen blühen, zieht es Jahr für Jahr Naturfreunde in dieses wertvolle Schutzgebiet. (↗ Bl. 8)

Schwedt

Lage und Bedeutung: Schwedt ist eine im östlichen Teil der Uckermark gelegene Kreisstadt (51 800 Einw.). Sie wurde am Rand der uckermärkischen Moränenhochfläche im Schnittpunkt zwischen dem tief eingesenkten, von Südwest nach Nordost verlaufenden unteren Odertal und dem flachen, von Nordwest her einmündenden Tal des Welse-Bruches erbaut. Die auf der Urstromtalterrasse des Notec-Randow-Urstromtals und auf Oderterrassen liegende Stadt ist von Kiefernwäldern umgeben. Die im Wasserhaushalt regulierte Oderaue (Grenzübergang zur VR Polen) grenzt die Stadt gegen Osten ab. Die Hohensaaten-Friedrichsthaler-Wasserstraße verläuft, die Stadt tangierend, etwa 3 km westlich parallel der Oder. Zwischen Oder und Wasserstraße liegt das eingedeichte Auengebiet „Schwedter Polder“, das jährlich im Frühjahr, je nach auf der Oder mitgeführter Wassermenge, geflutet wird. Diese Polder wirken als Ausgleichsräume bei Hochwasser. Sie haben also eine wichtige landeskulturelle Funktion und werden als Grasland im Sommerhalbjahr intensiv landwirtschaftlich genutzt. Wegen ihrer landschaftlichen Schönheit – Wiesen, Altwasserarme, Gehölzgruppen – locken sie viele Erholungsuchende an. Teile der „Schwedter Polder“ wurden auf Grund ihrer schützenswerten Vogelwelt (Sumpf- und Wasservögel) zum Naturschutzgebiet erklärt.

Heute ist Schwedt durch den 1958 erbauten VEB Petrolchemisches Kombinat, der sowjetisches Erdöl verarbeitet, als Stadt am Endpunkt der Erdölleitung „Freundschaft“ und bedeutendes Industriezentrum bekannt. Das industrielle Profil der Stadt wird weiterhin durch den VEB Stickstoffdüngemittelfabrik, den VEB Papier- und Kartonwerke und den VEB Schuhfabrik Schwedt bestimmt.

Die klimatischen Besonderheiten und die Böden begünstigten den bis 1958 wichtigsten traditionellen Erwerbszweig des heutigen Stadtkreises Schwedt und seiner Umgebung, den Anbau und die weitere Verarbeitung von Tabak. Im VEB Rohtabak Schwedt lebt diese dreihundertjährige Tradition fort. Der Tabakanbau gelangte durch die Hugenotten hierher, die nach dem Dreißigjährigen Krieg in der Uckermark angesiedelt wurden. Der Raum um Schwedt gilt auch heute noch als bedeutendstes Tabakanbaugebiet der DDR.

Stadtgeschichte: Schwedt wurde um 1240 am Oderübergang der Straße Berlin–Stettin gegründet. Bis 1479 war die Stadt, wie die gesamte Uckermark, ständiges Streitobjekt zwischen Brandenburg und Pommern. 1637 zerstörten schwedische Truppen die Stadt. Nach dem verheerenden Stadtbrand von 1681 wurde eine weitgehend stark geometrisch ausgerichtete Neuanlage nach Plänen von Smidt notwendig. So entstand Schwedt als barocke Ackerbürgerstadt mit einem Lustschloß „Monplaisir“. Ab 1689 war die Stadt Sitz der Markgrafen von

Schwedt: Berlischkypavillon
(ehem. Französisch-reformierte Kirche)

Brandenburg-Schwedt. Der Komponist Peter Abraham Schulz (Vertonung des Gedichtes „Der Mond ist aufgegangen") lebte ab 1747 hier, und der Architekt Gilly sowie dessen Sohn Friedrich, Wegbereiter des deutschen Klassizismus, wurden hier geboren. Das 19. Jh. brachte keine wirtschaftlichen Veränderungen: Fischfang, Viehzucht, Holzverarbeitung und Tabakanbau blieben dominierend. In den zwanziger Jahren des 20. Jh. lieferten sich hier fortschrittliche Kräfte mit der Reaktion schwere Klassenkämpfe. Noch im April 1945 wurden durch den sinnlosen Widerstand der Hitlerwehrmacht 85 Prozent der Innenstadt zerstört, darunter fielen fast alle historischen Bauten. Nach der Befreiung durch die Sowjetarmee am 26. April 1945 begann ein schwerer Neuanfang. Mit dem Ausbau einer hochproduktiven Industrie auf Beschluß des V. Parteitages der SED ging der Neubau von sieben Wohnkomplexen einschließlich Folgeeinrichtungen einher. In der Stadt der Chemiearbeiter wurde das neue Zentrum in Anlehnung an die ehemalige Hauptachse gestaltet.

Sehenswürdigkeiten: Am bekanntesten ist die 1777 errichtete ehemalige *Französisch-reformierte Kirche*, ein Barockbau, der zur Konzert- und Ausstellungshalle umgestaltet wurde. Interessant ist ein Besuch des *Jüdischen Friedhofes* mit seinem Ritualbad (kuppelförmiger Rundbau mit 4 m Durchmesser, z. T. unterirdisch), der sich im Bereich der noch erhaltenen Stadtmauerreste (ehemalige Zollmauer, Backstein, nach 1736) befindet. Im *Park Heinrichslust*, der 1788 angelegt wurde, befindet sich die Gedenkstätte zum 30. Jahrestag der Befreiung vom Faschismus und eine historische Sonnenuhr (1740) aus dem ehemaligen Schloßpark. Neben der Stadtkirche und der Katholischen Kirche (beide 19. Jh.) zeugen letzte erhalten gebliebene *Tabakspeicher* (Prenzlauer Straße, am Karlsplatz) von der Geschichte dieser Stadt. *„Monplaisir"* (im Kern Ende 18. Jh., später stark verändert) ist heute Gaststätte. Im Zusammenhang mit den modernen Wohnkomplexen wurde ein beeindruckendes *Kulturhaus* gebaut.

Ausflugsziele in der Umgebung: Gartz, 19 km nördlich gelegen, hat eine feldsteinerne Stadtbefestigung (2. Hälfte 13. Jh.) mit Mauerturm „Storchennest" (15. Jh.); der Stettiner Torturm (2. Hälfte 14. Jh.) und die gotische Stadtkirche und Heiliggeistkapelle (14./15. Jh.) sind besuchenswert. (↗ Bl. 8)

Eberswalde-Finow

Lage und Bedeutung: Das 54 600 Einwohner zählende Eberswalde-Finow, zweitgrößte Stadt des Bezirkes Frankfurt, liegt 50 km nordöstlich von Berlin inmitten einer wald- und seenreichen Landschaft im Eberswalder Urstromtal. Der Oder-Havel-Kanal begrenzt im Norden die Stadt. Durch die Eisenbahnlinie Berlin–Stralsund, die die Stadt quert, sowie mit der Anschlußstelle Finowfurt an die Autobahn Berlin–Prenzlau (Grenzübergang Pomellen zur VR Polen) befindet sich Eberswalde-Finow in einer verkehrstechnisch günstigen Situation. Eberswalde-Finow, Zentrum des Industriegebietes Finowtal, erlangte seine große ökonomische Bedeutung durch den VEB Kranbau (Europas größter Produzent von Hafenkranen); den VEB Bandstahlkombinat „Hermann Matern“ Eisenhüttenstadt, Betrieb Walzwerk Finow; den VEB Rohrleitungsbau Finow; den VEB Chemische Fabrik Finowtal; den VEB Papierfabrik Wolfswinkel und den VEB Schlacht- und Verarbeitungskombinat Eberswalde.

Kultureller Höhepunkt ist das Märkische Volksfest, das jedes Jahr im Juni viele schaulustige Besucher in die Stadt lockt.

Stadtgeschichte: 1254 verlieh der askanische Markgraf Johann I. dem Ort Stadtrechte, und bis 1876 sprach man von Neustadt-Eberswalde. Um 1320 wurde die 6 m hohe Stadtmauer mit 34 Türmen und Weichhäusern (Wiekhäusern), deren Reste in der Nagel- und Goethestraße heute noch zu besichtigen sind, errichtet. Schwere Seuchen, Hungersnot und ein Großbrand im Jahre 1499 vernichteten die Stadt fast vollständig. 1620 wurde der Finowkanal als einer der ersten Kanäle Brandenburgs freigegeben, aber schon im Dreißigjährigen Krieg wieder zerstört. 1620 besetzten kaiserliche Truppen die Stadt. Wallenstein kam mit gewaltigem Gefolge am 20. April 1620 nach Eberswalde, sein eintägiger Aufenthalt machte die Stadt arm. In der völlig zerstörten Stadt setzte zu Beginn des 18. Jh. der Aufbau metallverarbeitender Industrie (Kupferhammer, Eisenspalterei) ein. Aus Ruhla, Schmalkalden und dem Rheinland einwandernde Messerschmiede leisteten durch die Errichtung mehrerer Schleifmühlen einen wesentlichen Beitrag zur wirtschaftlichen Entwicklung der Stadt. 1746 fand die Eröffnung des wiederhergestellten Finowkanals statt. In der Forstlichen Hochschule, der ersten ihrer Art in der Welt, wurden am 1. Mai 1830 die ersten Vorlesungen gehalten. Mit der Fahrt der ersten Eisenbahn 1842 auf der Strecke Eberswalde–Berlin begann auch der Verkauf der berühmten Eberswalder Spritzkuchen, die damals auf dem Bahnsteig den Reisenden angeboten wurden. Die industrielle Revolution des 19. Jh. brachte zahlreiche Fabrikgründungen mit sich. Die Orte Heegermühle, Messingwerk und Wolfswinkel wurden 1928 zur Gemeinde Finow zusammengefaßt, bis sich die wirtschaftlich und baulich verbundenen Orte Eberswalde und Finow 1970 zur Kreisstadt Eberswalde-Finow vereinigten.

Das „Rote Finowtal“ blickt auf hervorragende Traditionen in der Arbeiterbewegung zurück. Im Dezember 1920 wurde die Ortsgruppe der KPD gegründet. Viele Zwangsverschleppte mußten während des zweiten Weltkrieges in hiesigen Rüstungsbetrieben arbeiten. Am 25. April 1945 wurde mit dem Einmarsch der Roten Armee in die Stadt die faschistische Herrschaft beendet. Doch noch einmal sollten die Eberswalder den Faschismus in der eigenen Stadt spüren. Flugzeuge der faschistischen Wehrmacht, die in Finow stationiert waren, zerstörten das Zentrum der Stadt. Heute zeugen die neu erbauten Wohngebiete Leibnizstraße und der Wohnkomplex „Max Reimann“, das Sportzentrum und das rekonstruierte Stadtzentrum vom erfolgreichen Wiederaufbau der Stadt.

Sehenswürdigkeiten: Die *Stadtkirche St. Maria Magdalena,* ein frühgotischer Backsteinbau (1. Hälfte 14. Jh.) mit Kreuzrippengewölben, besitzt Portale mit figürlichem Schmuck, einen bronzenen Taufkessel aus dem 13. Jh.; der Altaraufsatz stammt von 1606. In der Parkanlage vor den heute noch erhaltenen Resten der Stadtmauer befindet sich die *Glocke „Barbara“,* 1518 für die Maria-Magdalenen-Kirche gegossen, mit Inschrift, Reliefdarstellungen und Münzabdrükken. Ein Kleinod der Kreisstadt ist die ehemalige *Kapelle* des 1359 erstmals genannten Georgen-Hospitals, ein kleiner kreuzrippengewölbter Backsteinbau, der heute als Konzerthalle genutzt wird. Erwähnenswert ist ferner das ehemalige Ritterhaus, heute *Adler-Apotheke*, ein 1665 gebauter, zweigeschossiger Fachwerkbau mit Wirtschaftsgebäude im Zentrum der Stadt. Unweit davon stößt der Besucher auf das *Alte Rathaus* (1775) und das 1903/05 im Stil deutscher Neorenaissance angegliederte *Neue Rathaus*. Der ebenfalls am Platz der Freundschaft befindliche *Löwenbrunnen* (Eisenguß) entstand 1836 nach Entwürfen von Rauch. Das *Heimatmuseum* in der Kirchstr. 8 ist in den Räumlichkeiten der ehemaligen Stadtschule, eines eingeschossigen Putzbaus (1830), untergebracht.

Das erste Gebäude der 1830 nach Eberswalde verlegten Forstakademie war das 1793 als Wohnhaus des Bankiers Schickler, des Gründers der sog. Schicklervorstadt, erbaute, im Kern erhaltene Haus Schicklerstr. 3. Die dann umgebaute Forstakademie, heute Institut für Pflanzenschutzforschung, befindet sich seit 1873/76 im Backsteinbau Schicklerstr. 4. Ein Erlebnis ist ein Spaziergang im *Forstbotanischen Garten* am Schwappachweg, der 1870 gegründet wurde und auf einer Fläche von 27 ha über 1100 einheimische und fremdländische Baum- und Straucharten sowie botanische Sondergärten (Stein-, Heil-, Gewürzgarten) beherbergt. Der 1958 angelegte *Tierpark*, der sich landschaftlich sehr gut in das Naherholungsgebiet Schwärzetal am Zainhammerteich einfügt, ist zu einem vielbesuchten Ausflugsziel geworden. Informationen bietet die Eberswalde-Finow-Information, Wilhelm-Pieck-Str. 26.

Ausflugsziele in der Umgebung: Das *Zisterzienserkloster Chorin* (9 km nördlich von Eberswalde) ist eine Tochtergründung des Lehniner Klosters. 1258 zunächst auf dem Pehlitzwerder, einer Insel am Parsteiner See, unter dem Namen Mariensee errichtet (Grundmauerreste noch vorhanden), wurde es 1272 aus bisher nicht bekanntem Grund an den Choriner See (heute Amtsee) verlegt. Die Bauzeit betrug durch mehrfache längere Unterbrechungen über 60 Jahre, und so wurde der Bau der frühgotischen Backsteinbasilika erst im ersten Jahrzehnt des 14. Jh. vollendet. Der Zisterzienserorden erreichte schon früh in weiten Teilen Mitteleuropas wegen seiner Reformbestrebungen, strengen Zucht, hohen Arbeitsleistungen der Mönche und einer geschickten Politik der Ordensleitung beachtlichen Einfluß. Das Choriner Kloster erwarb binnen kurzer Zeit umfangreichen Landbesitz, u. a. fast die gesamte südliche Uckermark (60 Dörfer, drei Städte, Mühlen, Weinberge, Fischereien). Zu jener Zeit verstanden es die Mönche, mit den jeweiligen Machthabern ein gutes Verhältnis zu wahren. Doch nach Übertritt der brandenburgischen Kurfürsten zum Protestantismus wurde das Kloster 1542 aufgelöst. Der Besitz wurde durch den Landesherrn als landwirtschaftliche Domäne beschlagnahmt (Säkularisation). Domänenpächter, sog. Amtsleute, residierten nun in den Klostergebäuden und nutzten diese auch landwirtschaftlich: Betsäle wurden in Stallungen umgewandelt. Dem Dreißigjährigen Krieg und mehreren Bränden fielen hauptsächlich die Wirtschaftsgebäude südlich des Klosters und der Südflügel zum Opfer. In den Folgejahren wurde aus den Klosteranlagen gleich einem Steinbruch Baumaterial gewonnen. Trotz der Errichtung eines Notdaches im 18. Jh. unter finanzieller Mithilfe der preußischen Regierung verfiel das Kloster immer mehr. Erst als der Berliner Baumeister Schinkel 1818 die Klosterruine besichtigte und einen Plan für die Instandsetzung der erhaltenswürdigen Teile (50 Prozent des ursprünglichen Klosters waren damals zerstört) entwarf, kamen bessere Zeiten für das wertvolle Baudenkmal. Es erfolgte ein Besitzerwechsel, der sich bis heute sehr

Niederfinow: Schiffshebewerk

vorteilhaft auswirkt: Seit 1861 verwalteten Forstleute die Klosterruine, und seitdem fühlen sie sich für die Erhaltung der Ruine als Baudenkmal verantwortlich. Um 1885 wurden umfangreiche Instandsetzungsarbeiten durchgeführt, um den ursprünglichen Charakter der bedeutenden Klosterruine wiederherzustellen. Im zweiten Weltkrieg wurde das Kloster nicht in Mitleidenschaft gezogen. Heute gehört es zum Institut für Forstwissenschaften Eberswalde, welches gemeinsam mit dem Institut für Denkmalpflege Berlin die erforderlichen Erhaltungsarbeiten festgelegt. Das neu verglaste Kirchenschiff, die Kreuzgänge, Refektorium und Küche sind für Besichtigungen erschlossen. Baukünstlerisch besonders wertvoll ist der mit reicher Blendengliederung und Ornamentik versehene Westgiebel der Klosterkirche. Im Westflügel der Klosteranlage, dem „Fürstensaal", sind Reste gotischer Malereien erhalten. In der ehemaligen Küche befindet sich ein alter Kamin. Besonders beeindrukkend sind Kreuzrippengewölbe und Pfeiler mit vielgestaltigen Laubwerkkapitellen, die die Kreuzgänge der Klosteranlage schmücken. Lohnenswert ist ein Spaziergang über den am Kloster gelegenen Friedhof. Einen Kunstgenuß besonderer Art erleben jährlich die Besucher des Choriner Musiksommers – einer nun schon seit 1963 mit steigenden Besucherzahlen durchgeführten Veranstaltungsreihe.

Eine besondere Sehenswürdigkeit ist das *Schiffshebewerk Niederfinow* (9 km östlich von Eberswalde, dann 4 km nördlich). Bis 1914 wurden sämtliche Schiffsfrachten nach Berlin auf dem 1746 unter Friedrich II. gebauten Finowkanal transportiert. Um die Jahrhundertwende wurde die Entscheidung notwendig, entweder den Finowkanal zu erweitern oder einen neuen Kanal zu bauen, um den gestiegenen Bedürfnissen zu genügen. 1906 begann man mit dem Bau des 106 km langen Oder-Havel-Kanals von Berlin bis Hohensaaten/Oder. Das 1926/33 erbaute Schiffshebewerk Niederfinow übernimmt die Bewältigung der 36 m Höhenunterschied in 5 Minuten, wofür bis 1934 vier Treppenschleusen mit je 9 m Abstieg notwendig waren.

Oderberg

Eine 157 m lange Kanalbrücke verbindet das Schiffshebewerk mit dem Oder-Havel-Kanal. Die gewaltige Stahlkonstruktion des seinerzeit größten Schiffshebewerkes in Europa ist 94 m lang, 27 m breit und 60 m hoch. Es ist in der Lage, 8400 t zu tragen. Beide Kanäle, Finow- und Oder-Havel-Kanal, die streckenweise parallel verlaufen, vereinigen sich nach ihrem Abstieg in das Odertal zur gemeinsamen Strecke Liepe–Oderberg–Hohensaaten.

Der **Parsteiner See** mit einer Wasserfläche von 1100 ha, einer maximalen Tiefe von 27 m und einer Uferlinie von etwa 30 km liegt im Südteil der Großlandschaft Uckermärker Lehmhügelland. Er ist Teil des LSG „Choriner Endmoränenbogen“ und füllt ein späteiszeitlich angelegtes Gletscherzungenbecken in Randlage zur Pommerschen Haupteisrandlage (Endmoräne) aus. Auf Grund seiner Einbettung in jungeiszeitlich kalkhaltige Geschiebelehme und Sande hatte dieser große See natürlicherweise den Charakter eines kalkreich-nährstoffarmen Sees mit Sichttiefen von über 10 m und stark entfalteter Unterwasservegetation. Noch heute ist der See einer der letzten Klarwasserseen der DDR mit sommerlichen Sichttiefen von 3 bis 4 m und Unterwasserpflanzen bis in 7 m Tiefe. Er ist nicht nur für die Erholung einer der wertvollsten Seen Ostbrandenburgs, sondern wird auch für die Feinfischbewirtschaftung (Maräne) und als Trinkwasserreservoir genutzt. Zwei Campingplätze am Südteil des Sees und ein FKK-Zeltplatz im Norden sind vorhanden.

Hinweis: Der See ist für den Motorbootverkehr gesperrt, auch ist die Zahl der zugelassenen Segelboote begrenzt.

Lohnenswert ist ein Spaziergang durch das südwestlich von Eberswalde gelegene Naherholungsgebiet LSG „Schwärzetal“, entlang des Schwappachweges, vorbei am Zainhammerteich in Richtung des kleinen Ortes Spechthausen, der durch sein handgeschöpftes Büttenpapier weltbekannt wurde. Die Produktion wurde nach Eberswalde verlegt und wird heute in der Papierfabrik Wolfswinkel fortgeführt. Das Tal des Nonnenfließes, eines in die Schwärze mündenden Wasserlaufs, wurde in einer glaziären Rinne angelegt. Wegen seiner landschaftlichen Schönheit wurde das Gebiet unter Schutz gestellt. Beiderseits des Baches verlaufen Wanderwege durch den Buchenwald, die von Spechthausen her einen Rundgang durch das 187 ha große Landschaftsschutzgebiet ermöglichen.

Die Stadt **Oderberg** liegt 15 km östlich von Eberswalde-Finow an der Alten Oder. Dank ihrer Lage am Kreuzungspunkt von Land- und Wasserstraßen entwickelte sie sich während der Blütezeit der Hanse im frühen Mittelalter zu einem wichtigen Umschlagplatz, verlor aber an Bedeutung, als die „Via regia" („Königsstraße") auf Betreiben des Klosters Chorin nicht mehr über Oderberg geführt wurde. Im Dreißigjährigen Krieg völlig zerstört, sank die Stadt zu einem bedeutungslosen Ort ab. Zweigeschossige Fachwerkhäuser bzw. -höfe und schlichte Putzbauten aus dem 18./19. Jh. zeugen vom kleinstädtischen Charakter des im 18. Jh. wieder auflebenden Ortes. Von der im 14. Jh. auf einer Insel im Odertal angelegten, 1754 bis auf Reste zerstörten und abgebrochenen Ruine der frühmittelalterlichen Festungsanlage „Bärenkasten" sind lediglich Mauern des Kastells erhalten. Heute ist Oderberg, von Seen, Wäldern und Feldern umgeben, ein gern besuchtes Ausflugsziel. Das *Heimatmuseum* in der Ernst-Thälmann-Str. 44 gibt einen Einblick in die Geschichte der Binnenschiffahrt im Odergebiet.

Das etwa 10 km nordöstlich von Eberswalde gelegene NSG „Plagefenn" wurde 1907 auf Betreiben von Dr. Kienitz, einem bedeutenden Eberswalder Forstmann, unter Naturschutz gestellt. Das 177 ha große Gebiet umfaßt den abflußlosen Plagesee und die ihm westlich vorgelagerten Moorflächen und pleistozänen Randgebiete mit inselartigen Werdern. Das Naturschutzgebiet, im Choriner Endmoränenbogen gelegen, repräsentiert

Im Naturschutzgebiet „Plagefenn"

einen charakteristischen Ausschnitt dieser Landschaft mit mannigfaltigem Wechsel von Seen, Mooren und Wäldern und ist Rast- und Brutplatz seltener Vögel. Das Plagefenn ist das älteste Naturschutzgebiet Brandenburgs und durch einen Lehrpfad in Teilen dem Naturfreund zugänglich.

Das 25 ha große Waldgebiet NSG „Urwald Breitefenn" liegt 4 km nördlich von Oderberg und war ehemals ein umfriedeter Hudewald (Weide von Haustieren). Unter zahlreichen malerischen Eichenüberhältern (einzelne, gut geformte ältere Bäume) regenerierte sich nach Aufhören der Beweidung die natürliche Waldgesellschaft, deren Altbäume (Traubeneichen und Rotbuchen) inzwischen ein Alter von 200 bis 300 Jahren erreicht haben. Das Gebiet liegt in einer stark kuppigen Grundmoräne, die sich rückwärtig an die Höhen des Choriner Endmoränenbogens anschließt. Vom „Großen Stein" aus, einem Findling am Weg von Neuendorf, bietet sich dem Besucher ein weiter Blick ins Land. (↗ Bl. 8)

Barnim-Hochfläche und mittleres Odertal

Bernau

Lage und Bedeutung: Bernau (etwa 19 900 Einw.) ist eine im Nahverkehrsbereich von Berlin (S-Bahn-Anschluß) gelegene Kreisstadt im Bezirk Frankfurt. Die F 2, von Eberswalde kommend, führt über Bernau direkt in die Hauptstadt; weiterhin tangiert die Autobahn Berlin–Szczecin die Stadtnähe. Der Kreis Bernau ist mit seinen ausgedehnten Wäldern und zahlreichen Seen ein viel besuchtes Erholungsgebiet der Berliner Bevölkerung.

Stadtgeschichte/Sehenswürdigkeiten: Das Stadtrecht wurde Bernau 1230 von den askanischen Markgrafen Johann I. und Otto III. verliehen. Die aus Böhmen kommenden Hussiten besiegten 1432 die Stadt. Bedeutendstes historisches Bauwerk der Stadt ist die spätgotische Backsteinhalle der *Pfarrkirche St. Marien*, die Ende des 15. Jh. erbaut und 1520 vollendet wurde. Sie enthält eine überdurchschnittlich reiche Ausstattung, u. a. einen sechsflügeligen Altar mit einer Darstellung der Marienkrönung und anderen Gemälden aus der Cranach-Schule und eine Triumphkreuzgruppe von 1520, ein Ölbergrelief aus dem frühen 15. Jh. und ein Sakramentshaus (um 1480). Ein kleinerer Backsteinbau aus dem 15. Jh. ist die *Spitalkapelle St. Georg* mit Blendgiebel und schlankem Dachreiter. Eine Back- und Feldsteinmauer umgibt das Spitalgebäude mit Fachwerk von 1738 sowie die Spitalkapelle. In der Nähe des Steintores befindet sich die modern eingerichtete *Katholische Pfarrkirche*, ein neogotischer Backsteinbau aus den Jahren 1907/08. Die Bernauer *Stadtmauer* mit zahlreichen Weichhäusern (Wiekhäuser; spätes 13. Jh.) und der *Pulverturm* (runder Mauerturm aus Backstein auf Feldsteinsokkel, mit Zinnenkranz vom Ende des 15. Jh.) sind ebenso wie die stadtseitigen, parallel zur Mauer verlaufenden Gassen fast vollständig bewahrt. Die dreifachen Wälle und Gräben sind als Promenaden erhalten. Das *Steintor*, ein quadratischer viergeschossiger Torturm aus Backstein (Ende 15. Jh.), dessen Mansarddach ein Uhrtürmchen von 1753 enthält, ist über einen Verbindungsgang mit dem Hungerturm (ähnlich dem Pulverturm) verbunden. Im Steintor hat das *Heimatmuseum* mit einer beachtlichen Sammlung mittelalterlicher Waffen sowie Exponaten zur Stadtgeschichte seinen Platz gefunden. Das *Henkerhaus* in der ehemaligen Scharfrichterei an der Stadtmauer war zu früheren Zeiten ein Haus ohne Hausnummer. Das 1780 errichtete Gebäude – an den drei hölzernen Raben vor der Haustür erkennbar – beherbergt heute eine Sammlung mittelalterlicher Folterinstrumente und ist den Besuchern zugänglich. Das Bernauer *Rathaus* ist ein zweigeschossiger klassizistischer Bau, der 1805 errichtet wurde.

Seit 1975 wird das historische Zentrum der Stadt in enger Zusammenarbeit mit dem Institut für Denkmalpflege restauriert, mit dem Ziel, eine harmonische Synthese von historischem Stadtkern mit modernen Bauten zu schaffen. Es entsteht ein städtebauliches Ensemble, das auch Vorbildwirkung auf ähnlich angelegte Kleinstädte der DDR ausübt. Anziehungspunkte sind das *Gasthaus Schwarzer Adler*, Berliner Str. 33, aus dem 15./16. Jh., und das älteste Gebäude der Stadt in der *Tuchmacherstr. 13/15* (inschriftlich von 1583).

Ausflugsziele in der Umgebung: Die *Gewerkschaftshochschule* (5 km in Richtung Wandlitz) wurde 1928/30 von Hannes Meyer, der in dieser Zeit auch Direktor des Dessauer Bauhauses war, als Bundesschule des Allgemeinen Deutschen Gewerkschaftsbundes (ADGB) erbaut. Nach 1945 erfolgte eine Erweiterung des Komplexes, heute ist die Hochschule Bildungsstätte für Gewerkschaftsfunktionäre aus dem In- und Ausland. (↗Bl. 8)

Bad Freienwalde

Lage und Bedeutung: „Freienwalde – hübsches Wort für hübschen Ort". Dieser Ausspruch aus Fontanes „Wanderungen durch die Mark Brandenburg" belegt die Beziehung des großen deutschen Dichters zu dieser Stadt, in der er oft und gern weilte. Am Abfall der Barnimplatte zum Oderbruch liegt die 11 100 Einwohner zählende Kreisstadt Bad Freienwalde. Rund 50 km nordöstlich von Berlin gelegen, ist die Stadt auch beliebtes Ausflugsziel der Berliner Bevölkerung. Sie ist eingebettet in eine reizvolle Landschaft mit steilen Hügeln und tiefen Schluchten, mit ausgedehnten Laub- und Nadelwäldern. Neben umfangreicher Landwirtschaft produzieren hier der VEB Vereinigte Dränrohrwerke, als Nachfolger vieler kleiner Ziegeleien, der VEB Feuerfestwerke, der VEB Möbelwerk und das VE Meliorationskombinat Frankfurt/Oder, Sitz Bad Freienwalde. Zu erreichen ist die Stadt mit der Bahn von Eberswalde-Finow, Angermünde und Wriezen oder über die F 158 bzw. F 167.

Stadtgeschichte: Der zwischen zwei älteren slawischen Siedlungen, Kietz und Tornow, gelegene Ort wurde 1316 erstmals urkundlich erwähnt. Seit 1364 ist das Stadtrecht verbürgt. Freienwalde hatte im Gegensatz zu den meisten märkischen Städten keine Stadtmauer, sondern die Stadtbefestigung bestand lediglich aus hölzernen Palisaden. Starke Zerstörungen erlitt die Stadt im Dreißigjährigen Krieg und durch den Stadtbrand von 1664. 1684 wurden eisenhaltige Heilquellen entdeckt, die Freienwaldes Ruf als Kurort bewirkten. 1840 erkannte man dann die Heilkraft der Moorschlammbäder. Seit 1924 darf sich die Stadt „Bad" nennen. Seit der Wiedereröffnung des Moorbades 1952 gehören Werktätige aus allen Schichten der Bevölkerung zu den Patienten.

Sehenswürdigkeiten: Die Bevorzugung des „Gesundbrunnens" durch den Großen Kurfürsten, König Friedrich I., förderte die Bautätigkeit in der Stadt. So berühmte Berliner Baumeister wie Schlüter, Langhans und Schinkel entwarfen im 18./19. Jh. die ehemaligen Bade- und Gästehäuser. Das einst als Logier- und Badehaus fungierende *Landhaus* am Kurpark, ein zweigeschossiger, frühklassizistischer Putzbau mit wabenförmig ornamentierter Halbkuppel, wurde 1789/90 von Langhans errichtet. Im umliegenden *Kurpark* befinden sich Marmorskulpturen aus dem 18. und 19. Jh. In dem 1800 angelegten, 12 ha großen Schloßpark, dem heutigen Volkspark, der nach 1820 von Lenné als *Landschaftspark* umgestaltet wurde, steht das *Schloß*, jetzt Kreiskulturhaus, ein 1789/99 unter Gilly entstandener klassizistischer Bau, und das 1795 von Langhans als kleines Schauspielhaus errichtete *Teehäuschen*, heute Klub des Kulturbundes. Im Schloß wohnte der deutsche Außenminister Walter Rathenau von 1909 bis zu seinem Tod. Gebaut wurde es ursprünglich für die Witwe Friedrich Wilhelm II. von Preußen als ständiger Wohnsitz. Die *Pfarrkirche St. Nikolaus*, ein frühgotischer Granitbau, 1453 in Backstein verändert, mit spätgotischem Taufstein, Altaraufsatz und Kanzel (1623) erhebt sich am Marktplatz. Gegenüber befindet sich das *Oderlandmuseum* im ehemaligen Freihaus derer von Uchtenhagen mit sehenswerten Sammlungen ur- und frühgeschichtlicher Funde aus dem Kreisgebiet, zur Geschichte des Oderbruchs und der Stadt Freienwalde. Der Fachwerkbau der barocken *Georgenkapelle* wurde 1696 errichtet, der zur gleichen Zeit entstandene Kanzelaltar mit reichem Schnitzwerk ist eine Arbeit der Schlüter-Schule. Nach umfangreicher Restaurierung in den letzten Jahren dient die Kapelle nun als Konzerthalle. Naturinteressierten und Gartenfreunden ist das *„Haus der Naturpflege"* zu empfehlen. Auf dem 6 ha großen Gelände entstand seit 1960 eine bislang einmalige Gartenanlage, in der über 1400 verschiedene Pflanzenarten gedeihen.

Ausflugsziele in der Umgebung: Als erster heimatkundlicher Lehrpfad der DDR wurde 1950 der *Fontane-Wanderweg* zwischen Bad Freienwalde und dem Luftkurort **Falkenberg** angelegt. Der 10 km lange Wanderweg führt teils auf dem Kamm der bergigen Waldlandschaft, zu deren Fuß steil abfallend das Odertal liegt, entlang. Der *Turm der Jugend* wurde 1895 am Weg auf einer frühmittelalterlichen Burganlage errichtet (mit Gaststätte), von dem aus man die Fernsicht in die malerische Ebene und auf den Oderstrom genießen kann.

In **Schiffmühle**/Ortsteil *Neutornow* (4 km nordöstlich der Stadt) befindet sich auf dem kleinen *Friedhof* mit der *Kolonistenkirche* (Barockbau 1770) das Grab von Louis Henri Fontane, dem Vater des Dichters. Von dieser Anhöhe aus blickt man in das unter Landschaftsschutz stehende Tal der Alten Oder und auf die Stadt Bad Freienwalde. An der alten Straße nach Schiffmühle erinnert eine Tafel den Vorübergehenden an das noch erhaltene Haus, in dem der Vater Fontanes bis zu seinem Tod wohnte. In **Rathsdorf/Altgaul** (6 km südlich) wurde 1978 in einem alten *Ziegelbrennofen*, dem einzig erhaltenen seiner Art in der Republik, die Lehrschau „Weißer Storch" eröffnet. Diese nur im Sommerhalbjahr geöffnete Ausstellung, die viel Wissenswertes über den bekanntesten und beliebtesten Großvogel unserer Heimat vermittelt, ist das einzige *Storchenmuseum* der DDR. Die kleine Museumsanlage, auf deren Turmspitze schon seit Generationen Jahr für Jahr ein Storchenpaar brütet, wurde von Bürgern des zweihundertjährigen Kolonistendorfes Rathsdorf in Zusammenarbeit mit Freienwalder Natur- und Heimatfreunden geschaffen.

Das 40 km² große, südlich von Bad Freienwalde gelegene LSG „Bad Freienwalde" ist durch seine ausgedehnten Laubwälder mit zahlreichen Tälern, dem romantischen Baasee, seinen Quellen und Fließen bei Falkenberg und Cöthen sehr abwechslungsreich gestaltet. Viele Naturdenkmale, meist wertvolle alte Bäume, aber auch Findlinge sind als Wanderziele markiert.

Besuchenswert ist die *Gedenkstätte der Befreiung Seelower Höhen* im Odertal. Am 31. Januar 1945 wurde als erste Ortschaft auf dem Gebiet der DDR das Dorf Kienitz im Kreis Seelow durch die Sowjetarmee befreit. Im April 1945 fand auf den von der faschistischen Wehrmacht befestigten und verteidigten Seelower Höhen die letzte große Schlacht des zweiten Weltkrieges statt. Zur mahnenden Erinnerung an die 30 000 sowjetischen Soldaten, die hier ihr Leben ließen, wurde an dieser Stelle 1972 eine würdige Gedenkstätte der Befreiung eingeweiht. Die heute 5600 Einwohner zählende Kreisstadt **Seelow** wurde im Frühjahr 1945 stark zerstört. Dem Turm der 1830/32 unter maßgeblichem Einfluß Schinkels erbauten Stadtkirche wurde im selben Jahr durch Sprengung großer Schaden zugefügt.

Das als Barockbau um 1763 errichtete *Schloß* (jetzt Schule) in **Marxwalde** wurde, ebenso wie die *Kavaliershäuser* und die *Orangerie* am Vorplatz, 1820/23 erweitert und im klassizistischen Stil umgebaut. Das Vestibül und der Gartensaal wurden restauriert. Wanddekorationen, Deckenmalereien, Büsten und die beiden Rundöfen (nach Entwürfen Schinkels) erstrahlen nun wieder in ihrer ursprünglichen Schönheit. Der malerische *Schloßpark* wurde 1821 nach Plänen Lennés unter Einflußnahme Fürst Pücklers zum Landschaftspark umgestaltet. Im Park begegnet man einer Figurengruppe aus Rauchs Werkstatt (1821) und einem 1792 geschaffenen

Gedenkstätte der Befreiung Seelower Höhen

Denkmal für Friedrich II. Die klassizistische *Saalkirche* von 1814/17, eine der frühen Arbeiten Schinkels, unterscheidet sich gänzlich von den sonst üblichen Dorfkirchen des Oderbruchs und der Mark. An der Ostseite des Kirchenbaus befindet sich das ebenfalls von Schinkel entworfene Mausoleum (dorische Säulenhalle) des damaligen preußischen Staatskanzlers Fürst von Hardenberg, der hier seinen Wohnsitz hatte.

Auch die Dorfanlage geht teilweise auf Pläne Schinkels zurück, der hier nach dem Brand von 1801 Mittelflurhäuser, einige aus Raseneisenstein, errichten ließ.

In **Kunersdorf** wird die Parkanlage um das 1945 zerstörte *Schloß*, in dem 1813 der Dichter Adelbert von Chamisso wohnte und arbeitete, derzeit neu gestaltet. Sehenswert ist die eindrucksvolle, von Langhans entworfene Säulenkolonnade, Erbbegräbnis der Familien von Lestwitz-Itzenplitz an der Friedhofsmauer. Die neun, teils reich geschmückten Marmorgrabmäler stammen von Rauch, Tieck, Schadow u. a. Die moderne *Dorfkirche*, ein Zentralbau mit Kuppel und quadratischem Turm, wurde 1955 nach der Zerstörung des Vorgängerbaus errichtet.

In **Möglin** war das ehemalige Schloß, ein Putzbau aus dem 18. Jh., inzwischen stark verändert, die Wirkungsstätte des Agrarwissenschaftlers und Landwirts Albrecht Daniel Thaer, der hier Versuche zur Erhöhung der Bodenfruchtbarkeit durchführte und sich neuen Methoden der Schafzucht widmete. Seine Grabstätte befindet sich neben der mittelalterlichen Feldsteinkirche.

Wriezen, mit 7100 Einwohnern, einst Metropole des Oderbruchs, ist eine der Städte, die im zweiten Weltkrieg so stark zerstört wurden, daß kaum noch historische Gebäude erhalten geblieben sind. So bestimmt seit 1945 die Ruine der *Stadtkirche St. Marien* das Stadtbild im völlig neuentstandenen Zentrum. Lediglich das mit einem Notdach versehene südliche Seitenschiff dieser gewaltigen spätgotischen Hallenkirche wird heute genutzt. Die 1474 gegossene Glocke blieb unbeschädigt. Ein historisches *Magazingebäude* (Speicher), aus dem Jahre 1791/92 stammend und im Stil der preußischen Landbauschule gehalten, ist Zeuge vergangener Blütezeiten. Auf dem alten *Jüdischen Friedhof* sind mehrere Grabsteine und Grabmäler (meist Sandstein) aus dem 16./17. Jh. zu finden.

In **Letschin** verlebte Theodor Fontane das Jahr 1843. Neben der *Fontane-Apotheke* – sein Vater war Apotheker in Letschin – erinnert eine Büste an den Dichter. Die 1912 im Stil märkischer Backsteingotik nach Entwürfen Schinkels errichtete *Dorfkirche* fiel dem zweiten Weltkrieg zum Opfer, die Ruine wurde 1974/75 abgebrochen, und nur der 1918/19 erbaute Turm blieb erhalten.

In **Altfriedland** ist heute von dem in der Mitte des 13. Jh. gegründeten Zisterzienser-Nonnenkloster noch die *Klosterkirche,* ein langgestreckter, einschiffiger Feldsteinbau, der barock umgebaut und im 19. Jh. im neogotischen Stil verändert wurde, erhalten. Von den spätgotischen Klostergebäuden sind nur Reste des Kreuzganges aus dem 13. Jh. sowie die Ruine des aus dem 15. Jh. stammenden Refektoriums vorhanden. (↗Bl. 8)

Frankfurt (Oder)

Lage und Bedeutung: Die Bezirksstadt Frankfurt (Oder) erstreckt sich im Tal und auf den Randhöhen westlich der mittleren Oder. An der engsten Stelle des sog. Frankfurter Oderpasses nähern sich die Höhen des Odertales zwischen der steilen Wand bei Lossow und der Lehmwand bei Rybocice (VR Polen) bis auf 1,5 km. Die das Odertal begrenzenden Hochflächen liegen 30 bis 100 m über der Niederung. Frankfurt (Oder) ist mit etwa 86 400 Einwohnern das politisch und geistig-kulturelle Zentrum des Bezirkes. Mit seinem Grenzbahnhof, der Eisenbahn-Transitstrecke „Magistrale der Freundschaft“ und der Erdölleitung „Drushba“ ist Frankfurt ein wichtiges Glied im Gefüge der ökonomischen Integration der sozialistischen Länder. Das Halbleiterwerk Frankfurt (Oder) ist der größte und führende Betrieb der DDR auf diesem Gebiet. Bedeutende Baubetriebe wie das Bau- und Montagekombinat, das Verkehrs- und Tiefbaukombinat und das Wohnungs- und Gesellschaftsbaukombinat bestimmen das Baugeschehen im Bezirk mit. Erwähnenswert sind ebenfalls das Frankfurter Werk des Möbelkombinates Hellerau sowie ein kleiner, aber bedeutender, seit 1857 existierender Betrieb: der VEB Frankfurter Orgelbau, ehemals Fa. Sauer. Eine der größten Sauer-Orgeln erklingt mit 50 Registern in der Konzerthalle „Carl Philipp Emanuel Bach“. Große Bedeutung hat auch das VEG Obstbau Frankfurt–Markendorf, das nicht nur die Bevölkerung des Oderbezirkes mit dem auf 460 ha Obstplantagen geernteten Obst versorgt.

Stadtgeschichte: Seit der Gründung der deutschen Marktsiedlung „Vrankenforde“ im Jahre 1226 wuchs am Westufer der Oder das heutige Frankfurt, dem 1253 durch Markgraf Johann I. von Brandenburg das Stadtrecht sowie die Erlaubnis zum Bau einer Brücke verliehen wurde, heran. Eine starke, 1319 erstmals erwähnte 3 km lange Befestigung mit doppelten Gräben, Zwischenwällen und drei Toren schützte die Stadt. Schon bald blühte die am Kreuzungspunkt wichtiger Fernhandelsstraßen und dem Oderübergang gelegene Stadt zu einer reichen Handelsstadt auf. Die Hanse, der Frankfurt bereits 1368 angehörte, erweiterte die Handelsbeziehungen nach Ost- und Südeuropa. Mit der Herausbildung der Mark Brandenburg zum feudalen Territorialstaat wurde die Gründung einer Universität notwendig. Am 26. April 1506 wurde in Frankfurt die „VIADRINA“, die „Oderuniversität“, nach dem Vorbild der Rechtsschule in Bologna feierlich eröffnet. Die Wahl fiel auf Frankfurt, weil diese Stadt alle anderen märkischen Städte an Vornehmheit und Reichtum übertraf. Frankfurt wurde künstlerisches und wissenschaftliches Zentrum von heute fast vergessener Bedeutung. Berühmte Persönlichkeiten, die hier lehrten oder studierten, waren u. a. Thomas Müntzer, Ulrich von Hutten, Carl Philipp Emanuel Bach, Alexander und Wilhelm von Humboldt und Heinrich von Kleist. Bis 1539 wurden auch sorbische Stu-

Frankfurt (Oder)

denten als Geistliche ausgebildet und bis 1656 existierte ein sorbisches Seminar. Im Zusammenhang mit der Entwicklung des oberschlesischen Industriegebietes, das für den preußischen Staat von wachsendem Interesse war, wurden Institutionen und Bibliotheken nach Breslau verlegt. So kam es 1811 zur Auflösung der Frankfurter Universität, die 300 Jahre lang zu den führenden in Deutschland gehörte und das gesellschaftliche Leben der Stadt bestimmte. Zugleich entwikkelte sich damals in Frankfurt das Buchdruckerhandwerk (sog. Teufelsbücher; hebräisch-jüdische Bücher; Stadtbeschreibungen; erster Talmud Deutschlands – 1687/99). Zwei jährliche Buchmessen kündeten vom Ruf Frankfurts als Stadt des Buchdruckes. Der Ausschluß aus der Hanse, politische und wirtschaftliche Krisen, Feuer-, Seuchen-, Hochwasserkatastrophen und vor allem der Dreißigjährige Krieg zogen die Stadt schwer in Mitleidenschaft. Erst durch die Einwanderung der Hugenotten stabilisierte sich die wirtschaftliche Lage der Stadt. Die Franzosen brachten neue Gewerbe, wie Seidenraupenzucht, Tabakanbau, Strumpf- und Perückenmacherei in die Mark. Mit dem Rückgang des Großhandels durch die Erschließung neuer Handelswege verlor Frankfurt im 18. Jh. an Bedeutung. Erst mit der Zerschlagung der napoleonischen Fremdherrschaft und den um die Jahrhundertwende durchgeführten Steinschen Reformen wird die Stadt 1814 Sitz der Regierung des neugebildeten Regierungsbezirkes Frankfurt an der Oder. Im zweiten Weltkrieg wurde die Innenstadt total zerstört, viele Baudenkmale und die Oderbrücke fielen diesem Krieg zum Opfer. Am 23. April 1945 befreiten sowjetische Truppen die Stadt. Frankfurt (Oder) wurde 1952 zur Bezirksstadt ernannt und wird seitdem gezielt zum politischen, wirtschaftlichen und kulturellen Zentrum des Odergebietes entwickelt.

Sehenswürdigkeiten: Die Ruine der ehemaligen Hauptpfarrkirche, der zwischen 1400 und 1495 erbauten *Marienkirche*, erinnert an die fast vollständige Zerstörung des historischen Stadtkerns im zweiten Weltkrieg. Lediglich erhalten geblieben sind das äußere südliche Seitenschiff und der Schaugiebel. Der Märtyrerchor von 1551/52 wurde 1957 rekonstruiert. Die 1828/30 von Schinkel umgestaltete Kirche verfügte ursprünglich über eine reiche Ausstattung, die heute z. T. in der Friedenskirche aufbewahrt wird. Besonders bemerkenswert: ein sechseckiger Bronzetaufkessel mit hoher Spitzhaube und figürlichem Schmuck, der 1376 von Meister Arnold geschaffen wurde, sowie ein spätgotischer Flügelaltar, in dessen Mittelschrein Maria mit Heiligen dargestellt ist (1489). Zahlreiche Epitaphe, Bildnisse und kirchliches Gerät, vor allem aus dem 16. Jh., sind ebenfalls erhalten. Die älteste Pfarrkirche der Stadt ist die dreischiffige, frühgotische Backsteinhallenkirche (14./15. Jh.), die *Friedenskirche.* Heute bestimmt die 1881/93 durch Adler geschaffene Turmfront das Bild des Kirchenbaus. Seit der Eröffnung der *Konzerthalle „Carl Philipp Emanuel Bach"* 1967 in den Räumen der 1270 erbauten ehemaligen Franziskaner-Klosterkirche ist Frankfurt (Oder) mit seinen Musikfesttagen und Konzertreihen zu einem Anziehungspunkt für Musikfreunde geworden. Dieser Kirchenbau begeistert durch seinen maßwerkverzierten Westgiebel und die Spitzbogenblende im Ostgiebel. An das Gebäude schließt das barocke *Collegienhaus* mit Stadtarchiv und Musikkabinett an. Nennenswert sind die im neogotischen Stil erbaute *Gertraudenkirche* und die *Katholische Pfarrkirche* sowie die *Russische Kirche* in der Klingetalsiedlung, ein Holzbau mit Tonnengewölbe, den russische Kriegsgefangene 1916 errichteten. Das Rathaus am Marktplatz, ein Beispiel norddeutscher Backsteingotik aus dem 14./15. Jh., wurde 1607/10 umgestaltet und nach der starken Zerstörung 1945 wiederhergestellt. In seiner Halle und der ehemaligen Gerichtslaube hat die *Galerie Junge Kunst*, das Bildkünstlerische Ausstellungszentrum des Bezirkes, eine würdige Heimstätte gefunden. In der originalgetreu rekonstruierten Jugendstilvilla nahe der Karl-Marx-Allee ist das Kabinett der Galerie Junge Kunst mit Sonderausstellungen untergebracht.

Das literaturhistorisch-biographische Museum, die *Kleist-Gedenk-und-Forschungsstätte*, ist dem großen Sohn der Stadt, dem Dichter und Begründer der deutschen Novellistik, Heinrich von Kleist, gewidmet. Das Museum befindet sich in der ehemaligen *Leopoldschule* (Garnisonschule, 1777/78 von Knoblauch erbaut). Es beherbergt eine Ausstellung über Kleist und seine Zeit, eine Spezialbibliothek (1700 Bände) sowie eine Zeitschriftensammlung. Das *Kleist-Theater* ist weit über die Grenzen der Bezirksstadt bekannt. Eine umfassende Exposition zur Geschichte der Stadt und des Oderbezirkes vermittelt das *Bezirksmuseum VIADRINA* im einstigen Junkerhaus, einem der wenigen erhalten gebliebenen historischen Gebäude der Stadt. Eine Sehenswürdigkeit besonderer Art ist die Staatliche Sammlung historischer Musikinstrumente im Bezirksmuseum, die mit 260 Instrumenten eine der bedeutendsten unseres Landes ist. Mit diesen kultu-

Frankfurt (Oder): Lenné-Park

rellen Leistungen führt die Stadt Musiktraditionen fort, die mit den mittelalterlichen Stadtpfeifern, dem „Collegium musicum" von Wilke und der Singakademie unter Carl Philipp Emanuel Bach ihren Anfang nahmen. Neben den Baudenkmalen ist der von 1833/45 von Lenné auf den Wall- und Grabenanlagen der westlichen Altstadt angelegte und nach ihm benannte *Lenné-Park* sehenswert. Auch der *Linaupark*, der ehemalige Friedhof der Getraudenkirche mit wertvollen Grabmälern (teils von Schadow geschaffen), die Oderpromenade zwischen Kleist-Gedenkstätte und Konzerthalle sowie die *Friedensglocke* (1953) lohnen einen Spaziergang.

Neues Zentrum bilden die modern gestaltete Karl-Marx-Straße (hier auch Sitz der Frankfurt-Information) und der 1977 angelegte Platz mit Brunnenanlage, Café und dem Hotel „Stadt Frankfurt".

Ausflugsziele in der Umgebung: Der *Helenesee*, südlich von Frankfurt (Oder) an der F 112, ist ein bedeutendes Naherholungsgebiet, entstanden aus einem ehemaligen Braunkohlentagebau. Der Tagebausee von 250 ha Größe hat eine Tiefe von 85 m und liegt in einem Landschaftsschutzgebiet. Campingmöglichkeiten befinden sich am Nordufer des Sees. Der künstliche See mit hoher Wassergüte und damit Sichttiefe hat ausgedehnte Sandufer mit besten Bademöglichkeiten, u. a. auch an seiner Westseite für FKK. (↗ Bl. 18)

Märkische Schweiz und östliches Berliner Seengebiet

Geographische Besonderheiten: Die Spree, Hauptfluß im östlichen Gebiet des Märkischen Mittellandes, tritt nördlich von Beeskow in die Fürstenwalder Spreetalniederung ein. Dieser Teil des Berliner Urstromtales trennt Lebus- und Barnimplatte, nach Nordosten zu ansteigende Flächen der Ostbrandenburgischen Platte, im Norden vom südlich angrenzenden Ostbrandenburgischen Heide- und Seengebiet.

Die Landschaft ist eiszeitlich überformt. Sie wurde maßgeblich vom Inlandeis während der Weichselkaltzeit geprägt. Markante Endmoränenzüge kennzeichnen die beim phasenweisen Rückschmelzen des Gletschers aufgetretenen Stillstands- und Zerfallslagen. Die bis zu 150 m hohen Saarower Hügel, Teil des Brandenburger Stadiums, bilden einen bewaldeten, relativ steilhängigen Moränenkomplex. Die jüngere Haupteisrandlage der Frankfurter Staffel verläuft in einer Hügelfolge bogenförmig von der Bezirksstadt nach Nordwesten zur Märkischen Schweiz. Das nach Nordwesten gerichtete Urstromtal war Hauptabflußbahn der gesammelten Schmelzwässer.

Im Südosten Berlins liegt, angrenzend an das Spreetal, die Dahmeseenlandschaft, ein Talsandgebiet mit einigen kleinen Grundmoräneninseln. Die nach Nordwesten geneigten flachen Ebenheiten sind von den Schmelzwässern des zerfallenden Brandenburger Stadiums ausgespült. Dabei entstanden fächerartig erscheinende Abflußbahnen mit Rinnenseen. Wie die Seenbecken der Grundmoräne beleben sie das Land. Die Wasserflächen entwässern über die Dahme nach Norden zur Spree. Nach Osten zu steigt der Boden allmählich zur Saarower und Beeskower Platte an.

Eine Serie etwa südwestgerichteter Talrinnen, zum Teil subglaziäre – unter dem Eis gebildete – Abflüsse, gliedert den Südrand von Lebus und Barnim. Das Hauptgefälle der Entwässerung folgt der Abdachung nach Südwesten. Einige ausgeprägte Talrinnen enthalten schmale, langgestreckte, steil eingetiefte Seen. Zwei Talzüge verbinden sogar Oderbruch und Spreetal, der eine von Platkow über Fließ und Seenkette bei Görlsdorf – Lietzen – Falkenhagen – Briesen zum Kersdorfer See, der andere ist durch eine Wasserscheide im Roten Luch am Rande der Märkischen Schweiz bemerkenswert. Nach Nordosten strebt die Stöbber über Buckow der Alten Oder zu, entgegengesetzt führen Stöbber und Löcknitz das Wasser zur Spree.

Künstliche Wasserstraßen stellen im Berliner Tal (Oder-Spree-Kanal, erbaut ab 1887), auf dem Südbarnim (Rüdersdorfer Gewässer, ab 1550, seit 1945 Hauptwasserstraße, und Löcknitzkanal, ab 1875) und im Dahmeseengebiet (Storkower Kanal, ab 1746) schiffbare Verbindungen zwischen den Flußsystemen oder zu den Seengebieten her, ermöglichen den Ausgleich der Wasserführung.

Wasser, Wind und menschliches Wirken beeinflußten und nivellierten die Oberfläche. Das gilt vor allem für die vom Inlandeis abgesetzten fruchtbaren Geschiebemergelböden der Grundmoräne und die vor der Endmoräne von den Schmelzwässern ausgewaschenen nährstoffarmen Buckower und Strausberger Flächensander. Von den Talsandflächen des Berliner Tales, seinen Nebentälern und den größeren Becken im Seengebiet der Dahme wehten in der noch bewuchslosen Nacheiszeit stete Westwinde den Flugsand zu Dünenstaffeln und -horsten zusammen, so in den Talsandflächen östlich von Fürstenwalde und am Storkower See. Die bedeutende Wanderdüne „Skabyer Berge“, südwestlich von Spreenhagen, konnte erst nach 1800 festgelegt werden.

In einigen grundwassernahen Niederungen konnten sich organische Naßböden mit Flach- oder Hochmoorcharakter entwickeln. Die natürlichen Waldgesellschaften im Gebiet der Ostbrandenburgischen Heide und Seen waren, abhängig besonders vom Grundwasserstand, Traubeneichenwald, Stieleichen-Birkenwald und unterschiedlich unterwachsener Kiefernmischwald.

Die heutige Ausdehnung der Kiefernbestände darf nicht darüber hinwegtäuschen, daß im Fürstenwalder Spreetal und auf den nördlichen Randhöhen einst natürliche Eichenwälder mit Kiefer, an günstigen Stellen auf den Höhen sogar Eichen-Winterlinden-Hainbuchenwälder gut gediehen. Vor allem in den vergangenen Jahrhunderten wurden diese Naturwälder zugunsten eines hohen Holzertrages in Kiefernforste umgewandelt.

Heidelbeere, Preiselbeere und andere anspruchslose Zwergsträucher charakterisieren diesen Kiefernwald, der im Tiefland der DDR die größte Verbreitung aufweist.

In der Rüdersdorfer Kalkregion entwickelte sich, teils durch Anpflanzungen, eine eigenartige Flora. In der Strauchschicht bilden dabei Waldrebe, Schlehe, Sanddorn, Heckenrose und Flieder Dickichte. Den Haldenboden bedecken wärmeliebende Arten wie Thymian, Graslilie, Wegwarte, Sonnenröschen, Ehrenpreis, Kuhschelle und immer wieder Huflattich.

Der Kartoffelanbau in der Mark (erste Pflanzung 1720 nachgewiesen) wurde auf königlichen Befehl ab 1748 in 24 Dörfern des Amtes Stahnsdorf, nordwestlich von Storkow, auf kargen Böden erfolgreich eingeführt, ab 1768 allen Domänenpächtern zur Pflicht gemacht.

Die Tierwelt des Gebietes weist, wie nahezu überall im Märkischen, einen recht hohen Bestand an jagdbarem Schwarz-, Reh- und Rotwild auf. Durch ihre nächtliche Lebensweise verborgen, treiben viele Nachkommen von Waschbären, die bei Kriegsende nahe Strausberg aus einer Pelztierfarm entweichen konnten, in Wäldern und Gärten ihr Unwesen. 1932 wurde das größte „Fledermaushotel Europas" in alten und neuen Stollengängen der Rüdersdorfer Kalksteinbrüche entdeckt. In jedem Jahr halten knapp 5000 Tiere in elf Arten hier ihren Winterschlaf. Einige abseits gelegene kleine Zwischenmoore und Naturwaldzellen sind im Berliner Urstromtal, das teilweise von der jüngeren Spree benutzt wird, zu finden. Südlich des Bahnhofes Storkow befinden sich die geschützten Marstallwiesen, eine der reichhaltigsten Salzpflanzenstellen in der Mark. Das NSG „Dubrow" südwestlich von Prieros bewahrt eine Brutkolonie des Graureihers sowie Hirschkäfer. Komplexen Charakter haben das NSG „Wernsdorfer See" nahe dem Berliner Stadtrand, ein nährstoffreicher, verlandender Flachsee mit beachtenswerter Flora und Fauna, darunter weit über hundert Brutvogelarten, und die NSG „Lange Dammwiesen" und „Unteres Annatal" bei Strausberg. Die Naturschutzstation am Forsthaus Frauensee westlich von Prieros befaßt sich mit den Themen Umweltschutz, Forstwirtschaft und Jagd und unterhält einen 2 km langen Naturlehrpfad.

Von den Bodenschätzen dienen Kiese, Sande und Tone seit alters als Baustoffe. Kalkstein der Rüdersdorfer Trias, vom unterliegenden Zechsteinsalz um einige hundert Meter aus seiner ursprünglichen geologischen Lage gehoben und zu einer mächtigen geborstenen Schichtenfalte aufgewölbt, überragte den Meeresspiegel um 60 m und streicht von Südwest nach Nordost.

Geschichte: Einzelfunde aus ur- und frühgeschichtlicher Zeit belegen für die Region in den verschiedenen Kulturen kaum größere Besiedlungsdichte. In der Völkerwanderungszeit (5./6. Jh.) zogen elbgermanische Stammesgruppen nach Südwesten ab, und im 7. Jh. begannen in der menschenarmen Mittelmark Slawen ihre friedliche Ansiedlung, bevorzugt in Gewässernähe.

Der von den schlesischen Piasten mit Unterstützung mehrerer Klöster nach 1200 kolonisierte Slawengau Lebus erhielt seinen Namen von der Hauptfeste des Territoriums. Meist ab 1354 brachte der Bischof das Land in seinen Einfluß und Besitz, begrenzt von den Dörfern und Ländereien der Augustiner, Johanniter, Kartäuser und Zisterzienser, und vom Landbesitz der Universität Frankfurt an der Oder. Einzig vier Orte blieben dem Landesherrn. Privaten Grundbesitz gab es auf der Lebuser Hochfläche nicht. Im benachbarten Barnim, den die Askanier nach 1200 in Auseinandersetzungen mit deutschen und slawischen Fürsten eroberten, verfügten stets ritterliche Lehensträger, Vasallen des Landesherrn, der Adel, in den Dörfern über Einkünfte oder Besitz. Die Kalkvorkommen von Rüdersdorf wurden vor mehr als 750 Jahren von den Zisterziensern entdeckt. Sie bilden seither die Grundlage der Produktion von Bau- und Branntkalk, seit 1883 auch von Zement. Der Bruch ist heute ein stetig erweitertes, 4 km langes, 500 m breites und rund 85 m tiefes Loch im Land. Täglich werden 15 000 t, im Jahr 4 Mill. t Rohkalkstein gewonnen.

Der schwedische Geologe Otto Torell untersuchte 1875 in den Rüdersdorfer Kalkbergen die bereits 1836 entdeckten Schliffflächen und Schrammen, die nach seiner Erkenntnis eindeutig auf Gletscherwirkung zurückzuführen sind. 1879 wurden in Rüdersdorf erstmals Gletschertöpfe entdeckt.

Der von der Königlichen Torfadministration bei Friedersdorf 1797 etablierte Torfstich war mit einem Ertrag von 2000 Haufen nach dem Havelländischen im Raum Fehrbellin der ertragreichste. Genutzt wurde der Torf in den Rüdersdorfer Kalköfen, der Königlichen Porzellan-Manufactur und vom Brennholzcomptoir. Ab 1840 setzte sich ein neuer Energieträger durch. Als Brennstoff wurde in den Rauener Bergen, an zahlreichen Stellen im Lebuser Land und bei Schenkendorf, südwestlich von Königs Wusterhausen, Braunkohle im Tiefbau gefördert. Dabei erreichten die Gewerkschaften bei Saarow 60 m, im Gefrierschacht von Schenkendorf 110 m Abbautiefe. Der Boden um Rüdersdorf – Erkner birgt in der Tiefe förderungswürdiges Erdgas. 1962 wurde die erste Sonde am Rüdersdorfer Grund fündig.

Die breiten, die Flußschlingen begleitenden Niederungsmoore der versumpften Aue machten das Spreetal unwegsam und siedlungsfeindlich. Erst um 1750 setzte Friedrich II. zur Urbarmachung des Bruches ausländische Exulanten, meist Glaubensvertriebene aus unterschiedlichen deutschsprachigen Räumen, als Kolonisten auf dem Spreebord oder den Sandschellen an. In der 1742 gewonnenen niederlausitzischen Herrschaft Beeskow–Storkow, dem dünnbesiedelten neuen „Chur Märkisch Wendischen District“, ließ er nach 1746 zur „Peuplirung“ fünfzig Neudörfer für Kolonisten gründen.

Überliefert ist einzig ein organisiertes Aufbegehren der Menschen gegen Unrecht und Willkür, der „Strausberger Unwille“ von 1515. Erst Maßnahmen des Kurfürsten – Kontrolle des alten Rates und eine Polizeiordnung für die Stadt – konnten die Situation befrieden.

Bedeutender Handelsweg, Teil einer West-Ost-Verbindung, war von Berlin aus zur Messestadt Frankfurt an der Oder flußauf die bis zum Kersdorfer See schiffbare Spree. Von der Frankfurter Niederlage, einem 1588 vom Kurfürsten der Stadt zugewilligten Zollhaus, begann der Überlandtransport der Güter über Pillgram zur Oder.

Eine Reihe von Orten vor den Toren Berlins ist mit der Arbeiterbewegung verbunden. Die 1927 vom 11. Parteitag der KPD zu gründen beschlossene Reichsparteischule „Rosa Luxemburg“ befand sich vom 3. Februar 1929 bis zum 2. März 1933 in Fichtenau. Das von der Schweizer Kommunistin Mentona Moser übergebene Gebäude Kurze Str. 11 ist seit 1973 Gedenk- und Bildungsstätte des ZK der SED. Ostern 1931 forderte Artur Becker in Strausberg auf dem 6. Reichsjugendtag des KJVD die antifaschistische Einheitsfront unter den Jugendlichen. Mitte November 1932 sprach Ernst Thälmann in Prieros auf der letzten legalen Tagung des ZK des KJVD in der heutigen Berliner Bezirksjugendschule „Ernst Thälmann“. Am 7. Februar 1933 – nach der Machtübernahme Hitlers – tagte im alten Sporthaus Ziegenhals des Arbeitersportvereins Fichte illegal das ZK der KPD. Thälmann gab klare Orientierung auf eine breite antifaschistische Volksfront und rief zur gemeinsamen Aktion gegen die faschistische Diktatur auf.

Während der Befreiung vom Faschismus arbeitete in Bruchmühle, östlich von Altlandsberg in der Buchholzer Str. 8, als Beauftragte des ZK der KPD die Initiativgruppe Ulbricht vom 1. bis zum 8. Mai 1945 an der Bildung demokratischer Selbstverwaltungsorgane sowie des Magistrats von Groß-Berlin und der Vorbereitung der Aktionseinheit zwischen KPD und SPD.

Westlich von Seelow (↗ Barnim-Hochfläche und mittleres Odertal) legten am 27. Juni 1952 dreizehn Bauern aus Worin, ehemalige Tagelöhner vom Gut des Junkers Gerloff, 117 ha Ackerfläche zusammen und bewirtschafteten fortan den Boden gemeinsam in einer der ersten drei LPG, seit dem 3. 8. 1952 das erste vollgenossenschaftliche Dorf der DDR.

Erholungswesen und Tourismus: Die nähere und weitere Umgebung Berlins bietet in abwechslungsreichen Landschaften viele Möglichkeiten zur aktiven Erholung. Hervorzuheben sind die sieben Landschaftsschutzgebiete im Osten und Südosten der Stadt. Auf der Lebusfläche sind von örtlicher Bedeutung der Steinhöfeler Park, Spazierwege in einem als Landschaftspark gestalteten lichten Stieleichen-Hainbuchenwald zu beiden Seiten eines Fließtales, und das 10 km^2 große Madlitz–Falkenhagener Seengebiet, eine kiefernwaldumgebene Seenrinne. Beliebte Nah- und Ferienerholungsgebiete sind die LSG „Buckower Wald- und Seengebiet“ (38 km^2 Fläche) und „Strausberger und Blumenthaler Wald- und Seengebiet“ (61 km^2). Wasser, Wiesen und Wald bestimmen den Erholungswert der gern von Wassersportlern und Campingfreunden aufgesuchten größeren LSG „Grünau–Grünheider Wald- und Seengebiet“ (217 km^2), „Scharmützelsee–Storkower See und Schwenower Forst“ (106 km^2) und „Teupitz–Köriser Seengebiet“ (239 km^2).

In diesen schönen Landschaften bieten FDGB- und Betriebsferienheime, Zentrale Pionierlager und Kinderferienlager, Jugendherbergen, Touristenstationen, Bungalowsiedlungen und Campingplätze den Erholungsuchenden Urlaubs- oder Wochenendunterkunft. Zu kürzeren oder ausgedehnten Fuß-, Rad- oder Wasserwanderungen bestehen vielfältige Möglichkeiten.

Alle Arten von Wassersport sind möglich. An der unteren Spree und Dahme liegen viele Bootshäuser, und unzählige Sportboote beleben die Wasserflächen vor allem der Dahmeseen und der Seen um Grünheide. Dort verkehren auch Motorschiffe der Weißen Flotte. Mehrfach im Jahr sind einige Seen nur begrenzt nutzbar. Am Südufer des Peetzsees bei Alt Buchhorst, am Südostufer des Stienitzsees bei Hennickendorf und am Südufer des Krimnicksees bei Senzig sind Trainingsgebiete für Wasserski, der Krüpelsee bei Senzig und der Flakensee bei Woltersdorf dienen auch dem Motorbootrennsport.

Die meisten Campingplätze liegen am Wasser, viele mit Badestrand. FKK-Badestellen gibt es in der Dubrow am Hölzernen See und an der Schmölde, am Frauensee, am Tonsee bei Bestensee sowie am Motzener See bei Kallinchen.

Bei Hangelsberg erstreckt sich Berlins Maiglöckchenwald. Bei günstigen Schneelagen sind Waldwege in den Landschaftsschutzgebieten für den Skilanglauf geeignet. Der Rekord der Skisprungschanze in den Rauener Bergen liegt bei 34 m. Buckow bietet seinen Gästen am Schwarzen See eine ausgebaute Rodelbahn. (↗ Bl. 12, 18)

Buckow

Lage und Bedeutung: Das Buckower Hügelland ist ein 20 km langer und 5 bis 8 km breiter, formenreicher Landstrich von eigenartig bewegtem Relief. Das Herz der naturräumlichen Landschaft bildet das LSG „Buckower Wald- und Seengebiet" mit 29 offenen Wasserflächen – Seen und Teichen – und laubmischwaldbestandenen, mittel- bis steilhängigen Hügeln sowie steilwandig eingesenkten Kehlen und Kesseln zwischen den Platten Barnim und Lebus. Dabei treten auf kurzer Distanz Höhenunterschiede von 60 bis über 100 m (Krugberg – Schermützelsee) auf. Die sich vor der Waldkulisse durch Wiesen windende Stöbber belebt das Landschaftsbild zusätzlich. Buckow (2500 Einw.) ist Hauptort der Märkischen Schweiz, Ausflugs- und Urlaubsziel mit betrieblichen Ferienheimen, Erholungsheimen des FDGB, Sanatorien und Jugendherberge, mit Freibad und Möglichkeit zum Wassersport.

Stadtgeschichte: Zahlreiche Scherben von Keramikgefäßen künden von der Besiedlung der Buckower Landschaft während der mittelslawischen Periode von etwa 850 bis 1050.

Die um 1225 angelegte Grenzfeste „Castrum Bucowe", eine Wasserburg, ist 1249 bezeugt, das Dorf 1253. 1405 wird Buckow als Marktort erwähnt. An den winzigen Stadtkern von 220 mal 200 m mit kleinem dreieckigen Markt und hochgelegener Kirche grenzte der Kiez der slawischen Bevölkerung. Keine Mauer, nur ein Wall mit drei Toren schützte die Stadt. Die Stöbberströmung trieb Getreide-, Grütz-, Öl-, Walk- und Lohmühlen an. Über dem Stadtpark, einem von Lenné umgestalteten, 4 Hektar großen alten Barockgarten, erinnert der Weinbergsweg an mittelalterlichen Weinbau. Noch 1654 wurden acht Weinberge genannt. Zur gleichen Zeit bebauten die Buckower 90 Hopfengärten und betrieben 16 Brauhäuser. 1680 wurden 50 Brauer gezählt. Das gute Buckower Bier war weithin beliebt, 39 Dörfer bezogen es. Unangemessen hohe Abgabenforderungen, gestellt von Kirche und Junkern, und der Schaden durch Mehltau brachten Hopfenbau und -handel zum Erliegen, die Bierbrauerei hörte auf.

1870 beherbergte das Logierhaus „Weiße Taube" erste Gäste. Buckow und die Märkische Schweiz wurden für den Fremdenverkehr entdeckt. Am 26. Juli 1897 fuhr erstmals eine 750-mm-Schmalspurbahn von Müncheberg nach Buckow; seit dem 15. Mai 1930 rollt die elektrische Normalspurbahn über die kaum 5 km lange Strecke.

Sehenswürdigkeiten: Attraktiver Anziehungspunkt für Touristen aus dem In- und Ausland ist das *Brecht-Weigel-Haus.* Um hier zu arbeiten und sich zu erholen, pachteten Bertolt Brecht und Helene Weigel 1952 die direkt am Südostufer des Schermützelsees in einem großen Garten gelegene „Eiserne Villa". Sie wurde Domizil der großen Schauspielerin, während Brecht im Gärtnerhaus an den „Buckower Elegien", der „Kriegsfibel", an „Turandot" und „Coriolan" arbeitete. Hier diskutierte er mit Strittmatter um die Textfassung des „Katzgrabens". Seit 1977 ist das Landhaus der Öffentlichkeit als Gedenkstätte zugänglich.

Neben dem Brecht-Weigel-Haus ist es vor allem die schöne Umgebung, die Buckow so anziehend macht. Von Buckow, Waldsieversdorf und Münchehofe aus durchziehen viele markierte Wanderwege die Märkische Schweiz, vermitteln reizvolle Landschaftseindrücke, führen zu Naturdenkmalen, Aussichtspunkten und guten Ausflugsgaststätten der Umgebung. Der Poetensteig begleitet das Sophienfließ zur Wurzelfichte. Kehlen, tiefe Schluchten, die durch unterirdisches Auswaschen und späteres Einstürzen des Bodens entstanden, gliedern den Hang der Bollersdorfer Höhe über dem 45 m tiefen Schermützelsee nach Südwesten – Schwarze Kehle, Langer Grund, Grenzkehle, Fischerkehle. Nach Osten hin sind die

Buckow: Brecht-Weigel-Haus

Hänge noch steiler (Drachenkehle) und führen, teilweise mit Stufenwegen versehen, zu den beiden Tornowseen.

Ausflugsziele in der Umgebung: Der Erholungsort **Waldsieversdorf** zwischen Rotem Luch und Däberseen gelegen, wurde ab 1889 vom Sozialreformer Kindermann auf mittelalterlicher Wüstung angelegt. Im ehemaligen Märkischen Sanatorium Zentrale Parteischule der NDPD; im früheren Gutshaus Versuchsstation für Forstpflanzenzüchtung; in der Ortsmitte äquatoriale Sonnenuhr mit Weltzifferblatt; seen- und waldreiche Umgebung mit gut markierten Wanderwegen.

Müncheberg hat eine gut erhaltene mittelalterliche Befestigung von 1319; die 1800 m lange Feldsteinmauer mit Weichhäusern, zwei Tortürmen, Wall und Graben sowie die Stadtkirche (Ruine seit 1945, mit Westturm 1826/29 nach Plan von Schinkel) sind sehenswert. Müncheberg besitzt ein bekanntes Forschungszentrum für Bodenfruchtbarkeit.

Die Kreisstadt **Strausberg** entstand als mittelalterliche Marktsiedlung am Ostufer des Straussees. Sie ist Erholungszentrum im Landschaftsschutzgebiet. Die Feldsteinmauer von 1254 ist in Teilen erhalten. Sehenswert ist auch die spätgotische *Marienkirche*, Pfeilerbasilika mit figürlicher Malerei und wertvoller Ausstattung. Markierte Wanderwege führen zum *Straussee*, 3,8 km lang, mit Bad und Uferpromenade (350 m lange, elektrisch betriebene Fährstrecke). Im Norden des Straussees liegen der Ihlandsee und der Wald des „Blumenthal", im Westen Fängersee mit Wesendahler Mühle und Bötzsee mit Spitzmühle, Burgwall, im Süden Beckerfließ im Annatal mit künstlichem Herrensee und alten Mühlenorten, Naturlehrpfad, NSG „Lange Dammwiesen" mit Oser und interessanten Pflanzengesellschaften, Stienitzsee mit Bad und Quellhängen am Westufer.

Die Marktsiedlung und Burgort **Altlandsberg** existiert seit 1230. Die Kleinstadt wurde auf mittelalterlichem Grundriß von 600 mal 300 m, umgeben von einer Feldsteinmauer mit zwei Tortürmen, im Süden mit zwei Wällen sowie Gräben errichtet.

Blumberg, ursprünglich eine städtische Anlage, besitzt eine wertvoll ausgestattete frühgotische Feldsteinkirche; im Mittelalter bischöfliches Tafelgut. Die Ortsentwicklung wurde lange Zeit vom Bischof unterdrückt. Heute ist der Landschaftspark mit Denkmal für Otto v. Arnim, Leutnant einer russischen Kosakeneinheit, den ersten Gefallenen der Befreiungskriege auf märkischem Boden am 19. Februar 1813, beliebtes Besucherziel. (↗ Bl. 8)

Fürstenwalde

Lage und Bedeutung: Die breite, von zahlreichen abgetrennten Altarmen durchsetzte sumpfige Spreeniederung, teilweise bestanden von schier undurchdringlichem Dickicht der Auenwald-Gesellschaften, war im Mittelalter weithin unpassierbar. Einzig dort, wo benachbarte Höhenzüge dicht ans Urstromtal herantreten, konnten einst Handelswege kreuzen, und an solch günstigem Übergang entstand als städtische Siedlung Fürstenwalde (35 300 Einw.). Die nächsten Passagen bestanden flußauf bei Beeskow, spreeabwärts bei Köpenick. Die günstige Verkehrslage – ab 1842 die Niederschlesisch-Märkische Eisenbahn, mit Vorortverkehr seit 1891, Oder-Spree-Kanal, Autobahn – begünstigten die rasche Entwicklung von Stadt und Industrie.

Das industrielle Profil der Stadt bestimmen heute das Reifenkombinat Pneumant, der VEB Chemie- und Tankanlagenbau (Gaselan), das Lithoponewerk, die Kugelgraphiteisengießerei GISAG, Lebensmittelbetriebe, ein Kraftfuttermischwerk, Getreidegroßsilos und der Binnenhafen.

Der beträchtliche Erholungswert des Fürstenwalder Umlandes wird von 49 Prozent Wald- und fast 4 Prozent Wasserflächen gesichert. Im Süden grenzt mit den Rauener Bergen das LSG „Scharmützelsee–Storkower See–Schwenower Forst“ an die Stadt, im Westen reichen die Ausläufer des großräumigen LSG „Grünau–Grünheider Wald- und Seengebiet“ bis nahe heran.

Stadtgeschichte: Die Stadt wurde um 1255 von den Askaniern am Nordufer der Spree im verengten Urstromtal als Brückenkopf und Paß auf einem Grundriß von 410 mal 380 m als planmäßige Marktsiedlung mit Straßengitter, Markt, Rathaus, Stadtkirche und Burg angelegt. Sie war mit Feldsteinmauer und drei Toren schon im 13. Jh. stark befestigt. Die Burg wurde im 18. Jh. abgetragen. Fürstenwalde war wichtiger Umschlagplatz des Handels Berlin–Frankfurt an der Oder am Ende der schiffbaren Spree. Ab 1588 wurde nach weiterem Ausbau des Flusses die Frankfurter Niederlage am Kersdorfer See Zollstelle und Stapelplatz der Waren.

Die Arbeiterbewegung organisierte sich in der Industriestadt schnell (Munitionsarbeiterstreik Januar/Februar 1918). Gleich am 1. Januar 1919, also noch während des Gründungsparteitages der KPD in Berlin, konstituierte sich in der Gaststätte „Küstriner Wappen“ die Ortsgruppe der KPD. Auch in der folgenden Zeit gaben die Arbeiter des „roten“ Fürstenwalde mehrfach Beispiele für die internationale Solidarität.

Im Frühjahr 1945 erklärten die Faschisten Fürstenwalde zur Festung. Nach sechstägigen erbitterten Kämpfen bot sich den Soldaten der 69. Armee der 1. Belorussischen Front am 22. April ein Bild des Grauens: Nach dem „Prinzip der verbrannten Erde“ sprengten die Faschisten bei ihrem Rückzug die Spreebrücke und setzten ganze Straßenzüge der Innenstadt in Brand, ein chaotisches Trümmerfeld hinterlassend. 1800 Wohnungen waren total zerstört und 4000 stark beschädigt, Rathaus und Dom, zwei Schulen, das Krankenhaus sowie die

Hälfte aller Betriebe waren nur noch Ruinen.

Sehenswürdigkeiten: Von der alten Stadtbefestigung mit Mauerzug, Wall und Graben sind nur noch geringe Reste mit dem *Bullenturm* erhalten. Das spätgotische *Rathaus* von 1511 mit ehemaliger Gerichtslaube und mittelalterlicher Verkaufshalle wurde 1961/68 wiederaufgebaut. 1949 begannen Sicherung und Wiederaufbau der bis auf die Umfassungsmauern ausgebrannten wertvollen Domkirche. Das kurfürstliche *Jagdschloß* vor der Stadt wurde 1750 Magazin mit mehrgeschossigem Speicher im Stil der preußischen Landbauschule. In Fürstenwalde sind umfangreiche Wohnungsbauvorhaben verwirklicht worden. Das *Stadt- und Kreismuseum* und das *Ausstellungszentrum* im *Rathaus* vermitteln dem Besucher interessante Einblicke in die Geschichte und Gegenwart der Stadt und der Region. Seit 1971 besitzt Fürstenwalde die *Spreeschwimmhalle*. Zu den attraktiven Naherholungseinrichtungen zählt der 4 ha große *Heimattiergarten* mit 45 Tieranlagen.

Ausflugsziele in der Umgebung:
Beeskow, die Kreisstadt an der Spree, entstand als Marktort im Schutz der Burg; Stadtrecht vor 1272, auf drei Feldseiten gut erhaltene *Stadtbefestigung* aus dem 14./15. Jh., Ziegelmauer auf Feldstein mit noch sechs von einst neun Türmen, Wiekhäusern und gestaffeltem Wallgrabensystem. Die kleine Wasserburg (13. Jh.) auf der Spreeinsel wurde ab 1519 weiträumiges Wohnschloß der Bischöfe von Lebus. Seit 1953 befindet sich hier ein Biologisches Heimatmuseum. Bei der sinnlosen Verteidigung 1945 wurden 65 Prozent aller Bauten der Stadt zerstört, so das Rathaus, die Stadtkirche und der Ostteil der Burg. Das älteste Wohnhaus, Fachwerk mit vorkragendem Oberstock von 1513, ist in der Kirchgasse 2 erhalten. Zur Erholung dienen Spreepromenade und Spreegarten, der alte Irrgarten, das Flußbad, die Wälder in Flußnähe.

Im Ort **Sauen** noch ein früheres Gutshaus, Wohnstätte des Chirurgen August Bier, der 1903 nach Selbstversuch die Lumbalanästhesie in die Narkosetechnik einführte. Der Hobby-Dendrologe gestaltete auf kargen Sandböden des Gutsforstes, international beachtet, artenreichen, vitalen Mischwald.

Sehenswert in **Lindenberg** die Dorfkirche, ein frühbarocker Zentralbau, und das Gutsarbeiterhaus von 1800; das Schloß ist heute volkseigenes Gut, Schloßpark (Freilichtmuseum im Aufbau). 1905 erstes Aeronautisches Observatorium der Erde mit 75 m hohem Turm, heute Aerologisches Observatorium und Satelliten-Beobachtungsstation für meteorologische Aufgaben.

Einen Ausflug lohnt auf jeden Fall der Kurort **Bad Saarow-Pieskow.** Die Landbank AG Berlin erwarb 1905 für geringes Entgelt die Güter Saarow und Pieskow und wandelte das Land am Scharmützelsee in eine Villenkolonie. 1907 wurden beide Orte vereint. Das 1912 in den Wierichwiesen entdeckte raseneisenhaltige Niedermoor diente ab 1914 im eben gegründeten Moorbad als Kurmittel. Im Quellpavillon tritt die 1925 in 175 m Tiefe erbohrte Kalziumchloridsole zutage. Seit 1923 ist Saarow-Pieskow Bad.

Auf Anraten Lenins suchte Maxim Gorki im Sanatorium von Saarow vom September 1922 bis zum Juni 1923 Linderung seines Lungenleidens. Hier beendete er „Meine Universitäten“, begann er „Das Werk der Artamonows“, lernte er Italienisch. Zum 50. Jahrestag der Gründung der Sowjetunion, Ende Dezember 1972, wurde in einem Blockhaus, das bereits 1912 für einen polnischen Bankier aus der Kolonie für russische Militärmusiker Alexandrowka in Potsdam nach Saarow umgesetzt wurde, mit Unterstützung des Moskauer Gorki-Instituts die *Maxim-Gorki-Gedenkstätte* eingerichtet (die Stele davor von Wittig).

Am *Scharmützelsee* weilte Johannes R. Becher ab 1948 in zehn Sommern in seinem „Traumgehäuse“, einem 1931 erbauten Wohnhaus. Im Mai

Scharmützelsee

1981 wurde in Saarow-Strand das Sommerhaus, als *Johannes-R.-Becher-Gedenkstätte* des Kulturbundes der DDR mit einer ständigen Ausstellung zum Leben und Wirken des Dichters in Bad Saarow eröffnet. Das *Becher-Denkmal* von Cremer steht gegenüber dem 1912 im Heimatstil erbauten Bahnhof.

Der Scharmützelsee ist mit 1377 ha der größte See der einstigen Mark Brandenburg. Fontane nannte ihn das „Märkische Meer". Er ist über 10 km lang, bis 1,5 km breit, das von hohen Uferrändern umgebene Südende mißt 28 m Tiefe. Man lernt den See am besten bei einer Fahrt mit der Weißen Flotte kennen. Der See bietet auch Gelegenheit für vielseitigen Wassersport.

Am Ostufer liegt **Pieskow,** gegenüber Saarow-Strand mit der Strandgaststätte „Neptun" (1974/76), im Süden beim Abfluß des einstigen Rietzer Fließes das Jugenderholungszentrum bei Wendisch Rietz. In den Rauener Bergen wurde im vergangenen Jahrhundert Tiefbau auf Braunkohle betrieben. Am Wanderweg zu den Markgrafensteinen fallen noch gesicherte alte Lüftungsschächte auf. Die beiden Findlinge – Eiszeitzeugen – messen 21,6 m Umfang und 5,7 m Höhe, davon 2 m im Boden bzw. der einst größere 29,5 m Umfang bei 8,5 m Höhe. Er wurde 1827 von Cantian in anderthalbjähriger Arbeit gedreht und gespalten, das 80 t schwere Teilstück wurde binnen 6 Wochen auf noch erkennbarer Trasse zur Spree gerollt und dann nach Berlin verschifft. Aus ihm wurde die 22 Fuß Durchmesser große Granitschale im Berliner Lustgarten geformt. Das Reststück des nun kleineren Markgrafensteines steckt 1,9 m tief im Boden und überragt ihn um 4,7 m. Der nahe große Tisch, errichtet aus abgesprengten Teilen, ist Aussichtspunkt in 141,5 m ü. d. M., 106 m über dem Spiegel des Scharmützelsees. Bad Saarow-Pieskow und die anderen Orte am Scharmützelsee sind bedeutende, vielbesuchte Erholungsorte mit FDGB- und Betriebsferienheimen und vielen Sport- und Freizeiteinrichtungen.

Die Stadt **Storkow,** Erholungsort zwischen Seen und Wäldern am Storkower Kanal, ist als unbefestigte Marktsiedlung am Rande einer slawischen Sumpfburg entstanden. Von der Wasserburg, ab 1518 bischöfliches Wohnschloß, blieben nur das Brauhaus und ein Stück der hohen Burgmauer erhalten. 1947 wurde in Storkow mit dem Bau der ersten Schule nach dem Krieg auf dem Gebiet der DDR begonnen, Übergabe am 15. 11. 1949. Am Großen Storkower See nutzt die Ingenieurschule für Binnenfischerei das Schloß Hubertushöhe. In der Umgebung viele Freizeit- und Ferieneinrichtungen, Wassersport, Wandern.

Grünheide ist der Mittelpunkt des Landschaftsschutzgebietes mit vielseitigen Erholungseinrichtungen am Werl-, Peetz-, Möllen- und Kiessee. Die „Rüdersdorffsche Heyde" nördlich der Spree zwischen Erkner und Hangelsberg blieb jahrhundertelang Hofjagdrevier, wildreiches Dorado für die Pirschjagd. Die heutigen Ausflugsorte gingen aus alten Teerbrennereien (Grünheide 1704), Forsthäusern (Störitz 1764) oder Holzschlägereien (Fangschleuse 1750) hervor; gutes Wassersport- und Wandergebiet.

In **Erkner,** einer Industriegemeinde an Spree und Dämeritzsee, befindet sich die *Gerhart-Hauptmann-Gedenkstätte*; Fachwerkhaus vom Ende des 18. Jh. als Heimatstube. Weiße Flotte, Wassersport, Freibad, Naturlehrpfad und markierte Wanderwege im Löcknitzgebiet.

In **Woltersdorf** die *Kammerschleuse* zwischen Flakensee und Rüdersdorfer Gewässern von 1882 mit 2 m Niveauunterschied, Klappbrücke von 1928. Erste Stauschleuse 1557. Liebesquelle, Kranichsberge mit Aussichtsturm. Atelier und Wohnhaus (1909) des Jugendstilmalers Fidus. Markierte Wanderwege durch die Rüdersdorfer Heide und entlang der Seen. Straßenbahnverbindung nach Rahnsdorf.

In der Garten- und Landhaussiedlung **Schöneiche** Fachwerk-Doppelstubenhaus vom Typ des Mitteldeutschen Ernhauses mit schwarzer Küche, Mitte 18. Jh., restauriert 1981/84 als Heimathaus mit typischem Bauerngarten. Speicher von 1749, Fachwerk, 9 mal 4 Achsen; sehenswerter *Landschaftspark* und *Lützowhaus* (Gedenktafel).

Bildgießerei Seiler fertigte bekannte Bronzeplastiken u. a. von Balden, Cremer, Förster, Jastram.

Im Ortsteil **Fichtenau** *Gedenk- und Bildungsstätte des ZK der SED*, ehemalige Reichsparteischule „Rosa Luxemburg" der KPD.

In **Rüdersdorf** noch Bergarbeiterkolonien (Ende 17. Jh.). Historische Bergamtsgebäude und technische Anlagen der Kalkverarbeitung um 1800. Kulturhaus „Martin Andersen Nexö" (1956). 720 m lange Autobahnbrücke über Mühlenfließ, Alte Grund und Kalkgraben. Straßenbahnverbindung von Rüdersdorf über Schöneiche nach Friedrichshagen.

In **Steinhöfel** noch Teile der von Landbaumeister Gilly 1790/95 geschaffenen klassizistischen preußischen Ortsgestaltung erhalten. Schloß und Landschaftspark (80 ha), wohl 1795 von Eyserbeck mit Anklängen an die Anlage von Wörlitz geschaffen, einer der frühesten Landschaftsgärten der Mark Brandenburg.

In **Heinersdorf** das VE Gut Tierzucht, eines der 19 Rinderstammzuchtzentren der DDR. Das ehemalige Gutshaus ist seit 1957 Landambulatorium. Am Heinersdorfer See liegt der **Ortsteil Behlendorf.** Die Gutsanlage von 1802, Frühwerk Schinkels, wurde völlig in Raseneisenstein aufgeführt. Ensemble der Gutshofanlage erheblich verändert. Bedeutender Landschaftspark vom Ende des 18. Jh. in **Alt Madlitz** (↗ Bl. 12, 18)

Königs Wusterhausen

Lage und Bedeutung: Die Kreisstadt (19 100 Einw.) liegt im Seengebiet südöstlich von Berlin nahe der Nottemündung in die Dahme und ist ein wichtiges Industriezentrum mit dem VEB Schwermaschinenbau „Heinrich Rau" in Wildau, dem Kalksandsteinwerk Niederlehme, dem KIM Broiler- und Frischeierbetrieb sowie dem Binnenhafen am Nottekanal, der u. a. als Umschlagplatz für Braunkohle dient.

Die Notte wurde 1568 zum Transport des Sperenberger Gipses kanalisiert, 1818 und ab 1856 für den Ziegeltransport von Töpchin und Motzen als „Töpferkanal" ausgebaut. 1866 wurde Königs Wusterhausen in die Eisenbahnverbindung Berlin–Cottbus, 1891 in den Vorortverkehr und seit 1950 in den elektrischen S-Bahn-Verkehr einbezogen.

Durch die zentrale Lage im Wald- und Seengebiet nahe Berlins ist Königs Wusterhausen günstiger Ausgangsort für Touristik zu Lande und zu Wasser, für Sport und andere Freizeitgestaltung in der Natur.

Stadtgeschichte: Die Passage über die Notteniederung nach Süden, neben der slawischen Siedlung Wusterhausen, wurde von einer markgräflichen Burg gesichert. Kurfürst Friedrich III. ließ die Wasserburg 1696 zu einem Jagdschloß umgestalten. 1698 wurde die Herrschaft Wusterhausen Sitz des Kurprinzen, des späteren „Soldatenkönigs" Friedrich Wilhelm I. Es blieb stets sein Lieblingsaufenthalt und wird seit 1734 Königs Wusterhausen genannt. Das Gartenhaus am Schloß war Treff des „Tabakkollegiums". Der Ort, der erst 1832 Marktrecht hatte und der 1935 Stadtrechte erhielt, wuchs aus einem Angerdorf mit Kirche auf dem Marktplatz nördlich vom Schloßgebiet zur Berliner Randgemeinde. 1915 wurde auf dem Mühlenberg, dem heutigen Funkerberg, eine Heeresfunkstation geschaffen, 1916 ging der erste Sender in Betrieb. Die Nachrichteneinheit auf der Höhe über der Dahme hatte „Liebknecht-Richtung", hörte Depeschen aus Petersburg ab und bildete am 9. November 1918 einen Zentralsoldatenrat. Seither wurden Bild und Bedeutung der Stadt von den Sendetürmen geprägt. Hier standen 1925 sechs mehr als 200 m hohe Stahlgittermasten, der höchste dreibeinig und 243 m hoch, hier strahlte der stärkste Sender Europas.

Sehenswürdigkeiten: In dem ehemaligen *Schloß* von 1718, einem zweigeschossigen Renaissanceputzbau mit rundem Treppenturm, ist heute der Rat des Kreises untergebracht. Der *Tiergarten*, ein früherer Wildpark und ein artenreicher Laubmischwald als Rest eines Auenwaldes zwischen der Kreisstadt und dem Krimnicksee mit Naturlehrpfad bietet Möglichkeiten der Erholung. In **Neue Mühle** die *Kammerschleuse* von 1896.

Ausflugsziele in der Umgebung: Um den **Hölzernen See**, ein früheres Hofjagdrevier, eine große Anzahl von Betriebsferienheimen, Urlauberdörfern, Kinderferien- und Pionierlagern und Campingplätzen. Wanderungen durchs alte Jagdgebiet, besonders am Steilhang der Schmölde zum Hölzernen See, zu den Alteichenbeständen und Reiherhorsten der Dubrow, zur Naturschutzstation am Forsthaus Frauensee, gehören hier zur Erholung wie alle Arten von Wassersport; markierte Wanderwege.

In **Prieros** sprach Ernst Thälmann im November 1932 im Seglerheim „Sporthaus Dubrow GmbH", das 1931 vom ZK der KPD bei einer Versteigerung erworben wurde. Das Objekt diente der Partei für Lehrgänge und Arbeitersportlern zur Erholung. In der heutigen Berliner Bezirksjugendschule „Ernst Thälmann" erinnern ein Ehrenhain und ein Kabinett an den Arbeiterführer.

Ein eingeschossiges quergegliedertes Fachwerk-Kossäten-Doppelstubenhaus aus dem 18. Jh. ist Heimathaus der Gemeinde und zeigt einen historischen Überblick und altes Bauern- und Fischereigerät. (↗ Bl. 12, 18)

Südwestmecklenburg und Prignitz

Geographische Besonderheiten: Das südwestliche Mecklenburg und die Prignitz stellen wie die Mecklenburgische Seenplatte eiszeitlich geformte Landschaften dar, aber ihr Grundgerüst stammt nicht aus der jüngsten, der Weichselkaltzeit, sondern aus der vorletzten, der Saalekaltzeit (vor 150 000 bis 100 000 Jahren). Während der Weichselvereisung blieb dieses Gebiet eisfreies Vorland. Infolge des polaren Klimas bestand damals Dauerfrostboden, und das Bodenfließen, das jeweils im Sommer einsetzte, wenn der Oberboden auftaute, ebnete das ältere Moränenrelief ein. Die von Nordosten kommenden Schmelzwässer schütteten zwischen den Moränenriegeln mächtige Sandfächer, die Sander, auf und vereinigten sich zum Elbe-Sude-Urstrom. Da eine Vegetation fehlte, bliesen die Winde die feinsten Sande im südlichen Teil zu Dünen auf. So ist es zu erklären, daß Südwestmecklenburg und die Prignitz sich in ihrem Landschaftsbild von der Mecklenburgischen Seenplatte deutlich unterscheiden.

Im Gegensatz zum kuppigen, seenreichen Nördlichen Landrücken besteht dieses Gebiet aus mehreren bis zu 100 m hohen, welligen, im Untergrund sandig-lehmigen und randlich stärker in Kuppen aufgelösten Platten, z. B. Vellahn-Hagenower Berge und Wantzeberg bei Malliß. Dazwischen dehnen sich tiefere, nach Süden zu feinkörniger werdende, weite Sandebenen aus – im Volksmund „Griese Gegend" genannt – mit kleinen, von Nordosten nach Südwesten verlaufenden Flußtälern (Stepenitz, Elde, Sude, Schaale). Letztere vereinigen sich nach Westen zur 10 bis 15 km breiten Sude-Elbe-Niederung. Bedingt durch die einst jährlich im Frühjahr auftretenden Elbüberschwemmungen, lagerten sich in der eigentlichen Elbebene (z. B. in der Lenzener Wische) nährstoffreiche Tone ab. Zur Elbe parallel verlaufende Binnendünenzüge trennen das Elbtal von der Sudeniederung.

Auch der voreiszeitliche Gesteinsuntergrund hat Anteil an der gegenwärtigen Landschaftsformung. Die höher gelegenen Platten entsprechen zum Teil den voreiszeitlichen (tertiären) Hochgebieten, die Niederungen den einstigen Tälern. Gebirgsbildende Kräfte preßten zwischen Lübtheen und Malliß salzhaltige Schichten nach oben und bildeten sog. „Salzstöcke", die früher neben den Mallißer Braunkohlenflözen als einzige nennenswerte Lagerstätten Mecklenburgs galten.

In den Niederungen der Sude und Elde wird der im Grundwasserschwankungsbereich angereicherte Raseneisenstein, der „Klump", abgebaut (Eisenverhüttung, einst Baumaterial, heute zur Trockenentschwefelung von Kesseln). Die wenigen Seen, der Neustädter, Lübtheener und Rudower See, sind durch Schichteinbrüche über den unterirdischen Salzlagern entstanden.

Die vor 10 000 Jahren einsetzende Erwärmung führte zur Wiederbewaldung, wobei noch im heutigen Vegetationsbild Pflanzen westeuropäischer Herkunft (Stechpalme, Glockenheide) besonders im maritimeren westlichen Teil, kontinentale Arten (z. B. Wiesen-Kuhschelle, Federgras) in der niederschlagsärmeren und sommerwärmeren Prignitz vorkommen.

Die heutige Verteilung des Pflanzenwuchses ist weitgehend durch das Eingreifen des Menschen geprägt: Kiefernforsten auf den nährstoffarmen Sandern und Dünen, kleinere Buchen-Stieleichen-Waldstücke im Wechsel mit Feldern auf den Moränenplatten, Wiesen und Weiden in den Niederungen anstelle von nur in Resten erhaltenen Erlenbruch- und Auenwäldern. Sing-, Greif- und Wasservögel sind noch in relativ großer Artenzahl vertreten (auch Eisvogel und Gebirgsstelze).

Geschichte: Wie in allen ostelbischen Gebieten siedelten seit dem 7. Jh. im Südwesten Mecklenburgs slawische Stämme (Obodriten, Polaben) im Schutz von Wasserburgen (Elde- und Suderaum). Sie betrieben Fischfang und Ackerbau. Im 10. Jh. bildeten sich Teilfürstentümer heraus.

Unter dem Vorwand der Christianisierung eröffnete im 12. Jh. Heinrich der Löwe die sächsische Eroberung Südwestmecklenburgs, in deren Gefolge – teils in Übereinkunft mit den slawischen Fürsten – deutsche Bauern und Handwerker einwanderten und mit der slawischen Bevölkerung verschmolzen. An den slawischen Siedlungs- und Handelszentren entstanden die heutigen Dörfer (Bennin als ältestes 1156) und Städte (Boizenburg, Dömitz, Grabow, Perleberg), diese als von Burganlagen geschützte Marktorte. Außer Perleberg gehörten sie seit dem 13./14. Jh. zum Herzogtum Mecklenburg-Schwerin.

Landwirtschaft und Handel bildeten über Jahrhunderte die wirtschaftliche Basis für die Entwicklung in Südwestmecklenburg und der Prignitz. Pläne zur Schaffung einer Wasserstraße zwischen Wismar und der Elbe über den Schweriner See und die Stör in der Lewitzniederung sowie die Elde wurden nur teilweise verwirklicht. In der Landwirtschaft setzte sich seit dem 14. Jh. voll der Feudalismus durch. Infolge des von ihm besonders auf den fruchtbaren Lehmböden betriebenen Bauernlegens ging die Zahl der freien Bauern stark zurück. Auch im südwestlichen Mecklenburg prägte der Gegensatz von Schlössern und Katen das Siedlungsbild. Die Bürger der ökonomisch schwachen Städte waren ebenfalls vom Landadel abhängig. Die weniger fruchtbaren Sandgebiete blieben als Domanialland in landesherrlichem Besitz. Um der einsetzenden Landflucht infolge wachsender Verelendung zu begegnen, wurden im 18. Jh. kleine Parzellen des Domaniallandes an landlose Bauern verpachtet. So entstanden in der „Griesen Gegend“ viele Büdnereien, für die als Baumaterial, da Feldsteine und Ton für Ziegel fehlten, häufig Raseneisenstein verwendet wurde. Im 19. Jh. zwang die wirtschaftliche Not viele Menschen zur Auswanderung, in mehreren Dörfern wurden reihenförmig angeordnete Hausstellen, sog. Häuslereien, angelegt. Als Wohnstätten einer nicht in der Landwirtschaft tätigen ländlichen Bevölkerung charakterisieren sie bis heute durch ihre einheitliche Bauweise das Bild ehemaliger domanialer Dörfer des südwestlichen Mecklenburgs.

Auch nach Aufhebung der Leibeigenschaft (1821) festigte die nunmehr kapitalistische Gutsherrschaft die bis 1945 andauernden rückständigen Verhältnisse. Die ökonomische und soziale Entwicklung stagnierte. Die kleinen Städte blieben Markt- und Handwerkerstandorte. Die 1870 einsetzende Konkurrenz der Industrie machte viele Handwerker brotlos. Andererseits brachten der Ausbau der Verkehrswege, z. B. der Bahnlinie Berlin–Hamburg (1846) sowie von Straßen und Brücken, und die billigen Arbeitskräfte in den neugegründeten Fabriken den Kapitalisten hohe Profite. Während die in den Städten 1920 gegründeten KPD-Zellen mit anderen progressiven Kräften zum gemeinsamen Handeln gegen die Reaktion aufriefen, unterstützten die Gutsbesitzer in der Mehrzahl den aufkommenden Faschismus.

Alliierte Truppen befreiten Ende April/Anfang Mai 1945 den Südwesten Mecklenburgs. Nach der Eingliederung in die sowjetische Besatzungszone am 1. Juli 1945 und mit der allgemeinen Entwicklung in der DDR nach 1949 wurde Südwestmecklenburg aus einem rückständigen Agrargebiet zu einer leistungsfähigen Agrar-Industrie-Region mit einem modernen Bildungs-, Kultur-, Sozial- und Gesundheitswesen.

Erholungswesen und Tourismus: Das südwestliche Mecklenburg weist mit den abwechslungsreichen Randzonen der Moränenplatten und den waldreichen Tälern der Sandebenen viele reizvolle Wandergebiete auf. Sie stehen wegen ihres Erholungswertes z. T. unter Landschaftsschutz, so u. a. das Stepenitztal, das Schaale-Schilde-Tal, der Neustädter See. Die NSG „Bretziner Heide“, das

„Schaaletal“ südlich Kogel, die Wanderdünen bei Stixe und Dömitz sind für jeden Naturfreund von Interesse. Als Badegewässer haben die Seen sowie das Waldbad südlich Vellahn regionale Bedeutung. Bodendenkmäler aus der Stein-, Bronze- und Eisenzeit sowie der slawischen Siedlungsperiode, Dörfer mit niederdeutschen Hallenhäusern und Städte mit historischen Stadtkernen sind interessante Ausflugsziele. Ludwigslust sowie einstige Gutsdörfer wie Dammereez, Gadow, Dallmin besitzen historische Parks mit dendrologischen Besonderheiten. Würdige Mahn- und Gedenkstätten, die den Patrioten der Befreiungskriege sowie den Helden des antifaschistischen Widerstandskampfes gewidmet sind, finden sich u. a. in Wöbbelin, Ludwigslust, Hagenow und Boizenburg. (↗ Bl. 5)

Ludwigslust

Lage und Bedeutung: Inmitten einer flachen, an Wald und Grünland reichen Landschaft liegt die Kreisstadt Ludwigslust (13 500 Einw.). Wegen des einheitlichen Stils der barock-klassizistischen Architektur von Schloß, Stadtkern und Schloßpark steht sie als Ganzes unter Denkmalschutz.

Stadtgeschichte: Anfang des 18. Jh. wurde ein Jagdschloß für Herzog Christian Ludwig errichtet. Von 1764 bis 1834 diente es als mecklenburgische Residenz. In dieser Zeit entstand die Stadt gemäß dem Repräsentationsbedürfnis eines absolutistischen Herrschers. Nach Rückverlegung des Hofes nach Schwerin stagnierte die Entwicklung Ludwigslusts. Die hervorragende Verkehrslage beschleunigte nach 1945 die Anlage von Industriewerken (Baustoffmaschinen, Fleischverarbeitung, Meliorationsbau u. a.).

Sehenswürdigkeiten: Die bedeutendste Sehenswürdigkeit Ludwigslusts ist der von Busch errichtete, mit Elbsandstein verkleidete Backsteinbau des *Schlosses* (1772/75), dessen Attika von vierzig Sandsteinfiguren, die vom Bildhauer Kaplunger stammen, gekrönt wird. Zum Ensemble gehören der Schloßplatz mit den vom Ludwigsluster Kanal gespeisten Kaskaden, der sich zum Oval weitende *Bassinplatz,* eingefaßt von niedrigen Backsteinhäusern, einst errichtet für die Hofangestellten. Dem Schloß ge-

Ludwigslust: Schloß

Neustadt-Glewe: Burg

genüber schließt die von Busch gebaute tempelförmige klassizistische *Kirche* (1765/70) das Ensemble in der Längsrichtung ab. Hinter dem Schloß beginnt, durch Freiräume und Alleen auf dieses orientiert, der größte *Landschaftspark* Mecklenburgs (150 ha), gestaltet nach Plänen des Gartenarchitekten Lenné unter geschickter Einbeziehung des älteren Barockgartens (Kanal mit Kaskaden, Wasserspielen, Brücken). Der Park bietet viele dendrologische Kostbarkeiten (z. B. Schneeglöckchenbaum). Die Innenstadt mit Backstein- und Fachwerkhäusern, platzartigen Erweiterungen, nach Plänen des Architekten Barca 1806/26 errichtet, ist heute Teil des Geschäftszentrums.

Ausflugsziele in der Umgebung: 10 km nordöstlich liegt **Neustadt-Glewe** im Süden der Lewitz an der schiffbaren, kanalisierten Elde-Müritz-Wasserstraße. Die wirtschaftliche Basis der 1248 auf einer Eldeinsel im Schutz einer Burg gegründeten Stadt bildeten im 16. Jh. die Verhüttung von Raseneisenstein und das Mühlengewerk. Vorhandener Bahn- und Straßenanschluß begünstigte nach 1945 den Aus- und Aufbau der Industrie mit Betrieben von überbezirklicher Bedeutung (Leder-, Fernmelde- und Hydraulikwerk). Sehenswert sind der altstädtische Markt mit Rathaus, die Burg (heute Jugendherberge), Fachwerkhäuser und das Schloß.

Nördlich liegen der Neustädter See (Volksbad, Camping), das NSG „Töpferberg" (Düne mit Trockenrasenpflanzen), westlich davon **Wöbbelin** mit Gedenkstätten für den Patrioten der Befreiungskriege, Theodor Körner, sowie für die Antifaschisten, die im Außenlager „Reiherhorst" des Konzentrationslagers Neuengamme inhaftiert waren.

Die Elde eignet sich für die Wassertouristik, eldeaufwärts bis Plau bzw. Schweriner See, eldeabwärts nach **Grabow** (15 km). Diese Kleinstadt in waldreicher Umgebung ist Standort traditionsreicher Betriebe mit Exporterzeugnissen wie Dauerbackwaren, Hydraulikelementen, Bieren. Das

Stadtzentrum ist reich an Fachwerkbauten mit barocken Stilelementen. Ausflugsziele sind u. a. die *Hechtforthschleuse* und in deren Nähe ein Wacholderbestand mit Kuhschellenvorkommen (Naturdenkmal).

Von Ludwigslust über die F 191 erreichbar ist die Elbestadt **Dömitz** (1237 gegründet). In der zur Festung umgebauten Burg war Fritz Reuter, niederdeutscher Schriftsteller und oppositioneller Demokrat, von 1837 bis 1840 in Haft. Das *Festungsmuseum* zeigt neben Dokumenten seines Lebens Exponate zur Volkskunde und zur Lebensweise der Landbevölkerung der „Griesen Gegend". 3 km östlich von Dömitz überragt die große Wanderdüne in dem NSG „Klein-Schmölen" die Elbaue um 28 m. Elbaufwärts liegen das Städtchen **Lenzen** (*Burg mit Museum*: Diorama der Schlacht bei Lenzen im 10. Jh.), der Rudower Rinnensee und **Gadow** mit Landschaftspark sowie **Lanz**, Geburtsort von „Turnvater" Jahn.

Westlich von Ludwigslust ist auf der F 5 **Redefin** zu erreichen, bekannt durch das *Staatliche Hengstdepot* (Reittouristik, im Herbst Hengstparaden), eine klassizistische Anlage vom Anfang des 19. Jh. (Reithalle, Paradeplatz) von Wünsch. Am Rand der **Jabeler Heide** finden sich die Büdner- und Häuslerdörfer, z. B. **Laupin** mit Hallenhäusern, **Glaisin** mit Häusern aus „Klump" (Raseneisenerz). Die *Sandgrube von Grebs* (Naturdenkmal) am Rand des Wantzeberges zeigt früheiszeitliche und Frostbodenprofile.

Die **Vellahner Berge** (80 m) bilden den Südabfall der Vellahn-Hagenower Moränentafel, etwa zwischen Pritzier, Vellahn und Dammereez. Wanderziele sind die Wiesentäler, Feldeichenfluren und bewaldeten Kuppen bei Setzin, Pritzier und Brahlstorf sowie der *Dammereezer Park* (6 ha mit 90 exotischen Baumarten bzw. Unterarten, u. a. Mammutbäume und Japanische Schirmtanne), mittelalterliche Turmhügel (Jesow) und bronzezeitliche Hügelgräber. Von der F 5 bieten sich weite Ausblicke über die Sudeniederung.

Über **Pritzier** und **Lübtheen** mit reizvollem Marktplatz und klassizistischer Kirche sowie Waldbad am Probst-Jesaer See führt die Straße zum kuppigen Binnendünenzug Tripkau-Neuhaus mit der prächtigen waldfreien *Wanderdüne Stixe* (Naturschutzgebiet). Am Rand der fruchtbaren Elbaue liegen stattliche Dörfer, deren bedeutendstes die Gemeinde **Neuhaus** ist (Marktplatz, Museum) – Zentrum einer modernen Milchproduktions- und -verarbeitungskette. Zwischen Neuhaus und Boizenburg erlebt man die herbe Schönheit der durch Deiche, Warften und Schöpfwerke geschützten, hochproduktiven Polderlandschaft „Teldau".

Boizenburg, Industriestadt mit den Exportbetrieben VEB Elbewerft und VEB Fliesenwerke, liegt reizvoll an den Abhängen der 60 m hohen Elbberge. Sehenswert sind u. a. der Marktplatz mit *Barockrathaus* (1711) und das *Museum* (Darstellung der Lebensweise der Arbeiterklasse einst und jetzt), das Ehrenmal für den ersten kommunistischen Bürgermeister Mecklenburgs, Alexander (1931), das Fliesenwandbild der „Hermann-Matern-Oberschule" im Neubaugebiet auf dem Plateau.

Nordöstlich von Boizenburg erstreckt sich die Schaale-Schilde-Motel-Niederung mit dem NSG „Bretziner Heide" auf einem gegen die Talweitung vorragenden Sporn (Fernsicht, Heide, Hügelgräber). Reizvoll sind die Täler der drei Flüsse, die naturnahe Bewaldung der Steilhänge des NSG „Schaaletal", Dörfer mit niederdeutscher Bauernarchitektur (Bennin, Gr. Bengerstorf), **Dodow** inmitten von großen Obstplantagen und **Lehsen** (klassizistisches ehemaliges Gutshaus).

Wittenburg, ein Zentrum der Nahrungsgüterwirtschaft (Obstbau, Tierzucht; Milchkonserven, Süßwaren), besitzt einen historischen Marktplatz (Rathaus im Tudorstil nach Demmler, frühgotische Kirche) und ein *Agrar- und Forsthistorisches Museum*, einschließlich einer funktionstüchtigen *Erd-Holländer-Windmühle*.

Die am Ostrand der Moränentafel in eine Landschaft aus Wiesentälern, Teichen und bewaldeten Hügeln (botanische Besonderheiten im LSG „Beckow") liegende Kreisstadt **Hagenow** hat sich aus einer Handwerker-Ziegelei-Stadt (19. Jh.) zu einer modernen sozialistischen Kreisstadt mit vielfältiger Industrie (Kartoffelveredlung, Backwarenkombinat, Baubetriebe, Getränkefabrik, Milchverarbeitung) mit zwei großen Neubaugebieten entwickelt. Das *Museum* (Stadtgeschichte, Gewerke, Geographie; Galerie), untergebracht in einem der ältesten und schönsten Fachwerkhäuser der Stadt, vor allem das *Kreiskulturhaus*, ließen Hagenow zu einem bemerkenswerten Kulturzentrum werden. (↗Bl. 5)

Perleberg

Lage und Bedeutung/Stadtgeschichte: Am Übergang des Stepenitztales in die Elbniederung liegt die Altstadt von Perleberg (14 200 Einw.). Die einstige Kaufmannssiedlung, seit 1239 Stadt, genoß landesherrliche Privilegien und erlebte als Mitglied der Hanse eine wirtschaftliche Blüte. Ausdruck dieses Status ist der Roland (16. Jh.). Unter der preußischen Monarchie stagnierte die Entwicklung. Die Funktion beschränkte sich auf die des Kreiszentrums der Westprignitz, zumal sich die Entwicklung der Industrie auf Grund der besseren Standortbedingungen (Eisenbahnknoten und Elbübergang) im nahe gelegenen Wittenberge konzentrierte. Perleberg wurde als Wohnort für die Werktätigen, die in Wittenberge arbeiten, ausgebaut und erhielt Betriebe, die mit der Landwirtschaft kooperieren.

Sehenswürdigkeiten: Noch vorhanden sind Reste der *Stadtmauer*, sehenswert auch der *Große Markt*, der *Kirchplatz* mit dem gotischen Backsteinbau der *Jakobikirche*, der *Schuhmarkt* mit Bürgerhäusern im spätgotischen bis barocken Fachwerkstil. In einem Fachwerkbau des Schuhmarktes befindet sich das *Heimatmuseum* mit ausgezeichneten Ausstellungen zur Stadtgeschichte sowie zur Ur- und Frühgeschichte.

Ausflugsziele in der Umgebung: Ausflugsziele sind das malerische LSG „Stepenitztal" mit Wein- und Golmberg, ein unter dem ehemaligen Inlandeis aufgeschütteter dammähnlicher Oser mit interessanter Steppenflora, sowie nordöstlich von Perleberg das bronzezeitliche *Hügelgrab Seddin* (12 m hoch, 120 m Durchmesser, Grabkammern). (↗Bl. 6)

Rheinsberger Landschaft

Die Rheinsberger Landschaft, genauer gesagt das LSG „Neuruppin-Rheinsberg-Fürstenberger Wald- und Seengebiet", umfaßt die wichtigsten Erholungslandschaften der Kreise Gransee und Neuruppin. Früher als „Grafschaft Ruppin" bekannt, die Theodor Fontane so begeistert „Ruppiner Schweiz" nannte.

Die an der Havel gelegene Stadt **Fürstenberg** ist nicht nur Ausgangspunkt für Wasserwanderungen zur Mecklenburgischen Seenplatte, sondern auch für Wanderungen durch die Rheinsberger Landschaft. Auf einer Landzunge gelegen, besaß die Stadt schon im 14. Jh. Bedeutung (1278 erste Erwähnung; 1318 Stadtrecht; 1333 Burganlage). Von der alten Wasserburg sind noch Mauerreste und Kellergewölbe erhalten geblieben (heute Schulhort). Das Schloß, 1741/52 als Dreiflügelanlage von Löwe errichtet, dient heute als Krankenhaus und Poliklinik.

Wenige Kilometer nördlich von Fürstenberg beeindruckt das schlichte „Denkmal der Solidarität" (1959). Auf dem angrenzenden Gelände des ehemaligen größten Frauenkonzentrationslagers entstand die *Nationale Mahn- und Gedenkstätte Ravensbrück.* 132 000 Frauen, Mädchen und Kinder aus 23 Ländern wurden hier in der Zeit zwischen 1938 und 1945 von den Hitlerfaschisten zusammengetrieben und sadistisch gequält. 92 000 Menschen mußten in der Hölle von Ravensbrück ihr Leben lassen. Im ehemaligen Arrestbau (Lagergefängnis)

Rheinsberg: Schloß

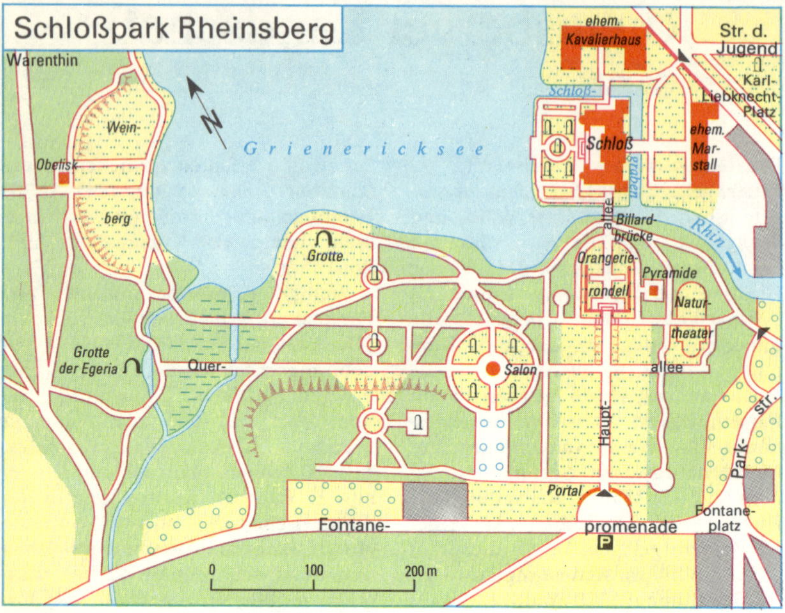

ist das Lagermuseum eingerichtet, eine Stätte der Mahnung an die Lebenden und der Würdigung des Kampfes der europäischen Frauen gegen den Faschismus.

Von Fürstenberg aus führen Wanderwege zum **Großen Stechlinsee.** Durch die Beschreibungen Theodor Fontanes in den „Wanderungen durch die Mark Brandenburg" und durch seinen Roman „Der Stechlin" ist er weltweit bekannt geworden, aber auch durch Hans Falladas Erzählung „Damals bei uns daheim" und die zahlreichen Werke Erwin Strittmatters.

Das NSG „Stechlin" ist mit 1774 ha das größte märkische Naturschutzgebiet und zählt zu den bedeutendsten Schutzreservaten in der Umgebung Berlins. Der 68 m tiefe Große Stechlinsee gehört zu den am besten erforschten Binnenseen der Erde.

1966 entstand hier das erste Kernkraftwerk unserer Republik. Das KKW Rheinsberg, heute Betriebsteil des VE Kombinates KKW „Bruno Leuschner" Greifswald, dient neben der Energiegewinnung als Versuchs- und Lehrkraftwerk zur Ausbildung von Kadern für andere Kernkraftwerke.

Zechlinerhütte bildet ein weiteres Urlaubszentrum und ist ein anerkannter Erholungsort. Die dort 1736/37 gegründete Glashütte produzierte bis 1889 weißes, veredeltes Kunstglas, bedeutende Glasschleifer stellten schöne geschnittene Zechliner Tischgläser her; grünes Flaschenglas wurde am Wummsee gefertigt.

Die *Wegener-Gedenkstätte* erinnert an die Grönlandforscher und Geophysiker Alfred und Kurt Wegener, die hier einige Jahre lebten. Der **Große Zechliner See** mit Flecken Zechlin, Großzerlang mit dem **Pälitzsee** oder der **Wittwesee** bei Beerenbusch sind beliebte Wanderziele.

Das nach Plänen v. Knobelsdorffs entworfene *Wasserschloß* in **Rheinsberg** wurde in den Jahren 1737/40 umgebaut und zählt zu den bedeutendsten Bauwerken des norddeutschen Rokokos, die in der Regierungszeit Friedrich II. entstanden. Im

Ruppiner Schweiz: Waldgaststätte Boltenmühle

Spiegel- und Marmorsaal des heute als Sanatorium genutzten Schlosses finden alljährlich die Rheinsberger Musiktage statt. Rheinsberg und die Ruppiner Schweiz sind traditionelle Ausflugsziele und zählen zu den bevorzugten Erholungs- und Campinggebieten im Norden Berlins. Sie sind über die Autobahn Berlin–Rostock gut zu erreichen.

Die **Ruppiner Schweiz,** von einer etwa 30 km langen Kette der Rhinseen (Kalksee, Tornow-, Zermützel-, Tetzen- und Molchowsee) durchzogen, ist eine romantische Landschaft. Besonders beliebt sind das Binnenbachtal, die Waldgaststätte Boltenmühle sowie Tornow und Stendenitz (Waldmuseum), in Kunsterspring befindet sich ein 18 ha großes Tiergehege.

Neuruppin ist der Geburtsort des Baumeisters Karl Friedrich Schinkel und des Dichters Theodor Fontane. Das Neuruppiner *Heimatmuseum* widmet ihnen Gedenkräume und hat die größte Sammlung Neuruppiner Bilderbögen, Vorläufer unserer illustrierten Zeitungen, in seinem Bestand. Wanderungen um den Ruppiner See oder Schiffsfahrten nach Lindow (Klosterruine) sind lohnend.

In **Gransee** sind noch Reste der mittelalterlichen Stadtbefestigung vorhanden; *Kreismuseum* in der ehemaligen Spitalkapelle St. Spiritus; Luisendenkmal, nach Entwürfen Schinkels, Berliner Eisenguß 1811. Gransee liegt an der F 96 und verbindet über Löwenberg die Erholungslandschaften in Südostmecklenburg mit dem Berliner Raum. (↗ Bl. 7)

Altmark und Elb-Havel-Winkel

Geographische Besonderheiten: Der Norden des Bezirkes Magdeburg wird von der Altmark und dem Elb-Havel-Winkel eingenommen, die durch die märkische Elbtalniederung voneinander getrennt sind.

Die etwa 4750 km² große Altmark, die im Westen und Süden von der Ohre umflossen wird, ist ein im wesentlichen durch die Gletscher der Saalekaltzeit geformtes Gebiet. In südöstlich-nordwestlicher Richtung wird es von den Endmoränenzügen des Südlichen Landrückens durchquert, die im Süden das ausgedehnte Waldgebiet der Colbitz-Letzlinger Heide tragen. Der flachhügelige Höhenrücken erreicht in den Hellbergen nordwestlich von Gardelegen 160 m Höhe. Seine ursprünglichen Mischwälder, in denen Eichen, Buchen und Birken vorherrschten, sind meist in Kiefernforste umgewandelt worden. Im Südwesten der Altmark ist dem Endmoränenbogen das von der Ohre durchflossene und von zahlreichen Entwässerungsgräben durchzogene Niederungsmoor des Drömlings vorgelagert, das Ende des 18. Jh. urbar gemacht wurde und heute vorwiegend von Wiesen und Weiden eingenommen wird. Der überwiegende Teil der Altmark ist eine Grundmoränenlandschaft mit flachen Aufwölbungen und Senken, die vom Landrücken nach Osten und Norden zur Elbe hin leicht abfällt. Netzartig verzweigte Niederungen gliedern sie in einzelne Platten, die vorrangig ackerbaulich genutzt werden. Der Wechsel von Feldern, Wiesen und kleineren Waldflächen verleiht diesem Landschaftsteil ein anmutiges Bild.

An der Arendseer Platte liegt als einziges größeres stehendes Gewässer der Altmark der Arendsee, der durch Erdfälle infolge unterirdischer Salzauslaugung entstand und 49,5 m tief ist. Die märkische Elbtalniederung ist als Teil des einstigen Baruther Urstromtales mit kaltzeitlichen Sanden und Kiesen ausgefüllt, über die später die Elbe fruchtbaren Schlick ablagerte. Auf der Westseite des Stromes weitet sich die Aue zum Niederungsgebiet der Wische, wo der Elbschlick bis zu 2 m hoch abgesetzt ist. Mit der im 12. Jh. begonnenen Eindeichung der Elbe wurde eine weitere Aufschlickung hinter den Deichen verhindert, so daß die Niederung heute zu einem großen Teil tiefer als der Strom liegt. Der Elb-Havel-Winkel, der im Süden vom Fiener Bruch begrenzt wird, ist vorwiegend eine Talsandebene mit kleineren Grundmoräneninseln, deren größte, das „Land Schollene", Reste einer Endmoräne aufweist, die in den Kamernschen Bergen 99 m Höhe erreichen.

Der Arendsee, der südliche Drömling, die untere Havelniederung sowie mehrere größere Waldgebiete der Altmark stehen ihres Erholungswertes wegen unter Landschaftsschutz. Unter den Naturschutzgebieten stellt der „Colbitzer Lindenwald" als größtes zusammenhängendes Vorkommen von Winterlinden in der DDR eine Besonderheit dar.

Geschichte: Vorgeschichtliche Funde belegen eine Besiedlung der Altmark seit dem Ausgang der Altsteinzeit. Jungsteinzeitliche Kulturen hinterließen eindrucksvolle Großsteingräber, die vor allem südwestlich von Salzwedel gehäuft vorkommen. Zahlreiche Bodenaltertümer sind auch aus der Bronze- und Eisenzeit überliefert. In das zur Zeit der Völkerwanderung verlassene Gebiet siedelten sich sächsische und slawische Stämme an. Die Anfang des 10. Jh. von sächsischen Feudalherren begonnene Christianisierung und Unterwerfung der Slawen führte zu langen kriegerischen Auseinandersetzungen, wovon noch heute Reste ehemaliger Grenzburgen künden, die man oft anstelle slawischer Burgwälle anlegte. Zur Sicherung der Ostgrenze des deutschen Feudalstaates wurde damals die Nordmark gegründet, deren westlich der Elbe gelegener Teil als erster völlig eingedeutscht war und zu Beginn des 14. Jh. die Bezeichnung „Altmark“ erhielt. Nachdem sich der Kampf gegen die Slawen auf die Gebiete östlich der Elbe verlagert hatte, setzte in der Altmark eine intensive Kolonisationstätigkeit ein. Neue Dörfer entstanden, und mit Hilfe niederländischer Siedler wurden die Niederungsgebiete erschlossen. Die in dieser Zeit errichteten Klosteranlagen sind heute wichtige Denkmale der romanischen Baukunst. Aus einigen Burgorten entwickelten sich die späteren Städte, von denen besonders Stendal, Tangermünde und Salzwedel sehr früh überregionale Bedeutung erlangten. Prachtvolle gotische Backsteinbauten zeugen von ihrer wirtschaftlichen Blüte im 14. bis 15. Jh. Seit der Gründung der Markgrafschaft Brandenburg gehörten die Altmark und der Elb-Havel-Winkel zu Brandenburg/Preußen, deren Landesherren Ende des 15. Jh. die ökonomische und politische Macht der altmärkischen Handelszentren brachen. Die Folgen des Dreißigjährigen Krieges ließen die Städte für lange Zeit zu unbedeutenden Ackerbürger- und Handwerkerflekken herabsinken.

Die Industrialisierung des 19. Jh. setzte sich in der Altmark nur langsam durch und beschränkte sich im wesentlichen auf die Bildung kleiner und mittlerer Betriebe, die land- und forstwirtschaftliche Produkte des Umlandes verarbeiteten.

Erst nach 1945 erhielt die wirtschaftliche Entwicklung unter sozialistischen Bedingungen stärkere Impulse. Die Land- und Nahrungsgüterwirtschaft entfaltete sich zu einem bedeutenden Wirtschaftszweig. Die im Kapitalismus über viele Jahrzehnte vernachlässigte Wische war von 1958 bis 1960 ein Großbauplatz der Jugend und wurde zu einem Zentrum der Viehzucht und des Obstbaus ausgebaut. Neue Industriebetriebe und ein umfangreicher Wohnungsbau führten zu einem raschen Wachstum der Städte. Seit 1968 wird im Nordwesten der Altmark bei Salzwedel Erdgas gefördert. Im Südosten beutet seit 1973 ein modernes Kaliwerk bei Zielitz die Sylvinitlagerstätte auf der Calvörder Scholle aus. Mit dem Aufbau eines Kernkraftwerkes im Kreis Stendal wächst ein weiteres bedeutendes industrielles Zentrum heran.

Erholungswesen und Tourismus: Als Landschaften des Tieflandes mit ausgesprochener Seenarmut haben die Altmark und der Elb-Havel-Winkel ein relativ schwach entwickeltes Erholungswesen. Der Urlauberverkehr konzentriert sich deshalb auf den Arendsee und das gleichnamige Städtchen, das der einzige Luftkur- und Erholungsort im Gebiet ist. Wichtige Zentren des Fremdenverkehrs sind jedoch die altmärkischen Städte, deren kunsthistorisch bemerkenswerte Bauwerke zahlreiche Besucher anziehen. Der Wochenend- und Naherholung dienen vor allem die unter Landschaftsschutz stehenden größeren Waldgebiete, die vielfältige Möglichkeiten zum Wandern bieten. In jüngster Zeit wurden vielerorts ehemalige Kies-, Sand- oder Tongruben als Naherholungszentren mit Badestränden ausgebaut, deren größtes bei Wischer nordöstlich von Stendal entstand. Gut ausgestattete Campingplätze gibt es außer in Arendsee und Wischer u. a. in Zichtau (Jugendcampingzentrum) und bei Schönfeld (Kr. Havelberg) am Kamernschen See. (↗ Bl. 5, 6)

Stendal

Lage und Bedeutung: Stendal (47 900 Einw.), die größte Stadt der Altmark, liegt in einer flachwelligen Grundmoränenlandschaft an der Uchte. Als Industriestandort und wichtiger Verkehrsknotenpunkt ist es das bedeutendste ökonomische Zentrum im Nordteil des Bezirkes Magdeburg. Das Profil der Industrie bestimmen vor allem Betriebe der geologischen Erkundung, der Nahrungsmittelindustrie (u. a. Dauermilchwerk), der Metallverarbeitung (Maschinenbau, Stahl- und Industriemöbel) sowie der Bauwirtschaft. Mit dem Theater, den Museen, dem Tiergarten u. a. m. ist die Kreisstadt zugleich der kulturelle Mittelpunkt der Altmark.

Stadtgeschichte: In der Nähe eines Dorfes vermutlich gleichen Namens gründete Albrecht der Bär, Markgraf von Brandenburg, um 1160 die Marktsiedlung Stendal. In der Gründungsurkunde wurde den dort siedelnden Kaufleuten zugleich Zollfreiheit in mehreren Burgbezirken und Städten zugesichert. Der Ort entwickelte sich recht bald zu einem der wichtigsten Handelsplätze und hatte schon Ende des 12. Jh. eine Münze. 1188 wurde südlich der Kaufmannssiedlung mit dem Bau eines Domstiftes begonnen. Um 1215 erhielt die Stadt eine eigene Gerichtsbarkeit. Die Marktsiedlung, das nördlich von ihr gelegene „Alte Dorf" sowie das südlich benachbarte Dorf Schadewachten und das Domstift wuchsen allmählich zusammen und wurden um 1300 von einer gemeinsamen Mauer umschlossen. Ein Volksaufstand verschaffte 1345 auch den Handwerkern Zutritt zum Rat, der sich bis dahin nur aus der privilegierten Gewandschneidergilde zusammensetzte. Von 1359 bis 1517 war die Stadt Mitglied der Hanse. Der Fernhandel mit Flandern und den Städten der Ostseeküste sowie Tuchmacherei führten im 14. und 15. Jh. zu einer wirtschaftlichen Blüte. Bis 1530 war Stendal die größte Stadt der Mark Brandenburg. Nach einem erfolglosen Aufstand der Bürger gegen den Landesherrn verlor die Stadt 1488 ihre Selbständigkeit und alle Privilegien.

Die Auswirkungen des Dreißigjährigen Krieges sowie Feuersbrünste und Pestjahre beschleunigten den Abstieg zu einer unbedeutenden Landstadt mit etwa 3000 Bewohnern. Erst der Bau der Eisenbahnen leitete mit zwei sich hier kreuzenden Hauptstrekken eine wirtschaftliche Entwicklung ein, die Stendal wieder zum wichtigsten Zentrum der Altmark werden ließ. Ende des 19. Jh. entstanden ein Eisenbahnwerk, eine Großmühle, eine Rohzuckerfabrik sowie weitere Betriebe der Metallverarbeitung und der Lebensmittelindustrie. Mit der Industrialisierung erweiterte sich die Bebauung über den ehemaligen Befestigungsgürtel hinaus, der schon seit 1840 weitgehend eingeebnet war. Den größten wirtschaftlichen Aufschwung erfuhr die Stadt seit der Gründung der DDR. Als Wohnstadt der Beschäftigten des im Nordosten des Kreises im Aufbau befindlichen Kernkraftwerkes hat sich Stendal in den letzten Jahren erheblich erweitert. Ein umfangreicher Wohnungsbau im Westen der Stadt trug dazu bei, daß sich die Einwohnerzahl seit 1970 um über 11 000 Personen erhöhte.

Sehenswürdigkeiten: Aus der mittelalterlichen Blütezeit Stendals sind beachtenswerte profane und sakrale Repräsentationsbauten erhalten geblieben. Am Markt steht das *Rathaus*, dessen östlicher Flügel sowie der Laubenflügel mit ihren Staffelgiebeln aus dem 15. Jh., der heutige Hauptbau vom Ende des 16. Jh. stammen. Die große Ratsstube im Ostflügel schmükken Reste einer prächtigen figürlichen Wandtäfelung (1462). Der große *Roland* vor der Gerichtslaube ist eine Kopie der 1972 durch einen Sturm zerbrochenen Sandsteinfigur von 1525. Von der mittelalterlichen Stadtbefestigung sind noch zwei Tortürme vorhanden. Das *Uenglinger Tor* (um 1450/60) ist mit seiner reichen Blendengliederung eines der schönsten norddeutschen Backsteintore. Das *Tangermünder Tor* trägt ein gotisches Backsteingeschoß auf einem älteren Sockel (13. Jh.) aus Feldsteinen. Bedeutende Kunstwerke beherbergt der 1423/67 zur dreischiffigen Hallenkirche umgebaute *Dom St. Nikolaus*. Einzigartig ist sein fast vollständig erhaltener spätgotischer Glasgemäldezyklus in den Fenstern. Auch die fünf weiteren gotischen Backsteinkirchen, von denen die *Pfarrkirche St. Petri* die älteste ist, sind beachtenswert. Die doppeltürmige *Marienkirche* beeindruckt wegen ihres ausgewogenen Innenraumes und ihrer wertvollen Ausstattung. Im ehemaligen *Katharinenkloster* ist das *Altmärkische Museum* untergebracht. Ein *Memorialmuseum für Johann Joachim Winckelmann* würdigt in seinem Geburtshaus, Winckelmannstr. 36, Leben und Werk des Begründers der modernen Kunstwissenschaft. Stadtauskünfte erteilt die Stendal-Information, Straße der Freundschaft 41. (↗ Bl. 6)

Tangermünde

Lage und Bedeutung: Tangermünde (11 700 Einw.) erstreckt sich am Westrand der Elbaue an der Mündung des Tangers in die Elbe. Die Stadt ist einer der wichtigsten Industriestandorte der Altmark mit einem Faser- und Spanplattenwerk, einer Schiffsreparaturwerft und Betrieben der Süßwaren- und Konservenindustrie. Ihr Hafen hat als einer der großen Umschlagplätze im Gebiet der Mittelelbe Bedeutung. Wegen seines weitgehend erhaltenen mittelalterlichen Stadtbildes ist Tangermünde ein beliebter Ausflugsort, der auch mit Fahrgastschiffen der Weißen Flotte besucht wird.

Geschichte: Im Schutz einer 1009 erstmals erwähnten Grenzburg entwickelte sich eine Marktsiedlung, die im frühen 13. Jh. zur Stadt erhoben wurde. Um 1300 erhielt sie eine Stadtbefestigung. Nach dem Eintritt in die Hanse 1368 erlebte Tangermünde durch Fernhandel einen wirtschaftlichen Aufschwung, besonders als Kaiser Karl IV. die Burg 1373/78 zu seiner zweiten Residenz wählte. Zur Blütezeit bestand die Stadt aus drei Teilen, der Altstadt, der im Südwesten im 15. Jh. entstandenen Neustadt und dem im Nordosten vor der Burg gelegenen Hühnerdorf. Ende des 15. Jh. setzte auch hier der Niedergang des Wirtschaftslebens ein. Mehrere Stadtbrände und die Zerstörungen des Dreißigjährigen Krieges ließen die Stadt bedeutungslos werden.

In den zwanziger Jahren des 19. Jh. wurden in Tangermünde die ersten kleinen Industriebetriebe gegründet. Aus einer Zuckersiederei entwickelte sich mit dem Neubau von 1876 die ehemals größte Zuckerraffinerie des Landes. Nach dem Anschluß an die Eisenbahn 1886 und der Anlage des Elbhafens 1887 siedelten sich weitere Betriebe an, was zu einem raschen Wachstum der Stadt führte. Als Großbetrieb wurde nach 1950 auf dem Industriegelände im Norden das ausgedehnte Faser- und Spanplattenwerk errichtet.

Sehenswürdigkeiten: In der unter Denkmalschutz stehenden *Altstadt* ist das einstige *Rathaus* eines der schönsten Werke spätgotischen Backsteinbaus. Seinen um 1430 errichteten Ostflügel ziert ein ungewöhnlich prachtvoller Schmuckgiebel mit frei gegen den Himmel gestellten Maßwerkrosetten. Seit 1929 beherbergt das Gebäude das *Heimatmuseum*. Das Stadtbild beherrscht die 1376 begonnene und Anfang des 16. Jh. vollendete *Stephanskirche* mit dem höchsten Kirchturm der Altmark (94 m). Ältester Kirchenbau ist die spätromanische *Nikolaikirche*, die um 1470 einen spätgotischen wuchtigen Backsteinturm erhielt.

Zum besonderen Reiz Tangermündes trägt die in seltener Vollständigkeit erhaltene *Stadtbefestigung* bei. Die um 1300 errichtete Backsteinmauer mit ihren Wehrtürmen und Wiekhäusern bietet besonders von der Elbe aus einen großartigen Anblick. Hauptdominanten der Befestigung sind die drei Stadttore: das *Neustädter Tor* mit reicher Blenden- und Zinnengliederung (um 1450), der *Hühnerdorfer Torturm* und das noch in die Stadtmauer eingebundene Elbtor. An der Mauerstraße, wo die alte Stadtmauer am besten bewahrt ist, steht der *Schrotturm*, dessen ursprüngliche Höhe um 1825 verdoppelt wurde. Das Straßenbild der Altstadt bestimmen meist zweigeschossige Fachwerkhäuser, die nach den großen Stadtbränden im 17. Jh. gebaut wurden und zum Teil mit reich geschnitzten Portalen geschmückt sind. Nördlich des Zentrums befindet sich die nach 1373

Tangermünde: Rathaus

von Kaiser Karl IV. neu ausgebaute und im Dreißigjährigen Krieg zerstörte *Burg*, von der nur Teile der Ringmauer mit dem *Burgtor*, der *Bergfried* und die sog. *Kanzlei* erhalten geblieben sind. Neben der 1902 historisierend ergänzten Burganlage steht der Barockbau des ehemaligen *Amtshauses* (1699–1701), das jetzt als Krankenhaus genutzt wird.

Ausflugsziele in der Umgebung: Unweit von Tangermünde liegt am jenseitigen Rand der Elbaue die Kleinstadt **Jerichow** mit der *Kirche* des 1144 gegründeten *Prämonstratenserklosters*. Die kreuzförmige dreischiffige Basilika aus Backstein ist der älteste und bedeutendste romanische Kirchenbau östlich der Elbe. An seiner Südseite ist die Klausur mit drei Flügeln des Kreuzganges weitgehend noch vorhanden.

An der Havel, kurz vor deren Einmündung in die Elbe, liegt **Havelberg.** Das Stadtbild beherrscht der auf dem Steilhang nördlich des Flusses errichtete *Dom St. Marien*. Die im Kern romanische (1170 geweihte), nach einem Brand gotisch umgebaute Kirche (1330 vollendet) war Mittelpunkt des im Zuge der deutschen Ostexpansion schon 948 gegründeten Bistums Havelberg und hat eine reiche Ausstattung. Südlich der Bischofskirche schließen sich die aus dem späten 12. und frühen 13. Jh. stammenden Gebäude des dem Dom ehemals zugeordneten Prämonstratenserklosters an, alle aus Backstein erbaut. In ihnen ist jetzt das *Prignitz-Museum* eingerichtet. Die Altstadt Havelbergs befindet sich unterhalb des Domberges auf einer von der Havel umflossenen Insel, in deren Mitte der spätklassizistische Bau des Rathauses steht.

Jährlich findet Anfang September in der Stadt der „Große Markt" (traditioneller Pferdemarkt) statt, der stets eine außerordentlich hohe Besucherzahl aufzuweisen hat. Die wald- und wasserreiche Umgebung Havelbergs bietet vielseitige Möglichkeiten der Erholung.

Über die Elbfähre ist es nicht weit bis **Werben**, einem kleinen Städtchen, von dessen mittelalterlicher Bedeutung noch die stattliche spätgotische *Backsteinhallenkirche* und das *Elbtor* (jetzt als Heimatstube genutzt) künden. (↗ Bl. 5, 6)

Salzwedel

Lage und Bedeutung: Salzwedel (23 200 Einw.), die zweitgrößte Stadt der Altmark, liegt am Zusammenfluß von Dumme und Jeetze und ist das wirtschaftliche und kulturelle Zentrum im Nordwesten des Gebietes. Die Wirtschaftsstruktur der Kreisstadt wird heute vor allem von Betrieben der Energiewirtschaft (Erdgasförderung), der chemischen Industrie (Schwefelsäure- und Superphosphatwerk), des Maschinenbaus (Pumpenfabrik) und einer vielfältigen Lebensmittelindustrie geprägt.

Geschichte: An der alten Salzstraße von Lüneburg nach Magdeburg sicherte eine 1112 erstmalig erwähnte Burg Saltwidele die Furt durch die Jeetzeniederung. In ihrem Schutz entstand um die Lorenzkirche eine Marktsiedlung, die sich allmählich nach Süden und Norden erweiterte und 1233 als Stadt genannt wird. 1247 erfolgte die Gründung der Neustadt, die mit regelmäßiger Straßenführung an der Nordostseite der Altstadt angelegt wurde. Beide Städte waren ursprünglich durch ihre Stadtbefestigung voneinander getrennt und besaßen ihre eigenen Verwaltungen. 1263 traten sie als erste altmärkische Handelszentren der Hanse bei, der sie bis 1514 angehörten. Der Reichtum, den beide Städte im 14. und 15. Jh. erwarben, basierte vor allem auf der Tuchmacherei und dem Fernhandel, der auch durch Schiffahrt auf der Jeetze begünstigt wurde. Ende des 15. Jh. begann der Niedergang der Doppelstadt, die im Dreißigjährigen Krieg völlig verarmte und 1705 von einer Feuersbrunst schwer geschädigt wurde. 1713 wurden Altstadt und Neustadt unter einer einheitlichen Verwaltung zusammengeschlossen.

Die Industrialisierung setzte im 19. Jh. nur langsam ein. Erst nach dem Anschluß an die Eisenbahn entstanden verschiedene Betriebe, u. a. 1892 eine der größten Zuckerfabriken. Zu den seit der Jahrhundertwende traditionellen Industrien, die sich nach 1945 stark entwickelten, trat 1968 die Erdgasförderung in der Umgebung, die heute führender Produktionszweig ist.

Sehenswürdigkeiten: Der von mehreren Wasserläufen durchzogene mittelalterliche Stadtkern ist zu einem großen Teil bewahrt geblieben und steht unter Denkmalschutz. Das Altstädtische *Rathaus* (heute Kreisgericht) ist ein stattlicher Backsteinbau des frühen 16. Jh. mit Staffelgiebeln und einem durch zwei Geschosse reichenden Sitzungssaal mit hohen Sterngewölben. An das ehemalige Neustädter Rathaus erinnert nur noch der hohe Turm mit der Renaissancehaube. Von der *Stadtbefestigung* sind neben Mauer- und Wehrturmresten der runde Backsteinturm, der *Karlsturm* aus dem 14./15. Jh. des Altperver Tores der Altstadt sowie zwei mit Staffelgiebeln ausgestattete Tortürme der Neustadt *(Neuperver Tor*, um 1460/70; *Steintor*, um 1525) erhalten.

Die *Marienkirche* wurde im 14. Jh. zur fünfschiffigen Backsteinbasilika umgebaut und besitzt eine wertvolle Ausstattung, u. a. den größten Schnitzaltar (um 1510) der Altmark. Kunsthistorisch bemerkenswert sind

Salzwedel:
Museum über die Familie Marx

auch die anderen sakralen Bauwerke, wie die *Lorenzkirche* und die *Katharinenkirche*. Die Mönchskirche des ehemaligen Franziskanerklosters wurde 1986 zur Konzerthalle umgestaltet. In den sich anschließenden Klostergebäuden ist der Rat der Stadt untergebracht.

Im Geburtshaus der Lebensgefährtin von Karl Marx, Jenny von Westphalen (Jenny-Marx-Str. 20), vermittelt ein *Museum über die Familie Marx* Einblicke in deren Leben und Wirken für die internationale Arbeiterbewegung.

Das 1578 errichtete Fachwerkgebäude der einstigen Propstei beherbergt das *Johann-Friedrich-Danneil-Museum* mit Sammlungen zur Geschichte der nordwestlichen Altmark. Unter den zahlreichen weiteren Fachwerkbauten ist besonders das *Hochständerhaus Schmiedestr. 30* (16. Jh.) als eines der beiden in der DDR noch existierenden Gebäude aus der ältesten Fachwerkperiode beachtenswert, außerdem das Haus *Schmiedestr. 27* mit dem Adam-und-Eva-Tor von 1524. Von der einstigen *Markgrafenburg* sind nur der wuchtige Bergfried und Reste der Burgkapelle erhalten geblieben.

Ausflugsziele in der Umgebung: Östlich von Salzwedel liegt der 5,4 km² große **Arendsee**, der erst in historischer Zeit durch mehrere Einbrüche, zuletzt 1685, seine heutigen Ausmaße erhielt. Die gleichnamige Kleinstadt an seinem Südufer entwickelte sich seit Ende des 19. Jh. zu einem Luftkurort, der nach dem Bau der Bahnlinie Wittenberge–Salzwedel 1922 größere Bedeutung erlangte und seit 1949 wesentlich ausgebaut wurde. An seinem Westrand steht die spätromanische *Kirche* (1184–1210) des ehemaligen Benediktiner-Nonnenklosters. Vom Kloster selbst sind nur noch der südliche Kreuzgangflügel, der Kluthturm (Glockenturm) sowie das Spital, das jetzt als *Heimatmuseum* genutzt wird, vorhanden.

27 km südwestlich von Salzwedel bietet das *Freilichtmuseum* bei **Diesdorf** einen Einblick in die frühere Lebensweise der altmärkischen Landbevölkerung. Zur Zeit sind ein niederdeutsches Hallenhaus (1787), ein Speicher, ein Backhaus, zwei Torhäuser, eine Bockwindmühle und ein Taubenturm zu besichtigen. Im Freigelände werden alte Acker- und Gartenpflanzen angebaut. Die ehemalige *Klosterkirche* der Landgemeinde ist einer der schönsten spätromanischen Backsteinbauten der Altmark mit wertvollen Ausstattungsstücken.

Zu den kulturhistorisch interessanten Altmarkstädten gehört auch **Gardelegen.** Die Kreisstadt, deren Wirtschaftsprofil heute von einem Asbestzementwerk und Betrieben der Lebensmittelindustrie bestimmt wird, hat einen planmäßig angelegten Stadt-

Arendsee: Klosterkirche

kern, der von einem Grünring entlang der einstigen Wallanlagen umgeben wird. Von der Stadtbefestigung ist das eindrucksvolle *Salzwedeler Tor* (um 1550) mit den beidseitigen wuchtigen Rundbastionen (17. Jh.) bewahrt geblieben. Am Markt steht das 1526/52 errichtete Rathaus, ein Backsteinbau mit offenem Laubengang im Erdgeschoß. Bemerkenswerte Beispiele der spätromanischen und spätgotischen Backsteinbauweise sind auch die fünfschiffige, reich ausgestattete Marienkirche und die Ruine der Nikolaikirche. Unter den Bürgerhäusern befinden sich zahlreiche Fachwerkbauten aus dem 16. bis 18. Jh. Nördlich der Stadt erinnert die Mahn- und Gedenkstätte „Isenschnibber Feldscheune“ an die 1016 KZ-Häftlinge, die hier am 13. April 1945 von der SS lebendig verbrannt wurden.

Havelland, Zauche und Fläming

Geographische Besonderheiten: Die drei historischen Landschaften Havelland, Zauche und Fläming, beidseits der mittleren Havel und in ihrem südlichen Einzugsbereich gelegen, entsprechen ungefähr der nach geomorphologischen Gesichtspunkten vorgenommenen naturräumlichen Gliederung in Mittelbrandenburgische Platten und Niederungen und Fläming.

Grenzend an das flache Luchland von Havel und Rhin bildet die geschlossene Nauener Platte mit ein paar kleinen Inseln im Osten und Westen die erste naturräumliche Einheit. Aus den durchschnittlich in 30 m Höhe liegenden umgebenden Niederungen steigt die meist flachwellige, eintönige Grundmoräne nur um 5 bis 20 m auf. Einzig aufgesetzte Endmoränen im Raum Fahrland–Priort–Ketzin und Heineberg–Bagow–Radewege überragen um 30 bis 58 m (Schwarzer Berg). Der langgestreckte schmale Heidestreifen von Premnitz ostwärts über Seelensdorf bis nach Riewend kennzeichnet ausgedehnte Dünenfelder auf den Talsandflächen. Diese Sandböden beherrscht der Kiefernforst. Im Siedlungsgebiet wurden einst ursprüngliche Laubmischwaldgesellschaften gerodet und deren fruchtbare Geschiebelehmflächen ackerbaulich genutzt. Die Beetzseerinne füllte die in die Geschiebesande der Hochfläche eingetiefte Hohlform einer subglaziären Abflußsenke.

Das mittlere Havelgebiet zwischen Potsdam (35 m) und Brandenburg (28 m) ist ein wechselnd breiter, flachseenreicher Niederungsstreifen mit kleinen Grundmoräneninseln. Bemerkenswert sind ausgeprägte, bis 2 m mächtige Flachmoorbildungen. Brandenburger Mühlenstaue im 10. und seit dem 13. Jh. hoben den Spiegel der Havel und des Grundwassers. Der versumpfte Boden verlandete bzw. vermoorte. Später aufgeführte Flußdeiche sicherten seine Bewirtschaftung als Dauergrünland und erhielten der aufkommenden Schiffahrt die Tauchtiefe. Templiner See und Schwielow gelten als glaziale Zungenbeckenseen. Die den Grundmoränen aufgesetzten Endmoränenkuppen bei Werder, Phöben, Schmergow, Deetz und Götz (Götzer Berge 109 m) sind teilweise bewaldet. Andere bieten gute Aussicht. Die Niederung erscheint durch Busch- und Baumgruppen parkartig aufgelockert.

Der mittelalterliche Havelstau ließ die aus den Grundmoränen ausgeschlämmten und vom Wasser mitgeführten feinsten Mergelanteile als Schlick, wertvolle fette Bändertone, mehrere Meter mächtig absetzen. Sie wurden ab 1860 Basis einer umfangreichen Ziegelproduktion.

Die sog. Glindower Alpen, stark gegliedertes Gelände am Westufer des Glindower Sees, sowie aufgelassene Tonstichgelände zu beiden Ufern der Havel (bei Ketzin, Deetz und am Beetzsee) weisen eine üppige kalkliebende Pflanzenwelt und eine artenreiche Vogelwelt auf.

Die folgende Zone mittelgroßer Grundmoränen- und ausgedehnter Sanderflächen umfaßt die Luckenwalder und die Beelitzer Heide sowie das Lehniner Land. Havelland, Zauche und Fläming liegen am Nordrand des Baruther Urstromtales und im Bereich des äußeren Saumes der letzten Vereisung, des Brandenburger Stadiums der Weichselkaltzeit. Nordwestlich von Luckenwalde queren Endmoränenhügel zwischen Pfefferfließ und Nieplitz die Grundmoräneninsel und formten das Kleinseengebiet von Dobbrikow. Südlich vom Schwielow weitet sich der ebene Kegel des Beelitzer Sanders. Die Beelitzer Heide mit ihrem Sandboden trägt Monokulturen der Kiefer. Im Umkreis der Stadt Beelitz begann 1861 ein ausgedehnter Anbau von Bleichspargel. Der Wietkiekenberg bei Ferch, eine 126 m hohe Stauchmoräne, bietet eine ausgezeichnete Übersicht über die formenreiche Potsdamer Glaziallandschaft. Nordwestlich schließt das Lehniner Land an. Das Glindower Plateau, eine weitgehend ebene, 50 bis 70 m hohe Grundmoränenfläche, war einst von Traubeneichenwald bedeckt. Heute wird das Gebiet ackerbaulich genutzt und dient vor allem dem Obstbau. Markant ist der Steilabbruch des Rotscherlinder Plateaus zum Baruther Urstromtal. Die sandige, im Brandenburger Stadium intensiver gestauchte Fläche weist Höhen bis zu 86 m auf und ist großenteils von Kiefernforsten bedeckt. Beide Platten werden zentral im Lehniner Tal von breiten bewaldeten Talsandflächen verbunden. Die Seenkette dort ist in der wasserarmen Zauche (slawisch sucha = trocken) Mittelpunkt eines Erholungsgebietes.

Das Baruther Tal, einst Schmelzwassertal der Weichselkaltzeit, ist jetzt von flachen Talwasserscheiden durchbrochen, folglich ohne durchgehende Entwässerung. Pfefferfließ und Nieplitz kreuzen die meist 3 bis 5 km breite Niederung. Nach Nordwesten zu sammeln Plane und Temnitz das in zahlreichen Gräben zusammenfließende Wasser und führen es zur Havel. Große Teile des Urstromtales sind grundwassernah. So eignen sich die Flachmoor- oder Moorerdeböden meist nur als Dauergrünland. Gebüschgruppen und Erlenwäldchen beleben das von 48 m bei Treuenbrietzen auf 34 m (Reckahn) absenkende Tal. Der Niederungsgürtel bildet den Südrand der Mittelbrandenburgischen Platten und Niederungen.

Der Fläming verdankt die Gestaltung der Oberfläche dem Warthestadium der Saalekaltzeit. Der pultartig asymmetrische, flachgewölbte Höhenzug, geschlossenster Abschnitt des langgestreckten Südlichen Landrückens, fällt nach Süden und Westen zum Tal der Schwarzen Elster und der Elbe, nach Norden zum Baruther Tal hin ab. Im Osten trennt die Nuthe den Hohen Fläming vom Niederen Fläming. Mit 200,5 m ist der Hagelberg die höchste Erhebung im norddeutschen Tiefland. Vom Hagelberg zum Rand des Urstromtals bei Fredersdorf beträgt die Höhendifferenz auf 8 km mehr als 150 m. Den Zentralen Fläming umgeben kreisförmig charakteristische Naturräume mit Höhen noch um 150 bis 110 m und entfernteren Abdachungsstufen von 110 bis auf 60 m. Im Nordosten liegt, von der Plane durchflossen, der Belziger Vorfläming. Daran grenzen östlich, lang und schmal, das Nördliche Fläming-Waldhügelland und südlich davon die Östliche Fläming-Hochfläche. Die Hänge nach Süden hin zum Elbtal nehmen der Roßlau-Wittenberger Vorfläming und das Zerbster Land ein. Nach Westen senkt sich die Westliche Fläming-Hochfläche und zum Fiener Bruch der Burg-Ziesarer Vorfläming.

Vom Zentralen Fläming verlaufen in nahezu allen Richtungen Täler, die das waldreiche Hügelland abwechslungsreich gliedern. Hauptfluß ist die Plane. Bemerkenswert sind tiefeingeschnittene steilhängige Trockentäler, die Rummeln des Flämings, im Raum Niemegk und Belzig, so die Neuendorfer, Garreyer, Spring- und Brautrummel (bei Grubo). In Waldgebieten südlich von Treuenbrietzen, von Belzig, von Wiesenburg treten gehäuft große Findlinge auf.

Die Vegetation des Flämings weist den Höhenzug als bedeutenden Kreuzungspunkt kontinentaler und maritimer, borealer und mediterraner – also östlicher und westlicher, nördlicher und südlicher – Pflanzenbereiche aus. Traubeneichenbestände, die in sandigen Regionen mit Kiefern, in lehmigen Gebieten mit Winterlinden, in zudem niederschlagsreicheren mit Rotbuchen vergesellschaftet waren, bildeten die ursprüngliche Bewaldung. In der Kulturlandschaft bedecken Kiefernforste und -mischwälder weite Teile des Flämings, nur noch im höchsten Südwesten bei Medewitz blieben geschlossene Altbestände der Rotbuche erhalten.

Noch heute kennzeichnen typische Salzpflanzengesellschaften, zu denen Eibisch, Strandaster, Salzmelde und -binse und Erdbeerklee gehören, im Thüren und bei Deutsch Bork, Blankensee und Tremsdorf über die Hälfte der 33 märkischen Salzstellen.

Bedeutende Naturschutzgebiete sind der „Spring" – eine charakteristische Flämingrummel, botanische und Waldschutzgebiete – „Flämingbuchen", „Klein Marzehns", „Zarth", „Krahner Bruch", „Bredower Forst", und unzugängliche Gewässer- und Moorschutzzonen – „Moosfenn", „Mittelsee", „Karinchen", Uferregionen von Fresdorfer See und Planetal, ornithologische Reservate – „Rietzer-" und „Gräninger See", „Möweninsel Buhnenwerder" im Beetzsee. Als Erholungslandschaften aber sind attraktive, meist großräumige Landschaftsschutzgebiete ausgewiesen, so im Fläming und im Wald- und Seengebiet von Potsdam, Brandenburg und Lehnin.

Die Fauna gleicht weitgehend der der angrenzenden Gebiete, den wechselnden Lebensräumen angemessen, setzt sich die Tierwelt der verschiedenen Biotope recht unterschiedlich zusammen. Vom Wildforschungszentrum Hohenbucko aus wurden in einigen Regionen Mufflons eingesetzt. Im Kreisgebiet von Jüterbog besteht ein 35 km^2 großes Schongebiet für Großtrappen, und in Bukkow bei Nennhausen wird der fast meterhohe und 16 kg schwere Vogel in einer Station aufgezogen.

Geschichte: Ur- und frühgeschichtliche Siedlungsstätten lagen in den Niederungen bevorzugt am Rand der Hochflächen, auf Sandschellen, Dünenhorsten oder Talsandterrassen unweit von Seen oder fließenden Gewässern. Das belegen verschiedene Zeugnisse, Rast- und Siedelplätze aus allen Zeitperioden; bereits vor 12 000 Jahren drangen erstmals Menschen in die eisfreie Steppe des heutigen Havellandes ein.

Die Archäologie förderte aufschlußreiche Funde zutage: bei Buchow-Karpzow einen Bestattungs- und Kultplatz mit Rinderopfern in Gruben, bei Alt Töplitz ein Hallenhaus von 17 mal 6,5 m aus der Jungsteinzeit, bei Caputh einen Schatzfund und am Ehrenpfortenberg bei Eiche einen Kultwagen der Jüngeren Bronzezeit, bei Kemnitz einen germanischen Friedhof aus dem 1. bis 4. Jh. mit 849 Urnengräbern, bei Saaringen ein slawisches Hügelgräberfeld mit hundert Hügeln, altslawischen Brandgräbern von 7. bis zum 9. Jh., des weiteren bei Deetz, Götz, Mörz, Phöben, Riewend, Zolchow u. a. slawische Burgwälle, bei Niedergörsdorf ein Bauernhaus aus dem 12./14. Jh.

Vom 7. bis zum 12. Jh. war die slawische Besiedlung des Niederungsgebietes außerordentlich dicht. 1130 setzte hier die deutsche Landnahme ein, und Albrecht der Bär eroberte die Zauche, 1157 endgültig Brandenburg und das Hevellergebiet, der Magdeburger Erzbischof Wichmann herrschte über den Nuthe-Nieplitz-Raum. Damit begann die Einwanderung deutscher Adliger, Bauern und Stadtbürger, die Gründung der Städte Brandenburg, Ketzin, Plaue, Potsdam, Pritzerbe, die Einführung der Dreifelderwirtschaft und der Hufenverfassung. Bereits 1159 ist das neue, von flämischen und deutschen Siedlern bewohnte Dorf Wusterwitz beurkundet. Gleichzeitig erreichten flämische Siedler im Verlauf der feudalen Ostexpansion den Fläming, rodeten Waldflächen und legten erste Rodungssiedlungen an, verliehen dem Höhenzug ihren Namen. Bei Krielow bestand im 12./13. Jh. eine der seltenen Schulzenburgen, eine kleine Rundburg als eigene Wehranlage.

Ungewöhnliche Beispiele für das Selbstbewußtsein einer besitzenden bäuerlichen Oberschicht sind eine relative Prachtentfaltung und die gemeinsame Bewirtschaftung der Rittergüter Arensnest/Schlamau ab 1721 und Döberitz–Dyrotz–Ferbitz seit etwa 1785.

Während des zweiten Weltkrieges, im März 1942, berieten in Groß Behnitz, eingeladen vom Gutsherrn v. Borsig, Mitglieder des „Kreisauer Kreises" ein Nachkriegs-Agrar-Programm. Darunter waren einige, die 1944 den Attentatsversuch auf Hitler vorbereiteten. Am 25. April 1945 vereinigten sich im Raum Ketzin Truppen der 1. Belorussischen Front mit denen der 1. Ukrainischen Front und schlossen damit den Ring um Berlin.

Erholungswesen und Tourismus: Die großräumigen Landschaftsschutzgebiete in den Niederungen entlang der Havel bieten sowohl Urlaubern als auch Wochenendausflüglern eine Reihe von Erholungsmöglichkeiten. Die Moränenlandschaft des Hohen Flämings wurde in den Naturschutz einbezogen.

Bedeutenden Erholungswert hat das vor den Toren von Potsdam liegende LSG „Potsdamer Havelseengebiet"; es umfaßt 162 km^2. Die bewegte Seen- und Waldhügellandschaft bietet viele Möglichkeiten der touristischen Betätigung aller Art, besonders zum Wandern, zu Camping, Baden und Wassersport, zu Fahrten mit der Weißen Flotte. Die reizvollen Wiesenniederungen mit zahlreichen Grubengewässern in aufgelassenen Tonstichen und Ufergehölzen werden von Wassersportlern und Anglern gern aufgesucht. Der eigenartige Landschaftstyp wird bewahrt in den LSG „Bruchlandschaft Ketzin" (23,5 km^2) und „Götzer Berge" (23 km^2), zu dem noch eine steile bewaldete Moränenkuppe (69 m über der Havel) mit artenreicher Trockenflora gehört.

Für Camping, Wochenend- und Naherholung gleichermaßen genutzt wird das LSG „Brandenburger Wald- und Seengebiet" (163 km^2). Die Beetzseerinne gehört dazu, der Wald nördlich der Autobahn und die große Seenplatte zwischen Brandenburg, Wusterwitz und Plaue, schließlich noch das Haveltal bis nach Pritzerbe. Viele Spazierwege durchziehen das LSG „Bohnenländer See und Gördensee" (39,5 km^2), eine waldumgebene Talrinne mit dem Burgwall Schwedenschanze.

Eine durch Gehölze aufgelockerte Parklandschaft – ein vogelartenreicher Lebensraum – und angrenzender Niederungswald bilden den „Krahner Busch" (3 km^2) im Baruther Tal. Dort bietet sich auch der „Schmerzker Busch" (1 km^2), ein Mischwald, als Wanderziel an.

Eine Anzahl kleinerer Waldseen umgibt im Talsand der Zauche den Ort Lehnin und bildet das Zentrum des LSG „Lehniner Wald- und Seengebiet" (25 km^2). Örtliche Bedeutung besitzt das benachbarte LSG „Görnsee und Görnberg" (42 ha) bei Grebs.

In- und ausländische Gehölzarten sind in einigen Parkanlagen dieser Gegend besuchenswert. Dazu gehören der Park von Brielow (0,7 ha) und der ehemalige Gutspark in Gollwitz (19 ha) an der Havel, östlich von Brandenburg. Das Arboretum von Lindstedt (118 ha) liegt schon am Stadtrand von Potsdam, ebenso einen Besuch wert, wie es auch der Park Dahlen (30 ha) bei Görzke im Fläming ist.

Die abwechslungsreiche Landschaft des LSG „Fläming" (387 km^2) hat als Wander- und Ausflugsgebiet überregionale Bedeutung. Gern aufgesucht werden u. a. die Fließtäler von Plane und Rossel.

Belzig und Wiesenburg sind günstige Ausgangsorte zu Wanderungen im Hohen Fläming, so auch durch die ausgedehnten Laubmischwälder der Brandtsheide. Wertvolle Waldbestände findet man bei Medewitz und Stackelitz, mit Naturlehrpfad, sowie bei Golmenglin und Bärenthoren.

Die inmitten ausgedehnter Wälder liegenden efeuüberrankten Kirchenruinen Dangelsdorf, Schleesen und Schönefeld erinnern an die im Mittelalter aufgegebenen Dörfer. In vielen Dörfern lohnen alte Feldsteinkirchen mit oft kunstreicher Architektur und Ausstattung einen Besuch. Ebenso empfiehlt sich die Besichtigung der Burgen Rabenstein und Eisenhardt oder des Kupferhammers Thießen.

Der Volkspark Wiesenburg ist mit 85 ha der größte und wertvollste der 103 erhaltenen ländlichen Parks im Bezirk Potsdam. Erwähnenswert ist auch der grundwassernahe Laubmischwald im Berliner Urstromtal, Teil des LSG „Nauen-Brieselang" (32 km^2) sowie das LSG „Rathenower Wald- und Seengebiet" (173 km^2).

In den Hauptwandergebieten sind die wichtigen Wanderrouten durch Wegweiser oder Markierungen gekennzeichnet. (↗ Bl. 6, 11, 12)

Potsdam

Lage und Bedeutung: Südwestlich von Berlin gelegen, zeichnet sich Potsdam (141 200 Einw.) durch seine landschaftlich reizvolle Lage an der schiffbaren Havel, umgeben von zahlreichen Seen, Wäldern und welligem Gelände mit Höhenketten, aus. Die Havel und die Havelseen umschließen das Land als eine Art Insel, auf der die Stadt liegt. Durch ihre zahlreichen Zeugnisse der Architekturgeschichte, ihre Schlösser und Gärten und als Stätte der Unterzeichnung des Potsdamer Abkommens von 1945 ist sie Anziehungspunkt für Touristen aus dem In- und Ausland.

Potsdam ist Bezirksstadt und gleichzeitig ein bedeutendes Zentrum wissenschaftlicher Forschung und Lehre, der Künste sowie des geistig-kulturellen Lebens. 1969/72 wurde auf dem Gelände der ehemaligen Garnisonkirche das Rechenzentrum des Bezirkes Potsdam errichtet.

Weltbekannt sind mehrere Potsdamer Forschungseinrichtungen, wie das Zentralinstitut für Physik der Erde, das Institut für Astrophysik und das Institut für Ernährung in Rehbrücke. In Potsdam befindet sich seit sieben Jahrzehnten ein meteorologisches Observatorium, heute Hauptobservatorium des Meteorologischen Dienstes der DDR. In seiner Nähe stehen das Geodätische Institut und als älteste Einrichtung das Astrophysikalische Observatorium mit dem berühmten, 1923 von Mendelssohn auf dem Telegrafenberg erbauten Einsteinturm. 1913 wurde in Babelsberg eine Sternwarte eröffnet. Hier befindet sich die Akademie für Staats- und Rechtswissenschaften der DDR.

Der Anfang einer Filmproduktion in Babelsberg geht auf das Jahr 1911 zurück. Als 1917 die Filmgesellschaft „Ufa“ gegründet wurde, begann eine rasche Ausdehnung der Filmstadt bis auf eine Größe von 40 000 m². Hier befindet sich seit 1946 das Spielfilmstudio der DEFA.

Der Fachlehrerausbildung und pädagogischen Forschung dient die Pädagogische Hochschule „Karl Liebknecht“.

In Potsdam befinden sich auch das Zentralarchiv als bedeutendstes Archiv der DDR und das Staatsarchiv Potsdam.

1949 wurde durch Umbau ein geeignetes Gebäude für Theateraufführungen in der Zimmerstraße eingerichtet, das heutige Hans-Otto-Theater trägt den Namen des antifaschistischen Schauspielers Hans Otto.

1947 wurde die Brandenburgische Landes- und Hochschulbibliothek gegründet, jetzt Wissenschaftliche Allgemeinbibliothek. Das Theodor-Fontane-Archiv ist der Deutschen Staatsbibliothek Berlin angeschlossen. Alljährlich sind die Parkfestspiele im Park von Sanssouci ein Höhepunkt im vielseitigen kulturellen Leben der Stadt.

Seine industrielle Bedeutung verdankt Potsdam hauptsächlich seinem am Ostrand der Stadt gelegenen Karl-Marx-Werk, das u. a. Autodrehkräne produziert, mit etwa 2500 Beschäftigten. Zweitgrößter Betrieb Potsdams ist das Reichsbahnausbesserungswerk.

Stadtgeschichte: Nach der ersten urkundlichen Erwähnung der damals slawischen Siedlung „Poztupimi“ 993 durch König Otto III. wird Potsdam seit dem 14. Jh. urkundlich als Stadt erwähnt. Seine Einwohner ernährten sich von Fischfang und Ackerbau. 1536 wurde die mittelalterliche Stadt durch eine Feuersbrunst heimgesucht. Die seit 1415 in Brandenburg herrschenden Hohenzollern erhoben Potsdam nach 1660 zu ihrer zweiten Residenz.

Mit dem 1664 begonnenen Schloßbau vollzog sich eine erste Konzentration künstlerischer Kräfte in der Stadt. Bedeutende Leistungen steuerten Memhard, Nering und de Bodt zu dem barocken Schloßbau bei, aber auch der Bildhauer und Architekt Schlüter hat an der Gestaltung der Innenräume mitgewirkt.

Seit dem Regierungsantritt Friedrich Wilhelm I., 1713, entwickelte sich Potsdam zur Soldatenstadt. Auf

Park Sanssouci
Rehgarten
Lustgarten
Park Charlottenhof
Jäger-Vorstadt
Brandenburger Vorstadt
Drachenberg
Belvedere
Drachenhaus
Weinberg
Orangerie
Botanischer Garten
Staatsarchiv Potsdam
Nordischer Garten
Sizilianischer Garten
Neue Kammern
Schloß Sanssouci
Weinbergterrassen
Bildergalerie
Neptungrotte
Holl. Garten
Histor. Mühle
Ruinenberg
Einsiedelei
Neues Palais
Antikentempel
Freundschaftstempel
Chinesisches Teehaus
Friedenskirche
Marlygarten
Römische Bäder
Schloß Charlottenhof
Fasanerie
Hippodrom
Dichterhain
Wildpark
Standbild Friedrich II.
Brandenburger Tor
Nauener Tor
Jägertor
Holländ. Viertel
Bassinplatz
Potsdam-Museum
Wasserw. Sanssouci
Neustädter Havelbucht
Freundschaftsinsel
Bornstedter See
Bornstedter Straße
Schopenhauerstraße
Hegelallee
Friedrich-Ebert-Straße
Wilhelm-Pieck-Straße
Lange Brücke

17 000 Einwohner kamen 1769 etwa 8000 Soldaten und Hofstaat. Durch eine umfangreiche Bautätigkeit dehnte sich die Stadt vor allem nach Norden aus. Für holländische Zuwanderer war das Holländische Viertel mit roten Ziegelbauten gedacht.

Nach den Feldzügen Friedrichs II. und insbesondere nach dem Siebenjährigen Krieg waren die Zerstörungen in den deutschen Ländern nicht geringer als nach dem Dreißigjährigen Krieg. Nach 1751 kamen u. a. wegen ihres protestantischen Glaubens vertriebene böhmische Weber nach Potsdam, wo sie in der Webersiedlung Nowawes, dem heutigen Babelsberg, in Lebensverhältnisse gerieten, die der Leibeigenschaft in nichts nachstanden.

Das Potsdamer Baugeschehen nach der Thronbesteigung Friedrichs II., 1740, wurde durch das Wirken des genialen Architekten v. Knobelsdorff bestimmt. Nach seinen Entwürfen wurde das Stadtschloß umgebaut, es entstanden das Schloß und andere Bauwerke von Sanssouci sowie Bürgerhäuser und weitere Potsdamer Bauten. Wenige Tage nach der Entscheidungsschlacht von Jena und Auerstedt 1806 im Krieg Napoleons gegen Preußen wurde Potsdam von französischen Truppen besetzt und blieb bis 1808 französisches „Hauptkavalleriedepot". Seit 1810 war die Stadt wieder Garnison des von Scharnhorst und Gneisenau reformierten Heeres.

1901 stellten die Sozialdemokraten Karl Liebknecht im sog. Kaiserwahlkreis Potsdam als Kandidaten für den Deutschen Reichstag auf. 1912 erhielt er die erforderliche Stimmenmehrheit.

Viele wertvolle historische Bauten im Zentrum der Stadt, darunter vor allem das Stadtschloß, wurden in der Nacht vom 14. zum 15. April 1945 durch britische Bomben zerstört. Am 27. April 1945 wurde Potsdam durch die sowjetische Armee vom Faschismus befreit. Beim Wiederaufbau der Potsdamer Innenstadt wurde die historische Bausubstanz in das neu entstehende Stadtzentrum einbezogen.

Sehenswürdigkeiten: Ein Hauptanziehungspunkt Potsdams ist der nach 1744 angelegte, etwa 290 ha große *Park Sanssouci.* Den ältesten Parkbezirk erreicht man unmittelbar durch den Eingang am Obelisk mit der Knobelsdorffschen Portalarchitektur und den beiden Figuren Flora und Pomona von Glume. Büring war der Baumeister der *Bildergalerie* (1755/63), die als ältester selbständiger Galeriebau in der DDR gilt und jetzt auch als Konzertsaal – insbesondere bei den Parkfestspielen – genutzt wird. Die Gemäldesammlung enthält Werke bedeutender italienischer und flämischer Meister (u. a. Caravaggio, van Dyck und Rubens).

Von dem vor der Galerie gelegenen *Rondell* mit acht Büsten von Dusart (Herrscher aus dem Hause Oranien) führt der Hauptweg zur *Großen Fontäne* mit den Figuren Venus und Merkur von Pigalle.

Die Hügelanlage mit dem *Schloß Sanssouci* auf der Höhe ist über 132 Stufen zur oberen Terrasse mit den Bildwerken Kleopatra und Flora zu erreichen. Das Schloß Sanssouci wurde 1745/47 nach Skizzen Friedrichs II. und Entwürfen v. Knobelsdorffs als Sommerschloß für den König erbaut. Der heiter-barocken Gartenfront mit den gebälktragenden Karyatiden von Glume steht die frühklassizistische Nordfront gegenüber, die in einer Halbkreiskolonnade ausschwingt. Die westlich gelegenen *Neuen Kammern* wurden 1747 von Knobelsdorff als Orangerie errichtet und 1771/74 von Unger zu einem Gästewohnhaus umgebaut. Südlich des Hauptweges gelangt der Besucher zu dem *Chinesischen Teehaus* (1754/57) mit sehenswerter Porzellanausstellung.

Friedrich II. befahl nach Beendigung des Siebenjährigen Krieges, am westlichen Ende der Hauptallee das *Neue Palais* zu bauen; der 240 m lange, prunkvolle Bau hat 322 Fenster, Hunderte von Wandpfeilern, Kuppeln mit mehrfachen Aufsätzen und eine von drei „huldreichen Göttinnen" getragenen Krone. 1826 er-

Potsdam: Schloß Cecilienhof

hielt Schinkel vom Kronprinzen Friedrich Wilhelm den Auftrag, *Schloß Charlottenhof* zu bauen, und Lenné legte um das Schloß einen Park an.

Der Schinkel-Schüler Persius errichtete 1829/36 die Gebäude der *Römischen Bäder*, zu denen auch ein kleiner antiker Pavillon gehört. Westlich des Schlosses entstand 1842/44 unter Leitung von Persius die *Fasanerie*. Nach 1846 schuf Lenné die Anlage des *Marlygartens*. Auf Entwürfe von Persius geht die 1845/48 erbaute Friedenskirche mit dem freistehenden Glockenturm zurück. Nach dessen Tod vollendeten Stüler und Hesse den Bau. Von diesen beiden Architekten stammt auch das Marlyschlößchen, südlich der Friedenskirche gelegen. 1851/60 ließ Friedrich Wilhelm IV. den Prunkbau der *Neuen Orangerie* errichten. Eindrucksvolle Leistungen der Gartenkunst Lennés finden sich im *Nordischen* und im *Sizilianischen Garten*, die sich zwischen Orangerie und Neue Kammern ausbreiten.

Von 1786 an entstand im Norden der Stadt zwischen Pfingstberg, Heiligem See und Jungfernsee der *Neue Garten* mit dem 1787/92 von Gontard entworfenen *Marmorpalais*, das nach umfassender Restaurierung 1961 als *Armeemuseum der DDR* eingerichtet worden ist. Am Heiligen See liegt das 1951/52 errichtete *Haus der Jungen Pioniere „Erich Weinert“*. Das Monument am Parkeingang von v. Woyski, die Befreiung des Menschen durch die Flamme der Revolution symbolisierend, wurde 1970 aufgestellt. An der Hauptallee befindet sich das *Astronomische Zentrum „Bruno H. Bürgel“* mit Planetarium, Beobachtungsstation und der *Bürgel-Gedenkstätte*.

Im Neuen Garten liegt das 1913/17 errichtete *Schloß Cecilienhof*, in dem vom 17. Juli bis zum 2. August 1945 die Konferenz der Staatsoberhäupter der UdSSR, der USA und Großbritanniens stattfand, die mit dem Abschluß des Potsdamer Abkommens Vereinbarungen über die friedliche und demo-

Potsdam: Filmmuseum der DDR

kratische Entwicklung Deutschlands getroffen hat. Die im Schloß eingerichtete Historische *Gedenkstätte „Potsdamer Abkommen“* gehört zu den vielbesuchten Sehenswürdigkeiten Potsdams.

Auch der *Babelsberger Park* geht in seiner Gestaltung auf Lenné zurück. Im englisch-neogotischen *Schloß* (Schinkel, Persius, Strack) befindet sich eine Ausstellung des Museums für Ur- und Frühgeschichte.

Als Nachbildung eines römischen Triumphbogens wurde 1770 das *Brandenburger Tor* am heutigen Platz der Nationen von Gontard und Unger gebaut; unweit davon in der Hegelallee das *Jägertor* (1733). 1755 entstand das von Büring entworfene *Nauener Tor*, von hier ab sind es nur wenige Schritte bis zum *Holländischen Viertel*, von Boumann 1737/42 erbaut und 1973/77 restauriert. Die 1826/27 errichtete russische Kolonie *„Alexandrowka“* diente ursprünglich russischen Sängern am Hof Friedrich Wilhelms III. als Wohnung. Auf dem Kapellenberg wurde 1829 die *Russisch-Orthodoxe Kirche* errichtet.

Am Bassinplatz stehen die *Peter-Pauls-Kirche* (1867/70) und die *Französische Kirche* (1752/53). Im ehemaligen *Marstall* (Aussehen von 1748 wiederhergestellt) ist das *Filmmuseum der DDR* untergebracht.

Die wiederhergestellten Barockfassaden der Bürgerhäuser aus den Jahren 1771/86 in der Wilhelm-Staab-Straße erinnern an den Charakter der Stadt vor der Zerstörung. Das wiederhergestellte *Alte Rathaus* und das *Knobelsdorffhaus* am Alten Markt bilden, miteinander verbunden, jetzt das *Kulturhaus „Hans Marchwitza“*, eines der schönsten Kulturhäuser der DDR.

Die *Nikolaikirche* (1830/49) nach Schinkel-Entwurf von Persius, einer der bedeutendsten Bauten des Klassizismus, erhielt nach ersten Sicherungsarbeiten (1947/50) eine neue Kuppel (1955/60). Die Restaurierungsarbeiten wurden 1980/81 abgeschlossen.

Die meisten Häuser in der *Klement-Gottwald-Straße*, heute eine als Fußgängermagistrale angelegte Hauptgeschäftsstraße, stammen von 1735/38. Über 90 Häuser wurden in den siebziger Jahren unter Erhaltung der historisch wertvollen Architektur rekonstruiert. In der Friedrich-Ebert-Str. 5 (einige Häuser vom Ende des 18. Jh. erhalten) befindet sich die Potsdam-Information.

An der bei Kriegsende 1945 gesprengten, jedoch 1958/61 neu erbau-

Havellandschaft

ten 33 m breiten, über die Havel führenden *Langen Brücke* entstand das Interhotel „Potsdam“ (1966/69).

An der Langen Brücke liegt zwischen beiden Havelarmen die *Freundschaftsinsel.* 1953/54 wurde hier von Karl Foerster ein Schau- und Lehrgarten angelegt, mit Plastiken alter und zeitgenössischer Bildhauer.

Der *Sowjetische Ehrenfriedhof* erinnert an die Helden der Sowjetarmee, denen Potsdam seine Befreiung vom Faschismus verdankt.

Ausflugsziele in der Umgebung: Nur etwa 6 km von Potsdam entfernt liegt **Fahrland** mit seiner funktionstüchtigen *Bockwindmühle* (1758) auf dem Weinberg. Das Landdreieck zwischen Nuthe, Nieplitz und Priedel mit dem 91 m hohen Glauer Berg bot durch Wasser und Sumpf eine gute Schutzlage, führte jedoch auch zur Isolation. Mit Kietz und Straßendorf wurde der Burgort **Blankensee** Mittelpunkt des Thümenschen Winkels, einer im Preußischen gelegenen sächsischen Enklave. Lenné plante und legte den *Landschaftspark* an der Nieplitz an. Das 1649 datierte märkische Mittelflurhaus vom Nuthe-Nieplitz-Typ in der Dorfstraße ist als *Bauernmuseum* eingerichtet.

Der südlichste Havelsee ist der **Schwielowsee**, ein 845 ha großes und bis 9 m tiefes Seebecken, bevorzugtes Wassersportgebiet.

Besuchenswert der alte Fischer- und Fährort **Caputh** an der Havel mit rohrgedeckten Breitseithöfen und altem Fährkrug; De Chièze erbaute 1662 das Schloß, den Landschaftspark schuf Lenné 1820. Das Holzhaus Waldstr. 4, von Wachsmann entworfen und von Albert Einstein 1929/33 als Sommerhaus genutzt, ist heute *Einstein-Gedenkstätte.*

Das unter Denkmalschutz stehende Dorf **Petzow** ist mit seinem Ensemble aus Schloß (Schinkel, um 1825) und Park (Lenné), Kirche (von Stüler 1841 auf dem Kirchberg nach Plänen von Schinkel und Friedrich Wilhelm IV. in frühchristlichen Formen errichtet) sehenswert. Gute Aussicht über das Havelland bietet die *Hohe Warte* bei **Geltow**, ein 26 m hoher Backsteinturm von 1870 auf dem 72 m hohen Heineberg.

Die Inselstadt **Werder** ist Mittelpunkt des Havelobstbaugebietes. Zisterziensermönche des Klosters Lehnin begründeten den Weinbau auf den Havelbergen, 1173 bei Deetz, 1193 auf dem Wachtelberg bei Werder. Der Übergang zum Obstbau verlief allmählich. Bereits 1592 erfolgte der Anbau von Hopfen, Quitten, Äpfeln und Birnen, von Kirschen, Mandeln und Nüssen. Heute gehören 39 Gemeinden zum 100 km² umfassenden, größten geschlossenen Obstbaugebiet der DDR. Seit 1879 feiert Werder jährlich das mit einer Obstweinprobe verbundene Baumblütenfest. Das *Obstbaumuseum* informiert über die Geschichte des Obst- und Gemüsebaus.

Die sog. Glindower Alpen sind zum Tonabbau abgetragene und aufgeschüttete Bodenmassen. Von über fünfzig Ringöfen zur Massenproduktion von Ziegeln sind einige am Jahnufer technische Denkmale, darunter der älteste in der DDR erhaltene Zwölfkammerofen in Rundform.

Der Erholungsort **Ketzin** zwischen Wasser, Wiesen und Wald wurde 1862 mit Entdeckung der Haveltone Produktionsstätte für Ziegel, die für den gründerzeitlichen Ausbau Berlins Verwendung fanden. Der Ortsteil Paretz mit Schloß war von 1797 an 75 Jahre lang des Preußenkönigs Schatullegut. Von der von Gilly d. Ä. entwickelten Anlage blieben das Gotische Haus, zwei Torhäuser und die kleine gotische Kirche erhalten. (↗ Bl. 11, 12)

Brandenburg

Lage und Bedeutung: Die größte Kreisstadt (94 800 Einw.) im Bezirk Potsdam ist ein bedeutender Industriestandort und gesellschaftlicher Mittelpunkt für ein großräumiges Einzugsgebiet. Die günstige geographische Lage am Havelübergang förderte die Verkehrsentwicklung, damit Handel und Besiedlung, später Produktion und Industrialisierung, nun auch Erholungswesen und Tourismus.

Anfang des 13. Jh. wurden an den Havelarmen zu beiden Seiten der Dominsel Erddämme zum Flußstau angelegt, um Energie für die Flußmühlen zu gewinnen. An der Pegeluhr ist der Brandenburger Hauptpegel seit 1904 mit seinem Nullpunkt auf 27,127 m über NN fixiert. Die Vorstadtschleuse vermittelt seit 1883 das Überwinden der Stauhaltung von 1,10 m im Mittleren Sommerwasser für die Berufsschiffahrt, seit 1970 ausgebaut für einen Viererschubverband. Diese Schleuse ist die am stärksten frequentierte Schiffahrtsschleuse in der DDR.

Das industrielle Profil bestimmt die Schwerindustrie mit dem Stahl- und Walzwerk, dem wichtigsten Erzeuger von Rohstahl und Grobblechen in der DDR. Weitere wichtige Betriebe der Stadt sind Eisengießerei, IFA-Getriebewerk und Betriebe der Spielwaren-, Bekleidungs-, Nahrungsmittel-, Baustoff- und Bauindustrie. In den Ortsteilen Plau und Kirchmöser arbeiten u. a. eine Schiffsreparaturwerft und das Walzwerk „Willy Becker".

Stadtgeschichte: Rings durch kaum passierbare Sümpfe der Havelniederung gesichert, lag auf der von Flußarmen umspülten späteren Dominsel die Brendanburg der slawischen Heveller. Sie war Fürstensitz und gesellschaftliches Zentrum der slawischen Bewohner des umgebenden Havellandes und der Zauche. Der nahe Harlunger Berg – nach der Christianisierung Marienberg – trug den Hauptkultplatz der Havelslawen, das Triglawheiligtum (dreiköpfiger Gott).

Die Anlage wurde mehrfach umkämpft. 928 eroberte König Heinrich I. Burg und Ort, die 983 durch den Slawenaufstand wieder frei und unabhängig werden konnten. Der letzte Hevellerfürst Pribislaw-Heinrich nahm das Christentum an und nach seinem Tod 1150 wurde Markgraf Albrecht das Land beiderseits der mittleren Havel übertragen. Deutsche Siedler kamen ins Land. Auf der Insel bildeten Burg- und Domregion mit mehreren Kietzen bis 1930 einen selbständigen Gemeindebezirk. Unter dem Marienberg wuchs nördlich der Havel das Dorf Parduin zu einer Akkerbürgersiedlung, der späteren Altstadt. Am Südufer entwickelte sich rasch die markgräflich geförderte Neustadt, 1196 erstmals beurkundet, zu einer privilegierten Kaufmanns-

Brandenburg:
Roland vor dem Rathaus

und Marktsiedlung; beide seit 1715 vereint.

Im 19. Jh., im Zuge der Industrialisierung, kam es zur Bildung von Arbeitervereinen, 1890 wurde ein sozialdemokratischer Wahlverein und 1892 der Märkische Arbeiter-Turnerbund gegründet.

Ehrenmale und Gedenktafeln erinnern an die Antifaschisten, die im Zuchthaus Brandenburg-Görden eingekerkert waren (unter ihnen auch Ernst Thälmann) bzw. hier umkamen. 1943 starb hier auch der kommunistische Künstler Johannes Wüsten. Am 27. April 1945 wurden die noch lebenden etwa 3000 politischen Gefangenen des Zuchthauses von der Roten Armee befreit. Allein in den acht Monaten vor der Befreiung wurden 1807 Gefangene hingerichtet. Eine weitere Stätte des faschistischen Terrors lag in der Altstadt, im Stadthaus wurden etwa 8000 Menschen – Opfer der faschistischen Medizin – getötet. Die zweischiffige Domkrypta unter dem Chor des Domes birgt die 1953 geweihte Gedächtnisstätte für die Glieder der evangelischen Kirche, die Opfer des Naziregimes wurden.

Sehenswürdigkeiten: Der Brandenburger *Dom St. Peter und Paul*, zu dem 1165 der Grundstein gelegt wurde, gehört zu den baukünstlerisch und kunsthistorisch bedeutendsten sakralen Bauwerken der DDR. Die romanische kreuzförmige Backsteinbasilika mit der 1220 ausgebauten Krypta und der Bunten Kapelle von 1235 wurde spätgotisch umgebaut und erhielt eine hochgotische Ausstattung. Zur wertvollen Ausstattung gehören der Hochaltar, der sog. Lehniner Altar, von 1518 mit geschnitztem Mittelschrein und bemalten Flügeln, ferner der Marienaltar von 1430, der Böhmische Altar von 1380, die reichgeschnitzte Kanzel von 1691, Wandmalereien und figürliche Grabsteine hoher kirchlicher Würdenträger.

Die *Pfarrkirche* der Altstadt, *St. Gotthardt*, ist eine spätgotische Hallenkirche mit sehenswerter Ausstattung in Formen und Farben von Renaissance und Barock.

Durch das Maßwerk mit zahlreichen Ornamenten und Figuren wirkt der Bau von *St. Katharina* in der Neustadt, von Brunsberg 1401 geschaffen, reizvoll, sehenswert vor allem die Marienkapelle im Norden und die Schöppenkapelle im Süden. Die dreischiffige, reich ausgestattete Hallenkirche gilt als vorzügliches Beispiel märkischer Backsteingotik.

Der zweite *Roland* Brandenburgs, eine 5,34 m hohe, wehrhaft gestaltete Sandsteinfigur von 1474, die wohl schönste aller erhaltenen Rolandfiguren, übersiedelte 1946 vom kriegszerstörten Neustädter zum Altstädter Rathaus, einem dekorativen Ziegelbau von 1470.

Von der mittelalterlichen *Stadtbefestigung* blieben in beiden Stadtteilen größere Abschnitte der 3 bis 4 m hohen Backsteinmauer mit vier Tortürmen früherer Stadttore erhalten. Wälle und Gräben wurden längst verebnet und zu Grünanlagen mit manch seltenen Gehölzen gestaltet. Eine Rarität ist die Allee von 36 Sumpfzypressen auf dem Grillendamm.

Auf dem Marienberg bildet der *Park der Kultur und Erholung* die schönste Grünanlage der Stadt. Auf dem 79 m hohen Berg gewährt die 32,5 m hohe Friedenswarte seit 1974 weite Umschau über die Stadt und ihre wasserreiche Umgebung

Das *Dommuseum* zeigt kostbare Urkunden, Gerätschaften, Kunstwerke, darunter das Große Velum – das sog. *Brandenburger Hungertuch* – mit 29 gestickten Szenen aus dem Leben Christi mit der Kreuzigung in der Mitte. Im 1723 erbauten barocken *Frey-Haus* ist das *Heimatmuseum* der Stadt untergebracht.

Ausflugsziele in der Umgebung: Zur Naherholung in der Umgebung von Brandenburg empfehlen sich Fahrten mit der Weißen Flotte oder mit Sportbooten auf den durch Halbinseln, Inseln und Buchten gegliederten 1720 ha großen Wasserflächen von *Breitling-, Plauer* und *Möserschem See*. Camping und Baden an der Malgebucht, Wanderungen in den Wäldern der Altstädtischen Forst im Norden oder der Neustädtischen im Süden dieser Seenplatte sind möglich. Die Burg Plaue sicherte ab 1198 den Havelübergang der Straße Magdeburg–Brandenburg. Das geräumige Schloß im Landschaftspark am Plauer See ist heute Sitz eines Institutes. Hier produzierte von 1713 bis 1730 die zweite europäische Porzellanmanufaktur rotbraunes Steinzeug.

Nennhausen, der Hauptort des sog. Nußländchens, einer steilhängigen kleinen Hochfläche im südlichen Havelländischen Luch, war Wohnsitz von de la Motte-Fouqué, der das Märchen „Undine" schuf.

Schöne Wege durchziehen den 42 ha großen *Landschaftspark*.

Bei **Bamme** steht die älteste märkische Windmühle von 1569.

Der Name des *Beetzsees* ist verbunden mit der Erinnerung (Volkslied) an das bekannte Brandenburger Original Fritze Bollmann. Um den buchtenreichen Bruchsee führen markierte Wanderwege.

Die kunstreiche *Dorfkirche* von **Ketzür** ist eine Anlage aus unterschiedlichen Bauperioden. Zur Ausstattung aus der Spätrenaissance gehören polychrome Wand- und Deckenmalereien und ein viergeschossiges figurenreiches Relief aus Sandstein, Alabaster und Marmor, ein Hauptbeispiel manieristischer Grabmalplastik.

Das ehemalige *Zisterzienserkloster Lehnin*, 1180 gestiftet, war Mutterkloster von Mariensee (Chorin), Paradies und Himmelpfort. Unter Abt Valentin besaß es die Stadt Werder, 64 Dörfer, 54 Seen, 6 Wasser- und 9 Windmühlen, 4500 ha Acker und Wald und war damit das reichste Kloster der Gegend. Nach der Reformation nahm die Bedeutung des Klosters ab. 1911 kam das Klostergebiet in Besitz der märkischen Provinzialkirche, die darin das Luise-Henriette-Stift einrichtete. Sehenswert ist die Klosterkirche mit ihrer Ausstattung vom 15./16. Jh. und dem erhaltenen spätromanischen Kruzifix.

In **Cammer** steht eine seit 1675 tätige, rekonstruierte *Bockwindmühle* mit 10,20 m Flügellänge. Das technische Denkmal wird als Museum eingerichtet. (↗ Bl. 11)

Jüterbog

Lage und Bedeutung: Die Kreisstadt (12 500 Einw.) an der oberen Nuthe im Übergang vom Hohen zum Niederen Fläming ist Verkehrsknoten (an der Bahnstrecke Berlin–Leipzig gelegen) und gesellschaftlicher Mittelpunkt der weiteren Umgebung. Sie ist u. a. Standort von Einrichtungen der Land- und Nahrungsgüterwirtschaft.

Stadtgeschichte: Die slawische Siedlung wurde im Sumpfbecken der Nuthe geschützt auf einer Talsandinsel angelegt. Sie kontrollierte den Weg vom Flämingsattel hinab zu den flachen Sumpfweiten des Urstromtales. Eine deutsche Niederlassung im Zuge der Ostexpansion wuchs zur Stadt. 1174 erhielt die Marktsiedlung Jüterbog die Stadtrechte. Das Auftreten des Pirnaer Mönches Tetzel 1517 in der Stadt, der gegen klingende Münze Ablaßzettel vertrieb, veranlaßte Luther in Wittenberg zum Anschlagen seiner 95 Thesen. Die bis 1815 sächsische, danach preußische Stadt wurde 1832 Garnison mit umfangreichen Militäranlagen in ihrem Umland.

Sehenswürdigkeiten: Von 1335 an war die Handelsstadt durch Feldsteinmauerwerk und drei Haupttore gesichert, nach 1480 erfuhr die *Befestigung* noch erhebliche Verstärkung. Von ihr blieben einige Abschnitte, Mauerzüge mit Wiekhäusern, zwei runden und drei quadratischen Mauertürmen, sowie drei einst doppelte Stadttore erhalten. Vom Damm- und Neumarkter Tor sind die breitgelagerten Vortore, von den Innentoren nur je ein Rundturm mit Zinnenkranz und Kegelhelm erhalten, vom doppeltürmigen Zinnaer Tor fehlt das Vortor. Die Keulen an den Stadttoren waren Symbol mittelalterlicher Blutgerichtsbarkeit.

Die Äbte vom Kloster Zinna hielten sich recht häufig in ihrem *Stadthof* auf, einem schlichten Ziegelbau mit elffach gestuftem Giebel. 1954 wurde in diesem Abtshof das *Heimatmuseum* eröffnet.

Das *Rathaus* ist ein beeindruckender zweigeschossiger Backsteinbau, der in mehreren Phasen zwischen 1478 und 1526 entstand. Die der Nordseite vorgelagerte, dreiseitig offene Gerichtslaube hat einen ansehnlichen Staffelgiebel und im Erdgeschoß Kreuzrippengewölbe. In der Bürgermeisterstube mit Zellengewölbe über der gedrehten Mittelstütze beschloß Friedrich II. „seinen“ Siebenjährigen Krieg.

Die Hauptkirche von Jüterbog, *St. Nikolai*, ist eine dreischiffige gotische Backsteinhalle mit Kreuzrippengewölbe vom 14./15. Jh. und mit doppeltürmigem Westbau. Das Innere bietet eine beeindruckende Raumwirkung und eine reiche wertvolle Ausstattung. Dazu gehören mittelalterliche Altäre und Altarteile mit spätgotischen Schnitzfiguren oder Gemälden, ein feingliedriges Sandstein-Sakramentshaus, ein Einbaum mit reichem Beschlag, der sog. Tetzelkasten, als Opferstock. Während den 1974 begonnenen Restaurierungen konnten in der Südkapelle umfangreiche Wand- und Gewölbemalereien freigelegt werden.

Die *Pfarrkirche Unser lieben Frauen*, die älteste Kirche der Stadt, um 1160 begonnen, war einst als Hauptkirche der Region vorgesehen. Auch sie weist bemerkenswerte spätgotische ornamentale und figürliche Wandmalereien und eine kunstreiche Ausstattung auf. Die frühere Kirche der Franziskanermönche wird heute als Bibliothek, Konzerthalle und Theater genutzt.

Im ehemaligen *Schloßpark* findet der Besucher einen slawischen *Burgwall* und das 1,5 ha große *Wildgehege*.

Ausflugsziele in der Umgebung: Auf Order Friedrichs II. wurde 1764/67 für zunächst 150 zugewanderte Weberfamilien die in vier Quartiere gegliederte Kolonistensiedlung **Zinna** geschaffen. Erzbischof Wichmann von Magdeburg stiftete 1170 als erstes Zisterzienserkloster der Mark das *Kloster Zinna*, das bei seiner Aufhebung 1553 die Kalksteinbrüche bei Rüdersdorf und 63 Dörfer besaß. Die *Klosterkirche* ist eine einfache, kreuzförmige Pfeilerbasilika und gilt als beste aller Granitbauten im Norden der DDR. Ihre Ausstattung, meist aus dem 13. Jh., ist wertvoll. Östlich der Klosterkirche blieben drei große, gut erhaltene Gebäude, die *Neue Abtei*, flankiert von der *Alten Abtei* und dem früheren *Gästehaus* erhalten. 1956 wurde in der Neuen Abtei das *Heimatmuseum* eröffnet. Bei denkmalpflegerischen Arbeiten kamen unter 15 bis 20 Farbschichten verborgene Wand- und Gewölbemalereien, darunter eine Schutzmantelmadonna von etwa 1450, zum Vorschein, diese Malereien zählen zu den schönsten hochgotischen Fresken in der DDR.

Am Kreuzpunkt zweier alter Handelswege entstand, von einer Burg geschützt, am Nieplitzübergang die markgräfliche Burgsiedlung mit Marienkirche und eine Marktsiedlung an der Nikolaikirche Brietzen, das spätere **Treuenbrietzen.** Das stattliche *Rathaus* stammt von 1738. Das *Heimatmuseum* nutzt den Ausbau der an der Stadtmauer gelegenen Ruine der spätgotischen *Heiliggeistkapelle.*

Naturlehrpfade durchziehen das Erholungsgebiet Nieplitztal. *Michelsberg* (185 m) und *Schwarzer Berg* (178 m) im Westen der Kropstädter Heide sind die beherrschenden Aussichtspunkte im südlichen Fläming.

Belzig, auf dem Belziger Vorfläming am steilen Anstieg zur Hochfläche gelegen, hat eine gewisse wirtschaftliche Bedeutung durch Land- und Forstwirtschaft sowie elektrotechnische und Kleinlederwarenbetriebe.

Im Schatten der 997 erwähnten Burg Belizi wuchs im 13. Jh. Belzig aus einer Burgsiedlung zum Marktort an der Straße von Magdeburg nach dem Osten. Belzig war von 1423 bis zum Wiener Kongreß 1815 kursächsische Stadt, dann preußische Kreisstadt. Handwerk, Handel und Landwirtschaft ermöglichten den Lebensunterhalt der Bewohner. 1914 erfolgte die Eingemeindung des Dorfes Sandberg mit der Burg Eisenhardt.

Im Straßenbild wechseln Giebel- und Traufenhäuser des 17./19. Jh. Sehenswert ist das ehemalige *Brauhaus* auf dem Hof Straße der Einheit 2, ein zweigeschossiger Fachwerkbau mit umlaufender Oberlaube. Die *Marienkirche* am Markt trägt einen 60 m hohen Turm mit frühbarocker Haube, der südliche Turmstumpf trägt ein Pultdach. Sehenswert sind mehrere Kapellen, so auf einer Höhe die *Bricciuskapelle,* ein Feldsteinbau des 15. Jh. vor der Burg Eisenhardt. Die *Feste,* 1161 beurkundet, mehrfach zerstört und wiedererrichtet, wurde zeitweilig als kurfürstliches Jagdschloß und Amt genutzt. Heute sind hier Jugendherberge, Heimatmuseum, Musikschule und andere Einrichtungen untergebracht. Den Zugang vermittelt eine Brücke, die den Halsgraben überspannt, und durch das zweitürmige Torhaus gelangt man auf den Burghof. Einen umfassenden Blick über die Burganlage gewährt der 33 m hohe *Bergfried* – Butterturm – der aus dem 13. Jh. stammenden Kernburg (Fundamentreste). Die unregelmäßig siebeneckige Burg ist von einer Ringmauer mit Rundtürmen umgeben. Vor der Burg steht eine hierher umgesetzte, restaurierte kursächsische *Postmeilensäule* von 1725 mit den Initialen Augusts des Starken.

Bei **Garrey** liegen zwei charakteristische *Flämingrummeln.* Es sind kleinere Trockentäler im Oberlauf periglaziär angelegter Talmulden, die zu den Flußtälern hinabführen. Starke Entwaldung im 12./16. Jh. führte in rückwärtsschreitender Erosion zu tiefem Aufreißen und Ausspülen des bewuchslosen, ungeschützten Sandbodens durch Schmelz- und Niederschlagswässer, während die Steilhangeinschnitte von Lößauflagen gefestigt und gesichert sind. Die Garreyer Rummel steigt nach Süden an und führt aus dem Garreyer Kessel hinauf zum Höhendorf. Die Talränder sind fast senkrecht unvermittelt im Gelände eingeschnitten. Der Boden ist teilweise von Kiefern und Birken bewachsen, meist unfruchtbar und geröllbedeckt. Nördlich von Garrey senkt sich in die ebene Fläche die steile, V-förmige Neuendorfer Rummel. Von den Seiten münden mehrere schluchtenartige Abzweige. Die bis zu 20 m hohen Hänge sind mit Kiefer und Heidekraut, auch Besenginster und Heckenrosen bewachsen. Einige Schwellen mit ausgestrudelten Kolken führen hinab zum breiten Schwemmkegel. Weitere bekannte Rummeln sind die Buchholzer, die Lobbeser, die Werbiger Rummel, schließlich die Schweinerummel bei Kranepuhl, das Weiße Tal bei Zeuden und die Steilen Kieten bei Belzig.

Die wildromantische *Burg Rabenstein,* eine strategisch günstig gelegene

Thießen: Kupferhammer

Talspornburg auf dem Steilen Hagen unweit vom Oberlauf der Plane, dient seit 1956 als Jugendherberge. Die unregelmäßig geschlossene Anlage aus Vor- und Hauptburg mit Resten einer Ringmauer ist weitgehend aus Feldstein aufgeführt. Der massige Aussichtsturm, ein 28 m hoher Bergfried, gestattet guten Rundblick über die landschaftlich schöne Umgebung und das Burggelände. An das zweigeschossige Torhaus schließt sich der Nordflügel an. Interessant sind der Rittersaal und im Gelände der Vorburg eine Scheune mit tonnenartigem Bohlensparrendach.

An der Rossel, die einst zehn Mühlen trieb, liegt in **Thießen** ein bereits 1600 genannter, wasserkraftgetriebener *Kupferhammer*. Das 1987 als Schauanlage restaurierte technische Denkmal ist einer der drei in der DDR erhaltenen Kupferhämmer; zum Gelände gehören ein Park und eine agrarhistorische Sammlung.

Die 1983 gegründete, 50 ha große Forstbaumschule in **Stackelitz** zieht jährlich fast 10 Mill. Laubbäume. Ein 3 km langer Naturlehrpfad veranschaulicht mit 41 Objekten ökologische, forstkundliche und landeskulturelle Zusammenhänge. Nördlich, an der Bahnstrecke gelegen, die mittelalterliche *Kirchenruine Schleesen*.

Das kleinstädtisch wirkende Dorf **Wiesenburg** ist bekannt durch Schloß und Park und als Ausgangsort zu Wanderungen in die Brandtsheide. Das ehemalige Wildparkgelände erfuhr 1864 eine endgültige Veränderung zum *Landschaftspark*, seine Harmonie von Teichen, Baumpartien, Solitärgehölzen und weiten Durchblikken, von Blumenbeeten und seltenen Baumarten machen ihn besonders sehenswert. Ein Lehrpfad stellt die wertvollsten Gehölze vor, vom Ginkgo bis zur Sumpfzypresse.

Die umfangreiche Vierflügelanlage des *Schlosses* geht auf eine mittelalterliche Burg zurück (heute Schulgebäude). Die Terrasse entstand 1869 beim Auffüllen des Burggrabens. In Renaissanceformen ausgeführt das originelle Männekentor; Torhaus, Hofapotheke, Schloßbrunnen und der auf dem Stumpf des Bergfrieds aufgesetzte Schloßturm.

Beim Dorf **Hagelberg** schlug die märkische Landwehr am 27. August 1813, vier Tage nach der Schlacht von Großbeeren, unterstützt von den Kosaken Tschernitschews, die napoleonischen Truppen unter General Girard. Der 200,5 m hohe Hagelberg (Denkmal) ist die höchste Flämingerhebung.

Der Hangrand des nordöstlichen Flämings zu den Belziger Landschaftswiesen ist von zwanzig tiefen Tälern und Schluchten mit steilen Rändern zerrissen. Die schöne Dippmannsdorfer Schweiz ist ein wasserreiches Rummeltal nahe Neue Mühle. (↗ Bl. 11)

Spreewald und Niederlausitz

Geographische Besonderheiten: Die in Mitteleuropa einmalige Niederungslandschaft des Spreewaldes erstreckt sich als flache, wiesenreiche Niederung nordwestlich der Bezirksstadt Cottbus. Etwa 75 km lang und maximal 15 km breit, nimmt diese eigenartige Kombination aus Wasserläufen, Grünland, Baumgruppen und Waldungen eine Fläche von etwa 270 km^2 ein. Von mehr als 200 Wasserläufen durchzogen, deren Breite von 1 m bis 25 m reicht, während die Tiefe einige Zentimeter bis 7 m beträgt, läßt sich eine deutliche Zweiteilung dieser Landschaft unterscheiden. Der größere, bekanntere und auch häufiger besuchte Teil ist der Oberspreewald. Er beginnt nach Cottbus und reicht bis kurz vor Lübben, der Grenzscheide. Unterhalb dieser Ortschaft, bei Hartmannsdorf, fängt der Unterspreewald an, eine waldreiche Landschaft, die nur ein Drittel der Fläche des Oberspreewaldes umfaßt. Der Unterspreewald endet am Neundorfer See.

Herausgebildet hat sich der Spreewald im Zuge der Eiszeit, als durch den Schmelzwasserabfluß riesiger Eismassen das Baruther Urstromtal entstand. Später benutzte die Spree diese natürliche Urstromtalung, vertiefte sie und schuf jene breite, in ungezählte Arme verästelte, reizvolle Aue, in der sie bei allergeringstem Gefälle (nur 7 m auf 34 km) dahinzieht, auf diese Weise den Spreewald schaffend, während sie in dem nur 20 km langen und 5 km breiten Unterspreewald schon in weit geringerem Ausmaß verästelt ist.

Die Niederlausitz ist ein Teil des Lausitz genannten historischen Territoriums zwischen Elbe und Oder, im Flußgebiet der oberen Spree und Neiße. Sie umfaßt heute Teile des Bezirkes Cottbus. Die Landschaft weist charakteristische Formen eiszeitlicher Gestaltung auf. Sandböden und Kiefernheiden, die wenig fruchtbar sind, überwiegen. Im Norden und Südwesten gehen diese in Niederungen mit Moorböden über. Hier herrschen Wiesen und Ackerland vor. Im Norden bildet der Spreewald eine Begrenzung. Der größte Teil der Niederlausitz wird vom Lausitzer Höhenzug eingenommen, der bis zu 183 m hoch ist. Die kaltzeitlichen Sande der Landschaft überlagern gewaltige tertiäre Braunkohlenvorkommen. Sie umfassen etwa zwei Drittel aller Lagerstätten der DDR.

Geschichte: In vorgeschichtlicher Zeit wurden nur die Randgebiete der urwaldähnlichen Landschaft, die lange Zeit als geheimnisvoller Zauberwald galt, besiedelt. Doch reiche Wild- und Fischbestände boten genügend Nahrungsquellen, die mitten im Urwaldsumpf aufgeschütteten „Burgen" ausreichenden Schutz für die Siedler. Die im 6./7. Jh. in der Lausitz ansässig gewordenen Sorben drangen Schritt für Schritt in den Spreewald vor. Der Geschichtsschreiber Widukind von Corvey lobte diesen slawischen Stamm als „harten Menschenschlag, gewöhnt an Mühe und Arbeit". Mit der Ostexpansion der Deutschen entstanden vom 10. bis zum 13. Jh. rings um den Spreewald Burgen und andere Niederlassungen. Deutsche Bauern siedelten neben den Sorben. 1328 tauchte dann erstmals der Name Spreewald auf, dessen südöstlicher Teil im 15. Jh. an Brandenburg fiel. Im 17. Jh. verlief die Grenze zwischen Preußen und Sachsen mitten durch den Oberspreewald.

Im 17. wie auch im 18. Jh. schlugen weitere Ansiedlungen – teilweise sogar von Preußen angeordnet – neue Breschen in das waldreiche Niederungsgebiet. Auf den immer zahlreicher angelegten Kaupen (slaw. künstliche Erhöhungen) erhoben sich weitere Wohnstätten, schließlich ganze Dörfer. Auch im sächsischen Teil des Spreewaldes wurden Kolonisten seßhaft gemacht (Burg). In harter Arbeit entstanden Kanäle und andere Wasserbauten zum Schutz gegen die verheerenden Hoch- und Niedrigwasser. Im wahrsten Sinne des Wortes wurden Wiesen und Weiden dem Sumpfwald abgerungen, das Land unter großen Mühen kultiviert und bald schon zum Gemüseanbau genutzt, der mit dem Bahnanschluß der Region sprunghaft anstieg. Mit der Erschließung der reichen Braunkohlenvorkommen am Rand der Spreewaldlandschaft in unserer Zeit eröffnete sich für ihre Bewohner ein neuer Abschnitt ihres Daseins. Gewaltige Tagebaue und eindrucksvolle Großkraftwerke boten den Spreewäldern soziale Sicherheit.

Ein ganz entscheidender Durchbruch erfolgte mit der Spreeregulierung. 200 Überschwemmungen wurden hier seit der Jahrhundertwende gezählt, von denen die der zwanziger und dreißiger Jahre vielen Familien den totalen Ruin brachten. In unserer Zeit entstanden neue Talsperren, Kanäle, Deiche, deren geordnetes wasserwirtschaftliches System den Spreewald ein für allemal vor Überschwemmungskatastrophen, aber auch vor den Dürrefolgen der Niedrigwasser bewahrt.

Der Name Lausitz war ursprünglich nur der heutigen Niederlausitz eigen, der eigentlichen Lausitz, die der slawische Stamm der Lusizi bewohnte. Systematisch im Zuge der deutschen Ostexpansion unterworfen, kam die Niederlausitz 1136 an den Markgrafen Konrad von Meißen, 1303 an Brandenburg und schließlich 1386 an Böhmen, mit dem sie viele Jahrhunderte verbunden blieb. Im 15. Jh. tauchte erstmals die Unterscheidung in Nieder- und Oberlausitz auf, letztere umfaßte das Land Budissin und Görlitz. Beide Teile fielen 1635 an Kursachsen, und 1815 wurde die Niederlausitz preußischer Besitz. Schon im 13. Jh. hatten die großen Adelsherrschaften der Landschaft die Gründung von Städten begünstigt (Cottbus, Lübben, Guben). Gefördert wurde die Einwanderung von Bauern, Handwerkern und Kaufleuten aus Thüringen, Sachsen, Franken, den Rheinlanden, Böhmen, aber auch aus Holland und Flandern. Vor allem flandrische Meister und Gesellen fanden in den neuen Gemeinwesen Aufnahme und in der weitverbreiteten einheimischen Schafhaltung günstige Rohstoffbedingungen. Die Erzeugnisse der Tuchmacher und Leineweber (umfassender Anbau von Flachs) fanden überall Anerkennung. Ende des 17. Jh. erstreckte sich der Niederlausitzer Tuchhandel bis nach Oberitalien. Die Ansiedlung weiterer Einwanderer aus Holland, dem Oberrhein und Frankreich brachte neue Kenntnisse und Fertigkeiten in diesen Raum, der auch von den Handelstraditionen seiner neuen Bürger nicht wenig profitierte. Cottbus-Neustadt entstand durch den Zuzug gewerbe- und handelserfahrener Hugenotten.

Als Preußen die Niederlausitz erhielt, entstanden die ersten Spinnereien, wenn auch noch die Handweberei vorherrschte. In der Revolution von 1848 kam es in zahlreichen Niederlausitzer Städten und Dörfern zu Aktionen, in deren Verlauf Teilerfolge erkämpft wurden. Aber noch bis in das letzte Drittel des 19. Jh. hinein gehörte die von den neuen Oberherren stark vernachlässigte Landschaft zu den rückständigsten in Deutschland. Erst die Einführung des neuen Energieträgers Kohle in den Produktionsprozeß brachte einen gewaltigen Aufschwung vor allem der Textilindustrie. Die Niederlausitz entwickelte sich schnell zum Zentrum der deutschen Tuchindustrie.

Die sich formierende Arbeiterbewegung stand bald einem gutorganisierten Unternehmertum gegenüber, das bei Streik- und anderen Kampfaktionen rigoros reagierte. Streikende wurden rücksichtslos entlassen, Gerichte gegen sie zum Einsatz gebracht. Karl Liebknecht war es, der sich 1910 mutig für die Rechte der sorbischen Minderheit einsetzte, die unter den Germanisierungsbestrebungen des deutschen Militarismus zunehmend zu leiden hatte. Der nationale sorbische Widerstand schuf 1912 die Domowina (sorb. Heimat), eine einheitliche politische Organisation zur Abwehr der Unterwerfungs- und Assimilierungspolitik. Während des Faschismus verboten und verfolgt, erhielt die Domowina nach 1945 sofort alle ihre Rechte zurück. In der DDR wurden die Rechte des sorbischen Volkes erstmals legalisiert, Deutsche und Sorben leben heute friedlich zusammen.

Nach der Niederlage des deutschen Faschismus forderten von Senftenberg aus deutsche und sorbische Bergarbeiter die sofortige Enteignung der großen Kohlekonzerne, die Hitler einst den Weg zur Macht bahnen halfen. Nach dem Krieg in Volkseigentum überführt, ausgebaut und weiterentwickelt, sind heute moderne Kombinate entstanden (in Lübbenau, Vetschau, Trattendorf, Lauchhammer, Senftenberg u. a.). Im Rahmen des Kohle-Energie-Programms der DDR wandelte die Niederlausitz auch ihr soziales Antlitz. Neue Stadtteile und ganze Gemeinden entstanden, Wasserwirtschaftsbauten und künstliche Seen. Das Lausitzer Land, einst eine königlich-preußische Randlandschaft, ist heute ein Zentrum der Kohle- und Energiewirtschaft der DDR, Mittelpunkt traditioneller und neuer Industrien, eines regen, die Volkskultur sorgsam bewahrenden kulturellen Lebens sowie eines ausgedehnten Erholungswesens.

Erholungswesen und Tourismus: Spreewald und Niederlausitz bieten vielfältige Möglichkeiten der Erholung und des Tourismus. Vorrangig ist dabei natürlich der Spreewald zu nennen, der jährlich über eine Million Besucher in seinen Bann zieht, die mit dem Kahn, mit dem Paddelboot oder auch zu Fuß (gut markierte Wanderwege) die herrliche Landschaft kennenlernen. Der Spreewald ist Landschaftsschutzgebiet und hat außerdem mehrere Naturschutzgebiete, in denen besondere Regeln unbedingt zu beachten sind. In der Ruhe der Landschaft begegnet der Besucher seltenen Tieren (Fischotter, Schwarzstorch, Reiher, Rebhuhn, Fasan), und er findet noch einen reichen Singvogel- und Pflanzenbestand (u. a. Eichen mit einem Stammumfang von fast 9,5 m bei Mühlendorf und Boblitz) vor. Attraktiv sind auch Ausflüge zu den Folgelandschaften des Bergbaus vor allem bei Senftenberg und Hoyerswerda. Dort sind große Seengebiete mit vielfältigen Erholungsmöglichkeiten entstanden. Zahlreiche andere Landschaftsschutzgebiete in der Niederlausitz ziehen den interessierten Besucher an. Darüber hinaus sind die ausgedehnten Wälder im Spätsommer und im Herbst Ziele für Pilz- und Beerensammler, die hier voll auf ihre Kosten kommen (Steinpilze, Heidelbeeren).

Noch Anfang des 19. Jh. kannten nur wenige den Spreewald und seine Eigenart voll unendlicher Ruhe und schlichter Naturschönheit. Veröffentlichungen von Gelehrten über diese Landschaft fanden kaum ein Echo. Auch als Mitte des 19. Jh. der Dichter und Schriftsteller Theodor Fontane, mit der Postkutsche von Berlin anreisend, in Lübbenau eintraf, um unter der sachkundigen Führung des Pastors Klingestein „das endlos wirre Flußrevier" kennenzulernen, brachte dessen bewundernde Anerkennung, „dem Netze dieser Spreekanäle (fehle) nichts von dem Zauber von Venedig" keinen Wandel. Die herrliche Landschaft blieb weiter vom Fremdenverkehr unberührt. Erst als Ende des 19. Jh. die unermüdliche Werbung des Lübbenauer Lehrers Paul Fahlisch Gesellschaftsfahrten in den Spreewald veranlaßte, der von ihm begründete Spreewald-Verein diese Werbung unterstützte und dann auch noch naturverbundene Maler für die zauberhafte Idylle warben („Künstlerkolonie Lehde"), wurde der Spreewald weithin bekannt und schnell beliebt. 1910 befuhren bereits von Lübbenau aus 21 000 Besucher in Kähnen die vielen Fließe. 1954 wurden schon 150 000 Besucher durch die Kanäle gestakt, und heute sind es je Saison über 500 000 Gäste, die durch „das Netz der Spreekanäle" befördert werden. Nunmehr freilich vorübergleitend an schmucken Häusern, anziehenden Gasthöfen, blühenden Wiesen und Gärten. (↗ Bl. 12, 18)

Cottbus

Lage und Bedeutung: Am Südostrand des Spreewaldes erstreckt sich beiderseits der Spree die Bezirksstadt Cottbus (126 600 Einw.). Schon im Mittelalter ihrer guten Tuche wegen gerühmt, die bis nach England und Rußland verkauft wurden, war die größte Stadt der Lausitz Ende des 19. Jh. bereits das Zentrum der deutschen Tuchindustrie. Anknüpfend an die vielfältige traditionelle Industrie ist das Cottbus unserer Zeit politisches, wirtschaftliches, kulturelles und Verwaltungszentrum des gleichnamigen Kohle- und Energiebezirkes der DDR.

Stadtgeschichte: Urkundlich im Jahre 1156 als Marktflecken Chotibuz ersterwähnt, gelangte die Siedlung in den Besitz der Herren von Cottbus, die bald zu den größten Adelsgeschlechtern der Niederlausitz zählten. Planmäßig ließen die Besitzer nach 1220 aus dem Marktflecken eine Stadt hervorgehen, der sie Münzrechte verschafften. Die vorteilhafte Lage des Ortes an der wichtigen Salzstraße, die von Halle nach Osten führte, begünstigte ihr Wachstum. Im 13. Jh. ließen sich flandrische Tuchmacher in den Niederlausitzer Städten nieder. In kurzer Zeit war die Tuchmacherei das bestimmende Gewerbe in Cottbus. Die umfangreiche einheimische Schafhaltung lieferte dazu preisgünstige Rohstoffe. Tuche aus Cottbus brauchten auf den internationalen Märkten keine Konkurrenz zu fürchten. Eine 6 m hohe Ziegelmauer schützte die 1445 brandenburgisch gewordene kleine Stadt. Als nach den Schrecken des Dreißigjährigen Krieges nur noch 150 Einwohner am Leben waren, wurden erneut Einwanderer ins Land gerufen, Pfälzer und Glaubensflüchtlinge aus Frankreich. Sie brachten umfangreiche Kenntnisse der Garnspinnerei, der Strumpfwirkerei, des Tabakanbaus und der -verarbeitung, der Seidenraupenzucht, der Gerberei mit, was sich erneut vorteilhaft auf das Wirtschaftsleben auswirkte. Im 18. Jh. war die Bedrückung der Bauern durch die Gutsherren besonders groß. Es kam daher 1717 zu einem großen Bauernaufstand, sämtliche Gutsuntertanen des Kreises Cottbus kamen in den undurchdringlichen Wäldern zusammen, um Maßnahmen gegen die für sie unerträglichen Zustände zu beraten. Im Ergebnis dessen wurde von 4000 deutschen und sorbischen Bauern aus etwa fünfzig Dörfern beschlossen, nach Berlin zu ziehen, um dem preußischen König ihre Nöte vorzutragen. Friedrich Wilhelm I. allerdings brachte zuvor seine Truppen gegen die Bauern zum Einsatz und warf den Aufstand nieder.

Nach verschiedenen Besitzerwechseln kamen Cottbus und sein Umland 1807 zu Sachsen und 1815 endgültig zu Preußen. Friedrich II. von Preußen hatte bereits die aufblühende Manufakturindustrie der Stadt auf eigenartige Weise gefördert, indem er Insassen von Arbeits- und Waisenhäusern, ja ganze Soldatenfamilien, in den Arbeitsprozeß integrieren ließ. Im Kreis Cottbus waren zu diesem Zweck sechs sog. Spinnereidörfer geschaffen worden, Sachsendorf war eines davon.

Nach 1815 setzte verstärkt die Industrialisierung ein. Lohnspinnereien entstanden in der Stadt. In der Revolution von 1848 demonstrierten Cottbuser Textilarbeiter unter einer schwarz-rot-goldenen Fahne für ihre Rechte und erzwangen im Ergebnis auch Lohnerhöhungen.

Mit der Erschließung der Braunkohlenlager der Region erhöhte sich die wirtschaftliche Bedeutung der Stadt weiter. Die Arbeiter vereinten sich in Gewerkschaften, deren Kampfesstärke berühmt wurde. 1896 organisierte das Gewerkschaftskartell einen neunwöchigen Streik von 6000 Textilarbeitern für die Einführung des Elfstundentages – bis dahin waren 14 Arbeitsstunden pro Tag üblich. Trotz wütender Unternehmerattacken, Aussperrung und Polizeiwillkür errangen die Streikenden, getragen von der Solidarität vieler, einen Sieg. 1905 und 1906 vertrat Karl Liebknecht Senftenberger Bergarbeiter vor dem Landge-

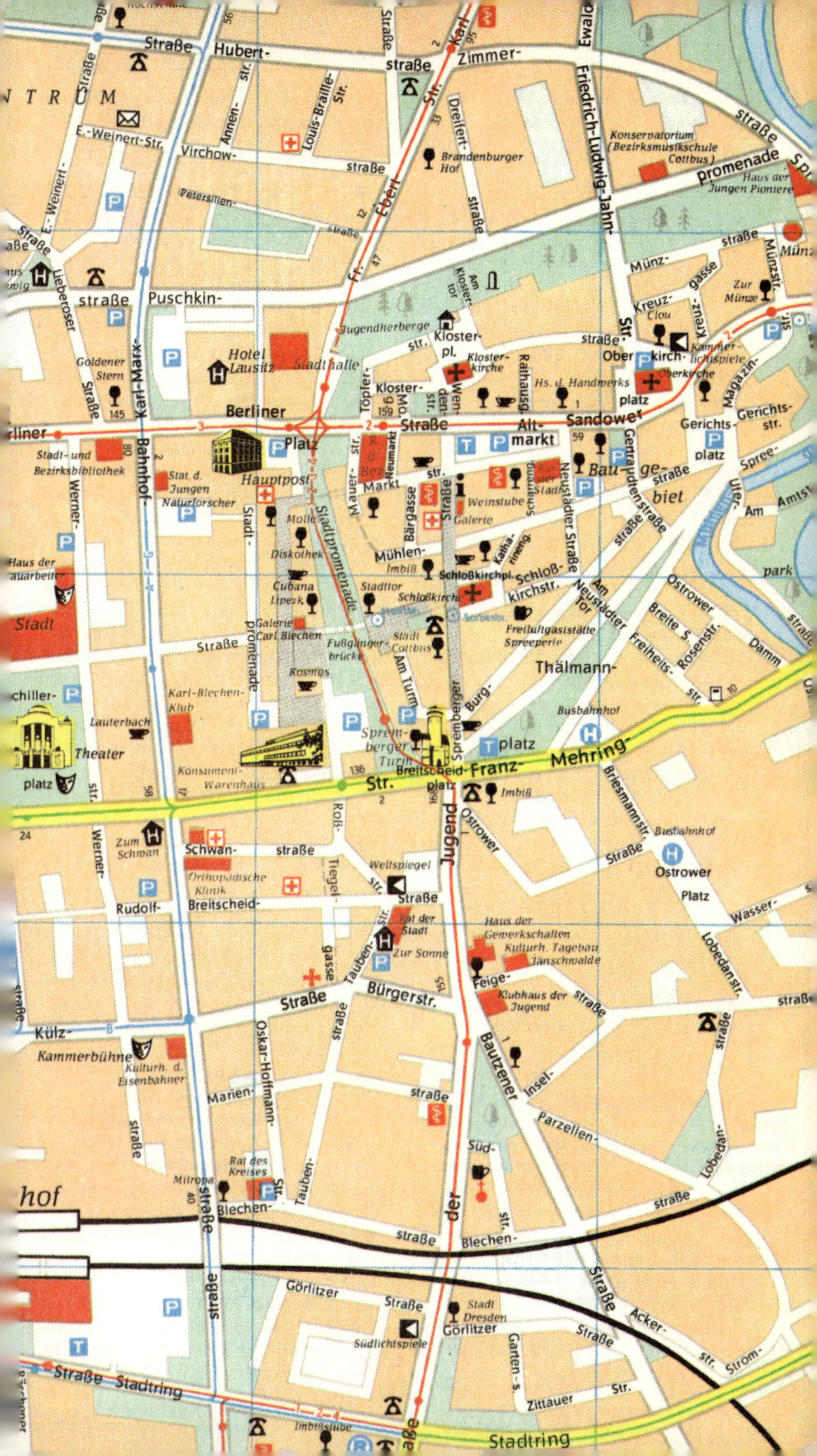

Hubert-
Straße
ZENTRUM
Zimmer-
Ewald-
E.-Weinert-Str.
Virchow-
Louis-Braille-Str.
Annen-str.
straße
Petersilien-
Karl-
Str.
Ebert-
Fr.
Dreifert-
straße
Brandenburger Hof
Friedrich-Ludwig-Jahn-
Konservatorium (Bezirksmusikschule Cottbus)
Promenade
Haus der Jungen Pioniere
Münz-
straße
Münzstr.
Zur Münze
Kreuz-
gasse
Kreuz-
Clou
Am Klostertor
Puschkin-
straße
Lieberoser
Karl-Marx-
Goldener Stern
Hotel Lausitz
Stadthalle
Jugendherberge
Kloster-
pl.
Klosterkirche
Rathausg.
Hs. d. Handwerks
Ober
kirch-
platz
Oberkirche
Kammerlichtspiele
Magazin-
Gerichts-
str.
Berliner
Platz
Straße
Alt-
markt
Sandower
Töpfer-
Kloster-
str.
Wenden-
Mö.
Mauer-
str.
Neumarkt
Markt
Bergasse
Straße
Weinstube
Galerie
Scharrengasse
Neustädter Straße
Gertraudtenstraße
Bau-
gebiet
Spree-
Ufer-
Am
park
Stadt- und Bezirksbibliothek
Stat. d. Jungen Naturforscher
Hauptpost
Mokka
Diskothek
Cubana
Lipezk
Galerie Carl Blechen
Stadt-
promenade
Stadtpromenade
Mühlen-
Imbiß
Schloßkirchpl.
Katharinenring
Schloßkirche
Schloß-
kirchstr.
Stadttor
Freiluftgaststätte Spreeperle
Am Neustädter Tor
Ostrower
Breite S.
Rosenstr.
Freiheits-
str.
Damm
Haus der Bauarbeiter
Stadt
Straße
Fußgängerbrücke
Stadt Cottbus
Am Turm
Kosmos
Thälmann-
Schiller-
platz
Theater
Lauterbach
Karl-Blechen-Klub
Spremberger Turm
Spremberger
Burg-
platz
Busbahnhof
Konsument-Warenhaus
Str.
Breitscheid-
Franz-
Mehring-
Briesmannstr.
Imbiß
Werner-
Zum Schwan
Schwan-
straße
Orthopädische Klinik
Roß-
Tiegel-
Weltspiegel
Jugend
Ostrower
Busbahnhof
Ostrower Platz
Rudolf-
Breitscheid-
str.
Straße
Rat der Stadt
Zur Sonne
Tauben-
gasse
Haus der Gewerkschaften
Kulturh. Tagebau Jänschwalde
Wasser-
Lobedanstr.
Straße
Bürgerstr.
Feige-
Klubhaus der Jugend
straße
Külz-
Kammerbühne
Kulturh. d. Eisenbahner
Oskar-Hoffmann-
Bautzener
Insel-
Marien-
straße
Parzellen-
Lobedan-
Süd-
str.
Rat des Kreises
Mitropa
Blechen-
straße
Bahnhof
der
straße
Blechen-
Straße
Görlitzer
Straße
Stadt Dresden
Görlitzer
Südlichtspiele
Garten-s.
Acker-
Straße
str.
Strom-
Straße
Stadtring
Zittauer
Str.
Imbißstube
Stadtring

richt Cottbus. Im Juni 1919 entstand im Ergebnis der beharrlichen Agitation von Fritz Heckert und Robert Siewert die erste KPD-Organisation in der Stadt. Im Kapp-Putsch kämpften Cottbuser Arbeiter in den Reihen der „Roten Armee der Niederlausitz". Auch 1929 kam es zu gewaltigen Streikaktionen von Textilarbeitern. Im sog. „Cottbuser Kommunistenprozeß" 1934 stellten die Faschisten 25 KPD-Mitglieder vor Gericht und verurteilten sie, ohne daß der Widerstand gebrochen werden konnte.

Zwei Monate vor Kriegsende zerstörte ein anglo-amerikanischer Luftangriff fast die Hälfte der Stadt. Noch in allerletzter Minute zur „Festung" erklärt, wurde Cottbus am 22. April 1945 von sowjetischen Truppen befreit.

1952 wurde aus Teilen der ehemaligen Länder Brandenburg, Sachsen-Anhalt und Sachsen der Bezirk Cottbus gebildet, die gleichnamige Stadt wurde Bezirksstadt. Da im Bezirk mehr als die Hälfte der in der DDR vorhandenen Vorräte an industriell verwertbarer Braunkohle liegt, wurde Cottbus planmäßig zum Zentrum der Kohle- und Energiewirtschaft unseres Landes ausgebaut. Neue Werke und Wohnviertel entstanden, es erfolgte die Rekonstruktion der schwerzerstörten Innenstadt. Die traditionsreiche Bezirksstadt links und rechts der Spree ist daher heute immer einen Besuch wert.

Sehenswürdigkeiten: Trotz der erheblichen Kriegsschäden besitzt Cottbus noch zahlreiche Bauten von Rang, die aufwendig restauriert worden sind. Sehenswert ist der *Altmarkt* mit mehreren guterhaltenen Bürgerhäusern, darunter die *Löwenapotheke* von 1568, das *Traufenhaus Altmarkt 21* und das *Greifenbergsche Haus*, das einst einem Kaufmann gehörte. Weitere Tuchmacher-, Leineweber- und Gerberhäuser befinden sich am *Mühlgraben* und in der *Sandower Straße*, zum Teil in schönem Barockstil. Architektonisch besonders herausragend ist das im Jugendstil geschaffene *Theater* auf dem Schillerplatz. Es verkörpert schon den Übergang vom Jugendstil zum sog. „neuklassizistischen Kubismus". 1908 nach einem Entwurf von Sehring gebaut, ist der heute denkmalgeschützte Bau einer der größten Theaterbauten in Europa.

Wahrzeichen der Stadt ist der *Spremberger Turm*, Rest eines ehemaligen Stadtturmes, mit dem Zinnenkranz von Schinkel (Gedenktafel an ermordete revolutionäre Kämpfer von 1920). Der Schloßturm wurde 1877 auf dem Fundament des alten Burgturmes errichtet. Die *Oberkirche* ist eine dreischiffige Anlage mit 22 m Innenhöhe und acht Jochen. Ausgestattet ist sie mit einem herrlichen, 11 m hohen Renaissancealtar vom Meister Schultze aus Torgau.

Am Ende der Wendenstraße steht die Begräbniskirche der Herren von Cottbus, die *Franziskaner-Klosterkirche* von 1300. Der große Backsteinbau am Neumarkt ist heute Sitz staatlicher Behörden. Im Vorgänger des Hauses wurde der Maler Carl Blechen geboren (Gedenktafel). Daneben ein klassizistisches Bürgerhaus von 1806. Die *Schloßkirche* (1707/14) diente der Hugenottenkolonie als kirchliches Zentrum. Am Amtsblick, im ehemaligen Dieselkraftwerk, Aufbau eines Kohle-Energie-Museums; Raumflug-Planeatarium „Juri Gagarin" von 1974.

Das *Schloß Branitz*, 1722 von Graf August Heinrich v. Pückler barock errichtet, von Fürst Hermann v. Pückler-Muskau, Enkel des Grafen, im frühen 19. Jh. umgestaltet, ist heute *Bezirksmuseum* mit interessanten Ausstellungen, herausragend die drei Räume der Carl-Blechen-Gemäldegalerie. In der Pergola des Schlosses befinden sich sehenswerte Nachbildungen antiker Kunstwerke, die Reliefs stammen von Thorvaldsen. Der ehemalige Marstall birgt naturgeschichtliche Zeugnisse. Der *Landschaftspark Branitz* wurde ab 1846 von Fürst Pückler-Muskau gestaltet, 1871 als letzter großer Park (87 ha) der klassischen Periode der Gartenbaukunst vollendet. In der Mitte des Pyramidensees ist eine kleine Insel angelegt,

Schloß und Landschaftspark Branitz

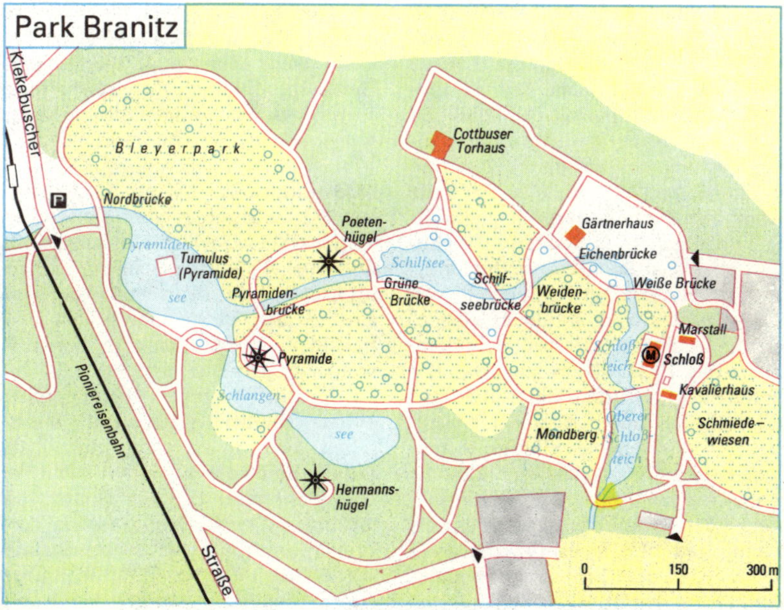

dort befindet sich unter der Pyramide die Grabstätte Pücklers und seiner Frau.

Der Cottbuser *Tierpark* ist bekannt durch die Zucht seltener Wasservögel, er hat ein sehenswertes Freigehege. Die *Spreewehrmühle* wurde 1833 zur Wasserversorgung der neuen Fabrikspinnereien errichtet, sie ist die einzige erhaltene Flußmühle der DDR. Der Volkspark, der Madlower Badesee und der Ströbitzer Badesee sind beliebte Erholungsplätze der Cottbuser.

Ausflugsziele in der Umgebung: Burg/ Spreewald im Ostteil des Oberspreewaldes, die flächenmäßig größte Gemeinde der DDR, entstanden aus Burg-Dorf, Burg-Kauper und Burg-Kolonie. Schon in der Bronzezeit besiedelt (Burg auf dem Schloßberg, reiche Funde, darunter prächtige Bronzewagen), wurden im Zuge der „Peuplierungspolitik" Friedrichs II. von Preußen ausgediente preußische Soldaten angesiedelt, aber auch Einwohner aus sächsischen Dörfern. Sehenswert der Turm der Jugend (1915/17) auf dem Schloßberg.

Peitz, an der Malxe gelegen, besitzt den größten Binnenfischereibetrieb der DDR (Karpfen, Schleie, Forellen). Überhaupt verfügt die Lausitz mit 8100 ha Teichfläche über 60 Prozent der Teichkapazität der DDR. Zu Beginn der Neuzeit wurde Peitz zu einer Festung ausgebaut, die bis 1764 existierte. Von 1850 bis 1870 war Peitz auch als Tuchmacherstadt bekannt. Seit 1550 gab es in dem Ort ein Hüttenwerk, das Raseneisenstein verarbeitete, sein heutiges Aussehen ist von 1815. Für das Werk wurde ein künstlicher Wasserlauf errichtet, der Hammerstrom. Er ist 22 km lang, das Kanalbett liegt z. T. drei Meter über dem Gelände der Spree- und der Malxe-Niederung – eine großartige technische Leistung der damaligen Zeit. Es war Adolf Hennecke, der die Einrichtung eines Technischen Museums vorschlug, seit 1973 ist es als *Hüttenmuseum* neben dem Frohnauer Hammer einmalig in der DDR. Weitere Sehenswürdigkeiten: *Festungsturm, Alte Bastion,* klassizistisches *Rathaus* von 1804. Karpfenteichlandschaft.

Die wirtschaftliche Bedeutung der Stadt **Spremberg**, die Ende des zweiten Weltkrieges durch sinnlose Aktionen der faschistischen Wehrmacht zu 70 Prozent zerstört wurde, nahm zu mit dem Ausbau des Großkraftwerkes, das 1914 als erstes Großkraftwerk der Niederlausitz errichtet worden war. Das Kraftwerk, das heute den Namen Artur Beckers trägt, war lange Zeit das größte und modernste Kraftwerk der DDR. 1965 wurde die Talsperre Spremberg fertiggestellt, die den Spreewald vor den verheerenden Folgen der Hoch- und Niedrigwasser schützt und auch die Kraftwerksgiganten Lübbenau und Vetschau mit Brauchwasser versorgt. Heute ist der See ein beliebtes Naherholungszentrum, „Cottbuser Strand" genannt. (↗ Bl. 18)

Lübbenau

Lage und Bedeutung: Am Südrand des Oberspreewaldes erstreckt sich als größte Stadt dieses Gebietes Lübbenau (20 800 Einw.). Weithin bekannnt als das „Tor zum Spreewald" ist die kleine Stadt neben ihrer anerkannten Gemüseproduktion und -verarbeitung auch Standort eines der größten Kraftwerke der DDR.

Stadtgeschichte: Bis ins 10. Jh. hinein Siedlungsgebiet des slawischen Stammes der Sorben, die hier wohl über eine Wallburg verfügten, kam es im Ergebnis der deutschen Ostexpansion in den Besitz eines deutschen Feudalen. Er ließ anstelle der zerstörten Wallanlage eine Burg errichten. Sie blieb bis ins 19. Jh. hinein Sitz adliger Oberherren, die ständig wechselten. 1621 gelangte die Herrschaft Lübbenau in das Eigentum der Herren von Lynar, die aus Oberitalien stammten. Durch systematisches Vorgehen erwarb diese Grafenfamilie schließlich dreißig Dörfer, über 50 000 preußische Morgen Land und wurde Herr über 10 000 Untertanen. Nach der in Preußen erfolgten Separation mußten die Untertanen die riesige Summe von 280 000 Talern aufbringen. Als es zu Protesten kam, rief der Graf Militär herbei. Erklärlich, daß es im Revolutionsjahr 1848 auch im Lübbenauer Raum gärte. Die Bauern formulierten ihre demokratischen Forderungen, zogen vor das Schloß und veranlaßten den Grafen, mit seiner Familie Lübbenau zu verlassen. Er floh durch einen Hinterausgang des Schlosses mit einem Kahn nach Lübben. Die Dörfer kündigten nun dem adligen Herrn alle Pflichten auf. Als in Berlin die Konterrevolution siegte, kehrte Lynar mit militärischer Eskorte zurück. Die „Rädelsführer" wurden verhaftet und ins Zuchthaus geworfen.

In Lübbenau und Umgebung hatte sich nach der Separation das Wirtschaftsleben schnell entwickelt. Schon im 18. Jh. war durch den Flachsanbau die Leineweberei begünstigt worden. Das Bierbrauen war weitverbreitet. Lübbenauer Bier ging bis nach Berlin und Kopenhagen. Im 19. Jh. nahm der bereits im Mittelalter bezeugte Gemüseanbau einen steilen Aufschwung. Flämische Tuchmacher hatten ihn seinerzeit eingebürgert, denn als ihre Tuche zeitweilig keinen Absatz fanden, spezialisierten sie sich mit wachsendem Erfolg u. a. auf den Anbau von Gurken, Zwiebeln, Meerrettich. Allerdings war der Absatz bis ins ausgehende 18. Jh. noch sehr umständlich. Er erfolgte z. B. selbst nach Berlin noch häufig mit dem Gemüsekarren. Lübbenauer Gemüse erlangte schnell einen guten Ruf, und nach dem Bahnanschluß vergrößerten sich die Absatzmöglichkeiten. Heute ist in der Stadt ein mehr als 15 Betriebe umfassendes Kombinat für Gemüseverarbeitung tätig.

Einen grundsätzlichen sozialen Wandel erlebte die Stadt allerdings erst mit dem Wirksamwerden des Kohle-Energie-Programms der DDR. 4000 Bauarbeiter errichteten die Großkraftwerke Lübbenau und Vetschau, zwei Tagebaue entstanden, dazu neue Wohnviertel und gesellschaftliche Einrichtungen.

Spreewälderin in Tracht

In den achtziger Jahren des 19. Jh. begann der Aufstieg der kleinen Ackerbürgerstadt zu einem Zentrum des Fremdenverkehrs. 1908 zählte der Fährmannsverein 53 Mitglieder, die mit den herkömmlichen Stoßkähnen die Fließe durchfuhren, 1910 verzeichnete Lübbenau schon 4100 Kahnfahrten je Saison. Heute sind es etwa 22 000 Fahrten mit fast einer halben Million Gäste.

Sehenswürdigkeiten: Die Spreewaldlandschaft ist und bleibt das Ziel der Besucher. Vom Hafen Lübbenau und anderen Spreewalddörfern aus sind besinnliche Rundfahrten möglich. Eine Paddelbootstation mit Ausleihe ist vorhanden. Die Gegend verfügt über gutmarkierte Wanderwege.

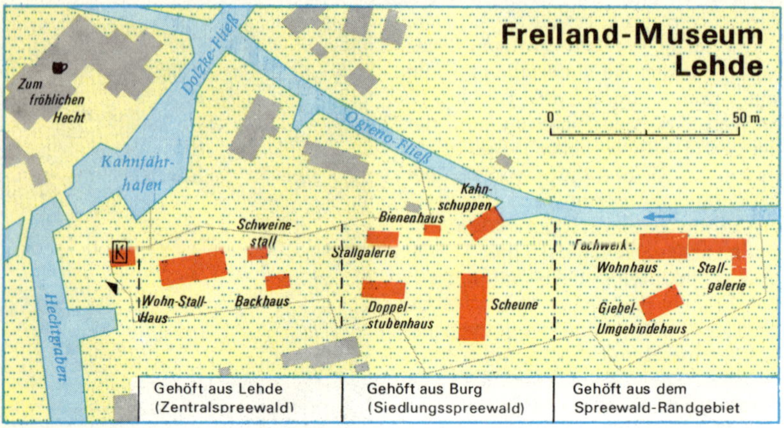

Bemerkenswert ist das klassizistische *Schloß* von 1817/20, anstelle der alten Burg erbaut. Schinkel gab wertvolle Ratschläge dazu. Die Erde zum „Schloßberg" mußte durch viele tausend Kahnfahrten herbeigeschafft werden. Sehenswerter *Landschaftspark* (nach 1817) von 10 ha Größe. Mehrere herausragende Gebäude: großes Fachwerkhaus von 1744/46, Kanzlei und Orangerie – heute *Spreewald-Museum* mit bunten Trachten u. a. heimatkundlichen Ausstellungsstücken. Ausstellungshalle mit Spreewaldbahn (die von 1900 bis 1970 in Betrieb war). Am Markt die barocke *Stadtkirche St. Nikolai*, im Innern mit schöner Ausstattung.

Lohnenswert ist auch ein Besuch des *Freiland-Museums* im Ortsteil **Lehde.** Typische Blockhäuser aus dem Umland, darunter Wohn-Stall-Haus, Doppelstuben-Haus, Stall-Galerie-Bau u. a. können hier besichtigt werden. Das heute von 200 000 Gästen gernbesuchte Lehde wurde durch den Dresdner Maler Woite bekannt, der 1882 das Dörfchen besuchte und begeistert zwei Jahrzehnte lang wiederkehrte, um hier in Ruhe die Idylle zu malen. Im Gasthof „Zum fröhlichen Hecht" schlug er sein Künstlerquartier auf. Andere Maler folgten, es entstand die „Künstlerkolonie Lehde", die die Anziehungskraft des Ortes und des Spreewaldes erhöhte.

Häufig besucht wird auch das mitten im Spreewald gelegene **Leipe**, dessen Gehöfte größtenteils an einem langen Fließ liegen. Von Leipe aus führt ein Wanderweg nach **Lübbenau**, das nach etwa eineinhalb Stunden erreicht wird.

Ausflugsziele in der Umgebung: Die zwischen Ober- und Unterspreewald gelegene Kreisstadt **Lübben** ist gleichfalls Ausgangspunkt für erlebnisreiche Kahnfahrten in die Niederungslandschaft. Lübben wird daher alljährlich von etwa 250 000 Gästen besucht. Die kleine Stadt spielte im Mittelalter wegen ihrer strategischen Lage am Spreeübergang eine wichtige Rolle, doch erinnern daran heute nur noch wenige Bauten. Im April 1945 wurde der Stadtkern im Ergebnis sinnloser Befehle der Hitlerwehrmacht zu 80 Prozent zerstört.

Bemerkenswert ist das *Schloß*, ein Renaissancebau von 1682, in dessen prächtigem Turmsaal die Stände der Niederlausitz ihrem jeweiligen Landesherrn huldigten (heute Museum). Schön auch die *Paul-Gerhardt-Kirche* am Markt mit der Grabstätte Gerhardts, des nach Martin Luther bedeutendsten protestantischen Lieddichters (eindrucksvolles Denkmal).

Geschichtsinteressierte werden **Lukkau** besuchen, eine Kreisstadt an der Berste. Um 1000 befand sich hier

Lübbenau: Freiland-Museum in Lehde

wohl das Stammeszentrum der alten Lausitzer, Liubusa genannnt, eine von etwa 30 Burganlagen der Slawen. Im Zuge der Ostexpansion eroberte ein deutsches Heer unter König Heinrich I. diese Zentrale des Stammes. Später wiederholt umkämpft – wichtige Lage am Schnittpunkt zweier Handelswege–, entstand im 12. Jh. die deutsche Burg Luckau, die 1301 bereits das Verwaltungszentrum der gesamten Niederlausitz wurde. 1492 wurde die Stadt sogar durch ein Dekret des Königs von Böhmen und Ungarn „Hauptstadt des Markgrafentums Niederlausitz". Sie besaß zwei deutsche und zwei sorbische Stadtviertel. Durch Handel und Grundbesitz reich geworden, traten Luckauer Bürger häufig als Geldgeber des böhmischen Königs in Erscheinung.

Die Herrschaft Preußens bescherte nach 1815 Rückständigkeit und den Ausbau des 1748 eingerichteten Zuchthauses, das Verbannungsort vieler unbequemer Persönlichkeiten des Preußenstaates wurde. Am 8. Dezember 1916 wurde hier auch Karl Liebknecht eingeliefert, der am 1. Mai 1916 öffentlich in Berlin in einer mutigen Rede die sofortige Beendigung des wahnwitzigen Weltkrieges gefordert hatte. Liebknecht fand im Zuchthaus Luckau Mittel und Wege, weiter unerschrocken gegen den Krieg zu wirken, er verfaßte Flugblätter, Zeitungsartikel und gab wichtige Ratschläge für den weiteren Antikriegskampf. Am 23. Oktober 1918 mußte Karl Liebknecht aus dem Zuchthaus entlassen werden. Heute befindet sich eine *Karl-Liebknecht-Gedenkstätte* im *Kreismuseum*, u. a. eine Nachbildung einer Zuchthauszelle. Ein ausdrucksstarkes *Liebknecht-Denkmal* von Theo Balden steht auf dem Markt. Weitere Sehenswürdigkeiten sind die mittelalterliche *Stadtbefestigung*, die *Pfarrkirche St. Nikolai* mit reicher Innenausstattung im Stil des sog. Bauernbarocks, die *Pfarrkirche St. Georg*, die heute als Festhalle dient, das spätgotische *Rathaus* und die frühbarocken Bürgerhäuser am *Markt*. (↗ Bl. 12)

Senftenberg

Lage und Bedeutung: Die weithin bekannte Bergarbeiterstadt Senftenberg (32 400 Einw.) liegt an der Schwarzen Elster. Ihre Geschichte ist eng verbunden mit dem Braunkohlenbergbau, der die Landschaft in und um Senftenberg noch heute weithin prägt.

Stadtgeschichte: 1279 als Siedlung am „sanften Berg" ersterwähnt, erfolgte von Senftenberg aus die Kolonisierung der Lausitz. Wiederholt den Besitzer wechselnd, fiel der Ort 1448 an das Haus Wettin. 1555 erzwangen die Proteste der sorbischen Bevölkerung die Einrichtung eines „Wendischen Zirkels", des ersten im Herrschaftsbereich der Wettiner. Danach durften wieder Predigt, Sakrament und Gesang in Sorbisch geboten werden. 1815 fiel Senftenberg an Preußen. Im gleichen Jahr wurde in Kostebrau, wo die Wettiner die erste Glashütte der Lausitz errichtet hatten (1709, Friedrichsthal), der erste Kohleschacht niedergebracht, 1869 die erste Stadtgrube. Mit dem Bergbau entwickelte sich schnell eine starke Arbeiterklasse. 1904 erlebte der Ort den ersten gewerkschaftlich organisierten Streik. Seitdem besaßen die Senftenberger Kumpel den Ruf der Kampfentschlossenheit. 1907 streikten 20 Werke des Senftenberger Reviers, es war dies der erste Revierstreik, der zudem äußerst erbittert geführt wurde. Trotz „Schwarzer Listen" und damit verbundener Repressalien erkämpften die Kumpel den Neunstundenarbeitstag. Während des Kapp-Putsches bildeten Senftenberger Kumpel den Kern der „Roten Armee der Niederlausitz", die den Putschisten entschlossen entgegentrat, zwölf Bergarbeiter ließen dabei ihr Leben.

Bereits am 15. September 1945, nur vier Monate nach Kriegsende, verlangte eine Gewerkschaftskonferenz deutscher und sorbischer Bergarbeiter unmißverständlich die entschädigungslose Enteignung der „Kohlebarone", die u. a. auch durch den sog. „Kohlepfennig" maßgeblichen Anteil an der Machtergreifung Hitlers hatten. Heute sind Stadt und Kreis Senftenberg nicht nur durch ihren Kohlentagebau bekannt (VEB Braunkohlenkombinat), sondern auch durch solche wichtigen Werke wie das Synthesewerk Schwarzheide, die Großkokerei Lauchhammer (das größte Gasveredlungskombinat der Welt auf Rohkohlenbasis) und das Lauchhammerwerk (hier 1784 erster Eisenkunstguß, seit 1836 Bronzeguß, unterstützt durch die bildenden Künstler Rauch und Rietschel). In der Werkstatt, die seit 1863 besteht, wurden berühmte Bildwerke gegossen, z. B. das Wormser Lutherdenkmal, Arbeiten für die Nationalen Mahn- und Gedenkstätten Buchenwald und Sachsenhausen sowie für die Gedenkstätte Auschwitz (Oświecim). Weitbekannt ist Lauchhammer auch durch den Bau von Tagebaugroßgeräten, die auf mehreren Kontinenten arbeiten.

Sehenswürdigkeiten: Zu ihnen gehört das *Schloß* mit *Schloßpark* (prächtiger Baumbestand) mit der Barlach-Plastik „Der Bettler" im Schloßhof. Im Schloß ist ein Kreismuseum mit interessanten Ausstellungen und Sammlungen (Geschichte des Bergbaus) untergebracht. Am Platz der Freundschaft sind alte *Bürgerhäuser*, z. B. „Goldenes Roß" von 1609, sehenswert. Die *Deutsche Kirche* stammt aus dem 14./15. Jh.; Bauhausstil demonstrieren die Hans-Beimler-Oberschule und die Kommunale Berufsschule.

Ausflugsziele in der Umgebung: Weit über die Region hinaus bekannt ist das 1780 ha große Erholungsgebiet um den *Senftenberger See*: 1250 ha Wasserfläche, 17 km Strände und Naturschutzgebiet. Mit dem Erholungsgebiet Senftenberger See wurde Pionierarbeit geleistet, indem eine Bergbaufolgelandschaft planmäßig vorbereitet und erschlossen wurde. Das Gebiet soll als „Senftenberger Seelandschaft" auf 5000 ha Wasserfläche erweitert werden. Es bietet seinen Besuchern schon jetzt vielfältige Erholungsmöglichkeiten.

Empfehlenswert ist ein Ausflug nach **Altdöbern** mit seiner Schloß- und Parkanlage aus dem 18. Jh.; schöne Plastiken (um 1750) von Knöffler. Die Anlage ist eine der künstlerisch wertvollsten im Bezirk Cottbus. (↗ Bl. 18)

Hoyerswerda

Lage und Bedeutung: Die Kreisstadt Hoyerswerda (69 100 Einw.), in einer Flußniederung der Schwarzen Elster gelegen, hat sich aus einer ehemaligen Ackerbürgerstadt zu einer modernen Heimstätte der Berg- und Energiearbeiter entwickelt.

Stadtgeschichte: 1268 ersterwähnt und Sitz einer Burg, 1423 Stadtrechte erhaltend, verlief die Geschichte der Siedlung und späteren Stadt lange im Schatten anderer Lausitzer Städte. 1527/28 waren die Blicke vieler Menschen der Lausitz auf Hoyerswerda gerichtet, als 40 Dörfer der Umgebung gegen die adligen Bedrücker protestierten. Die Bauern entsandten eine Deputation zu ihrem königlichen Oberherrn nach Prag, um ihre Beschwerden vorzutragen. Als die Abordnung nach Hoyerswerda zurückkehrte, wurde sie gefangengesetzt und die meisten ihrer Mitglieder hingerichtet. Die Adelsherrschaft triumphierte.

1815 fiel Hoyerswerda an Preußen, doch die Herrschaftsverhältnissse im Ackerbürgerstädtchen blieben bestehen. Am 12. Oktober 1912 kam es in der Stadt zur Gründung der Domowina, als 60 Delegierte aus 31 sorbischen Vereinen diesen Zusammenschluß gegen die vom deutschen Imperialismus ausgehende Gefahr der nationalen Unterdrückung schufen. Die Domowina gewann schnell in den nordöstlichen Teilen der preußischen Oberlausitz eine feste Basis, denn hier lebten 20 000 der 25 000 Domowina-Mitglieder unter halbproletarischen und kleinbäuerlichen Verhältnissen.

Hoyerswerda: Am Knappensee

Die Domowina wurde während des Faschismus verboten, viele ihrer Mitglieder verfolgt. Nach der Niederlage des Faschismus erhielt die Organisation von den sowjetischen Besatzungsbehörden sofort und umfassend ihre Rechte zurück. Seit Gründung der DDR konnte die Domowina ihren demokratischen Gehalt voll entfalten und ist heute die anerkannte sozialistische Organisation der etwa 100 000 in der DDR beheimateten Sorben.

Mit der Entwicklung des Braunkohlenbergbaus in Hoyerswerdas Umgebung hatte sich im Leben der einstigen Ackerbürgerstadt vieles zu wandeln begonnen. Eine entscheidende Wende zum Besseren erfolgte jedoch erst, als 1955 für die Berg- und Energiearbeiter vor allem des gewaltigen Gasveredlungskombinates „Schwarze Pumpe" die Grundsteinlegung für das neue Hoyerswerda erfolgte. Es entstand eine neue Stadt mit beispielhaften Wohn- und sozialen Einrichtungen, und die Einwohnerzahl hat sich damit vervielfacht.

Sehenswürdigkeiten: Das *Schloß*, ein dreigeschossiger Renaissancebau, wurde mehrfach umgebaut und beherbergt heute das *Kreismuseum, Rathaus* von 1592 mit farbenprächtigem Wappen. Das *Amtshaus* in der Lessingstraße, in dem der junge Lessing wiederholt bei seinem Onkel zu Besuch weilte, ist sehenswert. In der Museumsstraße (Lange Straße) sind charakteristische Ackerbürgerhäuser Schaufenster auf traditionelle Gewerbe. Im Haus der Jungen Pioniere am Platz der Roten Armee (ehem. Gesellschaftshaus) wurde die Domowina gegründet.

Ausflugsziele in der Umgebung: 7 km südöstlich liegt das herrliche Erholungszentrum am **Knappensee/Silbersee**, ein Freizeitparadies nicht nur für die Einwohner Hoyerswerdas, mit vielfältigen Sport- und Erholungsmöglichkeiten, Campingplatz, Jugendtouristenhotel. Der Knappensee umfaßt allein 300 ha Wasserfläche. (↗ Bl. 18)

Forst

Lage und Bedeutung: Die am Westufer der Neiße, unmittelbar an der Staatsgrenze zur VR Polen gelegene, alte Tuchmacherstadt Forst (26 500 Einw.), am Ende des zweiten Weltkrieges zu 85 Prozent zerstört, hat sich Schritt für Schritt wieder zu einer beachtlichen Industriestadt erhoben. Heute ist der VEB Forster Tuchfabriken das größte Werk für Streichgarngewebe in der DDR. Der großartige Rosengarten entzückt alljährlich über 200 000 Besucher aus nah und fern.

Stadtgeschichte: Nach 1150 entstand aus ersten Siedlungsansätzen am wichtigen Neißeübergang als planmäßige Anlage die Ortschaft Forst, in der sich bald Tuchmacher aus Flandern niederließen. 1385 fiel das inzwischen ausgedehnte Territorium – die Stadt inbegriffen – an die Herren von Biberstein. Zu der in kurzer Zeit größten Niederlausitzer Herrschaft gehörten schließlich zwei Städte und 64 Dörfer. Forst errang dabei einen hohen Grad von Selbständigkeit.

1740/46 kaufte der bekannte sächsische Staatsminister Graf von Brühl u. a. auch die Tuchmacherstadt. Er betrieb die Einrichtung einer entsprechenden Manufaktur – Ausgangspunkt der späteren berühmten Forster Tuchindustrie. Brühl war es auch, der die Stadt im Barockstil erneuern ließ. Als Forst 1815 an Preußen fiel, entwickelte es sich zu einer Art preußischem Manchester. 1914 kam es zu großen Streiks der Textilarbeiter, die die Unternehmer mit Aussperrung beantworteten. 1915 schlossen sich insgeheim oppositionelle Jugendgenossen zur Freien Sozialistischen Jugend der Niederlausitz zusammen, um, wie sie erklärten, „für die Politik Karl Liebknechts in der Partei einzutreten“. Seit Juni 1919 hatte die Bezirksleitung der jungen KPD in Forst ihren Sitz, Vorsitzender war der bekannte Arbeiterführer Fritz Heckert. Sie stand an der Spitze vieler revolutionärer Kämpfe in der Weimarer Zeit. Die berühmte „Forster Arbeiterwehr“ wirkte mutig in den Reihen der „Roten Armee“ dieser Region.

Sehenswürdigkeiten: Die „Stadt der Tuche und der Rosen“ ist weithin wegen ihres 1900 entstandenen, 1945 im Feuersturm des Krieges zerstörten und von 1945 bis 1949 wieder liebevoll errichteten *Rosengartens* bekannt (15 ha Fläche, 40 000 Rosenstöcke, viele Seltenheiten und Kuriositäten wie schwarze, blaue oder grüne Rosen). Ende Juni finden die Forster Rosengarten-Wochen in einem der schönsten Rosengärten unseres Landes statt.

Ausflugsziele in der Umgebung: Besuchenswert ist auf jeden Fall **Bad Muskau**, am westlichen Neißeufer in schöne Parkanlagen eingebettet. Der historische *Landschaftspark* ist auf der Denkmalliste der UNESCO festgehalten. Um 1249 entstand um Burg Muskau die an Fläche größte Adelsherrschaft der Lausitz. Die 1452 von den Bibersteinern gegründete Stadt war Mittelpunkt einer viele Dörfer umfassenden Adelshegemonie mit erheblichem Gewerbebetrieb (Eisenhämmer u. a. bei Peitz, Produktion von Schafwolle für die zahlreichen Tuchmacher).

Seit 1795 hatte Hermann Graf von Pückler die Standesherrschaft inne. Der 1822 gefürstete ehemalige Herrnhuter ließ nach englischem Vorbild den herrlichen Muskauer Landschaftspark anlegen, der nach der Übersiedlung Pücklers nach Branitz weiter ausgebaut wurde. Von 1815 bis 1845 entstanden als ältester Teil der Anlage der Schloß- und Badepark, Teile von Anlagen nahe Stadt und Neiße (200 ha). Bis 1878 errichtete ein Schüler des Meisters den Bergpark. Insgesamt zählte die Parkfläche 545 ha und 55 km Wegenetz.

Das *Alte Schoß* (14. Jh.), 1945 zerstört, wurde 1965/80 als prächtiger Renaissancebau wiederrichtet, u. a. Museum, Bibliothek, öffentliche Einrichtungen beherbergend. Älteste Kirche der Oberlausitz ist die 1346 ersterwähnte *Bergkirche* (Ende des 18. Jh. Zerfall, 1965/80 als herausragendes Kulturdenkmal wiedererrichtet); Ruine des Neuen Schlosses von 1520 (1945 zerstört). Das Kavaliershaus von 1772 war 1945 ebenfalls Ruine, danach wurde es wiedererschaffen, seit 1950 dient es als Kurhaus des Moorbades. Das *Hermannsbad* wurde 1823 auf Anregung Pücklers errichtet. 1930 geschlossen, aber von 1963 bis 1966 neugeschaffen, dient es heute als Moor- und Kneippbad; *Orangerie* von 1840 (nach Semper-Plan), 1945 teilzerstört, jedoch wieder aufgebaut. In der ehemaligen Schloßgärtnerei Schaubetrieb für seltene Pflanzen.

Unweit von Bad Muskau liegt **Kromlau.** 1842 entstand hier aus einem Gut ein *Park*, in dem die Zucht von Freilandazaleen und Rhododendron spezialisiert wurde. Diese Pflanzen verleihen dem Park im Mai/Juni ein unverwechselbares, farbenprächtiges Aussehen. (↗ Bl. 18)

Magdeburger Elbtal und Börde

Geographische Besonderheiten: Das etwa 6 bis 8 km breite Elbtal im Gebiet von Magdeburg senkt sich von 52 m ü. d. M. an der Saalemündung bei Barby auf 40 m ü. d. M. an der Ohremündung bei Wolmirstedt. Die Sand- und Kiesmassen des Magdeburger Urstromtales sind mit einer z. T. mehrere Meter mächtigen Auelehmschicht als Hochwasserablagerung bedeckt. In Magdeburg durchragt das Festgestein des Untergrundes an einigen Stellen die holozänen Ablagerungen. Bekannt ist der sog. Domfelsen aus Sandsteinen der Permzeit, die bei Elbniedrigwasser auf 30 bis 50 m Breite im Strom trockenliegen. Der für das Elbtal typische Auwald ist in einigen Gebieten noch gut entwickelt. Innerhalb des langgestreckten LSG „Mittelelbe" zwischen Wittenberg und Magdeburg war er Anlaß zur Ausgliederung einiger Naturschutzgebiete, u. a. des „Kreuzhorst" bei Magdeburg und des 3500 ha großen „Steckby-Lödderitzer Forst" zwischen Aken und der Saalemündung, u. a. wichtiger Biberbiotop, der zum Biosphärenreservat der UNESCO erklärt wurde.

Die Magdeburger Börde mit einer Größe von etwa 1000 km^2 gehört zu den fruchtbaren Schwarzerdegebieten auf Löß, begrenzt durch Bode, Saale, Elbe und Ohre, im Westen durch die Linie Haldensleben–Erxleben–Oschersleben. Eine markante Geländestufe etwa 8 km westlich von Magdeburg trennt die westliche Hohe Börde (Höhenlage um 130 m ü. d. M.) von der östlichen Niederen Börde (um 80 m ü. d. M.). Einige Endmoränenhügel verleihen Teilen der Börde einen welligen Charakter. Die Gesteinsstrukturen im Untergrund verlaufen von Nordwesten nach Südosten; im Norden sind es Gesteine aus dem Erdaltertum, u. a. Grauwacken, im Süden solche des Zechsteins mit Salzen, aus der Erdmittelzeit, u. a. Kalksteine, und aus dem Tertiär mit Braunkohlen.

Geschichte: Viele Altwässer im Elbtal zeugen von den Stromverlagerungen bis zum Mittelalter. Die Eindeichung der Elbe begann im 12. Jh. Von 1871 bis 1875 baute man zur Hochwasserentlastung für Magdeburg zwischen Pretzien und Biederitz den 20 km langen und 450 m breiten Umflutkanal und das Pretziener Wehr, heute ein interessantes technisches Denkmal. Ein solches ist auch die Hubbrücke von 1846 in der Nähe des Magdeburger Domes, die erste Eisenbahnbrücke Magdeburgs über die Elbe für die Strecke nach Berlin. Nördlich von Magdeburg benutzt der 1938 in Betrieb genommene 40 m breite Mittellandkanal die Tiefenlinie des Urstromtales der Saale-Vereisung. Für den bis zu 18 m hohen Kanaldamm und die Autobahntrasse entnahm man die Kiesmassen zwei Gruben, dem heutigen Barleber See (105 ha) und dem Jersleber See (30 ha). Zur Überwindung des Höhenunterschiedes zwischen dem Kanalspiegel (56 m ü. d. M.) und dem 16 m tieferen Elbniveau errichtete man gleichzeitig das Schiffshebewerk Rothensee für Eintausendtonnenschiffe.

Die dörfliche Entwicklung in der Börde begann nach der Völkerwanderung. Vom 10. Jh. bis zum Dreißigjährigen Krieg bestimmte der Erzbischof von Magdeburg als Landesherr, dann der brandenburgisch-preußische Staat das politische Geschehen. Zeichen kirchlicher und feudaler Herrschaft sind viele Klöster, vor allem die der Benediktiner und Zisterzienser, z. B. in Groß Ammensleben, Egeln, Hadmersleben und Nienburg, Burgen als Sitze landesherrlicher Vögte und Adliger, so in Altenhausen, Ampfurth, Erxleben, Wanzleben, und Schlösser, etwa in Barby, Erxleben, Hadmersleben. Die dörfliche Entwicklung verlief trotz vieler feudaler Abhängigkeiten zum mittel- und großbäuerlichen Besitz in stattlichen Haufendörfern.

Seit dem 18. Jh. wurde im Süden, bei Schönebeck–Calbe–Egeln, Braunkohle abgebaut (bis 1962). Weltbekannt wurde der Kalibergbau in Staßfurt (1861–1972). Besondere Bedeutung erlangte die Börde im 19. Jh. als Zuckerrübenanbaugebiet. 1880 gab es etwa fünfzig Zuckerfabriken. Auffällig sind in vielen Dörfern die sog. „Rübenpaläste“ reicher Bauern vom Ende des 19. Jh. Die heutigen Landwirtschaftsbetriebe mit durchschnittlichen Flächengrößen von über 5000 ha bauen auf der Hälfte der landwirtschaftlichen Nutzfläche Getreide an (Weizen, Gerste mit Hektarerträgen von etwa 60 dt), dazu Zuckerrüben (etwa 300 dt pro ha) und Gemüse, u. a. im Süden der Börde bedeutender Zwiebelanbau. Die größten Industriestandorte liegen am Rand der Börde: Magdeburg, Schönebeck, Calbe, Staßfurt, Oschersleben, Haldensleben. Wanzleben, Verwaltungsmittelpunkt des Bördekreises, blieb industriell eine unbedeutende Landstadt.

Erholungswesen und Tourismus: Die Auwaldgebiete mit den alten Elbarmen und Deichen sind Ausflugsziele für die Magdeburger. Zwei *Parkanlagen* in der Nähe der Stadt, der *Kulturpark Rotehorn* – seit 1875, mit Stadthalle (1927), Aussichtsturm Ausstellungsgelände, Museumsschiff, Sportstätten und gastronomischen Einrichtungen – und der *Herrenkrug-Park* – seit Anfang des 19. Jh., Ausflugsgaststätte – mit anschließender Pferderennbahn üben eine besondere Anziehungskraft aus. **Barleber und Jersleber See** sowie weitere ehemalige Baggerlöcher im Elbkies in der Nähe der Stadt bieten Bade- und Campingmöglichkeiten. Ausflüge mit Schiffen der Weißen Flotte zum Schiffshebewerk, auf Elbe, Mittelland- und Elbe-Havel-Kanal sind möglich.

Die Kirche des ehemaligen Augustinerchorherrenstiftes in **Hamersleben** bei Oschersleben, eine romanische Säulenbasilika des 12. Jh., und die Kirche des ehemaligen Benediktiner-Nonnenklosters in **Hecklingen** bei Staßfurt, eine romanische Basilika des 12./13. Jh., beide am Rand der Börde gelegen, stehen als besonders wertvolle Bauten auf der Zentralen Denkmalliste. In der *Burg Ummendorf*, einer Anlage der Magdeburger Erzbischöfe aus dem 12. Jh. mit spätromanischem Bergfried und Renaissancebau des 16. Jh., befindet sich das *Agrarmuseum* der Magdeburger Börde mit volkskundlicher Sammlung und reichem Kräutergarten im ehemaligen Burggraben. Südlich von Schönebeck liegt das Renaissanceschloß **Groß Mühlingen** der Grafen von Mühlingen und Barby (13. Jh.) bzw. der Fürsten von Anhalt (17. Jh.), in dessen kleinem Prunksaal Konzerte und Ausstellungen stattfinden. Erholungsgebiet am Westrand der Börde bei Oschersleben ist das LSG „Hohes und Saures Holz“ mit zwei Ausflugsgaststätten. (↗ Bl. 10)

Haldensleben

Lage und Bedeutung: Kreisstadt mit 20 400 Einwohnern im Ohretal 50 m ü.d.M. am Nordrand der Magdeburger Börde und Südrand der Colbitz-Letzlinger Heide, Verkehrs- und Handelszentrum 25 km nordwestlich von Magdeburg, seit 1938 Hafenplatz am Mittellandkanal, mit beachtlicher standortbedingter Industrie, wie Zukkerproduktion, Gemüse- und Kartoffelverarbeitung, Holzindustrie sowie exportintensiver keramischer Industrie. Die Steinwerke Haldensleben beuten im Raum Flechtingen–Bodendorf–Bebertal das nördlichste Hartsteinvorkommen (porphyrische Gesteine) der DDR aus.

Stadtgeschichte: Im 10. Jh. entstand am südlichen Rand des Ohretals im Schutz einer Burg an der Beber die Siedlung Althaldensleben und im 12. Jh. 1,5 km nördlich davon an der Ohre Neuhaldensleben, dessen ovaler Umriß und gitterförmiges Straßennetz mit dem rechteckigen Marktplatz die planmäßige Anlage zeigen. In Althaldensleben bestand von 1228 bis 1810 ein Zisterzienserinnenkloster. Dann kaufte der Magdeburger Unternehmer Johann Gottlob Nathusius das Klostergut und Schloß Hundisburg und rief u. a. die keramische Industrie ins Leben. Größeren wirtschaftlichen Aufschwung erlebte die Stadt erst Ende des 19. Jh. nach Chaussee- und Eisenbahnbau. 1938 wurden Alt- und Neuhaldensleben zur Stadt Haldensleben vereinigt.

Sehenswürdigkeiten: Die beiden bedeutenden Gebäude am *Markt* sind die spätgotische *Marienkirche* ,allerdings mit erheblicher neogotischer Umgestaltung im 19. Jh., und das klassizistische *Rathaus* von 1823. Vor dem Rathaus steht die Figur des *Rolands* zu Pferde, 1927 in Sandstein kopiert nach dem hölzernen Original (im Museum) von 1528. Von der mittelalterlichen Stadtbefestigung sind im wesentlichen noch zwei Tortürme vorhanden.

In Haldensleben II (früher Althaldensleben) blieb vom Klosterkomplex in der Nähe des Burghügels aus dem 10. Jh. der barocke *Klosterhof* mit dem ehemaligen *Gutshaus* (jetzt Berufsschule) erhalten. Von Nathusius stammt der 100 ha große *Landschaftspark* entlang der Beber bis zum Schloß Hundisburg. Ein Lehrpfad erschließt dem Besucher die Sehenswürdigkeiten des Parkes. Von Haldensleben II 2 km entfernt sieht man die Ruine des *Barockschlosses Hundisburg* (1702), das sich an die Rundburg des 12. Jh. (Grenzfeste des Erzbistums Magdeburg gegen das Herzogtum Braunschweig) anlehnt.

Ausflugsziele in der Umgebung: Von der Beber in Richtung Nordwesten erstreckt sich das LSG „Flechtinger Höhenzug“ mit ausgedehnten Laubmischwäldern, in denen die ehemalige Wasserburg Flechtingen des 14. Jh. (später mehrfach umgebaut) mit anschließendem Teich und Park Anziehungspunkt ist. Westlich von Haldensleben liegt die „Historische Quadratmeile“, wo aus der mittleren Jungsteinzeit (um 2500 v.u.Z.) eine größere Zahl von Großsteingräbern, bekannt die „Teufelsküche“ und das „Königsgrab“, erhalten geblieben ist. (↗ Bl. 10)

Magdeburg

Lage und Bedeutung: Die Bezirksstadt mit 289 000 Einwohnern erstreckt sich in einer Länge von 15 km an der mittleren Elbe. Sie liegt am Ostrand der Magdeburger Börde (Altstadt 50 m ü. d. M.) und z. T. in dem hier sechs Kilometer breiten Elbtal. Magdeburg ist ein Eisenbahn- und Straßenverkehrsknotenpunkt im mittleren Teil der DDR mit dem größten Binnenhafen der Republik (Umschlag 2,5 Mill. t). Die Stadt gehört zu den wichtigsten Industriestandorten unseres Landes, bedeutend vor allem durch den exportorientierten Schwermaschinenbau und Leitinstitutionen verschiedener Industriezweige im RGW. In über 100 Industriebetrieben werden 40 Prozent der Produktion des Bezirkes Magdeburg erzeugt.

Nach 1945 erlangte Magdeburg Ansehen als Hochschulstadt: Technische Universität (seit 1987, gegründet 1953 als Hochschule für Schwermaschinenbau, mit etwa 3600 Studenten), die Medizinische Akademie (gegründet 1954, mit etwa 700 Stundenten) und die Pädagogische Hochschule (seit 1972, mit 1400 Studenten). Daneben bestehen zahlreiche Fachschulen. Auch im kulturellen Bereich besitzt Magdeburg Ausstrahlungskraft, u. a. durch die Museen der Stadt, das Maxim-Gorki-Theater und die Konzerthalle „Georg Philipp Telemann“ im Kloster „Unser lieben Frauen“ und das Zentrum für die Telemann-Pflege und -Forschung in der DDR. Dem 1681 in Magdeburg geborenen Komponisten sind seit 1962 die Telemann-Festtage der DDR gewidmet.

Stadtgeschichte: Magdeburg entwickelte sich aus drei Siedlungskernen. 1. Siedlungskern: Im Domgebiet befand sich am Schnittpunkt von Handelswegen ein karolingischer Grenz-

ALTSTADT
STROM-ELBE
Maxim-Gorki-Theater
Erzberger-straße
Virchow-straße
Elbeschwimmhalle
Sporthalle
Krankenhaus Altstadt
Max-Otten-Str.
Café Centra
Wildbretstübl
Haus der Lehrer
Karl-Marx-Str.
Große Steinernetisch-Str.
Blaue-
Weitling-straße
Peter-straße
Bremer-
Kutscherstr.
CENTRUM Warenhaus
Stadtsparkasse
Große Münzstraße
Schweriner Str.
FDGB
Brandenburger
Mitropa
Wilhelm-Pieck-Allee
Milchbar
Alter Markt
Eulenspiegelbrunnen
Theater des Friedens
Rat der Stadt
Ratswaageplatz
Gewerkschaftshaus
Otto-v.-Guericke-Denkmal
Magdeburger Reiter
Rathaus
Ratskeller
Jakob-Straße
Johannisberg
Stadt Prag
Kantstraße
Interhotel International
Am alten Theater
Hasselbachstraße
Moskwa
Café Wien
Pilsner Quelle
Café Liliput
Krügerbrücke
Himmelreichstr.
Blitzgastronom
Bärstraße
Jugendtouristenhotel
Leiterstr.
Metzger-Str.
Kabarett "Die Kugelblitze"
Poliklinik der Bauarbeiter
Große Klosterstraße
Klostercafé
Kloster Unser Lieben Frauen (Konzerthalle)
Hauptpostamt u. Bezirksdirektion
Kreuzgangstr.
Domplatz
Gouvernementsberg
Schleinufer
Stromprommenade
Dom
Möllenvogteigarten
Am Dom
Turm an der Augenklinik
Kulturhistorisches Museum
Danzstraße
Heydeckstraße
Theatercafé
Friedensplatz
Behringstraße
Telemann-Musikschule u. Klub "Otto v. Guericke"
Friesendenkmal
Haeckelstr.
Haus der DSF Donezk
Bürgelstr.
Rat des Stadtbez.
Elbuferweg
Broiler-Gaststätte
Liebigstraße
Café Impro
Hegelstraße
Stadtmarsch
Hubbrücke
Ausstellungshallen
Hyparschale
Sportzentrum
Stadthalle
Aussichtsturm
Blüthnersaal
Adolf-Mittag-See
Seeterrasse
Seilerweg
Stadtpark-
Friedensstadion
Heinrich-Heine-

platz (erste Erwähnung 805 als Magadoburg für den Handel mit den Slawen östlich der Elbe. Hier gründete König Otto I. (936–973) 937 das Mauritius-Kloster, mit umfangreichem Landbesitz, vor allem in der Magdeburger Börde, ausgestattet. Der Dombau 955 war Vorbild für die Kirchenbauten im sächsischen Gebiet. Die Gründung des Erzbistums Magdeburg 968 diente der Missionstätigkeit und Ostexpansion ins Slawenland. Das im 11. Jh. gegründete Kloster „Unser lieben Frauen“ nördlich des Domes wandelte Erzbischof Norbert von Xanten 1129 in ein Prämonstratenserkloster um, Mutterkloster für Neugründungen östlich der Elbe, u. a. in Leitzkau. 2. Siedlungskern: Seit etwa 1000 erhielt das Marktgebiet Bedeutung. Erzbischof Wichmann förderte die wirtschaftliche Entwicklung der Stadt, in der der berühmte Magdeburger Schöffenstuhl, große Innungen und im 13. Jh. ein städtischer Rat Einfluß gewannen. Das Magdeburger Recht strahlte bis nach Vilnius, Kiew und Budapest aus. 3. Siedlungskern: Im Gebiet um die Petrikirche hatte vermutlich der Burggraf seinen Sitz.

Die politische Stellung der Stadt, der Handel mit dem Osten, Handelsprivilegien, das Wirken in der Hanse ab 1296, die Lage an der Elbe (Schifffahrt) und in der Börde (Getreideausfuhr) machten Magdeburg zu einem der bedeutendsten Wirschaftszentren des Spätmittelalters im östlichen Mitteleuropa.

Diese Entwicklung brach im Dreißigjährigen Krieg ab, als Magdeburg 1631 fast vollständig zerstört wurde. In diese Zeit fällt das Wirken Otto von Guerickes, der sich als Bürgermeister um seine Vaterstadt verdient machte und als Naturforscher berühmt war. Nach dem Dreißigjährigen Krieg fiel Magdeburg an das Kurfürstentum Brandenburg und wurde unter preußischer Herrschaft bis 1740 zur stärksten Festung des Landes ausgebaut. Unter Napoleon gab es weitere wesentliche Veränderungen im Stadtaufbau: Abriß der Vorstädte aus festungstechnischen Gründen und ihr Wiederaufbau etwa 2 km weiter nördlich als Neue Neustadt bzw. südwestlich als (Neu-) Sudenburg, Aufhebung der geistlichen Stiftungen und mittelalterlichen Innungen, Einführung der Gewerbefreiheit.

Die im 19. Jh. einsetzende kapitalistische Entwicklung erhielt Impulse durch die Landwirtschaft (Zucker- und Mühlenindustrie), den Bergbau auf Kohle und Salz in Börde und Harzvorland (Maschinenbau); Schifffahrt und Chaussee- und Eisenbahnbau (ab 1839) machten Magdeburg zu einem Verkehrsknotenpunkt in der Provinz Sachsen. Nach 1871 entstand die Magdeburger Großindustrie von Buckau aus entlang der Elbe nach Süden und Anfang des 20. Jh. im Norden der Stadt, nach 1929 Aufbau des Industriegebietes Rothensee, u. a. als Energieversorgungszentrum. In der Weimarer Zeit wuchs die Stadt durch den Bau großer Wohnsiedlungen zwischen den von 1867 bis 1926 eingemeindeten Vororten oder an deren Rande sowie durch die Errichtung mehrerer Gesellschaftsbauten unter dem Einfluß des Bauhauses, z. B. Fernmeldeamt, Gebäude der Sozialversicherung, Stadthalle im Stadtpark, unter Leitung der Architekten Bruno Taut und Johannes Göderitz. Die Bevölkerungszahl erreichte 1939 330 000 Einwohner.

Der zweite Weltkrieg hinterließ furchtbare Zerstörungen, u. a. Vernichtung der Altstadt zu 80 Prozent durch anglo-amerikanische Bomberangriffe. 1951 begann der Wiederaufbau, zunächst in der Innenstadt, später in den Außenbezirken mit weiträumig angelegten Wohnvierteln, z. B. Gebiet Neustädter See im Norden (1973/80, mit 11 000 Wohnungen) und Neu-Olvenstedt im Westen (ab 1981, mit 14 000 Wohnungen). Gegenwärtig entsteht ein Wohn-, Einkaufs- und Kommunikationsgebiet im Bereich Leiterstraße im Zentrum der Stadt. Nach 1945 wurden in Magdeburg über 75 000 Wohnungen errichtet. Seit 1974 sorgt eine S-Bahn zwischen Schönebeck und Zielitz (Kaliwerk) und ab 1975 eine 15 km lange

Magdeburg: Dom

Stadtautobahn für einen zügigen Nord-Süd-Verkehr.

Sehenswürdigkeiten: Trotz starker Kriegszerstörungen blieb ein Teil der wertvollen Bausubstanz erhalten bzw. konnte mit erheblichen Mitteln wiederhergestellt werden. Hervorzuheben sind die Bauten der drei mittelalterlichen Siedlungskerne. Als mächtigstes Bauwerk der Stadt ragt der *Dom* mit seinen 106 m hohen Türmen auf. Er ist der erste gotisch konzipierte Sakralbau auf deutschem Gebiet (Bauzeit von 1209 bis 1520) anstelle des 1207 abgebrannten ottonischen Domes. Er birgt bedeutende Kunstschätze, z. B. zwei Bronzeplatten des 12. Jh. von Grabmälern für zwei Erzbischöfe, die zehn Plastiken der klugen und törichten Jungfrauen aus der Mitte des 13. Jh. und das Ehrenmal für die Gefallenen des ersten Weltkrieges von Ernst Barlach (1929). Das *Kloster „Unser lieben Frauen"* mit seiner romanischen Kirche des 11./12. Jh. (gotischer Umbau im 13. Jh.), dem Kreuzgang und den Klausurgebäuden mit Ausstellungen, u. a. Nationale Sammlung Kleinplastik der DDR, ist neben dem *Kollegiatstift St. Sebastian* (1015) der älteste Baukomplex der Stadt. Westlich des

Domes steht die *Sebastianskirche* aus dem 12. Jh., in heutiger Gestalt eine spätgotische Hallenkirche. Mehrere Barockpalais, erbaut zwischen 1720 und 1730, umrahmen den Domplatz.

Das *Rathaus* (Spätrenaissance) am Alten Markt vom Ende des 17. Jh. steht an der Stelle eines gotischen Baus aus der Mitte des 13. Jh., von dem im Ratskeller Reste erhalten sind. Der berühmte *Magdeburger Reiter*, etwa 1240/50, vor dem Rathaus, Symbol stadtherrlicher Befugnisse im Mittelalter, ist eine Bronzenachbildung des Sandsteinoriginals im Kulturhistorischen Museum. Der Weinkeller unter dem Gebäude der Magdeburg-Information befindet sich in einer vierschiffigen Halle der Gerberinnung an der Buttergasse aus dem 12./13. Jh. Der vor dem Eingang stehende *Eulenspiegelbrunnen* ist ein Werk des bekannten Magdeburger Bildhauers Heinrich Apel. Die *Johanniskirche* hinter dem Rathaus, älteste Pfarrkirche der Stadt, mit den Türmen aus dem 13. Jh. und der Ruine der gotischen Halle des 15. Jh. enthält in der Vorhalle Modelle der modernen Stadtgestaltung und ermöglicht vom Südturm einen Rundblick über das gesamte Stadtgebiet.

Einen Eindruck vom mittelalterlichen Stadtbild vermittelt das Kirchenensemble im Norden der Altstadt mit der *Petrikirche* aus dem 14./15. Jh. (Westturm noch 12. Jh., Innenraum modern gestaltet), der ehemaligen *Augustiner-Klosterkirche* aus dem 14. Jh., die Ende des 17. Jh. den eingewanderten Wallonen übergeben wurde, und der *Magdalenenkapelle* (14. Jh.), einer ehemaligen Fronleichnamskapelle.

An der Elbe zieht sich eine neugestaltete *Promenade* (1974) entlang, an deren Nordende sich der *Lukasturm* aus dem 15. Jh., Eckturm der mittelalterlichen Stadtbefestigung, heute mit Ausstellungsräumen und Gaststätte, erhebt. Daneben sieht man das Eisenbahntor der Strecke nach Wittenberge aus der Mitte des 19. Jh. Am Nordrand der Altstadt fällt das Klinkergebäude des *Fernmeldeamtes* von 1927 auf, Beispiel für eine Reihe bedeutender Bauten aus der Weimarer Zeit. Südlich der Altstadt zeigen die städtischen Gewächshäuser (seit 1895), in einem kleinen *Landschaftspark* (1824/30 nach Plänen Lennés) mit ehemaligem Gesellschaftshaus (1829; heute Haus der Jungen Pioniere) gelegen, eine reiche Sammlung tropischer und subtropischer Pflanzen. Der *Zoo*, 1950 hervorgegangen aus einem Heimattiergarten, schließt sich an die Neue Neustadt an.

In dem Park an den Gewächshäusern erinnert ein Mahnmal an den opferreichen Kampf Magdeburger Antifaschisten, deren Ruhestätte im Ehrenhain des Westfriedhofs liegt. Am Westrand der Altstadt beherbergt das *Kulturhistorische Museum* von 1906 u. a. Ausstellungen zur Geschichte der Stadt und der Arbeiterbewegung. Dem Dichter der revolutionären Arbeiterklasse Erich Weinert ist in seinem Geburtshaus im Stadtteil Buckau die *Erich-Weinert-Gedenkstätte* gewidmet. (↗ Bl. 10)

Ausflugziele in der Umgebung: Beliebte Ausflugsziele der Magdeburger liegen im westlichen Fläming. Er ist Teil des in der Saale-Eiszeit entstandenen Südlichen Landrückens. Den nördlichen Teil des Gebietes im Bereich der Autobahn kennzeichnen Endmoränenhügel mit Kiefernforsten. Am Steilabfall zur Elbe (35 m Höhenunterschied) bei Hohenwarthe (NSG „Weinberg“) hat man einen guten Ausblick auf Letzlinger Heide, Magdeburger Börde und Elbtal bei Magdeburg. Im Gebiet Gommern–Leitzkau–Zerbst bestimmen flachwellige, durch Getreide- (Roggen-) und Kartoffelanbau genutzte Lehmplatten das Bild. Bei Gommern ragen paläozoische Gesteine, der sog. Gommernquarzit, an die Oberfläche. Sie wurden jahrhundertelang bis 1963 als Bausteine abgebaut.

Im 6. Jh. drangen slawische Stämme bis an die Elbe vor; deshalb sind viele Ortsnamen slawischen Ursprungs. Die vorherrschenden Straßen- und Platzdörfer gehen auf die deutsche Ostexpansion seit dem 10. Jh. und die Besiedlung durch Flamen im 12. Jh. zurück. Gutsdörfer sind Zeichen der späteren Feudalentwicklung. Die territoriale Aufteilung des Gebietes seit dem Mittelalter ergab im Norden den brandenburgisch-preußischen Bereich, um Gommern eine kursächsische Herrschaft bis 1808 und im Süden das Fürstentum Anhalt-Zerbst. In der Feudalzeit entstand eine Reihe bemerkswerter Herrensitze und Parks, z. B. die Niederungsburg Gommern, Ursprung im 10. Jh. (Wohnheim), in Möckern Burg (Ursprung 10. Jh.) und Schloß aus der Mitte des 19. Jh. (Archiv) mit Schloßpark, Barockschloß Pietzpuhl (1730) mit Park südlich von Burg, Rokokoschloß Königsborn von 1770 (Altersheim) und das ehemals anhaltische Barockschloß Dornburg bei Gommern (1755; heute Archiv).

Zu städtischen Zentren haben sich Burg, Zerbst, Gommern, Möckern und Loburg entwickelt. **Burg**, seit dem 10. Jh. Handelplatz beiderseits der Ihle, erhielt wirtschaftliche Bedeutung mit dem Bau der Eisenbahn (1846) und des Ihlekanals (1872, Teil des Elbe-Havel-Kanals): Walzwerk, Produktion von Knäckebrot, Schuhen und Textilien.

In **Gommern** ließ sich nach 1945 eine bedeutende Forschungs- und Produktionsstätte der Erdöl- und Erdgaswirtschaft nieder. Das Steinbruchgebiet Gommern–Plötzky–Pretzien mit seinen 16 Seen und den Kiefern-Birken-Eichen-Wäldern auf 10 km² stellt das größte Erholungsgebiet in der Umgebung Magdeburgs dar (Bungalowsiedlungen, Zeltplätze).

In **Pretzien** zieht die romanische *Dorfkirche* mit ihren Wandmalereien um 1220/30 und den in den Sommermonaten stattfindenden Konzerten zahlreiche Besucher an. Das Waldgebiet zwischen Hohenwarthe und Möser, LSG „Zuwachs – Külzauer Forst“ ist Ausflugsgebiet für Magdeburg, auch mit Schiffen der Weißen Flotte erreichbar.

Zwischen Zerbst und Gommern liegt **Leitzkau** mit der *Kirchenruine des Prämonstratenserklosters* aus dem 12. Jh. und dem *Renaissanceschloß* der Freiherren von Münchhausen (Schule: Festsaal). (↗Bl. 10, 11)

Schönebeck

Lage und Bedeutung: Schönebeck mit 45 200 Einwohnern, 15 km südöstlich von Magdeburg, an der Elbe in 50 m ü. d. M., ist seit 1950 Kreisstadt, neben der Stadt Calbe (Saale) wichtigster Industriestandort des Kreises, mit großem Hafen im Stadtteil Frohse seit 1924 und mit engen wirtschaftlichen und Verkehrsbeziehungen zu Magdeburg. Ausgelöst durch die alte Salzförderung siedelten sich im 19. Jh. chemische Industrie, Sprengstoffabrikation und Gummiproduktion an. Im 20. Jh. entstand ein bedeutender Maschinen- und Fahrzeugbau: Heizkessel- (1901), Dieselmotoren- (1954) und vor allem ein Traktorwerk (1951). Das Volksbad Salzelmen ermöglicht jährlich 4500 Patienten Heilkuren. In Salzelmen befindet sich auch das Kreismuseum.

Stadtgeschichte: Schönebeck ist aus drei städtischen Siedlungen zusammengewachsen: Frohse im Norden an der Elbe (erste Erwähnung 936), Große Salze im Süden (erste Erwähnung der Solquellen von Elmen 1170) und Schönebeck im Osten an der Elbe (erste Erwähnung 1223). König Friedrich II. ließ die drei Orte von 1770 bis 1774 durch gerade Kolonistenstraßen von zwei bis drei Kilometer Länge miteinander verbinden. Erst in unserer Zeit entstand hier ein großes Wohngebiet. 1932 erfolgte die Eingemeindung von Frohse und Groß Salze – seit 1926 Bad Salzelmen – nach Schönebeck.

Die Nutzung der Solquellen in Groß Salze setzte im 12. Jh. ein, erreichte im 16. Jh. einen Höhepunkt, ging nach 1705 auf die königlich-preußische Saline Schönebeck (größte Saline Deutschlands) über, erhielt aber ab 1802 mit Einrichtung eines Solebades wieder Bedeutung für Groß

Salzelmen: Gradierwerk

Salze. Die Saline Schönebeck stellte 1967 wegen Unrentabilität den Betrieb ein.

Sehenswürdigkeiten: Schönebeck besitzt entsprechend der Siedlungsentwicklung drei Stadtkirchen: die frühgotische *Jakobikirche* in Schönebeck (Umbauten im 18/19. Jh.), die spätgotische *Laurentiuskirche* im Ortsteil **Frohse** (im 18./19. Jh. stark verändert) und die spätgotische *Johanniskirche* aus dem 15./16. Jh. im Teil **Salzelmen** mit Stern- und Netzgewölben sowie reich geschmückten zweigeschossigen Emporen für den städtischen Rat und die adlige Pfännerschaft (1682). Erwähnenswert in Salzelmen sind noch das ehemalige *Rathaus*, im Kern spätgotisch, seit 1954 Kreismuseum, ein *Torturm* („Pfännerturm") und Reste der Stadtmauer von 1450. Sehenswert ist der *Kurpark* mit den Resten des Gradierwerkes (350 m von ehemals 1837 m) aus dem 18. Jh., dem Solturm von 1776 sowie den Kurgebäuden aus der Mitte des 19. Jh. Vom Kurpark aus lohnt sich ein Spaziergang zum Bierer Berg (2 km), einer Endmoränenkuppe am Rand der Magdeburger Börde in 82 m ü. d. M. mit Ausflugslokal.

In Schönebeck erhebt sich der 38 m hohe *Salzturm* von 1714 – Wahrzeichen der Stadt. Vor dem Rathaus von 1893 steht der *Marktbrunnen* mit weiblicher Figur, die Elbe symbolisierend. In der nahen Grünanlage erinnert ein figurenreiches Mahnmal an die ermordeten Antifaschisten Schönebecks. (↗ Bl. 10)

Zerbst

Lage und Bedeutung: Die Kreisstadt (18 700 Einw.) liegt im südwestlichen Fläming an der Nuthe, 70 m ü. d. M. Zerbst ist Wirtschaftszentrum des Kreises mit bedeutender Werkzeugmaschinenfabrik, mit landwirtschaftlichem Gerätebau, Gemüseproduktion und Verarbeitung landwirtschaftlicher Produkte. Seit 1983 finden hier die

Fasch-Festtage statt, die dem Komponisten Johann Friedrich Fasch, der von 1722 bis zu seinem Tod 1758 am Fürstenhof in Zerbst wirkte, gewidmet sind.

Stadtgeschichte: Zerbst war im 10. Jh. Hauptort des slawischen Gaus Ciervisti, im 12. Jh. deutscher Burgward. Die Stadt entwickelte sich an wichtiger Straßenkreuzung aus fünf Siedlungskernen, u. a. der Burg- und Marktsiedlung. Wirtschaftlichen Aufschwung erlebte Zerbst als anhaltische Stadt (seit 1307) und besonders als Residenzstadt des Fürstentums Anhalt-Zerbst von 1603 bis 1793, dem die Prinzessin Sophie Auguste entstammte, die ab 1762 als Katharina II. Zarin von Rußland war. Von 1582 bis 1798 bestand hier die anhaltische Landesuniversität. Nach wirtschaftlichem Rückgang bekam Zerbst erst nach dem Eisenbahnbau Dessau–Zerbst (1863) und Magdeburg–Zerbst (1874) wieder Auftrieb. Im April 1945 wurden 80 Prozent der Innenstadt durch amerikanische Bomben zerstört.

Sehenswürdigkeiten: Von dem hervorragenden mittelalterlichen und barocken Stadtbild blieben nur wenige Bauten erhalten. Von dem mächtigen dreiflügeligen Barockschloß steht noch die Ruine des Ostflügels. Die Reitbahn aus dem 18. Jh. wurde nach 1945 zur wichtigsten Kulturstätte von Zerbst, der *Stadthalle*, umgestaltet. An der *Schloßfreiheit* sind zwei Kavaliershäuser vom Anfang des 18. Jh. (Oberschule, Kreishaus) und die Ruine der Stifts- und Hofkirche *St. Bartholomäi* des 13./15. Jh. (gegenwärtig Wiederaufbau) erhalten, daneben ein gotischer Glockenturm (ehemaliger Wachtturm).

Am *Markt* fallen die Rolandsfigur aus Sandstein (1445) und die „Butterjungfer" (jetzige Figur von 1647) als mittelalterliche Rechtssymbole auf. Dahinter erhebt sich die Ruine der spätgotischen *Nikolaikirche*. Die *Trinitatiskirche* vom Ende des 17. Jh., ein Zentralbau über dem Grundriß eines griechischen Kreuzes, wurde nach der Zerstörung 1945 von 1954 bis 1963 wieder aufgebaut. Das ehemalige Franziskanerkloster (13./15. Jh.) beherbergt die Erweiterte Oberschule und das *Heimatmuseum*. Die *Stadtmauer* des 15. Jh. und drei Tore, beachtenswert das *Heidetor*, begrenzen die mittelalterliche Stadt. *Schloßpark*, Gröngürtel an der Stadtmauer und *Rephuns Garten* (seit dem 18. Jh.) bilden eine Erholungszone in der Stadt. (↗ Bl. 10, 11)

Landschaft zwischen Dessau und Wittenberg

Geographische Besonderheiten: Die Landschaft zwischen Dessau und Wittenberg wird von der mäanderförmig durchziehenden Elbe bestimmt. Zwischen Dessau und Roßlau mündet die in vielfachen Windungen von Süden kommende Mulde in die Elbe. Das östliche Ufer der Elbe ist weitgehend Hochufer, das von den Ausläufern des Flämings gebildet wird. Auf dem westlichen Ufer breiten sich Auenwiesen und Wälder aus, die im ehemaligen Fürstentum Anhalt seit der Zeit um 1770 systematisch im Sinne der englischen Landschaftsgestaltung bepflanzt und gepflegt wurden. Besonders alte Solitäreichen bestimmen häufig das Bild. Die Aue wird von Deichanlagen eingefaßt, die dem Hochwasser Grenzen setzen. In manchem Frühjahr bieten Elb- und Muldeaue den Anblick einer großen Wasserfläche, aus der einzelne Baumgruppen aufragen. Bei Wittenberg treten die Laubwaldpflanzungen zurück, so daß die weiten Elbwiesen von Süden her einen eindrucksvollen Blick auf die Silhouette der Stadt erlauben. Als LSG „Mittlere Elbe" wird die Aue erhalten. Zu den geschützten Tieren gehören der selten vorkommende Elbbiber, der Schwarzstorch und der Kranich.

Südlich von Dessau sind meist mit Kiefern bestandene Heidewälder zu finden, die Mosigkauer und die Oranienbaumer Heide. Die „Speckinge" am Nordrand der Mosigkauer Heide zwischen Dessau-Törten und Dessau-Haideburg ist ein Laubmischwald, der als Stadtforst von Spazierwegen durchzogen ist. Daran schließt das Waldgebiet „Kümmerling" an, das mit seinem Mischwaldbestand (u. a. Erle, Esche, Kiefer) Erholung bietet. An der Straße, die Dessau-Törten mit Haideburg verbindet, entstand 1976 in einer ehemaligen Kiesgrube das schöne Waldbad „Freundschaft".

Von der Dessau-Köthener Bahnstrecke durchzogen, liegt südlich von Mosigkau das NSG „Rößling" mit Kiefern- und Laubwald. So bietet die Umgebung Dessaus mit ihrer wasserreichen Aue und dem Heideweg dem Wanderer abwechslungsreiche Erlebnisse. (↗ Bl. 11)

Dessau

Lage und Bedeutung/Stadtgeschichte: Die Anfänge der Stadt Dessau (103 500 Einw.) liegen im 12. Jh. Die regelmäßig angelegte Stadt entwickelte sich an der Mulde, 5 km von der Elbe entfernt, von der sie durch die hochwassergefährdete Elb- und Muldeaue getrennt ist. 1341 errichteten die Fürsten von Anhalt am Südostrand von Dessau eine Burg, von der aus sie ihr Land verwalteten. Im 16. Jh. erlebte die Stadt eine erste, durch den Dreißigjährigen Krieg unterbrochene Blütezeit. Unter der Regierung des Fürsten Leopold, des sog. „Alten Dessauers" (1698–1747) wurde die Stadt erweitert und ausgebaut. Im 19. Jh. wurde die wirtschaftliche Bedeutung der Stadt durch die sich in Dessau ansiedelnde Industrie verstärkt. Die vom 16. bis zum 19. Jh. entstandenen Bauten der Stadt sind am 7. März 1945 fast vollständig in Flammen aufgegangen. Die Ruinen der spätgotischen Marienkirche und des Westflügels des Schlosses (1533) erinnern noch heute daran. Seit 1951 wurde die Stadt systematisch wieder aufgebaut; die Bautätigkeit setzt sich bis heute fort, denn Dessau gehört mit dem Elektromaschinenbau, dem Waggonbau, dem VEB Zementkombinat u. a. Betrieben zu den wichtigsten Industriestädten des Bezirkes Halle.

Erhalten blieben von den Kunstdenkmalen vergangener Zeiten sol-

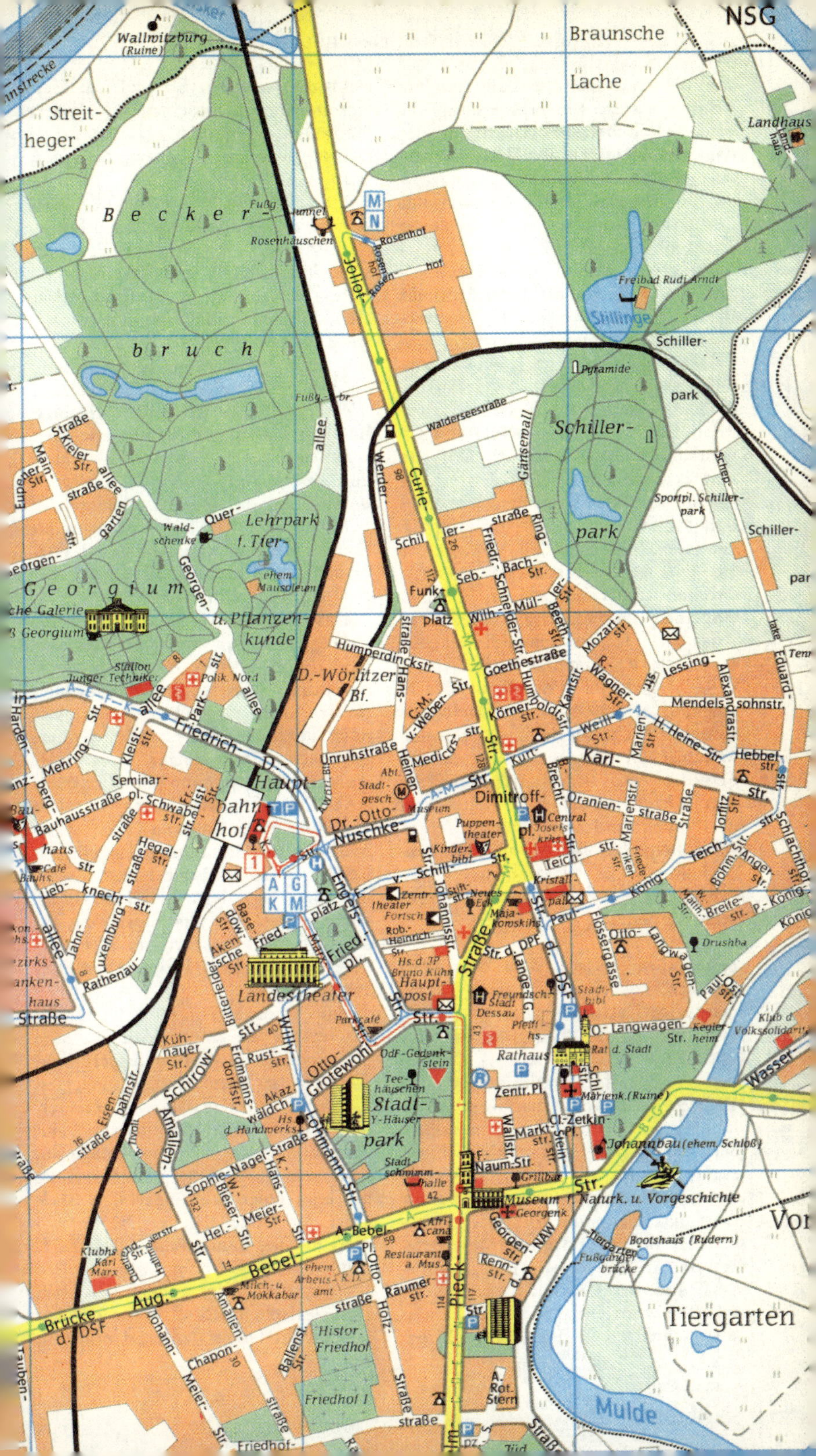
NSG
Wallwitzburg (Ruine)
Braunsche Lache
Streitheger
Landhaus
Becker-bruch
Fußg.-tunnel
Rosenhäuschen
Rosenhof
Joliot-Curie-Straße
Freibad Rudi Arndt
Stillinge
Schillerpark
Pyramide
Walderseestraße
Werder
Gartenstraße
Kieler Str.
Mainstraße
Querallee
Waldschenke
Lehrpark f. Tier- u. Pflanzenkunde
ehem. Mausoleum
Georgium
Georgengarten
Sportpl. Schillerpark
Schillerstraße
Ringstraße
Schillerstraße
Seb.-Bach-Str.
Friedr.-Schneider-Str.
Funkeplatz
Wilh.-Müller-Str.
Beethovenstr.
Mozartstr.
Station Junger Techniker
Polikl. Nord
Humperdinckstr.
D.-Wörlitzer Bf.
Hans-Heinen-Straße
C.-M.-v.-Weber-Str.
Goethestraße
Humboldtstr.
Kantstr.
R.-Wagner-Str.
Lessingstr.
Alexandrastr.
Eduard-
Mendelssohnstr.
Friedrich-Str.
Kleiststr.
Parkstr.
Körnerstr.
Weill-Str.
H.-Heine-Str.
Hebbelstr.
Unruhstraße
Medicus-Str.
Kurt-Weill-Str.
Karl-Str.
Mehringstr.
Seminarpl.
Schwabestr.
D. Hauptbahnhof
Abt. Stadtgesch. Museum
Dimitroffpl.
Central
Oranienstraße
Bauhausstraße
Dr.-Otto-Nuschke-Str.
Puppentheater
Josefskirche
Hegelstr.
Kinderbibl.
Teichstr.
Bauhaus
Café Bauhaus
Liebknechtstr.
Schillstr.
Johannisstr.
Zentr.-theater
Neues Eck
Kristallpalast
Königstr.
Engelsplatz
Fortschr.
Rob.-Heinrich-Str.
Majakowskij
Paulstr.
Flössergasse
Otto-Langwagenstr.
Drushba
Jahnstr.
Luxemburgstr.
Basedowstr.
Akensche Str.
Friedr.-Pl.
Hs. d. JP Bruno Kühn
Hauptpost
Str. d. DPF
Lange G.
Freundsch. Stadt Dessau
Stadtbibl.
Paul-Oser-Str.
Rathenaustr.
Landestheater
Bitterfelder Str.
Parkcafé
Rathaus
Rat d. Stadt
O.-Langwagen-Str.
Kegelheim
Klub d. Volkssolidarität
Wasserstr.
Kühnauer Str.
Erdmannsdorffstr.
Ruststr.
Otto-Grotewohl-Str.
OdF-Gedenkstein
Teehäuschen
Stadtpark
Y-Häuser
Zentr. Pl.
Marienk. (Ruine)
Schirowstr.
Akaz.-wäldch.
Hs. d. Handwerks
Lohmann-Str.
Wallstr.
Marktstr.
Cl.-Zetkin-Pl.
Johannbau (ehem. Schloß)
Amalienstr.
Eisenbahnstr.
Sophie-Nagel-Straße
Hans-Str.
Stadtschwimmhalle
F.-Naum-Str.
Grillbar
Museum f. Naturk. u. Vorgeschichte
Georgenk.
W.-Bieser-Str.
Hel.-Meier-Str.
A.-Bebel-Pl.
Africana
Georgenstr.
Tiergarten
Bootshaus (Rudern)
Klubhs. Karl Marx
Restaurant a. Mus.
ehem. Arbeitsamt
Rennstr.
Fußgängerbrücke
Aug.-Bebel-Str.
Milch- u. Mokkabar
Otto-Holz-Straße
Raumer str.
Brücke d. DSF
Johann-Meier-Str.
Amalienstr.
Pieck-Str.
Histor. Friedhof
Ballenst. Str.
Chapon-Str.
Friedhof I
A. Rot. Stern
Mulde
Friedhof-

che, die am Rand der Stadt errichtet worden waren. Sie erinnern an die beiden Epochen der Geschichte, in denen von Dessau aus Einflüsse von europäischer Bedeutung ausgingen – an die Zeit des frühen Klassizismus und an die zwanziger Jahre, in denen das Bauhaus, von 1925 bis 1932 unter Leitung von Walter Gropius und seinen Nachfolgern, als fortschrittliche Kunstschule wegweisend für die europäische Kunst und Formgebung war.

Der Klassizismus im Kleinstaat Anhalt-Dessau wurde von zwei Persönlichkeiten geprägt, von dem Fürsten Leopold Friedrich Franz und von seinem Baumeister Friedrich Wilhelm von Erdmannsdorff. Der Fürst hatte gegen den Wunsch des Preußenkönigs den Militärdienst unter Friedrich II. verlassen, um sich den Werken des Friedens zu widmen. Begleitet von v. Erdmannsdorff bereiste er Holland, England, Italien und Frankreich. In Rom hatte Johann Joachim Winckelmann die Reisenden mit der Antike vertraut gemacht. Vor allem aber in England erhielten sie entscheidende Impulse. Nicht nur die im Stil des palladianischen Klassizismus errichteten Schlösser des Adels beeindruckten den Fürsten und seinen Begleiter, sondern auch und vor allem die fortschrittliche Landwirtschaft und Landeskultur. Die gesammelten Eindrücke sollten nun in Anhalt umgesetzt werden.

Sehenswürdigkeiten: Von dem Gartenreich, das der Fürst und v. Erdmannsdorff schufen, sind in Dessau das Luisium, das Georgium und der Park Kühnau erhalten. Das *Luisium* liegt vor der Stadt an der Straße nach Wörlitz. Ein kleines, quadratisches, an italienische Villen erinnerndes Schlößchen (1774/78) erhebt sich auf einer Anhöhe über einem Altwasser der Mulde. Parkbauten wie die als Gaststätte dienende Orangerie, ein römischer Bogen und eine Höhle beleben die Anlage, die von v. Erdmannsdorff und dem Gärtner Eyserbeck geschaffen wurde. In den letzten Jahren sind Schneisen in den Auenwald geschlagen worden, so daß die ursprüngliche Sichtbeziehung wieder hergestellt worden ist.

Das *Georgium* liegt zwischen den Stadtteilen Siedlung und Ziebigk. Schlößchen und Park (um 1780) wurden für den Bruder des Fürsten Franz, den Prinzen Georg von Anhalt durch v. Erdmannsdorff und Eyserbeck errichtet bzw. angelegt. Der Park dehnt sich durch den Beckerbruch bis zur Elbe hin aus und schon die Zeitgenossen empfanden seine ungekünstelte Gestaltung als einen Gegensatz zum Wörlitzer Park. Künstliche Ruinen und ein klassisches Rundtempelchen schmücken den Garten. Er erhielt eine Erweiterung – den *Mausoleumspark* – als der Berliner Baumeister Schwechten 1894/98 das Mausoleum für die Herzöge von Anhalt erbaute. Hier befindet sich seit 1958 der Lehrpark für Tier- und Pflanzenkunde.

Das kleine *Schloß Georgium* war ursprünglich ein quadratischer Bau, der 1893 durch seitliche Anbauten erweitert wurde. Hier ist die Gemäldegalerie der Stadt untergebracht, die 1927 nach Übernahme eines Teiles der herzoglichen Sammlungen gegründet worden war. Die Gemälde alter deutscher Meister, wie Lucas Cranach d. Ä. und Hans Baldung Grien, stammen aus der Sammlung des Fürsten Franz für das Gotische Haus in Wörlitz. Eine Besonderheit sind die Bilder von Meistern der Goethezeit, die die ab 1750 in Frankfurt am Main lebende Prinzessin Henriette Amalie gesammelt hatte.

Vom Georgium aus führt eine Allee, vorbei an einem kleinen, nach palladianischem Vorbild ausgeführten Pavillon, zu dem 1805 angelegten *Landschaftspark Kühnau*. Zuerst erblickt man einen künstlichen Weinberg, dann zieht sich die Anlage am Kühnauer See entlang, an ihrem Ende hat man einen wirkungsvollen Blick auf Schloß und Kirche. Die Verbindung mit der Landschaft – dem Kühnauer Elbtal und dem Kühnauer See – ist besonders gelungen. Von dem klassizistischen Schloß ist nur der Außenbau im Originalzustand erhalten.

Dessau: Bauhaus

Die *Kirche* wurde 1828/30 von Pozzi erbaut und ist einer der frühesten Bauten der Neoromanik.

Klassizismus und Biedermeier prägten das Bild der Stadt Dessau. Jugendstil und Historismus hinterließen kaum Spuren. Erst als 1925 die Kunstschule „Bauhaus“ von Weimar, wo reaktionäre Kräfte sie unterdrückten, nach Dessau verlegt wurde, erlangte die Stadt wieder Bedeutung für die Entwicklung der zeitgenössischen Kunst. Walter Gropius errichtete das *Gebäude des „Bauhauses“* als eines der bedeutendsten Bauwerke der modernen Architektur, ein Meisterwerk aus Beton und Glas. In der nahegelegenen *Ebertallee* stehen die von Gropius entworfenen Häuser, in denen die Bauhausmeister wie Gropius selber, Feininger, Kandinsky und Klee wohnten. Ihr Aussehen ist jedoch durch die Bewohnung stark verändert worden. In unserer Zeit erfährt die Einrichtung des Staatlichen Bauhauses als Forschungs- und Weiterbildungsstätte für Architekten, Städteplaner und Formgestalter eine hohe Wertschätzung. Das Gebäude wurde 1976 rekonstruiert, der kleine Theaterraum wird wieder genutzt, und in der ehemaligen Werkstatt werden Werke der Bauhausmeister und ihrer Schüler aus der Zeit von 1925 bis 1932 gezeigt.

In der Stadt steht noch das Gebäude des *ehemaligen Arbeitsamtes* von Gropius (1927), ein Rundbau aus gelbem Klinker. Gropius entwarf die Pläne für die *Reihenhaussiedlung* in **Dessau-Törten** (1926/28), die dann von Hannes Meyer durch die Laubenganghäuser vollendet wurde

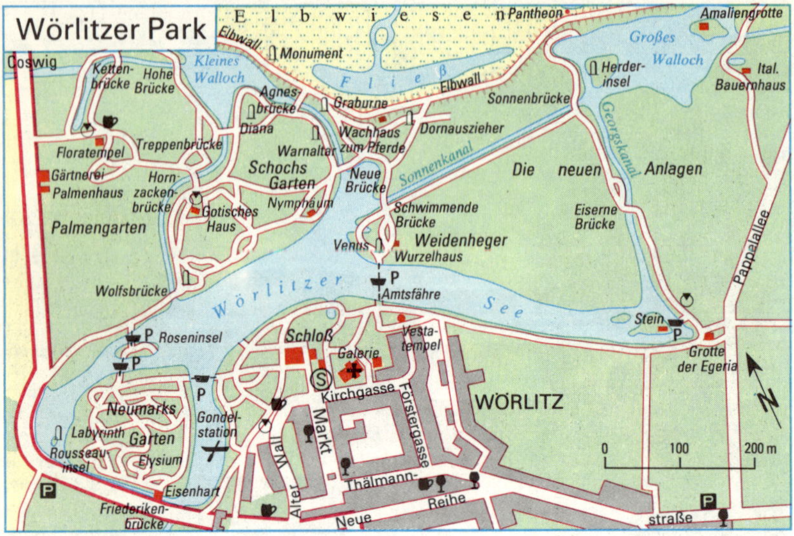

(1928/30). Durch Verwendung vorgefertigter Blöcke stellt sie einen frühen Versuch für industrielle Bauweise dar. Die Einzelformen sind hier im Laufe der Jahrzehnte stark verändert worden, erhalten blieben die ringförmige Grundstruktur und die Laubenganghäuser von Meyer. Der Mitarbeiter von Gropius, Fieger, erbaute die heute noch genutzte *Gaststätte „Kornhaus“* (1930), von deren gläsernem Rundvorbau man auf die Elbe schaut.

Ursprünglich weit vor der Stadt gelegen, im heute eingemeindeten ehemaligen Dorf **Mosigkau**, steht ein *Rokokoschlößchen*, das seine Entstehung einer Schenkung des Fürsten Leopold an seine Tochter Anna Wilhelmine verdankt, die es nach ihrem Tod zum Sitz eines adligen Fräuleinstiftes bestimmte. Der durch v. Knobelsdorff und die friderizianische Baukunst beeinflußte Baumeister Damm hat die Entwürfe 1751/52 gezeichnet. Der Bau liegt in einem kleinen Park, der Zugang befindet sich an der Straße nach Köthen. Das Schloß, dessen Erdgeschoßräume noch weitgehend den Originalzustand zeigen, beherbergt ein *Museum der Rokokozeit*. Hier ist der berühmte Bildersaal zu sehen, eine Galerie aus der Mitte des 18. Jh. mit Gemälden niederländischer und deutscher Meister des 17. und 18. Jh. In den beiden Orangeriehallen finden im Sommer Ausstellungen statt, die vor allem der Kunst der DDR gewidmet sind.

Ausflugsziele in der Umgebung: Oranienbaum verdankt seine Gründung der Fürstin Henriette Katharina von Anhalt aus dem Hause Nassau-Oranien. Durch sie kam ein Teil des Bilderschatzes des Hauses Oranien (holländische und flämische Meister) nach Anhalt. Stadt und Schloß wurden von Cornelis Ryckwaert, dem in brandenburgischen Diensten tätigen Holländer, errichtet. Seit 1683 entstand das in regelmäßigen Quadraten angelegte Städtchen, dessen Hauptachse auf das Schloß (1693/98) ausgerichtet ist. Die Häuser sind zum großen Teil aus neuerer Zeit, halten sich jedoch meist an die ursprünglichen Proportionen. Oranienbaum ist ein gutes Beispiel einer geplant angelegten Barockstadt. Im *Schloß*, das die schlichten Formen des holländischen Barocks zeigt, befindet sich eine Außenstelle des Staatsarchivs Magde-

Wörlitzer Park: Gotisches Haus

burg und eine Abteilung des Kreismuseums Gräfenhainichen, die der Buchdruckerkunst gewidmet ist. Hinter dem Schloß erstreckt sich der barocke *Park* entlang einer Mittelachse. Im Norden hat Fürst Franz 1793/97 einen Landschaftspark in Nachahmung chinesischer Formen mit *Teehaus* und *Pagode* anfügen lassen.

Von Oranienbaum aus sieht man schon von weitem den auf diese Fernwirkung berechneten Kirchturm von **Wörlitz.** Das kleine Städtchen mit seinen zum großen Teil erhaltenen Fachwerkbauten blieb im wesentlichen unverändert. Das Rathaus im klassizistischen Stil errichtete v. Erdmannsdorff 1792/95.

In Wörlitz hat sich das Musterbeispiel eines englischen *Landschaftsgartens* mit klassizistischem Schloß erhalten, von den Zeitgenossen bewundert und nachgeahmt hat beides einen entscheidenden Einfluß auf die Entwicklung des deutschen Klassizismus ausgeübt. Hier weilte Goethe und beschrieb die Stimmung, die der noch junge Garten vermittelte, 1778 in einem Brief an Charlotte von Stein.

Als Fürst Franz und v. Erdmannsdorff 1765 die Anlage des englischen Gartens begannen, fanden sie als günstige Voraussetzung einen Elbarm vor, der das belebende Gewässer bot. Der Park ist nicht groß, aber so kunstvoll angelegt, daß man dies nicht bemerkt. Vom schützenden Wall aus ist die weite Elbaue zu überblicken. In den Park eingebunden sind landwirtschaftliche Nutzflächen, die eine Natürlichkeit noch betonen sollen. Kleine Bauten wie Floratempel, Venustempel, Gotisches Haus u. a. sind der Parklandschaft eingefügt.

Der Park besitzt manche botanische Kostbarkeit, vor allem verschiedene Eichenarten. In zwei Jahrhunderten ist er herangewachsen, ja zum Teil zugewachsen, so daß in mühevoller Arbeit die ursprünglichen Sichtbeziehungen wieder hergestellt werden mußten.

1769/73 wurde von v. Erdmannsdorff das *Schloß* erbaut. Es ist mit seiner gesamten Ausstattung im Originalzustand erhalten und zu besichtigen. Schon nach seiner Entstehung war es mehr zum Bewundern als zum Wohnen geeignet. Sein Äußeres erinnert an englische Herrenhäuser, besonders an Schloß Claremont. Im Innern wurden für die Dekorationen

Anregungen sowohl des englischen Adamsstils als auch aus der Antike (Rom, Pompeji) künstlerisch verarbeitet. Die Bilder stammen zum Teil aus der oranischen Erbschaft, aber der Fürst kaufte noch zeitgenössische Meister wie Hackert und Rehberg dazu.

Auch das *Gotische Haus* (1779–1813) ist im ursprünglichen Zustand erhalten und kann besichtigt werden. Hier hatte der Fürst seine Gemäldesammlung altdeutscher Meister aufbewahrt, die jetzt zum großen Teil den Grundstock der Dessauer Gemäldegalerie bildet. Eine große Seltenheit ist die in die Fenster eingefügte Sammlung von Schweizer Glasgemälden des 16. und 17. Jh.

Neben dem Gotischen Haus ist die *Wörlitzer Kirche* ein sehenswertes Beispiel für die Wiederbelebung der Gotik im 19. Jh. Am stimmungsvollen Platz zwischen Park und Kirche finden wir neogotische Bauten, die, durch v. Erdmannsdorff beeinflußt, vom Baumeister Hesekiel errichtet wurden. Die 1809 geweihte Kirche ist 1986 im Innern restauriert worden und zeigt nun wieder die ursprüngliche Farbfassung. Ihre kostbarsten Ausstattungsstücke sind zwei Gemälde der Brüder Olivier von 1810 und eine Schmerzensmanndarstellung von Cranach d. Ä.

Nördlich von Wörlitz liegt die Stadt **Coswig** (Elbfähre) auf dem Höhenzug, der zu den Ausläufern des Flämings gehört und die Straße von Dessau bzw. von Roßlau aus nach Wittenberg hochwasserfrei macht. Sehenswert ist hier das mächtige, giebelgeschmückte *Schloß*, das auf den Mauern eines Renaissanceschlosses 1667/77 erbaut wurde. (↗ Bl. 11)

Lutherstadt Wittenberg

Lage und Bedeutung: Wittenberg, an der Elbe gelegen, ist eine moderne Industriestadt (53 700 Einw.); von großer wirtschaftlicher Bedeutung ist vor allem der VEB Stickstoffwerk Piesteritz und der VEB Gummiwerke „Elbe". Als Ausgangspunkt der Reformation und Wirkungsstätte großer Humanisten ist die traditionsreiche Stadt mit ihren Baudenkmalen auch eine sehenswerte Kulturmetropole.

Stadtgeschichte: Die Stadt entwickelte sich auf einer dem Fläming vorgelagerten Talsandterrasse über der Elbe. Wittenberg wird schon 1180 als Burgward erwähnt und erhielt 1293 Stadtrecht. 1423 kam das Herzogtum Sachsen-Wittenberg an die Wettiner, für die die Stadt als Elbfeste von großer Bedeutung war. Zu europäischem Ansehen gelangte Wittenberg, als Kurfürst Friedrich der Weise es zu seinem Lieblingsaufenthalt machte und hier 1502 eine Universität gründete, die von Kaiser und Papst bestätigt wurde. Berühmte Gelehrte wurden berufen, darunter auch 1508 der Augustinermönch Martin Luther. Luther wirkte hier als Professor der Philosophie und Theologie. Durch intensives Bibelstudium gelangte er zu einer Auffassung des Christentums, die im Gegensatz zur damaligen Lehre und Praxis der Katholischen Kirche stand. Am 31. Oktober 1517 soll er der Überlieferung nach seine „95 Thesen" an die Tür der Schloßkirche angeschlagen haben, in denen er u. a. den Ablaßhandel durch den Papst geißelte. Er entfachte damit eine Bewegung, die schließlich zum Protestantismus führte und während der frühbürgerlichen Revolution des deutschen Bauernkrieges von 1525 von den Unterdrückten als Religion angenommen wurde, während die Fürsten weiterhin der katholischen Lehre anhingen. Jedoch setzte sich der Protestantismus nach der Niederschlagung der Bauernaufstände auch unter den Landesherren durch, die ihre Herrschaft in der Folge durch die Gründung der reformatorischen Landeskirchen ausdehnen konnten. Das Zentrum der reformatorischen Bewegung blieb Wittenberg und seine Universität. Die Reformatoren Philipp Melanchthon, Caspar Cruciger und andere traten an

SCHLOSS-
VORSTADT
ALTSTADT
SPECKE
ELSTER-
VORSTADT
Bahnhof Lutherstadt Wittenberg
Bf. L.W. Elbtor
Anlegestelle
Stadtpark
Schwanenteich
Neuer Friedhof
Alter Friedhof
Speckebach
Schloßplatz
Marktplatz
Platz der Jugend
Neuerer
Hallesche Straße
Weser-Straße
Dresdener Straße
Straße des Friedens
Straße der Befreiung
Straße der DSF
Lutherstr.
Collegienstraße
Schloßstraße
Juristenstraße
Mauerstraße
Bürgermeisterstr.
Rosa-Luxemburg-Str.
Dr.-Richard-Sorge-Str.
Dr.-Wilhelm-Külz-Straße
Geschwister-Scholl-Str.
Paul-Gerhardt-Str.
Katharinenstraße
Zimmermannstraße
Wichernstraße
Thomas-Müntzer-Straße
Theodor-Fontane-Straße
Schillerstraße
Lilienthalstraße
Amselweg
Falkstraße
Zeppelinstr.
An der Stadthalle
Friedr.-Engels-Str.
Johann-Friedrich-Böttger-Straße
Dörffurthstraße
Gustav-Adolf-Straße
Melanchthonstraße
Lucas-Cranach-Str.
Lessingstr.
Maiblumenstr.
Breitscheidstraße
Hans-Sachs-Str.
Am Stadtgraben
Wallstraße
Elbstraße
Marstallstr.
Martinigarten
Bahnhofstraße
Thomasstraße
Kirchhofstr.
Schäferstraße
Süd-
Blumenstr.
Flurstraße
Triftstraße
Sportplatz
Haus der Jungen Pioniere Roter Oktober
Stadtgeschichtl. Museum
Jugendzentrum
Cranachhaus
Goldener Adler
Rathaus
Stadtkirche
Melanchthonhaus
Wittenberger Hof
Staatl. Lutherhalle
Luthereiche
Kampfbahn des Friedens
Hauptpost
Kreiskulturhaus Maxim Gorki
Central-theater
Klinik Bosse
Paul Gerhardt-Stift
Poliklinik Clara Zetkin
Kinderbibl.
Hufelandklinik
Hans-Heinrich-Franck-Klub
Klub d. VS "Jenny Marten"
Ehrenfriedhof
Denkmal der Befreiung vom Hitlerfaschismus
Elbe-Elster-Theater/Puppenbühne
Stadthalle
Kosmos
Stadtamb.
Friedrichstadt
in Bau

Lutherstadt Wittenberg: Marktplatz

Luthers Seite. Die hochberühmten Lehrer verschafften der Universität einen Ruf, der sie zur meistbesuchten Universität Europas werden ließ. Als 1547 nach dem Schmalkaldischen Krieg, in dem Kaiser Karl V. das Bündnis der protestantischen Territorialfürsten besiegte, Wittenberg an die albertinische Linie der Wettiner kam, war die Blütezeit von Stadt und Universität vorbei. Die Universität bestand aber noch bis 1817, also bis zu dem Jahr, in dem Wittenberg preußisch wurde. Zu Gunsten der Universität Halle wurde sie nun geschlossen. Seitdem erinnern nur noch die Bau- und Kunstdenkmale der Stadt an die ruhmreiche Zeit der Reformation und ihrer Wegbereiter.

Sehenswürdigkeiten: Wittenbergs Lage an der Elbe und die hier errichtete Brücke ließ im 16. Jh. eine über das gewöhnliche Maß hinausgehende Befestigung notwendig erscheinen. Die bis ins 18. Jh. immer wieder ausgebauten mächtigen Mauern und Wälle zeichnen sich heute noch in den wohlgepflegten *Parkanlagen* ab, die die Stadt an ihrer Stelle in einem Halbkreis umziehen. Eine Magistrale durchquert die Stadt von West nach Ost – die Schloß- bzw. Collegienstraße – in deren Mitte sich der *Markt* als rechteckiger Platz öffnet. Im Westen bildet das *Schloß* (1489–1525) als Bollwerk die Begrenzung. Es ist trotz seiner Zerstörung im Siebenjährigen Krieg (1760) und in den Befreiungskriegen (1813) heute noch ein eindrucksvoller Bau (Museum für Natur- und Völkerkunde, Stadtgeschichtliches Museum, Jugendherberge).

Auch die *Schloßkirche* war mit ihrer reichen Innenausstattung in beiden Kriegen zerstört worden. Nach einem bescheidenen Ausbau wurde 1883 beschlossen, die Kirche im Stil der Spätgotik unter Verwendung des alten Mauerwerks neu zu errichten. So entstand bis 1892 die heutige Kirche, ein hervorragendes Beispiel des Historismus, eine Gedenkhalle der Reformation, in deren Innern sich die wenigen geretteten Denkmale aus der alten Kirche, vor allem die Grabmäler aus der Nürnberger Vischer-Werkstatt befinden. Das sog. Thesenportal war schon 1858 nach Entwürfen von Drake neu gestaltet worden, auf den Bronzetüren die „95 Thesen".

Auf dem Marktplatz erhebt sich das rechteckige *Rathaus* von 1523/32 mit seinem Renaissanceportal von 1570/73. Die *Denkmäler* von *Martin Luther* (Schadow, 1821) und Philipp *Melanchthon* (Drake, 1865) schmücken den Platz, über dessen giebelgeschmückten Häusern die Türme der *Stadtkirche St. Marien* aufragen. Vom 13. bis zum 15. Jh. wurde die Kirche gebaut und erweitert. Ihre Ausstattung mit Kunstwerken des Mittelalters und der Renaissance ist außerordentlich wertvoll, genannt seien hier vor allem die Bronzetaufe von Vischer d. J. von 1457 und der große Reformationsaltar von Cranach d. Ä. und Cranach d. J. Die zahlreichen Epitaphe in der Kirche aus der Werkstatt der Cranachs erinnern daran, daß einer der größten Maler der deutschen Renaissance, Lucas Cranach d. Ä., in Wittenberg seine Werkstatt hatte.

Vom Markt aus führt die Collegienstraße zu den Wohnsitzen Melanchthons und Luthers. Das *Melanchthonhaus* mit seinen rundbogenverzierten Giebeln (1536/37) ist heute ein Museum, das dem Reformator gewidmet ist. Einen Komplex von großer historischer Bedeutung bildet am Ende der Collegienstraße das 1564 erbaute Collegium *Augusteum* (Ausbildungsstätte für evangelische Theologen), dessen Eingangshalle noch die Atmosphäre der alten Universität widerspiegelt. Im Hof befindet sich das *Lutherhaus* (1504), ein Teil des Augustinerklosters, den der Kurfürst Luther als Wohn- und Arbeitsstätte schenkte. Es beherbergt das reformationsgeschichtliche Museum, die Lutherhalle mit der Lutherstube und solchen Erinnerungsstücken wie dem barocken Universitätskatheder oder der alten Kanzel der Stadtkirche, von der Luther einst predigte. (↗ Bl. 11)

Leipziger Land

Geographische Besonderheiten: Das Leipziger Land wird von den Ablagerungen der Saaleeiszeit, der vorletzten Vereisung, geprägt. Gestaffelte Endmoränenbögen durchziehen die Dübener und die Dahlener Heide sowie das Land zwischen Saale und Mulde. Nur die breiten Talauen der Flüsse sind mit jungen Kiesen und Auelehmen ausgefüllt. An einigen Stellen ragen ältere Gesteine heraus: Hohburger Berge, Collm, Rochlitzer Berg. Durch den Braunkohlenabbau, der weite Teile des Leipziger Landes erfaßt hat und noch weiter erfassen wird, ist die Erdoberfläche stark verändert worden. Der Anteil der dadurch entstandenen Wasserflächen hat sich erheblich vergrößert.

Pflanzen- und Tierwelt weisen keine ausgesprochenen Besonderheiten auf. Zu den wenigen erhaltenen Auewäldern in Mitteleuropa gehören die bei Leipzig und Dessau. In der Dübener Heide herrscht die Kiefer vor, die besonders rauchschadengefährdet ist. Die Forstwirtschaft ist deshalb bemüht, Mischwald mit widerstandsfähigen Baumarten heranzuziehen. Vor allem die Dübener und die Dahlener Heide sind beliebte „Jagdreviere" für Pilz- und Beerensammler.

Die wichtigsten Landschaftschutzgebiete sind: „Mittlere Elbe" (bei Dessau und Wittenberg), „Mittlere Mulde" (zwischen Bad Düben und Wurzen), „Dübener Heide", „Dahlener Heide", „Auewald um Leipzig", „Machern-Lübschütz", „Wermsdorf" und „Kohrener Land". Vorhanden sind auch einige kleinere Naturschutzgebiete.

Geschichte: Frühgeschichtliche Funde im Leipziger Land belegen, daß das Gebiet schon vor unserer Zeitrechnung besiedelt war. Nachdem germanische Stämme während der Völkerwanderung das Land verlassen hatten, wurde es im 7./8. Jh. von den westslawischen Sorben besiedelt. Sie wurden im 10. Jh. in der unter Heinrich I. einsetzenden Ostexpansion vielfach verdrängt bzw. vermischten sich mit der deutschen Bevölkerung. Das Gebiet wurde von den deutschen Feudalherren durch Burgen an den Flußübergängen befestigt. Ins Land gerufene deutsche Bauern siedelten oft direkt neben slawischen Dörfern. Das Leipziger Land blieb Herrschaftsgebiet der Wettiner bis ins 20. Jh. hinein (seit 1089 waren die Wettiner im Besitz der Markgrafschaft Meißen). Im 11./12. Jh. entstanden die ersten Handels- und Wirtschaftszentren, so u. a. Leipzig, Eilenburg, Wurzen, Grimma, Leisnig und Borna. Die Dübener Heide bot wegen des kargen Sandbodens lange Zeit keinen Anreiz für die Gründung städtischer Siedlungen, so daß die Heidestädte noch heute am Rand bzw. außerhalb des Waldes liegen (Bad Düben, Dommitzsch, Bad Schmiedeberg, Pretzsch, Kemberg).

Im Mittelalter war das Leipziger Land bereits ein bedeutendes wirtschaftliches Zentrum mit einem selbstbewußten Bürgertum, das durch Handel, Bergbau und Weberei seinen Reichtum erworben hatte. Dabei nahm Leipzig durch seine einmalige Stellung als Handels- und Messestadt den führenden Platz ein.

Im 16. Jh. ging von Wittenberg unter Führung Martin Luthers die Reformation aus. Die Kriege im 17./18. Jh. bedeuteten gewaltige Rückschläge für die wirtschaftliche Entwicklung der Städte und Dörfer. Drei große Schlachten des Dreißigjährigen Krieges wurden im Leipziger Land geschlagen: Breitenfeld 1631 und 1642, Lützen 1632, und auch der Siebenjährige Krieg (Frieden zu Hubertusburg 1763) hinterließ seine Spuren. Die Städte erholten sich danach von den Kriegsfolgen, das Bürgertum festigte seine Positionen vor allem im Hinblick auf seinen geistigen Führungsanspruch in der Gesellschaft (Universitäten Leipzig und Wittenberg). Die Befreiungskriege wurden im Vorfeld von Leipzig durch die Völkerschlacht entschieden (16.–18. Oktober 1813). Der Wiener Kongreß beschloß 1815, daß Sachsen die Gebiete westlich und nördlich von Leipzig mit den Städten Halle, Merseburg, Eilenburg und Torgau an Preußen abtreten mußte. Das Leipziger Land entwickelte sich in der zweiten Hälfte des 19. Jh. zu einem ausgesprochenen Industriegebiet und zu einem Mittelpunkt der deutschen Arbeiterbewegung.

Auch heute herrscht im Leipziger Land die Industrie vor. Auf der Grundlage ausgedehnter Braunkohlenlagerstätten beruhen die Elektroenergieerzeugung und die chemische Industrie. Weitere bestimmende Industriezweige sind die Elektrotechnik/Elektronik, der Maschinenbau, der Bau von Transportausrüstungen. Vielseitig ist die Konsumgüterproduktion, leistungsfähig auch die Landwirtschaft.

Erholungswesen und Tourismus: Das Leipziger Land gehört nicht zu den traditionellen Erholungsgebieten. Nur in der Dahlener Heide gibt es einige kleine Ferienheime. Von überragender, auch internationaler Bedeutung sind jedoch die kulturgeschichtlichen Sehenswürdigkeiten in Leipzig, Dessau, Wittenberg, Torgau und Altenburg sowie in anderen Städten. Dübener Heide, Dahlener Heide, Wermsdorfer Wald, Muldetal und Kohrener Land werden wegen ihrer landschaftlichen Reize vor allem von den Großstädtern geschätzt. In Bad Düben, Bad Schmiedeberg, Pretzsch und Bad Lausick befinden sich Kureinrichtungen.

Die hohe Bevölkerungsdichte im Ballungsgebiet Halle–Leipzig, die Luftbelastung und die Waldarmut – der Bezirk Leipzig verfügt mit 13,8 Prozent seines Territoriums über die kleinste Waldfläche aller DDR-Bezirke – zwingen dazu, dem Ausbau der Erholungseinrichtungen besondere Aufmerksamkeit zu widmen. Aus ehemaligen Tagebaurestlöchern entstanden attraktive Erholungsobjekte (Kulkwitzer See bei Leipzig, Bergwitzsee, Möhlauer See und Gniester Seen in der Dübener Heide). Der Muldestausee bei Bitterfeld, mit 650 ha Wasserfläche einer der größten Binnenseen der DDR, ist Anziehungspunkt für Wassersportler und Angler. Große und beliebte Campingplätze befinden sich in Leipzig (Auensee, Kulkwitzer See); die meisten anderen Campingplätze des Gebietes haben nur örtliche Bedeutung. Die Wiederaufforstung auf ehemaligem Grubengelände ist im Gange. (↗ Bl. 11, 12, 15, 16)

Leipzig

Lage und Bedeutung: Leipzig liegt in 118 m Höhe ü. d. M. inmitten der fruchtbaren und braunkohlenreichen Leipziger Tieflandsbucht. Nach der Hauptstadt Berlin ist Leipzig die zweitgrößte Stadt des Landes (550 600 Einw.) mit einer hohen Bevölkerungsdichte (3771 Einw. pro km^2) und einem verhältnismäßig kleinen Stadtgebiet (146 km^2). Die Stadt Leipzig ist Bestandteil des industriellen Ballungsgebietes Halle–Leipzig–Dessau. Sie wird von einem Kranz ländlicher Siedlungen und Kleinstädte, die zum Landkreis Leipzig gehören, umgeben: Böhlitz-Ehrenberg, Schkeuditz, Lindenthal, Wiederitzsch, Taucha, Engelsdorf, Mölkau, Holzhausen, Liebertwolkwitz, Markkleeberg und Markranstädt.

Zweimal jährlich findet die Leipziger Messe statt, deren internationale Rolle auf ihrer Funktion im Ost-West-Handel beruht. Der Messe stehen das Messegelände (240 000 m^2 Ausstellungsfläche) mit 22 Hallen und dem Freigelände sowie 17 Messehäuser in der Innenstadt zur Verfügung.

Leipzigs Industrie ist durch ihre Vielseitigkeit gekennzeichnet. Strukturbestimmend sind die Betriebe des Maschinenbaus und vor allem des Schwermaschinen- und Anlagenbaus (Chemieanlagen, Gießereiwesen, Verlade- und Transportanlagen, Landmaschinen, Nahrungsgütermaschinen,

Medizin- und Labortechnik, polygraphischer Maschinenbau). Ein für Leipzig seit Jahrhunderten charakteristischer Zweig ist die Rauchwarenverarbeitung. Leipzig ist auch Standort einer leistungsfähigen graphischen Industrie, u. a. Graphischer Großbetrieb Interdruck, Offizin Andersen Nexö, LVZ (Leipziger Volkszeitung)-Druckerei „Hermann Duncker". Jedes dritte in der DDR verlegte Buch wird in Leipzig gedruckt.

Nicht weniger traditionsreich ist die Stadt als Sitz von rund 35 Buchverlagen; zu den ältesten gehören der Musikverlag Breitkopf & Härtel (1719), der Verlag Johann Ambrosius Barth (1780), der Musikverlag Edition Peters (1800) und der VEB F. A. Brockhaus Verlag (1805). Seit 1912 ist in Leipzig die Deutsche Bücherei als Sammelstätte des gesamten deutschsprachigen Schrifttums ansässig. Leipzig ist auch Sitz des Buchgroßhandels (Leipziger Kommissions- und Großbuchhandel) und des „Börsenvereins der Deutschen Buchhändler zu Leipzig" (1825), des Verbandes der Verleger und Buchhändler der DDR. Der Verband fördert und organisiert – in Verbindung mit dem Rat der Stadt Leipzig und dem Ministerium für Kultur – die Ausstellungen der „Schönsten Bücher der DDR", der „Schönsten Bücher aus aller Welt" und der Internationalen Buchkunst-Ausstellungen (iba). In Leipzig befinden sich die Deutsche Zentralbücherei für Blinde (1894) und andere wichtige Spezialbibliotheken, die Fachschule für Bibliothekare und Buchhändler „Erich Weinert" (1914) und das Institut für Literatur „Johannes R. Becher" (1955).

Eine Stadt der Wissenschaft ist Leipzig in erster Linie durch die „Alma mater Lipsiensis", die heutige Karl-Marx-Universität, sowie mehrere Hoch- und Fachschulen, von denen die Technische Hochschule (1877), die Hochschule für Grafik und Buchkunst (1764), die Hochschule für Musik „Felix Mendelssohn Bartholdy" (1843), die Theaterhochschule „Hans Otto" (1949) und die Deutsche Hochschule für Körperkultur (1950) besonders erwähnt seien, aber auch durch Einrichtungen der Akademie der Wissenschaften der DDR und der Sächsischen Akademie der Wissenschaften. Reich ist Leipzig auch an Museen mit wissenschaftlichen und Forschungsaufgaben (Stadtgeschichte, Geschichte der internationalen Arbeiterbewegung, Kunst und Kunsthandwerk, Völkerkunde u. a.).

Leipzigs Rolle als Musikstadt wird gekennzeichnet durch die Pflege des Bachschen Erbes – seit 1950 besteht das Bach-Archiv, das 1979 den neu gegründeten Nationalen Forschungs- und Gedenkstätten Johann Sebastian Bach eingegliedert wurde –, die bereits erwähnte Musikhochschule, das Gewandhaus (1781), das Rundfunksinfonieorchester (1924) und die Musikverlage. Die traditionsreichen Leipziger Theater haben einen attraktiven Spielplan und arbeiten unter einer Leitung. Sie verfügen über vier Häuser (Oper, Schauspiel, Musikalische Komödie, Theater der Jungen Welt) sowie einige kleine Spielstätten (u. a. Neue Szene, Kellertheater). Leipzig hat zwei Kabaretts: die „Leipziger Pfeffermühle" (1954) und die „academixer" (1966).

Schließlich gilt Leipzig auch als „Stadt des Sports". Ausdruck dafür sind die hier stattfindenden Turn- und Sportfeste der DDR und die Kinder- und Jugendspartakiaden, die beide auf den Traditionen der Arbeitersportbewegung beruhen. Bereits 1863 hatte in Leipzig ein Deutsches Turnfest stattgefunden. Leipzig ist Zentrum der Sportwissenschaft der DDR in Lehre und Forschung.

Stadtgeschichte: Im 7./8. Jh. siedelten westslawische Bauern auf dem Gebiet der heutigen Stadt. Aus dieser Zeit stammt auch der Name „Lipsk" (Lindenort). An gleicher Stelle entstand mit dem Vordringen deutscher Feudalherren und der ihnen folgenden Siedler die in der Chronik des Merseburger Bischofs Thietmar 1115 erstmals erwähnte „urbs Libzi", eine Burg, in deren Schutz sich bald Kauf-

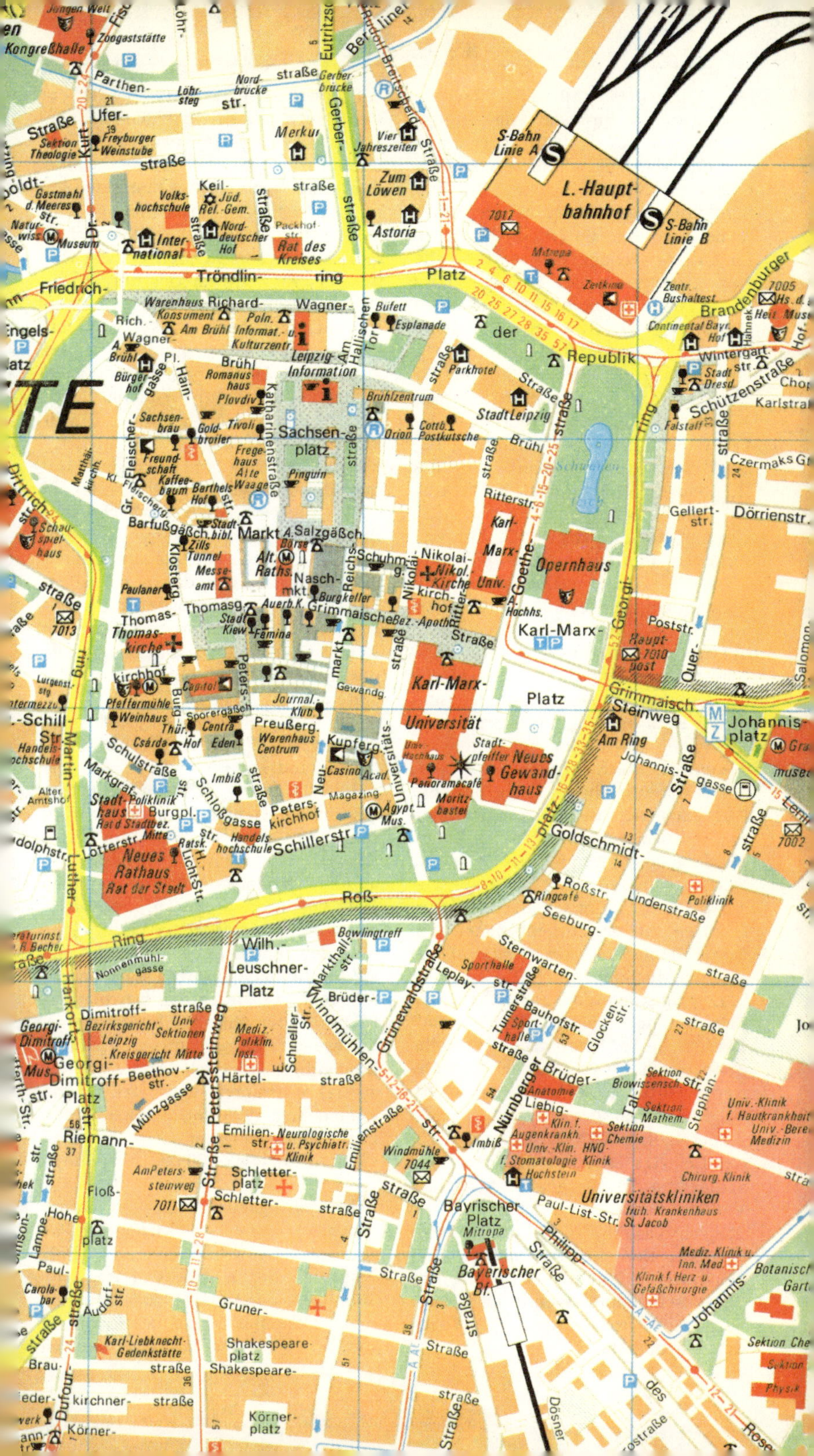
Kongreßhalle
Zoogaststätte
Parthen-
Löhr-
steg
Nord-
brücke
straße
Gerber-
brücke
Eutritzscher
Berliner
Ufer-
Straße
Sektion Theologie
Freyburger Weinstube
straße
Merkur
Vier Jahreszeiten
Zum Löwen
Astoria
S-Bahn Linie A
L.-Hauptbahnhof
S-Bahn Linie B
Mitropa
Zentkino
Gastmahl d. Meeres
Volks-
hochschule
Keil-
Jüd. Rel.-Gem.
Nord-
deutscher Hof
Packhof-
str.
Rat des Kreises
Natur-
wiss.
Museum
International
Friedrich-
Engels-
Tröndlin-
ring
Platz
der
Republik
Zentr. Bushaltest.
Brandenburger
Hs. d.
Heit. Muse
Continental
Bayr. Hof
Wintergart.
str.
Warenhaus
Konsument
Am Brühl
Richard-
Wagner-
Poln. Informat.- u. Kulturzentr.
Leipzig-Information
Bufett
Esplanade
Parkhotel
Stadt Leipzig
Stadt Dresd.
Schützenstraße
Karlstraße
Falstaff
Rich.-Wagner-Pl.
Brühl
Romanus-
haus
Plovdiv
Katharinenstraße
Sachsen-
platz
Brühlzentrum
Orion
Cottb. Postkutsche
Brühl
Schwanen-
teich
Czermaks G.
Bürger-
hof
Sachsen-
bräu
Gold-
broiler
Tivoli
Frege-
haus
Alte Waage
Pinguin
Freund-
schaft
Kaffee-
baum
Barthels Hof
Ritterstr.
Goethestraße
Georgiring
Gellert-
str.
Dörrienstr.
Dittrichring
Schau-
spiel-
haus
Barfußgäßch.
Stadt. bibl.
Markt
Salzgäßch.
Börse
Alt. Raths.
Zills Tunnel
Messe-
amt
Schuhm.-g.
Nikolai-
Nikol.-Kirche
Karl-Marx-Univ.
Opernhaus
Nasch-
markt
Reichsstr.
Burgkeller
Grimmaische
Bez.-Apoth.
Nikolai-
kirch-
hof
Ritter-
Straße
Hochhs.
Karl-Marx-
Platz
Poststr.
Haupt-
post
7010
Paulaner
Klosterg.
Thomas-
kirche
Thomasg.
Auerb. K.
Stadt Kiew
Famina
7013
Thomas-
kirchhof
Lurgenst.-
stg
Capitol
Peters-
Journal-
Klub
Gewandg.
Karl-Marx-Universität
Pfeffermühle
Weinhaus
Csárda
Thür. Hof
Sporergäßch.
Central
Eden
Preußerg.
Warenhaus
Centrum
Kupferg.
Casino
Acad.
Univ. Hochhaus
Stadt-
pfeiffer
Neues Gewand-
haus
Panoramacafé
Moritz-
bastei
Grimmaisch.
Steinweg
Am Ring
Johannis-
platz
Johannis-
gasse
Quer-
straße
Salomon-
Schulstraße
Markgrafen
Stadt-
haus
Rat d. Stadtbez. Mitte
Poliklinik
Burgpl.
Schloßgasse
Imbiß
Peters-
kirchhof
Neu-
markt
Magazing.
Universitätsstraße
Ägypt. Mus.
Handels-
hochschule
Schillerstr.
Goldschmidt-
7002
Lotterstr.
Neues Rathaus
Rat der Stadt
Ratsk.
Lichtstr.
Martin-
Luther-
Ring
Roß-
platz
Roßstr.
Ringcafé
Lindenstraße
Poliklinik
Seeburg-
Sternwarten-
straße
Wilh.-
Leuschner-
Platz
Bowlingtreff
Markthallen-
str.
Nonnenmühl-
gasse
Brüder-
Leplay-
str.
Sporthalle
Turnerstraße
Bauhofstr.
Glocken-
str.
Georgi-
Dimitroff-
Mus.
Dimitroff-
straße
Bezirksgericht Leipzig
Kreisgericht Mitte
Univ.-Sektionen
Mediz.-Poliklin.
Inst.
Schneider-
str.
Windmühlenstraße
Grünewaldstraße
Sport-
halle
straße
Brüder-
Anatomie
Biowissensch.
Sektion
Talstraße
Stephan-
straße
Georgi-
Dimitroff-
Platz
Beethov.-
str.
Münzgasse
Härtel-
straße
Liebig-
Klin. f. Augenkrankh.
Univ.-Klin. f. Stomatologie
HNO-
Klinik
Sektion Chemie
Sektion Mathem.
Univ.-Klinik f. Hautkrankheit
Univ.-Bere. Medizin
Riemann-
Emilien-
str.
Neurologische u. Psychiatr. Klinik
Emilienstraße
Windmühle
7044
Imbiß
Nürnberger
Hochstein
Chirurg. Klinik
Floß-
AmPeters-
steinweg
7011
Schletter-
platz
Schletter-
straße
Petersstraße
Bayrischer
Platz
Mitropa
Paul-List-Str.
Universitätskliniken
früh. Krankenhaus St. Jacob
Hohe
Lampe-
Paul-
Carola-
bar
Audorf-
str.
Gruner-
Straße
Bayrischer
Bf.
Philipp-
Straße
Mediz. Klinik u. Inn. Med.
Klinik f. Herz- u. Gefäßchirurgie
Botanisch.
Gart.
Johannis-
Sektion Che
Sektion Physik
Karl-Liebknecht-
Gedenkstätte
Shakespeare-
platz
Shakespeare-
straße
Brau-
straße
Dufour-
straße
kirchner-
straße
Körner-
platz
Körner-
Dösner
des
Rose

leute niederließen. Standort dieser ersten deutschen Burg war, wie Grabungen in den Jahren 1950/56 erbrachten, der Matthäikirchhof (hinter dem Gebäudekomplex „Großer Blumenberg"). Um 1165 kam es zur Stadtrechtsverleihung durch den Markgrafen Otto der Reiche. Der Markt wurde zum Mittelpunkt des Handels. Hier trafen sich die beiden bedeutenden Haupthandelsstraßen des Mittelalters: die „Königsstraße" („Via regia"), vom Westen nach dem Osten und die „Reichsstraße" („Via imperii") von Norden nach Süden führend. Der Fernhandel und die Beteiligung der Stadtbürger an der Finanzierung des Bergbaus in Sachsen und im Mansfelder Revier sicherten die wirtschaftliche Entwicklung der Stadt. Die kaiserlichen Privilegien von 1497 und 1507 schließlich gewährleisteten, daß Leipzig als Messestadt im Umkreis von 15 Meilen keine Konkurrenz durch andere sächsische und thüringische Städte zu fürchten hatte. Durch die Universität (1409 gegründet) und die Reformation erfuhren im 15./16. Jh. Buchdruck und Buchhandel einen Aufschwung.

Der Dreißigjährige Krieg und der Rückgang des Bergbaus bedeuteten zwar zeitweise einen wirtschaftlichen Niedergang, doch belebte sich die Wirtschaft bereits im 17. /18. Jh. wieder durch das Entstehen von Manufakturen. Gleichzeitig entfalteten sich weiter Buchdruck, Universität, Theater und Musikleben.

Leipzig spielte im sächsischen Feudalstaat neben der Residenzstadt Dresden eine herausragende Rolle, denn durch Messe, Handel und Gewerbe wurde die Stadt zum wirtschaftlichen Zentrum des Landes.

Im Oktober 1813 wurde vor den Toren Leipzigs eine der opferreichsten Schlachten des 19. Jh. geschlagen, die Völkerschlacht, in der sich die deutsch-russische Waffenbrüderschaft bewährte und die Verbündeten über die Truppen Napoleons siegten, was die entscheidende Wende im Kampf gegen die französische Fremdherrschaft bedeutete.

In kurzer Zeit entstand eine der ersten deutschen Ferneisenbahnen, die Strecke Leipzig–Dresden (1836/39). Die folgenden Jahrzehnte waren durch die rasche Entwicklung der kapitalistischen Großindustrie und das Entstehen einer organisierten Arbeiterklasse gekennzeichnet. Leipzig war sowohl ein Zentrum der bürgerlich-demokratischen Revolution von 1848 als auch ein Mittelpunkt der deutschen Arbeiterbewegung vor und nach 1900. Hier lebten und wirkten August Bebel und Wilhelm Liebknecht, Franz Mehring und Karl Liebknecht. Lenin war mehrmals in Leipzig und ließ hier 1900 die erste Nummer der russischen Zeitung „Iskra" („Der Funke") drucken. Auch nach dem ersten Weltkrieg kam es in Leipzig zu Aktionen der revolutionären Arbeiterklasse, von denen vor allem der Kampf zur Abwehr des Kapp-Putsches (1920) Erwähnung verdient. Im Reichstagsbrandprozeß 1933 wurde das Auftreten des bulgarischen Arbeiterführers Georgi Dimitroff mit seiner Anklage gegen den Faschismus zum Auftakt des antifaschistischen Widerstandskampfes. Die „Gruppe Leipzig" des Nationalkomitees „Freies Deutschland" unter der Führung von Georg Schumann und Kurt Kresse – beide wurden wie zahlreiche andere Widerstandskämpfer noch 1944 von den Faschisten ermordet – stand dabei in vorderster Linie.

In den Jahren 1943/44 wurde Leipzig bei Bombenangriffen stark betroffen. Beim Wiederaufbau war man erfolgreich bemüht, das historisch gewachsene Stadtzentrum zu erhalten, beschädigte oder zerstörte Gebäude zu rekonstruieren bzw. neu aufzubauen. Seit 1976 entsteht am westlichen Stadtrand der neue Stadtteil Grünau für etwa 100 000 Einwohner.

Sehenswürdigkeiten: Der *Leipziger Hauptbahnhof* entstand nach den Plänen von Lossow und Kühne von 1909 bis 1915 an der Stelle von vier selbständigen Bahnhöfen: dem Berliner, dem Dresdner, dem Magdeburger und dem Thüringer Bahnhof. Der fast

Leipzig: Neues Gewandhaus und Mendebrunnen

300 m breite Neubau galt mit seinen 26 Gleisen und 4 Außengleisen als der größte Kopfbahnhof Europas. Die beiden Eingangshallen (Ost- und Westhalle) waren Ausdruck dessen, daß der Bahnhof noch bis 1934 in einen preußischen und einen sächsischen Teil getrennt war. Nach dem zweiten Weltkrieg wurden nahezu alle wichtigen, den Leipziger Hauptbahnhof berührenden Eisenbahnstrecken elektrifiziert.

Der geräumige und verkehrsreiche Hauptbahnhofsvorplatz (Platz der Republik) – von hier sind mit der Straßenbahn alle Leipziger Stadtteile erreichbar – ist Teil der *Ringpromenade*, die im 18./19. Jh. nach Abbruch der Stadtbefestigung entstand. Das würfelförmige Denkmal vor dem Hotel „Stadt Leipzig" (1965) erinnert an den Bürgermeister Carl Wilhelm Müller, dem die Stadt die Anlage des nördlichen Promenadenringes verdankt. Westlich vom Hauptbahnhof empfangen die Hotels „Astoria" (1915, rekonstruiert 1969/73), „Zum Löwen" (1965) und „Merkur" (1981) ihre Gäste, östlich begrenzt ein 95,5 m hohes Wohnhochhaus (1974) an der Einfahrt in die Wintergartenstraße den Bahnhofsvorplatz. Die Anlagen am *Schwanenteich* sind der letzte Rest des alten Stadtgrabens. Ein *Obelisk* erinnert an die Eröffnung der Eisenbahnstrecke Leipzig – Dresden (1839).

Der *Karl-Marx-Platz* (40 000 m^2) als der politische und geistig-kulturelle Mittelpunkt der Stadt, ursprünglich Platz vor dem Grimmaischen Tor (1831 abgebrochen), wird an allen Seiten von Repräsentationsbauten begrenzt. (Alle Bauten am Platz waren durch den Bombenkrieg 1943/44 mehr oder weniger stark betroffen worden.) Das *Krochhaus* (1927/28) an der Westseite, ein Bürohochhaus, war Leipzigs erstes Hochhaus. Der *Uhrturm* mit den beiden Glockenmännern (restauriert 1986/87) entstand in Anlehnung an den Markusplatz in Venedig. Die lateinische Inschrift „Omnia vincit labor" lautet übersetzt „Die Arbeit überwindet alles". Das andere alte Hochhaus (1929) an der Ostseite des Platzes, Sitz der Versicherung, steht neben einem Hotelneubau („Am Ring") von 1965. Jüngster Neubau am Karl-Marx-Platz ist das *Neue Gewandhaus* (1981), das an der Stelle des durch Bomben zerstörten Bildermuseums entstand. Das für das weltberühmte Leipziger Orchester errichtete dreigeschossige Konzerthaus (Kollektiv Skoda) mit dem amphitheaterartigen Großen Saal (1927 Plätze; Schuke-Orgel) und dem Kleinen Saal (490 Plätze) wird durch zahlreiche Gemälde zeitgenössischer Künstler geschmückt. Im Foyer zum Kleinen Saal wurde die Beethoven-Plastik (1902) von Klinger aufgestellt, vor dem Gewandhaus der restaurierte *Mendebrunnen* (1886).

Das eigenwillig geformte 34geschossige *Hochhaus* (142,5 m) *der Karl-Marx-Universität* (1973) mit einem Panoramacafé in 110 m Höhe und einer Aussichtsplattform gehört mit zu den die Stadtsilhouette prägenden Bauwerken. Das sechsstöckige Hauptgebäude der Universität ist mit einem Bronzerelief (Kollektiv Schwabe, Ruddigkeit, Kuhrt) geschmückt. Im Foyer befindet sich das Wandbild „Arbeiterklasse und Intelligenz" (Tübke). In die Universitätsneubauten einbezogen wurden auch das Schinkeltor (1836 von Schinkel und Rietschel) und das *Leibnizdenkmal* (1883 von Hähnel). Die *Moritzbastei* (1551), als Studentenklub eingerichtet, ist der letzte Rest der ehemaligen Stadtbefestigung. In den anschließenden Anlagen steht ein *Schillerdenkmal* (1905 von Hartmann). Gegenüber in der Schillerstraße hat das Ägyptische Museum der Karl-Marx-Universität seinen Sitz. Das an der Nordseite des Karl-Marx-Platzes errichtete *Opernhaus* (1956/60 von Nierade und Hemmerling) entstand an der Stelle des kriegszerstörten Neuen Theaters (1864/68 von Langhans) und war der erste Theaterneubau in der DDR.

Die *Nikolaikirche* mit ihrem markanten Turm (75 m) ist Leipzigs größte Kirche. Ihre Anfänge reichen bis ins 12. Jh. zurück (restauriert seit den sechziger Jahren). Eindrucksvoll ist das klassizistische Kircheninnere (1784/97 von Dauthe) mit den Emporen- und Altargemälden von Oeser.

Südöstlich vom Karl-Marx-Platz liegt der *Johannisplatz*, auf dem früher die ebenfalls von Bomben zerstörte *Johanniskirche* den Blickfang bildete. Den östlichen Teil des Platzes nimmt der Komplex des *Grassimuseums* ein. Das flache Gebäude aus Rochlitzer Porphyr entstand 1925/27 zugleich auch als Messehaus für die Kunstgewerbemesse. Es beherbergt heute drei Spezialmuseen: das Museum für Völkerkunde, das Museum des Kunsthandwerks und das Musikinstrumentenmuseum der Karl-Marx-Universität. Der sich hinter dem Museumskomplex erstreckende *Alte Johannisfriedhof* (seit 13. Jh.) mit Gräbern vieler bedeutender Persönlichkeiten wird langfristig rekonstruiert (derzeit nicht zugänglich).

Direkt im Stadtzentrum, in der Nähe des Hauptbahnhofs, befinden sich der *Brühl*, traditioneller Standort der Rauchwarenverarbeitung, und der *Sachsenplatz* mit dem Gebäude der Leipzig-Information (1969). Der Platz entstand an der Stelle kriegszerstörter Bauten als innerstädtischer Ruhepunkt mit Brunnenplastiken und einer Keramiksäule (1972 von Viecenz), die mit Motiven aus der Leipziger Stadtgeschichte geschmückt ist. An der Nordseite des Platzes steht das Polnische Informations- und Kulturzentrum (1969), an der Ostseite das Brühlzentrum (1967) und das Hochhaus von Brühlpelz (1966). An seiner Westseite wird der Platz von den barocken Bürgerhäusern der *Katharinenstraße* begrenzt; deren Glanzpunkt ist das *Romanushaus*, Ecke Brühl, ein 1701/04 nach Plänen von Fuchs in der Art eines städtischen Palais für den Bürgermeister Romanus errichtetes viergeschossiges Bürgerhaus mit stark gegliederten Fassaden (rekonstruiert 1967/69). Von 1700 bis 1707 baute Fuchs auch das *Fregehaus* um, das sich in der Katharinenstr. 11 befindet (rekonstruiert 1986).

Der *Markt*, jahrhundertelang Mittelpunkt städtischen Lebens, wird beherrscht von dem Renaissancegebäude des *Alten Rathauses* (1556, wiederaufgebaut 1946/50), das der Leipziger Bürgermeister Hieronymus Lotter errichtete. Der asymmetrisch angeordnete Turm erhielt 1774 seine barocke Haube, die Kolonnaden entstanden 1907. Das Alte Rathaus ist

Leipzig:
Fregehaus – Katharinenstr. 11

Sitz des Museums der Stadt Leipzig. Die *Alte Waage* (1555), auch ein Bau von Lotter, ein altes Handelsgebäude, wurde nach den Kriegszerstörungen in vereinfachter Form 1963/64 wiederaufgebaut und dient dem Reisebüro der DDR. Unter dem Marktplatz liegt die *Untergrundmessehalle* (1925, rekonstruiert 1986/88). An der Südseite des Platzes stehen das *Königshaus* (1610, rekonstruiert 1965/67) und der Neubau des *Messehauses am Markt* (1963), an der Westseite ebenfalls ein Neubau für das Leipziger Messeamt (1965). Der Durchgang am Markt 8 führt in *Barthels Hof* (z. Z. Rekonstruktion) hinein (Renaissanceerker von 1523), einen typischen Leipziger Handelshof aus der Zeit der Warenmesse, mit Durchgang zur Kleinen Fleischergasse. Das Haus in der Kleinen Fleischergasse 4, der *„Kaffeebaum"*, ist historische Gaststätte seit 1694 und ältester Kaffeeausschank in Leipzig. Hier verkehrten u. a. der Komponist Robert Schumann und die Davidsbündler 1833/44. Die Sandsteinplastik über dem Eingang zeigt einen Türken unter einem blühenden Kaffeebaum.

Die *Thomaskirche*, Heimstätte des weltberühmten Thomanerchores (seit 1212), geht auf die im 13. Jh. als Stiftskirche der Augustinerchorherren errichtete Klosterkirche zurück. Im 15. Jh. erhielt sie unter Roder die Form der spätgotischen obersächsischen Hallenkirche mit dem dreischiffigen Langhaus. Der barocke Turm ist von 1702, die Westfassade von 1872/89. Das Kircheninnere erhielt im wesentlichen seine originale Gestalt wieder (1961/66). Martin Luther predigte in der Kirche 1539, Johann Sebastian Bach wirkte 1723/50 als Thomaskantor. Bachs Grabstätte befindet sich seit 1950 in der Thomaskirche. Vor der Kirche steht das *Bachdenkmal* (1908 von Seffner), etwas abseits in den Anlagen ein älteres Bachdenkmal von 1843. Gegenüber der Kirche, im *Bosehaus*, einem 1985 rekonstruierten Bürgerhaus, empfängt das *Johann-Sebastian-Bach-Museum* die Verehrer des Komponisten; auch die Nationalen Forschungs- und Gedenkstätten Johann Sebastian Bach haben hier ihren Sitz.

Der *Naschmarkt*, ein kleiner Platz hinter dem Alten Rathaus, wurde 1556 angelegt. Die dort errichtete *Alte Handelsbörse*, ein für Leipzig einzigartiger Frühbarockbau (1678/87 von Starke) diente als Versammlungsort der Kaufleute und der Stadtverordneten. Seit der Rekonstruktion (1963) werden hier festliche Veranstaltungen durchgeführt. Das *Goethedenkmal* (1903 von Seffner) vor der Alten Handelsbörse zeigt den Dichter als Studenten in Leipzig. Gegenüber dem Naschmarkt führt die *Mädlerpassage* unmittelbar hinein in das für Leipzig charakteristische Passagensystem, das anstelle älterer Messehäuser und Handelshöfe entstanden ist, mit zahlreichen attraktiven Geschäften. Mädlerpassage, Königshauspassage und Messehofpassage stehen in Verbindung. Das Messehaus Mädlerpassage entstand 1912/14 auf dem Platz des

Leipzig: Alte Handelsbörse am Naschmarkt

abgebrochenen „Auerbachs Hof" (1536/38). Am Eingang zur Mädlerpassage weisen die bronzenen Figurengruppen der Kellerszene aus Goethes „Faust" (1913 von Molitor) hinunter in die historische *Gaststätte „Auerbachs Keller"*, die mit mehreren, auf die Faust-Sage Bezug nehmenden Gemälden geschmückt ist. In der Mädlerpassage ist auch das Meißner Porzellanglockenspiel (1969) ein Anziehungspunkt.

Am südöstlichen Rand des Stadtzentrums steht das *Neue Rathaus*, ein im Stil der deutschen Neorenaissance (1899–1905 von Licht) auf den Grundmauern der 1897/98 abgebrochenen Pleißenburg errichteter Monumentalbau. Die Pleißenburg war im 13. Jh. durch Markgraf Dietrich als Zwingburg zur Niederhaltung der Bürger errichtet worden. Der Turmstumpf der Burg ist in den Neubau des Mittelturmes (115 m) einbezogen worden. Die lateinische Inschrift an der Rathausuhr „Mors certa hora incerta" lautet übersetzt „Der Tod ist sicher, die Stunde ist ungewiß". Den Rathausbrunnen mit deutschen Märchenfiguren schuf Wrba 1908. Schräg gegenüber dem Neuen Rathaus entstand ein weiterer Monumentalbau: das viergeschossige, kuppelgekrönte (68,5 m) ehemalige Reichsgericht (1888/95), jetzt *Georgi-Dimitroff-Museum*, mit dem restaurierten Plenarsaal (1964/65), in dem der Reichstagsbrandprozeß stattfand, und dem Museum der bildenden Künste (1837 gegründet) mit seinen zwar begrenzten Ausstellungsräumen, aber überaus reichen Sammlungen altdeutscher Malerei, holländischer Meister des 17. Jh., moderner Malerei, Plastiken und graphischen Blättern.

Das Haus Richard-Wagner-Platz 1, genannt *„Großer Blumenberg"* (1712, 1826/32; wiederaufgebaut 1964), mit dem „Café am Brühl" ist ein stattliches Bürgerhaus und eines der letzten Zeugnisse das Klassizismus im Leipziger Stadtzentrum.

Der *Friedrich-Engels-Platz* wurde nach dem zweiten Weltkrieg neu gestaltet. Das Alte Theater, ein Opfer der Bomben, entstand nicht wieder. Dafür wurde das ehemalige, ebenfalls zerstörte „Zentral-Theater", Bosestraße/Gottschedstraße, als *Schauspielhaus* (1955/56) wiedererrichtet. Eine Fußgängerbrücke trug bei der Neugestaltung des Platzes (1964) dazu bei, den Straßenverkehr an diesem Verkehrsknoten flüssiger zu gestalten. An der Nordwestseite des Friedrich-Engels-Platzes steht das *Naturwissenschaftliche Museum* (1906 gegründet), das 1924 hier in einem ehemaligen Schulgebäude eingerichtet wurde. Das *Konsument-Warenhaus Am Brühl* wurde durch Rekonstruktion von Altbausubstanz (1968) geschaffen und ist wegen seiner Leichtmetallfassade bemerkenswert.

Leipzig liegt an den Flüssen Parthe, Pleiße, Weiße Elster und Luppe. Die Flußauen erstrecken sich vom Süden nach dem Norden, von Markkleeberg bis Schkeuditz, durch das gesamte Stadtgebiet und darüber hinaus in einer Länge von 25 km und einer Breite von 2 km und bilden das LSG „Auewald um Leipzig". Durch diesen Grünstreifen führen zahlreiche Wanderwege und Lehrpfade, befinden sich viele Anziehungspunkte für Touristen.

In der Nähe des Stadtzentrums liegt der *Zoologische Garten*, gegründet 1878, einer der ältesten deutschen Zoos, bekannt vor allem durch seine Löwen- und Tigerzucht. Das Zooschaufenster leitet über in das Rosental mit der Großen Wiese.

In Nähe des Rosentals (Menckestraße/Poetenweg) befindet sich das *Gohliser Schlößchen* (1756), ein von Seltendorff für den Leipziger Ratsherrn Caspar Richter erbautes Rokokoschlößchen (Deckengemälde „Lebensweg der Psyche", 1779 von Oeser). Nur wenige Schritte entfernt steht das als kleines Museum eingerichtete *Schillerhaus*, ein Bauernhaus des ehemaligen Dorfes **Gohlis**, in dem Friedrich Schiller 1785 wohnte und die „Ode an die Freude" konzipierte.

Im Stadtteil **Leipzig-Wahren** befindet sich im **Auewald** der **Auensee** (Großgaststätte) mit der Pioniereisenbahn, der Jugendherberge „Alfred Frank" und einem Intercampingplatz.

Am Elsterbecken erstreckt sich das Sportforum mit dem *Zentralstadion* (1954/56) für 100 000 Besucher und einem 40 m hohen *Glockenturm* sowie dem *Schwimmstadion* (1950/51) und dem *Sportmuseum* (1977), benachbart die ausgedehnten Anlagen der *Deutschen Hochschule für Körperkultur* (nach 1952). Von der 23 m hohen Dammkrone des Zentralstadions bietet sich ein guter Überblick über die Sportanlagen.

In Nähe des Stadtzentrums beginnt der *Zentrale Kulturpark „Clara Zetkin"* (Gaststätte, Freilichtbühne), einbezogen der Johannapark (1858 von Lenné), der Albertpark und der Palmengarten. Weiter südlich im Auewald liegen die *Galopprennbahn am Scheibenholz* (1867) und der *Wildpark* (1979). Unmittelbar an das Leipziger Stadtgebiet grenzt die Gartenstadt **Markkleeberg.** Das *agra-Gelände* und der *agra-Park* (Gaststätten), auf dem die Landwirtschaftsausstellungen der DDR stattfinden, befinden sich teilweise auf Leipziger, teilweise auf Markkleeberger Territorium.

Weitere Sehenswürdigkeiten Leipzigs findet der Besucher in den südöstlichen Stadtteilen. Ein einmaliges Denkmal der Eisenbahngeschichte ist der *Bayerische Bahnhof* (1842) am Bayrischen Platz, ältester erhaltener deutscher Personenbahnhof des Klassizismus (Rekonstruktion geplant). Im Klinikviertel befindet sich der *Botanische Garten* der Karl-Marx-Universität, der älteste Universitätsgarten auf dem Gebiet der DDR (1542 gegründet). An der Straße des 18. Oktober, die in ihrem vorderen Teil mit neuzeitlichen Wohnhäusern (1968/74) bebaut wurde, steht am Deutschen Platz die 1912 gegründete *Deutsche Bücherei* (errichtet 1914/16, Erweiterungsbauten 1972/82). In ihren Räumen beherbergt sie seit 1950 das Deutsche Buch- und Schriftmuseum (gegründet 1884). Zwischen Deutschem Platz und Wilhelm-Külz-Park erstreckt sich das Messegelände, auf dem erstmals 1920 die Technische Messe stattfand.

Mehrere Gedenkstätten sind der Völkerschlacht bei Leipzig 1813 gewidmet: Das *Völkerschlachtdenkmal* (1898–1913 von Schmitz und Thieme), ein eindrucksvolles Mahnmal in der Formensprache der Kunst der Jahrhundertwende; wurde anläßlich der 100-Jahr-Feier der Völkerschlacht 1913 eingeweiht. Das Denkmal ist auf 26 m hohen Betonpfeilern gegründet und in Krypta, Ruhmeshalle und Kuppel gegliedert. Die Aussichtsplattform in 91 m Höhe bietet einen umfassenden Rundblick über Leipzig und seine Umgebung. Im *Wilhelm-Külz-Park* vor dem Denkmal würdigt der Ausstellungspavillon die „Geschichte der Völkerschlacht 1813“ (Diorama der Schlacht) und die deutsch-russische Waffenbrüderschaft. Der Napoleonstein (1857) erhebt sich an der Stelle, von wo aus Napoleon die Kämpfe verfolgte. Die russische *St.-Alexius-Gedächtniskirche* (1912/13 von Pokrowski), deren vergoldete Zwiebelkuppel weithin zu sehen ist, wurde den in der Völkerschlacht gefallenen 22 000 russischen Soldaten gewidmet.

Weitere Denkmäler der Völkerschlacht im Leipziger Stadtgebiet sind die an den ehemaligen Kampfplätzen aufgestellten *Apelsteine* (1861/64), ferner der *Obelisk* auf dem Monarchenhügel (1847) und das *Schwarzenbergdenkmal* (1838), beide in **Leipzig-Meusdorf**, das *Brückensprengungsdenkmal* (1863), und das *Poniatowskidenkmal*, beide im Bereich Friedrich-Ludwig-Jahn-Allee/Gottschedstraße. Die beiden letztgenannten Denkmäler erinnern an die vorzeitige Sprengung der Elsterbrücke am 19. Oktober 1813 beim Rückzug der Franzosen, wobei der polnische Fürst Poniatowski, der auf französischer Seite kämpfte, in der Elster ertrank.

Im Leipziger Südosten (Leipzig-Probstheida, Russenstr. 48) befindet sich auch die erste *Leningedenkstätte* in der DDR, die in der ehemaligen Druckerei Rauh eingerichtet wurde, in der Wladimir Iljitsch Lenin 1900 die erste Nummer der gesamtrussischen marxistischen Zeitung „Iskra“ („Der Funke“) drucken ließ. Eine weitere Leningedenkstätte wurde im ehemaligen Verlagsgebäude der „Leipziger Volkszeitung“ in der Rosa-Luxemburg-Str. 19/21 eingerichtet.

Der *Südfriedhof*, ebenfalls im Südosten, wurde seit 1886 parkartig angelegt mit zum Teil künstlerisch überaus eindrucksvollen Grabmälern für Leipziger Persönlichkeiten aus Wissenschaft, Kultur, Wirtschaft und Kommunalpolitik sowie einem Ehrenhain für antifaschistische Widerstandskämpfer.

Am westlichen Stadtrand von Leipzig, wo in den Jahren seit 1976 der neue Stadtteil **Leipzig-Grünau** enstanden ist, befindet sich ein Erholungsgebiet am *Kulkwitzer See*, einem ehemaligen Braunkohlenrestloch. Das einstige Saalefrachtschiff „MS Leipzig“ dient als Gaststätte. Zu den noch im Ausbau befindlichen Einrichtungen dieses Erholungsgebietes gehören u. a. weitere Gaststätten, das Strandbad und ein Campingplatz. (↗ Bl. 11, 15)

Delitzsch

Lage und Bedeutung/Stadtgeschichte: Am nördlichen Stadtrand von Leipzig in Richtung Delitzsch werden seit einigen Jahren neue Braunkohlentagebaue (Breitenfeld, Delitzsch-Südwest) erschlossen, die bis über das Jahr 2000 hinaus Kohle liefern werden. In diesem Zusammenhang wird sich die Einwohnerzahl der Kreisstadt Delitzsch (27 600) durch Zuzug aus den den Tagebauen weichenden Siedlun-

Bad Düben: Schiffsmühle

gen weiter erhöhen (Neubaugebiet Delitzsch-Nord). Die Stadt geht auf eine slawische Siedlung zurück und ist seit dem 10. Jh. urkundlich bezeugt (deutsche Burg). Seit 1815 gehörte die bis dahin kursächsische Stadt zu Preußen. Das alte Delitzscher Stadtzentrum wird rekonstruiert, eine Fußgängerzone ist entstanden.

Sehenswürdigkeiten: Die Stadt bewahrt Reste der ehemaligen Stadtmauer und zwei gut erhaltene Stadttore, *Hallescher Turm* und *Breiter Turm* mit ständiger Ausstellung über Baudenkmale. Im *Schloß* (15. bis 17. Jh.) veranschaulicht das Kreismuseum die Entwicklung von Stadt und Land, Arbeiterbewegung und Industrie.

Die *Stadtkirche St. Peter und Paul* ist eine spätgotische Hallenkirche (14./15. Jh.). Das *Rathaus* am Markt geht auf das 15. Jh. zurück, die Fassade ist neuzeitlicher (19. Jh.).

Ausflugsziele in der Umgebung: Nordöstlich von Delitzsch liegt **Bad Düben.** Die Stadt, von der die **Dübener Heide** ihren Namen hat, wird erstmalig in der zweiten Hälfte des 10. Jh. als Burgwardmittelpunkt erwähnt. Voraus ging eine slawische Ansiedlung am Muldeübergang.

Die *Dübener Burg* beherbergt das Landschaftsmuseum der Dübener Heide (Geschichte, Wirtschaft und Natur der Heide). Auf der Burg fand 1533 ein Prozeß zwischen dem Junker Günther von Zaschwitz und dem Pferdehändler Hans Kohlhaas statt. Das Schicksal des Kohlhaas hat der Dichter Heinrich von Kleist in seiner Novelle „Michael Kohlhaas“ literarisch frei gestaltet. Bad Düben war Standquartier Napoleons unmittelbar vor der Völkerschlacht bei Leipzig im Oktober 1813. Vom Turm schweift der Blick über die Muldeaue auf die im Burggarten aufgestellte rekonstruierte letzte Schiffsmühle der DDR. Sie lag früher auf der Mulde unterhalb von Bad Düben bei Schwemsal. Die *Nikolaikirche* aus dem 19. Jh. überragt die Stadt weithin; das kleine *Rathaus* prägt das Bild des keilförmigen Marktplatzes.

Touristische Anziehungspunkte in Bad Düben sind auch die Jugendherberge „Horst Heilmann", ein Freibad und der Kurpark. Bad Düben ist seit 1915 Moorbad, ebenso wie die beiden Heidestädte **Bad Schmiedeberg** (seit 1878) und **Pretzsch** an der Elbe (seit 1909).

In der Nähe von Bad Düben, an der F 2 in Richtung Wittenberg, raucht einer der letzten *Kohlenmeiler*. Das Handwerk der Holzkohlenherstellung war in der Vergangenheit in den Wäldern der Dübener Heide weit verbreitet. Der erwähnte Meiler arbeitet mit einer moderneren Technologie als die früheren. An der F 2 befinden sich auch mehrere beliebte Ausflugsgaststätten: u. a. das „Rote Haus" im Waldgebiet Noitzscher Heide/Prellheide, der „Kohlhasenkrug" in Wellaune, nördlich von Bad Düben der „Wachtmeister" (ein Fachwerkbau). Westlich von Oppin liegt an einer Waldstraße in Richtung Radis die Gaststätte „Ochsenkopf" (Betriebsferienheim) in der Nähe der Gniester Seen.

Unmittelbar an der F 183 Bad Düben–Torgau liegt östlich von Pressel ein kleines Erholungsobjekt am **Presseler Teich** (Campingplatz, Freibad). Weiter östlich erstrecken sich in der Nähe dieser Straße zwei Naturschutzgebiete: das NSG „Wildenhainer Bruch" und das NSG „Zadlitzbruch". Das zuletzt genannte ist ein Niederungsmoor, in dem im 19. und 20. Jh. Torf gewonnen wurde. Es kann auf einem gekennzeichneten Pfad umwandert werden.

In dem kleinen Kurort **Bad Schmiedeberg** sind das *Rathaus* (im wesentlichen Barock; 1648), die *Stadtkirche* (15. Jh.), das *Au-Tor*, ein Stadttor aus dem 16. Jh., und das *Badehaus* (1906) im Kurviertel sehenswert. In der Nähe von Bad Schmiedeberg sind die in einem Aussichtsturm eingerichtete Gaststätte „Schöne Aussicht" auf dem **Wurzelberg** (182 m), das *Wasserschloß Reinharz* (1696–1701; Genesungsheim, Besichtigung nicht möglich) und die **Lausiger Teiche** (30 bzw. 15 ha, Campingplatz) bemerkenswert. (↗ Bl. 11)

Eilenburg

Lage und Bedeutung/Stadtgeschichte: Eilenburg (21 900 Einw.) als Zentrum eines Agrarkreises ist bedeutend als Industriestadt (Chemiewerk) und als Verkehrsknotenpunkt. An der Stelle eines slawischen Burgwalls wurde im 10. Jh. eine deutsche Burg zur Sicherung der Muldelinie erbaut. Unterhalb von ihr entstand im 12. Jh. eine Kaufmannssiedlung an der Fernstraße nach Frankfurt. Seit Ende des 14. Jh. zum Kurfürstentum Sachsen gehörend, kam die Stadt 1815 mit der neuen Grenzziehung nach dem Wiener Kongreß an Preußen. Das Stadtzentrum wurde 1945 weitgehend zerstört; in den fünfziger Jahren begann der Neuaufbau.

Sehenswürdigkeiten: Das *Rathaus*, ursprünglich ein Renaissancebau von 1544/45, war 1945 zerstört worden und wurde wiederaufgebaut. Auch die *Stadtkirche*, eine dreischiffige Hallenkirche aus dem 15./16. Jh., wies starke Kriegsschäden auf. Auf dem Burgberg sind das *Amtshaus* (um 1700), die *Bergkirche* und der als Aussichtsturm zugängliche *Sorbenturm* (10. Jh.) erhalten. In der Muldeaue erstreckt sich der *Stadtpark* mit einem Tiergarten, auf der Höhe jenseits der Fischeraue steht die *Volks- und Schulsternwarte „Juri Gagarin"*. Östlich des neuen Stadtteiles Eilenburg-Ost entstand in einer Kiesgrube ein Naherholungszentrum, das mit Freibad und Campingplatz seinen Besuchern Erholungsmöglichkeiten bietet. (↗ Bl. 11)

Torgau: Schloß Hartenfels

Torgau

Lage und Bedeutung: Die Kreisstadt (22 700 Einw.) mit dem einzigen Elbhafen im Bezirk Leipzig hat sich in jüngster Zeit zu einem bedeutenden Industriestandort entwickelt (Flachglaskombinat, Steingutwerk, Landmaschinenfabrik). Durch Schloß Hartenfels und das sehenswerte Stadtzentrum ist die Stadt ein Anziehungspunkt für Touristen.

Stadtgeschichte: An einem Fernstraßenübergang über die Elbe entstand schon in slawischer Zeit eine Siedlung. 973 wird eine deutsche Burg erwähnt. Im 12. Jh. kam eine Kaufmannssiedlung hinzu, die sich bald zur Stadt ausweitete. Anfang des 15. Jh. wurde die erste Brücke über die Elbe errichtet. Mit dem Übergang des Kurfürstentums Sachsen-Wittenberg (1423) an die Wettiner (1485) spielte Torgau eine größere Rolle in der Territorialgeschichte. Die Ernestiner ließen das Schloß ausbauen und residierten hier bis 1547. Torgau wurde als Residenz von Kurfürst Friedrich dem Weisen, dem Schirmherrn Martin Luthers, neben Wittenberg zu einem Zentrum der Reformation. Mit der Verlegung der Residenz nach Dresden ging die Rolle Torgaus zurück. 1617 wurde im Schloß Hartenfels, anläßlich einer Hochzeit, die erste deutsche Oper, „Daphne" von Heinrich Schütz, uraufgeführt. Im Siebenjährigen Krieg fand auf den Süptitzer Höhen westlich der Stadt eine Schlacht zwischen Preußen und Österreichern statt (3. November 1760). Auf Betreiben Napoleons ließ der sächsische König Torgau 1811 zur Festung ausbauen; erst 1899 wurden die Festungsanlagen abgebrochen, und es entstanden Parkanlagen, die Glacis. Am Ende des zweiten Weltkriegs kam es am 25. April 1945 zu einem Zusammentreffen sowjetischer und amerikanischer Soldaten, das als „Begegnung an der Elbe" in die Geschichte eingegangen ist.

Sehenswürdigkeiten: Die *Altstadt* ist wegen ihrer fast geschlossen erhaltenen Struktur im Baustil des 16./17. Jh. und der beispielhaften Rekonstruktion historischer Bausubstanz besonders eindrucksvoll und steht unter zentralem Denkmalschutz. Den großräumigen *Marktplatz* beherrscht an der Südseite das *Rathaus*, ein Renaissancebau von 1561/65 (rekonstruiert 1971/73) mit dem prächtigen Runderker (1577 von Buschwitz und Reinwald). Im Ratshof sind noch die Reste der ehemaligen Nikolaikirche vorhanden; an der Nordwestecke des Marktes die ebenfalls restaurierte *Mohrenapotheke*, davor der Marktbrunnen nach einem Entwurf von Marquardt. In den vom Markt abgehenden Straßen findet man zahlreiche sehenswerte Bürgerhäuser.

Schloß Hartenfels, ein Vierflügelbau mit Innenhof, eines der schönsten weltlichen Bauwerke der Frührenaissance in der DDR (rekonstruiert 1965/75), läßt verschiedene Bauetappen erkennen. Über den Bärengraben gelangt der Besucher durch das Eingangstor mit dem reich verzierten kursächsischen Wappen am Westflügel (sog. Flügel A, 17. Jh.) in den Schloßhof. Am Johann-Friedrich-Bau (Flügel C) beeindruckt der von Krebs 1532/43 geschaffene Große Wendelstein mit der freitragenden Treppe. Vom Hausmannsturm (45 m) bietet sich ein weiter Ausblick über die Stadt und in die Elbauen. Älter ist der Albrechtsbau (Flügel D, 15. Jh.) mit Wächterturm und Kleinem Wendelstein. Die *Schloßkirche*, erster protestantischer Kirchenbau, wurde 1544 von Luther eingeweiht. Im Flügel B – mit dem Schönen Erker von 1544 – zeigt das Torgauer Kreismuseum seine Ausstellungen zur Geschichte von Stadt und Land. An der Elbseite der Flaschen- und der Hasenturm sowie das prächtige Jagdtor, ein reichverziertes Renaissanceportal (erneuert 1964/71). In Teilen des Schloßgrabens entstand ein *Rosengarten*. Unmittelbar vor dem Schloß und nahe der Elbe wurde 1946 als Fahnenmonument in Sandstein das *„Denkmal der Begegnung“* errichtet, das an das Zusammentreffen der sowjetischen und amerikanischen Truppen 1945 erinnert. Die *Marienkirche*, eine dreischiffige gotische Hallenkirche, birgt wertvolle Kunstwerke, darunter das Gemälde „Die 14 Nothelfer“ von Cranach d. Ä. (1507) und das Grabmal Katharina von Boras, der Gemahlin Luthers, die 1552 in Torgau starb, als sie Wittenberg wegen der dort herrschenden Pest verlassen hatte. An ihrem Sterbehaus, Katharinenstr. 11, befindet sich eine Gedenktafel.

Der *Große Teich*, südlich der Stadt, bereits 1483 zur Fischzucht angelegt, ist ein beliebtes Ausflugsziel.

Ausflugsziele in der Umgebung: In **Belgern**, südöstlich von Torgau, an der Straße Wittenberg–Torgau (F 182) sind das *Rathaus* (1574, erneuert 1974/75) und die *Rolandsfigur* (1610) sehenswert.

Jenseits der Elbe, etwa 5 km östlich in Richtung Bad Liebenwerda (F 183), befindet sich das 1630 gegründete *Gestüt Graditz* mit einem barocken *Gutshaus* (18. Jh., von Pöppelmann).

Südlich der Dübener Heide erstrekken sich weitere hügelige Waldgebiete mit Ausflugszielen: die **Dahlener Heide** und der **Wermsdorfer Wald.** Sandboden bildet den Untergrund der Heide mit Ausnahme des **Schildberges** (215 m; Feuerwachtturm, der auch als Aussichtsturm dient), eines Porphyrrückens. Nach Süden wird der Boden feinkörniger und lehmiger und leitet zu dem fruchtbaren sächsischen Lößgebiet um Mügeln und Lommatzsch über.

Die Heidestadt **Dahlen** (Rathaus 1888; Schloß von 1744 durch Brand 1973 zerstört; Jugendherberge „Georgi Dimitroff“) ist – wie die Orte **Schmannewitz, Ochsensaal, Frauwalde, Sitzenroda, Lausa** und **Bucha** – vom Erholungswesen geprägt. Die Dahlener Heide wurde für den Fremdenverkehr in den achtziger Jahren des 19. Jh. von dem bekannten Zoologen und „Tiervater“ Alfred Brehm entdeckt. Er hielt sich damals als einer der ersten Sommerfrischler in Schmannewitz auf. Das gesamte Waldgebiet ist für Wanderer durch ein Markierungssystem sehr gut erschlossen. Mehrere Freibäder an künstlich angelegten Teichen laden zum Baden ein: das Waldbad Schmannewitz (Gaststätte), der Dammmühlenteich (Gaststätte, Campingplatz) und der Neumühlteich bei Schildau (Gaststätte, Campingplatz).

Die Gneisenaustadt **Schildau** ist die Geburtsstadt Neidhardts von Gneisenau, des Helden der Befreiungskriege 1813. In einem Bauernhaus aus dem 17. Jh., in dem Gneisenau geboren wurde, befindet sich eine *Gneisenau-Gedenkstätte*; ein Gneisenaudenkmal steht auf dem Platz der Deutsch-Sowjetischen Freundschaft. Das *Rathaus* (1840) trägt einen spitzen Uhrturm. Die wuchtige *Marienkirche* ist eine romanische Pfeilerbasilika mit gotischem Gewölbe. Die Streiche der Schildbürger sagt man den Schildauern zu Unrecht nach. Das von einem kursächsischen Amtmann auf der Grundlage eines alten Volksbuches geschriebene Buch „Die Streiche der Bürger zu Schilda" (1597) war eine Verunglimpfung der sich dem Adel gegenüber widerspenstig zeigenden Stadtbürger.

Die Straße Wurzen–Oschatz (Teil der F 6) trennt die Dahlener Heide vom Wermsdorfer Wald, dessen höchste Erhebung der **Collm** ist (316 m; Richtfunkturm der Deutschen Post 64 m hoch; *„Albertturm"*, ein Aussichtsturm von 1854, 18 m hoch, z. Z. nicht zugänglich), zugleich der höchste Berg Nordwestsachsens.

Am Nordwesthang des Berges ragt aus dem Wald der weiße Turm des Geophysikalischen Observatoriums der Karl-Marx-Universität Leipzig heraus. Das Ortsbild **Wermsdorf** wird von der *Hubertusburg* beherrscht, einem 1721/51 von Knöffel errichteten Jagdschloß, dessen Inneneinrichtung mit Ausnahme der Schloßkapelle dem Siebenjährigen Krieg zum Opfer fiel. Hier wurde 1763 der sog. „Frieden zu Hubertusburg" geschlossen, und der Preußenkönig Friedrich II. ließ als Racheakt für Schäden am Schloß Charlottenburg die Hubertusburg ausräumen. Verschont blieb die *Kapelle*, die am Außenbau nicht in Erscheinung tritt. Geschmückt ist sie u. a. durch ein Deckengemälde („Bekehrung des Hubertus") von Grone und den Hauptaltar von Mattielli. Im Schloß, das von Krankenanstalten genutzt wird, befindet sich auch eine *Bebel-Liebknecht-Gedenkstätte*. Die beiden deutschen Arbeiterführer wurden im Leipziger Hochverratsprozeß zu zwei Jahren Festungshaft verurteilt, die sie 1872/74 auf der Hubertusburg verbrachten.

Ein zweites *Jagdschloß* in Wermsdorf (1609, Renaissance, nach 1716 umgebaut) und die benachbarte *Dorfkirche* (17. Jh.; restauriert) sind weitere Sehenswürdigkeiten. Der Ort ist Zentrum der Binnenfischerei und der Forstwirtschaft in Nordwestsachsen sowie Sitz des Briefmarkengroßhandels der DDR (VEB Philatelie).

Die im Wermsdorfer Wald bereits im 16. Jh. und auch neuerdings noch angelegten Teiche dienen der Fisch- und Entenzucht, teilweise auch, wie der **Horstsee** (67 ha; Insel im See, Flächennaturdenkmal) und der **Langenrodaer See** dem Erholungswesen (Campingplätze und Gaststätten). Zwischen Horstsee und Döllnitzsee, die im Herbst zur Zeit des Abfischens das Ziel zahlreicher Ausflügler sind, wurde eine *Fischerstele* aufgestellt, eine Keramiksäule mit Motiven vom Fischen (1986 von Kubas).

Die Kreisstadt **Oschatz** geht auf eine im 12. Jh. entstandene Kaufmannssiedlung zurück. Sie hat ein vielfältiges Wirtschaftsprofil, das u. a. von der Glasseiden- und der Waagenproduktion sowie der Herstellung von Kinderbekleidung geprägt wird. Auf dem Marktplatz, dem Platz der Deutsch-Sowjetischen-Freundschaft, erfaßt man mit einem Blick eine typische Stadtansicht: im Vordergrund der *Marktbrunnen* (1589), dahinter der Turm des *Rathauses* und die beiden Türme der *St.-Ägidien-Kirche* (beide Bauten 15./19. Jh.). Erhalten sind auch Reste der ehemaligen Stadtbefestigung mit zwei Rundtürmen (1377 bzw. 1479). In der ehemaligen Fronfeste (16. Jh.) ist das *Stadtmuseum* mit dem einzigen Waagenmuseum der DDR zu finden. (↗ Bl. 11, 15, 16)

Wurzen

Lage und Bedeutung/Stadtgeschichte: Die Kreisstadt Wurzen (19 300 Einw.), durch eine S-Bahn-Linie mit Leipzig verbunden, hat u. a. metallverarbeitende Industrie und Teppichproduktion. Im Stadtbild tritt der VEB Nahrungsmittelwerke „Albert Kuntz" (Mehl, Nährmittel, Dauerbackwaren) durch die beiden wuchtigen Türme (1918/24) hervor. Albert Kuntz, aus Bennewitz bei Wurzen stammend, war als einer der führenden KPD-Funktionäre ein enger Kampfgefährte Ernst Thälmanns. Er wurde in einem Außenlager des Konzentrationslagers Buchenwald von den Faschisten ermordet.

Die nach der deutschen Eroberung des Landes im frühen 10. Jh. angelegte Burg wird 961 erstmals urkundlich erwähnt. Im 11. Jh. ging sie an die Bischöfe von Meißen über. An der stark benutzten Fernstraße und Muldefurt entstand noch vor 1100 eine Kaufmannssiedlung.

Sehenswürdigkeiten: Der *Wurzener Dom* (12.–16. Jh.) mit seinen barokken Turmhauben birgt im Innern mit der von Wrba 1928/32 im Zusammenhang mit einer Domrestaurierung geschaffenen Kreuzigungsgruppe und der Kanzel (beides Bronze) bemerkenswerte spätexpressionistische Kunstwerke. Das Schloß wurde 1491/97 als Bischofsresidenz erbaut und dient heute Verwaltungszwecken.

In einem restaurierten Renaissancegebäude aus dem 17. Jh. in der Domgasse hat das *Kreismuseum* seinen Sitz. Am Platz der Deutsch-Sowjetischen Freundschaft, dem früheren Markt, steht das schlichte *Alte Rathaus* (1803, Bibliothek, Galerie), auf dem Platz der *Ringelnatzbrunnen* (1983) unter dem Motto „Überall ist Wunderland", der den Dichter auf einem Seepferdchen reitend zeigt. In der Straße „Crostigall" empfängt eine kleine, im Geburtshaus von Joachim Bötticher eingerichtete *Ringelnatz-Gedenkstätte* Verehrer des Dichters. In der gleichen Straße befindet sich auch der *Posthof*, eine ehemalige Poststation mit dem prachtvollen, restaurierten kursächsischen Posttor.

In der *Parkanlage* am Bahnhof, einem ehemaligen Friedhof, erinnert das *Pesthäuschen* (1616) an die Opfer der im Mittelalter häufigen Seuche. Am östlichen Muldeufer ragt der **Wachtelberg** (148 m; Turm) auf, ein Flächennaturdenkmal, mit einem Vorkommen der überaus seltenen, streng geschützten Echten Kuhschelle.

Ausflugsziele in der Umgebung: Östlich von Wurzen erheben sich die bewaldeten **Hohburger Berge** (Löbenberg 241 m, Kleiner Berg 205 m). In mehreren Steinbrüchen wird Quarzporphyr abgebaut. Das ehemalige Wohnhaus eines Steinarbeiters wurde als kleines *Museum* eingerichtet.

Westlich der Mulde befindet sich in **Machern** ein von 1782 bis 1800 angelegter *englischer Garten* im sog. Stil der Empfindsamkeit mit Mausoleum, Ritterburg, Tempel der Hygieia und Agnestempel. Das *Schloß*, eine ehemalige Wasserburg aus dem 16. Jh., zeigt barocke Bauformen aus dem 18. Jh.

Eine Wanderung führt von Machern (S-Bahn-Station) an der Alfred-Frank-Siedlung vorbei, einer von Leipziger Arbeitern in den zwanziger Jahren errichteten Laubenkolonie, in der während der Nazizeit illegale Treffs stattfanden, zu den *Lübschützer Teichen*, die nach 1860 künstlich angelegt worden waren (Freibad, Gaststätte, Campingplatz).

Bei **Beucha** (Wehrkirche aus dem 13. Jh. auf einer Porphyrkuppe) und **Naunhof** liegen zum Teil von Wald umgebene Badeseen, die durch Kiesabbau entstanden sind und sich großer Beliebtheit erfreuen: *Albrechtshainer See* mit Campingplatz und Naturbäder Naunhof und Ammelshain. Aus den Beuchaer Porphyrsteinbrüchen stammen die Quader für den Bau des Völkerschlachtdenkmals in Leipzig (1898–1913). Aus den Naunhofer Wasserwerken (1887 und 1895) wird Leipzig zu erheblichem Teil mit Wasser versorgt. (↗ Bl. 11, 15)

Grimma

Lage und Bedeutung/Stadtgeschichte: Die in einem Talkessel auf der linken Muldeseite gelegene Kreisstadt Grimma (17 800 Einw.), deren wichtigster Betrieb der VEB Chemieanlagenbau Leipzig-Grimma ist, geht auf eine im 12. Jh. entstandene Kaufmannssiedlung zurück, in deren Nachbarschaft der Meißner Markgraf um 1200 eine Burg errichten ließ. Eine Muldebrücke ist für 1292 erstmals erwähnt.

Sehenswürdigkeiten: Beeindruckend ist in Grimma zunächst der *Markt* mit dem *Renaissancerathaus* (1442, 1538/85; restauriert 1960/61) und mehreren gut erhaltenen Bürgerhäusern. Die romanisch-frühgotische *Frauenkirche* (13.–15. Jh.) prägt mit ihren beiden, 46 m hohen, spitzen Türmen das Stadtbild. Weniger auffallend ist dagegen die *Klosterkirche* (12.–15. Jh.). Das *Schloß* – es dient jetzt Verwaltungszwecken – wurde vielfach umgebaut und läßt nur noch wenige originale Bauteile erkennen. Am eindrucksvollsten ist wohl der spätgotische Nordgiebel, den man von der Muldebrücke (1716/19 von Pöppelmann) aus am besten einsehen kann.

In dem nördlich der Stadt auf der Höhe gelegenen Stadtteil **Hohnstädt** ist im *Göschenhaus* ein Museum eingerichtet worden. Der Buchhändler und Verleger der deutschen Klassik Georg Joachim Göschen hatte sich hier 1795 niedergelassen. Das Haus ist gleichzeitig *Seume-Gedenkstätte*, denn der „Wanderer nach Syrakus", Johann Gottfried Seume, war in Göschens Druckerei in Grimma als Korrektor und Verlagslektor tätig gewesen. Einer der berühmtesten Gäste im Göschenhaus war Friedrich Schiller. Das Grimmaer *Kreismuseum* in der Paul-Gerhardt-Str. 43 widmet sich vor allem der Stadtgeschichte.

Ausflugsziele in der Umgebung: Von der auf der Höhe am südlichen Stadtrand gelegenen Ausflugsgaststätte „Gattersburg" aus führt ein beliebter Wanderweg über eine *Hängebrücke* (1924) und durch den Grimmaer Stadtwald (mit Aussichtspunkt Rabenstein) nach **Höfgen** (Gaststätte „Schiffmühle"). Die ehemalige *Wassermühle* (1726) in Höfgen wird als technische Schauanlage gezeigt. Am Fährhaus Höfgen (mit Hochwassermarken der Mulde) kann in einem Stechkahn der Fluß überquert werden. Auf der anderen Muldeseite liegt **Nimbschen** (Volksgut) mit der Ruine eines ehemaligen *Zisterzienserklosters*. 1523 floh von hier Katharina von Bora, die spätere Frau Luthers, nach Wittenberg (Gedenktafel).

Grimma: Freundschaftstempel
im Garten des Göschenhauses

In **Großbothen**, auf dem Weg von Grimma nach Colditz, befindet sich die *Wilhelm-Ostwald-Gedenkstätte*, die in dem ehemaligen Wohnhaus des Farbenforschers eingerichtet wurde. Über Großbothen erreicht man den **Thümmlitzwald**, der von zahlreichen gut beschilderten Wanderwegen und einem historischen Lehrpfad durchzogen wird. Am künstlich angelegten *Thümmlitzsee* (1966/76) entstanden Erholungseinrichtungen (Gaststätte, Bungalows). Das *Jagdhaus Kössern* (18. Jh., restauriert 1966/73), ein zweigeschossiger Barockbau mit sog. Plafondmalerei, stammt vermutlich von Pöppelmann. Am Südwestrand des Thümmlitzwaldes bei Sermuth vereinigen sich die Freiberger und die Zwickauer Mulde.

Das Stadtbild von **Colditz**, an der Zwickauer Mulde gelegen, beherrscht das *Schloß*, ein Renaissancebau aus dem 16. Jh. (Krankenhaus); in der Altstadt am Markt das *Rathaus* (1650/57) und Bürgerhäuser. Das *Städtische Museum*, Kurt-Böhme-Str. 1, zeigt u. a. die Geschichte des Colditzer Porzellans. Eine kleine Gedenkstätte im ehemaligen Diakonat der Stadtpfarrkirche ist dem Begründer der wissenschaftlichen Münzkunde (Numismatik), Johann David Köhler, gewidmet.

Westlich von Colditz erstreckt sich beiderseits der Straße Colditz–Bad Lausick ein Waldgebiet (Gaststätte „Handwerkerheim Waldhaus") mit vielen Wanderwegen und -zielen. **Bad Lausick** wurde durch das 1821 von Gottlieb Friedrich Herrmann gegründete *Heilbad* bekannt. In der nach 1950 modernisierten Kureinrichtung werden vor allem Herz-Kreislauf-Krankheiten behandelt. Die *Stadtkirche St. Kilian* (1105 begründet, Umbauten im 18./19. Jh.), eine dreischiffige romanische Pfeilerbasilika, birgt eine Silbermann-Orgel (1722) aus der ehemaligen Kirche in Auligk.

An der Freiberger Mulde weiter östlich folgt die Stadt **Leisnig** mit der auf einem 60 m hohen Bergsporn errichteten Burg Mildenstein, deren Anfänge auf die Zeit der deutschen Ostexpansion im 10. Jh. zurückgehen. In der *Burg* befindet sich das *Döbelner Kreismuseum*. Leisnig und sein Umland sind zur Zeit der Baumblüte besonders beliebte Ausflugsziele. Mit **Dürrweitzschen** als Zentrum entstand hier eines der größten Obstanbaugebiete der DDR, das in seiner Bedeutung mit dem Havelland vergleichbar ist.

In einem weiten Talkessel der Freiberger Mulde liegt **Döbeln.** Die urkundlich 981 erstmals erwähnte heutige Kreisstadt, Standort wichtiger Industriebetriebe (VEB Döbelner Beschläge- und Metallwerk; „Florena", Seifen und Kosmetik; „Pikant", Döbelner Salami), weist zwei das Stadtbild prägende Dominanten auf: das *Rathaus* (1910/12, 59 m hoher Turm) und die *Nikolaikirche* (15.–19. Jh.; restauriert 1976/77), ein spätgotischer dreischiffiger Hallenbau. An den Häusern der seit 1974 rekonstruierten Innenstadt finden sich sehenswerte Architekturdetails. Das seit 1871 bestehende *Stadttheater* (1912/15) hat ein breites Repertoire in Schauspiel, Oper und Operette.

Das **Tal der Zwickauer Mulde** zwischen Rochlitz und Rochsburg gehört wegen seiner landschaftlichen Reize und einmaligen Bauwerke zu den bevorzugten Ausflugsgebieten im mittelsächsischen Gebiet. Bereits im 10. Jh. bestand die *Burg Rochlitz* als Reichsburg, d. h. sie war im Besitz der deutschen Zentralgewalt. 1143 gelangte sie an den Meißner Markgrafen Konrad I. Seitdem blieb sie Eigentum der sächsischen Landesherren bis 1918. Die Stadt **Rochlitz** entstand um 1180/90. Auf dem Platz der Befreiung vor dem Rochlitzer *Rathaus* (1828) steht – zugleich als *Mahnmal* für die Gefallenen des ersten Weltkrieges – ein von Wrba 1929 in Form einer Totenleuchte geschaffener Marktbrunnen. Hinter dem Rathaus erhebt sich die spätgotische *Kunigundenkirche* (12.–15. Jh.). Das *Schloß* (Heimatmuseum) – von weitem schon zu erkennen sind die beiden Türme, Lichte und Finstere Jupe genannt (1360/90) – entstand an der Stelle der ehemaligen Burg durch mehrmalige Um- und Erweiterungsbauten. Das Mauerwerk unter den Türmen ist 34 m hoch, die Türme selbst sind nahezu 19 m hoch. Die *„Lichte Jupe"* ist besteigbar; von der Höhe aus bietet sich ein reizvoller Ausblick auf Rochlitz und das Muldental. Ein architektonisches Meister-

Rochlitz: Schloß

werk im Schloß ist die spätgotische Kapelle (um 1500). Neben dem Schloß steht die *Petrikirche* (2. Hälfte 15. Jh.).

Ein markierter Wanderweg, nach einem Tierfotografen und Ornithologen aus Rochlitz Rudolf-Zimmermann-Weg genannt, führt vom Schloß aus auf den **Rochlitzer Berg** (353 m; *Aussichtsturm*, Gaststätte). Der umfassende Rundblick reicht bei guter Sicht bis zum Völkerschlachtdenkmal in Leipzig und bis zum Erzgebirgskamm. Die Bergkuppe aus Porphyrtuff stellt den Rest eines Vulkankegels dar, der dem sächsischen Granulitgebirge aufsitzt. Das rote Gestein ist seit Jahrhunderten als leicht zu bearbeitender Baustein beliebt und an vielen bekannten Bauwerken zu finden.

Am anderen Ende des langgestreckten Rochlitzer Berges liegt **Wechselburg** mit der berühmten *Stiftskirche*, einer Pfeilerbasilika, einem der bedeutendsten romanischen Bauwerke in der DDR. Um 1160 wurde das Augustinerchorherrenstift durch Graf Dedo von Groitzsch gegründet, 1180 war der erste Kirchenbau vollendet. Die Kirche blieb im wesentlichen in der ursprünglichen Gestalt erhalten, wenn es auch im 17. und 19. Jh. zu Umbauten kam. Eine umfassende Restaurierung erfolgte 1953/63 bzw. 1980. Das Stift war in den Jahren von 1278 bis 1543 im Besitz des Deutschen Ritterordens, danach kam es an die Familie von Schönburg. Die ehemaligen Klostergebäude wurden nach Auflösung des Klosters in der Reformation 1753/56 zu einem Barockschloß umgebaut; heute werden sie als kirchliches Heim genutzt.

Auf einem 50 m hohen Felssporn über der Mulde, die den Burgberg in einer großen Schleife auf drei Seiten umfließt, liegt die *Rochsburg*. Sie gehört zu den wenigen sächsischen Burgen, die ihren mittelalterlichen Charakter trotz einiger Umbauten bis heute erhalten haben. Die im 12. Jh. gegründete Burg erhielt ihr heutiges Aussehen im wesentlichen im 15./16. Jh. Aus dieser Zeit stammt die Burgkapelle, die sich durch einen Renaissancealtar (1576) auszeichnet. Das *Brunnenhaus* im Burghof steht über einem 53 m tiefen Brunnen. In der Burg befinden sich ein *Museum* und eine Jugendherberge. Von der Burg führt ein beliebter Wanderweg steil hinab ins Tal und über eine *Hängebrücke* (1878, erneuert 1954) auf dem rechten Muldeufer flußaufwärts.

Oberhalb von Rochsburg ist das Muldetal besonders eng; zu beiden Seiten steigen die Felswände etwa 60 m auf. Gegenüber der Mündung des Höllbachs in die Mulde liegt am anderen Ufer die kleine Industriesiedlung **Amerika** (Baumwollspinnerei seit 1836) mit einem Haltepunkt der Eisenbahnlinie Leipzig–Rochlitz–Glauchau. Durch den Grund führt der Weg zur „Höllmühle" (Gaststätte) und weiter auf der Höhe nach **Penig** (Papierfabrik seit 1537, Getriebewerk). Neben dem *Rathaus* (1545/46), einem Frührenaissancebau, sind es zahlreiche Bürgerhäuser aus dem 16.–18. Jh., die das Bild dieser Kleinstadt prägen. Die spätgotische *Hallenkirche Unser Lieben Frauen* (15./16. Jh.) birgt ein Gemälde von Cranach d. Ä., Martin Luther als Junker Jörg zeigend. Charakteristisch für Penig sind auch die weitverzweigten zweistöckigen Kelleranlagen, ehemalige Bierkeller der Stadtbürger.

Südlich von Leipzig erstreckt sich ein vom Braunkohlenabbau geprägtes Gebiet mit den beiden Kreisstädten Borna und Altenburg und dem Kohrener Land als „Insel der Naherholung".

An der über ehemaliges Grubengelände geführten Straße (F 95) Leipzig – Borna liegt der vom Kohleabbau unberührte Siedlungskern der Kleinstadt **Rötha**, die früher als Ausflugsziel der Leipziger bekannt war. Aus dieser Zeit stammt auch die *„Obstweinschänke"*, eine noch heute beliebte Ausflugsgaststätte an einem Pleißestausee. In Rötha entstand ein leistungsfähiger Betrieb zur Süßmost- und Obstweinproduktion (VEB Großkelterei Rötha). Beide Röthaer *Kirchen* (Georgenkirche, Marienkirche) sind wegen ihrer Silbermann-Orgeln (1722) bekannt.

Nach **Espenhain** (VEB Braunkohlenveredelung) fallen links der Straße die vier Kühltürme (90 m) und der Schornstein (300 m) des Großkraftwerkes Thierbach auf.

Die Kreisstadt **Borna**, deren Geschichte bis auf die Zeit um 1150 zurückreicht, als die Stadt planmäßig an einem Wyhraübergang angelegt wurde, ist heute vor allem Arbeiterwohnort für die Werktätigen der braunkohlenverarbeitenden Industrie. Sehenswerte Bauwerke sind das *Rathaus* (1887), das *Reichstor* (1753, restauriert 1973, Museum) als einziges erhaltenenes Stadttor und die *Marienkirche*, eine spätgotische Hallenkirche (1411/55) mit einem Schnitzaltar von Hans Witten (1967 restauriert). Eine originelle bauliche Lösung wurde mit dem Wohnhochhaus im Neubaugebiet Borna-Nord gefunden; das Gebäude dient gleichzeitig als Wasserturm und enthält in seinem Kopf drei Wasserbecken.

Mit der Kleinstadt **Frohburg** beginnt das Kohrener Land. Das *Schloß* (16. Jh., restauriert 1962/64) beherbergt ein *Museum* mit der einzigen Ausstellung zur Geschichte der kursächsischen Postmeilensäulen und einer Sammlung von Keramiken von Kurt Feuerriegel. Das „Frohburger Dreieck" ist als Auto- und Motorradrennstrecke bekannt.

Durch den Streitwald, ein beliebtes Wandergebiet, wird das Städtchen **Kohren-Sahlis** erreicht. Sein Wahrzeichen, den *Töpferbrunnen*, schuf Feuerriegel 1928. Der Brunnen und das *Töpfermuseum* weisen auf das früher in dieser Gegend heimisch gewesene Töpferhandwerk hin. Von der ehemaligen *Burg Kohren* (seit 1456 unbewohnt, seit 1586 wüst) sind noch zwei romanische Rundtürme erhalten. Im Ortsteil **Rüdigsdorf** steht am Eingang zum Park der *Schwind-Pavillon*, eine ehemalige Orangerie, die Moritz von Schwind 1838 mit Fresken schmückte (1964/68 restauriert). Sie stellen die Geschichte von Amor und Psyche dar. In der *Burg Gnandstein* (Kreismuseum, Gaststätte) sind die von dem Zwickauer Bildschnitzer Peter Breuer 1502/03 geschaffenen drei Marienaltäre in der Kapelle besonders ein-

Altenburg: Schloß

drucksvoll; auch der Burghof, der Rittersaal (Palas) und der Bergfried (33 m; Rundblick) verdienen Aufmerksamkeit. Am Lindenvorwerk (Gaststätte) wurde die ehemalige *Lindigtmühle* (1528) als *Museum* eingerichtet. (↗ Bl. 15)

Altenburg

Lage und Bedeutung/Stadtgeschichte: Die Kreisstadt Altenburg (53 600 Einw.), an der Südgrenze des Borna-Altenburger Braunkohlenreviers gelegen, birgt bedeutende Baudenkmale und ist bekannt durch das Skatgericht sowie seine vielseitige Industrie (Nähmaschinen, Werkzeuge, Elektrogeräte, Spielkarten u. a.).

Die im 10. Jh. entstandene Burg wurde erstmals 976 urkundlich erwähnt. Die Stadt entstand im 11. Jh. im Schutz der Burg als Marktsiedlung an wichtigen Handelsstraßen. Von Kaiser Friedrich I. Barbarossa wurde die Stadt 1158 als Hauptort des reichsterritorialen Pleißenlandes zur Reichsstadt und damit zur Residenz erhoben. Mit Schwächung der Macht der Stauferkaiser gelangte Altenburg in die Hand der Markgrafen von Meißen (1328). In den Jahren 1603 bis 1672 und 1826 bis 1918 war die Stadt Residenz eines deutschen Kleinstaates, des Herzogtums Sachsen-Altenburg, was den Charakter der Stadt über Jahrhunderte prägte.

Sehenswürdigkeiten: Die geschwungene Schloßauffahrt (1725) führt durch das mit zwei Obelisken geschmückte Triumphtor in den Schloßhof. Älteste Bauteile des *Schlosses* (aus dem 10./11. Jh.) findet man noch am Hausmannsturm und am Mantelturm (umgebaut 16.–17. Jh.). Seine heutige bauliche Gestalt erhielt das Schloß im wesentlichen im 17./19. Jh. Die spätgotische *Schloßkirche*

(16.–17. Jh.) ist reich geschmückt (restauriert 1980) und dient als Konzerthalle (Trost-Orgel von 1738). Im Festsaal sind das Deckengemälde „Amor und Psyche“ von Moßdorf, in dem als Konzertsaal dienenden Bachsaal Gemälde zur sächsischen Geschichte sehenswert. Das *Schloß- und Spielkartenmuseum* ist sowohl der Stadt- und Schloßgeschichte als auch der Geschichte der Spielkarten und besonders der Skatkarten gewidmet. Unterhalb des Schlosses steht das als Hoftheater errichtete *Landestheater* (1869/71), ein viergeschossiger Neorenaissancebau.

Der ehemalige Schloßpark, *Park des Friedens*, wurde 1827 von Lenné neu gestaltet (Teehaus und Orangerie). Im Park stehen zwei Museen: Das *Lindenau-Museum* (1873/75), von dem progressiven Gelehrten Bernhard von Lindenau gegründet, ist ein Neorenaissancebau. Das Museum enthält umfangreiche Sammlungen italienischer Tafelbilder und griechischer und etruskischer Tongefäße sowie Gemälde, Grafiken und Plastiken vom 16. Jh. bis zur Gegenwart. Das Naturkundliche Museum *„Mauritianum“* (1907/08) zeigt u. a. Großdioramen von der Vogelwelt in der Umgebung Altenburgs.

Das Bild des geräumigen Marktplatzes wird vom *Rathaus* (1562/64), einem Renaissancebau von Grohmann, beherrscht. Weitere sehenswerte Bauten in der Stadt sind am *Brühl*, dem ursprünglichen Markt, das *Seckendorffsche Palais* (1724) mit dem *Skatbrunnen* davor (1903, rekonstruiert 1955), ferner der *Pohlhof* (1631, restauriert 1969) mit einer einmaligen Stempelstuckdecke und die *„Roten Spitzen“*, das doppeltürmige romanische Westwerk einer 1588 abgebrochenen Klosterkirche. Der gotische Spitzhelm stammt von 1570, die barocke Haube von 1618. Sitz der Altenburg-Information am Markt.

Ausflugsziele in der Umgebung: In **Windischleuba**, nördlich von Altenburg, steht eine ehemalige *Wasserburg* aus dem 14. Jh., die später mehrfach umgebaut wurde und Wohnschloß des Balladendichters Börries von Münchhausen war. Der Ort Windischleuba mit zahlreichen Fachwerkhäusern steht als siedlungsbauliches Ensemble unter Denkmalschutz. Zwischen Windischleuba und Fockendorf entstand zum Hochwasserschutz und als Industriewasserspeicher ein *Pleißestaubecken* (1953) mit Gaststätte und Campingplatz. In seiner Nachbarschaft, durch einen Wanderweg verbunden, liegt das Naherholungszentrum Pahna (seit 1970) in einem ehemaligen Tagebau.

Schmölln, die westlichste Kreisstadt des Bezirkes Leipzig, historisch wie Altenburg zu Ostthüringen gehörend, hat einen langgestreckten Straßenmarkt, an dem das barocke *Rathaus* (1772) und die *Stadtkirche* (15. Jh.) stehen. Die im 12. Jh. gegründete *Burg Posterstein*, in reizvoller Landschaft des Altenburger Hügellandes gelegen, beherbergt ein *Heimatmuseum*, das die Geschichte der ehemaligen Schmöllner Knopfindustrie veranschaulicht.

Südwestlich von Leipzig liegt an der F 87 Leipzig–Weißenfels am Rande eines Wäldchens, des Karl-Martzsch-Parkes, die *Gustav-Adolf-Gedenkstätte Lützen*. Sie entstand an der Stelle, an der am 16. November 1632 in einer Schlacht des Dreißigjährigen Krieges der Schwedenkönig im Kampf gegen die kaiserlichen Truppen Wallensteins fiel. Über einem Findling mit der Inschrift „G. A. 1632“, der die Stelle kennzeichnet, an der der tote König aufgefunden wurde, ist zunächst ein Denkmal aus Lauchhammer-Kunstguß errichtet worden (1837), später folgte die Kapelle (1907), deren Form an ein kieloben liegendes Wikingerschiff erinnert. Im neuen *Blockhaus* (1982) wird die Geschichte der Schlacht geschildert. Im *Museum im Schloß Lützen* ist das Hauptthema ebenfalls die Schlacht bei Lützen, aber auch die im Befreiungskrieg am 2. Mai 1813 geschlagene Schlacht bei Großgörschen wird hier in einem Zinnfigurendiorama dargestellt. (↗ Bl. 15)

Harz

Geographische Besonderheiten: Am Südrand des Tieflandes der DDR hebt sich der Harz als mächtiger Horst heraus. An der Wende vom Erdmittelalter zur Erdneuzeit zerbrach der geologisch kompliziert aufgebaute Untergrund des Gebietes durch die Gebirgsbildung der Alpen und deren Fernwirkung in einzelne Großschollen, die unterschiedlich gehoben oder abgesenkt wurden. Die Harzscholle ist im Nordosten steil herausgestellt und überragt das Vorland mit einer Stufe von 250 m, nach Südosten zeigt sich ein allmähliches Untertauchen in das Thüringer Becken. Innerhalb des Harzes bestimmen annähernd konzentrisch angeordnete Verebnungsflächen, die treppenartig übereinanderliegen, das heutige Relief.

Das Gebiet des **Oberharzes** wird durch das Granitmassiv des Brockens (1142 m), den Hohnezug mit den Granitklippen; Leisten-, Höllen-, Grenz- und Landmannsklippen (905 m), dem Königs- (1034 m) und Winterberg (983 m), den Zeternklippen (930 m), der Heinrichshöhe (1044 m), dem Renneckenberg (983 m) und dem Erdbeerkopf (846 m) begrenzt. Die östliche Ausdehnung des Granitgebietes reicht bis zur Linie Ilsestein–Birkenkopf–Steinerne Renne (Wasserfall)–Drei Annen-Hohne–Elend. Der Brocken mit dem Hohnegebiet, der Ramberg (582 m) und die mit diesem geologisch verbundene Porphyrkuppe des Großen Auerberges (579 m) überragen die Harzoberfläche deutlich.

Der **Mittelharz** ist das Gebiet der Harzhochebene, durchflossen von Holtemme, Bode, Rappbode, Hassel, Luppbode.

Die Flüsse Ecker, Ilse, Bode und Holtemme entspringen in den Hochmoorgebieten des Brocken- und Hohnegebietes. Sie schufen im Granitgestein ihre tiefeingeschnittenen Täler, deren Talhänge und Flußbetten mit zahllosen Granitblöcken ausgefüllt sind. In der Harzhochebene des Mittelharzes gestalten sie ihren Wasserlauf mäanderförmig auf der Talsohle. Hier hat der Mensch, in die Natur eingreifend, zahlreiche Talsperren geschaffen, die Kraft der Harzflüsse gebändigt und für sich genutzt. Sie sind Anziehungspunkte für Urlauber und Touristen. In diesem Gebiet liegen u. a. Elbingerode und Hasselfelde.

Nach Verlassen der Harzhochebene bahnen sich die Harzflüsse ihren Wasserlauf durch die Steilstufe des nördlichen Harzrandes, um in breitausladenden Tälern Anschluß an die Vorebene des Gebirges zu finden. An diesen Ausgangstälern sind die heute bekannten Industrie- und Erholungsorte wie Ilsenburg, Wernigerode, Blankenburg, Thale und Ballenstedt entstanden.

Die Harzhochebene des **Unterharzes** hat durchschnittliche Höhen von 500 m bis 350 m, fällt nach Südosten ab und geht am Nordostrand allmählich in die Mansfelder Gebirgsbrücke über. Dieses Gebiet mit seinen Mischwäldern, sanften Höhen, den breiten Talsohlen seiner Flüsse Selke, Eine, Wipper, Thyra und Zorge wird im Norden überragt vom Granitmassiv des Ramberges bei Friedrichsbrunn, von der Porphyrkuppe des Auerberges bei Stolberg, und im Süden von den bizarren Bergen des Porphyritzuges mit dem Poppenberg (600 m) bei Ilfeld. Im Raum ostwärts von Harzgerode und bei Wippra–Grillenberg sind die ältesten Gesteinsschichten des Harzes aus dem Silur zu finden.

Als nördlichster Gebirgszug des zentraleuropäischen Mittelgebirges wurde der Harz während der variszischen Gebirgsbildung im Karbon mit seinen mächtigen Devonschiefern, Grauwacken, Tonschiefern und hellen Quarziten gefaltet und herausgehoben. Gleichzeitig drangen bei dieser Gebirgsbildung glutflüssige Magmamassen aus dem Erdinnern in die Falten der Erdkruste ein und erstarrten zu Granit sowie anderen vulkanischen Gesteinen. Das Faltengebirge wurde in den folgenden Jahrmillionen durch Verwitterung und Abtragung eingeebnet. Am Ende der Kreidezeit und besonders im Tertiär wurde der verfestigte und versteifte Untergrund in der „Saxonischen Gebirgsbildung" zertrümmert und der Harz als eine nach Südosten gekippte Bruchscholle gehoben. Gleichzeitig bewirkten erdinnere Vorgänge eine weitere Formung des alten Rumpfgebirges, gleichlaufend erfolgte eine Randzertalung. Die Harzhochebene überzieht heute dieses Schollengebirge, das von Nordwesten nach Südosten, ab 550 m allmählich in das Mansfelder Hügelland bei Hettstedt und Eisleben bis zur Saale übergeht.

Geschichte: In vor- und frühgeschichtlicher Zeit war das Harzgebirge von einem dichten Urwald bedeckt, der nur von Sammlern und Jägern zeitweilig aufgesucht wurde. Funde in Rübeland geben erste Kunde davon.

In der Zeit vom 8. bis zum 12. Jh. wurde der weit in das Vorland sich ausdehnende Wald durch Rodung zurückgedrängt. Auf der Suche nach Erzen und durch ihren Abbau wurde die Harzhochebene besiedelt. Die Besiedlung erfolgte im Raum Elbingerode im Mittelharz am Büchenberg, Hartenberg, Mandelholz, Drei Annen und Schierke; im Raum Blankenburg bei Hüttenrode und Eggeröder Brunnen; entlang der Bode bei Rübeland, Neuwerk, Wendefurth, Altenbrak und Treseburg; im Ramberggebiet bei Mägdesprung, Harzgerode, Neudorf, Silberhütte und Straßberg; im Südharz bei Stolberg und Mansfeld. Diesem Bergbau folgten die eisenverarbeitenden Hammerwerke und Eisenhütten, die später mit fortschreitender Technik an die Ausgangstäler der Harzflüsse verlegt wurden und die Eisenindustrieorte Ilsenburg, Wernigerode, Blankenburg und Thale aufkommen ließen. Im Kupferschiefergebiet von Mansfeld entstanden die Berg- und Hüttenorte Hettstedt, Eisleben und Sangerhausen.

Der Harz bildete für Verkehr und Handel ein natürliches Hindernis, die großen Handelswege in nördlicher Richtung gingen über Aschersleben nach Magdeburg am Gebirge vorbei. Nur der sog. „Trog-" oder „Treckweg" führte von Thüringen kommend über Stolberg–Hasselfelde–Elbingerode nach Wernigerode und von da weiter nach Braunschweig und Norddeutschland.

Zur Zeit der Franken und des sächsischen Königtums wurde das Harzgebiet zum königlichen Bannforst und zur Krondomäne erklärt. Zahlreiche Jagdpfalzen wie Bodfeld und Ertfelde bei Elbingerode, Hasselfelde, Selkenfeld, Siptenfelde, Pansfeld und Ilfeld erfüllten die Aufgaben des königlichen Jagdrechtes. Mit fortschreitendem Feudalisierungsprozeß und der damit verbundenen Entwicklung feudaler Territorialstaaten erfolgte frühzeitig der Zugriff auf Eisen-, Silber- und Kupfervorkommen im Harz und somit eine Aufteilung dieser Landschaften unter die mächtig gewordenen Feudalherren wie die Grafen von Wernigerode, Stolberg, Regenstein-Blankenburg, Anhalt, Mansfeld und die Herzogtümer Braunschweig und Hannover.

Während des Frühkapitalismus im 15./16. Jh. kam es zu einer Blüte der Kupfer- und Messinghütten. Saigerhandelsgenossenschaften aus Leipzig und Süddeutschland investierten bürgerliches Handelskapital in die Messinghütten der Feudalherren. In Ilsenburg wurde 1546 der erste „Hohe Ofen" entwickelt, der gießbares Eisen produzierte und den bekannten Eisenkunstguß in Ilsenburg und Mägdesprung möglich machte.

Bergbau und Eisenverhüttung kamen während des Dreißigjährigen Krieges zum Erliegen. Harzschützen leisteten Widerstand gegen die durchziehenden und plündernden Heere. Die Bevölkerung wurde durch die Kriegswirren und die Pest dezimiert. Ende des 17. Jh. wurden endgültig die Eisenhütten aus dem Gebirge an den Harzrand verlegt. Geblieben sind die Sägewerke und die Waldköhlerei, die nach Reformen in der Waldwirtschaft verlangten, die dann durch die Forstmeister von Langen (Blankenburg) und von Zanthier (Ilsenburger Forstakademie) in Angriff genommen wurden.

Ende des 19. Jh. begann die verkehrstechnische Erschließung des Harzes durch die Eisenbahn. 1892 erhielt Wernigerode Anschluß an die Eisenbahn in Halberstadt. In den Jahren von 1896 bis 1899 wurde die Harzquerbahn nach Nordhausen mit einer Abzweigung zum Brocken gebaut. 1892 wurde die Selketalbahn von Gernrode bis Stiege und weiter nach der Eisfeldertalmühle mit Anschluß an die Harzquerbahn errichtet und 1905 nach Hasselfelde, dem Hauptort des Mittelharzes, verlängert. 1898 wurde die erste Zahnradbahn, von Schneider konstruiert, von Blankenburg nach Rübeland und dann weiter nach Elbingerode, Abstecher nach Drei Annen zur Harzquerbahn, Tanne und Sorge geführt. Dort fand sie Anschluß ebenfalls an die Harzquerbahn und nach Braunlage. Von 1921 bis 1923 erfolgte der Bau der Thyratalbahn von Berga nach Stolberg.

In den siebziger Jahren des 19. Jh. entstanden die Kalkindustrie in Rübeland, die Gipsindustrie in Niedersachswerfen und Rottleberode und die Granitindustrie im Brocken- und Hohnegebiet sowie am Ramberg bei Thale. Der Abbau von Steinkohle bei Ilfeld und von Braunkohle bei Wienrode war von kurzer Dauer, ebenso die Glashütte im Jakobsbruch. Die Hochöfen in Schierke, Rübeland, Königshütte, Elend, Wendefurth, Altenbrak und Treseburg wurden endgültig ausgeblasen; nur in Mägdesprung konnte der Kunstguß überleben und bis in unsere Tage weiter produziert werden.

Der zweite Weltkrieg brachte großes Leid auch über dieses Gebiet. Mit der Verlagerung der Kriegsindustrie unter Tage entstanden Arbeitslager des KZ Buchenwald im Gebirge und am Gebirgsrand. Die Häftlinge mußten die Stollen in die Berge treiben (in Wernigerode am Galgenberg, in Langenstein am Gläsernen Mönch, in Blankenburg am Regenstein und in der Ösig, bei Rottleberode in der Heimkehle und bei Nordhausen KZ Dora am Kohnstein), um die Kriegsproduktion weiterzuführen. Viele Menschen mußten bei harter Arbeit ihr Leben in diesen Arbeits- und Vernichtungslagern lassen. Heute ehren wir in den Gedenkstätten Dora-Nordhausen, Mahn- und Gedenkstätte Langenstein-Zwieberge, in der Gipshöhle bei Uftrungen und in der Mahn- und Gedenkstätte am Veckenstedter Weg in Wernigerode die Opfer des Naziterrors. Durch Bombenangriffe auf die Städte Nordhausen und Halberstadt kamen viele Menschen ums Leben, und wertvolles Kulturgut wurde zerstört.

Nach dem zweiten Weltkrieg wurden der Eisenerz- und Schwefelkiesbergbau, die Kalkindustrie in Rübeland-Elbingerode, die Gipsindustrie in Niedersachswerfen und Rottleberode und der Flußspatabbau in Straßberg ausgebaut. Mit der Entwicklung der Industrie im Harz und im Harzvorland vergrößerte sich auch der Wasserbedarf. So wurde in den Jahren 1952 bis 1959 das große Talsperrenprojekt der Rappbode verwirklicht, das über ein System von Vorsperren (Hassel, Rappbode) Hochwasserschutz bzw. Überleitungsbecken (Mandelholz, Königshütte) und über ein Pumpspeicherwerk (Wendefurth) verfügt. Eine Trinkwasseraufbereitungsanlage bei Wienrode schickt aufbereitetes Trinkwasser in die großen Industrieräume Halle und Bitterfeld. Zusätzlich kann in Trokkenperioden Wasser für die Landwirtschaft zur Berieselung der Felder abgegeben werden. Sieben Talsperren stauen insgesamt 134 Mill. m^3 Wasser.

Erholungswesen und Tourismus: Wirtschaftliche Gründe, aber auch der sich entwickelnde Tourismus förderten den Bau eines dichten Eisenbahnnetzes im Harz. Längst hatte man die Schönheiten dieses Gebirges entdeckt: Dichter und Schriftsteller wie Johann Wolfgang von Goethe, Theodor Fontane, Heinrich Heine u. a.; ihnen folgten die Maler Caspar David Friedrich, Adrian Ludwig Richter, Carl Gustav Carus, das Künstlerehepaar Crola, Helbig u. a.

Naherholungsgebiete mit Ausflugsgaststätten und Wanderwege mit Aussichtstürmen wurden geschaffen, neue Villenviertel, Badeanstalten und Tennisplätze wurden in den größeren Erholungsorten angelegt, im Oberharz wurden die ersten Erholungsheime und Pensionen eingerichtet.

Das Erholungswesen und der Tourismus nahmen seit 1949 im gesamten Harzgebiet und in den Orten am Gebirgsrand einen nie dagewesenen Aufschwung. Das Gebirge wurde zu einem Anziehungspunkt für Urlauber, die in FDGB-Heimen, Betriebsheimen und Ferienlagern, Jugendherbergen und auf Campingplätzen Unterkunft und in zahlreichen neu geschaffenen Museen, Freilichtbühnen und Konzertsälen, in neuen Sportstätten und Badeanstalten ihre kulturelle und sportliche Betätigung finden können. (↗ Bl. 9, 10)

Schierke

Lage: Der Mittelpunkt des Oberharzes ist der Kurort Schierke. Er liegt am Fuß des Brockens im Tal der Kalten Bode in einer Höhe von 640 m bis 580 m. Nach Schierke fährt die Harzquerbahn von Wernigerode über den Ortsteil Hasserode–Steinerne Renne–Drei Annen-Hohne (542 m). Dort zweigt die Brockenbahn nach Schierke (688 m) ab. Die Eisenbahnstrecke ist 19,5 km lang und überwindet einen Höhenunterschied von 454 m.

Geschichte/Sehenswürdigkeiten: Die Entstehung des Ortes ist auf den Bergbau zurückzuführen. Urkundlich wird er 1518 erwähnt, aber zur eigentlichen Ortsgründung kam es erst 1669. Die Bewohner waren zunächst in einer Sägemühle, dann in der Eisenhütte, später im Torfstechen und ab 1836 in der Glashütte im Jakobsbruch sowie ab 1903 im Granitsteinbruch Knaupsholz bei Schierke beschäftigt. In der 2. Hälfte des 19. Jh. entstand ein neuer Erwerbszweig, der Fremdenverkehr. Schierke wurde zu einem Kurort der Reichen. Sanatorien und Hotels wurden gebaut, aber auch Privatvermieter boten bereits 1901 240 Betten zur Vermietung an die Sommergäste an. Als einziger Betrieb des Kurortes wurde 1901 in der Apotheke die Kräuterlikörfabrik „Schierker Feuerstein" gegründet. Heute verfügt der Kurort der Werktätigen mit 1100 Einwohnern über 5 FDGB-Heime mit 900 Betten, über mehrere Heime von Betrieben und Institutionen und über das große Hotel „Heinrich Heine" des Reisebüros der DDR. Etwa 1800 Urlauber können aufgenommen werden. Die kulturelle und sportliche Betreuung der Kurgäste wird von der Kurverwaltung und dem FDGB-Feriendienst organisiert. Konzerte im Kurpark, Filme im Filmtheater, Vorträge der URANIA in den Heimen, Harzfahrten ins Bodetal durch das Reisebüro, Sportfesttage im Juni bzw. im Juli mit kulturellen Darbietungen bilden Höhepunkte. Entsprechend der Landschaft gibt es ein reichhaltiges Angebot für eine vielseitige sportliche Betätigung, u. a. Wanderungen mit kundigen Wanderführern auf gut markierten Wanderwegen rund um Schierke, zu den Hohneklippen, nach Elend und Mandelholz. Für den Wintersport stehen das Trainingszentrum für Rennrodelschlitten am Barenberg, ein Eisstadion am Kurpark, eine Skiwiese mit Lift am Barenberg, ein Slalomhang mit Lift am Erdbeerkopf, ausgeschilderte Skiwanderwege über 7,5 bzw. 11 km und eine Kegelbahn zur Verfügung. Auch andere Freizeitgestaltung mit musikalisch-literarischen Veranstaltungen, musikalischer Frühschoppen, gesellige Veranstaltungen in den „Harzer Köhlerhütten", Harzer Heimatabende der Folkloregruppen und Kutschfahrten des Reitstützpunktes Hasselfelde werden organisiert.

In der romantischen Gebirgslandschaft die Feuerstein-, Schnarcher- und Ahrentsklippen, die Granitklippen des Hohnezuges mit dem Urwaldcharakter dieses Naturschutzgebietes, der Glashüttenweg nach Drei Annen-Hohne, die Klippen des Renneckenberges, der Zeternklippen und der Kapelle.

Ausflugsziele in der Umgebung: Südlich von Schierke an der Kalten Bode liegt der staatlich anerkannte Erholungsort **Elend** in 515 m Höhe. Der Ort wurde 1780 gegründet, obwohl bereits im 16. Jh. eine Sägemühle bestand. Die Gründung steht mit der Errichtung einer Eisenhütte mit zwei Hochöfen im Zusammenhang, die aber schon 1813 ihren Betrieb einstellte. Erst mit dem Bau der Harzquerbahn entwickelte sich der Ort zu einem Erholungsort mit Hotels, Pensionen und Privatvermietungen. Als Sehenswürdigkeiten gelten die kleinste *Holzkirche* der DDR und die Reste der *Elendsburg* im Tal der Kalten Bode.

Ostwärts von Elend liegt 2 km entfernt die Ausflugsstätte Mandelholz an der Einmündung des Wormkebaches in die Kalte Bode. Dort wurde das *Hochwasserschutzbecken Mandelholz* errichtet (4,47 Mill. m^3 Inhalt, die Mauerkrone 24 m hoch und 224 m lang). 1205 wird ein Bergbau an der Wormke erwähnt. Die erhalten gebliebenen Zeugen dieses Bergbaus mit Tage- und Stollenbau, Kunstgraben und dem zerbrochenen Damm eines Staubeckens sind hinter der Gaststätte an der Wormke zu sehen. Eine 1612 gegründete Eisenhütte, deren Einrichtungen einst über eine fortgeschrittene Technik verfügten, wurde 1869 stillgelegt. (↗ Bl. 9)

Elbingerode

Lage und Bedeutung: Elbingerode ist eine alte Bergstadt im Mittelharz mit Eisenerzbergbau am Büchenberg, 1227 zum erstenmal erwähnt, und am Hartenberg. Der Abbau wurde 1970 eingestellt. Der Kalksteinabbau am Kleinen und Großen Hornberg und die Schwefelkiesgrube „Einheit“ bilden heute die wichtigsten Erwerbsquellen der Bevölkerung.

Sehenswürdigkeiten: Reste eines *Renaissanceschlosses* sind im Stadtzentrum erhalten. Eine neogotische *Kirche* wurde aus Diabasgestein erbaut. Der auflässige *Marmorbruch* am Hartenberg (Caspar David Friedrich malte in diesem Steinbruch das Denkmal für die Freiheitskämpfer) ist ebenso sehenswert wie die Ruine der *Jagdpfalz Ertfelde* mit Grundmauern einer Kirche (11. Jh.) und das Naherholungszentrum am Eggeröder Brunnen mit den Ausgrabungen der Fundamente einer mittelalterlichen Siedlung. Zahlreiche Pingen am Büchenberg mit einem *Schaubergwerk* (in Vorbereitung) erinnern an die Bedeutung des Bergbaus dieser Region. Die Gebäude der ehemaligen Eisenerzgrube und die 1936 errichtete *Zillierbachtalsperre* befinden sich hier.

Ausflugsziele in der Umgebung: Südwestlich von Elbingerode im Zusammenfluß der Kalten und Warmen Bode liegt der alte Eisenhüttenort **Königshütte,** aus den Hüttenorten Neue Hütte, Lukashof, Rotehütte und Königshof hervorgegangen. Aus der alten Eisenhütte (1819/27) im klassizistischen Stil mit zwei Hochöfen und einem wassergetriebenen Gichtaufzug ging der heutige VEB Gießerei und Ofenbau Königshütte hervor, der moderne Dauerbrandöfen mit Motiven alter Ofenplatten herstellt. Am Steilufer der Warmen Bode stehen die Ruinen der alten Königsburg mit dem Burgfried. Östlich davon am Papenberg sind in einer Waldlichtung die Reste einer anderen Burg mit Kirchengrundmauern ausgegraben worden. Es ist die *Jagdpfalz Bodfeld,* in der König Heinrich III. unmittelbar nach der Kaiserkrönung 1056 starb. Nach dem Zusammenfluß der Kalten und Warmen Bode unterhalb von Königshütte wurde eine weitere *Talsperre,* das Überleitungsbecken mit 10 Mill. m^3 Wasserinhalt, einer Sperrmauer von 17 m Höhe und einer Kronenlänge von 120 m gebaut. In einem 1,8 km langen Stollen wird das Bodewasser zur Rappbodetalsperre geleitet. Die Überleitungssperre regelt die Abgabe an die Rappbode, an die Bode und eine zeitweilige Speicherung des Wassers.

Talaufwärts der Warmen Bode liegt der Erholungsort **Tanne.** Bereits 1355 wird in Tanne urkundlich eine Eisenhütte erwähnt, die in ihrer Blüte im 17. und 18. Jh. Guß- und Nageleisen produzierte. Als sie 1867 den Betrieb

Rübeland

einstellte, haben die Hüttenarbeiter auf genossenschaftlicher Basis die Produktion weitergeführt. Die Gießerei wurde nach Königshütte verlegt und im Gebäude ein Kleiderwerk eingerichtet. Im Jahre 1886 bekam Tanne den Bahnanschluß an die Strecke nach Rübeland.

Rübeland mit den Ortsteilen **Susenburg** (Burganlage), **Neuwerk** und **Hahnenkopf** liegt im tiefeingeschnittenen Tal der Bode mit den steilen Kalksteinfelsen im devonischen Kalksteingebiet. Bekannt ist Rübeland mit den beiden Kalksteinhöhlen, der *Baumannshöhle* und der *Hermannshöhle*, mit ihren Stalagmiten und Stalaktiten. Sie werden jährlich von 450000 Besuchern aufgesucht. Im Goethesaal der Baumannshöhle werden Theaterstücke und Märchen aufgeführt.

Rübeland ist ein alter Berg- und Hüttenort, beschützt von der Burg Birkenfeld, deren Ruine auf einem Plateau der Kalksteinfelsen zu sehen ist. Die Eisenhütte gelangte im 18. Jh. zu einer Blüte. Ihr waren eine Marmormühle in Neuwerk und ein Verkohlungswerk auf der Susenburg angeschlossen. Seit den sechziger Jahren des 19. Jh. wurden der Kalksteinabbau und die Kalkgewinnung begonnen. Zunächst zwischen Neuwerk und Hüttenrode (Ringofen und Blauer See), dann im Mühlental und im Bodetal beim Bielstein. Im Rahmen des Chemieprogramms wurden die Ringöfen durch Schachtöfen ersetzt und eine Modernisierung des Abbaus und des Kalkbrennens in den Schachtöfen durchgeführt. 1970 wurden die Kalksteinabbaugebiete und Betriebe zu dem VEB Harzer Kalk- und Zementwerke zusammengeschlossen und zu einem leistungsstarken Betrieb entwickelt. Der in Rübeland anstehende Devonkalk hat mit 98 Prozent Kalziumkarbonat eine große Reinheit. Er wird an den VEB Stickstoffwerk Piesteritz und den VEB Chemische Werke Buna in Schkopau geliefert, wo er Ausgangsstoff für das Düngemittel Kalkstickstoff und für die Erzeugung von synthetischen Elasten, Plasten und Kunstfasern ist. Weiterhin findet er Verwendung als Zuschlagstoff für die Stahl-, Bau-, Papier-, Glas- und Zuckerindustrie. Zur

Lösung des Transportproblems wurde die Gebirgsstrecke der Eisenbahn von Blankenburg nach Königshütte elektrifiziert.

Auf einem Hochplateau östlich von Rübeland liegt **Hüttenrode** mit dem Eisenerzbergbau „Braune Sumpf" (seit 1970 auflässig). Hüttenrode ist durch den *„Grasedanz"* bekannt, ein Volksfest, das zur Zeit der Heuernte abgehalten wird und mit der Wahl der Grasedanzkönigin seinen Höhepunkt findet.

Der weitere Lauf der Bode führt durch den schönsten Abschnitt des *Bodetales*. Mehrere alte Eisenhüttenorte waren Standorte von Bergbau und Eisenhütten, die sich heute zu hochfrequentierten Erholungsorten entwickelt haben.

Wendefurth wird 1573 urkundlich mit einer Eisenhütte und Wassermühle erwähnt. Im Zuge des Talsperrenbaus wurde an der Bode das *Wendefurther Becken* (10 Mill. m^3 Wasserinhalt, Staumauer 43 m hoch, Mauerkrone 320 m lang) errichtet. Es dient dem Hochwasserschutz, als Unterbekken dem Pumpspeicherwerk, aber auch dem Wassersport mit Bootsverleih sowie der Wasserabgabe für die Landwirtschaft bis zur Egelner Mulde und der Forellenmast. Das Programm der Forellenzucht sieht eine jährliche Forellenaufzucht in Rübeland/Susenburg von 1,3 Mill. Forellen, die Forellenmast in Wendefurth von 750000 Fischen und in Altenbrak von 30000 Forellen vor. Die Leistung der Turbinen des Pumpspeicherwerkes beträgt 80 Megawatt und stellt eine bedeutende Entlastung im Verbundnetz der Energieerzeugung dar.

Altenbrak ist seit 1949 staatlich anerkannter Luftkurort – allgemein als „Perle des Bodetales" bezeichnet. Der Ort wurde 1458 mit Bergbau und Eisenhütte erwähnt. Der Standort der Hütte war auf dem heutigen Hüttenplatz. 1728 wurde eine zweite Hütte, die sog. „Ludwigshütte" gegründet, die in der „Freiheit" das Berg- und Hüttenamt hatte. Um die Jahrhundertwende wurde auf dem Werkgelände eine Holzschleiferei eingerichtet. Das Brauchwasser gelangte durch einen 350 m langen Stollen von der anderen Seite der Bodeschleife in einer Rinne über die Bode zum Wehr, seit 1970 wird die Holzschleiferei nicht mehr betrieben (heute Baudenkmal). 1886 weilte Theodor Fontane in Altenbrak. Seine Eindrücke von der Schönheit des Bodetales klingen in der Harznovelle „Cecile" und im Roman „Ellerklipp" nach.

1951 wurde in freiwilliger Aufbauarbeit die *Waldbühne* geschaffen, auf der jährlich im September der *Harzer Jodlerwettstreit* stattfindet.

In **Almsfeld**, an der Kreuzung der F 81 und der Bodetalstraße, entstanden in der Zeit der Erbauung der Talsperren feste Unterkünfte und ein großer Sozialbau für die Talsperrenerbauer. Daraus wurde nach Beendigung der Bauarbeiten ein Naherholungszentrum mit Großgaststätte und Café, Unterkünften und dem Campingplatz H/35 Wendefurth/Almsfeld.

Am Zusammenfluß der Luppbode und der Bode liegt in einem tiefen Taleinschnitt der Erholungsort **Treseburg.** An der Luppbode wurde frühzeitig Bergbau auf Eisen und Kupfer betrieben; 1458 urkundliche Erwähnung einer Eisenhütte. Auf dem Bergsporn in der großen Bodeschleife stand die Treseburg zum Schutz des Bergbaus und der Eisenhütte. Am *Wilhelmsblick* ermöglicht ein 25 m langer Stollen durch den Felsen einen schönen Ausblick in das andere Tal der großen Bodeschleife. Treseburg ist Anfangspunkt des NSG „Bodetal" mit seinen seltenen Pflanzen, besonders den Eibenbeständen, mit dem Bodekessel, wo in der hohen Granitwand befindliche Strudellöcher vom allmählichen Tieferlegen der Bode durch die Erosion des Flusses künden. Von der Teufelsbrücke führt ein Zickzack-Weg, ein alter Jägerpfad, durch die Geröllhalden zur Roßtrappe. Das NSG „Bodetal" zwischen Thale und Treseburg gehört zu den interessantesten Teilen des gesamten Bodetales. (↗ Bl. 9)

Benneckenstein

Lage und Bedeutung/Stadtgeschichte: Die Stadt (3000 Einw.) liegt 540 m hoch im Quellgebiet der Rappbode und an der Harzquerbahn.

1253 wurde der Ort erstmalig erwähnt. Der Platz „Freiheit" erinnert als Bergfreiheit daran, daß Bergbau und Eisenhütten im Gange waren. Im Mittelalter war der Ort durch drei Landesherrschaften aufgeteilt, so daß die damals 600 Einwohner von drei Obrigkeiten beherrscht wurden. 1627 wurde der Ort zerstört, 1741 erhielt er das Stadtrecht durch Preußen, nachdem es ganz Benneckenstein in Besitz nahm. 1850 gab es hier einige hundert Nagelschmieden, die dann um die Jahrhundertwende der Konkurrenz der maschinellen Technik erlagen. Die Stadt wurde Notstandsgebiet und lebte von der Holzarbeit. Daraus entstanden der heutige VEB Holzindustrie mit seinen vier Betriebsteilen und der VEB Stuhlfabrik. Aus einem Blechverarbeitungswerk ging der VEB Harzer Kompressorenwerk hervor.

Sehenswürdigkeiten: Benneckenstein wird heute von Urlaubern und Touristen gern aufgesucht. Der Oldtimerzug der Harzquerbahn bringt Touristen und Urlauber aus Wernigerode zum „Erbsensuppe-mit-Bockwurstessen" und gemütlichen Beisammensein in die *Köhlerhütte*; eine modern gestaltete Kegelbahn ermöglicht eine sportliche Tätigkeit; Reittouristik. Im Winter wird Skisport betrieben, da die Schneelage in dieser Höhe günstig ist. Am Pfingstmontag feiert ganz Benneckenstein mit seinen Urlaubern und Tausenden Besuchern das *„Finkenmanöver"* auf einer Waldlichtung an der *Waldbühne*. Es ist zunächst der Wettstreit der Buchfinken mit den meisten Schlägen in einer halben Stunde. Das Fest geht auf eine alte Tradition aus dem Bergbau zurück, als die Bergleute zur Wetterbeobachtung im Stollen Buchfinken mit unter Tage nahmen, um am Verhalten der Tiere etwaige Wetterverschlechterungen zu erkennen.

Ausflugsziele in der Umgebung: An der Rappbode flußabwärts liegt der Erholungsort **Trautenstein,** 460 m ü. d. M. Zunächst waren Bergbau und Eisenverhüttung die Erwerbsquellen der Einwohner, später wurden Waldarbeit, Köhlerei und Viehzucht Lebensgrundlage. Am Ortsausgang wird die Rappbode in einer Vorsperre gestaut: 1,5 Mill. m³ Wasserinhalt mit einer Mauer von 25 m Höhe und 118 m Länge. Die Vorsperre dient der Reinigung des Zuflusses. An der rechten Seite der Vorsperre steht die Burgruine Trageburg, die dem Schutz des Überganges des Trogweges über die Rappbode nach Elbingerode und Hasselfelde diente. (↗ Bl. 9)

Hasselfelde

Lage und Bedeutung/Stadtgeschichte: Hasselfelde (3000 Einw.) ist ein Hauptort des Mittelharzes. Die Stadt liegt 460 m hoch. Das VEG Tierzucht Hasselfelde bewirtschaftet das gesamte Weideland der Harzhochebene. 6000 Rinder werden jährlich aus dem Vorland als sog. „Pensionsvieh" aufgenommen.

1046 wird Hasselfelde als Jagdpfalz erstmalig erwähnt. 1222 erhält der Ort das Stadtrecht mit Gerichtsbarkeit, Münze, Markt- und Braurecht. Nach einem Großbrand von 1847 erfolgte der Wiederaufbau der Stadt. Die Einwohner lebten von Holzarbeit und Viehzucht und später von den Kalksteinbrucharbeiten in Rübeland. Hasselfelde erhielt 1892 Anschluß an die Selketalbahn, 1905 an die Harzquerbahn bei der Eisfelder Talmühle.

Sehenswürdigkeiten: Am Bahnhofsplatz steht das *Denkmal Hermann Blumenaus,* Apotheker aus Hasselfelde, der 1850 nach Brasilien auswanderte und dort die Stadt Blumenau gründete. Am *Waldsee* ist ein Naherholungszentrum mit Gondelteichen und Bootsverleih, Gaststätten und Wochenendhäusern entstanden. Das Volksgut leitet alle Außenstellen der Reit- und Fahrtouristik im Harz.

Rappbodetalsperre

Durch die *Hasselvorsperre* mit 1,7 Mill. m^3 Inhalt und einer 21,5 m hohen und 141 m langen Staumauer ist ein gern aufgesuchter Anziehungspunkt für Touristen und Urlauber mit guten Aussichtspunkten auf den Stausee der Rappbodetalsperre an der Großen Rabenklippe und am Gitzhügel entstanden.

Am *Stembergshaus* wird die Kesselköhlerei zur Herstellung von Holzkohle für medizinische Zwecke und zum Grillen betrieben. Am *Roten Stein* (503 m) wurde ein Aussichtspunkt auf einem hohen Felsen geschaffen, der einen schönen Ausblick auf den Stausee der Rappbodetalsperre und die Harzhochebene bis zum Brocken gewährt.

Ausflugsziele in der Umgebung Südlich von Hasselfelde liegt 500 m hoch der Erholungsort **Stiege.** Der Ort wurde 1202 als zur Grafschaft Regenstein gehörig urkundlich erwähnt. Eine Burg, im 18. Jh. zu einem *Schloß* umgebaut, ist heute ein Feierabendheim. Im 19. Jh. war Stiege der Hauptort der Harzer Käseproduktion mit 16 Käsereien. Die Bewohner des Ortes ernährten sich von Viehzucht auf ausgedehnten Wiesen des Quellgebietes der Hassel. Ein weiterer Erwerbszweig war das verbreitete Holzhandwerk, das Holzschaufeln, Schlachtemollen, Quirle und andere Holzgeräte herstellte. Daneben wurde die Waldköhlerei betrieben. 1891 wurde die Selketalbahn über Stiege bis Hasselfelde und 1905 von Stiege bis zur Eisfelder Talmühle an der Harzquerbahn verlängert. In Ferienheimen finden Urlauber Erholung, zwei Gondelteiche bieten Möglichkeiten zur sportlichen Betätigung. Im Quellgebiet der Selke beim **Albrechtshaus** wurden die Grundmauern der *Jagdpfalz Selkenfelde* mit einer Kirche ausgegraben, die im Mittelalter ein bedeutender Verkehrsknotenpunkt war. Im Albrechtshaus mit seinen Sanatorien und einer *Holzkirche* befindet sich jetzt ein Rehabilitationszentrum. (↗ Bl. 9)

Harzgerode

Lage und Bedeutung/Stadtgeschichte: Harzgerode (5300 Einw.) gilt als Hauptort des Unterharzes. Es ist mit den Ortsteilen **Silberhütte, Mägdesprung** und **Alexisbad** ein bedeutender Erholungs- und Industrieort des Unterharzes. Der Bergbau auf Eisenerz, Kupfer und Silber war in dem ehemaligen Gebiet des anhaltinischen Harzes frühzeitig im Gange und erfaßte die Bergbauorte Straßberg, Silberhütte, Neudorf und Harzgerode. Zahlreiche Teiche und Gräben, wie Treuer Nachbarsteich, Birnbaumteich, Kunstteich und Frankenteich sind künstlich angelegt und Zeugen dieses Bergbaus, sie dienen der Naherholung (Campingplätze und Gondelteiche). Zahlreiche Industrien haben sich heute in diesem Gebiet angesiedelt oder weiterentwickelt, so der VEB Druckguß- und Kolbenwerke, der Alleinhersteller von Dieselkolben, der VEB Aluguß, Zulieferer von Fernsehständern, Lampen u.a., der VEB Plast- und Holzverpackungswerk, der VEB Gas- und Heizgerätewerk, die Eisengießerei in Mägdesprung, bekannt durch den Kunstguß in früheren Jahrhunderten, der VEB Pyrotechnik in Silberhütte, der einzige Hersteller pyrotechnischer Erzeugnisse in der DDR, und der VEB Harzer Flußspatwerke in Straßberg.

Sehenswürdigkeiten: Das *Schloß* in Harzgerode ist ein dreigeschossiger Renaissancebau (1549/52) mit Treppenturm, bedeckten Wehrgängen und Rundturm. Die *Pfarrkirche „Unser Lieben Frauen“*, erstmals 1382 erwähnt, wurde 1697/99 zu einem einschiffigen Barockbau mit dreigeschossigen Emporen umgebaut, der breite romanische Turm erhielt eine barocke Haube, im Kircheninnern wurden eine reich ausgestattete Fürstenloge und im unteren Geschoß eine Fürstengruft eingebaut. Das *Rathaus* wurde 1900 mit einem Fachwerkobergeschoß im Neobarock errichtet und der Fachwerkturm mit Barockhaube und Laterne versehen.

Die 1646 gegründete Eisenhütte in Mägdesprung produzierte seit 1821 Kunstguß. Vor der Hütte ist die Plastikgruppe der kämpfenden Hirsche erhaltengeblieben, ebenso das *Hüttenamt* mit dem kleinen *Saigertürmchen*. In **Alexisbad** entstand in der Regierungszeit Herzogs Alexius von Anhalt-Bernburg das feudale Bad, 1812 ließ er zwei Kurhäuser bauen, von denen eines erhaltengeblieben ist.

Ausflugsziele in der Umgebung: Am Südwesthang des Rambergmassivs liegt der Höhenkurort **Friedrichsbrunn.** Die Höhenlage sowie die reizvolle Umgebung machten Friedrichsbrunn zu einem beliebten Kur-, Erholungs- und Wintersportort. Der Ort wurde 1775 preußisches Siedlungsdorf mit kargen Erwerbsmöglichkeiten. Um 1890 kamen die ersten Erholungsuchenden, und bald entstanden Sanatorien und Heime sowie ein Kurhaus. Nach dem zweiten Weltkrieg wurde durch den FDGB der Kurort zu einem der bedeutendsten Erholungs- und Kurorte des Harzes ausgebaut mit Betriebsferienheimen, einer FDGB-Verpflegungsstätte, einem Freibad, einem Ferienlager und einer Wochenendhäuserkolonie; die medizinischen Einrichtungen der Sanatorien wurden modernisiert.

Südwestlich von Friedrichsbrunn liegen, durch die landschaftlich schöne Lage begünstigt, aufstrebende Erholungsorte wie **Güntersberge** an der oberen Selke mit einem Gondelteich, Wochenendhäusern, einem Ferienlager und einem großen Erholungsheim für Bergarbeiter. Östlich von Güntersberge liegt das Dorf **Siptenfelde**, einst eine Jagdpfalz, 936 bereits urkundlich erwähnt. 1663 wurde das wüst gewordene Dorf wieder aufgebaut und ein kleiner *Kirchenrundbau* in Fachwerkbauweise mit freistehendem hölzernen *Glockenstuhl* errichtet. (↗ Bl. 9)

Stolberg: Schloß und St.-Martini-Kirche

Stolberg

Lage und Bedeutung/Stadtgeschichte: Im Südharz, an der Thyra und am Fuß des Auerberges, liegt die ehemalige Residenzstadt Stolberg (1800 Einw.). Frühzeitig wurde bei Stolberg Bergbau auf Eisen, Kupfer, Silber und Gold betrieben, heute wird im Krummschlachtstal nur noch Fluß- und Schwerspat abgebaut. Im 15. Jh. erhielten die Grafen von Stolberg durch Erbverträge die Grafschaften Wernigerode und Hohnstein und wurden mächtige Harzgrafen. 1483 wurde in Stolberg der Bauernführer Thomas Müntzer geboren. Sein Geburtshaus wurde 1851 durch Brand zerstört, nur eine Gedenktafel erinnert an den einstigen Standort. Während des deutschen Bauernkrieges erzwangen die Bürger und Bauern der Stadt und der Umgebung die bekannten „24 Stolberger Artikel“, die Graf Botho von Stolberg-Wernigerode unterschrieb und nach der Schlacht bei Frankenhausen für ungültig erklärte. Luther predigte in der Martinikirche gegen die aufständischen Bauern.

Nach Erliegen des Bergbaus wurden in Stolberg Weber aus Süddeutschland angesiedelt, die das Weberhandwerk im 17. und 18. Jh. zu einer hohen Blüte brachten. Aufstrebendes Handwerk und Handel schufen die schönen Fachwerkhäuser der Renaissance und des Barocks, die durch ihren reichhaltigen Schmuck mit Palmetten und Rosetten in den Gefachen und im Balkenwerk eine einmalige Schönheit der Fachwerkbauweise darstellen. Der gesamte historische Stadtkern Stolbergs ist denkmalgeschützt. Die landschaftliche Lage mit den tiefeingeschnittenen Tälern der Thyra, Lude und Wilde ließ Stolberg zu einem Anziehungspunkt für Touristen, auch für die Landschaftsmaler der Romantik werden. Ludwig Richter malte den „Brautzug im Frühling". Und zwei weitere, aus Stolberg stammende Landschaftsmaler, Richard Thierbach und Ernst Helbig, schufen zahlreiche Gemälde ihrer Heimatstadt.

Sehenswürdigkeiten: Das *Rathaus* (1482) mit der Sonnenuhr (1724) und dem Stolberger Wappen an der Frontseite ist nur über die Kirchentreppe zu den einzelnen Stockwerken zugänglich. Gegenüber steht der *Saigerturm* als Rest einer ehemaligen Saigerhütte, die an dieser Stelle stand. Daneben befand sich das Geburtshaus Thomas Müntzers. In der Thomas-Müntzer-Str. 19 ragt, mit hohem prächtigen Fachwerkschmuck im Stil der Renaissance (1535) und mit einem Erker versehen, die ehemalige Münze und Amtsgericht, heute *Heimatmuseum*, heraus. In ihm sind die alte Münze und eine *Thomas-Müntzer-Gedenkstätte* eingerichtet worden. In der *Rittergasse 14* befindet sich das älteste Fachwerkhaus der Stadt (1450), heute eine Abteilung des Heimatmuseums, mit historischem Hausrat in den einzelnen Räumen.

Die spätgotische *Martinikirche* wurde 1463/90 umgebaut und im Innern reich ausgestattet, u.a. mit einer Barockorgel (1701/03 in Stolberg gebaut).

Die ursprüngliche Burg wurde 1542 im Renaissancestil zu einem *Schloß* umgebaut. Die Ausstattung einiger Zimmer ist kunsthistorisch wertvoll, so wurden die Möbel im Roten Saal im klassizistischen Stil von Schinkel entworfen. Ein reich verzierter Kaminofen wurde aus Eisenkunstgußplatten aufgebaut und trägt das Allianzwappen der Grafen zu Stolberg. Heute ist im Schloß das FDGB-Erholungsheim „Comenius" untergebracht.

Ausflugsziele in der Umgebung: Der *Aussichtsturm* auf dem *Auerberg* war nach einem Entwurf von Schinkel aus Holz (22 m hoch) als Josephskreuz errichtet worden. Es wurde 1882 durch Blitzschlag zerstört und 1896 in Eisenkonstruktion mit 38 m Höhe erneuert. Bei gutem Wetter hat man eine weite Sicht über den Unterharz, die Goldene Aue, bis hin zum Kyffhäusergebirge.

1923 wurde die Thyrabahn von Berga über **Rottleberode** nach Stolberg gebaut. Das erhöhte die Touristenanzahl, die auf diese Weise nach Rottleberode und Stolberg kam, erheblich. Gleichzeitig konnte der Gips aus den Gipswerken Rottleberode mit der Eisenbahn abtransportiert werden. Hier fand bereits im Mittelalter der Gips als Estrich Verwendung. Heute produziert der VEB Harzer Gipswerke Stuck- und Modellgips, Spezialgips für die Medizin und Gipskartonplatten für die Innenausgestaltung im Wohnungsbau.

Im zweiten Weltkrieg wurde am Ortsausgang Stolbergs ein Arbeitslager des KZ Buchenwald errichtet, dessen Insassen in der Heimkehle südlich von Rottleberode in einem ausgelagerten Rüstungsbetrieb arbeiten mußten. Heute erinnert ein *Mosaik-Mahnmal* daran.

Von Mägdesprung die Selke abwärts, an den vier Stahlhämmern der

Eisenhütte und an dem Erbstollen des alten Harzgeröder Bergbaus vorbei, erreicht man die *Selkemühle*, ein Naherholungszentrum. Nach Norden führt ein Weg zum *Jagdschloß Meiseberg*, das 1772 vom Fürsten von Ballenstedt errichtet wurde. Ein weiterer kurzer Pfad führt von der Selkemühle südlich zur *Burgruine Anhalt*, der Stammburg der Anhaltiner, die Otto von Ballenstedt 1120 errichtete und die nach 1400 nicht mehr bewohnt wurde. Der Weg führt dann weiter durch eine breite Talsohle mit schönen Auenwiesen, umgeben von Bergen mit Klippen des Rotliegenden. Auf der rechten Seite liegt in 340 m Höhe die *Burgruine Alter Falkenstein*, eine ehemalige Reichsburg zur Sicherung des Harzbannforstes. Sie wurde nach der Schlacht am Welfesholz im Jahre 1115 zerstört.

Nach 1 km, auf der gleichen Seite des Selketales, ist die *Burg Falkenstein* zu erreichen. Sie zählt zu den kleinen unter den Harzburgen, hat aber ihre mittelalterliche Struktur trotz vieler Umbauten erhalten. Auf einem Bergsporn über der Selke im 12. Jh. gegründet, besaß sie von Anfang an den Umfang einer zweigeteilten Burganlage mit der Kernburg und der Vorburg als Wirtschaftshof. In der Kernburg, die nach Osten spitz verstärkt und mit dem 23 m hohen und 8,5 m dicken Bergfried gesichert ist, stehen an der Nordostmauer der Palas, in der Südwestecke ein Wohnturm und im Süden das Küchengebäude. Im 13. Jh. wurde der Palas erweitert und eine Burgkapelle an der Westseite der Kernburg eingefügt. Nach dem Aussterben der Grafen von Falkenstein übernahmen die Asseburger die Burg im Jahre 1449 als Lehen der Bischöfe von Halberstadt. Sie ließen Ende des 15. Jh. die Befestigungsmauern durch gedeckte Wehrgänge verstärken und den Palas mit einem Fachwerkobergeschoß aufstocken. Nach dem Verfall der Burg im Dreißigjährigen Krieg wurde der Bergfried 1781 erneuert und 1826 mit Eisenreifen gefestigt. Seit 1826 wurde mit dem Ausbau der Wohnräume zu einer romantischen Jagd- und Sommerresidenz begonnen, die mit wertvollen Möbeln, Gefäßen, Gemälden und Jagdwaffen ausgestattet wurde.

Der Graf Hoyer II. von Falkenstein förderte die Abfassung des Sachsenspiegels durch Eike von Repkow, Richter der Stadt Quedlinburg und Schirmvogt des Reichsstiftes Quedlinburg von 1220 bis 1235. Seit der Mitte des 13. Jh. prägte der Sachsenspiegel die Rechtsvorstellungen in Nord- und Mitteldeutschland. Das Zentrum seiner Verbreitung in 315 Handschriften war Magdeburg.

Der heutige Zugang zum Staatlichen Museum Burg Falkenstein führt über einen steilen Pfad vom Selketal oder über die Straße zum Gartenhaus und von da ab zu Fuß hinauf zur Burg. Vom Gartenhaus aus verläuft die Straße über Pansfelde – Leinemühle (Ausflugsgaststätte) – **Molmerswende**, Geburtsort des Dichters Gottfried August Bürger (Gedenkstätte) – Überquerung der Harzlängsstraße (F 242) nach **Wippra** im Tal der Wipper. Der Ort gehörte nach häufigem Besitzwechsel den Grafen von Mansfeld. Die Einwohner lebten von der Forstwirtschaft und dem Kupferschieferabbau. 1920 wurde die Eisenbahn von Klostermansfeld nach Wippra der Selke entlang gebaut. In den Jahren 1951/52 wurde die *Wippertalsperre* als Brauchwasser für die Kupferindustrie errichtet (2,5 Mill. m^3 Wasserinhalt, Mauer 18 m Höhe und 126 m Länge). Wipperabwärts liegt an der großen Flußschleife das *Schloß Rammelburg*, einst im Besitz der Grafen zu Mansfeld, 1894 durch Brand zerstört und im Stil des Historismus wieder aufgebaut, heute ein Rehabilitationszentrum. (↗ Bl. 9, 10)

Mansfeld

Lage und Bedeutung/Stadtgeschichte: Am Rand des Unterharzes und am Übergang in die Mansfelder Gebirgsbrücke liegt Mansfeld (4400 Einw.), alter Bergbauort und ehemalige Residenz der Grafen von Mansfeld.

In den Jahren 1517/60 erfolgte der Bau des Renaissanceschlosses mit starken Befestigungsanlagen, die 1674 wieder geschleift wurden. Der Bergbau war im 17. Jh. erschöpft und verlagerte sich nach Eisleben.

Sehenswürdigkeiten: Das *Renaissanceschloß* ist eine weiträumige Mehrflügelanlage, doch die meisten Gebäude sind seit dem 17./18. Jh. Ruinen. An der Westseite wurde 1820/70 das Schloß Vorderort im neogotischen Stil errichtet. Die spätgotische *Schloßkirche* mit Kreuzrippengewölbe und umlaufenden Emporen weist eine wertvolle Innenausstattung mit dem spätgotischen Flügelaltar und dem Kreuzigungsbild aus der Cranach-Werkstatt auf. In der Stadt sind das *Elternhaus Luthers*, ein Fachwerkhaus (1530), und die *Schule*, die Luther besuchte, sehenswert.

Ausflugsziele in der Umgebung: Klostermansfeld ist ein alter Bergbauort auf Kupferschiefer, dessen zahlreiche Schieferhalden ein beredtes Zeugnis ablegen. 1040 wurde das Kloster gegründet, eine romanische *Kirche* mit bemerkenswerter Innenausstattung errichtet. Sie wurde 1960/70 restauriert.

Im Ort **Morungen**, auf der Morungsburg (heute Ruine), wurde um 1150 der Minnesänger Heinrich von Morungen geboren. Das 1865 erbaute Schloß ist heute FDGB-Erholungsheim. Bei Morungen liegt das NSG „Mooskammer“ (Erdfälle im Zechsteingebiet). (↗ Bl. 10)

Harzvorland

Geographische Besonderheiten: Durch die Hebung des Harzes wurden am Nordrand des Gebirges die anstehenden Schichten des Zechsteines, Buntsandsteines, Muschelkalkes und der Kreide aufgerichtet und steilgestellt. Als Aufrichtungszone ziehen die Hügel des Muschelkalkes vom Wienberg bei Ilsenburg über den Horst- und Austberg östlich von Wernigerode und von der Struvenburg bis zur Horst bei Heimburg. Kreidesandstein bildet die steilgestellten Felsen des Regensteinzuges, der Teufelsmauer bei Blankenburg-Timmenrode, die Felsen bei Weddersleben und schließlich die Gegensteine bei Ballenstedt. Fast gleichlaufend dazu ziehen die steilgestellten Schichten des Kreidesandsteines von den Spiegelsbergen bei Halberstadt über den Hoppelberg (309 m) bei Langenstein zu den Kamelfelsen bei Westerhausen, dem Eselsstall–Burgberg–Seweckenbergen bei Quedlinburg hin. Nördlich davon schließen die Harslebener Berge die Mulde bei Börnecke ein und schaffen die reizvolle Landschaft des Quedlinburger Sattels, ein umfangreiches Naturschutzgebiet mit einer bemerkenswerten Flora und Fauna. Dieser Quedlinburger Sattel teilt die Vorebene des Harzes in die subherzyne Kreidemulde, eine fruchtbare Ebene aus Schwarzerde, mit Löß bedeckt. Den östlichen Teil bildet die Ascherslebener Mulde mit ihrem fruchtbaren Ackerboden, im Norden mit dem Braunkohlengebiet von Nachterstedt-Königsaue und den großen Salz- und Kalivorkommen bei Staßfurt und Bernburg.

Das **östliche Harzvorland** umfaßt das Gebiet von Eisleben über die Mansfelder Gebirgsbrücke und die Ascherslebener Mulde bis zur Saale bei Bernburg. Während der nördliche Teil flachwellig und waldlos ist, bringen die ausgelaugten Schichten des Zechsteins eine Belebung in das Landschaftsbild. Die Ascherslebener Mulde ist über dem Buntsandstein mit Schwarzerde und Löß bedeckt und deshalb ein außerordentlich fruchtbares Ackerland, geeignet für Zuckerrüben-, Mais- und Weizenanbau, aber auch Hopfen, Gewürzpflanzen und Gemüse gedeihen hier gut. An wichtigen Rohstoffen kommen Braunkohle bei Nachterstedt-Königsaue und Salz und Kali bei Staßfurt–Bernburg vor. Das südliche Mansfeld–Eislebener Gebiet und Sangerhausener Hügelland bergen im Zechsteingebiet den wertvollen Kupferschiefer.

Im **südlichen Harzvorland** fallen die geologischen Schichten allmählich nach Süden zur Goldenen Aue ein. Es sind zunächst die Zechsteinschichten, die im breiten Band von Niedersachswerfen–Ilfeld in östlicher Richtung in welligen Hügeln über Rottleberode–Questenberg–Sangerhausen und in die Mansfelder Mulde auslaufen. Sie enthalten die wertvollen Rohstoffe Anhydrit und Kupferschiefer. Die nach Süden gerichteten Harzflüsse Zorge, Helme und Thyra haben aus dem Gebirge Sand in das Vorland eingeschwemmt (Kieslager bei Heringen). Der Buntsandstein an der Oberfläche bildet einen guten Ackerboden, weil er in der Eiszeit mit Löß überdeckt wurde. Auf diese Weise entstand die Fruchtbarkeit der Goldenen Aue, die geologisch in einer Auslaugungssenke gelegen ist.

Während der Herrschaft der sächsischen Könige wurden hier zahlreiche Pfalzen errichtet und damit eine mächtige Basis für das Königtum geschaffen. (↗Bl. 9, 10)

Halberstadt

Lage und Bedeutung: Die Kreisstadt Halberstadt (47 000 Einw.) ist das Zentrum des Harzvorlandes und als Verkehrsknotenpunkt das „Tor zum Harz".

Während des zweiten Weltkrieges, am 8. April 1945, kamen durch einen Bombenangriff 1500 Menschen um. Die Stadt wurde zu 82 Prozent zerstört. Mit dem Bau neuer Wohnviertel für die 25 000 Obdachlosen ging auch die Ingangsetzung und der Aufbau neuer Industrien vor sich: Das Reichsbahnausbesserungswerk mit dem Bau von modernen Reisezugwagen; VEB Polyplast; die ehemalige Fleisch- und Wurstwarenfabrik Heine wurde 1948 volkseigen und erzeugt heute die traditionellen „Halberstädter Würstchen"; im VEB Maschinenbau Halberstadt entstand ein leistungsstarker Betrieb, der Schiffsdieselmotoren und Großkolbenverdichter produziert. In Halberstadt Ost wurde ein neues Betonwerk gebaut,das mit seiner Plattenproduktion wesentlich das moderne Wohnungsbauprogramm gestaltet. Weitere Betriebe (VEB Landmaschinenbau, Robotron, Holzindustrie, Zuckerkombinat, Papierfabrik) machen Halberstadt zu einem wichtigen industriellen Zentrum. Als Mittelpunkt der fruchtbaren Ebene des Harzvorlandes wurde 1986 das große Getreidesilo im Osten bei Harsleben errichtet.

Stadtgeschichte: Als karolingische Gründung wird Halberstadt als Sitz eines Bistums im Jahre 827 urkundlich bestätigt. Die Bischöfe versuchten in vielen Fehden ihren politischen Einfluß im Harzgau mit gleichzeitigem Land- und Besitzerwerb zu verstärken.In diesen Auseinandersetzungen zerstörte der Herzog von Sachsen und Braunschweig, Heinrich der Löwe, im Jahre 1179 die Stadt und den Dom Halberstadt. Auf den Fundamenten des zerstörten Domes wurde der heutige Dom St. Stephanus als mächtige dreischiffige Basilika in vier Bauetappen (1401/91) errichtet.

Mit der Säkularisation des Bistums hörte die Bischofsherrschaft 1648 auf, und das Bistum wurde brandenburgisches Fürstentum. Halberstadt sank zu einer Provinzstadt herab, die durch die Aufnahme vonHugenotten eine im 18. und 19. Jh. blühende Handschuhfabrikation erhielt. Die von den Hugenotten errichtete Franzosenkirche ist heute eine Gedenkstätte für die Opfer des Bombenangriffes.

Sehenswürdigkeiten: Der Halberstädter *Dom* zählt zu den Sehenswürdigkeiten von überregionaler Bedeutung. Deutlich sind an ihm Elemente französischer Gotik zu erkennen. Seine wertvolle Innenausstattung besteht aus den Glasfenstern des 14. und 15. Jh., dem Chorgestühl, dem Lettner mit der romanischen Triumphkreuzgruppe (13. Jh.), den Plastiken an den Vierungspfeilern, im Hochchor mit den zwölf Apostelfiguren und den Patronen Stephanus und Sixtus, mehreren Altären und Tafelbildern, Metallgeräten und dem großen Kronleuchter. In der ehemaligen Klausur, im Remter und neuem Kapitelsaal befindet sich der bekannte Halberstädter Domschatz mit seinen hervorragenden Beständen an liturgischen Gewändern und Geräten, Plastiken, der vergoldeten byzantinischen Weihbrotschale und den berühmten großen Bildteppichen: Michael-Abrahams-Teppich (um 1160), Christus-Apostel-Teppich (um 1180), Karlsteppich (um 1230) und der Marienteppich (um 1510). Den Grundstein zu dieser bedeutenden Sammlung legte 1205 der Bischof Konrad von Kroszigk, als er von einem Kreuzzug zurückkam und einige wertvolle Kunstwerke aus dem Orient mitbrachte. Dieser weltbekannte Domschatz ist für die Öffentlichkeit zugänglich.

Als zweites bekanntes Bauwerk an der Westseite des Domplatzes ist die *Liebfrauenkirche,* eine romanische kreuzförmige Basilika mit einer Doppelturmfassade, zu nennen. Der Bau wurde 1160 vollendet. Seine Architektur ist einfach, durch Rundbogenfenster etwas belebt, Chor und Seiten-

Halberstadt: Gleimhaus

chöre schließen im Osten durch Apsiden ab. Für die Grundrißplanung wurde das Hirsauer Schema verwendet. In der Vierung schließen großartige Chorschranken das Querschiff ab. Sie stammen aus dem Zeitraum von 1190 bis 1210. Jede Schranke ist mit sechs Aposteln besetzt, in der Mitte Maria bzw. Christus als zentrale Figuren thronend. Die plastische Formgestaltung, der Gesichtsausdruck und der Faltenreichtum der Gewänder lassen deutlich die Kenntnis orientalischer Textilien aus dem Domschatz erkennen.

Im *Peterhof* an der Nordseite der Liebfrauenkirche befindet sich der ehemalige Bischofssitz, als Renaissancebau errichtet, aber in den folgenden Jahrhunderten mehrmals umgebaut, nur der Treppenturm mit dem bischöflichen Wappen und dem Renaissanceportal blieb im Original erhalten; neben dem Palast die Peterskapelle (1195) als Hauskapelle der Bischöfe.

Auf dem heutigen Domplatz entstand von 1592 bis 1611 unter dem Bischof Heinrich Julius die *Dompropstei* mit ihrem Fachwerkobergeschoß mit den 17 Wappen früherer Domherren. Von den ehemaligen Kurienhäusern an der Nordseite des Domes ist die *Spiegelsche Kurie* erwähnenswert, ein barockes Gebäude mit einem vorgezogenen Mittelrisalit in der dreifach gegliederten Hauptfassade, im Giebeldreieck das Wappen des Domherrn Christoph Spiegel zu Desenberg. In diesem Kuriengebäude ist seit 1905 das *Halberstädter Museum* mit einer umfangreichen Sammlung zur Geschichte der Bischofsstadt und mit bedeutenden Materialien zur Geschichte der örtlichen Arbeiterbewegung untergebracht. Im rechten Seitenflügel in moderner Gestaltung befindet sich das *Vogelkundemuseum „Heineanum"*. Am Ende der Kurienhäuser steht das *Gleimhaus* mit Fachwerk im Obergeschoß, das heute als *Memorialmuseum* mit Bibliothek, Handschriftenarchiv und Gemäldesammlung dem Dichter Johann Wilhelm Ludwig Gleim gewidmet ist. Gleim kam 1747 nach Halberstadt und war als Domsekretär tätig. Als Förderer der Frühaufklärung pflegte er zahlreiche Verbindungen im „Halberstädter Dichterkreis" zu Dichtern aus allen Teilen Deutschlands wie Lessing, Herder, Klopstock, Wieland, Seume, Jean Paul u. a. Etwa

10 000 Briefe sind im Gleimhaus zusammengekommen. Dazu sammelte Gleim 10 000 Bücher und 150 Bildnisse, u. a. von Calau, Tischbein, Graff, Schöner, Hasenpflug gemalt, in seinem „Tempel der Freundschaft".

Als weitere bemerkenswerte Kirche ist die hochgotische *Hallenkirche St. Martini,* die Stadtkirche mit den beiden ungleichen Türmen und dem *Roland* vom zerstörten Rathaus zu nennen. Die Innenausstattung ist zum Teil barock. In der Spiegelstr. 12 erteilt die Halberstadt-Information Auskünfte.

Als Sehenswürdigkeit gilt der *Landschaftspark* auf dem **Spiegelsberg,** der 1761 vom Domherrn Spiegel erworben und als offene Parkanlage im Sinne Rousseaus angelegt wurde mit einem Wohnhaus, mit Garten und Fasanerie (darin waren 21 Statuen aufgestellt), einem Belvedere, einer Eremitage (1772), dem Badehaus, dem Tiergarten und einem Jagdschlößchen. Spiegel erwarb von Friedrich II. das große Weinfaß aus dem bischöflichen Lustschloß in Gröningen, das Bischof Heinrich Julius 1593/98 von Michael Werner, dem Erbauer des weltberühmten Weinfasses im Heidelberger Schloß, herstellen ließ. Das Weinfaß hat ein Fassungsvermögen von 132760 l und ist im Keller des Jagdschlößchens zu besichtigen. Das Gebiet des Spiegelberges ist heute zu einem Naherholungsgebiet mit einem Wildgehege ausgebaut. An den Kiesgruben entstand das „Halberstädter Meer" mit Badestrand – eine weitere Naherholungsstätte.

Ausflugsziele in der Umgebung: Südwestlich von Halberstadt bei **Langenstein-Zwieberge** wurde 1944 ein Außenlager des KZ Buchenwald errichtet, das den Auftrag hatte, am „Gläsernen Mönch" einen Rüstungsbetrieb unter Tage zu verlagern. 7500 Lagerinsassen kamen dabei ums Leben. Ihnen zum Gedenken wurde eine *Mahn- und Gedenkstätte* errichtet.

Das ehemalige *Schloß* (1777) wird heute als Rehabilitationszentrum genutzt. (↗ Bl. 10)

Wernigerode

Lage und Bedeutung/Stadtgeschichte: Am Harzrand, an der Holtemme, liegt Wernigerode, die „Bunte Stadt am Harz" genannt. Die Stadt macht den Eindruck einer mittelalterlichen Stadt. Ihre Fachwerkhäuser stammen aus dem 15. bis 20. Jh.

Als Rodesiedlung gegründet, entwickelte sich der Ort zur Marktsiedlung und erhielt 1229 das Stadtrecht. Umgeben war er von einer Stadtmauer mit 22 Türmen, davon sind noch Mauerreste und drei Türme erhalten. Zunächst Kaufmanns- und Tuchmacherstadt, verfiel die Stadt nach dem Dreißigjährigen Krieg zur Ackerbürgerstadt, die sich mit ihrer großen Stadtflur von den Produkten der Landwirtschaft und deren Veredlung ernährte. Mit der Industrialisierung im 19. Jh. entstanden Brauereien und Weinbrennereien, die auch exportierten, die Tabak-, Granit-, Holz- und Mühlenindustrie, die Lederfabrik und ein leistungsstarkes Handwerk, die Arzneimittelfabrik Ysat (Arzneien aus Harzpflanzen), eine Papierfabrik und mehrere Scholoxladenfabriken. In den dreißiger Jahren des 20. Jh. wurden die großen Rautenbach- und Rautalwerke als Leichtmetallwerke gegründet, die dann im Rüstungsgeschäft eine Rolle spielten.

Nach dem zweiten Weltkrieg, in dem Wernigerode durch zwei Bombenangriffe in Mitleidenschaft gezogen wurde, begann der Wiederaufbau mit der Gründung des VEB Elektromotorenwerk und des VEB Metallgußwerk aus den ehemaligen Rüstungsbetrieben. Sie entwickelten sich durch Erweiterungen zu leistungsstarken Betrieben. Als neue Betriebe wurden die Füllhalterfabrik „Heiko" und das Kleiderwerk geschaffen, die Arzneimittelfabrik wurde wesentlich erweitert.

Sehenswürdigkeiten: Die Stadt mit ihrem mittelalterlichen Stadtkern steht unter Denkmalschutz. Das Stadtzentrum wurde restauriert, eine Fußgängerzone geschaffen. Die Fach-

Bf. Wernigerode
Mitropa
Bushf.
Kleine
Rudolf-
Bahnhofs-
platz
Rat des
Kreises
Breitscheid-Str.
Schreiber
Harzquerbahn
Dornbergs-
Schlachthofstraße
Katzenteich
Feld-
Im
Bahnhofstraße
straße
Gerichtsstraße
Neustädter
Anger
Anger-
str.
Intertank
Kohlgarten-
Halberstädter
Mins-
straße
Sackgasse
Mauer-
Grüne
Straße
St.-
Johannis-
kirche
Stadt-
kulturhaus
Palmiro
Togliatti
Kreis-
kulturhaus
Bahnhof
Bahnhofstraße
Pfarr-
Zindeln
Eiscafé
Noack
Bartels
Hirten-str.
Neuer
Markt
Johannis-
Brand-
gasse
Kuh-
gasse
Schäfer-
Grube-
Große
Lindenallee
Ring-
straße
Albert
Nikolai-
platz
Breite
Straße
Unter d. Küchen-
garten
Schenkstr.
Kl.
Schenk-
str.
W.-Rathenau-
Str.
Planetarium
W.-Rathenau-Str.
Sport-
platz
Am
Linden-
allee
ND
Voß-
Bergstraße
Kleine Bergstr.
Stein-
grube
Steingrube
Burg-
Mittel-
Heidestraße
Hinter-
Ring-
Ring-straße
Unter
Markt
Breite
platz
Unterengengasse
Koch-
Büchtingen-
Bibliothek
Kur-
verwaltung
Rat-
haus
Klint-
gasse
K.D.
Western-
tor
Westerntor
Oberengengasse
Liebfrauenkirche
Liebfr.-
kirchhf.
Vorwerk
werk
Sylvestri-
kirche
Kirchhof
Oberpfarr-
Markt
Teich
damm
Schloß-
blick
Kleinstes
Haus
Zentraler
Wanderpunkt
Karl-Marx-
Denkmal
Johann-
Sebastian-
Bach-
Straße
An der Flutrenne
Auf der
Kinder-
krhs.
Forcke-
straße
Sylvestri-
straße
Marsch
Kanz-
Lindenberg-
Schöne
Stadtgarten
Ecke
Klubhs.
Schöne
Ecke
Ernst-
Thälmann-
Str.
Burg-
Promenade
Zillierbach
Schloß
Feudalmus.
Blumeweg
Am
Blume
Schloß-
Naturlehrpfad
Hilleborch-
FDGB-Ferienheim
Roter Stern
Huber-
str.
Sylvestri-
stieg
Lindenberg
Kreuz-
kirche
Schmiedstr.
Krause-str.
straße
Bleek
Degener-
W.-Seelenbinder-
Halle
Promenade
Hol-
felder
Platz
Bohlweg
Theobaldi-
kapelle
Mühlen-
Zentraler
Wanderpunkt
Horn-
Horn-
straße
Delius-straße
Raabe-
Str.
Wilhelm-
Großen
Freiland-
stieg
Mettestraße
Kreuzberg
Ewalds-
Kreuz-
berg
weg
Pulver-
Str.
Am
weg
H/15
Ernst Grube
Zwölfmorgental
Garten-
straße
FDGB-Ferienheim
Karl-Liebknecht
Harburg-
straße
Jägerkopf
Am Küsterskamp
Stieglitz-
ecke
Am
tal

Wernigerode: Rathaus

werkhäuser erhielten einen traditionellen Farbanstrich, die Häuser der Koch- und Büchtingenstraße wurden durch umfangreiche Rekonstruktionen den heutigen Wohnansprüchen angepaßt, Baulücken des Bombenangriffes geschlossen (z. B. in der Breiten Straße), der Marktplatz u. a. m. neu gestaltet.

Auf dem kleinen *Markt* steht das *Rathaus*, das ursprünglich ein Schankhaus war und in den Jahren 1494/98 zu einem Rathaus mit einem Fachwerkobergeschoß im spätgotischen Stil mit zwei Erkertürmen umgebaut wurde. Ein reicher Figurenschmuck der Spätgotik schmückt dieses Kleinod des Fachwerkbaus. 1936/38 wurde das Gebäude der Stadtsparkasse im barocken Fachwerkstil angefügt.

Die Stadt wird vom **Agnesberg** (389 m) überragt, auf dessen vorgeschobenem Bergsporn die ursprüngliche Burg und später das Residenzschloß der Grafen von Stolberg-Wernigerode errichtet wurde. In ihm ist heute das *Feudalmuseum Schloß Wernigerode* untergebracht. Es ist ein vielbesuchtes Museum mit etwa 400000 Besuchern jährlich. Gleichzeitig ist das Museum eine wissenschaftliche Forschungsstätte zur Geschichte des Hauses und zur örtlichen Feudalgeschichte. In 37 Räumen werden kostbare Exponate der Sakralkunst (Altäre, Teppiche, Plastiken), wertvolle Gemälde, Waffen, Möbel, Glas und Porzellan gezeigt. Im Schloßhof finden im Sommer Konzerte statt.

Hinter dem Rathaus, in einem klassizistischen Fachwerkhaus, befindet sich das *Harzmuseum*, das unter anderem umfangreiche Kenntnisse über die geologischen und naturwissenschaftlichen Verhältnisse des Harzgebirges vermittelt.

Am Nordwestrand der Stadt, am Veckenstedter Weg, wurde eine *Mahn- und Gedenkstätte* des antifaschistischen Widerstandskampfes in dem ehemaligen Außenlager des KZ Buchenwald errichtet. In den original erhaltenen Baracken wird an die Lagerinsassen erinnert, die die Stollen in den Galgenberg treiben mußten, um den Rüstungsbetrieb der Rautenbachwerke unter Tage zu verlagern.

Weitere bemerkenswerte *Fachwerkbauten:* Der Stadtkern am *Klint*, das *Gadenstedtsche Haus* (Renaissance), die Oberpfarre (Barock) und die Teichmühle (Barock); in der *Westernstraße* die typischen Bürgerhäuser des Klassizismus nach dem Stadtbrand 1847; das reichgeschmückte *Haus „Café Wien"* (Renaissance) am Anfang der Breiten Straße; die barocken zweigeschossigen Fachwerkhäuser in der *Burgstraße* nach dem Brand von 1751; in der unteren Breiten Str. 72 das mit einem überladenen Schnitzwerk versehene *Krummelsche Haus;* gegenüberliegend das *Haselhorstsche Haus* mit Schreckmasken an den Balkenköpfen, das *Faulbaumsche Haus* (durch Bombentreffer um zwei Obergeschosse verkürzt) und die *Niehoffsche Schmiede* mit der Einrichtung einer Pferdeschmiede.

Erholungswesen und Tourismus: Die Stadt hat sich zu einem bedeutenden Zentrum der Erholung und des Tourismus entwickelt und kann auf eine große Tradition zurückblicken. Seit der Mitte des 19. Jh. setzte ein Strom von Erholungsuchenden ein. Damals entstanden Pensionen und Hotels, ein ganzes Villenviertel der begüterten Klasse, Badeanstalten, Tennisplätze, Ausflugsgaststätten, Wanderwege wurden angelegt und Aussichtstürme errichtet.

Nach dem zweiten Weltkrieg erlebten das Erholungswesen und der Tourismus in der Stadt einen großen Aufschwung. In fünf Erholungsheimen des FDGB und in 13 Betriebsferienheimen erholen sich jährlich etwa 15000 Werktätige; hinzu kommen ein Blindenheim und ein Heim der Sozialversicherung, Jugendferienlager der Betriebe und drei Jugendherbergen. Reichhaltig und abwechslungsreich sind die Möglichkeiten der kulturellen und sportlichen Betätigung: Vorträge über Stadt und Landschaft, Veranstaltungen der Harzer Folkloregruppen, Kurkonzerte des Staatlichen Orchesters Wernigerode, Führungen in den drei Museen, das Rathausfest mit vielen Großveranstaltungen, die Wernigeröder Musiktage, die Schloßhofkonzerte, Orgelkonzerte in der Sylvestrikirche, Sonderkonzerte des Wernigeröder FDJ-Rundfunkchores und des Chores der Gerhart-Hauptmann-Oberschule. Zahlreiche Jugendveranstaltungen im Jugendklubhaus Teichmühle und im Jugendfreizeitzentrum in der Burgbreite kommen hinzu. Das große Kulturzentrum der Stadt bietet Vorträge, Kunstgespräche und Ausstellungen. Der 40 km lange Harzer Gebirgslauf und der Schloßlauf, das Mattenspringen auf der Mattenschanze im Zwölfmorgental sind herausragende sportliche Ereignisse. Von der Kurverwaltung werden Gebirgstageswanderungen organisiert. In zwei Freibädern, einem Hallenbad, in vielen Turnhallen, auf zwei Fußballplätzen und auf Tennisplätzen sind reichlich Möglichkeiten zu sportlicher Betätigung gegeben. Dazu gehört auch die Reit- und Fahrtouristik des VEG Hasselfelde im Mühlental. Auch im Winter ist die Stadt ein großer Anziehungs- und Ausgangspunkt für den Wintersport. Das Wintersportzentrum im Zwölfmorgental bietet Skispringen und Abfahrtslauf mit Seilzuglift zur Harburg.

Das Verkehrsnetz in die Umgebung der Stadt Wernigerode ist gut ausgebaut. Vom Hauptbahnhof fahren Züge nach Ilsenburg und nach Halberstadt, vom Harzquerbahnhof fährt die Kleinbahn nach Drei Annen Hohne – Elend – Benneckenstein bis Nordhausen, von Drei Annen Hohne Abzweigung nach Schierke. Vom Busbahnhof führen Omnibuslinien in das Vorland, am Gebirgsrand entlang bis Thale, ins Gebirge zu allen Orten, und Fernverbindungen nach Sangerhausen, Nordhausen und Erfurt. Die Wernigerode-Information ist Breite Str. 12 zu finden.

Ausflugsziele in der Umgebung: Westlich von Wernigerode am Ausgangstal der Ilse und am Fuß des Brockens liegt der Erholungsort **Ilsenburg**. Seit dem Mittelalter bestehen die Eisen- und Hammerwerke, dazu kamen im 16. Jh. die Messinghütten und ein

Harzquerbahn

Kupferhammer. Die jahrhundertealte Tradition der Eisenindustrie wird heute fortgesetzt. Der VEB Keramische Werke Ilsenburg läßt die Tradition der Ilsenburger Keramik weiterleben. Ilsenburg ist aber auch zum bedeutenden Erholungsort geworden: In den Einrichtungen des Feriendienstes der Gewerkschaften und Betriebsferienheimen erholen sich jährlich etwa 20000 Bürger. Ein gutausgebautes Wanderwegenetz mit Raststätten in Öhrenfeld, Plessenburg und Ilsestein, ein Reitstützpunkt, ein Freibad, eine Kegelhalle und der Sportplatz sowie zwei Folkloregruppen und das Hüttenmuseum bieten Möglichkeiten zur sportlichen und kulturellen Betätigung.

An dem südlichen Ufer der Ilse türmt sich der steile Granitfelsen des **Ilsesteins** (474 m) empor, auf dem im Mittelalter die Burg Ilsestein stand, die 1115 zerstört wurde. Auf dem Felsen ist ein *Erinnerungskreuz* an die Völkerschlacht bei Leipzig angebracht, auf dem Felsenplateau befindet sich eine Raststätte.

3 km weiter, nach einem romantischen Wanderweg, erreicht man die Raststätte **Plessenburg** in einem früheren *Jagdschloß* (1776). Auf dem Territorium der ehemaligen Reichsburg (10. Jh.) am Steilufer der Ilse wurde im 11. Jh. das *Benediktinerkloster Ilsenburg* mit einer romanischen Klosterkirche und Klausur mit Kapitelsaal, Dormitorium und Refektorium nach den strengen Architekturregeln der Hirsauer Schule errichtet und 1187 vollendet. Viele alte *Hüttengebäude* wie Nagelhütte, Drahthütten, Eisenhammergebäude, Faktorei und Hüttenteiche sind stolze Zeugen der bekannten Ilsenburger Eisenhütten. Am Forellenteich befindet sich die Gaststätte „Zu den roten Forellen", die schon Heine lobend erwähnte.

Das ehemalige *Kloster der Benediktinerinnen* in **Drübeck** liegt 3 km östlich von Ilsenburg. Die erste urkundliche Erwähnung fällt in das Jahr 960. Die romanische *Klosterkirche* mit zwei Türmen an der Westfassade ist eine flachgedeckte Basilika mit niedersächsischem Stützenwechsel und einer kreuzgewölbten Krypta. Die Kapitelle der Säulen und Kämpfer zeigen prächtigen Akanthus- und Palmettenschmuck, an dem der Einfluß des Meisters Nikolaus aus Königslutter erkennbar ist. Beispiel der Innenausstattung ist ein gesticktes Leinentuch, das als Altardecke Szenen aus dem Marienleben zusammenstellt (13. Jh.).

Vom **Großvaterfelsen** (319 m), dem westlichsten Punkt der Teufelsmauer, hat man einen guten Überblick über die Industriestadt und den Kurort **Blankenburg.** Als alte Residenz der Grafen von Blankenburg-Regenstein-Heimburg ging sie an Braunschweig über und wurde 1707/31 zum Fürstentum erhoben. In dieser Zeit wurde das stattliche *Schloß* neu erbaut und barock umgestaltet (mehrere Säle mit prächtiger Innenausstattung). Das Schloß wird heute von der Fachschule für Binnenhandel genutzt. Der

Blankenburg: Schloß und Park

Schloßberg wurde zu einem barocken *Terrassengarten* gestaltet, mit vielen Putten und einer Grotte besetzt. Als Abschluß wurde im Rokokostil das Kleine Schloß als Witwensitz angefügt, in dem heute ein *Heimatmuseum* eingerichtet ist, das die Geschichte der Residenzstadt aufzeigt. Am Fuß des Schlosses steht die frühgotische *Hallenkirche* mit bemerkenswerter Innenausstattung (Stifterfiguren und Grabsandsteinplatten). Auf dem nach Norden abfallenden Marktplatz befindet sich das *Rathaus,* ein Renaissancebauwerk mit angebautem Treppenturm.

Unweit von Blankenburg liegt das ehemalige *Zisterzienserkloster Michaelstein.* Ursprünglich am Ende des Klostergrundes beim Eggeröder Brunnen am Volkmarskeller mit einer in den Felsen getriebenen Kirche gegründet, wurde das Kloster um die Mitte des 12. Jh. an den Talausgang gelegt. Erhalten geblieben sind die Klausur (Dormitorium, Kapitelraum und Refektorium) und der frühgotische Kreuzgang. Vorübergehend wurde im 18. Jh. ein Priesterseminar eingerichtet, eine kleine Kapelle wurde eingebaut. Der Klosterbesitz wurde ein Vorwerk der Domäne Heimburg. Seit 1968 ist die Klausur eine Heimstatt des Telemann-Kammerorchesters, das als Laienorchester bei Arbeiterfestspielen Auszeichnungen erworben und sich der Pflege Telemannscher Musik verschrieben hat. In Michaelstein ist eine Kultur- und Forschungsstätte von internationalem Ruf entstanden, in der in Seminaren eine Aus- und Weiterbildung von Konzertmusikern durchgeführt wird. Beliebt sind die regelmäßigen Konzertveranstaltungen im ehemaligen Refektorium der Klausur.

Nördlich von Blankenburg ist eine Burganlage in die steilen Kreidesand-

Burgruine Regenstein

steinfelsen gehauen, die *Burg Regenstein* war einst der Sitz der Harzgaugrafen von Regenstein. Nach dem Aussterben der Regensteiner Grafen ging der Regenstein an Braunschweig, und im Dreißigjährigen Krieg fiel er an Brandenburg-Preußen, das den Regenstein zu einer Festung ausbauen ließ. Im Siebenjährigen Krieg wurde sie von den Franzosen eingenommen und nach dem Hubertusburger Frieden geschleift. Im zweiten Weltkrieg trieben die Insassen eines Außenlagers des KZ Buchenwald breite Stollen in den Felsen zur Auslagerung eines Rüstungsbetriebes.

Zur Entwicklung Blankenburgs als Kurort trug der Abbau schwefelhaltiger Schlammerde bei, die im *„Teufelsbad"* zur Linderung und Heilung von rheumatischen Erkrankungen verabreicht wird. In sechs Kureinrichtungen werden jährlich 6000 Patienten betreut.

Im 19. Jh. entwickelte sich Blankenburg auch zu einem Industrieort, in dem die Eisenerze vom „Braunen Sumpf" zum Hochofen in Blankenburg transportiert und dort verhüttet wurden. Aus diesem Eisenwerk ging der VEB Harzer Werke hervor, der Heizkörper, Schiffs- und Motorenkolben herstellt. Gleichzeitig entstand das Reichsbahnentwicklungswerk, das für die technische Entwicklung der Deutschen Reichsbahn große Bedeutung hat. Nach Stillegung des Eisenerzbergbaus im „Braunen Sumpf" und am Büchenberg (1970) nahm nach Umschulung der Bergleute der neuerrichtete VEB Leichtmetallwerk in Blankenburg-Ösig den Betrieb auf. (↗ Bl. 9)

Quedlinburg

Lage und Bedeutung/Stadtgeschichte: Die Kreisstadt (29 200 Einw.), an der Bode gelegen, und alte Fachwerkstadt mit ihrem Renaissancerathaus und Roland, mit Teilen der Stadtmauer und Türmen, mit historischem Stadtkern der Alt- und Neustadt nimmt unter den Städten des Harzgebietes auch aus historischer Sicht einen hervorragenden Platz ein.

Die Stadt überragen der Münzenberg und der Burgberg, die ehemalige Residenz der Äbtissin der Reichsabtei, die hier ein freiweltliches Damenstift gründete (936–1803). Zur Zeit der sächsischen Könige übte Quedlinburg die Funktion einer Metropole im

Quedlinburg: Marktplatz

jungen deutschen Feudalstaat mit 22 Tagungen des Reichstages in dem einst noch so genannten Quitilingaburg, der Königspfalz, aus. 994 erhält Quedlinburg das Stadtrecht verliehen, 1426 wird es Mitglied der Hanse. Nach dem Dreißigjährigen Krieg sank es zu einer Ackerbürgerstadt ab, wurde im 19. Jh. ein Zentrum der Saatzucht, und zahlreiche Weinbrennereien entstanden. Nach 1945 entwickelte sich Quedlinburg zu einer Industriestadt im Harzvorland mit bedeutenden Betrieben, wie VEB Walzenwerk, VEB Möbelfabrik u. a.

Sehenswürdigkeiten: Der Fachwerkbau in Quedlinburgs Altstadt zeigt die breite Palette der Stilepochen vom mittelalterlichen Ständerbau zur Gotik und insbesondere zur Renaissance und zum Barock, während Klassizismus und Historismus in den Bauten der Neustadt vorherrschend bleiben. Solche Ensemble wie am *Finkenherd* und in der *Pölle* zählen zu den schönsten der Stadt. In dem Ständerbau Word 3 wurde nach umfangreichen Rekonstruktionen das *Fachwerkmuseum* eingerichtet, das sich mit der Problematik dieser Bauweise beschäftigt.

Die *Stiftskirche St. Servatius* (Dom) auf dem Burgberg wurde 1070 begonnen und 1129 geweiht. Die dreischiffige, kreuzförmige Basilika mit niedersächsischem Stützenwechsel und einer Flachdecke gehört zu den großartigsten Leistungen der Hochromanik. Unter der Vierung befindet sich eine dreischiffige Hallenkrypta, in der die Särge Heinrichs I. und seiner Gemahlin Mathilde aufbewahrt werden. In der Sakristei, dem sog. „Zitter“, ist der Domschatz untergebracht, der wertvolle sakrale Kunstschätze, darunter einen prunkvollen Knüpfteppich aus der Zeit um 1200, zeigt. Die Kirche weist reichen Formenschmuck von Band-, Drachen- und Greifenmotiven nach italienischen Vorbildern an den Kapitellen, in Kämpferplatten und Gesimsen auf.

Das *Schloß* auf dem Burgberg, heute Museum, geht auf die Pfalzgründung Quitilingaburg durch Heinrich I. im Jahre 922 zurück. Ein Teil der Gebäude gehört der Spätrenaissance an, doch die umfangreiche Bautätigkeit im 17. Jh. und der Bau der Abtei haben das heutige Bild geprägt. Die Innenarchitektur der meisten Räume ist barock.

Im Süden des Burgberges steht die nach 1148 erbaute romanische *Wipertikirche* mit der berühmten *Wipertikrypta*, um 1020 errichtet, eine dreischiffige, tonnengewölbte Krypta mit schmucklosen Pfeilern und Säulen auf attischen Basen.

In der Stadtmitte der Altstadt steht das *Renaissancerathaus* (1613/25) mit einem prächtigen Eingangsportal und dem *Roland* von 1477. Dahinter erhebt sich die zweitürmige spätgotische *Stadtkirche* mit einer barocken Innenausstattung. Weitere Kirchen sind die gotische *Hallenkirche St. Nikolai* (14. Jh.) und die *St.-Blasius-Kirche*, ein barocker Zentralbau mit hochbarocker Innenausstattung.

Zu den berühmten Persönlichkeiten Quedlinburgs gehören Friedrich Gottlieb *Klopstock*, Dichter des Epos „Messias" – sein Geburtshaus ist ein *Memorialmuseum*, Dorothea Erxleben, die als erste deutsche Frau den medizinischen Doktortitel erwarb und in Quedlinburg praktizierte sowie Johann Christoph Friedrich GutsMuths, der Begründer des Schulturnens, und dessen Schüler Karl Ritter, einer der Begründer der wissenschaftlichen Geographie.

Die Quedlinburg-Information befindet sich Markt 12.

Ausflugsziele in der Umgebung: 9 km von Quedlinburg in Richtung Harz entfernt liegt die Stadt **Gernrode**, der Ausgangspunkt der Selketalbahn. Ein beliebter Erholungsort mit einem Heim auf dem Stapenberg und dem neuerrichteten FDGB-Erholungsheim „Fritz Heckert".

Der Ort wurde von Gero, dem späteren Markgrafen von Meißen, gegründet, der in Gernrode auch eine Burganlage besaß. In der Nähe der Burg ließ er die *Stiftskirche St. Cyriakus* errichten, den Baubeginn schätzt man auf das Jahr 960. Die erste Weihe erhielt die Kirche 963, sie dürfte aber kurz vor Ablauf des ersten Jahrtausends fertiggestellt worden sein. Die dreischiffige romanische Basilika mit niedersächsischem Stützenwechsel hat Haupt- und zwei Seitenschiffe und ein Querschiff, im Osten befindet sich der Chor mit Apsis und zwei Nebenapsiden. Das Westwerk ist durch zwei Treppentürme abgeschlossen. Im Innenraum, unter dem erhöhten Chor, eine Hallenkrypta; eine flache Decke und in den hohen Wänden der Seitenschiffe und Emporen mit Arkaden kennzeichnen die Kirche. Der Kreuzgang zeigt in den Arkaden reichen Kapitellschmuck. Die Innenausstattung ist von großem kunstgeschichtlichen Wert. Als Nachbildung der Begräbnisstätte Christi ist das Heilige Grab (11. Jh.) ins südliche Seitenschiff eingebaut worden, bestehend aus einem Vorraum und dem eigentlichen Grabraum. Besonders bemerkenswert ist der Skulpturenschmuck: die Figur der Maria Magdalena an der Westwand und die Bischofsfigur, sog. Metronus. Zu den frühen Skulpturen gehört die Tumba des Markgrafen Gero aus dem 10. Jh., die 1519 erneuert wurde. Der Taufstein kam erst im vorigen Jahrhundert von Alsleben nach Gernrode. Er ist mit figürlichen Reliefs versehen, die nicht die künstlerische Qualität des Heiligen Grabes erreichen.

Unweit von Gernrode stehen im verhältnismäßig kleinen Tal des Wurmbaches die *Stecklenburg* und die weitaus größere *Lauenburg*, bestehend aus Vor- und Hauptburg, durch einen tief ins Felsgestein gehauenen Graben getrennt. Sie dienten offensichtlich dem Schutz einer Handels-

Bodetal bei Thale

straße über das erzreiche Gebiet des Rambergmassivs.

Am Ausgangstal des Wurmbaches liegt der Erholungsort **Stecklenberg** und weiter ostwärts der Kur- und Erholungsort **Bad Suderode** mit dem Sanatorium „Willy Agatz", in dem Silikosekranke durch Trinkkuren und Heilbäder aus einer Kalziumquelle genesen können.

Am Ausgang des tiefeingeschnittenen Bodetales mit seinen bizarren Granitfelsen der **Roßtrappe** (403 m) und des **Hexentanzplatzes** (454 m) liegt der Hütten- und Kurort **Thale.** Die Eisengewinnung ist bereits im 13. Jh. nachweisbar, 1445 wird die Eisenhütte urkundlich erwähnt, 1686 hat sie bereits eine Hammerschmiede. Nach 1871 entsteht eine Hütten-AG mit Stabeisen-, Blechwalz- und Puddelwerk. Bereits 1836 wurde hier das Emaillierverfahren entwickelt, wodurch das bekannte Emaillegeschirr hergestellt werden konnte. Heute haben das zum Mansfeldkombinat „Wilhelm Pieck" gehörende Stahl- und Blechwalzwerk, der Behälter- und Apparatebaubetrieb und das Geschirremaillierwerk 8000 Beschäftigte.

Thale ist auch durch die **Hubertusquelle** bekannt, die stärkste solehaltige Quelle der DDR, die für Kuren bei Herz- und Kreislauferkrankungen Anwendung findet.

Zum Hexentanzplatz führt eine 720 m lange *Personenschwebebahn* über einen Höhenunterschied von 250 m in einer Fahrzeit von vier Minuten. Auf dem steilabfallenden Plateau befindet sich das 1903 gegründete *Harzer Bergtheater*, eine der schönsten Naturbühnen, von der der Zuschauer einen weiten Blick ins Harzvorland hat. Die *Walpurgishalle* (Museum), ein *Tiergehege*, ein Hotel und eine Selbstbedienungsgaststätte sind Anziehungspunkte für die vielen Besucher besonders in den Sommermonaten. Von den Felsen hat man einen guten Blick in die Talschleifen der Bode und zum 50 m tiefer liegenden Roßtrappenfelsen. Um den hufeisenförmigen Abdruck im Granitfelsen entstanden viele Geschichten, er könnte vom Pferd einer Prinzessin namens Brunhilde gestammt haben, die von ihrem Freier Bodo verfolgt wurde, und die, um der Verfolgung zu entgehen, den Sprung vom Hexentanzplatz über das Tal der Bode nach dem Roßtrappenfelsen wagte. Zum Hotel und zur Gaststätte führt vom Bodetal aus ein *Sessellift* von 550 m Länge mit einem Höhenunterschied von 237 m. Das *Heimatmuseum* der Stadt Thale und das *Betriebsmuseum* in der Eisenhütte machen mit der Geschichte des Ortes und der Eisenhütte bekannt.

Östlich von Thale erreicht man über Gernrode-Rieder **Ballenstedt.** Es ist das Eingangstor zum reizvoll gelegenen Selketal und Unterharz. Der Ort wurde 1030 urkundlich erwähnt, erhielt 1593 das Stadtrecht und wurde von 1765 bis 1863 die Residenz der Fürsten von Anhalt-Bernburg.

Das Ballenstedter *Schloß* ist eine Dreiflügelanlage unter Einbeziehung der ehemaligen romanischen Stiftskirche (11. Jh.) mit einem mächtigen Westwerk, die Türme wurden abgetragen und durch Giebel ersetzt. Der steile Abfall hinunter zum Park läßt das Bauwerk mächtig erscheinen. Der *Schloßpark* ist ein Werk von Lenné, der ihm 1858 die endgültige Gestalt gab. Zu den Residenzbauten gehören der Marstall, das Theater im klassizistischen Stil (1788), an dem Lortzing, Liszt u. a. wirkten, und der Große Gasthof (18. Jh.), ein frühes Beispiel für Hotel und Gaststätten an einer Residenz. Ende des 19. Jh. wurde das Rathaus im Stil des Historismus errichtet.

Hexentanzplatz

In Ballenstedt lebte der Porträtmaler und Schriftsteller Wilhelm von Kügelgen, der mit seinem Buch „Erinnerungen eines alten Mannes" eine realistische Schilderung des biedermeierlichen Lebens in der Residenzstadt gab.

Zwischen Rieder und Ballenstedt ist heute auf dem Territorium der *Roseburg* ein Freizeitzentrum entstanden. Von 1905 bis 1927 wurde eine weiträumige neoromanische Burganlage mit Park, Wasserspielen, Brunnen und Brücken errichtet.

In **Ermsleben**, östlich von Ballenstedt, sind das *Schloß* und die *Stadtkirche* erwähnenswert. Im Stadtteil **Konradsburg** auf einem steilen Bergkegel sind die Reste einer spätromanischen *Benediktiner-Klosterkirche* mit Chor und Krypta, einem Brunnenhaus und die Gebäude der ehemaligen preußischen Domäne erhalten. Der noch vorhandene Chor ist dreischiffig gewölbt und zeigt deutlich das Schema der Hirsauer Schule. Die um 1220 angelegte Krypta, eine fünfschiffige Halle mit Kreuzgratgewölbe zwischen Gurtbögen, drei Apsiden, Säulen- und Kapitellschmuck, erinnert an den Einfluß des sog. Meisters von Königslutter.

Unweit von Ermsleben, am Austritt der Selke aus dem Gebirge, liegt **Meisdorf.** Es gehörte zur Herrschaft der Asseburger am Falkenstein. 1769 ließen die Asseburger an der Nordseite des Gutshofes das spätbarocke *Schloß Meisdorf* errichten. Die Nordseite der Dreiflügelanlage ist als Hauptfassade durch einen Mittelrisalit gegliedert. Die reichhaltige Innenausstattung wurde nach 1945 auf den Falkenstein gebracht. Das Schloß wird seit 1954 als Ferienheim des VEB Stahl- und Walzwerk Hettstedt genutzt. In den letzten Jahren wurde in unmittelbarer Nähe von Meisdorf ein Freizeitzentrum mit Strandbad und gastronomischen Einrichtungen geschaffen. (↗ Bl. 10)

Aschersleben

Lage und Bedeutung/Stadtgeschichte: Das Zentrum und zugleich der Verkehrsknotenpunkt der Ascherslebener Mulde ist die Kreisstadt Aschersleben mit 34 200 Einwohnern. Sie ist eine der ältesten Städte der DDR.

Seit dem 11. Jh. gehörte Aschersleben den Grafen von Askanien, nach deren Aussterben gelangte es an den Bischof von Halberstadt, 1266 erhielt es das Stadtrecht und schloß sich bis 1518 der Hanse an. Im 17./18. Jh. war das Tuchmachergewerbe vorherrschend. Im 19. Jh. wurden, begünstigt durch die Eröffnung des Braunkohlentagebaus in Nachterstedt (1828), die Gießerei- und Maschinenbaubetriebe errichtet. Weiter entstanden Nahrungsmittelbetriebe. Gemüse- und Gewürzanbau wird auch heute noch betrieben. Aschersleben ist eine bedeutende Industriestadt (VEB Wema-Betrieb des Werkzeugmaschinenkombinates „Fritz Heckert" Karl-Marx-Stadt, VEB Baumaschinen, VEB Optimawerke u. a.).

Sehenswürdigkeiten: Das *Renaissancerathaus* wurde 1517/18 erbaut und 1885 tiefgreifend verändert, im Obergeschoß befindet sich eine Kunstuhr. Die Stadt besitzt eine guterhaltene *Stadtmauer,* mit Türmen und Schalentürmen besetzt, ebenso andere Wehranlagen wie das *Rondell,* ein von 1507 bis 1583 errichteter Turm mit über 3 m dicken Mauern und Geschütznischen. Die *Stadtkirche St. Stephani* wurde hochgotisch von 1406 bis 1506 erbaut. Das Kirchenschiff ist 60 m lang und mit Cranach-Gemälden ausgestattet. Die frühgotische Marktkirche hat eine sehenswerte Ausstattung (18. Jh.). Der älteste Profanbau der Stadt ist der *Graue Hof,* im 13. Jh. als Wirtschaftshof errichtet. Vor dem Rathaus steht der sog. *Hennebrunnen* (1906). Eines der schönsten Renaissancebürgerhäuser ist das *Krukmannsche Haus* (1572).

Ausflugsziele in der Umgebung: Zwischen Aschersleben und Hettstedt liegt bei **Sylda** auf einem Bergkegel die großflächige *Burgruine Arnstein,* 1135 erbaut mit Bergfried, Pallas und Wehrbauten.

Harkerode hat eine bemerkenswerte *Kirche* nach Plänen von Schinkel.

Südöstlich von Aschersleben liegt an der Saale die Stadt **Alsleben.** Unter Markgraf Gero entstand die Grafschaft Alsleben, die an den Erzbischof von Magdeburg überging und später an die Herren von Krosigk verkauft wurde.

Diesseits der Saale befinden sich eine Getreidemühle und eine Zuckerfabrik und am rechten Ufer der VEB Schiffswerft für die Flußschiffahrt. Saaleaufwärts bilden die Berge an beiden Ufern ein reizvolles Tal – die Landschaft wird „Zichoritzer Schweiz" genannt – durch das moderne Fahrgastschiffe von Alsleben nach Halle verkehren. (↗ Bl. 10)

Bernburg

Lage und Bedeutung/Stadtgeschichte: Saaleabwärts liegt die Kreisstadt **Bernburg** mit 40 800 Einwohnern am Kreuzungspunkt der F 7 von Magdeburg nach Halle und der F 185 von Aschersleben nach Dessau.

Der Ort wird 961 erstmalig erwähnt; 1138 errichteten die Askanier eine Burg, und 1278 erhielten die Altstadt und die Neustadt das Stadtrecht. Seit 1603 machten die Fürsten und später die Herzöge Anhalt-Bernburg die Stadt zu ihrer Residenz. 1846 erhielt Bernburg den Bahnanschluß.

Bernburg liegt in einer flachwelligen Landschaft, nur im Stadtgebiet ist die Südseite des Saaleflusses steilwandig. Dies hat zur Folge, daß eine Dreiteilung des Weichbildes der Stadt schon von Natur aus gegeben war: Die Berg- oder Oberstadt mit dem Schloß auf dem rechten Steilufer und die Alt- und Neustadt auf dem linken Ufer der Saale.

Die Entwicklung der Stadt Bernburg hängt mit dem Vorkommen wichtiger Rohstoffe, wie Salz und Kali, zusammen. Ihre Wirtschaftsstruktur wird heute von der Gewinnung und Verarbeitung einheimischer Rohstoffe bestimmt: Der VEB Steinsalzwerk Gröna, alleiniger Hersteller von Steinsalz; der neu errichtete VEB Zementwerke Bernburg, Hauptlieferant für die Bauindustrie; der VEB Sodawerke „Karl Marx" – er erhält über mächtige Rohrleitungen eine gesättigte Salzsole aus Gnetsch. In Bernburg hat auch die Hochschule für Landwirtschaft und Nahrungsgüterindustrie ihren Sitz.

Sehenswürdigkeiten: Von der *Stadtmauer* sind ausgedehnte Mauerzüge und einige Türme erhalten, darunter der *Nienburger Torturm* und der *Hasenturm* (15. Jh.). Teile der *Neustädter Brücke* stammen aus dem 15. und 18. Jh.

Das *Schloß* auf dem hohen Sandsteinfelsen mit zahlreichen Giebeln und Erkern wurde durch die Baumeister Günther und Hofmann unter Einbeziehung älterer Bauteile im 16. Jh. errichtet. Dazu gehören der mächtige Turm („Eulenspiegelturm") um 1200 und die *Schloßkapelle* von 1170/80. In den geräumigen Schloßhof gelangt man durch das reichgestaltete Barocktor „Blauer Turm"; in den Schloßgärten mittelalterliche Ringmauern und Orangerie.

Die spätere *Schloßkirche St. Ägidien* ist ein barocker Saalbau unter Verwendung romanischer Teile, im Osten liegen Querschiff und romanischer Chor mit Apsis; 1625 wurde die Fürstengruft mit Prunksärgen eingerichtet. Weitere bemerkenswerte Kirchen der Stadt sind die gotische *Hallenkirche St. Marien* (2. Hälfte 14. Jh.) und die frühgotische *Nikolaikirche* (13. Jh.).

Die Wohnhäuser sind meist im Renaissance- oder im Barockstil erbaut. Besonders bemerkenswert sind der Barockbau des ehemaligen *Regierungsgebäudes*, Ernst-Thälmann-Platz 18, und der Renaissancebau der ehemaligen fürstlichen *Kanzlei* (um 1600) in der Breiten Str. 25.

Die Bernburg-Information befindet sich Karl-Liebknecht-Platz 1.

Ausflugsziele in der Umgebung: In der Nähe von Bernburg sind die ehemalige *Klosterkirche* in **Nienburg** (1282) und das *Renaissanceschloß* in **Plötzkau** sehenswert.

Am Ende der Bodeniederung liegt **Staßfurt.** Das Stadtgebiet liegt inmitten des von Nordwesten nach Südosten streichenden Egeln-Staßfurter Sattels mit seinen reichen Steinsalz- und Kalivorkommen.

1180 als Stadt erwähnt, kommt Staßfurt 1260 an das Erzbistum Magdeburg und 1816 an Preußen. Das Salzvorkommen bestimmte die Wirtschaft der Stadt. Bereits im 16. Jh. waren 30 Kothen und 32 Pfannen erwähnt, in denen Salz gewonnen wurde. Bis ins 19. Jh. hinein blieb das aus Solbrunnen versiedete Salz Haupterwerbsquelle, bis man bei Abteufungsarbeiten eines Steinsalzschachtes 1854/58 Kalisalz entdeckte. Der Kalisalzabbau überflügelte be-

Lutherstadt Eisleben: In Luthers Sterbezimmer

reits 1863 den Steinsalzabbau. Durch Bodensenkungen mußten um 1900 Schachtanlagen, wie Leopoldshall, aufgegeben werden. Andere Industrien wurden nach dem zweiten Weltkrieg entwickelt (VEB Fernsehgerätewerk, VEB Chemieanlagenbau).

In **Hecklingen** ist die *Klosterkirche* des ehemaligen Benediktinerinnen-Klosters gut erhalten. Die dreischiffige romanische Basilika aus dem 12. Jh. hat im Innern bemerkenswert verzierte Kapitelle, in den Zwickeln der Hochschiffswand sind trompeteblasende Engelsfiguren vom Anfang des 13. Jh. zu sehen. (↗ Bl. 10)

Lutherstadt Eisleben

Lage und Bedeutung/Stadtgeschichte: Die Industrie- und Kreisstadt Lutherstadt Eisleben (26 500 Einw.) im östlichen Harzvorland ist ein wichtiger Kreuzungspunkt der Fernverkehrsstraßen Halle – Nordhausen (F 86) und Aschersleben – Naumburg (F 180). Die ehemalige Bergbaustadt ist heute Sitz des VEB Mansfeldkombinat „Wilhelm Pieck“, in dem das Kupfererz verhüttet wird.

1180 erhält Eisleben das Stadtrecht. Um die Wende des 15./16. Jh. erlebte der Kupfererzbergbau eine Blütezeit. Damals kam auch der Vater Martin Luthers von Möhra bei Bad Salzungen nach Eisleben. Hier wurde 1483 der spätere Reformator Martin Luther geboren, und hier starb er nach einem bewegten Leben 1546. Die Ausbeutung der Bergarbeiter war im 16. Jh. besonders hart, sie kämpften 1507 für höhere Löhne und schlossen sich im Bauernkrieg 1525 dem Kampf der Bauern gegen die Ausbeutung durch die Fürsten und den Klerus an. Die revolutionären Traditionen wurden fortgesetzt. 1909 erzwangen die Bergleute in einem sechswöchigen Streik das Recht, sich in Gewerkschaften zusammenzuschließen. In den Märztagen des Jahres 1921 wehrten sie sich gemeinsam mit allen fortschrittlichen Kräften der Stadt gegen schwerbewaffnete Reichswehreinheiten. 1930 führten sie einen achtwöchigen Streik gegen Lohnraub und aufkommenden Faschismus durch. Während des zweiten Weltkrieges wollten die Faschisten das in Puschkin geraubte Lenindenkmal in der Hütte einschmelzen, was die Arbeiter verhinderten. Beim Einmarsch der Roten Armee in Eisleben wurde es zur Begrüßung aufgestellt und in Anerkennung seiner Rettung von der Sowjetregierung der Stadt geschenkt.

Sehenswürdigkeiten: Das *Rathaus* wurde 1498 durch Brand zerstört und 1519/30 im spätgotischen Stil wieder aufgebaut. Die spätgotische *St.-Andreas-Kirche* am Marktplatz ist eine Hallenkirche, im Innern die Lutherkanzel. Die *St.-Peter-und-Paul-Kirche* ist die Taufkirche Luthers. Vor dem Rathaus auf dem Markplatz steht das *Lutherdenkmal. Martin-Luther-Gedenkstätten* sind sein *Geburtshaus*, Lutherstr. 16, und sein *Sterbehaus*, Andreaskirchplatz 7. Dort befindet sich auch das *Kreisheimatmuseum* mit einer Ausstellung zur Geschichte der örtlichen Arbeiterbewegung. Das *Lenindenkmal* wurde am August-Bebel-Platz aufgestellt.

Die Eisleben-Information befindet sich Hallesche Str. 6.

Ausflugsziele in der Umgebung: Die alte Bergstadt **Hettstedt** entstand als Siedlung im 11. Jh. Der Kupferschieferabbau begann auf dem Kupferberg um 1200. 1334 wurde das Stadtrecht verliehen, und in die Zeit des 15. Jh. fällt die Blüte des Bergbaus und der Kupferhütten. Zahlreiche Halden erinnern in der Umgebung daran. 1573 kam die Stadt an Kursachsen und nach dem Wiener Kongreß an Preußen. 1783 erließ Friedrich II. ein Edikt zum Bau der ersten Dampfmaschine in Preußen. Sie war ein Gemeinschaftswerk der Betriebe in Berlin, Zehdenick, Eberswalde und Ilsenburg und wurde in Hettstedt eingesetzt. Ein Denkmal an die Errichtung dieser Dampfmaschine befindet sich im Burgörner Revier bei Hettstedt, der zweite Zylinder steht in Löbejün bei Halle, wohin die Dampfmaschine später verkauft worden war. (↗ Bl. 10)

Sangerhausen

Lage und Bedeutung/Stadtgeschichte: Nachdem der Kupferschieferbau im Gebiet von Eisleben 1969 aufgelassen wurde, verlagerte sich der Bergbau nach Sangerhausen, in die Berg- und Rosenstadt, heute Kreisstadt. Einst eine fränkische Siedlung, 840 erstmals genannt, erhielt Sangerhausen im 13. Jh. Stadtrecht. Die günstige Verkehrslage, der Bergbau und der gute Ackerboden ermöglichten einen raschen Aufstieg. Nach dem Dreißigjährigen Krieg entwickelte sich der Bergbau weiter. Nach dem Bahnanschluß 1866 an Eisleben – Nordhausen und 1879 an Magdeburg – Erfurt machte auch die Industrialisierung Fortschritte.

1951 begann die Kupfererzförderung im VEB „Thomas-Müntzer-Schacht“. Mit der Verlagerung des Kupferbergbaus in das Sangerhäuser Revier stieg die Bevölkerungsanzahl von 12 000 Einwohnern (1945) auf gegenwärtig 33 100 Einwohner. Eine Industriestadt (Fahrradproduktion, Maschinenbau, Lebensmittelindustrie u. a.) entstand.

Sehenswürdigkeiten: Das *Rosarium* am Stadtpark, 1903 gegründet, hat sich zu einem weltbekannten Rosengarten auf einer Fläche von 12,5 ha mit mehr als 6500 verschiedenen Rosenarten, darunter viele Neuzüchtungen, entwickelt. 1930 fand der Amateurarchäologe Spengler das Skelett eines 3,45 m hohen und 6 m langen Altmammuts, das im *Spenglermuseum* am Bahnhof seit 1952 einen würdigen Platz gefunden hat – im ersten Museumsbau in der DDR.

Viele Gebäude der Stadt stehen unter Denkmalschutz. So das *Renaissancerathaus* mit dem asymmetrischen Westgiebel, die *Jakobikirche*, eine spätgotische Hallenkirche mit kunsthistorisch wertvoller Innenausstattung, die *Ulrichskirche*, eine Pfeilerbasilika aus dem 12. Jh.

Auch die *Fachwerkbauten* am *Markt* und am *Kornmarkt* sind beachtenswert. Der aufgelassene *Thomas-Müntzer-Schacht* ist heute ein Schaubergwerk, in dem die Geschichte des Kupferbergbaus dargestellt wird. (↗ Bl. 10)

Nordhausen

Lage und Bedeutung/Stadtgeschichte: Im Tal der Zorge, am Ausgang des Harzgebirges liegt die Kreisstadt Nordhausen mit 47 700 Einwohnern. Sie ist ein wichtiger Verkehrsknotenpunkt mit der kürzesten Verbindungsstrecke in Nord-Süd-Richtung über den Harz (F 81 und Endstation der Harzquerbahn von Wernigerode).

911 wurde eine Pfalz errichtet, 927 die Burg urkundlich erwähnt. Die Siedlung entwickelte sich rasch, 1180 ließ Heinrich der Löwe die Stadtmauer errichten, und 1220 erhielt die Stadt die Reichsunmittelbarkeit und besaß als königliche Stadt die Reichsfreiheit. Kurz nach 1500 wurde mit der Kornbrennerei („Nordhäuser Korn") begonnen, und seit 1812 wird der Kautabak hergestellt, diese Tradition blieb bis heute erhalten (vor dem ersten Weltkrieg gab es in Nordhausen 70 Brennereien und 18 Tabakfabriken).

Während des zweiten Weltkrieges wurde bei Nordhausen das Konzentrationslager „Dora-Mittelbau" errichtet, dessen Häftlinge am Kohnstein in unterirdischen Stollen die V 1- und V 2-Raketen produzierten. Unter menschenunwürdigen Bedingungen mußten die Lagerinsassen arbeiten, 20 000 Menschen wurden ermordet. Heute befindet sich hier eine *Mahn- und Gedenkstätte* (Museum in dem ehemaligen Krematorium).

Nordhausen:
Roland am Rathaus

Mit ihren Großbetrieben (VEB IFA-Motorenwerke, VEB Schwermaschinenbau Nobas, VEB Schachtbau, VEB Fernmeldewerk RFT, VEB Hydrologie, VEB Nordbrand, VEB Tabak u. a.) ist die Stadt, die am 3. und 4. April 1945 zu 75 Prozent zerstört wurde, heute bedeutende Industriestadt im Harzvorland.

Sehenswürdigkeiten: Reste der alten *Stadtmauer* um den Stadtkern sind noch erhalten. Das *Rathaus* ist ein Bau von 1610 mit einer *Rolandfigur* von 1717. Der *Dom* wurde 961 von Mathilde, der Gemahlin Heinrichs I., als Nonnenstift gegründet, er hat einen Kreuzgang, an der Innenwand

Landschaft bei Neustadt (Harz)

des Chores drei Stifterfiguren (Ende 13. Jh. angebracht), das Chorgestühl stammt von um 1400.

In der Innenstadt sind noch einige Fachwerkhäuser sehenswert.

Ausflugsziele in der Umgebung: Nördlich von Nordhausen führen die F 81 oder die Harzquerbahn an den Anhydritsteinbrüchen von Niedersachswerfen vorbei zu dem Erholungsort **Ilfeld**, unmittelbar am Gebirgsrand mit dem steilansteigenden **Poppenberg** (600 m) gelegen. Das 1189 errichtete *Prämonstratenserkloster* diente nach der Reformation als Klosterschule.

Östlich von Ilfeld liegt der Erholungsort **Neustadt** (Roland vor dem Ratskeller). In der Umgebung von Neustadt befinden sich die *Burgruine Hohnstein* aus dem 12. Jh. und zwei kleine Trinkwasser-Talsperren für Nordhausen, die 1904/1905 errichtet wurden. (↗ Bl. 9)

Kyffhäusergebirge

Geographische Besonderheiten: Südlich des Harzes und von diesem durch die fruchtbare Goldene Aue getrennt, erhebt sich als eines der kleinsten Gebirge der DDR der sagenumwobene Kyffhäuser. 19 km lang und maximal 7 km breit, umfaßt seine Grundfläche etwa 65 km^2. Während das Gros des Gebirges nur eine Höhe von 300 m aufweist, ist der Kulpenberg als höchste Erhebung 477 m hoch.

Das Gebirge ist ein verkleinertes Abbild des Harzes. Das Massiv zeigt die Form einer Pultscholle, die durch Steilabfälle im Norden, Südwesten und Westen begrenzt wird, im Nordwesten allmählich in den Höhenrücken der Windleite übergeht und im Osten langsam verflacht. Der Kyffhäuser besteht aus räumlich verteilten Vorkommen altkristalliner Gesteine (vorwiegend Karbon) und Zechstein, wobei Gipse mit Karsterscheinungen, Höhlen und Erdfällen vorherrschen.Das relativ niederschlagsarme Gebirge ist mit über 4500 ha großen Wäldern bedeckt. Es überwiegen Buchen (47 Prozent) und Eichen (20 Prozent); wobei dreihundertjährige Eichen und zweihundertjährige Buchen häufig sind. Eine für unsere Breiten artenreiche Flora zeichnet diese Berglandschaft aus.

Geschichte: Relativ früh schon besiedelt und als Kultstätte genutzt, wurde das Gebirge erst im Frühmittelalter bekannt. Die ansehnliche Reichsburg „Cuphese“ oder Kyffhausen, auf dem die Goldene Aue weithin überragenden Nordostkamm des Gebirges errichtet, die 1118 erstmals urkundlich genannt wird, war eine der größten deutschen Burgen. In jenem Jahr stürmten aufständische Krieger des Lothar von Supplingburg die königliche Feste und rissen sie nieder. Sächsische Adlige klagten, daß König Heinrich IV. zur Stärkung seiner Macht „auf jeden Hügel eine Burg setze“. Die Reichsburg Kyffhausen wurde in staufischer Zeit zum Schutz des Reichsgutes in der Goldenen Aue und der Kaiserpfalzen Tilleda und Wallhausen wieder auf- und ausgebaut. Wiederholt sah sie staufische Herrscher in ihren Mauern. Die von 500 Männern in zwölfstündiger Fron 13 Jahre lang errichtete dreifache Anlage wies 10 m hohe Mauern auf. Die in Oberburg, Mittel- und Unterburg eingeteilte Feste war 600 m lang und 50 m breit. Als sich das Reichsinteresse aus diesem Raum verlagerte, war die Burg bedeutungslos geworden. Von Burgvögten verwaltet, kam Kyffhausen als Lehen an verschiedene Feudale und verfiel unablässig. Im 15. Jh. wurde von ihr als einem „wusten slosse“ berichtet.

1596 endeckten Tilledaer Einwohner in der Burgruine einen fremdartigen Mann, der vorgab, der Kaiser Friedrich zu sein, gekommen, um Frieden zu schaffen: „Denn die Fürsten werden es nicht ausrichten.“ Bereits zu dieser Zeit war die Volkssage weit verbreitet, daß der staufische Kaiser Friedrich im Kyffhäuser in seinem unterirdischen Palas schlafe, bis er eines Tages erscheine, um das Reich zu einen und Frieden zu stiften (später wurde diese Sage auf den populären Kaiser Friedrich Barbarossa bezogen). Auf die Volksüberlieferung vom Reichseiniger bezogen sich die im militaristischen Kyffhäuser-Bund vereinten Kriegervereine des deutschen Kaiserreiches, als sie 1890 auf dem Nordostsporn des Gebirges ein Kaiserdenkmal in Auftrag gaben. Bedenkenlos wurden zwei Drittel der Oberburg zu diesem Zweck zerstört. 400 Arbeiter bauten mühevoll sechs Jahre lang das Denkmal, das den preußischen König und deutschen Kaiser Wilhelm I. als Friedensstifter und als Reichseiniger feierte. Dabei war es dieser Kaiser, der im März 1848 als Oberbefehlshaber des preußischen Militärs rücksichtslos auf das demonstrierende Volk von Berlin feuern ließ.

Ruine der Oberburg Kyffhausen

Erholungswesen und Tourismus: Das noch im Mittelalter als „sehr hoch und jäh“ verschrieene Gebirge mit der urwaldähnlichen Umgebung, viele Jahrhunderte bevorzugte Jagddomäne der Feudalherren, ist heute verkehrsmäßig gut erschlossen. Die dichten Waldungen weisen zahlreiche gut markierte Wanderwege auf. Rasthütten, Parkplätze und Ruhebänke laden zum Verweilen ein. Das Gebiet ist ein vortrefflicher Erholungsraum sowohl für die Ferien und den Wochenendurlaub als auch für den Tagestourismus. Jährlich wird das Gebirge von mehr als einer halben Million Menschen besucht.

Der Naturfreund erfreut sich dabei an der seltenen Steppenflora. Es gibt fünf Naturschutzgebiete, die zusammen 400 ha umfassen. Besonderes Interesse finden die Pflanzengesellschaften im seltenen Karstbuchenwald (größtes Vorkommen in Mitteleuropa) und die der Übergangszone Wald-Steppenflora an den Südhängen. Das gesamte Gebirge steht deshalb unter Landschaftsschutz.

Sehenswürdigkeiten: Besondere Attraktion im Kyffhäusergebirge ist die Denkmalsanlage inmitten des Burggeländes, das *Kyffhäuserdenkmal:* In einem Felsenhof sitzend die Figur des Kaisers Barbarossa, darüber in Mansfelder Kupfer getrieben das Reiterstandbild Kaiser Wilhelm I., von Hundrieser geschaffen, zur Seite eine allegorische Kriegerfigur als Symbol militärischer Macht sowie eine Frauenfigur als Sinnbild der Geschichte; in der Innenhalle fünfteiliges

Bronzerelief (Wetzel, 1968) über das Leben am Kyffhäuser vom Mittelalter bis zur Gegenwart; beachtenswert die Ausstellung zur Rolle des Militarismus.

Vom 57 m hohen *Turm* (232 Stufen) ist bei gutem Wetter ein weiter Blick auf den Harz, Nordthüringen und zum Thüringer Wald möglich.

Das *Burgmuseum* demonstriert die Geschichte des Kyffhäusergebietes sowie der Burg Kyffhausen und der Kaiserpfalz Tilleda mit vielfältigen Schaustücken.

Von der *Oberburg* sind Reste von Mauern, Toranlagen, das Untergeschoß des Palas, der mächtige Bergfried u. a. noch gut erhalten. Der wohl älteste Bereich der Burganlage ist die *Unterburg* mit noch sichtbaren Teilen wie romanische Rundbogen, Stumpf des Bergfrieds, Reste von Grundmauern etlicher Wohngebäude, Außenmauern eines Wohnturmes, Kapelle usw.

Am Nordfuß des Gebirges, unterhalb des Denkmals, umfangreiche Reste der ehemaligen *Kaiserpfalz Tilleda* auf dem Pfingstberg (10./13. Jh.). Bei Ausgrabungen in den dreißiger Jahren und ab 1958 wurden Reste der Wehrmauern sowie der Gebäude der Haupt- und Vorburg freigelegt und als eine Art Freilichtmuseum sichtbar gemacht. Die einstige Pfalz liegt am Rand der Goldenen Aue, die sich von Nordhausen nach Sangerhausen verbreiternd im Helmetal hinzieht. Flämische Siedler haben seit dem 12. Jh. in angestrengter Arbeit die Riede entwässert und eine der fruchtbarsten Landschaften Deutschlands geschaffen.

Ein Waldweg führt zur *Rothenburg,* Reste einer zu Beginn des 12. Jh. errichteten romanischen Feudalburg (runder Bergfried, Palas und Kapelle).

In der Nähe von **Kelbra** befindet sich ein ausgedehntes Naherholungszentrum mit herrlichem *Stausee* (7 km² große Wasserfläche), vielseitigen Freizeit- und Urlaubsmöglichkeiten und einem beliebten Campingplatz.

Am Südkyffhäuser die bekannte *Barbarossahöhle* (1865 entdeckt), eine große Gips- und Anhydrithöhle von etwa 2 ha Fläche, etwa 800 m lange, gangbare Räume. Ein 160 m langer Eingangsstollen führt zu zahlreichen Grotten, Sälen und Seen (u. a. „Empfangssaal", „Felsenmeer", „Tisch und Stuhl Babarossas", „Olymp"). (↗Bl. 10)

Bad Frankenhausen

Lage und Bedeutung: Am Südrand des steil aufragenden Kyffhäusergebirges erstreckt sich die einstige Salzsiederstadt Frankenhausen. Im deutschen Bauernkrieg tragischer Schlachtort zwischen dem von Thomas Müntzer geführten Heer aufständischer Bauern und den Söldnern der Feudalherren, hat sich das heutige Volkssolbad in den letzten Jahrzehnten dank seiner anmutigen Lage und der günstigen bioklimatischen Bedingungen zu einem gernbesuchten Ausflugs- und Erholungsgebiet des nahen Industriebezirkes Halle entwickelt (9900 Einw.).

Stadtgeschichte: Das Stadtgebiet war infolge seiner geologischen Besonderheiten Siedlungsraum bereits zu vorgeschichtlicher Zeit. Schon während der fränkischen Besiedlung sind die lange vorher erschlossenen Solequellen in Betrieb. Seitdem blieb Frankenhausen – planmäßig angelegt und ausgebaut – wegen der einträglichen Solequellen immer ein begehrtes Interessenobjekt feudaler Herrscher. Von den Beichlinger Grafen erwarben es 1339 die Grafen von Schwarzburg. Bis Ende des 16. Jh. errang der kleine Ort, 1477 gerade 313 Häuser zählend, eine führende Rolle unter allen Schwarzburger Städten und überflügelte solche Gemeinwesem wie Rudolstadt und Arnstadt.

1592 war die Blütezeit der Salzerzeugung. Täglich produzierten die im Herzen der Stadt eng beieinander liegenden mehr als 100 Siedehütten über 200 dt Salz, das im Nah- und Fernhandel gewinnbringend vertrieben wurde. Erst der Dreißigjährige Krieg, die kursächsische Konkurrenz und der Holzmangel bescherten diesem Wirtschaftszweig den Niedergang. Im 19. Jh. war die Saline längst nicht mehr konkurrenzfähig. Es war der Frankenhäuser Arzt Manniske, der die Heilwirkung der Sole erkannte und damit einen neuen Abschnitt in der Stadtgeschichte eröffnete. Er wandte erfolgreich Solebäder als Ersatz für die damals unerschwinglichen Seebäder an. 1819 wurde das erste Badehaus errichtet, und im selben Jahr kamen bereits die ersten 500 Badegäste, darunter viele aus den einfachen Volksschichten. Gegenwärtig, da das Volkssolbad umfassend ausgebaut wurde, finden jährlich über 5000 Erwachsene und 2000 Kinder in den vorbildlichen Kureinrichtungen Linderung und Heilung.

Das herausragendste Ereignis der Stadtgeschichte spielte sich im Jahr 1525 ab. Ende April hatten sich Mansfelder Bergknappen, aufständische Bauern und Bürger Frankenhausens zum Frankenhäuser Haufen vereinigt, Schloß und Kloster gestürmt und einen neuen Rat eingesetzt. Als Thomas Müntzer am 10./11. Mai 1525 von Mühlhausen nach Frankenhausen kam, wurde er freudig empfangen. Von hier aus wollte er sein Ziel verwirklichen, den Aufstand erneut über ganz Thüringen zu verbreiten. Bevor es dazu kam, stand sein Heer auch schon im Gefecht mit den anrückenden Fürstensöldnern. Am 14. Mai versuchte der sieggewohnte hessische Landgraf Philipp, die Stadt im Handstreich zu nehmen. Er erlitt eine Niederlage. Derweil hatte Müntzer auf dem „Schlachtberg“ (Hausberg) eine militärisch vorteilhafte Position bezogen, was die Feudalherren zu einem zeitweiligen Waffenstillstand bewog. Gleichzeitig zogen sie einen Ring um die Stadt und beschlossen einen hinterhältigen Überfall. Unter den überraschten Bauern begann ein fürchterliches Gemetzel. 6000 Aufständische wurden erschlagen, etwa 600 gefangen genommen, unter ihnen auch Thomas Müntzer.

Die Schlacht von Frankenhausen war nicht nur der Höhepunkt der revolutionären Bewegung in Mitteldeutschland, sie brachte auch für Thüringen und Sachsen die Entscheidung – eine Entscheidung gegen das Volk. Frankenhausen wurde rücksichtslos geplündert, weil viele „dem Müntzer angehangen“ hatten. Ein Drittel der Bürger war an der Seite der Bauern gefallen. Die feudalen Sieger übten grausame Rache. Alte Chroniken vermelden, daß sich die Bäume vieler Straßen unter der Last der gehenkten Bauern zur Erde neigten.

Sehenswürdigkeiten: Ein Rundgang durch die Stadt sollte mit dem Besuch des *Schlosses* beginnen. An der Stelle der alten Unterburg errichtet, 1399 erstmals urkundlich genannt, wurde das Schloß 1525 von Aufständischen gestürmt. 1689 abgebrannt und 1789 neu errichtet, ist der zum 450. Jahrestag des deutschen Bauernkrieges rekonstruierte Bau heute Sitz des *Kreisheimatmuseums*. Neben reichen naturgeschichtlichen Sammlungen liegt der Schwerpunkt der Ausstellungen auf gesellschaftshistorischem Gebiet, wobei den Ereignissen des deutschen Bauernkrieges besonderes Gewicht zukommt.

Auf dem „Schlachtberg“ wurde 1975 der eindrucksvolle Panoramabau geschaffen, eine würdige *Gedenkstätte an die Ereignisse der frühbürgerlichen Revolution*; hervorragende künstlerische Ausstattung mit einem Monumentalgemälde von dem Leipziger Künstler Werner Tübke.

Der *Hausmannsturm* war ursprünglich eine kleine Befestigungsanlage (Schutzturm der Solequellen). Die *Stadtbefestigung* ist fast zur Hälfte noch erhalten (Türme, Zinnen, Reste des tiefen Stadtgrabens). Mehrere alte *Bürgerhäuser* in schöner Fachwerkbauweise stehen in der Kräme, Erfurter Straße, Poststraße, Klosterstraße; interessant die *Angerapotheke*.

In der *Altstädter Kirche*, einem der ältesten Bauwerke der Stadt (romanisch, 12. Jh.), ist das Apsisgewölbe mit Gemälde von 1300 beachtenswert.

Bad Frankenhausen: Diorama der Schlacht bei Frankenhausen

Das *Rathaus*, im Kern spätgotisch, ist ein Neubau von 1840. Die *Unterkirche*, ein Barockbau von 1691 bis 1704 unter Benutzung älterer Teile, war einst Klosterkirche; schöne Grabsteine aus der ehemaligen Oberkirche; regelmäßig Orgelkonzerte. An der Ruine der Oberkirche (Kirche der Salzsieder und Pfänner) fällt die Schiefstellung des Turmes auf.

Einladend wirkt der gepflegte *Kurpark* mit *Kurhaus* sowie das Sole-Schwimmbad (hier standen einst die Gradierwerke); in der Nähe der Solebrunnen mit seinen Quellen.

Ausflugsziele in der Umgebung: Über **Artern**, wo sich 1661 der Urgroßvater Goethes niederließ, gelangt man nach **Allstedt**, einer außerordentlich wichtigen Wirkungsstätte Müntzers. Hier entstanden seine meisten theologischen und politischen Schriften, hier reifte er zum Revolutionär. Vor Ostern 1523 in den damals kursächsischen Ort gekommen, wirkte er als Prediger der Volksreformation. Seine aufrüttelnden Reden fanden ungeheuren Zulauf, mitunter kamen 2000 Menschen von weither.

Im *Schloß*, einer wuchtigen Anlage der Spätgotik/Renaissance, legte Müntzer in einer „Fürstenpredigt" vor den sächsischen Fürsten Friedrich und Johann sein politisches Bekenntnis dar. Es gipfelte in der Überzeugung, daß der Sturz der bestehenden, ungerechten Ordnung auf Erden gottgewollt und gerecht und der Zeitpunkt dieser Umwälzung nahe sei – „Die Herren machen es selbst, daß ihnen der arme Mann feind wird...".

Im restaurierten Schloß befindet sich eine *Müntzer-Gedenkstätte.* In der barocken Schloßkapelle finden Konzerte statt.

Im Allstedter *Rathaus,* im Kern spätgotisch, tagte 1525 der von Müntzer geschaffene „Allstedter Bund", der fortschrittliche Kern der Müntzer-Partei.

In der ehemaligen *Pfarrkirche St. Wigberti* (romanisch, spätgotisch), heute eine Müntzer-Gedenkstätte, predigte der Volksreformator. Von der Turmstube aus hat der Besucher einen schönen Ausblick auf Stadt und Land.

In **Heldrungen** steht die imponierende *Wasserburg* (heute Jugendherberge), die im Bauernkrieg eine Rolle spielte. Ursprünglich eine einfache Fliehburg, entstand im Mittelalter eine mächtige Burganlage, von Sümpfen und Teichen natürlich geschützt. 1480 wurde sie Eigentum des Grafen Ernst II. von Mansfeld. Er ließ die Wasserburg 1512/19 in härtester Fron ausbauen. Als Thomas Müntzer am 15. Mai 1525 in fürstliche Gefangenschaft geraten war, lieferten ihn die Feudalherren umgehend als „Beutepfennig" an seinen erbitterten Feind aus. Auf einen Schinderkarren gefesselt, kam Müntzer nach Heldrungen. Ernst II. warf ihn in den Turm, wo man ihn grausam folterte, um einen Widerruf zu erzwingen.

1664/68 entstand die im Dreißigjährigen Krieg zerstörte Anlage als Festung neu. Obwohl nach den zu ihrer Zeit modernsten Grundsätzen der französisch-italienischen Festungsbaukunst errichtet, hatte sie ihre einstige Bedeutung längst verloren. Heute bietet die rekonstruierte Anlage ein selten gewordenes Beispiel einer sog. Regular-Fortifikation im neuzeitlichen Festungsbau. (↗ Bl. 10, 14)

Thüringer Becken

Geographische Besonderheiten: Zwischen Harzgebirge sowie Thüringer Wald und Frankenwald erstreckt sich das sanftwellige und von zahlreichen Flüssen durchzogene Thüringer Becken. Einzelne Hügelrücken wie Ettersberg, Fahnersche Höhen und Steiger ragen aus der sich durchschnittlich 200 bis 300 m erhebenden Landschaft heraus. Ein Kranz von teilweise ausgedehnten Höhenzügen rundet das Gebiet ab. Vor dem Nordostrand des Thüringer Waldes machen die wegen ihrer seltenen Flora bekannten Hörselberge den Anfang; nördlich davon folgt der von Laub- und Mischwald bedeckte Hainich. Am Nordrand des Thüringer Beckens liegt die ausgedehnte, von Wäldern durchbrochene Hochfläche des Eichsfeldes, aus der Dün und Ohmgebirge hervortreten. Im Norden wird der von schönen Laubwäldern bedeckte Höhenzug der Hainleite vom Sondershäuser Possen gekrönt. Ihre natürliche Folge bilden am rechten Ufer der Unstrut, die hier die Beckenlandschaft durch die Thüringer Pforte verläßt, Schmücke und Finne. Zwischen Harz und Hainleite erhebt sich als ein interessantes Horstgebirge der sagenumwobene Kyffhäuser, weithin die Landschaft der Goldenen Aue überragend.

Im Osten schließen die bewaldeten Hochflächen des Altenburger Holzlandes das Becken ab, vom tiefen Saaletal durchbrochen. Im Süden bilden die zahlreichen Vorberge des Thüringer Waldes den Beckenrand.

Geologisch setzt sich das Thüringer Becken aus Gesteinen des Erdaltertums (Perm) zusammen. Unter ihnen ist der Zechstein anzutreffen. Die Salze, auch Kalisalze, stammen aus der Zechsteinzeit. Sie sind unterirdisch angelagert worden und haben somit reliefbildend auf die Triasgesteine (Buntsandstein, Muschelkalk und Keuper) durch deren Nachsinken (großräumig in der Goldenen Aue; kleinräumig durch Erdfälle) gewirkt. Der Löß (aus dem Pleistozän) liegt als abgelagerter Staub aus den Eiszeiten auf den Gesteinen des Keuper. Im Holozän entwickelten sich auf dem Substrat Löß durch bodenbildende Prozesse die fruchtbaren Schwarzerden. Schon in frühester Zeit wurde die Landschaft als „die Schmaltzgrube von Teutschland" gerühmt.

Seine gegenwärtige Gestalt hat das Thüringer Becken durch geologische Vorgänge im Mesozoikum und Tertiär erhalten; die Schollengebirge Thüringer Wald und Harz entstanden. Der größere Teil des Thüringer Beckens wird durch Saale und Unstrut nach Nordosten entwässert. Durch seine ausgesprochene Leelage im Regenschatten von Harz, Hessischem Bergland und Thüringer Wald ist es relativ niederschlagsarm. Ein für solche Beckenlandschaften typisches, sommerwarmes und mildes Klima bietet der intensiv betriebenen Landwirtschaft zusätzliche Voraussetzungen für hohe Erträge auch bei anspruchsvollen Kulturen.

Große Verschiedenheit kennzeichnet die Pflanzenwelt. Je nach geologischer Beschaffenheit finden sich auf den Buntsandsteingebieten herrliche Wälder (Altenburger Holzland), während viele der Muschelkalkflächen mit ihren nach außen abfallenden Steilflächen vorwiegend Buschwerk tragen.

Geschichte: Historisch zählt die Kulturlandschaft zwischen Harz und Thüringer Wald zu den geschichtsträchtigsten. Nach dem Untergang des Thüringerreiches 531 entstanden zahlreiche Feudalherrschaften, wobei ab Mitte des 11. Jh. die von Ludwig dem Bärtigen begründete Dynastie der Ludowinger eine herausragende Rolle spielte. Als die Ludowingischen Landgrafen nach zwei Jahrhunderten ausstarben, gewann das Haus Wettin die Vorherrschaft in der Region.

Seit dem 15. Jh. wurde sie durch Erbteilungen zersplittert, und in diesem Prozeß bildete sich nach 1680 eine Vielzahl von sächsischen Herzogtümern – zeitweise 13 –, von denen die Weimarer, Gothaer und Meininger Dynastien noch die bedeutendsten in der bis 1918 währenden, fast schon sprichwörtlichen Thüringer Kleinstaaterei waren, bis sie 1920 im Freistaat Thüringen aufgingen. Das Land Thüringen wurde 1952 im Zuge der demokratischen Verwaltungsreform der DDR in die Bezirke Erfurt, Gera und Suhl aufgeteilt.

Ungeachtet der feudalen und später kleinabsolutistischen Entwicklung hatte der von alten Völkerstraßen durchzogene Raum einen unbeirrbaren Aufschwung genommen. Seit dem 8./9. Jh. wurde eine Vielzahl von Burgen errichtet. Im Schutz der Burgen, Pfalzen und Klöster entstanden Markt- und Gewerbeorte. Sie entwickelten sich durch den Fleiß ihrer Bürger zu Städten. Die urkundlich ältesten Orte der DDR sind in dieser Landschaft zu finden, früh blühten der Handel und das Wirtschaftsleben. Zechen, Eisenhämmer, Schmieden und Salinen wurden betrieben. Die fruchtbaren Felder trugen Korn und Waid, um Erfurt entwickelte sich der Gartenbau.

Im Frühmittelalter fand auf der Ludowingischen Wartburg der legendäre „Sängerkrieg" der berühmtesten Minnesänger jener Zeit statt; die ungarische Königstochter Elisabeth, thüringische Landgräfin geworden, wirkte in Eisenach wohltätig.

In Erfurt entstand die älteste Hochschule auf dem Boden der DDR, gegen die alle übrigen, wie Martin Luther meinte, „kleine Schützenschulen" waren. Viele der anerkannten deutschen Humanisten vereinte die Erfurter „Engelsburg" zum Meinungsstreit. Aus dem Erfurter Humanistenkreis gingen die „Dunkelmännerbriefe" hervor, die sich mit der mittelalterlichen Scholastik auseinandersetzten.

In Erfurt besuchte der junge Martin Luther die Universität, im Augustinerkloster sann er über eine Reform der Religion nach. Auf der Wartburg, die ihm als „Junker Jörg" Schutz bot, leistete er mit seiner Bibelübersetzung einen entscheidenden Beitrag zur Herausbildung einer einheitlichen deutschen Schriftsprache. In Heiligenstadt wurde Tilman Riemenschneider geboren, einer der bedeutendsten Bildschnitzer seiner Zeit. Lucas Cranach d. Ä. lebte und arbeitete in Gotha und Weimar.

Die Region wurde im 16. Jh. das Zentrum des deutschen Bauernkrieges. Hier wirkte Thomas Müntzer, hier hielt der Volksreformator seine aufrüttelnden Predigten und reifte zum revolutionären Bauernführer. Zu den reichen kulturellen Traditionen Thüringens gehört auch das Erbe des in Eisenach geborenen Johann Sebastian Bachs, mit dessen Tätigkeit mehrere thüringische Orte verbunden sind.

In der Doppelschlacht von Jena und Auerstedt 1809 unterlag Preußen den Truppen Napoleons, 1808 demonstrierte dieser den Herrschern Europas in Erfurt seine Macht. 1817 riefen von der Wartburg aus patriotische Studenten zur Einigung gegen die feudale Reaktion auf.

Währenddessen hatte sich in manchen der kleinen Städte, die sich äußerlich kaum von anderen ihrer Art in Deutschland unterschieden, Beachtliches vollzogen. Weimar stieg dank der Wirksamkeit Wielands, Herders, Goethes und Schillers zu einem Zentrum der klassischen deutschen Literatur auf. Im nahen Jena lehrten mit Fichte, Schelling und Hegel Koryphäen der klassischen deutschen bürgerlichen Philosophie.

Gothaer und Meininger Theaterreformer von europäischem Rang sowie Pädagogen wie Salzmann, Fröbel oder GutsMuths erregten mit den von ihnen angestrebten Veränderungen Aufsehen. Weimar sah Liszt und andere bedeutende Komponisten. Die Weimarer Malerschule hatte sich über Thüringen hinaus einen Namen gemacht, das weltbekannte Bauhaus nahm zuerst in der Klassikerstadt seinen Sitz.

Im 19. Jh. wurde Thüringen Schauplatz der Geschichte der internationalen Arbeiterbewegung. 1869 entstand in Eisenach die Sozialdemokratische Arbeiterpartei (SDAP) als erste nationale, im Kern auf marxistische Grundsätze beruhende Arbeiterpartei überhaupt, Vorbild für den europäischen Raum. Sie vollzog 1875 in Gotha ihre bedeutsame Vereinigung mit dem Allgemeinen Deutschen Arbeiterverein (ADAV) zur Sozialistischen Arbeiterpartei Deutschlands (SAP). 1891 gab sie sich in Erfurt mit dem „Erfurter Programm" eine entscheidende theoretische Grundlage. Die Arbeiterregierung von 1923, der antifaschistische Kampf der thüringischen Widerstandsgruppen bis hin zur bewaffneten Selbstbefreiung des faschistischen Konzentrationslagers Buchenwald, der Todesstätte Thälmanns, Breitscheids sowie des Pfarrers Schneider – das alles kennzeichnet eine Landschaft, in der heute das historische und kulturelle Erbe sorgsam bewahrt und weitervermittelt wird.

Ein reges Wirtschaftsleben zeichnet diese Region aus. Aufbauend auf traditionellen Industrien wie Maschinen-, Anlagen- und Fahrzeugbau, chemische und Grundstoffindustrie, Elektrotechnik/Elektronik, Textil- und Lederverarbeitung, Bekleidungs- und Möbelherstellung, Schuhindustrie, Kalibergbau, Nahrungsgüterwirtschaft, entwickelt sich der die Mitte der Region einnehmende Bezirk Erfurt zu einem Zentrum der Hochtechnologien und einer hochtechnisierten, intensiven, z. T. bereits nach neuesten biotechnischen Verfahren produzierenden Landwirtschaft. Zahlreiche Hoch- und Fachschulen sind in diesen Prozeß integriert.

Erholungswesen und Tourismus: Obwohl die Ferien- und Erholungsorte der Landschaft des Thüringer Beckens weder zahlen- noch größenmäßig einem Vergleich mit den ausgesprochenen Ferienregionen Thüringer Wald und Harz standhalten, bieten viele reizvolle Orte am Rand des Thüringer Beckens, auch in den oftmals bewaldeten Gebieten des Hügellandes, den Urlaubern sommers wie winters Entspannung. Eine Vielzahl von Naherholungszentren und Campingplätzen gewähren Bade-, Sport- und andere Freizeitvergnügen. Das gut ausgebaute Verkehrsnetz ermöglicht es, die Wander- und Wintersportzentren der nahen Gebirge schnell zu erreichen. Die vielen kleinen und mittleren Städte, durch die Geschichte geprägt, laden mit ihren sorgsam restaurierten Altstadtkernen und Museen zum besinnlichen Schauen ein. Interessierte aus dem In- und Ausland kommen hierher, um die Lebens- und Wirkungsstätten Luthers und Müntzers, Goethes und Schillers, Wielands und Herders, Bachs und Liszts zu erleben. Die Nationale Mahn- und Gedenkstätte Buchenwald bei Weimar wird von Menschen aus ganz Europa besucht.

Neben den Touristenmagneten Weimar und Eisenach, Erfurt, Gotha oder Mühlhausen sind es vor allem auch eine Vielzahl kleiner, ja kleinster Orte, die den Besucher mit „Goetheschlössern" oder „Schillerhäuschen" anlocken. Ein lebhafter Kultur- und Bildungstourismus prägt daher diese Region, deren Anziehungskraft ständig wächst. (↗ Bl. 9, 10, 13, 14)

Eichsfeld

Geographische Besonderheiten: Die herbe, aber ansprechende Landschaft des Eichsfeldes erstreckt sich als nordwestliches Randgebiet des Thüringer Beckens zwischen Harz und Hessischem Bergland. Die Täler von Wipper und Leine trennen diese Landschaft in das Obere und Untere Eichsfeld, wobei große Teile des letzteren bereits zum Territorium der BRD gehören. Der geologischen Struktur nach setzt sich dieser Landstrich aus Sedimenten des Erdmittelalters (Mesozoikum) zusammen, deren Liegendes der Zechstein ist. Über ihm lagert Buntsandstein, dem das Ohmgebirge (533 m), die Bleicheröder Berge (445 m), der Dün (516 m) und zahlreiche andere kleinere Berge als Muschelkalkschollen („Zeugenberge") aufsitzen. Keuper und Kreideformationen sind nur geringfügig anzutreffen.

Das Eichsfeld weist durch seine Höhenlage und die Nachbarschaft hoher Gebirge ein rauhes und niederschlagsreiches Klima auf, kalte Winde sind häufig. Wo sich Wald ausbreitet, ist es vornehmlich Laubwald; dabei herrschen Buchen vor. Die Landwirtschaft ist wenig ertragreich, Weidewirtschaft überwiegt.

Geschichte: Das 897 als „Eichesfelden" erstgenannte Gebiet war wohl ursprünglich ein germanischer Gau, der die Landschaft zwischen Heiligenstadt und Mühlhausen bezeichnete. Er bildete im 5. Jh. den nordwestlichen Teil des alten Thüringerreiches. Nach dessen Niederlage 531 wurde das Territorium aufgeteilt: Den südlichen Teil nahmen die Franken in Besitz, den nördlichen ihre Bundesgenossen, die Sachsen. Die Grenze verlief mitten durchs Eichsfeld.

Zur Karolingerzeit gänzlich fränkisch geworden, entwickelte sich im Mittelalter das Kurbistum Mainz zum dominierenden Faktor. Erste Erwerbungen setzten bereits im 10. Jh. ein. In der Folge kamen durch Kauf, Vertrag, Schenkung und Eroberung immer mehr Gebiete hinzu, so daß Mainz im 16. Jh. das gesamte Eichsfeld besaß. Es ließ sein Territorium, das an Größe manches Fürstentum übertraf, vom Rusteberg aus durch einen Vizedom verwalten. Von Kurmainz mit Macht gefördert, überzogen zahlreiche kirchliche Niederlassungen das Land, so die Klöster Gerode, Beuren, Teistungenburg, Breitenbich, Anrode, Zelle und Reifenstein. Sie trugen anfänglich nicht wenig zur Erschließung der Region bei. Seit dem 14. Jh. aber verstummten die Klagen der Landleute über die Unterdrükkung und Ausbeutung durch die Klöster nicht mehr. Die aufständischen Bauern des Eichsfeldes, die in Massen „dem Müntzer anhingen", setzten daher vielen der „bösen Rattennester" (Pfeiffer – Gefährte Müntzers) den roten Hahn aufs Dach. Sie wurden nach der Schlacht von Frankenhausen schwer gestraft.

Als das Eichsfeld im Zug der Reformation in Windeseile „gut lutherisch" geworden war, begann Mainz eine rigorose Rekatholisierung. Zerstörte Klöster mußten wieder aufgebaut werden, die bäuerlichen Untertanen alle Lasten tragen. Die Bevölkerung wehrte sich mit Macht, sie strengte Prozesse an; die Bedrückungen aber blieben.

Als 1802 das Eichsfeld an Preußen fiel, besaßen die Klöster noch immer zehn Prozent des eichsfeldischen Landes, über zehn Prozent der Bevölkerung waren ihre Lehnsleute. Preußen teilte das Gebiet in Ober- und Untereichsfeld, wobei das Untereichsfeld 1813 zu Hannover gelangte, während das übrige Eichsfeld der preußischen Provinz Sachsen angegliedert wurde. Zu diesem einst sächsischen Teil der Landschaft zählen die Kreise Heiligenstadt und Worbis sowie mehrere Dörfer des Kreises Mühlhausen – das eigentliche, historische Eichsfeld.

Eine karge Landwirtschaft überwog lange Zeit im Eichsfeld. Kleinst- und Laubbauern waren vorherrschend. Im Laufe der Jahrhunderte führte die sog. „Erbsitte der Realteilung" zu einer fortdauernden Zerstückelung der Nutzflächen, zahlreiche waren nicht mehr als 100 m^2 groß. Ihre Besitzer konnten ohne einen Nebenerwerb in der Textilindustrie, bis ins 19. Jh. hinein der ausschlaggebende Wirtschaftszweig im Eichsfeld, nicht existieren. Schafzucht, Flachsanbau und wohlfeile Arbeitskräfte begründeten deren Aufstieg. 1692 stellte Degenhardt in Großbartloff die ersten Webstühle auf, die schnell verbreitet wurden. 1772 gab es schon 3000 Webstühle – das Eichsfeld war ein aufblühendes Webereizentrum Deutschlands. Als im Ergebnis der industriellen Revolution der mechanische Webstuhl aufkam sowie wichtige Märkte verlorengingen, versetzte das der Hausweberei auf dem Eichsfeld den Todesstoß. Not und Elend waren die Folge. 1852 erging von Heiligenstadt aus der Ruf, „dem armen Eichsfeld“ zu helfen. Zwar kam geringfügige Hilfe, doch das von Preußen vernachlässigte industrielle Notstandsgebiet erlebte keinen Wandel. Zu Tausenden verließen Eichsfelder ihre Heimat, um im Ausland eine neue Existenz zu finden. Rund zehn Prozent der Eichsfelder waren als Hausierer und Wanderarbeiter ständig im In- und Ausland unterwegs.

Schließlich zogen die billigen Arbeitskräfte der Landschaft andere Industrien an: Zigarrenherstellung, Haarverarbeitung, Fell- und Häutehandel. Eine besondere Rolle spielte der Kalibergbau, der die Landschaft seit der Jahrhundertwende deutlich veränderte und ihr bis heute das Gepräge gibt. Eine grundsätzliche Wende erfolgte erst mit der Gründung der DDR und der systematischen Erschließung der Region mit Hilfe des Eichsfeldplanes der SED. Gezielt entstanden neue Industriewerke, damit verbunden neue Wohngebiete. Aus der Randlandschaft Preußens, die die Menschen kaum ernährte und sozial degradierte, wurde die aufblühende Eichsfeldregion, die ihren eigentümlichen landschaftlichen Reiz bis in unsere Zeit bewahrt hat.

Vorherrschende Industrie ist der intensiv betriebene Kalibergbau um Bischofferode/Bleicherode, dessen Erzeugnisse in alle Welt gehen. Traditionell verbreitet ist eine modern produzierende Textilindustrie. In Leinefelde steht eine große Baumwollspinnerei. Hartkurzwaren werden in Heiligenstadt hergestellt. In Deuna arbeitet das größte Zementwerk der DDR.

Erholungswesen und Tourismus: Die herbe Schönheit der eichsfeldischen Landschaft hat zu allen Zeiten auch die Dichter entzückt. Theodor Storm , der lange Zeit in Heiligenstadt lebte und wirkte, sprach vom Eichsfeld als von seiner „zweiten Heimat“. Heute sagen das viele seiner Besucher. Das stetige wirtschaftliche und soziale Wachstum hat das Gesicht der Städte und Dörfer wohltuend verändert. Die landschaftlichen Reize, die Schönheit der Hochflächen und die „vielen Schluchteneinsamkeiten“ (Storm) werden von immer mehr Urlaubern und Ausflüglern entdeckt. Das Eichsfeld gewinnt zunehmende Bedeutung als Feriengebiet, zumal es dank einer guten Infrastruktur verkehrsmäßig erschlossen ist, gastfreundliche Einwohner besitzt und die gute eichsfeldische Küche gelobt wird.

Viele Landschaftsschutzgebiete laden zu erholsamen Wanderungen ein. Gern besucht werden die Landschaftsschutzgebiete „Heiligenstädter Stadtwald“, „Flinsberg“, „Heuthen“, „Bleicheröder Berge“ oder „Dün-Helbetal“. Prächtige Buchen- und sogar Eibenwälder sind im Süden zu finden. Viele Orte haben Freibäder. Der Wintersport steckt noch in den Anfängen, obwohl die sanfthügelige Gegend dafür günstige Voraussetzungen bietet. (↗ Bl. 9, 13)

Heilbad Heiligenstadt

Lage und Bedeutung: Umrahmt von bewaldeten Höhen erstreckt sich zu Füßen von Iberg und Dün, am Zusammenfluß von Leine und Geislede, das mehr als tausendjährige Heiligenstadt. Seine Altstadt mit romantischen Gäßchen und Winkeln, zahlreichen Sehenswürdigkeiten einer wechselvollen Geschichte sowie eine landschaftlich anziehende Umgebung lassen die einstige Hauptstadt des Eichsfeldes und heutige Kreisstadt (16 500 Einw.) immer mehr zu einem gernbesuchten Ort werden.

Stadtgeschichte: Schon vor Jahrtausenden besiedelt, gehörte das Gebiet um Heiligenstadt im 5. Jh. zum nordwestlichsten Teil des alten Thüringerreiches. Nach dessen Untergang dem Frankenreich angegliedert, wurde die legendenumwobene Gründung des St.-Martins-Stiftes zum Ausgangspunkt einer Siedlung, aus der sich das 973 ersterwähnte Heiligenstadt entwickelte. Seine Lage am Schnittpunkt der alten Ost-West-Völkerstraße, die dem Leinetal folgte, und des Nord-Süd-Handelsweges, der nahe der Geislede verlief, begünstigte die rasche Entwicklung des Ortes.

Nahe den Königshöfen von Mühlhausen und Nordhausen gelegen, nahmen hier im Frühmittelalter oftmals deutsche Könige ihren Sitz. Gegen 955 kam die Vogtei Heiligenstadt mit weiteren Teilen des Eichsfeldes zum Erzbistum Mainz. Schnell wurde sie Ausgangspunkt einer zielstrebigen Expansionspolitik des Mainzer Erzbistums im Thüringer Raum, deren Ergebnis schließlich das „Fürstentum Eichsfeld" war. Neben Erfurt mit römischen Märtyrerreliquien versehen, wurde Heiligenstadt der Mittelpunkt dieser bedeutenden Mainzer Exklave. Nach der Erhebung zur Stadt im Jahr 1227 wurde das Gemeinwesen unablässig vergrößert. Eine 3 km lange und 7 m hohe Mauer sicherte es zuverlässig. Dazu kamen Graben, Wall und trutzige Wehrtürme. Es genoß bald den Ruf einer schier uneinnehmbaren Stadt. Die Mainzer Oberherrschaft stieß wiederholt auf den Widerstand des erwachenden Bürgertums, das sich gegen die Anordnungen und Willkür der Obrigkeit zur Wehr setzte. Thomas Müntzer, der am 3. Mai 1525 an der Spitze des Vereinigten Mühlhäuser und Thüringer Haufens in die Stadt einzog, fand erheblichen Zulauf.

Im Zuge der territorialen Neugliederung der deutschen Lande durch Napoleon fiel das Eichsfeld und damit Heiligenstadt 1802 an Preußen. 1807 kurzzeitig Besitztum des französischen Königreiches Westfalen, wurden Gebiet und Metropole 1816 endgültig preußisch. Ihr Gedeihen stagnierte längst in allen Bereichen, denn Kriege und Heerzüge hatten das einst aufblühende Territorium verarmen lassen.

Ende des 19. Jh. siedelten sich in Heiligenstadt kleine Unternehmen an, das für sie günstige Arbeitskräftereservoir und das damit verbundene niedrige Lohngefüge ausnutzend. 1926 versuchten Heiligenstädter Bürger durch die Gründung eines Kneipp-Vereins ein Kurbad zu schaffen. Es entstand 1929. Eine wirkliche Wende im Leben der alten Eichsfeldmetropole erfolgte erst, als im Ergebnis der gesellschaftlichen Wandlungen nach 1945 eine umfassende Industrialisierung einsetzte. Aus ehemaligen kleinen Privatunternehmen wuchsen moderne volkseigene Industriebetriebe heran, die heute maßgeblich das wirtschaftliche und soziale Profil Heiligenstadts prägen. Der VEB Kombinat Solidor ist einer der bedeutendsten Hartkurzwarenproduzenten Europas, der VEB Eichsfelder Bekleidungswerke hat sich aus einer kleinen Wäschefirma entwickelt.

Mit Heiligenstadt sind auch die Namen bedeutender Persönlichkeiten verknüpft. Um 1460 wurde hier einer der bedeutendsten Bildschnitzer der Spätgotik geboren, Tilman Riemenschneider, später seiner Parteinahme für die Sache der Bauern wegen „hart gewogen und gefoltert". 1825 ließ sich der 27jährige Heinrich Heine in aller Stille in der Eichsfeldstadt taufen, auf solche Weise „das Entreebillett zur europäischen Kultur" erhoffend. Als Kreisrichter wirkte von 1856 bis 1864 in Heiligenstadt der Dichter und Novellist Theodor Storm.

Zunehmende Bedeutung gewinnt in Heilbad Heiligenstadt, diese Anerkennung wurde ihm 1950 zuteil, das Kur- und Erholungswesen. In den modernen Kureinrichtungen – Kneipp-Bad im Heinrich-Heine-Park – werden Erkrankungen des Herz-Kreislauf-Systems behandelt. Hierbei wirken die günstigen bioklimatischen Faktoren sowie die landschaftlich reizvolle Umgebung vorteilhaft auf die Gesundung.

Sehenswürdigkeiten: Die einstmals berühmte *Stadtbefestigung* ist noch teilweise gut erhalten und vermittelt einen Eindruck von der Wehrhaftigkeit der Stadt. Am Friedensplatz erhebt sich das barocke *Schloß* (18. Jh.), einst die Statthalterei. Nahe der Kapelle St. Annen das ehemalige *Jesui-*

Heilbad Heiligenstadt

tenkolleg, ein beeindruckender Barockbau aus dem 18. Jh., jetzt Sitz des *Eichsfelder Heimatmuseums* mit bemerkenswerten Sammlungen zur Stadt- und Regionalgeschichte sowie der reichhaltigen Streckerschen Vogelsammlung. In der Karl-Marx-Straße befindet sich das ehemalige Kreisgericht, an dem Theodor Storm als Kreisrichter tätig war; ein *Theodor-Storm-Literaturmuseum* im *„Mainzer Haus“* (Kassler Tor), das zugleich das älteste Fachwerkhaus der Stadt ist. Zahlreiche schöne *Fachwerkbauten* (u. a. Windische Gasse, Steinstraße, Jüdenhof, Klausgasse, Knickhagen), ebenso zahlreich sind die kleinen, romantisch anmutenden Gassen und Winkel.

Ältestes Bauwerk Heiligenstadts ist wohl die *Stiftskirche St. Martin* (Bergkirche) auf dem Stiftsberg. Die dreischiffige gotische Basilika aus dem 14./15. Jh. verfügt über reiche Ausstattungsstücke.

Weitere sehenswerte *Kirchen:* die Propsteikirche *St. Marien* (auch Altstädter- oder Liebfrauenkirche genannt), eine dreischiffige gotische *Hallenkirche* (14. Jh.), von zwei achteckigen Türmen gekrönt; die Neustädter Pfarrkirche *St. Ägidien* (14. Jh.) mit beachtenswerter Ausstattung; die *Friedhofskapelle St. Annen*, ein frühgotischer Zentralbau (14. Jh.); *Maria-Hilf-Kapelle* (14. Jh.) mit schönem Flügelaltar; außerhalb von Heiligenstadt das *Redemptoristen-Kloster* mit *St.-Gerhardus-Kirche* von 1928 (Neobarock).

Im *Heinrich-Heine-Park* die Anlagen des Kneipp-Bades. Ferner ein Denkmal von 1815, das älteste seiner Art zur Erinnerung an die Befreiungskriege.

Ausflugsziele in der Umgebung: Heilbad Heiligenstadts bezaubernde Umgebung lädt zu Ausflügen und Wanderungen ein. Gern besucht wird der **Iberg** mit seltenem Eibenbestand, dem größten in der DDR. Unweit der Gaststätte „Iberghaus" wurden die *Meridiansteine* für den 10. Längengrad östlich von Greenwich 1823 errichtet. Vielfältige Entspannung bietet das Naherholungszentrum „Neun Brunnen".

Auf dem **Dün** der Aussichtspunkt *„Schöne Aussicht"*, der die Stadt um 200 m überragt; ein 15 m hohes Kreuz, in der Karfreitagsnacht erleuchtet.

Über die F 80 Abstecher nach **Uder**, einem typischen Eichsfelddorf, im schönen Leinetal gelegen, das immer mehr auch zum Ferienziel wird (empfehlenswerte Wanderwege).

Beuren mit dem ehemaligen Zisterzienserkloster (jetzt Feierabendheim); *Wartturm* von 1293.

Das 1969 zur Stadt erhobene **Leinefelde** ist mit seinem modernen Baumwollspinnerei-Kombinat sowie den ausgedehnten Neubaugebieten ein Symbol für den durch den Eichsfeldplan herbeigeführten grundlegenden Wandel der Landschaft. Leinefelde war jahrhundertelang ein bescheidenes Dorf, ehe es im 19. Jh. durch Haarindustrie und Fellhandel den Ruf eines eichsfeldischen „Klein-Leipzig" erwarb. Wohlstand erlangten dabei nur wenige. Heute gewährt das volkseigene Kombinat – ebenso wie das nahe Zementwerk Deuna, eines der größten Europas – den Familien soziale Sicherheit. Sehenswert neben vielen neuerbauten Einrichtungen das moderne *Kulturhaus.* In Leinefelde wurde *Johann Carl Fuhlrott* geboren, der Entdecker des Neandertalers. Gedenktafel und -stein am *Geburtshaus* in der Fuhlrottstraße. Besuchenswert das Naherholungszentrum Köhlersgrund.

Der F 80 folgend, wird eine der kleinsten Kreisstädte der DDR erreicht, **Worbis**, das „Städtchen auf der Wasserscheide". Seine zahlreichen Quellen entwässern sowohl zur Elbe als auch zur Weser hin. Die geschützte Lage der Stadt und die herrlichen Mischwälder der Umgebung machen Worbis zunehmend zu einem Urlaubsziel sowie zu einem reizvollen Luftkurort.

Sehenswert ist das ehemalige kurmainzische *Rentamt,* es beherbergt den Rat der Stadt sowie das *Museum* mit interessanten Ausstellungsstücken zur Geschichte der Region. Die frühbarocke *Antoniuskirche* entstand 1670/77 nach Plänen Petrinis und besitzt eine reiche Innenausstattung. Sie gilt als eine der prächtigsten Kirchen des Eichsfeldes. Sehenswert auch das ehemalige *Franziskanerkloster* von 1668/70 sowie die hübschen alten *Fachwerkhäuser.*

Lohnend eine Wanderung zu den nahen Klippen des **Ohmgebirges.** In **Kirchohmfeld** ein Gedenkstein für den Komponisten des „Heideröslein", Heinrich Werner. *Burg Bodenstein,* eine mittelalterliche Herrenburg (derer von Wintzingerode), ist eine der besterhaltenen Burgen der Landschaft (heute Müttererholungsheim).

Von **Holungen** zur *„Wilden Kirche"*, einer gewaltigen, zerrissenen Felsmauer; weiter Ausblick auch von den Hauröder Klippen (Westharz bis Brocken).

Auf dem Weg von Leinefelde nach Dingelstädt ist ein Abstecher nach *Burg Scharfenstein* (Anfahrt von Kallmerode) empfehlenswert. Die Burg entstand im 12./13. Jh. als Höhenburg. Neben der Gesamtanlage ist vor allem die Hauptburg, von 1521 bis 1523 lebte hier Heinrich Pfeiffer, der Gefährte Müntzers, sehenswert; gutausgestattetes Naherholungszentrum.

Über die F 247 gelangt der Reisende nach **Dingelstädt**, einem alten Eichsfeldstädtchen. Fast ein Dutzend Stadtbrände haben es verstümmelt, doch im 17./18. Jh. war Dingelstädt dank vieler kleiner Wollkämmereien, Webereien, Färbereien usw. das wirtschaftliche Zentrum des Südeichsfeldes. Diese Tradition wird heute fortgeführt in Werken der Leichtindustrie. Anschauenswert das Renaissancehaus der *„Großen Mühle"*, die *Stadtkirche*, die *Mariensäule* auf dem Vorplatz der kleinen *Kirche „Maria im Busch"* und diese Kirche selbst (Kreuzweg).

Auf dem Kerbschen Berg die neoromanische *Franziskaner-Klosterkirche* von 1889/90, gotische Schnitzfiguren. Hier nimmt auch ein berühmter Kreuzweg seinen Anfang (1752 geweiht). Er ist – wie auch andere Orte des Eichsfeldes – ein bekannter Wallfahrtsort.

Bei **Kefferhausen** die steingefaßte *Unstrutquelle*; besuchenswert auch *Burg Gleichenstein*, ein ehemaliger mittelalterlicher Herrensitz mit Wehrturm (heute Ferienheim); herrlicher Ausblick auf das berühmte „Blaue Wunder".

Klüschen Hagis ist ein weiterer bekannter Wallfahrtsort (Pietà); in **Effelder** der nicht zu übersehende sog. *Dom*. (↗ Bl. 9, 13)

Hainleite

Geographische Besonderheiten: Im nördlichen Thüringer Becken erstreckt sich zwischen Bleicherode und Sachsenburg die ausgedehnte Muschelkalkschichtstufe der Hainleite, früher auch Hageleite genannt. Der Höhenzug ist gut 37 km lang, etwa 4 km breit und weist eine mittlere Höhe von 370 m auf (Possen 430 m, Heidelberg 403 m). Nach Norden zum Wippertal und zum Frankenhäuser Becken steil abfallend, senkt sie sich bedeutend bis zu ihrem östlichen Ende, dem nur 261 m hohen Wächterberg. Er trägt die Ruinen der Sachsenburgen. Nach Westen setzt sich die Hainleite im Dün fort, nach Osten jedoch – durch das Unstruttal getrennt, die an dieser „Thüringer" oder auch „Sachsenburger Pforte" das Thüringer Becken verläßt – im Höhenzug der Schmücke. Die oberen Lagen der Hainleite sind mit schönen Laubwäldern bedeckt, wobei Buchen überwiegen. Dabei ist der Sondershäuser Possen besonders bemerkenswert.

Geschichte: Früh schon besiedelt, was Funde bei Günserode belegen, entstanden an günstigen Stellen der Hainleite mit Wällen befestigte Höhensiedlungen, wie an den Sachsenburgbergen sowie am Kohnstein. Sie galten wohl als Schanze der Kelten gegen die Germanen. Bedeutung erlangte das Gebiet für den Fernhandel mit seinem wichtigen Verkehrspaß. Die mittelalterliche Nürnberger Straße, die zwischen Seega und Günserode dem Wipperdurchbruch folgte, hatte schon 805 Karl der Große für den Handel mit den Slawen vorgeschrieben. Salz aus dem Raum Frankenhausen wurde hier entlang transportiert. Der reiche Waldbestand wurde stets von der Forstwirtschaft genutzt. Die Wälder der Hainleite waren aber auch seit jeher ein bevorzugtes Jagdrevier der Sonderhäuser Fürsten, wobei ihre Untertanen in den Dörfern rücksichtslos zu Treiberdiensten gezwungen wurden. Wer es wagte, das fürstliche Wild von den Feldern zu verjagen, weil es die junge Saat sowie die Ernte mitunter verschlang, wurde schwer gestraft. Jahrhundertelang hatten nur die Junker das Sagen.

Erholungswesen und Tourismus: Die waldreiche Hainleite ist heute ein bevorzugtes Erholungsgebiet dieses Raumes, das zu Urlaub und Wanderungen einlädt. Besonders reizvoll sind die Landschaftsschutzgebiete Hainleite und Wippertal. Eine herrliche Waldlandschaft, zahlreiche interessante Burgruinen, idyllische Dörfer sowie vor allem die ländliche Abgeschiedenheit versprechen optimale Erholung. Die nahegelegenen Touristenmagnete wie Kyffhäuser, Talsperre Kelbra, Bad Frankenhausen und Sondershausen sind schnell und gut zu erreichen. (↗ Bl. 9, 13)

Sondershausen

Lage und Bedeutung: Eingebettet in die Höhenzüge Hainleite und Windleite, erstreckt sich im Tal der Wipper die alte Residenz- und Musikstadt Sondershausen (24 200 Einw.). Kurz vor Ende des zweiten Weltkrieges durch amerikanische Bomben zu 40 Prozent zerstört, hat sich die Stadt längst wieder zu einem industriellen und kulturellen Zentrum am Nordrand des Thüringer Beckens erhoben. Sondershausen ist heute ein bekannter Standort der Kaliindustrie der DDR.

Stadtgeschichte: Schon früh war die Gegend um Sondershausen ein bevorzugter Siedlungsraum, wie Ausgrabungen belegen. In fränkischer Zeit befand sich hier ein Stützpunkt. Im 10. Jh. gelangte die kleine Niederlassung durch Schenkung an das Bistum Mainz, das 989 am Fuß des Frauenberges ein Kloster anlegen ließ. Zuerst den Benediktinern zugehörig, wurde es 1004 in ein Augustinerchorherrenstift umgewandelt.

Urkundlich ersterwähnt im Jahr 1125, fiel Sondershausen als Lehen an ein Rittergeschlecht. Es ließ sich – wo heute das Schloß steht – eine Burg errichten. 1295 von den reichen Hohnsteiner Grafen gekauft, war es der Hohnsteiner Heinrich V., der den Ort zur Stadt erhob. Von 1356 bis 1918 war Sondershausen Residenz der Grafschaft und des späteren Fürstentums Schwarzburg-Sondershausen.

Die eigentliche Stadt hatte sich im Schutz des Burg- und Schloßberges entwickelt. Mauer, Türme und Tore schützten sie. Zu dieser Zeit lastete bereits die feudale Herrschaft schwer auf Stadt und Territorium. Als im deutschen Bauernkrieg Thomas Müntzer auf seinem Zug nach Frankenhausen Sondershausen erreichte, fand er erheblichen Zustrom. Unter Führung des Bauernrevolutionärs Claus Haßke stürmten Bauernkrieger das Chorherrenstift Jechaburg, das als geistiges Herrschaftszentrum des Mainzer Erzbistums verhaßt war. Der Schwarzburger Graf wurde gezwungen, die Artikel der Bauernschaft anzuerkennen und dem Bauernbund zuzuschwören.

Auf dem Buntsandsteinfelsen, der lange Zeit die Ritterburg trug, ließen die Grafen im 16. Jh. ihr Residenzschloß errichten. Dafür mußte die Bevölkerung schwere Frondienste leisten. Allein 1544 wurden 2553 kostenlose Fuhren erbracht, während das Korn auf den Feldern liegen blieb.

Nach der Erhebung in den Fürstenstand, den die Schwarzburger regelrecht erbettelt hatten, entstanden in Sondershausen weitere repräsentative Bauten, die der im Dreißigjährigen Krieg schwer heimgesuchten und verarmten Stadt wieder Profil verleihen sollten. Im Revolutionsjahr 1848 kam es zu Protestaktionen der verschiedensten Art, auch zu Demonstrationen. Der Fürst wurde zu Zugeständnissen gezwungen (Aufhebung der Pressezensur u. a.). Ende des 19. Jh. begann sich in der Residenz- und Beamtenstadt vieles zu verändern, als die Kaliindustrie Einzug hielt, Schächte wurden niedergebracht, Bergarbeiter angesiedelt; später kam die Elektroindustrie hinzu – beide sind Wirtschaftszweige, die ihre Bedeutung für Stadt und Territorium behalten haben.

Eine außerordentliche Tradition besitzt das Musikleben. Nahezu 190 Jahre wirkt das Sondershausener Lohorchester. 1801 aus dem fürstlichen Musikkorps und der fürstlichen Hofkapelle hervorgegangen, fällt seine Glanzzeit in die zweite Hälfte des 19. Jh. Ab 1853 wurde es unter Eduard Stein und Max Erdmannsdörfer zum Wegbereiter der neuen Musik Liszts und Wagners. Es wurde von Franz Liszt, Hans von Bülow, Peter Cornelius und Ludwig Spohr dirigiert. Der Ruf Sondershausens als Musikstadt wurde durch die Gründung eines Konservatoriums 1883 gefestigt, dessen Tradition heute die Bezirksmusikschule bewahrt.

Sehenswürdigkeiten: Herausragend das *Schloß*, dessen einzelne Teile zu verschiedenen Zeiten errichtet, verän-

„Jagdschloß zum Possen“

dert oder neugeschaffen wurden und das deshalb auf eigentümliche Weise verschiedene Stilepochen vereint (Renaissance, Barock, Rokoko, Klassizismus). Die ältesten Teile sind der östliche Flügel sowie der 58 m hohe, mächtige Schloßturm (um 1540), während der Nordostflügel vom Ende des 16. Jh. stammt. Im 18. Jh. erfolgte an der Süd- und der Westseite ein großzügiger Ausbau. Das Schloß beherbergt zahlreiche Institutionen sowie das *Heimat- und Schloßmuseum*. Hervorhebenswert sind die historischen Räume, Liebhabertheater, Schloßkirche, Gobelinsaal und Schloßapotheke, der Weiße Saal mit schönen Stuckarbeiten. Aus den vielfältigen Museumsbeständen sind der Püsterich, ein frühgeschichtlicher „Feuerbläser“, gefunden im Kyffhäusergebiet, sowie die Goldene Kutsche von 1756 besonders zu erwähnen; ferner die Skulpturensammlung; im Hof ein barocker Brunnen.

Vom „Lustgarten“ aus hat man einen schönen Blick über die Stadt. Unmittelbar am Schloß liegt der alte *Schloßpark*, im „Loh“ finden zur Sommerszeit häufig Konzerte statt.

An das fürstliche Repräsentationsbedürfnis erinnern noch weitere Gebäude in der Stadt. Barock ist das sog. *Achteck-Haus*, ein architektonisches Schmuckstück mit schönen Deckengemälden und Stuckarbeiten. Ursprünglich fürstlichen Lustbarkeiten zugedacht (Turniere, Karussell), dient es heute wegen einer hervorragenden Akustik als Konzerthalle.

Das barocke *Prinzenpalais* (1720) beherbergt staatliche Dienststellen.

Im Zentrum Sondershausens die *Trinitatiskirche* von 1608/91 mit 56 m hohem Turm, beachtenswert Kanzel und Fürstenloge. Alte Wohngebäude von kulturgeschichtlichem Rang gibt es in Sondershausen infolge vieler Stadtbrände nur wenige. Erwähnenswert vor allem die *Fachwerkhäuser* in der Pfarr- und der Gottschalkschen Straße. Industrielles Wahrzeichen der mit dem Kalibergbau verbundenen Stadt ist der Förderturm des VEB Kaliwerk „Glückauf“, Schacht II (1907, offene Stahlbauweise).

Ausflugsziele in der Umgebung: Schönstes und größtes Naherholungszentrum ist der **Possen**, der sich 430 m hoch auf der Hainleite erhebt. Das ehemalige *„Jagdschloß zum Possen"* von 1736 sowie die vielen Anlagen bieten inmitten herrlicher Buchenwälder vielfältige Erholungsmöglichkeiten. Vom *Possenturm* (52 m) weiter Blick über Nordthüringen. Auch auf dem **Spatenberg** oberhalb des Waldschlößchens ein *Aussichtsturm*. Rundblick auf das Wippertal, den Kyffhäuser und die Stadt. An seiner Stelle stand im 11. Jh. die Spatenburg, von Heinrich IV. 1073 als Zwingburg gegen die aufsässigen Sachsen und Thüringer errichtet, im 13. Jh. zerstört.

Lohnenswert ein Besuch von **Großfurra**, dem ersten Neubauerndorf der DDR. Der einst vom Großgrundbesitz geprägte Kreis Sondershausen hatte 14 400 ha Junkerland. Großfurra, damals eine kleine Wohngemeinde armer Bergarbeiter, führte als erster Ort des Kreises die demokratische Bodenreform durch. Schon Ende 1945 wurde daher von den thüringischen Landesbehörden beschlossen, das Beispiel einer Neubauernsiedlung zu schaffen, die erste ihrer Art in der damaligen sowjetischen Besatzungszone (Gedenkstein). Die Bauhochschule Weimar entwarf dazu den Gehöftetyp. Grundsteinlegung war bereits am 23. März 1946 in Anwesenheit Edwin Hoernles, eines der führenden Landwirtschaftspolitikers der KPD. Die Großfurraer Siedlung „Neuheide" wurde damit der Vorläufer weiterer 37 000 Neubauernhöfe in der DDR. Zu jeder Jahreszeit lohnt ein Ausflug in die **Badraer Schweiz** (Steppenheide).

Von Sondershausen führt ein Fußwanderweg nach **Hachelbich** (Waldbad).

Schön gelegen im Tal der Wipper das Dorf **Göllingen** mit Resten des ehemaligen *Benediktinerklosters* (wohl 1005 gegründet), gut erhalten der Chorturm, die Krypta und die östliche Hauptapsis. Vom Michelberg Aussicht ins Wippertal, zur Windleite und zum Kyffhäuser.

Besonders reizvoll das Durchbruchtal der Wipper zwischen Seega und Günserode. Unweit von **Seega** die mittelalterliche Ruine der *Arensburg* (1116 erstmals genannt), die eine der wenigen Reichsburgen auf der Hainleite war. 1525 wurde sie vom Bauernheer gestürmt. Beeindruckend die Mauerreste des Palas und des Kellergewölbes. Gegenüber die steilen Kalksteinhänge des **Kohnstein** (Wiesen- und Waldsteppe).

Ein empfehlenswertes Ausflugsziel ist die **„Thüringer Pforte"** an der Unstrut mit den *Sachsenburgen*, einst Sitz der Thüringer Landgrafen. Von den Resten der beiden um 1300 wiedererbauten Burgen sind die erhaltenen Außenmauern des Palas zu sehen. (↗ Bl. 9, 10, 13, 14)

Mühlhausen Thomas-Müntzer-Stadt

Lage und Bedeutung: Am Fuß des dichtbewaldeten Hainich erstreckt sich in einer Talmulde der oberen Unstrut die mehr als 1200jährige ehemalige Freie Reichs- und Hansestadt Mühlhausen (43 000 Einw.). Weithin bekannt geworden durch das revolutionäre Wirken Thomas Müntzers im deutschen Bauernkrieg, untrennbar verbunden mit dem Namen des großen Tonmeisters Johann Sebastian Bach, ist die Thomas-Müntzer-Stadt heute nicht nur ein lohnendes Reiseziel für Liebhaber historischer Städte mittelalterlichen Gepräges. Mühlhausen ist zugleich eine Industriestadt, die sich zukunftsträchtigen Technologien verschrieben hat.

Stadtgeschichte: Früh schon besiedelt, geriet der Mühlhäuser Raum als Bestandteil des ehemaligen Thüringerreiches nach dessen Untergang im frühen 6. Jh. unter fränkische Oberhoheit. Erstmals 775 urkundlich als „Molinhuso" genannt, förderte die Lage der dörflichen Siedlung an der alten Nord-Süd-Handelsstraße deren weitere Entwicklung. Ein nahe gelegener fränkischer Hof, der bald königliche Pfalz wurde und eine Burg erhielt,

Mühlhausen Thomas-Müntzer-Stadt

ließ die Bedeutung Mühlhausens wachsen. Im Machtbereich dieser Pfalz nahmen mit der Zeit Handwerker und Händler ihren Wohnsitz. Pfalz und Marktsiedlung wurden später zu einem Anwesen vereinigt, das dem König unterstand. Er ließ das Gemeinwesen durch Ministeriale verwalten, die auf der Burg residierten. Auf dieser Burg waren häufig deutsche Herrscher zu Gast. Philipp von Schwaben ließ sich hier im Jahr 1198 zum König wählen.

Da die gewerblichen und Handelsinteressen der Bürger immer mehr in Widerspruch zu den Anordnungen der feudalen Obrigkeit gerieten, stürmten sie 1256 die Burg, die zerstört wurde. Fortan konnte sich das städtische Leben ohne Willkür von oben entwickeln. Da der Rat aber nur aus vermögenden Bürgern, Großgrundbesitzern und reichen Kaufleuten bestand, erhoben sich wiederholt die zahlreichen Handwerker, um ein Mitspracherecht durchzusetzen.

Im 14. Jh. hatte die Freie Reichsstadt eine kraftvolle Position errungen. Ein lebhafter Fernhandel vertrieb eigene und fremde Erzeugnisse. Zahlreiche Kirchen krönten das beeindruckende Panorama der Stadt, die von einer mächtigen Mauer geschützt wurde. Eine Vielzahl von Verträgen mit ausländischen Höfen und Städten sicherte die mit 10 000 Einwohnern nach Erfurt zweitgrößte Stadt Thüringens außenpolitisch ab.

Die historische Glanzrolle Mühlhausens begann in der Zeit des deutschen Bauernkrieges, dem Höhepunkt der frühbürgerlichen Revolution in Deutschland. Von Allstedt aus, wo ihm Verhaftung durch herzogliche Schergen drohte, kam 1524 Müntzer erstmals in die Stadt. Hier wirkte bereits Heinrich Pfeiffer im Sinn einer Volksreformation, der Boden für Müntzers revolutionäre Agitation war vorbereitet. Der unermüdlichen Tätigkeit Müntzers gelang es, die Plebejer im „Ewigen Bund Gottes“ zusammenzuschließen, einer straff organisierten Kerntruppe mit eigenem Programm. Als ein Aufstand zum Sturz des alten patrizischen Rates im September 1524 scheiterte, mußten Müntzer und Pfeiffer zeitweilig Mühlhausen verlassen.

Danach Pfarrer an der Marienkirche geworden, verwandelte Müntzer die Kanzel in eine revolutionäre Tribüne. In kurzer Zeit stand er an der Spitze der kleinbürgerlich-bäuerlichen Bewegung in der Stadt und ihres Umfeldes.

Inzwischen war der deutsche Bauernkrieg voll entflammt. Die Waid- und Handelsstadt wurde das Zentrum des Thüringer Aufstandes. Unentwegt rief Müntzer das einfache Volk zum „großen Kampf“ gegen die „Tyrannen und Bluthunde“. Am 17. März 1525 bestätigte eine Versammlung in der Marienkirche die revolutionären Forderungen an den patrizischen Rat, der abgesetzt wurde. Es entstand ein neuer, ein „Ewiger Rat“, den Müntzer in der Großen Amtsstube des Rathauses feierlich in sein Amt einführte.

Von Mühlhausen aus schleuderte Thomas Müntzer jetzt „den revolutionären Feuerbrand in das Land“ (Engels), entsandte er Emissäre, um das Volk zu mobilisieren: „Das Volk wird frei werden. Die Gewalt soll gegeben werden dem gemeinen Mann.“ Mühlhausen wurde seiner Rolle im deutschen Bauernkrieg wegen von den Fürsten hart gestraft. Es verlor seine Reichsfreiheit, erhielt drakonische Lasten auferlegt und bekam aufs neue das alte Regime der Patrizier zu spüren. Von dieser Bedrückung konnte sich die Stadt lange nicht erholen. Dennoch wurde der revolutionäre Funke nicht ausgelöscht. Im 17. und 18. Jh. kam es wiederholt zu heftigen Auseinandersetzungen zwischen Rat und Bürgern.

Zu den kulturellen Traditionen der Stadt gehört das Wirken Johann Sebastian Bachs 1707/08 als Organist an der Kirche Divi Blasii. Johann Gottfried Bernhard Bach, sein dritter Sohn, war ebenfalls Organist an dieser Kirche von 1735 bis 1757. Mühlhausen, das 1802 an Preußen fiel, hat weitere große Persönlichkeiten aufzuweisen. Laurentius Blumentrost, Leibmedikus des Zaren Peters des Großen, erster Präsident der Russischen Akademie der Wissenschaften; Tilesius von Tilenau, 1803/06 Teilnehmer an der ersten russischen Weltumsegelung und Ehrenmitglied von mehr als 20 gelehrten Gesellschaften Europas; der Architekt Friedrich August Stüler, der berühmte Schüler Schinkels; Johann August Röbling, der Konstrukteur kühner Brücken in Amerika. Das Wirtschaftsleben Mühlhausens nahm in der 2. Hälfte des 19. Jh. wieder einen Aufschwung. Anknüpfend an die Traditionen der textilen Verarbeitung zählte die Stadt um 1900 rund 100 Unternehmen. Den traditionellen Zweigen der Leichtindustrie hat sich heute die Produktion zukunftsträchtiger Technologien hinzugesellt. Ein Teilbereich der Pädagogischen Hochschule „Dr. Theodor Neubauer“ Erfurt/Mühlhausen hat in der Stadt seinen Sitz.

Sehenswürdigkeiten: Ungewöhnlich reich ist trotz mehrerer Stadtbrände in vergangenen Jahrhunderten der Bestand an denkmalgeschützten historischen Bauwerken. Empfehlenswert vor einem Stadtrundgang ist der Besuch der *Gedenkstätte „Deutscher Bauernkrieg“* in der ehemaligen Heiligkreuzkirche des Franziskanerklosters auf dem Kornmarkt, *Kornmarktkirche* genannt. Die Stätte vermittelt einen Einblick in Ursachen, Verlauf, Höhepunkte und soziale Folgen des deutschen Bauernkrieges und somit auch der Geschichte Mühlhausens (zeitgenössische Dokumente und Schriften Müntzers und Luthers, Waffen des 16. Jh. usw.).

Großartig das einst auf der Grenze der Ober- und Unterstadt errichtete *Rathaus* (um 1310), ein architekturgeschichtliches Kleinod; herausragend die Große Ratsstube, wo Müntzer einst den „Ewigen Rat“ einführte; spätgotische Malerei. Beeindruckend die Rathaushalle mit seltenem Tonnengewölbe und das alte, reichsstädtische Archiv, das um 1600 eingerichtet wurde und mehrere tausend Urkunden besitzt.

Die *Hallenkirche St. Marien*, die herrlichste unter den Kirchen Mühlhausens, Dominante der Stadtsilhouette, weist Kunstschätze von hohem Wert auf. In ihr wirkte Müntzer als revolutionärer Prediger (heute Thomas-Müntzer-Gedenkstätte mit Konzerthalle). Im ehemaligen *Pfarrhaus* der Marienkirche, einst Deutschordenshaus der Neustadt, wohnte Müntzer 1525 (Gedenktafel).

Mittelpunkt des rekonstruierten *Wilhelm-Pieck-Platzes* ist die *Kirche Divi Blasii* (13. Jh.), die ehemalige Wirkungsstätte Johann Sebastian Bachs und seines Sohnes Johann Gottfried Bernhard. Die Bach-Orgel wurde 1956/59 nach Originalplänen Bachs rekonstruiert. Der Humanist Albert Schweitzer gab dazu wertvolle Hinweise.

Vor der Stadtmauer (Frauentor) steht das *Thomas-Müntzer-Denkmal*, von Lammert 1957 geschaffen.

Einzigartig der wohlrestaurierte Teil der ehemaligen mittelalterlichen *Wehranlage*, die Mühlhausen den Ruf eines „gans festen stedtelins" verlieh. Der Wehrgang mit dem Inneren Frauentor, drei Türme und drei Gartenhäuser sind zu besichtigen. Die Stadtmauer ist mehr als 2 km lang und gehört mit ihren wuchtigen Wehrtürmen zu den am besten erhaltenen der DDR. Sie steht ebenso wie der gesamte mittelalterliche Stadtkern unter Denkmalschutz.

Weitere Sehenswürdigkeiten findet der Besucher überall in der Altstadt, u. a. in der *Holzstraße* (Portal der Antoniuskapelle, Wohnhaus von 1690, Altes Posthaus von Thurn und Taxis), am *Karl-Marx-Platz* (Brotlaube, Anfang 18. Jh.), am *Obermarkt* (historisches Gasthaus „Goldener Stern" von 1552; Haus Obermarkt 9 von 1590). Mehrere hübsche Häuser am *Steinweg* (Fußgängerzone) sowie in der *Wahlstraße* und der *Felchtaer Straße*. Interessant sind die Ausstellungen des *Heimatmuseums* mit umfangreichen Sammlungen zur Mühlhäuser Geschichte.

Gern besucht wird das schön gestaltete *Naherholungszentrum „Schwanenteich"*, die Erdfallquelle *„Poppenröder Quelle"* mit *Brunnenhaus* (Museum zur Heimatgeschichte), wo im Sommer das Brunnenfest gefeiert wird, sowie der Stadtwald.

Ausflugsziele in der Umgebung: Im nahen **Seebach** Vogelschutzwarte, eine der ältesten der Welt, 1886 gegründet.

An der F 247 liegt die Gemeinde **Großengottern**, die ein *Dorfmuseum* aufweist. Es befindet sich im ehemaligen Hospital St. Andreas und gibt einen Überblick über die dörfliche Kultur im Wandel der Zeiten.

Die Kreisstadt **Bad Langensalza** liegt am Schnittpunkt mehrerer Fernverkehrsstraßen. Der 932 ersterwähnte Ort zählt zu jenen Städten des Bezirkes Erfurt, die über die älteste Bausubstanz verfügen. So existieren noch 17 *Türme* der äußeren Stadtmauer sowie das sog. *Klagetor* aus dem Mittelalter. Die sehenswerte historische *Altstadt* ist als Flächendenkmal geschützt. Neben vielen Fachwerk- und Travertinbauten der Altstadt sowie Kirchen ist das *Klopstockhaus*, der Dichter wohnte hier 1748/50, in der Salzstraße sehenswert. Am Kornmarkt steht das Geburtshaus Christian Wilhelm Hufelands, des bekannten Arztes Goethes, Schillers, Herders und Wielands. Am Thälmannplatz befindet sich das *Heimatmuseum*.

Bad Langensalza wird seiner 1811 entdeckten und 1812 erschlossenen Schwefelquellen wegen jährlich von vielen tausend Kurgästen aufgesucht.

Über die F 176 nach **Bad Tennstedt** (Schwefelbad); berühmtester Kurgast war Goethe, der 1816 hierherkam, „wo ein thüringer Schwefelwasser gute Wirkung versprach"; im kleinen Kurpark am ehemaligen Badehaus Gedenktafel an Goethes Badekur.

Die kleine Stadt **Weißensee**, südlich der Hainleite gelegen, war im frühen Mittelalter ein Lieblingsaufenthalt der Thüringer Landgrafen, die es neben der Wartburg als Zweitresidenz betrachteten. Heute ist sein Intercampingplatz ein Anziehungspunkt für Urlauber aus dem In- und Ausland.

Die von den Landgrafen angelegte Runneburg (runde Burg) bildete den Ausgangspunkt für die Stadtgründung. Diese Burganlage entstand nach 1150 vermutlich anstelle einer Volksburg. Mit ihr soll der letzte König der Thüringer, Herminafrid, verzweifelten Widerstand gegen die vordringenden Franken geleistet haben. Die Pfalzburg der Ludowinger entstand aus strategischem Interesse. Sie sollte mit der gleichfalls strategisch umwehrten Stadt eine militärische Sperre vor Finne und Unstrut legen. An ihrem Fuß erwuchs das 1174 ersterwähnte Weißensee, das im 13. Jh. Stadtrecht erhielt. Von hier aus haben die Thüringer Landgrafen z. B. weitaus mehr Regierungsgeschäfte unternommen als von der Wartburg.

Auffällig ist die planmäßig angelegte *Altstadt* von Weißensee, deren Straßen gitterförmig verlaufen. Als Zentrum dient die geschickt zu einem Markt verbreiterte Hauptstraße mit der gotischen *Stadtkirche St. Peter und Paul* und dem spätgotischen *Rathaus.* Die *Runneburg*, eine romanische Anlage (später wiederholt verändert), weist im Osten eine Vorburg mit Toranlage, im Süden landgräflichen Bereich mit mächtigem Wohnturm (Warmluftheizung 12. Jh.) auf; schöner Palas, Untergeschoß des sog. Fürstenhauses von 1738.

Einzigartig ist das *Museum für Milchwirtschaft* (Weißenseer Mühle). Im Norden liegt das Naherholungszentrum Jordantal (12 ha) mit internationalem Campingplatz (Transit- und Wintercamping).

Wenige Kilometer von Weißensee entfernt liegt die Kreisstadt **Sömmerda**, Sitz des bekannten VEB Robotron Büromaschinenwerk. Der Ort war bis ins 19. Jh. hinein ein bescheidenes Landstädtchen. Als der Fabrikant Dreyse 1827 mit seinem Zündnadelgewehr das lebhafte Interesse der preußischen Militärs erregte, entstand in kurzer Zeit eine große Gewehrfabrik. Die preußische Armeeführung schickte geeignete Leute als Arbeiter nach Sömmerda. Bis 1848 war Preußens Armee vollständig mit neuen Gewehren aus der kleinen Stadt versehen. 400 000 Stück verließen insgesamt den Ort, und alle preußischen Kriege wurden mit Sömmerdaer Gewehren geführt. Nach 1900 setzte ein weiterer Aufschwung ein, als der deutsche Militarismus Kurs auf die „Neuordnung der Welt“ nahm. Der Name des nunmehrigen Rüstungskonzerns „Rheinmetall“ Sömmerda (10 000 Beschäftigte) wurde ein Synonym für Kriegsproduktion.

Der volkseigene Betrieb VEB Robotron Büromaschinenwerk „Ernst Thälmann“ ist heute Hersteller moderner Rationalisierungsmittel der Bürotechnik bis hin zu ganzen Systemen von Computern.

Sehenswert in Sömmerda sind vor allem die gut erhaltene *Stadtmauer* (Ende 16. Jh.) mit dem *Erfurter Tor* von 1395 und sechs Mauertürmen (u. a. Ausstellungen zur Stadtgeschichte); ferner das *Rathaus* von 1529/30 mit Gedenkraum für die Opfer des Kapp-Putsches. Ein schönes *Pfarrhaus* von 1589 sowie die *Bonifatiuskirche* mit reicher Innenausstattung sind noch erhalten; *Denkmal* für den pädagogischen Reformer *Salzmann*, der in Sömmerda geboren wurde.

Über die F 176 gelangt man nach **Kölleda**, einem Mittelpunkt des Gewürzkräuteranbaus. Als nach 1815/18 die Nachfrage nach Pfefferminze als Offizinalpflanze stieg, begann hier der Anbau, der sich rasch ausbreitete. Bald konnte sich der kleine Ort „Pfefferminzstadt“ nennen. Die Stichbahn von Großheringen über Kölleda nach Straußfurt bekam im Volksmund die Bezeichnung „Pfefferminzbahn“. Im *Heimatmuseum* wird u. a. auch dieser Abschnitt der Geschichte dargestellt. Im Umland der Stadt sind noch heute ausgedehnte Pfefferminzfelder sowie der Anbau weiterer Heilpflanzen zu sehen. In Kölleda lebte von 1828 bis 1835 der „Turnvater“ Jahn.

Erwähnenswerte Bauwerke um den *Markt* sind das barocke Rathaus (1702), die spätgotische *Pfarrkirche St. Wiperti* (Inneres 1720/40 barock ausgebaut), der *Wipertibrunnen* und Wohnhäuser des 17./18. Jh. (↗ Bl. 13, 14)

Erfurt

Erfurt

Lage und Bedeutung: Im Süden des fruchtbaren Thüringer Beckens an der Gera verkehrsgünstig gelegen, ist das über 1250 Jahre alte Erfurt über die DDR hinaus als Industrie-, Blumen-, Dom- und Lutherstadt bekannt. Von bewaldeten Höhen umgeben, vereint es in glücklicher Harmonie den Reiz eines gut erhaltenen, sorgsam gepflegten mittelalterlichen Stadtkerns und das aufgelockerte Gepräge einer Gartenbaumetropole mit dem pulsierenden Leben eines aufstrebenden sozialistischen Industriezentrums, das von modernen Kombinaten des Maschinenbaus, der Leichtindustrie und zunehmend der Hochtechnologie bestimmt wird. Als Bezirks-, Hochschul- und Kongreßstadt bildet Erfurt mit fast 220 000 Einwohnern den politischen, wirtschaftlichen und kulturellen Mittelpunkt des Thüringer Raumes.

Stadtgeschichte: Urgeschichtliche Funde künden davon, daß seit etwa 100 000 v. u. Z. Menschen im Geratal lebten. Die Stadtwerdung der zunächst bäuerlichen Siedlung „Erphesfurt", die im 6. Jh. in den Machtbereich des Frankenreiches geriet und 742 erstmals urkundlich erwähnt wird, wurde durch eine Furt, die Kreuzung zweier bedeutender Handelsstraßen, die Errichtung einer Pfalz der fränkischen Könige und eines Bistums sowie die Erhebung zu einem Grenzhandelsplatz 805 durch Karl den Großen begünstigt. Bereits im 8. und 9. Jh. als Königsgut ein ökonomisches, politisches und kirchliches Zentrum des Frankenreiches, geriet Erfurt Ende des 10. Jh. unter die Herrschaft des Erzbistums Mainz. Im 13. Jh. erzwangen die reichen Kaufmannsgeschlechter, gestützt auf die Gemeinde, die weitgehende Unabhängigkeit vom Mainzer Erzbistum. In der Folgezeit gelang es den Handwerkerzünften, den Einfluß der Patrizier zurückzudrängen und Anteil an der politischen Herrschaft zu erringen. Der Reichtum der Patrizier, der vor allem auf dem Handel mit der Blaufärbepflanze Waid beruhte, ermöglichte 1392 die Gründung einer vom Bürgertum getragenen Universität, die Ende des 15. Jh. zu einer Hochburg des deutschen Humanismus wurde. Die Reformation Martin Luthers, der Anfang des 16. Jh. in Erfurt Universität und Augustinerkloster besuchte, setzte sich endgültig durch, als im deutschen Bauernkrieg im April 1525 die Bauern der Umgebung gemeinsam mit städtischen Plebejern vorübergehend die Macht erlangten.

Die feudale politische Zersplitterung Deutschlands, die Verlagerung der Welthandelswege im Gefolge der großen geographischen Entdeckungen nach Westeuropa und die Verdrängung des Waid durch die Konkurrenz des Indigofarbstoffes leiteten im 16. Jh. einen wirtschaftlichen und politischen Niedergang ein. Durch die Auswirkungen des Dreißigjährigen Krieges weiter geschwächt, konnte Kurmainz die Stadt 1664 wieder völlig seiner Herrschaft unterwerfen. Seit Ende des 17. Jh. entfaltete sich, nicht zuletzt durch das Wirken des Ratsmeisters Christian Reichart, ein erwerbsmäßiger Gartenbau und entstanden im Zuge einer merkantilistischen Wirtschaftspolitik der feudalabsolutistischen Mainzer Landesherren zahlreiche Manufakturen, vor allem im Tuchgewerbe.

Im Rahmen der Emanzipationsbestrebungen des Bürgertums entwickelte sich – insbesondere auf dem Gebiet der Musik – ein reiches geistig-kulturelles Leben. 1802 an Preußen gefallen, geriet die Stadt von 1806 bis 1814 unter französische Herrschaft, gegen die sich die Bevölkerung heftig zur Wehr setzte. Seit 1814 wieder preußisch, wurde 1816 die Universität geschlossen.

Nach der bürgerlich-demokratischen Revolution von 1848/49, an der sich fortschrittliche Bürger und Arbeiter der Stadt beteiligten, vollzog sich allmählich die kapitalistische Industrialisierung. Aber erst nach der Einigung Deutschlands durch Preußen von 1871 und der Aufhebung des Festungscharakters (1873) konnte die Industrialisierung weiter fortschreiten. Mit der kapitalistischen Industrialisierung erstarkte die Arbeiterbewegung. Die 1865 gegründete Ortsgruppe des Allgemeinen Deutschen Arbeitervereins trat 1869 der sozialdemokratischen Partei bei, die 1891 auf ihrem Erfurter Parteitag im Kongreßsaal das „Erfurter Programm" beschloß. 1906 war Erfurt mit 100 000 Einwohnern bereits Großstadt. Während der Novemberrevolution entstand am 2. Januar 1919 einer der ersten Ortsvereine der KPD in Deutschland. Die KPD, seit 1920 stärkste Arbeiterpartei der Stadt, beeinflußte die Kämpfe der Arbeiterklasse gegen den Kapp-Putsch, gegen die Cuno-Regierung und gegen den aufkommenden Faschismus entscheidend. Die Auswirkungen der Weltwirtschaftskrise von 1929/32 und des faschistischen Raubkrieges vernichteten die bescheidenen Aufbauerfolge der zwanziger Jahre. Zahlreiche Antifaschisten kämpften nach der Errichtung der faschistischen Diktatur illegal weiter. Viele von ihnen wurden von den Faschisten ermordet. Hunderte von Gebäuden fielen im zweiten Weltkrieg anglo-amerikanischen Bombenangriffen zum Opfer, u. a. das Collegium majus der alten Universität, die Barfüßerkirche und Teile des Augustinerklosters.

Die faschistische Diktatur endete für die Erfurter Bevölkerung mit dem Einmarsch amerikanischer Truppen im April 1945. Doch erst die Übernahme der Stadt durch die sowjetische Besatzungsmacht am 3. Juli 1945 ermöglichte den Antifaschisten die Legalität und den Aufbau einer demokratischen Stadtverwaltung.

Sofort nach Kriegsende wurde mit dem Wiederaufbau der Stadt begonnen. Neben neuen Wohnvierteln entstanden Schulen, Kindergärten und -horte, Feierabendheime, Polikliniken sowie Kultur- und Klubhäuser der Werktätigen. 1953 öffnete das Pädagogische Institut (seit 1969 Pädagogische Hochschule „Dr. Theodor Neubauer" Erfurt/Mühlhausen), 1954 die Medizinische Akademie ihre Pforten. Vom kulturellen Aufschwung künden das Schauspielhaus als zweite Erfurter Bühne, ein Kabarett, eine Puppenbühne, ein Aquarium, der Thüringer Zoopark sowie mehrere neue museale Einrichtungen. Allein seit 1971 entstanden im komplexen Wohnungsneubau rund 45 000 Wohnungseinheiten. Damit verbesserten sich die Wohnverhältnisse für mehr als die Hälfte der Erfurter Bürger.

Pieck-
Straße
Ufer
Schmidtstedter
Thälmann
Clara
Hauptbahnhof
Ring
Kramperstr.
Kaufmannstr.
Kaufmannskirche
Hauptpost
Anger
Angermuseum
Bahnhof-Str.
Ursulinenkirche u. Kloster
Panorama-Palast
Theater
Regler-kirche
Museum für Stadtgeschichte
Alhambra Theater
Gedenkstätte Erfurter Parteitag 1891
Schottenkirche
Lindenweg
Hospitalplatz
Hospital
Kosmos
Lorenzkirche
Barth. Turm
Lachsgasse
Thomaseck
Breite Gasse
Roseng.
Löberstr.
Stadtmauer
Krämerbrücke
Wenigemarkt
Gotthardtstr.
Augustinerkirche u. Kloster
Nikolaiturm
Michaelisstr.
Rathaus
Fischmarkt
Predigerkirche
Musikschule
Barfüßerkirche
Meister-Eckehart-Str.
Haus der Kultur
Markgrafeng.
Marstallstr.
Schauspielhaus
Allerheiligenkirche
Große Arche
Waidspeicher
Domplatz
Domstufen
Dom
Severikirche
Wiss. Allgem. Bibliothek
Petersberg
Sportplatz
Haus der Jungen Pioniere Otto Grotewohl
Brühler Garten
Hermannsplatz
Regierungsstr.
Theaterstraße
Opernhaus
Frauenklinik
Karl-Marx-Platz
Synagoge
Martinikirche
Lauentor
Wagenhaus
5020
MITTE

Erfurt: Dom und St.-Severi-Kirche

Die zumeist in Kombinaten vereinigten Großbetriebe wie veb mikroelektronik „karl marx", veb ERFURT electronic „Friedrich Engels", VEB Kombinat Umformtechnik „Herbert Warnke", VEB Robotron-Optima Büromaschinenwerk, VEB Thüringer Stahlbau, VEB Schuhfabrik „Paul Schäfer" und VEB Bekleidungswerke Erfurt trugen dazu bei, daß Erfurt heute zu den bedeutendsten Industriestädten der DDR zählt. Erfurt wurde auch wieder zu einem herausragenden Zentrum des Gartenbaus. Der Betriebsteil Erfurt des VEB Saat- und Pflanzgut gartenbaulicher Kulturpflanzenarten Quedlinburg, das VEG Saatzucht-Zierpflanzen und genossenschaftliche Betriebe setzen die Traditionen des Erfurter Gartenbaus fort. Blumenschauen und Samenexportausstellungen schufen die Voraussetzungen dafür, daß Erfurt 1961 zur Stadt internationaler Gartenbauausstellungen der sozialistischen Länder (iga) werden konnte.

Sehenswürdigkeiten: Erfurt ist außerordentlich reich an Sehenswürdigkeiten. Sein altes Wahrzeichen ist das Ensemble von *Dom* und *St.-Severi-Kirche* (12.–14. Jh.), das – auf einem Hügel am Domplatz gelegen – die Innenstadt überragt. Die viaduktartigen Kavaten – mächtige Steinbögen, die den 26 m hohen Domchor tragen helfen (14. Jh.) –, der spätgotische Triangel, ein Vorbau des Domes mit den beiden prächtigen Plastikgruppen der klugen und törichten Jungfrauen und der zwölf Apostel, sowie die „Graden", eine zum Plateau hinaufführende Freitreppe mit 70 Stufen, zählen zu den kostbaren architektonischen Details des weltberühmten sakralen Denkmals. Das Innere der beiden Kirchen birgt eine große Anzahl wertvoller Kunstwerke, wie den hochromanischen Kerzenträger Wolfram (12. Jh.) und den Einhornaltar (15. Jh.) im Dom sowie den Severisarkophag (um 1365) und das Alabasterrelief des heiligen Michael (1467) in der St.-Severi-Kirche. Eine der größten Glocken unserer Republik, die *Gloriosa,* ist im Domgeläut zu besichtigen.

Die romanische *Peterskirche* auf dem Petersberg (12. Jh.), die *Predigerkirche,* eine Bettelordenskirche aus dem 13. Jh., in der Meister Eckhart wirkte, die *Augustinerkirche* und das Augustinerkloster, durch das Wirken Martin Luthers bekannt, *Ägidien-*(Wenigemarkt), *Michaelis-* (Michaelisstraße) und *Allerheiligenkirche* (Marktstraße) – im 12./14. Jh. entstanden – zählen zu den schönsten Kirchenbauten des „türmereichen Erfurt".

Im Zentrum der Stadt liegt die über 650 Jahre alte *Krämerbrücke,* ein in Europa in seiner Art einmaliges Bauwerk (1325). Über die beiderseits von Fachwerkhäusern bestandene Brükkenstraße nahmen jahrhundertelang die Kaufmannszüge zwischen Westeuropa und den slawischen Ländern im Osten ihren Weg. In der großflächig restaurierten und sanierten Altstadt künden die *Patrizierhäuser* der Gotik und der Renaissance wie z. B. *„Zum güldenen Hecht"* (1557), Anger 37, *„Zum breiten Herd"* (1584) am Fischmarkt, *„Zum roten Ochsen"* (1562), heute „Galerie am Fischmarkt", *„Zur hohen Lilie"* (1538) am Domplatz, *„Zum großen Paradies und Esel"* in der Rathausgasse, *„Zum güldenen Stern"* (1459), Allerheiligenstr. 11, und *„Zur Engelsburg",* Versammlungsstätte des Erfurter Humanistenkreises am Beginn des 16. Jh. in der Allerheiligenstr. 20, von der Kunstfertigkeit mittelalterlichen Handwerks.

Am Dämmchen, dem Erfurter „Venedig", ist eine mittelalterliche Studentenburse, die „Bursa pauperum", erhalten. Die *Georgenburse,* vermutlich Herberge Luthers (Lehmannsbrücke), wurde 1983 ebenso rekonstruiert wie die Fassade des *Collegium majus* (1515), Michaelisstraße. In unmittelbarer Nähe, Michaelisstr. 39, befindet sich die Sondersammlung der Wissenschaftlichen Allgemeinbibliothek mit der weltbekannten Handschriftensammlung des Arztes Amplonius Ratingk von Berka. In einem restaurierten Waidspeicher, *Große Arche,* fanden das Kabarett „Die Arche" und die Puppenbühne Unterkunft. Die *„Steinerne Chronik"* der Michaelisstraße – „Zum schwarzen Horn", „Zum Greifenstein", „Zum güldenen Krönbacken", Michaeliskirche – vereint Baustile der Früh-, Hoch- und Spätgotik sowie der Renaissance auf interessante Weise.

Im *Angermuseum,* Anger 18 – ein Barockbau (1712) wie der linke Flügel der ehemaligen *kurmainzischen Statthalterei* (1720) am Platz der Deutsch-Sowjetischen Freundschaft –, befindet sich das Kunsthistorische Museum mit Gemäldegalerien alter und neuer Meister, Glas- und Fayencesammlungen und einer Mittelalterhalle. Das *Museum für Thüringer Volkskunde,* Juri-Gagarin-Ring 140 a, beherbergt auch eine ur- und frühgeschichtliche Schausammlung und naturkundliche Sonderausstellungen. Das *Museum für Stadtgeschichte* im Renaissancehaus „Zum Stockfisch", Leninstr. 269, bietet einen Überblick über die historische Entwicklung Erfurts von der frühbürgerlichen Revolution bis zur Gegenwart. Im restaurierten Chor der *Barfüßerkirche,* Barfüßerstraße, befindet sich das *Museum für die Kunst des Mittelalters.* Die *Gedenkstätte „Erfurter Parteitag 1891",* Futterstr. 14/15, würdigt die Bedeutung des Erfurter Programms der Sozialdemokratie. Im *Rathaus* am Fischmarkt 1 berichten Gemälde aus dem 19. Jh. von der Geschichte der Stadt.

Das *Gartenbaumuseum* auf dem Gelände der „iga" (Cyriaksburg) zeigt die Entwicklung des deutschen Gartenbaus. Eine Abteilung ist dem Leben und Wirken Christian Reicharts gewidmet. Auf dem ganzjährig geöffneten, über 100 ha großen Freigelände und den rund 30 000 m² Hallen umfassenden *Ausstellungsflächen der „iga"* mit wundervollem Blick über die Stadt werden die neuesten Erkenntnisse des Gartenbaus vermittelt. Vom Frühjahr bis zum Herbst finden wechselnde Blumen- und Gemüseschauen sowie mannigfaltige Ausstel-

Erfurt: Angermuseum

lungen des Kunsthandwerks und der Industrieproduktion statt. In dem nach modernsten Gesichtspunkten gestalteten Park dienen Cafés und Gaststätten, ein *Aussichtsturm*, eine Volkssternwarte, Musikpavillons und eine *Freilichtbühne* der Entspannung, Bildung und Erholung.

Weitere Sehenswürdigkeiten sind das *Aquarium* am Nettelbeckufer und der *Thüringer Zoopark* auf dem Roten Berg. Der Zoopark zeigt die Tiere in weitläufigen Freigehegen. Lohnend sind Spaziergänge durch die Park- und Grünanlagen der Stadt (zum großen Teil ehemalige Wallanlagen der Stadtbefestigung) mit ihren dendrologischen Besonderheiten und dem *Botanischen Garten*.

Das „Tivoli", heute Klubhaus des VEB Schuhfabrik „Paul Schäfer", Karl-Marx-Allee 4, und eine Gedenktafel am Haus Feldstr. 18, wo die Faschisten eines der ersten Konzentrationslager in Thüringen errichteten, berichten vom aufopferungsvollen Kampf der Erfurter Arbeiter und Widerstandskämpfer. Die *Synagoge*, 1952 am Juri-Gagarin-Ring an jener Stelle errichtet, an der in der Pogromnacht vom 9. zum 10. November 1938 die Faschisten das alte Gotteshaus niederbrannten, mahnt die Überlebenden.

Das Stadtzentrum Erfurts hat in den letzten Jahren durch die großzügige Neugestaltung und komplexe Instandsetzung ganzer Straßenzüge und Stadtviertel ein neues Gesicht erhalten. So wurden die größtenteils im Jugendstil gestalteten Fassaden am *Anger* und in der *Bahnhofstraße* (Nr. 37 auch Sitz der Erfurt-Information) restauriert. Ein Glockenspiel auf dem Bartholomäusturm (1412) verleiht dem Ensemble einen besonderen Reiz. Zu den Neubaugebieten am Stadtrand, die sich wie die Wohngebiete im Rieth, am Roten Berg, an der Nordhäuser Straße, am Herrenberg, am Wiesenhügel und am Drosselberg weiter ausdehnen, dem Hochschulviertel an der Nordhäuser Straße und dem Sportzentrum „Süd" an der Klement-Gottwald-Allee gesellen sich modern gestaltete Arbeits-, Verkehrs- und Wohnbereiche in der Innenstadt wie am südlichen Juri-Gagarin-Ring.

Ausflugsziele in der Umgebung: Zu allen Jahreszeiten finden im *Schloß Molsdorf* (1736/45), mit Museum und Gaststätte, Konzerte und Theateraufführungen statt. Die Parkanlage stammt vom Beginn des 18. Jh. (↗ Bl. 13)

Weimar

Lage und Bedeutung: Inmitten des Thüringer Beckens, zwischen dem 478 m hohen Ettersberg im Norden und flacheren Höhenzügen im Süden, die als Ausläufer der Ilm-Saale-Platte bis nahe an die Stadt vorstoßen, breitet sich Weimar in einer Höhenlage von 200 bis 250 m ü. d. M. an beiden Ufern der Ilm aus, die vom Thüringer Wald herabkommt und der im Stadtgebiet mehrere Wasserläufe zufließen. Die über tausendjährige Stadt fügt sich harmonisch in die bewegte Landschaft der Ilmniederung ein und dehnt sich mit ihren Straßen, Gärten, Grünanlagen und Neubauvierteln bis auf die Erhebungen der Umgebung aus. Sie ist an die Ost-West-Magistrale des Eisenbahnnetzes der DDR sowie an die Autobahn in Richtung Hermsdorfer Kreuz und Eisenach angeschlossen.

Als Stadt der deutschen Klassik übt Weimar auf in- und ausländische Touristen, Künstler und Wissenschaftler eine hohe Anziehungskraft aus. Die mit ungefähr 63 900 Einwohnern zweitgrößte Stadt im Bezirk Erfurt wurde mit ihren zahlreichen Sehenswürdigkeiten, Gedenkstätten, Museen, wissenschaftlichen und künstlerischen Einrichtungen zu einer Stätte nationaler und internationaler Begegnungen sowie bemerkenswerter Kultur- und Kunstereignisse.

Träger des Weimarer Kulturlebens sind Institutionen und Organisationen von unterschiedlichem Aufgaben- und Wirkungsbereich. Sie haben zum Teil nationale und internationale Bedeutung, wie die Nationalen Forschungs- und Gedenkstätten der klassischen deutschen Literatur, die Nationale Mahn- und Gedenkstätte Buchenwald, das Deutsche Nationaltheater, die Kunstsammlungen zu Weimar, das Museum für Ur- und Frühgeschichte Thüringens und das Staatsarchiv. Regelmäßig stattfindende kulturelle Höhepunkte wie die Tagungen der internationalen Goethe-Gesellschaft, der Deutschen Shakespeare-Gesellschaft, das Internationale Musikseminar, Hochschulferienkurse für Germanistik, die Thüringer Bach- und Musiktage, Veranstaltungsreihen wie „Ostern in Weimar" und die Weimartage der Freien Deutschen Jugend sowie festliche Begegnungen zu den Geburtstagen von Goethe und Schiller und zu anderen Gedenktagen begründen den Ruf Weimars in unserer Zeit auf unverwechselbare Weise.

International geachtete Bildungsstätten wie die Hochschule für Architektur und Bauwesen, die Hochschule für Musik „Franz Liszt" sowie weitere wichtige Institute, Forschungseinrichtungen und Fachschulen haben Weimar auch zu einer Stadt der Wissenschaft und Lehre werden lassen. Trotz ungünstiger Standortbedingungen und des Fehlens örtlicher Rohstoffe gelang es nach 1945, die jahrhundertelang vernachlässigten wirtschaftlichen Möglichkeiten zu entwickeln und der Stadt mit modernen Industriebetrieben auch ein wirtschaftliches Gewicht zu geben. So verfügen die Betriebe und Kombinate des Landmaschinenbaus, der Uhrenindustrie, des Wasserbaus, der Mikroelektronik, des Straßenbaus und des Stahlbaus über ein beachtliches ökonomisches Potential, an dem auch zahlreiche mittlere und kleinere Betriebe einen nicht unbeträchtlichen Anteil haben.

Geschichte: Im Travertinvorkommen des Ortsteiles Ehringsdorf gelangen aufsehenerregende Funde ältester Menschheitsgeschichte. Während der Völkerwanderung war Weimar ein politischer und kultureller Mittelpunkt des Stammesverbandes der Thüringer. Die erste Nachricht von einem befestigten Platz „Wimare“ stammt aus dem 10. Jh. (der Name bedeutet so viel wie heiliger See oder Sumpf und weist auf eine altgermanische Kultstätte hin). Ein genaues Datum der Stadtgründung ist nicht bekannt, doch lassen mehrere Überlieferungen auf die Zeit um 1250 schließen. Im 11. Jh. gelangte die alte Wasserburg an der Stelle des heutigen Schlosses in den Besitz der Grafen von Orlamünde. Als dieses Geschlecht 1372 ausstarb, wurde Weimar dem wettinischen Territorium unmittelbar angegliedert. Für das weitere Schicksal der Stadt brachte die Reformation ein entscheidendes Ereignis. Nach der Niederlage während des Schmalkaldischen Krieges in der Schlacht bei Mühlberg 1547 verlor der protestantische Kurfürst Johann Friedrich von Sachsen Kurwürde und Kurländer. Nur der Besitz in Thüringen wurde ihm belassen. So wurde Weimar zur Residenz der sächsischen Herzöge bis zur Beseitigung der Monarchie 1918.

In dem kleinen Herzogtum prägte sich der Absolutismus in einer verkrüppelten, halbpatriarchalischen Form aus. Manufaktur und Verlagswesen wurden von den Regenten nur insoweit gefördert, als es für den Luxus und Finanzbedarf des Hofes nützlich schien. Im 18. Jh. verbanden Anna Amalia und ihr Sohn Carl August die Reformpolitik des aufgeklärten Absolutismus mit der Pflege von Wissenschaft und Kunst, um das gesellschaftliche Ansehen ihres Herrschaftsbereiches zu heben, die ärgsten sozialen und wirtschaftlichen Mißstände zu beseitigen und das Feudalregime der unvermeidlichen bürgerlichen Entwicklung anzupassen.

Es gehört zu den Besonderheiten der deutschen und europäischen Kulturgeschichte, daß in der Residenzstadt eines kleinen Duodezfürstentums bürgerlich-humanistisches Denken einen Höhepunkt erreichte, der Weimar durch das Wirken Johann Wolfgang Goethes, Friedrich Schillers, Christoph Martin Wielands und Johann Gottfried Herders sowie ihrer hervorragenden Zeitgenossen, die sich um sie scharten, zur schöngeistigen Hauptstadt Deutschlands aufsteigen ließ und die Stadt als Mittelpunkt der klassischen deutschen Literatur in der ganzen Welt bekannt machte.

Doch es waren nicht nur Schriftsteller und Dichter, die den Ruhm der Stadt begründeten und mehrten. Johann Sebastian Bach wirkte als Organist und Mitglied der Hofkapelle mehrere Jahre in Weimar und schuf hier eine Reihe seiner bedeutendsten Orgelwerke. Der Mozartschüler, Dirigent und Komponist Johann Nepomuk Hummel galt bereits als einer der berühmtesten Pianisten und Improvisatoren seiner Zeit, als er 41jährig 1819 nach Weimar berufen wurde. In der 2. Hälfte des 19. Jh. leitete Franz Liszt mit der Tatkraft seiner überragenden Künstlerpersönlichkeit für die Stadt einen neuen, glanzvollen Abschnitt ihrer Geschichte ein. Im September 1889 trat der junge Richard Strauss seinen Dienst am Dirigentenpult des Theaters an und krönte seine fünfjährige Tätigkeit in der Goethe- und Schiller-Stadt mit der Uraufführung der Märchenoper „Hänsel und Gretel“ von Engelbert Humperdinck.

Zum ersten Mal in der Geschichte Weimars verband sich der Name eines berühmten Künstlers mit dem der Stadt, als Lucas Cranach d. Ä. 1552 in das Haus seines Schwiegersohnes, des Kanzlers Christian Brück, zog und hier sein letztes Lebensjahr verbrachte. Als etwa dreihundert Jahre später, im Oktober 1860, die Kunstschule eröffnet wurde, geschah dies in der Absicht, der Stadt neben dem Ruf als Wirkungsstätte großer Dichter, Denker und Musiker auch noch den Namen einer Pflegestätte der bildenden Kunst zu verleihen. Wenn es auch den Bestrebungen des kunstliebenden

Hinter d. Bahnhof
dem Bahnhof
Mitropa
Aug. Baudert-Platz
Schopenhauer-
Busbahnhof
Einheit
Trott
Rohlfsstraße
Interhotel International
Polikl. Nord
Kuhlmannstr.
Ring
Ernst-
Weimarischer Hof
Meyer-
straße
Club der Volkssolidarität Emil Friedrich
Expreß-Café
Platz der 56000
E.-Thälmann-Denkmal
von-
Ossietzky-
Lenin-
Bremer-
Brehme-
straße
Pieck-
Straße
Meyer-
Bahn-
Fries-
Gläser-
straße
Schlachthof-
Café-Ecke
Straße
Rosenthal-
Kirschberg
Carl-
Thälmann-
Jungen Pioniere
der
Straße
Bockstraße
Kreiskulturhaus Michael Niederkirchner
Wilhelm-
Eduard-
Zur Rose
Krankenhaus
Ilm
Rathenau-platz
Naumann-Str.
Friedrich-
Asbach-
straße
Karl-Marx-Platz
Am
straße
Friedens-
Weimarhallen-
park
Weimarhalle
Stadtmuseum (Bertuchhaus)
Espresso
Rollgasse
Kinder-krkhs.
Jakobs-plan
Am Jakobskirchhof
Jakobs-kirchhof
Zum Siechenbräu
Goldener Stern
Ferd.-Freiligrath-Str.
Jakob-
gasse
Brühl
Friedensbrücke
Jenaer-
Tiefurter
Goethe- u. Schiller-archiv
Wagner-
Roll-
platz
Kunstkabinett
K.-Liebknecht-Str.
Coudray-
straße
Hauptpost
Graben
Große Kirchgasse
Kleine Kirchgasse
Unter-graben
Gerber-
Albert Schweitzer Ged.stätte
str.
Kegelbrücke
Hans-
Wahl-
Goethe-
Tageskaffee
Gerh.-Hauptmann-Str.
platz
Studentenklub
Kl. Teichg.
Karl-
straße
Teichg.
Rosmariengasse
Jakobstr.
Lutherstraße
Kirms-Krackow-Haus
Marstallstr.
Kegelplatz
Russischer Hof
Jugendklubhaus
Schertgasse
Stadtkirche (Herderkirche)
Herder-pl.
Vorwerksgasse
Mostg.
Schloß
Rothäuserbe
Geleit-
Eisfeld
Scharfe Ecke
Buffet
Bottchergasse
Goethecafé
Wieland-str.
Rittergasse
Weimar-Information
Dimitroffstr.
Hinter d. Bade-
Burg-platz
Sternbrücke
Leibniz-
straße
Lange
Heinr.-Heine-Str.
Deutsches Nationaltheater
Theater-pl.
Kunsthalle
Zeug-
hof
Wittumspal.
Palais
Marktstr.
Resi
Grüner Markt
Markt
Raths.
Cranach-haus
Rat der Stadt
Haus der Jungen Pioniere
Sophien-stiftplatz
Busbahnhof
Dingelstedtstr.
Theater kas.
Esplanade
Windischenstr.
Schiller-haus
Neugasse
Schwarzer Bär
Hotel Elephant
Ratskeller
Platz der Demokratie
Stern
Hummel-
Friedens-
Schützen-gasse
Schiller-str.
Frauentorstr.
Zentralbibliothek d. deutschen Klassik
Hochschule f. Musik
Puschkinstraße
Philipp-Müller-Str.
Alt Weimar
Poliklinik Süd
Haus Stadt Weimar
Brauhaus-
Zum Goethe-brunnen
Frauen-plan
Weißer Schwan
gasse
Seifen-
Goethehaus
wand
Haus der Frau v. Stein
Corona-
straße
Stadt-bücherei
Wieland-platz
Acker-
Beethoven-platz
Bettina-von-Arnim-Str.
Quelle
Naturbrücke
Club
Christl. Hospiz
str.
Preller-
Ringhotel
Hegel-
Sophien-Krankenhaus
Staatsarchiv
Ruine
Shakespeare-denkmal
Goethes Gartenhaus
Ring
Museum f. Ur- u. Frühgeschichte
Tempelherrenhaus Sowj.
Liszthaus
Ehrenfriedhof
Liszt-denkmal
Straße
A.-Poseck-Str.
Am Friedhof
Amalienstraße
Marienstraße
Henßstraße
Geschw.-Scholl-Str.
Hochsch. f. Architektur u. Bauwesen
Belvederer
„15. August“
Cranachstr.
R.-Breitsc
Erich-Weinert-
Park
Duxbrücke
Goethe- u. Schillergruft
Ecker-mann-
Th.-Hagen-W.
Str.

Großherzogs Carl Alexander und aristokratischem Mäzenatentum nicht gelang, die Höhe der Klassik wieder zu erreichen, so erwies sich doch die Kunstschule als belebender Faktor im geistig-kulturellen und wirtschaftlichen Leben der Stadt. 1902 kam der belgische Maler, Kunstgewerbler und Architekt Henry van de Velde nach Weimar. Er begründete die Tradition der Stadt als Ausbildungsstätte für Architektur und angewandte Kunst, die unter Walter Gropius 1919 zum Staatlichen Bauhaus und später zur heutigen Hochschule für Architektur und Bauwesen weiterentwickelt wurde.

In der Schlußphase der Novemberrevolution trat am 6. Februar 1919 im Weimarer Theater die verfassunggebende Nationalversammlung der ersten deutschen Republik zusammen. Unter den Bedingungen des Ausnahmezustandes wurden die wichtigsten staatsbildenden Gesetze beschlossen und schließlich am 31. Juli des gleichen Jahres die Weimarer Verfassung verabschiedet. Doch wie sehr sich auch die Volksbeauftragten an den schönen Worten von Freiheit, Menschenwürde und sozialer Gerechtigkeit berauschten, in Wahrheit riefen sie mit der Weimarer Republik eine Scheindemokratie ins Leben, die den Faschisten 1933 die Machtergreifung ermöglichte.

Seinen sichtbaren Ausdruck fand dieses dunkelste und schändlichste Kapitel der deutschen Geschichte in dem 1937 auf dem Ettersberg, in unmittelbarer Nähe der Stadt errichteten faschistischen Konzentrationslager Buchenwald, in dem bis zur Selbstbefreiung der Häftlinge unter Leitung eines Internationalen Lagerkomitees am 11. April 1945 mehr als 65 000 Antifaschisten aus 32 Nationen an den Qualen und Entbehrungen zugrunde gingen oder von der SS ermordet wurden, unter ihnen der KPD-Vorsitzende Ernst Thälmann und der Vorsitzende der SPD-Fraktion im Reichstag Rudolf Breitscheid. Erst mit der Zerschlagung des Faschismus konnte an die fortschrittlichen Traditionen der Stadt wieder angeknüpft werden.

Sehenswürdigkeiten: Weimars Sehenswürdigkeiten erschließen sich dem Besucher auf engem Raum am eindrucksvollsten bei einem Rundgang durch die denkmalgeschützte *Altstadt* mit ihren erinnerungsträchtigen Straßen, Plätzen und Gebäuden. Der verkehrsreiche *Goetheplatz* ist ebenso sehenswert wie die schmale Wielandstraße. Das Theater Weimars, 1919 zum *Deutschen Nationaltheater* erhoben, zählt zu den traditionsreichsten Spielstätten der DDR. Davor steht seit 1857 das *Doppelstandbild Goethes und Schillers*, mit dem der Dresdner Bildhauer Rietschel ein formschönes Denkmal der Dichterfreundschaft schuf, das zum Wahrzeichen der Stadt wurde. Gegenüber dem Theater befinden sich das heute als *Kunsthalle* genutzte ehemalige Kulissenhaus und das *Wittumspalais* (mit *Wieland-Museum*) der Herzogin Anna Amalia, die die Tafelrunde und die von Goethe begründete Freitagsgesellschaft zu jenen Ereignissen machte, an dem sich der aufgeklärte Geist des klassischen Weimar am überzeugendsten offenbarte.

Schillers Wohnhaus, das älteste erhaltene Gebäude in der nach dem Dichter benannten und in der Fußgängerzone gelegenen Hauptgeschäftsstraße Weimars, gehört zu den beeindruckendsten Memorialstätten der deutschen Klassik. Im Zusammenhang mit dem Bau eines repräsentativen *Schiller-Museums*, das 1988 der Öffentlichkeit übergeben wurde, erfuhr das Haus eine gründliche Erneuerung, um seinen Charakter als original eingerichtete Erinnerungsstätte noch deutlicher auszuprägen.

Das weltbekannte *Goethehaus* am Frauenplan ist alljährlich Ziel Hunderttausender, die nach Weimar kommen, um Geist und Werk des größten deutschen Dichters an der Stätte seiner stärksten Wirksamkeit zu erleben. Durch Anbauten an das Wohnhaus entstanden zusätzliche Räume für ein *Literaturmuseum*. Dieses zeigt, entsprechend den neuesten wissenschaftlichen Erkenntnissen und technischen Möglichkeiten gestaltet, Goethes Le-

Weimar: Goethehaus am Frauenplan

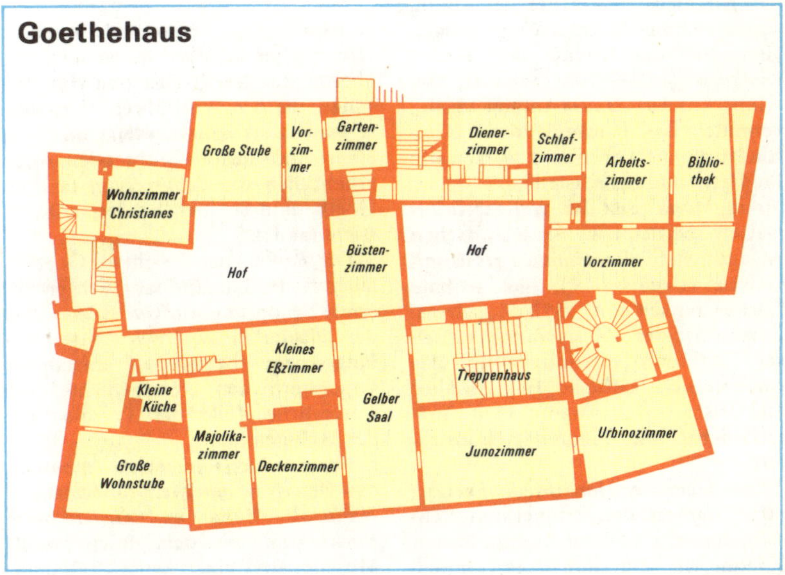

bensleistung im Zusammenhang mit seiner Biographie und vor dem Hintergrund geschichtlicher Entwicklungsprozesse und Ereignisse.

Die im ehemaligen *Residenzschloß* – mit Turm und Bastille ebenfalls ein Wahrzeichen Weimars und Baudenkmal eines Jahrtausends – untergebrachten *Kunstsammlungen zu Weimar* zählen mit mehr als 70 Räumen zu den reichhaltigsten Kunstgalerien der DDR.

Im sogenannten *Grünen Schloß* (1562/65) von Grohmann ist die *Zentralbibliothek der deutschen Klassik* untergebracht. In der Nähe der Barockbau der Hochschule für Musik „Franz Liszt". Das *Liszt-Haus* in der Marienstraße vermittelt einen Eindruck vom Leben und Schaffen des Komponisten und Pianisten während seines Weimarer Aufenthaltes von 1848 – von zeitweiligen Auslandsaufenthalten abgesehen – bis zu seinem Tod 1886.

Ein schönes Ensemble bildet der Kegelplatz mit dem *Musäushaus* (1754), in dem sich die *Albert-Schweitzer-Gedenkstätte* befindet.

Den Herderplatz beherrscht die spätgotische *Stadtkirche St. Peter und Paul.* Wichtigstes Ausstattungsstück der Kirche ist der Mitte des 16. Jh. von den Cranachs geschaffene Flügelaltar. Vor der Kirche das *Herder-Denkmal* (1850) von Schaller. Im *Kirms-Krackow-Haus* (Anfang 16. Jh.) vermittelt das *Herder-Museum* einen Eindruck vom Leben und Wirken des Predigers und Schriftstellers.

Am *Markt* (Sitz der Weimar-Information), Mittelpunkt der historischen Altstadt, steht das *Cranach-Haus* mit Galerie (Renaissance), hier wohnte Lucas Cranach d. Ä. 1552/53; sehenswert ferner der *Neptunbrunnen* (1570; seit 18. Jh. mit Neptunfigur) und das *Stadthaus* (1. Hälfte 16. Jh.), ein altes Handelshaus mit spätgotischem Maßwerkgiebel und Figuren (rekonstruiert).

Der *Weimarer Hauptfriedhof* gehört nicht nur zu den erinnerungsreichsten, sondern auch zu den schönsten Friedhöfen. Sein einmaliges Gepräge

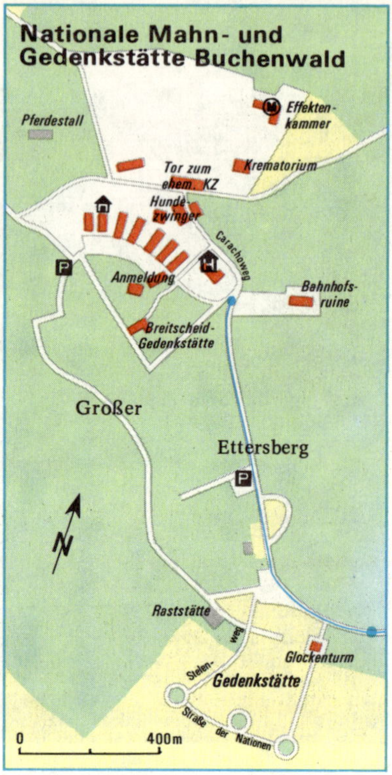

verleiht ihm der älteste Teil, heute als Historischer Friedhof bezeichnet, mit über einhundert Grabstätten von Personen, die den Wortführern der deutschen Klassik nahestanden. Am Ende einer sanft aufwärts führenden Allee erhebt sich das *Mausoleum,* in dem Goethe und Schiller ihre letzte Ruhestätte fanden.

Der *Park an der Ilm* gilt als Goethes lebendigste, Jahr für Jahr sich erneuernde Schöpfung. Im *Gartenhaus,* das der Dichter in seinen Weimarer Anfangsjahren bewohnte, entstanden seine herrlichen Naturgedichte und wesentliche Teile der Prosafassung der „Iphigenie".

Ein nicht verstummender Appell an das Gewissen der Menschheit ist die *Nationale Mahn- und Gedenkstätte Buchenwald* mit dem Buchenwald-Museum und einer Ernst-Thälmann-

Weimar: Nationale Mahn- und Gedenkstätte Buchenwald

Gedenkstätte auf dem Gelände des ehemaligen faschistischen Konzentrationslagers. Diese größte Gedenkstätte des antifaschistischen Widerstandskampfes in der DDR vermittelt eine erschütternde Aussage über die Verbrechen der Hitlerfaschisten an den Häftlingen, die hier von 1937 bis 1945 litten und starben, zeugt aber auch von deren Heldenmut im Kampf gegen Faschismus und Krieg. Im Auftrag der Regierung der DDR entstand von 1954 bis 1958 ein beeindruckendes Ehrenmal, das sich über die Massengräber am Südhang des Ettersberges erhebt (Stelenweg, Straße der Nationen, Glockenturm und Plastikgruppe von Cremer).

Ausflugsziele in der Umgebung: Eine Busverbindung führt von Weimar aus nach *Schloß Tiefurt,* Sommersitz der Herzogin Anna Amalia von 1781 bis 1806. Sehenswert auch der Tiefurter *Landschaftspark.*

Das barocke *Schloß Belvedere* (1724/32) mit Rokokomuseum, einst Jagd- und Lustschloß, vermittelt einen bleibenden Eindruck. In der *Orangerie Belvedere* eine Sammlung historischer Wagen.

In *Ettersburg* befindet sich ein barockes *Jagdschloß* (1706/12) mit einem Landschaftspark, der unter Mitwirkung von Fürst Pückler umgestaltet wurde.

Nur etwa 8 km von Weimar entfernt liegt das Wielandgut *Oßmannstedt,* von 1797 bis 1803 Wohnsitz Christoph Martin Wielands. In der Gedenkstätte literarische Zeugnisse und Gegenstände des Dichters, im Park auch das Grab Wielands und seiner Frau. (↗ Bl. 14)

Bad Berka

Lage und Bedeutung: Inmitten des von landschaftlicher Schönheit geprägten mittleren Ilmtals liegt die Kurstadt Bad Berka (5600 Einw.). Viele Jahrhunderte lang ein unbedeutender Ackerbürgerort, begann zur Goethezeit ein neuer Abschnitt, als auf Anweisung des Weimarer Herzogs Carl August ein Schwefelbad begründet wurde. Erst in unserer Zeit erlangte Bad Berka den Ruf eines weithin anerkannten Kurortes und Volksheilbades der Werktätigen.

Stadtgeschichte: Lange schon besiedelt und einst durch eine Wasserburg, später eine Höhenburg geschützt, trat der Ort ins Licht der Öffentlichkeit, als der Lehrer Schütz 1811 auf „heilkräftige Quellen" hinwies. Der Weimarer Hof zeigte sofort lebhaftes Interesse. Er beauftragte Goethe, die Einrichtung eines Kurbades zu prüfen. Goethe stand diesem Ansinnen skeptisch gegenüber, zumal die Gutachten der Jenaer Gelehrten Döbereiner und Voigt über die vermeintlichen Schwefelquellen ungünstig ausfielen. Dennoch befahl der Herzog die Herrichtung zum Kurort. Gleichzeitig bewilligte er dafür „2000 Thaler Kassegeld". Am 24. Juni 1813 wurde das Bad eröffnet. Bald schon ließ die Nachfrage an Berka nach, da es im Vergleich zu den Weltbädern wie Karlsbad, Bad Pyrmont oder Wiesbaden keinesfalls bestehen konnte. Der Ort und seine Bewohner, die sich mit der Badgründung eine Besserung ihrer wirtschaftlichen Lage erhofft hatten, gerieten in Schwierigkeiten. Nun setzte sich Goethe mit Macht für eine Belebung des Badebetriebes ein. 1814 kam er zusammen mit seiner Frau für sieben Wochen hierher zur Kur. Manch schöne Dichtung entstand. Aber seine Zweifel bewahrheiteten sich, die Schwefelquelle versiegte, die Stahlquelle verlor an Eisengehalt. Berkas Entwicklung stagnierte.

Im Revolutionsjahr 1848 fand in Berka der „1. Thüringer Volkstag" der Demokraten statt.

Erst als mit der Gründung der DDR das Gesundheitswesen grundlegende Veränderungen erfuhr, begann der Aufschwung der verträumten kleinen Stadt. 1950 wurde sie Volksheilbad und erlebte, um mit den Worten Goethes zu reden, „eine höchst förderliche Bewegung". Zunehmend wurden auch die sehr günstigen bioklimatischen Bedingungen genutzt. 1951 entstand auf der Harth ein den neuesten Erkenntnissen entsprechendes Klinikum für Tuberkuloseerkrankte, der erste große Klinikneubau der DDR. Aus ihm ist die rund 1000 Mitarbeiter zählende Zentralklinik für Herz- und Lungenkrankheiten hervorgegangen, die zu den leistungsfähigsten der Herzzentren der DDR gehört. Ein Herzchirurgisches Rehabilitationszentrum ergänzt diese großartige Einrichtung unseres Gesundheitswesens. Nicht minder anerkannt ist das Volksheilbad mit seinen Klinischen Sanatorien für Gastroenterologie und Stoffwechselerkrankungen, die jährlich fast ebenso viele Kurgäste zählen, wie Bad Berka Einwohner hat.

Sehenswürdigkeiten: In Bad Berka erinnern mehrere historische Stätten an Goethes innige Beziehung zu der kleinen Stadt. Im *Coudrayhaus* (ehemaliges Neues Gesellschaftshaus) eine Goethe-Gedenkstätte. Im *Edelhof,* der auf der Baustatt des frühmittelalterlichen Schlosses liegt, wohnte der Dichter während seiner Kur. Im Haus des Lehrers Schütz, hinter der Kirche gelegen, war er wiederholt zu Gast. Bemerkenswert auch der *Kurpark* mit klassizistischen Kureinrichtungen sowie *Goethebrunnen.* Der *Markt* ist nach 1816 als einheitliche klassizistische Anlage entstanden.

Ausflugsziele in der Umgebung: Die waldreiche Umgebung Bad Berkas lädt zu ausgedehnten Wanderungen ein. Im LSG „Mittleres Ilmtal" ist das Korbmacherstädtchen *Kranichfeld* ein beliebtes Ausflugsziel und Ferienort, es ist der Geburtsort Rudolf Baumbachs, des bekannten Lieddichters („Hoch auf dem gelben Wagen").

Buchfart: Wassermühle

Verschiedene Burganlagen sind Zeugnis der Existenz zahlreicher kleiner Adelsherrschaften. Am rechten Ilmufer die mittelalterliche *Niederburg* (wenige ursprüngliche Bestandteile, interessante Befestigungslinie), heute Ferienheim mit Burggaststätte. Hoch im Wald erhebt sich am linken Ilmufer eine der bedeutendsten Burganlagen im Süden der DDR, das *Oberschloß* (1172 begonnen, 1934 durch Brand erheblich zerstört, umfangreiche Erhaltungsmaßnahmen). Der „Dicke Turm", Reste der ehemaligen Burgkapelle, Südfront mit südwestlichem Eckerker als besonders schönes Zeugnis der Renaissance in Thüringen, sind hervorzuheben. Unweit von Kranichfeld liegt der 38 ha große *Stausee Hohenfeldern* mit seinem ausgedehnten Naherholungs- und Campingzentrum (u. a. Strandbad, Tiergehege, Angelgewässer, im Winter Eislaufmöglichkeit). Das Westufer ist Vogelbrutgebiet, auch Rastplatz durchziehender Vogelarten. Im Dorf **Hohenfelden** zeigt ein Thüringer Freilichtmuseum mit bäuerlichen Haus- und Hofanlagen des 16. bis 19. Jh. die Entwicklung der landwirtschaftlichen Produktion bis zur Gegenwart.

Wanderwege führen 3 km westlich zum **Riechheimer Berg** (513 m), der durch seine seltene Flora bemerkenswert ist. Ihn krönt ein original Thüringer Bauernhaus (Gaststätte).
In der Nähe des Stausees Hohenfelden *Schloß Tonndorf* (heute Altersheim) mit rundem Bergfried und Teilen aus dem 12. Jh., um 1900 rekonstruiert.

Im Dorf **Tiefengruben,** einer denkmalgeschützten Dorfanlage, ein gut erhaltener Rundling von erstaunlichem Ausmaß.

Die größte noch vorhandene überdachte *Holzbrücke* (43 m lang) im Bezirk Erfurt führt in **Buchfart** über die Ilm. Über dem Dorf in den Kalkfelswänden liegt die *Höhenburg,* in der Altsteinzeit benutzt, im Mittelalter zu unbekanntem Zweck ausgebaut. (↗ Bl. 14)

Arnstadt

Lage und Bedeutung: An die reizvollen Vorberge des Thüringer Waldes grenzend, liegt am Ufer der Gera die traditionsreiche thüringische Stadt Arnstadt (30 200 Einw.), der urkundlich älteste Ort unseres Landes. Viele Jahrhunderte das Dasein einer kleinen Residenz führend, ist Arnstadt heute nicht nur ein „Eingangstor" in das zweitgrößte Erholungsgebiet der DDR, sondern zugleich als Sitz bedeutender Industrieunternehmen eine Stätte lebhaften Wirtschaftslebens.

Stadtgeschichte: Schon im Jahr 704 wird „Arnestati" in einer Schenkungsurkunde des fränkischen Herzogs Hedens II. genannt, wodurch für das Gebiet der DDR erstmals die Existenz einer feudalen Grundherrschaft nachgewiesen ist. Der Ort erlangte bald Bedeutung, bereits 954 hielt Otto I. einen Reichstag ab. Auf ihm endete die Opposition der aufständischen Adelspartei des Königssohnes Liudolf. Das Königtum wurde gestärkt und konnte seine ganze Kraft gegen die Einfälle der Ungarn richten, die im Jahr darauf auf dem Lechfeld eine vernichtende Niederlage erlitten. 1266 zur Stadt erhoben, nahmen 1332 die Grafen von Käfernburg-Schwarzburg Arnstadt in Besitz. Im Lauf der Zeit entwickelte es sich zu einer der fünf thüringischen Waidstädte, wurde Stapelplatz für Getreide und Holz sowie ein bekannter Nah- und Fernhandelsort. In Arnstadt waren viele Fernhandelsfuhrleute ansässig, die die Waren über den Thüringer Wald transportierten. Zahlreiche prächtige Bauwerke entstammen dieser Epoche, darunter die doppeltürmige Liebfrauenkirche, nach dem Naumburger Dom der bedeutendste Kirchenbau Thüringens der romanisch-gotischen Übergangsperiode des 13. Jh. Die Stadt war auch bis ins 17. Jh. hinein eines der thüringischen Weinbauzentren.

Während des deutschen Bauernkrieges kam im April 1525 der Schwarzburger Haufen nach Arnstadt und zwang den Grafen zur Anerkennung seiner Forderungen. Nach der Niederlage des Aufstandes wurde Arnstadt hart gestraft und verlor seine Privilegien. Die Bauernführer wurden auf dem Marktplatz hingerichtet.

Um die Wende vom 17. zum 18. Jh. wurde Arnstadt fürstliche Residenz, als Anton Günther II. in den Fürstenstand aufstieg. Zu dieser Zeit wurde die Stadt die Wirkungsstätte der Musikerfamilie Bach. Zahlreiche Mitglieder der in Thüringen allgemein „Bache" genannten Familie lebten und wirkten hier, darunter von 1703 bis 1707 der junge Johann Sebastian Bach als Organist und Chorleiter an der Neuen Kirche (heute Bachkirche).

Im Revolutionsjahr 1848 kam es in Arnstadt zu mehreren demokratischen Aktionen. Auf der nahen Käfernburg veranstalteten Demokraten am 23. Juli 1848 ihren starkbesuchten „3. Thüringer Volkstag". Anfang des 20. Jh. hatten Vertreter der fortschrittlichen Arbeiterschaft enge Kontakte zu Karl Liebknecht. Es war ein progressiver Arnstädter Fabrikant, der auf Bitten Liebknechts die 1915 erscheinende revolutionäre Zeitschrift „Die Internationale" finanzierte, die von Rosa Luxemburg und Franz Mehring herausgegeben wurde.

Nahe Arnstadt, im Jonastal, ließ nach der Selbständigkeit des Konzentrationslagers Mittelbau-Dora die faschistische Führung das Außenlager „S III" errichten, ein berüchtigtes Außenlager des KZ Buchenwald. In härtester Tag- und Nachtarbeit wurden die Häftlinge gezwungen, unterirdische Anlagen für neuartige „Geheimwaffen" zu errichten. 5000 Menschen fanden bei dieser SS-Aktion den Tod.

Sehenswürdigkeiten: Touristischer Anziehungspunkt ist die liebevoll restaurierte historische *Altstadt* mit ihren zahlreichen idyllischen Winkeln, Gäßchen und Plätzen. Am *Markt* steht das nach dem Stadtbrand 1581 errichtete hübsche *Rathaus* (Renaissance nach niederländischem Vorbild – eine Rarität für den Südteil der DDR). In der Nähe das *„Haus zum*

Arnstadt: Neideckturm

Palmbaum" mit *Bach-Gedenkstätte* sowie dem *Stadtmuseum.* Auf dem Platz davor das unkonventionelle *Bachdenkmal* von Göbel (1985). An der Ostseite des Marktes Renaissancegalerie, sog. *Tuchgaden* (Ende 16. Jh.). Die Neue Kirche – heute *Bachkirche* – (1444, 1676/83), war Wirkungsstätte des Tonmeisters; davor der Hopfenbrunnen von 1573. Sehr eindrucksvoll ist die *Liebfrauenkirche* (1180–1330), im Innern reiche Ausstattung. In der Nähe der Kirche der prächtige Fachwerkbau der ehemaligen Papiermühle (16. Jh., 1633 ausgebaut). Oberhalb der Kirche sind noch Reste der Stadtmauer zu sehen.

Sehenswert auch das *Ried,* 1977 komplex instand gesetzt, mit Riedtor und einstigen Brau- und Ausspannhöfen (u. a. „Zum großen Christophorus", auch Schutzpatron der Fuhrleute). Am Schloßplatz der *Neideckturm,* Wahrzeichen der Stadt und Rest eines prunkvollen Renaissanceschlosses.

Im Spätbarock entstand das *Neue Palais* (1728/32), jetzt Sitz des städtischen Kunstmuseums. Im *Schloßmuseum* die berühmte *Puppensammlung „Mon plaisir"* (Mein Vergnügen). Sie wurde auf Anweisung der Fürstin Augusta-Dorothea in mehreren Jahrzehnten erschaffen und bildet ein Prunkstück der reichen Museumssammlungen. 400 Puppen spiegeln in über 80 Stuben detailgetreu das Leben an einem deutschen Fürstenhof Anfang des 18. Jh. wider. Ebenso herausragend sind elf Brüsseler Bildteppiche, kostbares Porzellan und Fayencen sowie im Südflügel das einzige original erhaltene barocke *Porzellankabinett* auf dem Gebiet der DDR.

Auf dem *Alten Friedhof* ein würdiges Ehrenmal zum Gedenken an die 5000 Toten des faschistischen KZ-Außenlagers „S III" im Jonastal; künstlerisch eindrucksvoll ist die berühmte *Plastik „Der Rufer"* von Cremer (1965).

An der *Gottesackerkirche* (18. Jh.), am Alten Friedhof gelegen, eine Gedenktafel an die 24 Mitglieder der Familie Bach, die hier ihre letzte Ruhestätte gefunden haben.

Ausflugsziele in der Umgebung: In der *Bartholomäuskirche* des Dorfes **Dornheim** erfolgte am 17. Oktober 1707 die Trauung Johann Sebastian Bachs „mit der tugend samen Jungfer Marien Barberen Bachin" (Gedenktafel). Das Dorf ist Geburtsort des Humanisten Johannes Jäger, der als Crotus Rubeanus mit dem einflußreichen Erfurter Humanistenkreis enge Verbindung pflegte. Am 26. Oktober 1813, nach der siegreichen Völkerschlacht bei Leipzig, fand in Dornheim eine Beratung des russischen Zaren, des österreichischen Kaisers und des preußischen Königs über deren weiteres militärisches Vorgehen gegen Napoleon statt.

Nordwestlich von Arnstadt liegt in einem stimmungsvollen Landschaftsschutzgebiet das einmalige *Burgensemble der Drei Gleichen.* Die Burgen

Burg Gleichen

bzw. Burgruinen gelten als Wahrzeichen des südwestlichen Thüringer Beckens. Mit ihren vielfältigen Naturschönheiten ist die Landschaft ein beliebtes Wandergebiet.

Älteste Anlage ist die *Mühlburg*, urkundlich 704 ersterwähnt, wohl die älteste Burg des Thüringer Raumes, heute Ruine. Von der Autobahn gut zu erkennen ist die *Burg Gleichen*, bekannt durch die Sage vom zweibeweibten Grafen von Gleichen (Grabstein im Erfurter Dom). Die Grafen von Gleichen waren eines der mächtigsten Adelsgeschlechter Thüringens. Ursprünglich germanische Volksburg, entstand sie als unregelmäßige Ringburg mit großem Hof vermutlich Ende des 11. Jh. an der alten Verbindungsstraße zwischen Franken und Thüringen. Sie wurde im Mittelalter vielfach verändert. Von den Ruinenteilen sind der romanische Palas vom Ende des 11. Jh. mit Resten von Kaminanlagen, Zisterne, das Renaissanceherrenhaus von 1588 mit Keller aus dem 13. Jh. sehenswert. Vom *Burgturm* aus ist ein herrlicher Blick auf das Thüringer Land möglich (von März bis Oktober bei aufgezogener Fahne auf dem Turm geöffnet).

Geschichtsträchtigste Anlage der Drei Gleichen ist die *Veste Wachsenburg* (12. Jh., im 17. und 20. Jh. umgebaut, heute komfortables Hotel mit schöner Burggaststätte). Im 15. Jh. Sitz des Apel von Vitzthum, eines berüchtigten Raubritters und Brandstifters, deshalb auch „Brandmeister Thüringens“ genannt, stürmten bewaffnete Bürger Erfurts das Raubnest. Bereits in der Ära des Sozialistengesetzes häufig illegaler Treffpunkt der Thüringer Sozialdemokratie (Stätte geheimer Parteitage, getarnt als „Ausflüge von Männergesangvereinen“), war die abseits gelegene Wachsenburg zur Zeit des Hitlerfaschismus Ort illegaler Zusammenkünfte von Antifaschisten. Hier traf der KPD-Funktionär Theodor Neubauer (Neubauer-Poser-Gruppe) mit dem bekannten Sozialdemokraten Reichwein zusammen, der zum Kreis der „Männer des 20. Juli" zählte und enge Kontakte zu Graf Schenk von Stauffenberg unterhielt. Der Brunnen der Wachsenburg ist 93 m tief. Vom *Burgturm* aus hat man eine schöne Sicht auch auf das zu Füßen der Burg liegende **Holzhausen.**

Weitere bemerkenswerte Burgruinen in der Nähe von Arnstadt sind die *Ehrenburg* bei **Plaue**, vom Grafen von Schwarzburg zum Schutz der Handelsstraße errichtet, die *Burg Liebenstein* (13. Jh., bis Ende 17. Jh. bewohnt), Reste von Palas, Bergfried und Mauer erhalten.

Im Dorf **Mühlburg** ist der alte „Spring", eine mächtige kalkhaltige Spaltenquelle, bemerkenswert. (↗ Bl. 13)

Gotha

Lage und Bedeutung: Am Fuß der Seeberge, die dem Thüringer Wald vorgelagert sind, erstreckt sich die einstige thüringische Residenz- und heutige Kreisstadt Gotha (57 400 Einw.). In früheren Zeiten Wirkungsstätte ausgezeichneter Humanisten und Pädagogen, progressiver Vertreter des Bürgertums und schließlich ein beachtlicher Mittelpunkt der Arbeiterbewegung, präsentiert sich Gotha heute als aufstrebende Industrie- und Kulturstadt. Als Knotenpunkt des regen Urlaubsverkehrs in den Nordwestteil des Thüringer Waldes ist die reizvolle Stadt mit ihren Kunstschätzen und wissenschaftlichen Sammlungen von Urlaubern und Touristen stets gern besucht.

Stadtgeschichte: 775 als fränkisches Königsgut ersterwähnt, besaß Karl der Große hier ein Gut, dessen Grundherrschaft im 12. Jh. an die Landgrafen von Thüringen gelangte. Sie ließen im Rahmen der Erweiterung ihrer Landesherrschaft den Burgsitz auf dem Schloßberg weiter befestigen, in dessen Schutz die Stadt entstand. Schon im 14. Jh. zählte Gotha zu den bedeutendsten Städten der Region. Der 1369 von Landgraf Balthasar angelegte Leinakanal, eine herausragende technische Leistung in jener Zeit, förderte den Aufschwung der verschiedensten Gewerbe. Wie in anderen thüringischen Städten gründete sich das florierende Wirtschaftsleben auf den ausgedehnten Handel mit Getreide, Tuchen und vor allem mit Waid, dem begehrten mittelalterlichen Blaufärbemittel, das in zahlreichen „Waiddörfern" der Umgebung angebaut wurde. Am Marienstift wirkte zu Beginn des 16. Jh. Mutianus Rufus, seinem Kreis werden die berühmten „Dunkelmännerbriefe" zugeschrieben, die damals die gelehrte Welt Europas in Bewegung brachten. 1527 legte der Gothaer Reformator Myconius mit dem „Gymnasium illustre" den Grundstein für die progressive Tradition im Bildungswesen der Stadt.

Im Ergebnis der Grumbachschen Händel zog 1576 ein Reichsexekutionsheer gegen Gotha, belagerte die Stadt sowie die Festung Grimmenstein und nahm sie in Besitz. Der Grimmenstein wurde geschleift, Herzog Johann Friedrich der Mittlere verbannt. Im Zuge der Teilungen der ernestinischen Lande entstand 1640 das Herzogtum Sachsen-Gotha, der größte der vielen damals geschaffenen Klein- und Kleinststaaten Thüringens. Herzog Ernst I., genannt der Fromme, leitete tatkräftig den Aufbau des Herzogtums. Trotz des Dreißigjährigen Krieges ließ er als frühabsolutistischer Herrscher das beeindruckende Schloß Friedenstein errichten. Er reformierte die Verwaltung ebenso wie das Bildungswesen (Einführung der Pflicht-Volksschule). Das Herzogtum unterhielt ein stehendes Heer von 10 000 Mann, das gegen klingende Münze an ausländische Mächte verliehen wurde. Unter Friedrich III. und Ernst II. vermochte sich eine gemäßigte bürgerliche Aufklärung zu entfalten. Vielfältige Kontakte wurden zur französischen Aufklärung geknüpft. Voltaire kam 1733 nach Gotha, geistige Verbindungen bestanden auch zu Diderot. Der „Vater der deutschen Schauspielkunst", Konrad Ekhof, der die realistischen Methoden der Schauspielkunst entwickelte, wirkte 1774/78 auf Friedenstein.

Benda, Briegel und Spohr legten die Grundlagen für Gothas Musiktradition.

1798 tagte in der Sternwarte der erste astronomische Kongreß Deutschlands. In Schnepfenthal gründete Salzmann eine bürgerliche Erziehungsanstalt, in der GutsMuths eine für die damalige Zeit moderne Körpererziehung einführte. Die Residenzstadt wurde im 18./19. Jh. weltbekannte Wirkungsstätte der Gebrüder Perthes. Die „Geographische Anstalt", heute VEB Hermann Haack Geographisch-kartographische Anstalt, war mit ihrer Fachzeitschrift „Petermanns Geographische Mitteilungen" bahnbrechend für Theorie und Praxis dieser aufstrebenden Wissenschaft. Ihre großen Atlanten erlangten Weltruhm. In der Zollvereinsbewegung des 19. Jh. hatte Friedrich List in dem liberalen Gothaer Kaufmann Arnoldi einen gewichtigen Mitstreiter. Arnoldi war es auch, der 1818 die erste deutsche Handelsschule, 1821 die erste Feuerversicherung, 1827 die Lebensversicherung und damit das deutsche Versicherungwesen ins Leben rief.

1848 erkämpfte sich eine mächtig gewordene Volksbewegung bedeutende bürgerliche Freiheiten, darunter das Versammlungs- und Vereinsrecht. 1863 wurde die Gewerbefreiheit verkündet – früher als anderswo in Thüringen.

In der 2. Hälfte des 19. Jh. hatten sich im Gefolge von Industrieansiedlungen erste Organisationen der Arbeiterklasse gebildet. 1857 entstand der erste Arbeiterbildungsverein Thüringens. 1869 lud die Lassalleanische Ortsgemeinde August Bebel ein. Nach dessen Rede wurde der Beschluß gefaßt, sich mit der „Richtung Bebels" zu vereinen. Als die politische Entwicklung nach 1871 eine Vereinigung der Arbeiterorganisationen zwingend notwendig werden ließ, trafen sich in Gotha die Sozialdemokratische Arbeiterpartei (sog. Eisenacher) und der Allgemeine Deutsche Arbeiterverein (sog. Lassalleaner) zu ihrem Vereinigungskongreß, der vom 22. bis 26. Mai 1875 stattfand. An der Spitze der deutschen Arbeiterklasse wirkte nunmehr eine einheitliche Partei, die Sozialistische Arbeiterpartei Deutschlands. Das angenommene Programm allerdings war voller Halbheiten. Karl Marx kritisierte das Gothaer Programm. Seine Schrift wurde zum wichtigsten theoretischen Dokument des Marxismus nach dem „Manifest" und dem „Kapital".

Gotha entwickelte sich in der Folgezeit zu einer starken Bastion der organisierten Arbeiterbewegung. Als das „Gothaer Volksblatt" Anfang des 20. Jh. im Sinn der deutschen Linken zu wirken begann, wurde Gotha neben Leipzig zum Sammelpunkt der revolutionären Kräfte. Es war kein Zufall, daß 1917 in der Residenzstadt die Unabhängige Sozialdemokratische Partei Deutschlands (USPD) gegründet wurde. In der Novemberrevolution 1918 setzten die revolutionären Arbeiter als erste in Deutschland den regierenden Herzog förmlich ab. Vom „Rat der Volksbeauftragten" des nunmehrigen Freistaates wurde der Achtstundenarbeitstag zum Gesetz erhoben, die Gesindeordnung fiel. In den Märzkämpfen 1920 schlugen bewaffnete Volkswehren erfolgreich die reaktionären Kräfte zurück. Zahlreiche Arbeiter gaben dabei ihr Leben.

In der Gothaer Firma Opel-Beuchel fand der KPD-Funktionär Theodor Neubauer nach seiner Haftentlassung aus dem faschistischen KZ Buchenwald Arbeit. Er konnte wieder Verbindungen zur illegalen Parteiorganisation der KPD aufnehmen und leitete eine Widerstandsgruppe (Neubauer-Poser-Gruppe).

In bewußter Anknüpfung an die revolutionäre Vergangenheit fand in der Stadt am 7. April 1946 im Beisein von Wilhelm Pieck und Otto Grotewohl die feierliche Vereinigung der thüringischen Parteiorganisationen der KPD und SPD zur SED statt.

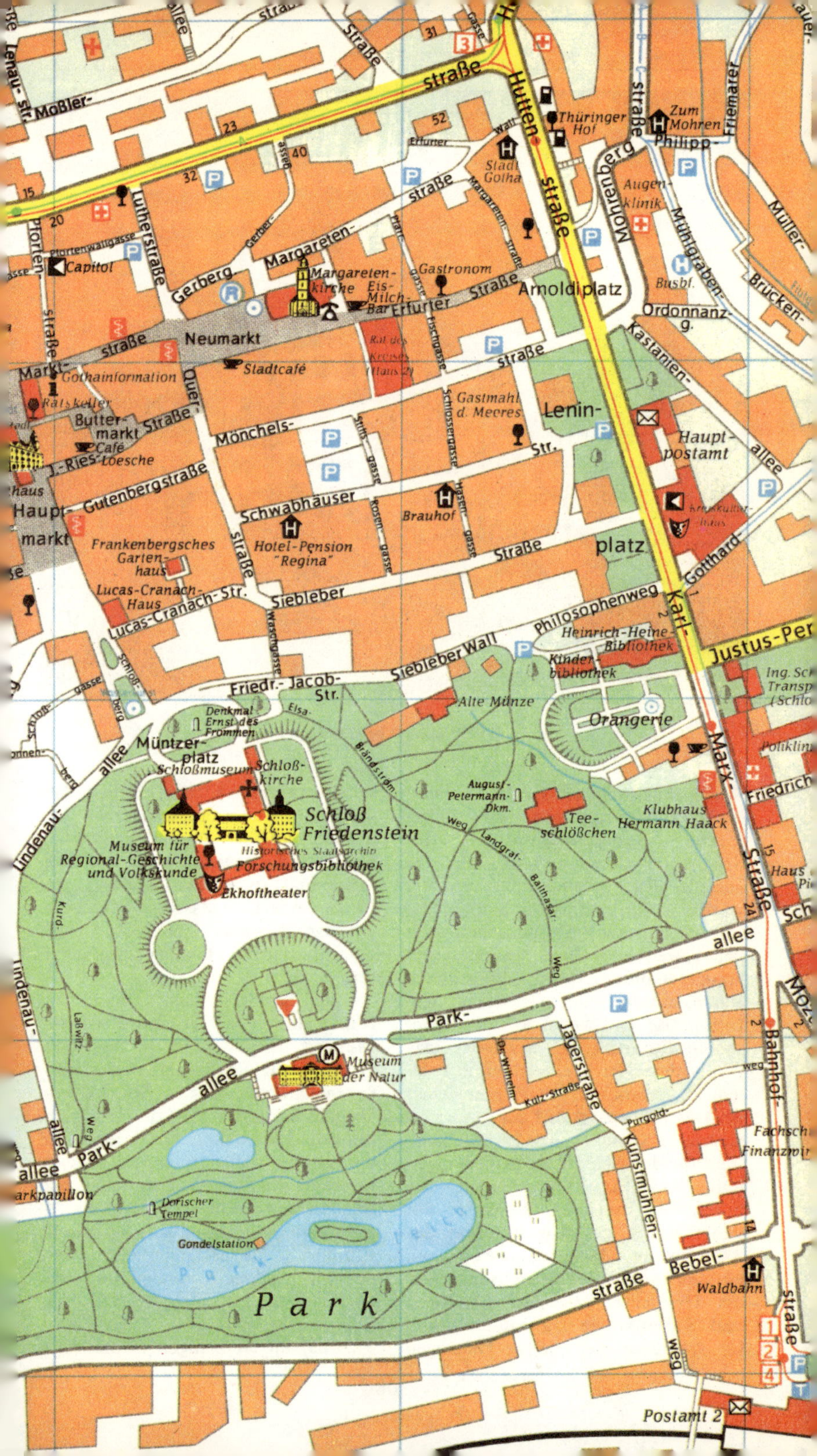

Moßler-
straße
Lenau-str.
Hutten-
straße
Thüringer Hof
Zum Mohren
Philipp-
Friemarer
Mohrenberg
Augen-klinik
Mühlgraben-
Müller-
Brücken-
Busbf.
Ordonnanz-g.
Stadt Gotha
Wall
Erfurter
Margareten-
straße
Gerberg.
Lutherstraße
Pfortenwallgasse
Capitol
Pforten-
straße
Margaretenkirche
Eis-Milch-Bar
Gastronom
Erfurter
Straße
Arnoldiplatz
Neumarkt
Rat des Kreises (Haus 2)
Markt-
Gothainformation
Stadtcafé
Ratskeller
Butter-markt
Straße
Café Loesche
J.-Ries-
Mönchels-
Lenin-
Str.
platz
Gastmahl d. Meeres
Hauptpostamt
Kastanien-
allee
Gutenbergstraße
Haupt-markt
Schwabhäuser
Brauhof
Hotel-Pension "Regina"
Frankenbergsches Gartenhaus
Lucas-Cranach-Haus
Lucas-Cranach-Str.
Siebleber
Straße
Gotthard
Philosophenweg
Karl-
Marx-
Straße
Justus-Per
Heinrich-Heine-Bibliothek
Kinderbibliothek
Siebleber Wall
Friedr.-Jacob-Str.
Alte Münze
Orangerie
Denkmal Ernst des Frommen
Müntzer-platz
allee
Schloßmuseum
Schloßkirche
Schloß Friedenstein
August-Petermann-Dkm.
Tee-schlößchen
Klubhaus Hermann Haack
Friedrich
Poliklin
Museum für Regional-Geschichte und Volkskunde
Historisches Staatsarchiv
Forschungsbibliothek
Ekhoftheater
Lindenau-
allee
Park-
Museum der Natur
Jägerstraße
Kunstmühlen-
weg
Bahnhof-
straße
Dorischer Tempel
Gondelstation
Park
Bebel-
straße
Waldbahn
Postamt 2
Fachsch
Finanzwir

Gotha: Schloß Friedenstein

Sehenswürdigkeiten: Gotha wird majestätisch überragt von dem frühbarocken Repräsentationsbau des *Schlosses Friedenstein* (1643/54), das anstelle des Grimmenstein errichtet wurde. Auffallend ist die Schmucklosigkeit, aber auch die Weiträumigkeit der Dreiflügelanlage (Länge des Hauptgebäudes 100 m, Flügellänge 140 m) mit den wuchtigen Ecktürmen. Der große Hof verstärkt den imposanten Eindruck des Schlosses, das von schönen Parkanlagen mit z. T. altem Baumbestand (18. Jh.) umgeben ist. Das in unserer Zeit aufwendig restaurierte Schloß wurde richtungweisend für den Schloßbau in Thüringen und Sachsen. Herausragend die prunkvolle Innenausstattung im Stil des Barocks, des Rokokos und des Klassizismus. Viele Räumlichkeiten künden vom Repräsentationswillen der Herrscher: Thronsaal, Audienzsaal, Schloßkirche u. a. Eindrucksvolles *Schloßmuseum* mit für Thüringen seltenen Kunstschätzen; herrliche Gemäldesammlung altdeutscher Meister des 15. und 16. Jh., hervorzuheben Dürer und Cranach, sowie holländische und flämische Malerei des 17. Jh. Als bedeutsamstes Gemälde gilt das „Gothaer Liebespaar", 1484 vom Meister des Hausbuches geschaffen.

Eine Sonderstellung nimmt das Münzkabinett ein (Bestand 100 000 Münzen und Medaillen), das drittgrößte der DDR. Beachtlich das Kupferstichkabinett, dessen Bestand von 100 000 Blättern (1900) durch Einwirkungen des zweiten Weltkrieges auf ein Drittel reduziert wurde. Bemerkenswert die Sammlungen des Kunsthandwerks (16./19. Jh.) sowie die Altertumssammlungen (u. a. ägyptische Mumien sowie interessante Zeugnisse der griechischen, römischen und asiatischen Kunst).

Eine Kostbarkeit bildet das *Ekhof-Theater*, im ehemaligen „Comödien-

Gotha: Rathaus

gemach" des Westturms gelegen, es ist das älteste erhaltene Barocktheater des Landes mit teilweise originaler Bühnentechnik. Das Ekhof-Theater gehört zum *Museum für Regionalgeschichte und Volkskunde*, das anschaulich die Geschichte des Kreises und der Stadt darstellt. Hervorzuheben sind die reichen Bestände der *Forschungsbibliothek Gotha* (über 500 000 Bände, 5500 europäische und 3300 morgenländische Handschriften), eine der namhaftesten Sammlungen der DDR.

Im ehemaligen Pagenhaus wurde 1985 ein *Kartographisches Museum* geschaffen, das Gothas weltberühmte Traditionen auf diesem Gebiet vor Augen führt, es ist das erste seiner Art in Europa.

Südlich des Schlosses Friedenstein das Gebäude des *Museums der Natur* (französische Neorenaissance, 1879), dahinter ein kleiner *Landschaftspark*. Von der Frontseite des Friedensteins herrlicher Ausblick, vor allem auf die restaurierte Altstadt. Vor dem Schloß das *Denkmal Ernst I.*, davor unweit die *„Wasserkunst"* von 1892, als künstlerische Fassung (Neobarock) des Leinakanals.

Zentrum des rekonstruierten *Hauptmarktes* ist das stilvolle, freistehende *Rathaus*, ein dreigeschossiger Renaissancebau von 1567/76. Ursprünglich städtisches Kaufhaus, diente es seit 1665 als Rathaus. Davor steht der barocke *Schellenbrunnen* (1725). Den langen, rechteckigen und zum Schloßberg hin ansteigenden Platz zieren hübsche *Bürgerhäuser aus dem 16. und 17. Jh.* An der Ostseite des Hauptmarktes das *Lucas-Cranach-Haus*, ein Fachwerkbau des 18. Jh. mit älterem Portal. Gleichfalls am Hauptmarkt das Geburtshaus Arnoldis. Am Klosterplatz das *Augustinerkloster* mit *Kirche* (Kreuzgang von 1366, Kirche 13./17. Jh. mit Fürstenloge und Barockkanzel).

Am *Brühl Hospital Maria Magdalenae*, 1223 von der Landgräfin Elisabeth (Hl. Elisabeth von Thüringen) gegründet, jetziger Bau von 1716/19, mit schönem figurenbekröntem barokken Portal. Am Neumarkt die *Margarethenkirche* von 1494-1543, eine dreischiffige, gotische Hallenkirche mit 65 m hohem Turm. Später mehrfach umgebaut, wurde die im zweiten Weltkrieg bombenbeschädigte Kirche bis 1952 restauriert.

Schloß Friedrichsthal (ehemaliges Winterpalais) mit klassizistischer Fassade in der Karl-Marx-Str. 7 (heute Ingenieurschule). Gegenüber liegt die *Orangerie* (18. Jh.); westlich davon das *Teeschlößchen* von 1786.

Die Gedenkstätte „Gothaer Parteitag 1875" im *„Tivoli"*, Straße der Pariser Kommune, demonstriert auf einmalige Weise die Geschichte der deutschen und internationalen Arbeiterbewegung mit wertvollen Originaldokumenten und Sachzeugnissen. Der historische Tagungssaal von 1875, der einzig erhaltene seiner Art im Thüringer Raum aus dieser Zeit, wurde sorgsam restauriert.

Auf dem *Hauptfriedhof* ein *Mahnmal* für die gefallenen revolutionären Arbeiter der Märzkämpfe 1920.

Das Krematorium von 1878 ist die erste Anlage ihrer Art in Europa. In der halbrunden Säulenhalle von 1892 wird die Urne der Friedensnobelpreisträgerin Bertha von Suttner („Die Waffen nieder!") aufbewahrt.

Im Ortsteil **Siebleben** das einstige Wohnhaus des zu seiner Zeit vielgelesenen Schriftstellers Gustav Freytag, eines Geistesverwandten des Herzogs Ernst II. Seine literarischen Werke halfen den deutschen Untertanen, „aus der schwarzrotgoldenen in die schwarzweißrote Haut zu schlüpfen" (Mehring).

Auf dem Boxberg befindet sich eine 1878 errichtete *Pferderennbahn.*

Ausflugsziele in der Umgebung: In **Ohrdruf** begann um 724 Wynfrith Bonifatius („Apostel der Deutschen") die Christianisierung der heidnischen Thüringer. Mit Billigung des Papstes und der auf die Stärkung ihrer Macht bedachten fränkischen Herrscher gründete er die Zelle St. Michael (1945 kriegszerstört, Turm von 1760). Ohrdruf war die erste Klosterschule Thüringens. 1348 Stadt geworden, war das Gebiet ringsumher ein bedeutendes metallurgisches Zentrum des Mittelalters (Eisen- und Kupferhämmer, Saigeröfen). Eine wichtige Rolle spielte der Ort 1848, als der „2. Thüringer Volkstag" zur Vereinigung aller Demokraten aufrief. 1919 war der Truppenübungsplatz Sammelpunkt für die erzreaktionären Freikorps des Generals von Epp, die von hier aus zur Niederwerfung der Münchner Räterepublik auszogen. In den revolutionären Märzkämpfen 1920 nahmen bewaffnete Arbeitergarden den Reichswehrstützpunkt im Handstreich. Hier formierte sich aus 5000 revolutionären Thüringer Arbeitern die I. Thüringer Volkswehr.

Sehenswert ist das *Schloß Ehrenstein* (1550/90), eine unvollendete Vierflügelanlage der Renaissance, mit mächtigem Turm, einst Residenz der Grafen von Gleichen. Im Schloß das Heimatmuseum mit schönen Sammlungen sowie Ausstellung zur Schloß- und Stadtgeschichte, u. a. Matrikel über J. S. Bachs Schulbesuch von 1695 bis 1700 in Ohrdruf. Der Rokokosaal (um 1770) wird für Konzerte genutzt.

Ein technisches Denkmal besonderer Art ist der 1482 erbaute *Tobiashammer*, das älteste noch funktionstüchtige Hammerwerk der DDR. Zu der Schauanlage gehören u. a. Hammerhaus und Blechwalzwerk.

Im nahen **Hohenkirchen** ließen Ende des 15. Jh. die mächtigen Handelsherren der Fugger die erste Saigerhütte der Region errichten. In ihr wurde Erz aus der Slowakei verarbeitet (Silber von Kupfer getrennt).

Georgenthal ist mit seiner waldreichen Umgebung bereits seit über 100 Jahren Kurort, heute geprägt von schönen Ferieneinrichtungen des FDGB. Bereits im 12. Jh. entstand ein *Zisterzienserkloser* (Reste erhalten) als Antwort der alteingesessenen Grafen von Käfernburg-Schwarzburg auf die Machtansprüche der Ludowingischen Grafen. Das Kloster wurde bald eine wirtschaftliche Macht (ausgedehnte Rodungen, Kultivierung von Ödland). Zur Zeit des Humanismus lebte Georg Spalatin hier. Im *Kornhaus*, ehemaliges Hospital des Klosters, ein *Heimatmuseum*.

Waltershausen, die alte Thüringer Puppenstadt, wurde 1209 urkundlich erstmals erwähnt. Die Burg (1176) war Besitz der Thüringer Landgrafen, die sie ständig ausbauten. Später war der zum Schloß umgewandelte Hauptbau zeitweilig Residenz Herzogs Ernst I. von Sachsen-Gotha. Das barocke *Schloß Tenneberg* wurde umfangreich restauriert, denn es vermittelt einen Einblick in die Innengestaltung sowie die Wand- und Deckenmalerei des Barocks (Festsaal, Schloßkapelle, Treppenaufgang). Das *Heimatmuseum* im Schloß widmet sich neben der Darstellung der Geschichte der Stadt und des Umkreises besonders der Geschichte der Puppenherstellung von 1825 bis zur Gegenwart. In der Schloßkapelle finden Konzerte statt. Am Markt die barocke *Gotteshilfskirche* von 1719/23; sehenswert auch das Klaustor.

Waltershausen ist noch immer ein Zentrum der Spielzeugindustrie von Rang, darüber hinaus bestimmen die Fahrzeug- und Gummiindustrie (seit 1691 erstmals Schlauchweberei, seit 1865 Gummischlauchproduktion) das Wirtschaftsprofil.

Im Ortsteil **Schnepfenthal** schuf Christian Gotthilf Salzmann 1784/93 eine Erziehungsanstalt nach den Ideen des französischen Aufklärers Rousseau. Sein Mitarbeiter GutsMuths entwickelte hier Formen einer jugendgemäßen Körpererziehung. Gedenkstätte in dem historischen Schulgebäude (heute Salzmann-Oberschule); zu sehen ist auch der Turnplatz (1785 von Salzmann angelegt, 1811 von GutsMuths erweitert) mit rekonstruierten Turngeräten. (↗ Bl. 13)

Thüringer Wald

Geographische Besonderheiten: Der Thüringer Wald und das Thüringer Schiefergebirge werden als Thüringer Gebirge zusammengefaßt. Sie erstrecken sich im Südwesten der DDR in nordwestlich-südöstlicher Richtung von Hörschel an der Werra (bei Eisenach) bis hinunter zum oberen Saaletal auf einer Länge von ungefähr 100 km.

Der Thüringer Wald nimmt eine Fläche von rund 1000 km² ein. Er ist ein relativ schmales, nur 10 bis 20 km breites und 80 km langes, stark bewaldetes Mittelgebirge. Es überragt das ihn umgebende Land um durchschnittlich 400 bis 500 m. Das Kammgebirge ist geologisch mannigfaltig aufgebaut. Vor allem Sandstein und Konglomerate des Rotliegenden, die auf mehr als der Hälfte des Gebirges anstehen, herrschen zusammen mit gleichaltrigen porphyrischen Ergußsteinen vor. Von Ruhla bis Schmalkalden sind Gneis und Glimmerschiefer anzutreffen, Granit findet sich nahe dem Großen Inselsberg sowie bei Zella-Mehlis. Bis westlich des Schwarzatalgebietes ist das Rotliegende vorherrschend. Tiefeingeschnittene Täler zergliedern das Gebirge, und gerade der reizvolle Gegensatz zwischen diesen romantisch anmutenden Tälern und den oftmals steil aufragenden Erhebungen macht das Gebirge zusammen mit seinen ausgedehnten Waldungen anziehend für mehr als eine Million Urlauber jährlich.

Zahlreiche Kuppen aus Quarzporphyren – diese Gesteine sind vor rund 250 Mill. Jahren gebildet worden – ragen markant heraus, so der Große Beerberg (982 m), der Schneekopf (978 m), der Große Inselsberg (916 m) und der Kickelhahn (861 m). Über die Kammlinie der gesamten Gebirgskette zieht als alter Höhenweg der Rennsteig, der sich – insgesamt in 168 km Länge – im 1800 km² großen Thüringer Schiefergebirge fortsetzt. Groß sind die klimatischen Unterschiede. Im Südwesten mehr feucht-atlantisch, wird es im Nordosten des Gebirges deutlich kontinentaler. Gemäß der Höhenlage ist das Klima rauh. Die im Herbst und Winter durchziehenden Tiefdruckgebiete bringen dem Thüringer Wald häufig Stau- und Föhnwetterlagen. Es entsteht eine ausgesprochene Nebelregion, aus der oft nur der Große Inselsberg herausragt. Die Schneelage des Gebirges ist unterschiedlich. Schneesichere Gebiete sind die Gegend um Oberhof, Schmücke, Gehlberg und Schmiedefeld.

Später als im Vorland kommt hier der Frühling. Entsprechend der lokalen Verhältnisse und der Sonneneinstrahlung sowie der Luv- und Leewirkung des Gebirges herrschen bioklimatische Bedingungen, die einen guten Erholungseffekt garantieren. Daher ist der Thüringer Wald zu jeder Jahreszeit lohnend als Urlaubsziel.

Der Thüringer Wald entzückt den Naturfreund durch seine Mannigfaltigkeit an Gebirgs-, aber auch an wärmeliebenden Steppenpflanzen. Dementsprechend sind zahlreiche Landschaftsschutz- und Naturschutzgebiete eingerichtet worden, u. a. der Rennsteig, der Große Inselsberg, der Kickelhahn, das Vessertal und das Wartburggebiet.

Geschichte: Die Besiedlung des Thüringer Waldes erfolgte seiner Rauheit und Schwerzugänglichkeit wegen spät. Während sie in den Vorländern vor etwa 12 000 Jahren einsetzte, bildeten sich die ersten Ansiedlungen im Gebirge nicht vor 900 Jahren heraus. Eine feste Besiedlung erfolgte erst zur fränkischen Zeit (etwa 550 bis 900), obwohl sich das Thüringerreich bis zu seinem Untergang (531 bei Burgscheidungen) auch weit südwärts vom Thüringer Wald erstreckt hat. Unter der Frankenherrschaft wurde systematisch das Christentum verbreitet. 724 gründete Bonifatius das Kloster Ohrdruf, damit seine gezielte Missionierung Thüringens beginnend.

Im 13. Jh. war die Besiedlung des Gebirges bis in die mittleren Höhenlagen beendet. Die durch die Klöster betriebene Rodung der Wälder und die Regulierung der Flüsse zog Bergleute an, die mit der Erzförderung begannen. Vornehmlich wurden Eisen-, Kupfer- und Silberbergbau betrieben. An bestimmten Plätzen erfolgte eine Bevölkerungsverdichtung, es entstanden im 12./13. Jh. zahlreiche Städte (Eisenach, Gotha, Arnstadt, Waltershausen, Meiningen, Vacha, Schmalkalden), denen im 14./15. Jh. weitere Stadterhebungen folgten (Eisfeld, Römhild, Wasungen, Ohrdruf, Sonneberg). Der Erzbergbau und die darauf basierenden Gewerbe nahmen einen immer größeren Aufschwung. Anfang des 15. Jh. gab es in Schmalkalden hochspezialisierte, eisenverarbeitende Gewerbe. Waffen aus Suhl, Zella St. Blasii und Mehlis (Zella-Mehlis) sowie Ruhla waren gefragt in Europa. Wasserkraft und Holzreichtum begünstigten den Wirtschaftsfortschritt. Immer neue Schmelzhütten, Eisen-, Kupfer-, Drahthämmer und Schleifwerke schossen aus dem Boden. Köhler erzeugten Holzkohle. Bald wurde die Erzeugnispalette reichhaltiger. Holz- und Glaswaren, Dach- und Griffelschiefer, Eisenartikel aller Art sowie Spielwaren kamen hinzu. Über die Pässe war diese Region mit den wichtigen Handelsplätzen Europas verbunden.

In den vielen neuentstandenen Städten wandte sich ein selbstbewußtes Bürgertum häufig gegen feudale Bevormundung. Die frühbürgerliche Revolution fand auch im Thüringer Wald viele Anhänger. Hier und in den Vorländern der Werra/Rhön, in Arnstadt, Ilmenau und anderswo erhoben sich unter Müntzers Einfluß Bauern und arme Städter. Als 1525 das Bauernheer bei Frankenhausen unterlag, setzte ein hartes Strafgericht der Feudalen ein. Die Bauernkrieger wurden grausam verfolgt und hingerichtet. Dennoch vermochten die feudalen Herren nicht, den Widerstand der Ausgebeuteten ganz zu unterdrücken. Die Täuferbewegung (Eisenacher Raum) ist dafür ein Beispiel. Nutznießer waren die Fürsten. Sie stabilisierten auch im Thüringer Wald wieder ihre Herrschaft.

Der Dreißigjährige Krieg mit seinen Bedrückungen, Truppendurchzügen, Brandschatzungen und Plünderungen tat ein übriges. Epidemien dezimierten Städte und Dörfer. Nach dem Krieg nahm die feudale Zersplitterung zu. Landesteilungen im Ergebnis von Erbauseinandersetzungen zerstückelten auch das Gebiet des Thüringer Waldes unvorstellbar. Einzelne Gemeinden blieben seitdem (bis 1918) unter mehrere Herren geteilt.

Im 17./18. Jh. kam das Wirtschaftsleben nur langsam wieder in Gang. Die Landesherren preßten ungeheure Summen aus ihren Untertanen. Prunkvolle Schlösser entstanden. Ganze Regimenter wurden gegen klingende Münze an das Ausland „verliehen". Die Ideen der französischen Aufklärung fanden bei progressiven Persönlichkeiten ihren Widerhall. Viele Bewohner der Wald- und Vorlandregion nahmen 1813 am Kampf für Deutschlands Unabhängigkeit teil in der Hoffnung, daß das Morgenrot der Freiheit kommen werde – dies erfüllte sich nicht, Kleinstaaterei, fürstliche Willkür und Reaktion blieben.

Anfang des 19. Jh. begann sich die kapitalistische Produktionsweise durchzusetzen. Um 1800 existierten bereits Porzellanmanufakturen; neben glasherstellenden Kleinbetrieben entstanden kapitalistische Betriebe für die Glasproduktion (Perlen, Baumschmuck). Das 1814 eingeführte Pappmaché gab der Spielzeugindustrie einen gewaltigen Auftrieb. In Sonneberg und Waltershausen verdrängte die kapitalistische Produktion radikal die Heimarbeit der Spielzeugmacher. Seit 1830 entwickelte sich die Glasinstrumenten- und Thermometerherstellung.

In der bürgerlich-demokratischen Revolution von 1848 kam es im Thüringer Wald und seinem Vorland zu mannigfachen Aktionen. Die rasche Ausbreitung des Kapitalismus führte zur Konzentration des Proletariats. Erste Arbeiterbildungsvereine entstanden, anfänglich unter bürgerlicher Vorherrschaft. Die

Handwerksgesellen Eccarius aus Friedrichroda und Leßner aus Blankenhain entwickelten sich an der Seite von Marx und Engels zu geachteten Führern der sozialistischen Arbeiterbewegung. Als August Bebel Ende der sechziger Jahre des 19. Jh. seine politische Agitation im Thüringer Raum verstärkte, fiel sie auf fruchtbaren Boden. Der 1869 in Eisenach geschaffenen marxistischen Partei gehörten viele Arbeiter und Handwerker aus dem „Wald" und dessen Vorland an. Dank der unermüdlichen Arbeit ihrer Vorkämpfer verfügte die neue Partei schnell über zahlreiche politische Zentren in den verschiedensten Gegenden (Eisenach, Ruhla, Suhl, Gotha, Sonneberg). 1884 konnte Wilhelm Bock – trotz Sozialistengesetz – als erster sozialdemokratischer Abgeordneter dieser Region in den Reichstag einziehen.

In der Industrie des Thüringer Waldes, im Maschinenbau, in der Fahrzeug-, Porzellan-, Glas- und besonders der Kaliindustrie, entstanden mächtige Monopole.

Nach der Gründung der KPD bildeten sich auch in Thüringen überall Ortsgruppen der Partei. Mitte der zwanziger Jahre waren es bereits mehr als 200 mit rund 10 000 Mitgliedern, die – wie die revolutionären Kämpfe, aber auch die Arbeiter- und Kleinbauern-Regierung von 1923 bewiesen – ein politischer Faktor im gesellschaftlichen Leben geworden waren.

Die Weltwirtschaftskrise 1929/33 traf die Werktätigen des Thüringer Waldes besonders hart. Binnen kurzem lagen die Industrien um Sonneberg, Ilmenau, Suhl usw. brach. Unter der Führung der KPD kam es zu antiimperialistischen und antifaschistischen Aktionen (Waltershausen, Schmalkalden, Suhl). Während der Zeit des Faschismus war es vor allem die Neubauer-Poser-Gruppe, die ein gewichtiges Zentrum des antifaschistischen Widerstandes in Thüringen bildete. Die Faschisten rächten sich grausam, indem sie die in ihre Hände gefallenen Funktionäre der Widerstandsgruppen ermordeten. In den letzten Kriegstagen des Jahres 1945 retteten Antifaschisten Städte und Dörfer vor der völligen Zerstörung (Eisenach u. a.), indem sie eine militärische Kapitulation erwirkten. Auch beim Wiederaufbau standen Antifaschisten in der ersten Reihe.

Der Thüringer Wald und sein Vorland, vor Jahrzehnten noch gezeichnet von Elend, Unsicherheit und Arbeitslosigkeit, wandelte mit dem Aufbau des Sozialismus sein Antlitz. Ständig wuchs das Industriepotential, die traditionellen Produktionszweige – Glas-, Porzellan- und Spielwarenherstellung – wurden weiter ausgebaut sowie die Fahrzeug- und Elektrotechnik-Elektronik-Industrie, auch die Metallverarbeitung haben Thüringen weltweit bekannt gemacht.

Ein reges Kulturleben – von der Pflege der berühmten Meininger Theatertradition bis hin zu einem breiten Volkskunstschaffen – ist in der Gegenwart für dieses Gebiet typisch.

Erholungswesen und Tourismus: Der Thüringer Wald ist mit seinem Vorland nach der Ostseeküste die zweitwichtigste Reiselandschaft in der DDR. Jährlich verbringen etwa eine Million Urlauber, viele Millionen Tagesbesucher und mehrere Zehntausend Kurgäste erholsame Tage im Thüringer Wald. Allein im Bezirk Suhl, dem flächenmäßig kleinsten Bezirk der DDR, dem der größte Teil des Thüringer Waldes zugehört, ist nahezu jeder zehnte Ort Kur-, Erholungs- oder Ferienort der Werktätigen.

Die Anfänge des Fremdenverkehrs reichen bis ins vorige Jahrhundert zurück, als wohlhabende Bürger die schon von Goethe geliebte und besungene Waldtaleinsamkeit entdeckten und angesichts der weitverbreiteten sozialen Not für den Besuch der romantischen Waldorte zu werben begannen. In kurzer Zeit entstand eine regelrechte Fremdenverkehrsindustrie, die bald von den Rand- zu den Höhenorten gelangte und mit der Entwicklung des Wintersports große Ausmaße annahm. Immer mehr Gemeinden wurden zu Luftkurorten und Sommerfrischen, in denen Städter mit ihren Familien Ferien machten. Der Fremdenverkehr garantierte vielen Bewohnern zahlreicher Orte eine relativ sichere und bessere Einnahme, als sie Heimarbeit oder Ackerbau trotz der sprichwörtlichen Genügsamkeit und des Fleißes der Menschen erbrachten. In den vielen durch den entwickelten Kapitalismus verursachten Notstandsgebieten erfolgte auch durch den Einzug der in der Regel finanziell gut gestellten Erholungsuchenden kein grundlegender Wandel. Der kam erst mit der gesellschaftlichen Umwälzung nach 1945. Auch in den schönsten Gegenden Thüringens wurden komfortable Erholungsheime des FDGB errichtet, Betriebe unterhalten hier ihre Ferieneinrichtungen. Immer mehr werden auch private Unterkünfte von den Gewerkschaften erschlossen. Die Ferienorte zeigen heute ein schönes, von Wohlstand zeugendes Äußeres. Die meisten Orte verfügen über Freizeiteinrichtungen aller Art. Vor allem viele Wald- und Freibäder entstanden. Naherholungsgebiete und -zentren wurden ausgebaut.

Gut markierte Wanderwege laden zu erholsamen Spaziergängen ein. Große Parkplätze bieten dazu Basispunkte. Eine gute Infrastruktur gewährt auch dem Tagesausflügler ein bequemes Erreichen seiner Ziele im Sommer wie im Winter. Besonders entwickelt hat sich die Rennsteigtouristik. Dieser traditionsreiche Pfad ist eine Teilstrecke des internationalen Wanderweges der Freundschaft „Eisenach–Budapest“ sowie des DDR-Hauptwanderweges Wernigerode–Zittau. (↗ Bl. 13, 14)

Eisenach

Lage und Bedeutung: Am Nordwestende des Thüringer Waldes, an der Hörsel, liegt die Wartburgstadt Eisenach (49 500 Einw.), mit ihrer reizvollen Umgebung einer der Glanzpunkte Thüringens. Die alte thüringische Landgrafenstadt, bereits im Hochmittelalter bekannt durch den „Sängerkrieg“ seiner berühmtesten Minnesänger, sichere Zufluchtsstätte des Reformators Martin Luther, Geburtsstadt des Tonschöpfers Johann Sebastian Bach, 1817 Treffpunkt progressiver deutscher Studenten und 1869 historische Geburtsstätte der Sozialdemokratischen Arbeiterpartei (SDAP), ist heute ein Kultur-, Industrie- und Touristenzentrum von hohem Rang, alljährlich mehr als eine Million Besucher zählend.

Stadtgeschichte: Das 1150 urkundlich ersterwähnte „Isinacha“ entstand im Schutz der 1067 von Ludwig dem Springer gegründeten Wartburg an dem strategisch bedeutsamen Paß zwischen Hörselbergen und Thüringer Wald.

Im Ergebnis des von den Ludowingern mit großer Konsequenz betriebenen Machtausbaus, der 1131 in der Erringung der Landgrafenwürde gipfelte, entwickelte sich die kleine Kaufmannssiedlung schnell zum politischen Zentrum der neuen Landgrafschaft. Den Aufstieg in den Hochadel verkörperte auch der Bau der Wartburg, die nicht mehr nur Wehranlage war, sondern vor allem fürstlicher Regierungs- und Repräsentationssitz. Unter Landgraf Hermann I., Freund und Mäzen der namhaftesten Minnesänger seiner Zeit, trafen sich u. a. Wolfram von Eschenbach, Heinrich von Ofterdingen, Heinrich von Veldeke, Walther von der Vogelweide zu ihrem legendären Liederwettstreit, den Richard Wagner später als „Sängerkrieg“ berühmt werden ließ. Im Gegensatz zur feudalen Hofhaltung stand das karitative Wirken der Landgräfin Elisabeth, der Gattin Ludwig IV., die sich ganz der Armen- und Krankenpflege widmete (1235 Heiligsprechung).

Bald nach dem Aussterben der Thüringer Landgrafen sowie im Ergebnis des thüringischen Erbfolgekrieges (1248/68) verloren Stadt und Burg schnell an Bedeutung. In Eisenach, wo sich die Bettelorden der Franziskaner und Dominikaner niedergelas-

Eisenach: Lutherstube auf der Wartburg

sen hatten, wuchs die kirchliche Rolle in dem Maß, wie die politische schwand. Sieben Klöster, drei Pfarrkirchen, vier Spitäler, fünf Kapellen und mehrere Klausen zehrten an der zudem von Epidemien und Bränden heimgesuchten Stadt. Die politische und ökonomische Entwicklung stagnierte über Jahrhunderte hinweg.

1498 kam Martin Luther als Lateinschüler in „das Pfaffennest", wie er es nannte, wo er bis 1501 die Pfarrschule St. Georg besuchte, um die Universitätsreife zu erlangen. Vom 4. Mai 1521 bis 1. März 1522 weilte Luther erneut in Eisenach, diesmal als „Junker Jörg" auf der Wartburg, geschützt vor der Reichsacht. Hier übersetzte er das Neue Testament aus dem Griechischen, womit er den entscheidenden Impuls zur späteren Herausbildung einer einheitlichen deutschen Sprache gab. Während des deutschen Bauernkrieges zog der Werrahaufen vor die Stadt. Hinterhältig lockte der Rat sieben Bauernführer in die Stadt und ließ sie auf dem Markt enthaupten.

Im Zuge der unaufhörlichen Erbteilungen errang Eisenach seit 1596 den Rang eines Miniaturherzogtums absolutistischer Prägung. Durch Handel und Gewerbe setzte ein bescheidenes Wirtschaftswachstum ein. Auch das kulturelle Leben gewann wieder an Bedeutung. In Eisenach wirkten neben Telemann u. a. Pachelbel, Hebenstreit, Eberlin sowie mehrere Mitglieder der Familie Bach. Johann Sebastian Bach wurde am 31. März 1685 hier in Eisenach geboren.

1741 Sachsen-Weimar angegliedert, weilten im neuerbauten Stadtschloß die Weimarer Herzöge, die gerne in der wald- und wildreichen Umgebung jagten. Goethe hielt sich wiederholt in Eisenach und auf der Wartburg auf. Er war es auch, der sich für die Erhaltung der Wartburg als Architektur- und Kunstdenkmal einsetzte. 1810 verwüstete die Explosion eines Pulverfasses große Teile der Stadt, die ohnehin während der napoleonischen Feldzüge schwer belastet wurde. 1817 vereinte das „Wartburgfest" 468 progressive Studenten zu einem Ruf gegen feudale Reaktion.

Eisenach ist auch die Geburtsstadt Ernst Abbes, des Begründers des wissenschaftlichen Gerätebaus. Ab 1863 nahm der mecklenburgische Dichter Fritz Reuter in der Stadt seinen Wohnsitz.

Am 7. August 1869 trat im Gasthof „Zum goldenen Löwen" unter dem Vorsitz von August Bebel, Wilhelm Liebknecht und Wilhelm Bracke der Allgemeine Deutsche Sozialdemokratische Arbeiterkongreß zusammen, der am 9. August die Sozialdemokratische Arbeiterpartei (SDAP) gründete.

Ende des 19. Jh. begann sich die bis dahin als Ruhesitz von Beamten bevorzugte Stadt zur Industriestadt zu wandeln, als 1896 am Hörselufer eine Fahrzeugfabrik entstand, nach Benz und Daimler die drittälteste Autofabrik in Deutschland, heute das volkseigene Automobilwerk Eisenach, das Wirtschaftspotential der Stadt wesentlich mitbestimmend.

Im April 1945 retteten mutige Bürger die bereits durch sieben Bombenangriffe schwer gezeichnete, unter Artilleriebeschuß liegende Stadt vor der totalen Vernichtung, indem sie die faschistischen Militärs zur kampflosen Übergabe Eisenachs zwangen.

In unserer Zeit entstanden viele der historischen Bauwerke neu oder erhielten ihr ursprüngliches Aussehen wieder.

Sehenswürdigkeiten: Herausragend ist die restaurierte Altstadt mit dem *Markt* und seiner vielgestaltigen Umgebung. An der Nordseite steht das barocke *Stadtschloß* von 1742/51, nach Plänen des Thüringer Baumeisters Krohne erbaut, es ist Bestandteil der nationalen Denkmalliste. Gedenktafeln erinnern an Charlotte von Stein und Luise von Göchhausen, beide Töchter der Stadt (v. Göchhausen erhielt Goethes „Urfaust" der Nachwelt). Im Schloß ist das *Thüringer Museum* untergebracht. Es verfügt über einen einzigartigen Bestand an Thüringer Fayencen und Porzellan des 18./19. Jh., ferner werden Erzeugnisse Thüringer Glashütten, Malerei und Grafik sowie historische Möbel von der Renaissance bis zum Biedermeier gezeigt; besonders hervorzuheben ist der Rokokosaal.

Das spätgotische *Rathaus* mit Renaissance-Elementen ziert den Markt ebenso wie die *Pfarrkirche St. Georg* (Georgenkirche); beachtenswert ihre reiche Ausstattung und Grabsteine der Thüringer Landgrafen. In dieser Kirche wurde Johann Sebastian Bach getauft; vor dem Westportal der *Georgsbrunnen* von 1549; hinter der Kirche schmiedeeiserne Gestalten der Eisenacher Originale Henner und Frieder.

Zwischen Brunnen und Hauptportal erinnert ein helles Kreuz auf dem Pflaster an die blutige Fürstenrache des Jahres 1525, als hier Bauernführer ermordet wurden.

Am Markt noch das *Residenzhaus* mit spätgotischem Westflügel und Renaissanceportal am Nordflügel.

Lutherplatz 8 das unter Denkmalschutz stehende, mittelalterliche *Lutherhaus,* eines der schönsten und ältesten Gebäude der Stadt. Es beherbergt die sehenswerte *Luther-Gedenkstätte* mit dem schlichten Lutherstübchen, ferner das Pfarrarchiv. Ein Gedenkraum erinnert an die antifaschistischen Pfarrer, die Opfer der Hitlerdiktatur wurden.

In der *Predigerkirche* am Predigerplatz eine Schausammlung des Thüringer Museums, zu sehen vorwiegend thüringische Schnitzplastik des 12. bis 16. Jh.

In der Georgenstraße die Hospitalkirche St. Annen, wohl von der Hl. Elisabeth von Thüringen gegründet.

Eisenach: Bachhaus

Im Hellgrevenhof an der Ecke Georgenstraße/Schiffplatz fanden der Sage nach der Zauberer Klingsor und Heinrich von Ofterdingen Quartier, nachdem sie auf dem Mantel des Zauberers von Ungarn hierher geflogen waren.

Im zweiten Weltkrieg erlitt auch das *Bachhaus*, Frauenplan 21, schwere Schäden. Auf Anordnung der Sowjetischen Militäradministration begann 1945 sofort der Wiederaufbau, so daß dieses prächtige Haus aus dem 17. Jh. 1947 wieder als Gedenkstätte eröffnet werden konnte (1972/73 rekonstruiert). Das Bachhaus macht mit Leben und Werk des Tonmeisters sowie mit der Bachforschung und -pflege bekannt; umfangreich die Sammlung historischer Musikinstrumente im Instrumentensaal – hier finden häufig Konzerte statt; in Eisenach auch noch die Wohnungen anderer Mitglieder der Bachfamilie (Rittergasse 11, Alte Münze).

Im ehemaligen Gasthaus „Zum goldenen Löwen", Friedrich-Engels-Str. 57, seit 1967 die eindrucksvolle *Gedenkstätte „Eisenacher Parteitag 1869"*, gewidmet der Gründung der Sozialdemokratischen Arbeiterpartei, in der sehenswerte Dokumente und Geschichtszeugnisse über dieses bedeutsame Ereignis sowie über die Geschichte der deutschen Arbeiterklasse bis zur Gegenwart gezeigt werden.

Bemerkenswert die spätromanische *Nikolaikirche* (12. Jh., 1867/69 neoromanisch restauriert), südlich davon das *Nikolaitor* (um 1200), wohl das älteste erhaltene Stadttor Thüringens. Neben der Kirche ein *Denkmal* für die im ersten Weltkrieg gefallenen *Ärzte* von Lederer. Am Platz der DSF (ehemaliger Sonnabendmarkt) ein schönes *Lutherdenkmal* von Donndorf (1895).

Außerhalb der Altstadt, Reuterweg 2, das *Fritz-Reuter-und-Richard-Wagner-Museum*. In der ehemaligen

Wohn- und Sterbestätte Reuters, der hier von 1863 bis 1874 lebte, Memorial- und Schauräume mit Richard-Wagner-Bibliothek, nach Bayreuth die umfangreichste.

Nahe der Kreuzung Friedrich-Engels-Straße/Wartburgallee das *Carl-Alexander-Denkmal* von Hosäus (1909), das dem Erneuerer der Wartburg gewidmet ist. In der Wartburgallee der *Automobilpavillon*, der einen Einblick in die Geschichte des Eisenacher Automobilbaus bis zur Gegenwart vermittelt; besondere Anziehungspunkte sind die Oldtimer.

Höhepunkt eines jeden Eisenachbesuches ist eine Besichtigung der die Stadt majestätisch überragenden *Wartburg*, eine der historisch herausragendsten und auch architektonisch einmaligen deutschen Burganlagen. 1067 von Ludwig dem Springer gegründet, wurde sie Schritt für Schritt von einer strategischen Burganlage zu einem eindrucksvollen Wohn-, Regierungs- und Repräsentationsbau entwickelt. Die weiträumige Anlage entstammt daher verschiedenen Bauzeiten und ist um zwei Höfe gruppiert. Im 16. Jh. dem Verfall preisgegeben, erfolgte in der 2. Hälfte des 19. Jh., als die Romantik die Wiederentdeckung alter Burgen und Schlösser förderte, ihre Wiederherstellung. 1952 begannen umfassende Erhaltungsarbeiten, die große Wartburg-Restaurierung währte von 1978 bis 1983.

Betreten wird die Wartburg nach steilem Anstieg über die im Norden vorhandene Zugbrücke. Durch das *Torhaus* (mit z. T. romanischen und gotischen Torpfeilerteilen) zum *ersten Burghof* mit Fachwerkbauten des 15./16. Jh., Wehrgänge, Ritterhaus, Vogtei (Nürnberger Erker). Zwischen dem ersten und dem zweiten Burghof eine eindrucksvolle Baugruppe (Torhalle, Dirnitz, Neue Kemenate, Bergfried, neoromanisch und neogotisch); *zweiter Burghof*, einst dichter bebaut, mit Gaden, Zisterne, Südturm (13. Jh.) und dem spätromanischen Landgrafenhaus (Palas). Er ist der älteste und gewiß auch wertvollste Teil der gesamten Burganlage. Im *Palas*

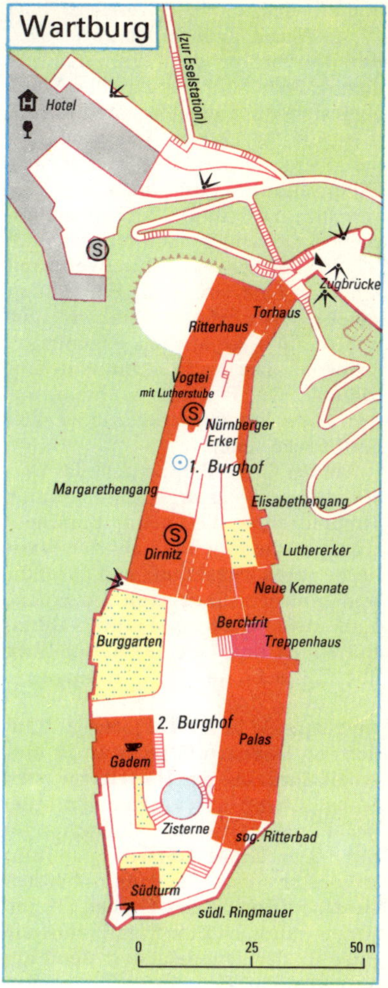

romanischer Rittersaal (Kreuzgewölbe), südliche Kemenate und der Speisesaal (herrliche Adlerkapitelle). Gleichgeartet die beeindruckende *Elisabeth-Kemenate* (Mosaikszenen aus dem Leben der ungarischen Königstochter von 1902/06). Schlichte Kapelle von 1320 (nachträglich eingefügt).

Im 1. Obergeschoß die *Elisabeth-Galerie*, Fresken von Moritz von Schwind, Sängersaal und Landgrafenzimmer. Im 2. Obergeschoß gewaltiger Festsaal (historisierende Dekoration aus dem 19. Jh.). *Museumsräume* in der *Neuen Kemenate* und der *Dirnitz.* Hervorragende Kunstwerke aus den reichen Sammlungen der Wartburg sind die Gemälde von Cranach d. Ä., die Schnitzplastik der berühmten Riemenschneider-Werkstatt, der Dürerschrank; Ausstellung zur Geschichte der Burg; Pirkheimerstübchen (15. Jh.), Schweizerzimmer (17. Jh.). Der westliche Wehrgang führt zur *Lutherstube*, die Einrichtung von Luthers „Patmos" (Verbannungsort) ist im wesentlichen unverändert geblieben. Der Fußweg zur Wartburg führt an der Eselstation vorbei, auf den Eseln können Kinder einen Teil der Strecke reiten.

Auf der Göpelskuppe steht das *Burschenschaftsdenkmal* – neun Säulen symbolisieren die neun Burschenschaften, die sich 1817 auf der Wartburg gegen Reaktion und Willkür wandten. Plastiken von Arminius, Karl dem Großen, Luther, Dürer, Beethoven und Goethe; weiter Blick über Eisenach und zur Wartburg.

Ausflugsziele in der Umgebung: Östlich von Eisenach fällt der weiße Muschelkalkrücken der **Hörselberge** nach Süden schroff ab (Vorkommen seltener Flora in diesem Naturschutzgebiet). Der **Große Hörselberg** (484 m) ist einer der sagenumwobensten Berge. Im Innern des Großen Hörselberges hält nach alter Sage Frau Holle (hier in der Doppelgestalt der Frau Venus) ihren Hof. Ihren Lockungen folgte Ritter Tannhäuser (Titelgestalt von Richard Wagners gleichnamiger, in Eisenach angeregter Oper). Im Hörselberg wohnt dem Volksglauben nach auch der germanische Gott Wotan, außerdem dessen Wilde Jagd oder Wildes Heer. In sturmerfüllten Nächten soll er, ebenso wie der Getreue Eckart, der die Wanderer vor der Wilden Jagd beschützen will, unterwegs sein; im Wald das sog. Jesusbrünnlein, die Venushöhle (oder „Hörselloch") und die Tannhäuserhöhle. Von der Höhe des Großen Hörselberges aus hat man einen Blick auf den Thüringer Wald mit Schneekopf und Inselsberg sowie nach Osten ins Thüringer Becken.

Von Eisenach über die Sängerwiese – ihr Name rührt von einem Fest 1847 aus Anlaß der Einweihung der Thüringer Eisenbahn (Halle–Erfurt–Eisenach) – zum *Steinkreuz „Wilde Sau"*, einem Sühnekreuz in Malteserform von 1483, der älteste Stein am Rennsteig.

Besonders erlebnisreich ist eine Wanderung von Eisenach aus durch das Annatal mit dem etwa 200 m langen NSG „Drachenschlucht", das eine außergewöhnliche geologische und geomorphologische Sehenswürdigkeit darstellt. Dieses z. T. nur einen Meter breite Klammstück mit den hohen, moosbedeckten und feuchten Felswänden weist bizarre Formengebilde auf.

Bergan geht es zum Gasthaus „Hohe Sonne", Anfang des 20. Jh. anstelle eines herzoglichen Jagdschlosses errichtet. Hier ist der **Rennsteig** erreicht, urkundlich 1313 als „Rynnestig" erstmals im Thüringer Wald genannt, der zu jeder Jahreszeit wegen seiner Naturschönheiten die Wanderer anlockt, im Winter schneesicher ist und als beliebtes Skilanglaufareal gilt. Der Rennsteig ist Landschaftsschutzgebiet, einige Flächen sind Naturschutzgebiete. Beachtenswert die vielen alten *Grenzsteine* (vom 16. Jh. bis Anfang des 20. Jh.), teils mit den Initialen der einstigen Landesherrschaften. Neben den Grenzsteinen dient das weiße „R" als Markierung. Das blaue Andreaskreuz steht für den DDR-Hauptwanderweg Wernigerode–Zittau, eine Teilstrecke verläuft von der „Hohen Sonne" bis Neuhaus, gleichzeitig ein Abschnitt des internationalen Wanderweges der Freundschaft nach Budapest.

Südlich der „Hohen Sonne" liegt in einem Wald- und Wiesenidyll das *Schloß Wilhelmsthal*, Anfang des 18. Jh. erbaut, 1741 von Krohne, Landbaumeister Thüringens, verändert. Hier weilte einst Goethe. Um 1800 wurde die barocke Gartenanlage in einen harmonischen *Landschaftspark* umgestaltet. (↗ Bl. 13)

Rennsteig bei Ruhla

Ruhla

Lage und Bedeutung: Im tief eingeschnittenen Erbstromtal erstreckt sich in über 4 km Länge die kleine Industriestadt Ruhla (5778 Einw.). Geologisch durch manche Besonderheit charakterisiert („Ruhlaer Sattel"), wird es heute geprägt durch das hier ansässige moderne Uhrenwerk sowie das Kombinat Fahrzeugelektrik.

Stadtgeschichte: Erstmals wurde der Ort 1161 von einem Chronisten im Zusammenhang mit der Sage vom „Schmied zu Ruhla" erwähnt. Der nachlässig regierende Ludwig II., der sich während der Jagd hierher verirrte, soll von einem Schmied zum „eisernen Landgrafen hartgeschmiedet" worden sein, dessen Gefolgsleute nun nicht mehr das Volk peinigen durften.

Erzvorkommen und Holzreichtum ließen früh das Metallgewerbe entstehen, schon im 12. Jh. ist Ruhla als Sitz von Waffenschmieden bekannt (Schwerter, Harnische). Bis 1740 stand das Messerschmiedehandwerk in Blüte, dann erließ Preußen als Hauptabnehmer ein Einfuhrverbot. Da gleichzeitig die Konkurrenz aus Schmalkalden und Solingen aufkam, war das Ende der traditionellen Gewerbe gekommen. Die geschickten Ruhlaer stellten sich schnell um. Bis ins 19. Jh. hinein wurde „die Ruhl" weltbekannt durch die Herstellung von Tabakpfeifen. Es breitete sich das Metallgewerbe aus, aus dem sich seit 1862 die heute international besonders geachtete Ruhlaer Uhrenproduktion entwickelte.

Die Stadt, bis 1920 in mehrere Gemeinden geteilt, die verschiedenen fürstlichen Territorien zugehörten, wurde wegen seiner klassenbewußten Arbeiterschaft auch „rotes Ruhla" genannt.

Kurzzeitig Badeort (Mineralquellen), wurde Ruhla seit 1900 ein gernbesuchter Luftkurort. Die Gastfreundschaft seiner Bewohner und die reizvoll-malerische Umgebung der steilaufragenden Felswände mit ihren hohen Fichten ziehen seitdem immer mehr Gäste in ihren Bann.

Blick zum Großen Inselsberg

Sehenswürdigkeiten: Das *Heimatmuseum*, ein schönes Fachwerkhaus aus dem 17. Jh. in thüringisch-fränkischer Bauart, zeigt sehenswerte Ausstellungen zur Geschichte der Stadt, insbesondere zur Kleineisenindustrie (Messerschmiede, Werkstatt eines Pfeifenmachers sowie Schausammlung dazu, Uhrenkabinett). Die frühbarocke *Concordiakirche* mit hölzernem Tonnengewölbe ist auffällig durch die Winkelhakenform (West- und Südflügel stehen rechtwinklig zueinander, über dem Schnittpunkt beider ein niedriger Turm). In der *Trinitatiskirche* (17. Jh.) befinden sich Kanzel und Taufstein aus der Entstehungszeit.

Idyllisch gelegen sind das Schwimmbad und der Campingplatz „Alte Ruhl". Gutmarkierte Wanderwege führen zu Aussichtspunkten der nahen und fernen Umgebung (Alexanderturm auf dem Ringberg, 639 m).

Ausflugsziele in der Umgebung: Östlich von Ruhla nimmt das bekannte Erholungsgebiet um den Großen Inselsberg, Tabarz und Friedrichroda mit vielen kleinen Erholungs- und Ferienorten seinen Anfang.

Der 916 m hohe **Große Inselsberg**, früher nach der an der Nordseite entspringenden Emse Emse-, später Enselsberg genannt, ist eine bewaldete Porphyrkuppe, über die der Rennsteig verläuft. Im 17. Jh. stand eine erste Hütte auf dem schwerzugänglichen Gipfel, seit 1810 ein Gasthaus. Die heutigen beiden Gaststätten erinnern noch an jene Zeit, da über den Inselsberg die Grenze zwischen Preußen und dem Herzogtum Sachsen-Coburg-Gotha verlief und eines der Gebäude preußisch, das andere sächsisch-gothaisch war. Auf dem Gipfel auch eine Jugendherberge, eine meteorologische Station sowie Rundfunk- und Fernseh-Einrichtungen der Deutschen Post (zwei UKW- und Fernsehtürme).

Der Inselsberg, der meistbesuchte Berg des Thüringer Waldes, ist Naturschutzgebiet, die Auffahrt zum Gipfel für Privatfahrzeuge gesperrt. Von den

Trusetal: Wasserfall

großen Parkplätzen vor der Abzweigung führen Wanderwege zum Gipfel (1,5 km), der bei günstiger Wetterlage eine herrliche Sicht gewährt. Die Gegend ist ein beliebtes Wintersportgebiet (an der Nordseite Abfahrtshang und Lift). (↗ Bl. 13)

Brotterode

Lage und Bedeutung: Von bewaldeten, steil aufragenden Bergen umgeben, erstreckt sich am Südfuß des Großen Inselsberges die Industriestadt Brotterode (3617 Einw.), heute ein bekannter Erholungs- und Wintersportort.

Stadtgeschichte: 1039 als „Brunwardesrot" erstgenannt, entwickelte sich die kleine Rodungssiedlung im Schutz der Burg (auf dem Burgberg) mit der Zeit zu einem Bergbaugebiet. Jahrhundertelang bis 1922 wurde um Brotterode Eisenerz gefördert und verarbeitet. 1895 äscherte ein verheerender Brand 729 von den 842 Gebäuden ein, erst um 1900 wurde der Wiederaufbau abgeschlossen. 1936 erhielt der Ort Stadtrecht. Nach 1945 wurde Brotterode ein international beachtetes Zentrum des Wintersports der DDR, diesen Ruf genießt es noch heute.

Sehenswürdigkeiten: Im *Gehege* ein schönes Naherholungszentrum mit Gondelteich sowie Reit- und Fahrtouristik. Gutes Skigelände mit Lift, viele Ski-Wanderwege, Eisstadion, Sprungschanze *„Große Inselsbergschanze"* am Seimberg.

Nahe **Trusetal** der beeindruckende *Trusetaler Wasserfall* (1865 künstlich angelegt), der aus 50 m Höhe steil herabfällt. Von der *Teufelskanzel* herrlicher Blick ins Werratal und auf die Rhönberge.

Von Brotterode aus ist eine Wanderung zum **Dreiherrenstein** empfehlenswert. In der Nähe das Denkmal für den Dichter *Joseph Viktor von Scheffel,* der u. a. auch ein bekanntes Rennsteiggedicht verfaßte. (↗ Bl. 13)

Fischbach: Bergbühne

Tabarz

Lage und Bedeutung: In 420 m Höhe erstreckt sich in anmutiger Lage Tabarz (4500 Einw.), einer der bedeutendsten Ferienorte des Bezirkes Erfurt. In Ferienheimen der Gewerkschaften, aber auch in Vertragsunterkünften erholen sich im Sommer wie im Winter viele Tausend Werktätige. Ausgedehnte Nadelwälder, viele Naturdenkmale und Parks laden zum Wandern ein.

Ortsgeschichte: Ursprünglich war für Tabarz das wenig einträgliche Waldgewerbe charakteristisch. Harzer, Zapfensteiger, Holzfäller und Köhler bewohnten den im Lauchagrund gelegenen Ort. Erst der 1870 einsetzende Kurbetrieb brachte einen allmählichen Wandel.

Bekannt wurde der Ort durch den KPD-Führer Doktor Theodor Neubauer, der gerade vom „stillen Tabarz" aus in der Zeit des Faschismus den Aufbau einer weitverzweigten illegalen Widerstandsorganisation betrieb (Neubauer-Poser-Gruppe), die mit anderen großen Organisationen zusammenwirkte. Am 14. Juli 1944 erneut in Tabarz verhaftet, wurde der „rote Doktor", wie ihn die Thüringer Arbeiter nannten, vom faschistischen „Volksgerichtshof" zum Tode verurteilt und am 5. Februar 1945 in Brandenburg ermordet. Das größte Ferienheim des Ortes trägt seinen Namen.

Sehenswürdigkeiten: In der *Dr.-Theodor-Neubauer-Gedenkstätte* Tabarz sind im Gedenkraum u. a. persönliche Gegenstände und Arbeitsgeräte sowie Aufzeichnungen und Darstellungen des aufrechten Kommunisten zu sehen. Die Gedenkstätte veranschaulicht zugleich die Widerstandstätigkeit der deutschen Antifaschisten unter Führung der KPD. Ein Gedenkstein mit der Urne Neubauers befindet sich im *Neubauer-Park*. Tabarz verfügt über zahlreiche Parkanlagen, zwei große Kurparks, zwei weitere stehen unter Naturschutz (dendrologische Seltenheiten).

Durch den Lauchagrund über *„Massemühle"* zur **Felsenhöhle** *„Backofenloch"*, einer Naturhöhle aus Felsitporphyr (9 m breit, 15 m tief), zum **Aschenbergstein** mit *Kreuz*. Im NSG

„Kleiner Wagenberg" das Naturdenkmal **Torstein,** eine vorgeschichtliche keltische Fluchtburg.

Ausflugsziele in der Umgebung: Eingerahmt von Fichten- und Mischwäldern nimmt **Fischbach** alljährlich ein Vielfaches seiner Einwohnerzahl an Feriengästen auf, die sich in der schönen Umgebung mit dem milden Reizklima wohl fühlen. Bekannt ist die *Bergbühne,* eine der größten der DDR, in den fünfziger Jahren in freiwilliger Arbeit von den Fischbachern errichtet. Im Sommer ist die Bergbühne Spielstätte des Landestheaters Eisenach. (↗ Bl. 13)

Friedrichroda

Lage und Bedeutung: In einem Talkessel des nordwestlichen Thüringer Waldes liegt das von bewaldeten Bergen umgebene, ehemals gothaische Städtchen Friedrichroda (5935 Einw.). Das günstige Klima des 430 m hoch gelegenen Ortes und die reine, mäßig feuchte Luft ließen es früh schon eine der beliebtesten Sommerfrischen Thüringens werden. Heute empfängt der systematisch zum Ferien- und Erholungsgebiet ausgebaute Ort jährlich mehr als 100 000 Werktätige, die in modernen Gewerkschafts- und Betriebsferienheimen sowie Vertragsunterkünften Entspannung und Erholung finden.

Stadtgeschichte: Friedrichrodas Entstehung ist mit der Schauenburg verbunden, einer Burganlage der Ludowinger (1291 geschleift, geringe Mauerreste noch vorhanden), die sich von unbedeutenden Herren einer Rodungsherrschaft zur Landesherrschaft über Thüringen erhoben. Um 1039 entstand die Siedlung Friedrichroda, vom Landgrafen Ludwig der Bärtige gegründet. Ludwig der Springer ließ 1085 das Kloster Reinhardsbrunn errichten, das mit reformierten Benediktinern aus Hirsau besetzt wurde und dem das Dorf Friedrichroda 1114 durch Kauf zufiel. Durch die „Reinhardsbrunner Fälschungen" (12. Jh.) ließen sich die Ludowinger von ihren Mönchen „urkundlich" ihre „königliche Abstammung" sowie eine Vielzahl von Besitzrechten bestätigen. 1597 verlieh Kaiser Rudolf II. dem Ort die Stadtrechte, aber die Entwicklung schritt dennoch nur langsam voran.

Seit dem 17. Jh. kam die Garnbleicherei auf, daneben existierte Bergbau auf Rot- und Brauneisenstein. Zur Zeit der Napoleonischen Kontinentalsperre erreichte die Bleiche ihren Höhepunkt. Die Hänge um den Ort waren voll von bleichenden Erzeugnissen. Friedrichroda bekam den Beinamen „Bleicherstadt" und „Waschküche Thüringens".

In der Stadt wurde 1818 der Arbeiterführer und Kampfgefährte von Marx und Engels, Johann Georg Eccarius, geboren.

1858 ging der Bergbau zurück, aber um diese Zeit war bereits durch den Gothaer Verleger Friedrich Perthes die neue Bedeutung als Kur- und Feriendomizil begründet worden. Dieser weilte 1837 erstmals als Kurgast hier. 1880 zählte man schon 2900 Gäste.

Der mit der Gründung der DDR systematisch betriebene Ausbau des Kur- und Erholungswesens für die Werktätigen schlug in der Geschichte des ältesten Kurortes Thüringens ein völlig neues Kapitel auf. 1947 besaß der Ort mit nur 147 Betten das erste und einzige gewerkschaftliche Ferienheim im heutigen Bezirk Erfurt. Heute hält Friedrichroda mehr als 10 000 Betten für seine werktätigen Gäste bereit. Immer mehr neue und modernere Ferienheime des FDGB wuchsen empor, darunter das FDGB-Urlauberhotel „August Bebel", das heutige Wahrzeichen der Stadt, das höchsten Komfort und beste Betreuung vereint. Zu den jährlich rund 100 000 Urlaubern kommen zu jeder Jahreszeit auch viele Touristen in die gastfreundliche Stadt.

Sehenswürdigkeiten: Neben den neuen und modernen Ferienheimen sind auch noch zahlreiche Fachwerkvillen des späten 19. Jh. zu sehen, die

Friedrichroda: Schloß Reinhardsbrunn

nach 1945 vielfach rekonstruiert wurden. Einen kleinen Eindruck von der einstigen Bleicherstadt erhält der Besucher am *„Kalten Markt"*, wo zwischen den Häusern Bleicherrasen am Bach erhalten sind. Sehenswert auch die barocke *Kirche St. Blasii* (1770, mit älteren Teilen), Turm von 1538. Der *Buschmannbrunnen* ist dem Erfinder der Mundharmonika, 1805 in Friedrichroda geboren, gewidmet. Nahe der Seebachbrücke das Haus, in dem Perthes wohnte (Gedenktafel); *Perthespromenade* mit Gedenkstein und Ehrenmal für Eccarius. Im *Puschkinpark* exotische Bäume. Schönes Bergtheater von 1957. Beliebt bei den Urlaubern sind die *Waldsportanlage* und das *Schwimmbad.*

Auf dem Schauenberg kaum erkennbare Reste der Schauenburg. Blick auf Friedrichroda vom Gottlobstempel und vom Abtsberg. Wanderwege führen u. a. zum Großen Inselsberg, zur Steigermühle, zur Tanzbuche, zum Spießberg und Spießberghaus.

Einmalig ist die *Marienglashöhle* mit dem größten Vorkommen an kristallinem Gips in Europa, die auch einen interessanten Einblick in die Entstehungsgeschichte des Thüringer Waldes gibt.

Vielbesucht ist *Schloß Reinhardsbrunn* mit den schönen Parkanlagen (dendrologische Seltenheiten) und den seinerzeit von Mönchen des Klosters angelegten Fischteichen. Im neobarocken Schloß (heute Reisebürohotel) sind Ahnensaal und Schloßkapelle sehenswert.

Ausflugsziele in der Umgebung: Etwa 8 km östlich der Inselsbergregion liegt der alljährlich weit über 30 000 Urlauber zählende Ferienort **Finsterbergen.**

1141 ersterwähnt, war er seit dem 15. Jh. viele Jahrhunderte lang eines der bekanntesten Fuhrmannsdörfer des Thüringer Waldes. Später folgte das Puppenmachergewerbe in Heimarbeit. 1888 kam der erste Kurgast nach Finsterbergen. Der hier zur Kur weilende Dichter Martin Andersen Nexö wurde durch die soziale Not in den „Puppenmacherorten" zu seiner Novelle „Die Puppe" angeregt. Außer Nexö weilten auch Rosa Luxemburg und Theodor Neubauer in Finsterbergen. Im *Heimatmuseum* sind Zeugnisse aus der Vergangenheit Finsterbergens als Fuhrmannsdorf und der Heimarbeit im Thüringer Wald aufbewahrt. Empfehlenswert der *Naturpark Hüllrod*, das *Schwimmbad*, Wanderung zur Felsenkanzel des **Hainfelsens**; Campingplatz Paulfeld.

Das 1919 zur Stadt erhobene **Tambach-Dietharz** ist aus dem Marktflekken Tambach (1251 ersterwähnt) und dem 1919 eingemeindeten Dorf Dietharz (1246 urkundlich genannt) hervorgegangen. 1537 kam Luther nach Tambach, als er vom Konvent in Schmalkalden zurückkehrte. Die Legende weiß zu berichten, daß sich der kranke Reformator im Tambachtal an frischem Quellwasser (später Lutherquelle) erquickte.

1901 wurde eine Konsumgenossenschaft gebildet, die zum Vorbild für ganz Thüringen wurde. Radfahrer, Schützen und Turner der Arbeiterbewegung waren hier organisiert. In dieser traditionellen Heimstatt des fortschrittlichen Proletariats entstanden 1922 ein Arbeiterheim und 1923 ein Kinderheim der Internationalen Arbeiterhilfe, das mit Spenden sowjetischer Werktätiger eingerichtet werden konnte. Der Ort ist eng mit der Geschichte des Rotfrontkämpferbundes verknüpft (1927 erstes Reichsferienlager der Roten Jungfront).

Heute ist Tambach-Dietharz nicht nur Industriestandort, sondern vor allem ein Ferienort. Die zahlreichen Täler zwischen bewaldeten Hängen laden zu Wanderungen ein, so zum nur etwa 6 km entfernten Rennsteiggebiet, zum *Aussichtspunkt Hohe Warte*, zum **Spittergrund** und **Spitterfall**, dem größten natürlichen Wasserfall Thüringens, zur **Ebertswiese** und weiter zum Naherholungsgebiet **Bergsee** (Wassertiefe 13 m). Vom **Mittleren Hühnberg** (836 m) herrliche Fernsicht über den Thüringer Wald; Apfelstädtgrund mit Naturschutzgebiet; ein Wanderweg führt rund um die *Gothaer Talsperre*, die älteste Thüringens.

Bei **Luisenthal**, einem langgestreckten Ferienort, die von Bergen umsäumte *Ohratalsperre*. Schon nach dem ersten Weltkrieg in der Diskussion, wurde die fast 20 Mill. m³ fassende Trinkwassertalsperre im Ohratal erst 1967 errichtet und fertiggestellt. Sie versorgt große Teile Thüringens über ein ausgedehntes Rohrnetz mit Wasser. Herrliche Wanderwege führen um den 88 ha großen Stausee, der gleichzeitig dem Erholungswesen dient (Ruder- und Angelmöglichkeiten). (↗ Bl. 13)

Ilmenau

Lage und Bedeutung: Die einstige Bergbau- und heutige Industrie- und Hochschulstadt (29 400 Einw.), im 17. und 18. Jh. bekannt geworden durch ihre Glas- und Porzellanherstellung, erstreckt sich im Nordosten der Gebirgsregion in einer Weitung des Ilmtals. Goethe schloß Stadt und Bewohner in sein Herz; in der reizvollen landschaftlichen Umgebung empfing er unvergeßliche Eindrücke für sein dichterisches Werk. Heute ist die Stadt ein weithin bekanntes Zentrum der Glas- und Porzellanindustrie der DDR, das mit der Technischen Hochschule eine praxisverbundene Lehr- und Forschungsstätte von hohem Rang besitzt.

Stadtgeschichte: 1273 urkundlich erstgenannt, ist Bergbau auf Sanderze, Kupfer und Silber nachweisbar. 1340 wurde Ilmenau mit Stadtrechten bedacht. Der Bergbau blieb lange mit der Entwicklung der Stadt verbunden. Im 17. Jh. folgten neue Erwerbszweige: 1675 wurde die erste Glashütte errichtet, 1731 folgte eine zweite. Im 18. Jh. kam der Bergbau zum Erliegen, als die Schächte ersoffen. Ein verheerender Stadtbrand, der Ilmenau 1752 heimsuchte, brachte die soziale Not in die Stadt an der Ilm. Sie wurde noch verstärkt durch die Mißwirtschaft ungetreuer Stadtväter. In der „Ilmenauer Empörung" von 1768 versuchten fortschrittliche Vertreter des Bürgertums und des Handwerks, diese Zustände abzustellen. Als Antwort setzte die regierende Herzogin von Sachsen-Weimar, Anna Amalia, Truppen in Marsch. Erst Goethes Wirken in der Stadt brachte Ordnung in das Gemeinwesen. Er leitete zahlreiche Maßnahmen ein, die der Ilmenauer Bevölkerung helfen sollten.

Nach 1830 war Ilmenau einige Zeit Kurort (Kaltwasser-Heilmethode). Schon im 19. Jh. hatte sich die Stadt zum Hauptstandort der deutschen Glasinstrumentenindustrie entwickelt. Die Herstellung erfolgte in Heimarbeit, aber zunehmend auch in Industriewerken, die über respektable Glashütten verfügten. Dennoch zählte Ilmenau mit den meisten Industriedörfern der Umgebung zu den Notstandsgebieten des Thüringer Waldes. Lange Arbeitszeit, drückende Abhängigkeit der Heimarbeiter, Kurzarbeit, schlechte Wohn- und Lebensbedingungen waren vielerorts zu finden.

Ein Höhepunkt der seit der Jahrhundertwende in Ilmenau erstarkten Arbeiterbewegung (Gewerkschaften, Gesangsverein, Freie Turnerschaft, Arbeiterjugend) war 1912 das Auftreten von Karl Liebknecht, als er zu 4000 jungen Menschen sprach. Auch Rosa Luxemburg kam 1912 nach Ilmenau, dessen Wähler sich im selben Jahr mehrheitlich für die Sozialdemokratie entschieden. Stark war der antifaschistische Widerstand. Der Kommunist Karl Zink organisierte 1937 eine Widerstandsgruppe. Zusammen mit Magnus Poser aus Jena leitete er lange Zeit den antifaschistischen Widerstandskampf, bis er 1939 von der Gestapo verhaftet und 1940 hingerichtet wurde.

Außerhalb der Stadt entstand in den siebziger Jahren ein ausgedehntes Industriegebiet. Für solche international geachteten volkseigenen Betriebe und Kombinate wie Technisches Glas, Elektro- und Laborglas sowie Henneberg-Porzellan (1777 gegründet) wurden moderne Produktionsstätten errichtet. Der Wohnungsbau wurde beschleunigt. Die Technische Hochschule Ilmenau, besonders mit der Glas- und Keramikindustrie, vor allem aber auch mit der Mikroelektronik verbunden, unterstützt diese Industriebetriebe in ihrem Bestreben, den Anforderungen des wissenschaftlich-technischen Fortschritts und des Weltmarktes nachzukommen.

Sehenswürdigkeiten: Untrennbar ist der Name Goethes mit Ilmenau verbunden, das sich zu Recht Goethestadt nennt. Achtundzwanzigmal hat der Dichter hier geweilt, insgesamt 222 Tage. „Ich war immer gerne hier", bekannte er. „Ich glaube, es kommt von der Harmonie, in der hier alles steht: Gegend, Menschen, Klima, Tun und Lassen." Viele Goethe-Erinnerungsstätten gibt es in Ilmenau, sie tragen Gedenktafeln.

Das *Amtshaus* am *Markt* (Barockbau von 1756) war Goethes häufiges Quartier. Die *Goethe-Gedenkstätte* zeigt seine Arbeits- und Wohnräume, vermittelt zugleich einen Einblick in die Geschichte des Bergbaus dieser Gegend.

An der Schauseite des *Rathauses* ist das Wappen der Henneberger Grafen, die Henne, angebracht, sehenswert auch der *Marktbrunnen* mit wasserspeiender Berghenne. Auf dem Friedhof erinnern mehrere Grabsteine an Zeitgenossen Goethes (u. a. an die Schauspielerin Corona Schröter). In der alten Henneberg-Porzellanmanufaktur bemalte Goethe Porzellan für Charlotte von Stein. Unweit die Halde des Schachtes „Neuer Johannes", das Bergwerk wurde 1784 durch Goethe festlich wieder begründet.

Ältestes Haus der Stadt ist das *Zechenhaus*, einst Verwaltungssitz des Bergamtes (seit 1691).

Jagdhaus Gabelbach

Ausflugsziele in der Umgebung: Ein Erlebnis besonderer Art ist der *Wanderweg Ilmenau–Stützerbach „Auf Goethes Spuren"*, von Thüringer Goethefreunden sowie den Nationalen Forschungs- und Gedenkstätten der klassischen deutschen Literatur in Weimar liebevoll gestaltet. Ausgehend vom Ilmenauer Markt führt er an den Goethestätten der Stadt vorbei zur *Sturmheide*, zum *Mittleren* und *Oberen Berggraben*, zum *Schwalbenstein*.

Der Weg führt weiter zum *Schöffenhaus* und nach **Manebach**, wo der Dichter im Haus des Kantors häufig weilte, vorüber am *Aussichtspunkt Helenenruh* mit herrlichen Ausblicken zum **Großen Hermannstein**, einem Porphyrfelsen, Goethes „geliebten Aufenthalt". **Kickelhahn** (861 m) mit *Aussichtsturm* und sog. *Goethehäuschen*. In der *Goethe-Gedenkstätte Jagdhaus Gabelbach* historische Räume mit zahlreichen Erinnerungsstücken; Museum zu Goethes naturwissenschaftlichen Studien im Thüringer Wald. Weitere Stationen des Wanderweges sind Hirtenwiese, Schortetal, Finsteres Loch, Auerhahn, bis als letzte Station Stützerbach mit seinen interessanten *Goethe-Stätten* erreicht wird.

Der Goethe-Wanderweg kann in seiner Gesamtlänge von rund 18 km oder auch in Teilabschnitten bewältigt werden. Goethes Namenskürzel „G" sowie informative Erläuterungstafeln helfen, sich zurechtzufinden.

Manebach, seit über 100 Jahren Urlaubsort, zeichnet sich durch seine heilklimatisch günstige Lage (530–580 m) aus. Langgestreckt im Ilmtal, wird es von bewaldeten Bergen umgeben (von Aussichtspunkten des Heidelberges und Dachskopfes schöne Rundblicke). Der gut ausgestattete Campingplatz im Meyersgrund wird auch im Winter genutzt.

Einst vom Bergbau auf Kohle geprägt, kam im 19. Jh. andere Industrie auf (Masken- und Thermometerherstellung). Neben Betrieben der Glasindustrie bestimmt heute zunehmend das Ferien- und Erholungswesen den Ort.

In einem von bewaldeten Bergen umsäumten Talkessel erstreckt sich der Goetheort **Stützerbach**, bekannt auch als Kurort (Kneipp-Kuren). Früh schon als Glasmacherstätte genannt, führte Röntgen hier seine Versuche für die Entwicklung der Röntgenröhre durch. Auch das Thermometer, das Vakuumgerät und die Glühlampe wurden erstmals auf deutschem Boden in Stützerbach geblasen. Die Ortschaft war ein fast schon kurioses Beispiel deutscher Kleinstaaterei; jahrhundertelang gehörte sie zwei Staaten, dem Herzogtum Sachsen-Weimar und dem Kurfürstentum Sachsen. Die Landesgrenze verlief mitten durch den Ort, entlang dem Lengwitzbach. Es gab zwei Verwaltungsämter, zwei Schulen, selbst zwei Feuerwehren und sogar zwei Kuhherden. Besuchermagnet ist das *Goethehaus*, ehemaliges Gundelachsches Haus, in dem der Dichter nachweislich 13mal zu Gast war. In der stilvollen Gedenkstätte auch ein *Museum* zur Geschichte des technischen Glases (ein Glasbläser demonstriert seine Arbeit). Im Ort weitere Häuser, die mit Goethe in Beziehung stehen (Gedenktafeln).

Schmiedefeld, am Rennsteig in über 675 bis 750 m Höhe in einem Hochtal gelegen, hat sich mit dem Bahnanschluß 1903/04 zu einem idealen Ferienort entwickelt, der besonders gute Wintersportmöglichkeiten bietet (Langlauf, Abfahrtshang mit Skilift). Der Ort ist Ausgangspunkt erholsamer Wanderungen, so in das NSG „Vessertal“, dessen malerische Lage jeden Besucher fasziniert. Das NSG „Vessertal“, aufgenommen in das UNESCO-Programm für Biosphärenreservate, gilt als ein typischer Ausschnitt unserer Mittelgebirge im zentralen Teil des Thüringer Waldes. Das rund 1400 ha große Schutzgebiet bietet eine einzigartige Pflanzenwelt.

In der Kammregion des Thüringer Waldes liegt auf der Höhe des Sonnenberges **Frauenwald**, heute ein gernbesuchter Urlaubsort. Ursprünglich Sitz eines Nonnenklosters („Zu den Frauen auf dem Wald“) und später jahrhundertelang karge Wohn- und Arbeitsstätte von Waldarbeitern, Kienrußbrennern, Schachtelmachern. Im 19. Jh. brachte die Glasbläserei einen gewissen wirtschaftlichen Aufschwung. Wegen seiner günstigen Höhenlage, umgeben von Tälern und schönen Waldhängen, nahe dem Rennsteig und der Talsperre Schönbrunn, ist Frauenwald sowohl ein Höhenluftkurort als auch ein Wintersportplatz mit günstigen Schneeverhältnissen. Sehenswert das Monument, die *„steinerne Chronik von Frauenwald“*, und die *Kirche* (1831, erbaut nach Schinkel-Plan).

Inmitten prächtiger Wälder, Waldtäler und Felsgruppen, die malerische An- und Ausblicke gewähren, liegt am Rennsteig der Kur- und Ferienort **Masserberg.** Holzhauer, Pechsieder und Köhler waren im 17. Jh. seine ersten Bewohner. Im 19. Jh. wurden in dem typischen Heimarbeiterdorf (die ganze Familie war an der Heimarbeit beteiligt, um überleben zu können) Holzwaren der verschiedensten Art hergestellt, darunter Spanschachteln, Knöpfe und Etiketten. Um 1890 entdeckten Rennsteigwanderer die Reize des in über 800 m Höhe gelegenen Gebirgsdorfes. Seine idyllische Lage, die Ruhe und die reine Luft förderten den Fremdenverkehr. Hotels und Heime entstanden, schließlich ein *Kurviertel* mit *Kurpark*. 1949 richtete die Augenklinik der Friedrich-Schiller-Universität Jena hier eine Außenstelle ein, die ausgebaut wurde. Heute ist Masserberg auch ein beliebter Wintersportort.

Als Ausgangspunkt erholsamer Wanderungen empfehlen sich beispielsweise Ziele wie Friedrichshöhe (markiert), Werraquelle, Dreiherrenstein, Eisfelder Ausspanne und „grüner Werrateich“, eine einmalige Naturerscheinung. Der Dreistromstein bezeichnet die Wasserscheide zwischen Elbe, Weser und Rhein. Von der *Rennsteigwarte* auf dem **Eselsberg** (841 m) weiter Rundblick.

Gern besucht wird auch **Fehrenbach**, in einem engen Talgrund gelegen. Schöne Ausflugsziele sind der felsenreiche Eselsgrund sowie die sog. Fehrenbacher Schweiz mit großartigen Felspartien und -gruppen. Erleb-

Schönbrunn: Talsperre

nisreich die Wanderung zur 2 km entfernten **Werraquelle** (Quell gefaßt, Grotte), die hier in 797 m Höhe entspringt; Werragrund und Werrateich, einstiger Flößteich.

Nicht weit von Fehrenbach liegt der Ferienort **Schnett**, vom Simmersberg gekrönt. Bis 1939 war Schnett ein Notstandsdorf. Hier entstand am 6. Juli 1924 im Anschluß an eine proletarische Sonnenwendfeier die erste Ortsgruppe des Rotfrontkämpferbundes in Deutschland. Das Bergdorf ist ein empfehlenswerter Luftkurort, im Winter gutes Skigelände. In der Kirche bäuerliche Malerei.

Unmittelbar westlich vom vielbesungenen und gern bewanderten Rennsteig das anmutig gelegene **Gießübel**, wie viele Orte in diesem Gebiet von herrlichen Wäldern umgeben. Berge schirmen den Ferienort vor rauhen Winden ab, bequeme Waldwege laden zu schönen Spaziergängen ein. Holzhauer aus Franken hatten das Dorf wohl im 14. Jh. gegründet. Noch heute findet man Häuser fränkischer Bauart, wie sich hier auch das Fränkische in der Sprache erhalten hat. Die Gießübler Schweiz bietet imposante Felspartien im Dachsbachtal.

Südwestlich vom Rennsteig lockt **Heubach** zu erholsamen Ferien. 550 bis 720 m hoch gelegen, bewahrte die verkehrsgünstige Lage die Gemeinde nach 1900 dennoch nicht davor, Notstandsgebiet zu werden. Selbst zum „Puppenflicken" waren die Heubacher bereit – eine mühselige Tätigkeit, die zudem überaus schlecht bezahlt wurde. Nahe gelegen ein schönes Schwimmbad, im Winter beliebt die vielen Skiübungshänge.

Schönbrunn, von herrlichen Wäldern umgeben, stellt ein typisches Zeilendorf dar. Eine Besonderheit dieses Gebietes ist das NSG „Oberlauf der Gabeltäler" (181 ha), das auf interessante Weise den Charakter des Thüringer Waldgebirges erhalten hat. Nördlich die Talsperre Schönbrunn (100 ha, 66 m hoher Steinschuttdamm).

Besuchenswert in dieser Kammregion neben vielen anderen schönen Orten ist **Neustadt am Rennsteig**, einstmals abschätzig als „Schwamm-Neustadt" bezeichnet. Erste Ansiedler waren Waldbewohner, die für Hungerlöhne Feuerschwämme (eine Art Zunder) herstellten, dann auch giftige Phosphor- und Schwefelhölzer. Das auf dem Kamm des Gebirges gelegene Neustadt ist sommers wie winters gleichermaßen als Urlaubsort geeignet. (↗ Bl. 13)

Oberhof

Lage und Bedeutung: Die in 800 bis 835 m Höhe auf dem Kamm des Gebirges gelegene Stadt (2559 Einw.) ist einer der bekanntesten und bedeutendsten Erholungsorte des Thüringer Waldes (jährlich über 120 000 Feriengäste). Oberhof ist gleichzeitig ein anerkannter Höhenluftkurort, der im Sommer herrliche Wanderungen und Ausflüge in eine waldreiche Umgebung, im Winter durch seine Schneesicherheit und günstige Lage vielfachen Wintersport ermöglicht und sich als Stätte internationaler Sportbegegnungen präsentiert.

Stadtgeschichte: Bereits 1259 wurde die Wegstrecke von Zella nach Crawinkel erstmals genannt. Etwa um 1470 existierte der „Obere Hof", ein Hospiz der Johanniter, der um 1480 von den einflußreichen Grafen von Gleichen, 1563 von Kurfürst Johann Friedrich gekauft wurde. Die wettinisch-ernestinische Geleitstation bestand neben der am Paßweg „über den Wald" verlaufenden Ausspann-, Rast- und Übernachtungsstätte. Später gab es hier etliche Köhlerhütten sowie andere Behausungen der Waldarbeiter. 1616 ließ der Weimarer Herzog in Oberhof ein Jagdschloß errichten, das bald wieder verschwand. 1648 hatte der Ort gerade 51 Einwohner, erst im folgenden Jahrhundert verdreifachte sich die Einwohnerzahl.

Einen Aufschwung nahm die Ortschaft mit dem Anschluß an das thüringische Verkehrsnetz im 19. Jh. (Straßenbau 1832/34, Bahnstrecke 1848). Damit war die Verkehrsverbindung nach dem 1869 Kurort gewordenen Oberhof erschlossen.

Das günstige Heilklima und die Reinheit seiner Luft bewirkten ein stetes Anwachsen des Fremdenverkehrs. 1890 sah der Ort immerhin schon etwa 1500 Kurgäste, 1913 rund 13 000. Oberhof war auch ein bekannter Wintersportort geworden. Eisstadion, Bobbahn und Skihänge sowie -schanzen zogen allwinterlich viele Tausende an. Da ein solcher Urlaub kostspielig war, blieb er den Begüterten vorbehalten.

Erst nach 1945 begann sich Oberhof zu einem Kurort der Werktätigen zu wandeln. Die Erholungsstätten wurden vom FDGB, von Betrieben und Institutionen übernommen und modernisiert. Viele neue Heime kamen hinzu, vor allem in den letzten Jahren konnte so die Kapazität stark erweitert werden. Als Wintersportzentrum der DDR hat Oberhof international einen hervorragenden Ruf. Die Thüringer Biathlonsportler, Bobfahrer, Rennrodler, Spezialspringer und Langläufer waren vielfach Goldmedaillengewinner bei Olympiaden sowie Welt- und Europameisterschaften.

Der wachsenden Bedeutung Oberhofs entsprach die Zuerkennung der Stadtrechte am 7. Oktober 1985.

Sehenswürdigkeiten: Wahrzeichen des heutigen Oberhof sind das Interhotel „Panorama" (1969; 80 Prozent seiner Kapazität sind den Gewerkschaften vorbehalten), das FDGB-Heim „Rennsteig" (1974), das FDGB-Ferienheim „Fritz Weineck" (1976) u. a. Der traditionelle Wintersportberg war der Wadeberg, heute die *„Schanzen am Rennsteig"* am Kanzlersgrund (mit Lift zum Café im Turm, sehr schöne Aussicht). Interessant das *Skimuseum* mit Skiern und Schlitten vergangener Jahrzehnte. Sehenswert ist die international renommierte, künstlich vereiste *Rennschlitten- und Bobbahn* an der Tambacher Straße. Am *Grenzadler* befinden sich das Langlaufareal sowie das neue *Biathlonstadion* (Weltcupwettbewerbe).

Gern besucht wird der 12 ha große *Rennsteiggarten* für Hochgebirgsflora auf dem Pfanntalskopf (nahe Rondell). Dieser im Thüringer Wald einmalige Botanische Garten verfügt über einen umfangreichen Bestand in- und ausländischer Gebirgspflanzen (etwa 3000 Arten).

Das *Rondell* – an der Kreuzung des Rennsteigs und der F 247 – ist eine steinerne Erinnerung an die künstlich angelegte Straße über den Kamm des

Oberhof: Rennsteiggarten

Thüringer Waldes. In der Nähe befindet sich das *Forstarbeiterdenkmal* von 1981.

Ausflugsziele in der Umgebung: Den Rennsteig entlang führt eine reizvolle Strecke über Grenzadler (in der Nähe Schanzenbaude) zum Falkenstein, einem Porphyrriesen mit gewaltigem Überhang.

Von Oberhof aus gelangt man den Rennsteig entlang zum **Großen Beerberg** (Wanderung führt über die Kuppe des Berges), der höchsten Erhebung des Thüringer Waldes (982 m). Man erreicht zugleich auch die höchste Stelle des Rennsteiges mit 973 m. Als Naturschutzgebiet besonders ausgewiesen ist das Beerberghochmoor. Lohnenswert ist ein Abstecher zu Plänckners Aussicht, Plänckner, dem „Vater der Rennsteigwanderung“, gewidmet.

Auf der 916 m hohen *Schmücke* (im Winter sichere Schneeverhältnisse) befand sich einst der höchstgelegene Gasthof des Thüringer Waldes, heute moderne Berggaststätte.

Der Ferienort **Gehlberg**, anmutig gelegen, gehört zu den schneesichersten Orten des Thüringen Waldes. Im Winter ziehen die idealen Skiwanderwege und die Abfahrtsstrecken, im Sommer die Kuranlage, das Waldschwimmbad und die schöne Umgebung mit besonders reiner Luft die Urlauber und Touristen an.

Der *Lütschestausee* (Fassungsvermögen 1 Mill. m^3, etwa 1 km lang, größte Breite 300 m) bietet viele Wassersportmöglichkeiten, am Waldrand ein Campingplatz. (↗ Bl. 13)

Suhl

Lage und Bedeutung: Im Südwesten der Ferienregion des Thüringer Waldes liegt Suhl (55 300 Einw.), umgeben von einer Vielzahl kleinerer und größerer Urlauberorte, die Metropole des gleichnamigen südthüringischen Bezirkes.

Die einstige thüringische Gewehrschmiede erstreckt sich in anmutiger Lage im Tal der Lauter und der Hasel. Umgeben von hohen Bergen hat sich das 1952 Bezirksstadt gewordene Suhl, heute mit über 40 000 Einwohnern, zum Verwaltungs-, Industrie- und Kulturzentrum Südthüringens entwickelt. Als kleinste Bezirksstadt der DDR stellt Suhl eine gelungene Synthese von moderner Architektur mit historisch gewachsener, wohlrestaurierter Altstadt dar, auf reizvolle Weise in die romantische Gebirgslandschaft des Thüringer Waldes eingegliedert.

Stadtgeschichte: Über die Anfänge des Ortes ist urkundlich nur wenig bekannt. Das erst 1318 genannte Sula muß aber bereits vorher bestanden haben, denn im 14. Jh. hatte die Eisengewinnung schon einen hohen Stand erreicht. Erzvorkommen, Waldreichtum und die unerschöpfliche Energie der

Suhl

Bäche begünstigten den Aufschwung des eisenverarbeitenden Gewerbes. 1445 noch als Flecken erwähnt, erhielt der Ort 1527 durch Graf Wilhelm IV. von Henneberg Stadtrechte. Die enge und verwinkelte Stadt wurde dreimal von großen Bränden (1590, 1634, 1753) heimgesucht.

Da sie hier gute Voraussetzungen für ihr Gewerbe vorfanden, siedelten sich 1535 Nürnberger und Augsburger Büchsenschmiede an. In kurzer Zeit stellten sich alle Schmiede der Stadt auf das neue, lukrative Gewerbe um. Verleger übernahmen den Vertrieb der Waffen in immer mehr Länder. Mitte des 16. Jh. war Suhl bereits als Waffenschmiede Europas berühmt. Von 1550 bis 1634 deckte es den Bedarf nicht nur des Reiches, sondern auch vieler anderer Staaten des Kontinents. Allein 1595 produzierten die etwa 200 Waffenschmiede der Stadt 27 000 Büchsen und 1100 Pistolen. Ohne jede Skrupel belieferten die Suhler Verleger im Dreißigjährigen Krieg alle kriegführenden Parteien gleichermaßen. 1634 bekam die kleine Stadt die Rechnung dafür präsentiert: Die Truppen des kaiserlichen Generals Isolani legten das zuvor geplünderte Suhl in Schutt und Asche. Viele der Büchsenschmiede zogen fort, auf diese Weise anderswo die Konkurrenz begründend. Die noch ansässigen Handwerker stellten zunehmend Jagdwaffen her, die noch heute Suhls Weltruf bestimmen. Später entstandene Waffenfabriken produzierten für Preußens Armee vor allem kleinkalibrige Waffen. In den beiden Weltkriegen wurde die Stadt erneut zu einer Waffenschmiede.

Nach 1945 sind es neben herkömmlichen Erzeugnissen (Jagd- und Sportwaffen) vor allem Produkte des Fahrzeugbaus und der Haushaltgeräteindustrie, die den Namen der Stadt in viele Länder tragen.

Über stolze Traditionen verfügt die Arbeiterbewegung der Stadt und ihrer Umgebung. Nach dem überzeugenden Auftreten Karl Liebknechts 1911 in der Stadt erhielt die Sozialdemokratische Partei erstmals bei Reichstagswahlen eine klare Mehrheit. Geschlossen trat die SPD-Ortsgruppe Suhl 1917 zur USPD über. Die Ermordung Karl Liebknechts und Rosa Luxemburgs war Anlaß für einen Generalstreik der Suhler Arbeiter. Bewaffnete Suhler Arbeiter vertrieben am 15. März 1920 die Kapp-Putschisten aus der „roten Stadt". In den antifaschistischen Widerstandsorganisationen der Friedberg-Gruppe sowie der weitverzweigten Widerstandsorganisation der Neubauer-Poser-Gruppe kämpften auch Suhler Antifaschisten.

Sehenswürdigkeiten: Bauten der Gegenwart verbinden sich harmonisch mit jenen rekonstruierten Teilen der Suhler Altstadt, die die Stadtbrände der Vergangenheit überdauert haben. Am Karl-Marx-Platz, dem früheren Markt, steht das *Rathaus* (nach 1900 umgestaltet). Bemerkenswert ist seine Rolle während der revolutionären Ereignisse des Jahres 1920, als Arbeiterwehren das von Putschisten besetzte Gebäude stürmten (Gedenktafel: „Im grünen Wald die rote Stadt, die ein zerschossen Rathaus hatt".) Relieftafeln von Bühling verdeutlichen diese Ereignisse. In der Mitte des Platzes auf dem *Marktbrunnen* das alte Wahrzeichen Suhls, der *Waffenschmied* (1903). Südlich gelegen die *Hauptkirche St. Marien* (1757; nach mehreren Bränden wieder aufgebaut, die wertvolle Rokokoausstattung bei Innenrestaurierung 1970/71 wieder hergestellt).

Am *Steinweg* (Fußgängerzone), der alten Hauptstraße, ragen neben restaurierten Bürgerhäusern vor allem die Prunkbauten der Gewehrfabrikanten hervor: z. B. das *Steigledersche Haus* und das *Spangenbergsche Haus.* Den Abschluß des Fußgängerbereiches bildet die als Kopfbau errichtete barocke *Kreuzkirche* (1739 geweiht).

Im ehemaligen *Malzhaus,* einem schönen Fachwerkbau von 1663, die herausragende Attraktion der Stadt, das 1971 eingerichtete *Waffenmuseum.* Dieses Spezialmuseum veranschaulicht die Geschichte der Handfeuerwaffen. Die umfangreiche Sammlung umfaßt Exponate aus fünf Jahrhunderten. Im Stadtzentrum die neuen Wahrzeichen Suhls, die *„Stadthalle der Freundschaft"* und das *Kulturhaus „7. Oktober".*

Auf dem Plateau des *Friedberges* wurde die international bekannte *Schießsportanlage* angelegt.

Über der Stadt, am Hang des *Domberges* (Rundblick auf die Stadt), die kleine *Ottilienkapelle* von 1843.

Mehrere hübsche Bürgerhäuser in der ortstypischen Fachwerkarchitektur, vor allem im Stadtteil **Suhl-Heinrichs** zählt das ehemalige *Rathaus* zu den prächtigsten Fachwerkbauten Thüringens. In **Suhl-Neundorf** eines der ältesten Gebäude der Stadt, der historische *Gasthof „Zum goldenen Hirsch"* (1616, fränkisch-hennebergischer Fachwerkstil), nach umfangreicher Restaurierung heute wieder Wirtshaus.

Ausflugsziele in der Umgebung: Als Spazier- und Wanderziele lohnen der **Domberg**, der **Heimattierpark** in der Suhler Schweiz, die *Sternwarte,* Ringberg, Döllberg, Bergbaude „Lange Bahn" oder die *Erletor-Talsperre.*

Bemerkenswert im Kreis Suhl-Land die *Kirchenburg Rohr,* einer der ältesten Kirchenbauten auf dem Gebiet der DDR. Der Kern der Anlage geht auf das einstige Kloster zurück (9. Jh. bis 915). Die Umbauten erfolgten im 12., 16. und 17. Jh. Vermutlich lag an dieser Stelle eine königliche oder gar kaiserliche Pfalz, auf der 984 sogar ein Reichstag stattfand. Sie ist später zerstört worden. Auf ihr wurde die Anlage der Kirchenburg errichtet, eine herausragende bäuerliche Verteidigungsanlage dieses Gebiets.

15 km südwestlich von Suhl liegt die alte Hauptstadt der Grafschaft

Rohr: Kirchenburg

Zella-Mehlis

Henneberg, **Schleusingen.** Die heutige Industriestadt ist dank ihrer waldreichen Umgebung seit 1955 zugleich ein gernbesuchter Erholungsort. 1232 ersterwähnt und 1412 Stadt geworden, war „slusungen" lange Zeit untrennbar mit dem Namen der Henneberger verbunden. Graf Berthold VII. von Henneberg, ein ehrgeiziger Feudalherr, vollbrachte im diplomatischen Ränkespiel seiner Zeit Meisterschaft. Ausdruck des Hennebergischen Machtstrebens wurde das Renaissanceschloß *Bertholdsburg*, bis 1583 Residenzschloß der Fürstgrafen. Der beeindruckende Bau mit den vier Türmen und schönen Portalen (Henneberger Wappen) beherbergt eine ständige *Ausstellung des Spielzeugmuseums Sonneberg*, u. a. Spielzeugmacherwerkstatt sowie das *Heimatmuseum*. In der *Stadtkirche* (im Kern spätgotisch) Grabmäler der Grafen von Henneberg.

Der alte Stadtkern ist erhalten, am Markt das altertümliche *Rathaus* (16. Jh.), der *Marktbrunnen* mit dem „Henneberger Fräulein", hübsche Fachwerkhäuser, z. B. *Alte Münze* (16./17. Jh.) im Henneberger Stil restauriert.

Größter Beliebtheit erfreut sich das Naherholungsgebiet „Bergsee Ratscher" (90 ha Wasserfläche) mit vielen Wassersportmöglichkeiten, Spiel- und Sportflächen.

Nordwestlich von Suhl liegt in einem Talkessel die Industriestadt **Zella-Mehlis**, einst neben Suhl das Zentrum der Waffenherstellung im südthüringischen Raum. Der Ortsteil **Zella** (Celle St. Blasii) entstand 1112, als das Kloster Reinhardsbrunn den anmutig gelegenen, von hohen Bergen umsäumten Ort zum Sitz einer Filiale bestimmte. **Mehlis**, wahrscheinlich älter als Zella, wurde ab dem 16. Jh. allmählich Industriestandort. 1918/19 wurden beide Orte vereinigt. Um 1535 kam die Gewehrherstellung nach Zella, es gab bereits Eisenhämmer. Doch der eigentliche ökonomische Aufschwung begann erst mit dem Anschluß an das Verkehrsnetz im 19. Jh. Aus Heim- und Manufakturbetrieben wurden Industrieunternehmen. Berühmt wurden 1920 die Kampfaktionen der Arbeiter von Zella-Mehlis, die ihren von Kapp-Putschisten bedrohten Suhler und Gothaer Klassengenossen in Regimentsstärke erfolgreich zu Hilfe eilten. 1923 zählten die revolutionären Selbstschutz-Organisationen der Zella-Mehliser Arbeiterschaft rund 3000 Mann. 1926 trafen in der Stadt 2000 Angehörige des Rotfrontkämpferbundes zusammen, um Ernst Thälmanns Rede für die Fürstenenteignung zu hören – Auftakt für eine das deutsche Reich umfassende Demonstrationswelle.

Das *Heimatmuseum* in der Ernst-Thälmann-Straße verdeutlicht auch diese revolutionäre Tradition der Arbeiterklasse der Stadt, ebenso wie der historische *Lehrpfad* durch Zella-Mehlis zu Stätten der Arbeiterbewegung (u. a. Gedenkstein der Märzgefallenen auf dem Friedhof).

Unter Denkmalschutz steht die barocke *Magdalenenkirche* (1731/41) mit über Eck gestelltem Turm (1495). In der Ernst-Thälmann-Straße die ehemalige Gemeindegrenze sowie ehemaliges *Rathaus* (1924/25) mit Wappen der Stadt. Barock die *Kirche St. Blasii* in Zella aus dem 18. Jh. mit hölzerner Kuppel. (↗ Bl. 13)

Rhön und Werratal

Geographische Besonderheiten: Die Rhön, der höchste Teil des Hessischen Berglandes, schließt sich südwestlich des Thüringer Waldes als ein rauhes und niederschlagsreiches, aber meist waldarmes Mittelgebirge an. Basalthochflächen und -kuppen inmitten des Buntsandsteins geben ihm ein eigentümliches Gepräge. Der im Südteil der DDR, im Bezirk Suhl gelegene Teil der Rhönlandschaft vereint zahlreiche, oftmals bewaldete Einzelberge mit weiten Wiesenflächen und Tälern. Viele Hochmoore, hier zahlreicher als anderswo, runden das Landschaftsbild der Rhön ab.

Geschichte: In frühester Zeit geteilt (am „Buchengau" grenzten im 8. Jh. Thüringer, Hessen und Franken), im Mittelalter weiter territorial zersplittert, fand nach wiederholten Erb- und Grenzstreitigkeiten 1815 jene Grenzfestlegung zwischen Thüringen, Hessen und Bayern statt, wie sie der heutigen Staats- und Ländergrenze in etwa entspricht. Dabei kam die sog. Vorderrhön zum damaligen Großherzogtum Sachsen–Weimar–Eisenach, dessen vierter der fünf Verwaltungsbezirke sie wurde (Verwaltungssitz Dermbach).

Der neue Landesteil war durch Armut und bittere Not der Bevölkerung gekennzeichnet. Ohne Bodenschätze und abseits aller Verkehrswege, blieb nur eine kümmerliche Landwirtschaft Grundlage einer kleinbäuerlichen Existenz. Vergeblich suchte Goethe in seiner Eigenschaft als weimarischer Minister durch Einführung der Melioration eine Besserung der Lebenslage zu erreichen. Ein unseliges Erbrecht, das jeden bäuerlichen Besitz unablässig weiter teilte, zerlegte das Land in Kleinstparzellen. Die 230 Bodenbesitzer der Gemeinde Wiesenthal z. B. sahen ihr Land in 13 197 „Parzellen" zerstückelt. Im 19. Jh. erfolgte ein gewisser Aufschwung durch die Heimindustrie. In 14- bis 16stündiger Arbeitszeit wurden Schnitz- und Drechselarbeiten, Körbe, Korkwaren und Peitschen hergestellt. Das Überangebot an billiger Arbeitskraft lockte Ende des 19. Jh. viele Unternehmer in die Rhön, Fabriken entstanden. Nach 1945 zunehmend als Urlaubs- und Erholungsgebiet beliebt und durch gute Verkehrswege erschlossen, ist die reizvolle Landschaft zwischen Salzungen und Herpf mit ihren oftmals bewaldeten Buckelbergen und malerischen Tälern längst keine „vergessene Ecke" mehr.

Im Tal der Werra, die am Südwesthang des Thüringer Waldes entspringt und zwischen diesem und der Rhön nach Nordwesten fließt, liegen zahlreiche sehenswerte Städte und Ortschaften. (↗ Bl. 13)

Bad Salzungen

Lage und Bedeutung: Die südthüringische Kreisstadt (21 400 Einw.) liegt zwischen den südwestlichen Vorbergen des Thüringer Waldes und den nördlichen Vorbergen der Rhön.

Durch die Solevorkommen ist Bad Salzungen mit seinen Spezialeinrichtungen für die Heilung nichttuberkulöser Erkrankungen der Atemwege zu einem anerkannten Kurort geworden.

Stadtgeschichte: Schon der römische Geschichtsschreiber Tacitus verwies auf eine Salzschlacht zwischen Chatten und Hermunduren, die im Jahr 58 u. Z. nahe dem heutigen Kurort stattgefunden haben soll. Die bereits zu frühgeschichtlicher Zeit genutzten Solequellen wurden 775 erstmals auch urkundlich genannt. Im Mittelalter waren die elf Salzpfannen in feudalem Besitz. Ende des 15. Jh. gelangten sie in den Besitz bürgerlicher Pfänner,

Bad Salzungen: Haunscher Hof

die über den ausgedehnten Salzhandel bald zu Wohlstand aufstiegen. Bauernführer des Werra-Haufens überführten 1525 im deutschen Bauernkrieg die Pfannen kurzzeitig in Gemeineigentum.

Die starke spanisch-französische Konkurrenz zu Beginn der Neuzeit erzwang verschiedene technische Neuerungen in der Siedetechnik. In der 2. Hälfte des 16. Jh. wurde die Sole gradiert, d. h. der Salzgehalt durch Verdunstung erhöht. Kohle kam statt des knapp werdenden, teuren Holzes zum Einsatz. 1590 wurde in dem 1289 Stadt gewordenen Salzungen das erste Gradierwerk errichtet, eine technische Leistung ersten Ranges.

Auch im 17. und 18. Jh. war die Salzgewinnung strukturbestimmend für die knapp 2000 Einwohner zählende Stadt, wenn auch dem Salzfernhandel durch die fürstlich gesicherte Vormachtstellung von Halle an der Saale Grenzen gesetzt blieben. Erst das Jahr 1841 legte den Grundstein für den städtischen Aufschwung. Durch Bohrungen konnte eine 27prozentige Sole erschlossen werden. Viele Gradierhäuser verloren ihre Bedeutung, Salinearbeiter ihre Existenz. Aber die Erschließung der starken Sole begründete zugleich den Aufstieg Salzungens zum Solekurort, 1848 schon erfolgte ein ganzjähriger Kurbetrieb. 1910 gab es in Salzungen bereits 5000 Kurgäste, und heute zählt das Volkssolbad (seit 1948) etwa 10 000 Kurpatienten im Jahr.

In enger Beziehung steht die Stadt zum Kalibergbau. Die 1910 bei Merkers errichteten Schächte und Fabrikanlagen bildeten ab 1923/24 den Hauptbetrieb der Wintershall AG. Das Kaliwerk Merkers, damals das größte und modernste des Kontinents, wies zugleich die niedrigsten Kaliarbeiterlöhne in Deutschland auf. Für die Bergarbeiter der umliegenden Kaliwerke wurden in Bad Salzungen seit 1949 ausgedehnte Neubaugebiete errichtet, wodurch sich die Einwohnerzahl um mehr als ein Drittel vergrößerte.

Sorgfältig bewahrt werden heute die zahlreichen fortschrittlichen Traditionen in der Stadt: die Erinnerung an die Züge des Werra-Haufens 1525, an die spontane proletarische Erhebung im März 1848 und die antifaschistischen Widerstandsaktionen während der Zeit des Hitlerfaschismus. Seit 1924 stets über den höchsten Wählerstimmenanteil in Bad Salzungen verfügend, organisierte hier die KPD nach 1933 geschickt ihre illegale Arbeit. Neben Suhl war das Kaliarbeiterzentrum ein bedeutendes Kettenglied der weitverzweigten thüringischen Widerstandsorganisation der Neubauer-Poser-Gruppe.

Sehenswürdigkeiten: Kurzentrum ist das *Kurhaus am Burgsee*, ein Promenadenweg führt um den über 10 ha großen, durch einen Erdfall entstandenen *Salzunger See* herum, *Rathenaupark*. Am *Markt* barockes *Rathaus* von 1790. Wohl ältestes Haus ist der *Haunsche Hof* (17. Jh.) mit bemerkenswertem Treppenturm und Wappenstein zwischen den Torbögen.

Die durch Kriegseinwirkung zerstörte *Husenkirche* ist ein wirkungsvolles Mahnmal für den Frieden. Spätgotisch die *St.-Wendels-Kirche* mit schöner Kanzel.

Eindrucksvoll die *Gradierhäuser* von 1796 und 1905, aus dem Jahr 1837 stammt das *Badehaus*. Der *Puschkinpark* lädt zum Verweilen ein. Für die Heilbehandlung der Jüngsten stehen die Kindersanatorien Charlottenhall (1890) und „Dr. Georg Benjamin" (1949) zur Verfügung. (↗ Bl. 13)

Bad Liebenstein

Lage und Bedeutung: Das älteste Bad Thüringens (3950 Einw.), das sich auf die Behandlung von Herzkrankheiten spezialisiert hat, erstreckt sich in anmutiger Lage in einem Talkessel am klimatisch begünstigten Südwestabhang des Thüringer Waldes. Das einstige fürstliche Modebad hat sich zu einem herausragenden Kurort der DDR entwickelt.

Stadtgeschichte: Wahrscheinlich bereits 531 entstand die fränkische Burg Stein (später Altenstein genannt), an deren Stelle dann die Herzöge von Meiningen eine Schloßanlage mit Park setzen ließen. Schon zu Beginn des 17. Jh. wurden die kohlensäurehaltigen Eisen-Arsen-Quellen zu Heilzwecken verwandt, wobei der „Treffliche Casimirianische Brunnen", den Herzog Casimir von Coburg fassen ließ, besonders berühmt wurde. Als der Ort 1800 Besitztum der Meininger Herzöge wurde, begann sein Aufstieg zu einem fürstlichen Modebad der Goethezeit. Auf herzogliches Geheiß wurde das Schloß zu einem Kurhaus umgebaut, weitere prächtige Bauten entstanden, die bis 1871 vornehmlich von einer kleinen aristokratischen Besucherschar genutzt wurden.

1947 gelangten die Kureinrichtungen in Volkseigentum. Damit wurde Bad Liebensteins Entwicklung zum größten Volksheilbad der DDR für Herz- und Kreislauferkrankungen begründet, das jährlich etwa 15 000 Kurpatienten betreut. Daneben profiliert sich das Herzbad zunehmend zu einer Rehabilitationseinrichtung u. a. für Herzinfarkt- und Herzoperations-Patienten.

Sehenswürdigkeiten: Neben vielen Sanatoriumsneubauten ist das Kurzentrum mit den historischen Kuranlagen wie *Kurhaus* (ehem. Fischersches Schloß), *Klubhaus* (ehem. Fürstenhaus), *Kurtheater* und *Brunnentempel* sehenswert (Plastik „Badende" von Graetz). Neuerbautes *Kulturhaus*. Reizvoll auch der *Elisabeth-Park* mit dem Rosengarten.

Auf dem **Schloßberg** (465 m) Reste der alten *Burg Liebenstein* (13. Jh.). Vom Turm hat man einen schönen Blick ins Werratal, zum Thüringer Wald und zur nahen Rhön.

Um Bad Liebenstein gibt es mehrere Höhlen, am bekanntesten ist die *Altensteiner Höhle* mit See, Grotte und Musikplatz. Einen Besuch wert sind das *Schloß Altenstein* (Bau von 1899, heute Erholungsheim) und die *Parkanlage* mit ihrem seltenen Baumbestand.

Ausflugsziele in der Umgebung: Nahe **Steinbach**, im sog. *Luthergrund*, befindet sich ein *Denkmal* an den Reformator. Es erinnert an den vorgetäuschten Überfall kurfürstlicher Soldaten bei Luthers Rückkehr von Worms, von hier aus wurde Luther sicher auf die Wartburg geleitet.

Auf dem *Bergfriedhof* in **Schweina**, zunehmend Urlauberort, sind das Grab und ein Denkmal des Pädagogen Fröbel, des Gründers des ersten deutschen Kindergartens 1840 zu besichtigen. Im Marienthaler Schlößchen von Liebenstein hatte der pädagogische Reformer auch die erste deutsche Kindergärtnerinnenschule geschaffen.

Im Ort **Möhra** kennzeichnet ein 1618 erbautes *Lutherhaus* jene Stelle, wo die Eltern des Reformators vor ihrem Umzug nach Eisleben ihren Wohnsitz hatten, davor *Bronzestandbild Luthers*.

Südwestlich von Bad Salzungen liegt **Dermbach**, Ausgangsort für schöne Wanderungen. Lange Zeit war Dermbach Sitz des 4. Verwaltungsbezirks des Weimarer Großherzogtums. Das *Museum* in der Bahnhofstraße berichtet darüber, ferner wird die Geschichte der Region mit vielen interessanten Sachzeugnissen umfassend u. a. in einer *Rhöner Bauernstube* dargestellt. Mehrere Bauwerke des Barocks erinnern an die Rekatholisierung der Rhön, so die restaurierte katholische *Pfarrkirche* von 1732/35 (Gallasini, nach Vorbild des Fuldaer Doms) mit prächtiger Innenausstattung. Auch die evangelische *Barockkirche* von 1714 hat eine reiche Ausstattung. Im Ort sind noch viele hübsche Fachwerkbauten zu finden. (↗ Bl. 13)

Schmalkalden

Lage und Bedeutung: Die reizvolle, im Tal der Schmalkalde gelegene, südthüringische Kreisstadt (17 400 Einw.), heute ein aufstrebender Industriestandort und ein Zentrum der Werkzeugindustrie der DDR, war im 16. Jh. Schauplatz großer politischer Ereignisse. Für Touristen besonders anziehend ist der historische Stadtkern, der mittelalterliche Atmosphäre vermittelt und unter Denkmalschutz gestellt wurde.

Stadtgeschichte: 874 erstmals urkundlich, 1272 als Stadt genannt, war Schmalkalden seit 1300 gemeinsamer Besitz der einflußreichen Grafen von Henneberg und der hessischen Landgrafen. Schmalkalden war im 14./15. Jh. ein aufblühendes Gemeinwesen, das vor allem durch ein hochspezialisiertes, eisenverarbeitendes Gewerbe gekennzeichnet war. Die Produkte der Schwert-, Klingen-, Messer- und Sichelschmiede genossen den besten Ruf. Während dieser wirtschaftlichen Blüte entstanden zahlreiche repräsentative Herrenhäuser.

Im 16. Jh. schaute Europa auf Schmalkalden, als Kurfürst Johann der Beständige von Sachsen, Landgraf Philipp von Hessen und andere protestantische Fürsten und Städte den „Schmalkaldischen Bund der Protestantischen Reichsstände“ gegen den Kaiser und ihre katholischen Rivalen bildeten, der rasch an Einfluß gewann. In Schmalkalden fanden mehrere Bundestage statt, einer der bedeutendsten wohl 1537, wo führende protestantische Theologen versammelt waren. Viele Höfe des Auslandes hatten Beobachter entsandt. Martin Luther war anwesend, der die berühmten „Schmalkaldischen Artikel“ abfaßte, das Bundesprogramm dieser bis dahin größten Gruppierung fürstlicher Machtinteressen. Im Schmalkaldischen Krieg von 1546/47 freilich unterlag diese Koalition und zerfiel. Gemäß kaiserlicher Order sollte die Stadt als „Ort der üblen Ketzerei“ geschleift und damit vernichtet werden, aber es gelang durch inständiges Bitten des Henneberger Grafen, dies zu verhindern. Schmalkalden verlor seine einstige politische Bedeutung, aber nicht seine wirtschaftliche, und den Ruf, auf dem Gebiet der Metallverarbeitung führend zu sein, hat die Stadt bis heute behalten.

Sehenswürdigkeiten: Die historische Altstadt wird überragt vom *Schloß Wilhelmsburg* (1585/89), einer mächtigen Vierflügelanlage. Wilhelmsburg zählt zu den bedeutendsten erhaltenen Bauwerken der Renaissance in der DDR (umfassende Restaurierung seit 1965). In der *Schloßkirche* ist die Renaissanceorgel (1587/89) herausragend, die älteste spielbare Orgel in der DDR. Im Schloß sind viele repräsentative Räume mit reichen Wandmalereien und Stukkaturen ausgestattet. Das *Regionalmuseum* vermittelt einen Einblick in die Geschichte der Stadt, u. a. gibt es eine Übersicht über die Entwicklung des Schmalkalder Eisenhandwerks vom 14. Jh. bis zur Gegenwart (auch Ofenplattensammlung). Vom Schloß aus einmaliger Blick auf die zu Füßen der Wilhelmsburg liegende Stadt.

Am *Altmarkt* befindet sich das spätgotische *Rathaus* mit dem ehemaligen Sitzungssaal des Schmalkaldischen Bundes. Zu den schönsten Hallenkirchen Thüringens gehört die spätgotische *Stadtkirche St. Georg*, über deren Sakristei eine *Lutherstube* mit wertvollem Kirchenbesitz zu besichtigen ist. Am Altmarkt auch die *Todenwarthsche Kemenate* (gotische Fenster und Treppengiebel), ähnlich geartet ist die *Rosen-Apotheke* in der Steingasse. Am Platz der DSF, dem ehemaligen Neumarkt, der berühmte *Hessenhof*, einst Verhandlungsort der Theologen. In seinem (heutigen) Kellergewölbe herrliche *Fresken* auf rohem Wandputz zum Artus-Roman des Hartmann von Aue „Iwein, der Ritter mit dem Löwen“ (1220/50), wohl frühestes Zeugnis mittelalterlicher Profanmalerei in Deutschland.

Im *Lutherhaus*, einem herrlichen Fachwerkbau von 1520, wohnte der Reformator 1537. Neben *Altem Marstall* mit *Pulverturm* von 1320, *Stadtmauerresten*, *Großer Kemenate* sind in der Altstadt viele Bürgerhäuser erhalten.

Ausflugsziele in der Umgebung: Zu empfehlen ist ein Besuch des *Lehr- und Schaubergwerkes „Finstertal“* bei **Ansbach**, das Einblick in geologische Struktur sowie alte Abbaugepflogenheiten gibt. Als Denkmal der Produktionsgeschichte erhalten ist die *Happelshütte*, ein Hochofen auf Holzkohlebasis. (↗Bl. 13)

Wasungen

Lage und Bedeutung/Stadtgeschichte: Die Stadt (4300 Einw.) erstreckt sich am Ufer der Werra. Das durch seine Fachwerkbauten bemerkenswerte Wasungen ist heute vor allem durch die Pflege der Karneval-Tradition weithin bekannt.

Erstmals 874 als „Uasunga“ erwähnt und 1308 zur Stadt erhoben, blieb der Ort lange nur ein kleines unbedeutendes Anwesen, obwohl es häufig im Blickpunkt feudaler Interessen stand. 1747 gab es im Ergebnis eines „Rangstreits“ zweier Meininger Hofdamen den sog. Wasunger Krieg zwischen Sachsen-Meinungen und Sachsen-Gotha.

Sehenswürdigkeiten: Wasungen bietet noch das eigentümliche Gepräge einer mittelalterlichen Stadt. Sein *Altstadtbereich* innerhalb Mühlgraben, westlichem Stadtmauerverlauf, Schloßbergstraße-Obertor mit Rathaus und ehemaligem Damenstift steht daher auf der zentralen Denkmalliste der DDR. Von den bereits im 16. Jh. bezeugten Fachwerkbauten sind die folgenden besonders bemerkenswert: das *Rathaus* (heutiger Bau von 1533), der *Zweifelshof* (1576), die *Uttenhovensche Kemenate* (16. Jh.), das *Marschalksche Damenstift* (1596), das *Amtshaus* (1606/07) und der *Weyenhof* (1630/32), ein alter Rittersitz.

Berühmt ist die mehr als 450 Jahre währende Tradition des *Wasunger Karnevals*, des wohl bekanntesten in der DDR.

Ausflugsziele in der Umgebung: Auf dem Weg durch das Werratal nach Meiningen liegt der kleine Ort **Walldorf.** Er besitzt die besterhaltene *„Kirchenburg“* von den etwa 110 Wehrkirchen der Gegend, von denen allein 22 im Werratal liegen. Der Kirchturm stammt von einem ehemaligen Bergfried. Eine Ringmauer mit fünf Rundtürmen bot der Dorfgemeinschaft, die Bauherr war, Schutz vor den im Durchgangsland Werratal häufigen Beutezügen der Feudalen.

Wasungen: Rathaus

Walldorf: Kirchenburg

Sehenswert die *Sandsteinhöhle*, im Ergebnis der Arbeit armer Sandmacher des Ortes entstanden, die hier bis 1914 unter schlechten Arbeitsbedingungen Sand abbauten und diesen billig als Stubenstreu weiterverkauften. In der vielbesuchten *„Märchen- und Schauhöhle"* erhält der Besucher einen Überblick über die Geologie des Raumes und die Arbeitsgeräte der Sandmacher. (↗Bl. 13)

Meiningen

Lage und Bedeutung: Die ehemalige Residenzstadt Meiningen (heute 25 800 Einw.), in einem von bewaldeten Muschelkalkbergen und Buntsandsteinhöhen umgebenen Wiesental der Werra gelegen, war Ende des 19. Jh. in Europa bekannt durch ihre Musikpflege und Leistungen der Schauspielkunst. Die Stadt ist heute ein bedeutender kultureller und wirtschaftlicher Mittelpunkt in Südthüringen.

Stadtgeschichte: Wohl schon im 6. Jh. ein Stützpunkt fränkischer Macht, wurde Meiningen 982 ersterwähnt, 1152 wurde es zur Stadt erhoben.

Im deutschen Bauernkrieg fanden die Proteste der Bürgerschaft gegen die feudalen Herrscher ihren Höhepunkt. Meiningen hielt zu dem Bildhäuser Haufen und wurde dafür zeitweilig aller Privilegien beraubt. 17 „Rädelsführer" wurden auf fürstliches Geheiß hingerichtet. Ab 1680 war Meiningen Residenz des neugeschaffenen Herzogtums Sachsen-Meiningen. Anstelle der bischöflichen Burg ließen die neuen Herren das stattliche Schloß Elisabethenburg errichten, dessen Kosten durch ein rigoroses Besteuerungssystem gedeckt wurden. Ende des 18. Jh., in der Epoche des aufgeklärten Absolutismus, wirkten in Meiningen die Herzöge Karl und Georg I. Das bis dahin barbarische Strafrecht erfuhr eine gewisse Humanisierung, das Schulwesen wurde reformiert, 1776 entstand das erste Lehrerseminar der thüringischen Kleinstaaten und die „Menschenbruderschaft zwischen Thron und Hütte" wurde begründet. Freilich verließen die Reformen nicht den Rahmen der bestehenden Gesellschaftsstruktur. 1832 gründete Ludwig Bechstein den „Hennebergischen Altertumsforschenden Verein", der sich u. a. auch durch liberale Aktivitäten auszeichnete.

Die kulturelle Blüte Meiningens begann im letzten Viertel des 19. Jh. Seit 1873 betrieb Herzog Georg II., der sich als Liberaler von Preußen enttäuscht fühlte, eine umfassende Musikpflege. Das von ihm geförderte Meininger Theater wurde in ganz Europa gefeiert. Historische Treue der Aufführungen, Erfassen des inneren Gehalts der Werke, großartige Volksszenen ließen die „Meininger" zum Vorbild für andere Theater werden. Weit reichte auch der Ruf der Hofkapelle, die u. a. von Hans v. Bülow, Richard Strauss, Fritz Steinbach und Max Reger geleitet wurde. Diesen Traditionen fühlt sich heute die Theater- und Musikstadt besonders verpflichtet.

Sehenswürdigkeiten: Das *Schloß Elisabethenburg*, 1682/97 anstelle einer älteren Burganlage errichtet, war bis 1918 Residenzschloß der Meininger Herzöge. In der barocken Dreiflügelanlage haben heute staatliche Dienststellen, Archive und vor allem die *Staatlichen Museen* ihren Sitz. Ein Großteil der Schloßräume zeigt eine prachtvolle Innenausstattung, vor allem das Treppenhaus, der Turmsaal, der Gartensaal sowie der *Johannes-Brahms-Saal* (ehemalige Schloßkirche). Die Staatlichen Museen präsentieren eine wertvolle Kunstsammlung mit Gemälden europäischer Meister des 15. bis 19. Jh., ein interessantes Theatermuseum sowie eine musikhistorische Abteilung. Im *Baumbachhaus*, Burggasse 22, eine kulturhistorische Abteilung sowie ein Literaturmuseum, das u. a. die Beziehung Schillers und anderer Dichter zur Stadt darstellt; zu sehen sind auch Trachten des südthüringischen Raumes.

Kloster Veßra: Agrarhistorisches Museum

Im *Goethe-Park*, dem ehemaligen Englischen Garten, befindet sich das Grabmal des Herzogs Karl inmitten des Sees (dem Grabmal von Rousseau nachgebildet). Hochaufragend die gotische *Stadtkirche* mit Grabmälern des 15. bis 18. Jh.; sehenswert die „Steinerne Madonna“ (14. Jh.) sowie die wohl der Werkstatt des berühmten Holzbildhauers Veit Stoß entstammende Holzplastik „Der Gekreuzigte“.

Ausflugsziele in der Umgebung: Oberhalb der Werra am **Herrenberg** ein *Otto-Ludwig-Denkmal.* In der Gemeinde **Bauerbach** (Grenzgebiet, für die Einreise ist eine Sondergenehmigung erforderlich) eine *Schiller-Gedenkstätte* im früheren Wolzogenschen Anwesen. Hier fand der aus Württemberg geflüchtete ehemalige Karlsschüler und Dichter der „Räuber“ 1782/83 Asyl, hier konnte er auch „Kabale und Liebe“ abschließen. Das Laien-Dorftheater „Friedrich Schiller“ ist bekannt durch die Pflege der Werke des Dichters.

Nahe **Römhild**, das wohl bedeutendste vorgeschichtliche Bodendenkmal auf dem Territorium der DDR, die *Steinsburg* (Steinsburg-Museum). Auf dem Kleinen Gleichberg sind Spuren der einzigen in der DDR vorhandenen stadtartigen Siedlung der Kelten, die hier vor mehr als 2000 Jahren lebten, zu finden. Die ehemalige keltische Siedlung umfaßte eine Fläche von mehr als 60 ha. Unter zentralem Denkmalschutz steht die *Stiftskirche* in Römhild. Das Standbild des Grafen Otto IV. und Grabmäler des Grafen Hermann VIII. und der Elisabeth von Brandenburg entstammen der berühmten Werkstatt Peter Vischers d. Ä. Im 20. Jh. entstand, aus reicher Tradition schöpfend, das Römhilder Töpfergewerbe, heute volkseigener Töpferhof (Kunstkeramiken).

Ein siedlungsgeschichtliches Kleinod findet man in **Dingsleben**, einem fast unversehrt gebliebenen Ortsbild mit zahlreichen fränkischen Fachwerkgehöften, vorwiegend aus dem 17./18. Jh.

Im südwestlichen Vorland des Thüringer Waldes, an der Werra liegt die Kleinstadt **Themar.** Herausragend ist die unter Denkmalschutz stehende *Stadtkirche* mit wertvollem Flügelaltar, ferner schöne Fachwerkbauten aus dem 17. Jh. sowie Reste der Stadtmauer mit Türmen. Nahe Themar die Absturzwand des „Eingefallenen Berges" (Naturdenkmal).

Im Tal der Schleuse liegt **Kloster Veßra**. Das ehemalige *Prämonstratenserkloster* wurde 1131 durch Gotebold I. von Henneberg geschaffen, angeregt durch den Ordensbegründer Norbert von Xanten. Bald spielte das reich begüterte Kloster die Rolle einer Grund- und Kreditbank für die Henneberger und andere Feudalherren. Sehenswert noch immer die Ruine der Klosterkirche, 1138 geweiht, 1939 ausgebrannt, Türme um 1300.

Kloster Veßra beherbergt heute auf dem ehemaligen Klostergelände ein *Agrarhistorisches Museum.* Dieses Freilichtmuseum vermittelt ein Bild der bäuerlichen Lebensweise vom Beginn des 17. Jh. bis zur Gegenwart (historische Bauernhäuser, Maschinen, Gerätschaften, Kräutergarten u. a.). (↗ Bl. 13)

Hildburghausen

Lage und Bedeutung: Die frühere thüringische Residenzstadt (heute 11 600 Einw.), berühmt als langjährige Wirkungsstätte des Verlegers Joseph Meyer, erstreckt sich, umgeben von bewaldeten Höhen, im oberen Werratal.

Stadtgeschichte: Der 1234 erstерwähnte und 1324 von Graf Berthold IV. von Henneberg mit Stadtrechten bedachte Ort, war vom 17. bis ins 19. Jh. hinein Residenz der ernestinischen Herzöge von Sachsen-Hildburghausen. Die Wirtschaft der Stadt, lange rückständig, erfuhr 1717 durch den Zuzug der wegen ihres Glaubens aus Frankreich vertriebenen Hugenotten einen Aufschwung. Planmäßig entstand die Neustadt mit ihren zweistöckigen Häusern im Stil des Bürgerbarocks.

Mißwirtschaft und verschwenderische Hofhaltung der regierenden Duodezfürsten brachten bald ein Ende dieses Aufschwunges. Rücksichtslos preßten sie aus ihren sieben Ämtern Geld für den Erhalt ihres Wohllebens, 1769 kam eine kaiserliche Umschuldungskommission nach Hildburghausen, die dem total verschuldeten Herzogtum die Finanzhoheit absprach.

Bekannt wurde die Stadt durch das Wirken progressiver Vertreter des Bürgertums im 19. Jh. Es war Carl Ludwig Nonne, der den Ruf Hildburghausens als Schulstadt begründete. Als Reformer des Schulwesens wirkte er im Sinn Pestalozzis. 1828 kam der Lexikograph Joseph Meyer aus Gotha nach Hildburghausen, der hier sein Bibliographisches Institut etablierte. Seine Arbeiten, vor allem das „Conversations-Lexicon", 1840/55, beförderten die intellektuelle Aufklärung der Massen. In zwanzig Jahren kamen in Hildburghausen 25 Millionen Bücher zum Versand, seine Druckerei arbeitete Tag und Nacht. Als 1848 ein Mitstreiter Meyers verhaftet wurde, kam es zu einem Aufruhr der bäuerlichen Bevölkerung, gegen die der Meininger Herzog, dem Hildburghausen seit 1826 gehörte, die „Strafbayern" genannten bayerischen Soldaten rief. 1874 siedelte das Bibliographische Institut nach Leipzig über.

Sehenswürdigkeiten: Um den *Marx-Engels-Platz*, den früheren Markt, mit seiner langgestreckten Form stehen Häuser des 16. bis 19. Jh. Das *Rathaus*, ursprünglich Wasserburg der Grafen von Henneberg, 1395 zum Rathaus umgebaut, wurde Ende des 17. Jh. erneuert. Im Rathaus ist das *Heimatmuseum* zur Stadtgeschichte untergebracht sowie eine Sammlung der in Hildburghausen verlegten Werke des Bibliographischen Instituts angelegt. Am Platz steht auch das ehemalige *Regierungsgebäude*, ein Barockbau.

Das ehemalige *Alte Technikum* war auch der Sitz des Bibliographischen Instituts. Es erinnert an die Rolle Hildburghausens als Sitz einer der ersten deutschen technischen Lehranstalten, von Rathke eröffnet.

Der *Friedenspark* wurde im Stil eines Englischen Gartens angelegt. Erhalten sind noch Teile der Stadtmauer.

Ausflugsziele in der Umgebung: Im Werratal liegt auch die kleine Stadt **Eisfeld**, bekannt als Geburtsort des Dichters Otto Ludwig. Ein markantes mittelalterliches Bauwerk ist das *Schloß* mit dem *Otto-Ludwig-Heimatmuseum* (Gedenkzimmer für den Dichter, Ausstellung südthüringisch-fränkischer Trachten). Malerisch die *Altstadt* mit ihren engen Gassen; bemerkenswerte Fachwerkhäuser sind die *Alte Schule* (16. Jh.) mit steinerner Figur „Schulmännle“ sowie das *Pfarrhaus* (16./17. Jh.). (↗ Bl. 13)

Sonneberg: Spielzeugmuseum

Sonneberg

Lage und Bedeutung: Die bedeutendste Stadt am Südabhang des Thüringer Waldes ist die Kreisstadt Sonneberg (28 200 Einw.). Seit dem 15. Jh. schon durch die Puppenherstellung bekannt, ist sie heute das Zentrum der Spielzeugindustrie der DDR.

Stadtgeschichte: 1216 wird eine Burg Sonneberg auf dem Schloßberg ersterwähnt. Der am Fuß des Berges entstandenen Stadt erteilte die Gräfin Jutta von Henneberg Stadtfreiheit. Nach ihrem Tod gelangte Sonneberg an die Landgrafen von Thüringen. Die Landwirtschaft war wenig ertragreich, die wirtschaftliche Entwicklung des Gemeinwesens kam kaum voran, bis Ende des 15. Jh. Nürnberger Kaufleute den Fernhandel der in Sonneberg und seinem Umland seit altersher in Heimarbeit hergestellten Holzschnitzerzeugnisse organisierten. Besonders die „Docken“ (Puppen) fanden schnellen Absatz. Um 1740 löste sich die Spielwaren- von der Holzwarenherstellung, das Gewerbe nahm einen steilen Aufstieg. Als 1806 Friedrich Müller das Pappmaché als Werkstoff einführte, wurde die Serienfertigung von Puppen möglich. In die Puppenherstellung wurden längst auch die Bewohner der Bergdörfer einbezogen. Die Puppenmacher bekamen nur wenig Lohn, Kinderarbeit war weit verbreitet. 1883 entstand eine Industrieschule (heute Ingenieurschule). Bis 1914 hatten die Sonneberger Spielzeughersteller den Weltmarkt erobert, die USA waren Hauptabnehmer. Die Weltwirtschaftskrise traf die Spielzeugindustrie hart, die Region wurde ein berüchtigtes Notstandsgebiet.

Erst nach 1945, als die isoliert arbeitenden Kleinproduzenten in Genossenschaften zusammenarbeiteten, vollzog sich ein dauerhafter Aufschwung. Heute genießt Spielzeug aus Sonneberg ein hohes Ansehen auf dem Weltmarkt.

Sehenswürdigkeiten: Besonderer Anziehungspunkt ist das *Spielzeugmuseum* in der Beethovenstraße. Neben deutschem Spielzeug von den Anfängen bis zur Gegenwart sowie ausländischen Exponaten wird der Entwicklung der Puppe breiter Raum geschenkt, u. a. werden auch ein originalgetreues Schulzimmer sowie die Stube eines Puppenperückenmachers um 1910 gezeigt.

Sehenswert in der Stadt sind die restaurierten Häuser am *Markt.* Die zahlreichen Villen der ehemaligen Fabrikanten und Verleger künden von ihrem Wohlstand auf Kosten der Heimarbeiter. Die *Stadtkirche St. Peter* stammt von 1843/45 und das *Alte Rathaus* erhielt seine neogotischen Formen nach dem Stadtbrand von 1840.

Vom Schloßberg hat man einen herrlichen Blick auf die Stadt und die Umgebung.

Ausflugsziele in der Umgebung: Weit über Thüringen hinaus bekannt ist **Lauscha**, 1597 als Glashüttensiedlung durch den Zuzug der wegen ihres protestantischen Glaubens verfolgten Glasmacher Hans Greiner aus Schwaben und Christoph Müller aus Böhmen entstanden. Als einzige mehrerer Gründungen hatte allein die Lauschaer Hütte Bestand. Holzreiche Wälder, der gute Sand von Steinheid und der hohe Glasbedarf der Höfe förderten die Gründung weiterer Glashütten in der Umgebung. Im 17. und 18. Jh. entstanden Glasmacherwerke, die als Manufakturen arbeiteten und die einfachen Glasmacher in Not brachten, die auf die Perlenherstellung auswichen. 1835 schuf der Lauschaer Müller-Uri das künstliche Menschenauge, dessen Herstellung den internationalen Ruf der Lauschaer Glasmacher mitbegründete. Ab Mitte des 19. Jh. wurde in den großen Glashütten industriemäßig produziert.

Heute ist die Lauschaer Glasveredlung (Weihnachtsbaum- und Glasschmuck) in volkseigenen Betrieben organisiert. Das *Museum für Glaskunst* gibt einen Überblick über die Geschichte der Glasmacherkunst. Als Luftkur- und Wintersportort ist Lauscha vielbesucht, denn ringsum erstrecken sich herrliche Wälder.

Steinheid war um 1500 ein Zentrum der Goldgewinnung, später wurden die reichen Vorkommen an kaolinhaltigem Glassand ausgebeutet, eine Grundlage der sich rasch ausbreitenden Glaserzeugung und Porzellanherstellung. Seine reizvolle Lage nahe dem Rennsteig und vielfältige Wander- und Wintersportmöglichkeiten ließen es zu einem Ferienort werden.

Bei **Scheibe-Alsbach** liegt der von Bergen umschlossene *Schwarza-Stausee*, einer der schönsten des Thüringer Gebirges (Größe 23 ha). Von hier aus Wanderung zur nahen, steingefaßten Schwarzaquelle.

Die höchstgelegene Kreisstadt der DDR **Neuhaus am Rennweg** (730–830 m) bietet als Höhenkurort auch für den Wintersport gute Voraussetzungen (Rodelbahn, Skihänge, Lift, Sprungschanze). Der Rennsteig führt direkt durch den Ort. Lohnend ist ein Besuch der *„Rennsteigbaude Bernhardsthal"* mit Naherholungszentrum (Schwimmbad). (↗ Bl. 13, 14)

Landschaft zwischen Saale und Elster

Geographische Besonderheiten: Die reizvolle Landschaft zwischen oberer bzw. mittlerer Saale und Weißer Elster, den größten und bedeutendsten Ostthüringer Flüssen, senkt sich von den Mittelgebirgen im Süden zur Leipziger Tiefebene hin ab. Bis ins jüngste Tertiär bestand dort einförmiges Flachland. Gebirgsbildende Vorgänge in der Erdneuzeit veränderten das Bild der Landschaft. Im Süden durchfließt die Saale das Thüringer Schiefergebirge, in dessen gefaltete Schiefer des Erdaltertums der Fluß ein enges Tal geschnitten hat.

Bewaldete Hänge steigen am Fluß empor. Oben überrascht eine weite Ebenheit des Gebietes der oberen Saale. Auch andere Flüsse, die der Saale zufließen, verlaufen zu weiten Teilen in tiefeingesägten Tälern, bevor sie die Saale erreichen. Die wellige Rumpffläche oberhalb dieser Einschnitte entstand im Tertiär und die Saale sowie ihre Nebenflüsse haben sich mit Kerb- und Sohlenkerbtälern erst im Verlauf des Eiszeitalters eingeschnitten.

Das Gebiet wird heute von den natürlichen Landschaften des Thüringer Schiefergebirges, der Ausläufer des Frankenwaldes, der Orlasenke zwischen Krölpa-Ranis und Wünschendorf, der nördlich anschließenden Saalesandsteinplatte zwischen Saale und Elster (Buntsandstein) sowie der Rötsockelzone Lobeda–Bürgel–Eisenberg im wesentlichen geprägt. Felsige Hänge im Gebiet der oberen Saale, Zechsteinriffe, tafelförmige Berge in der Orlasenke, Buntsandsteinaufschlüsse und große Waldgebiete im Thüringer Schiefergebirge oder auf der 300 bis 500 m ü. d. M. liegenden Buntsandsteintafel, schattige feuchte Täler bieten viele geologische, geographische und botanische Besonderheiten.

Geschichte: Das Land zwischen Saale und Elster verfügt über eine vielseitige Industrie in den Kreisstädten, in der Bezirksstadt Gera, in größeren Industriestädten oder einzelnen Kleinstädten, die in ihrer Entwicklung zum Teil von vorhandenen Rohstoff- und Gesteinsvorkommen beeinflußt waren. Infolge günstiger Verkehrsverbindungen bildeten sich früh für einen fernen Markt produzierende Gewerbe heraus, die im 19. Jh. mit der industriellen Revolution einem starken Wandel unterworfen waren, indem einzelne Zweige weitgehend verschwanden, andere mit der zunehmenden Verwendung von Maschinenkraft als Antriebsmittel gewaltig aufblühten, das Stadtbild bestimmten und die Herausbildung von Industrieorten förderten. Eine intensiv betriebene Landwirtschaft hat verschiedene Zweige der Nahrungsgüterindustrie entstehen lassen. Die ausgeprägte Viehwirtschaft bestimmt heute die landwirtschaftliche Entwicklung. Nach Gründung der DDR wurden Städte wie Gera, Lobenstein, Eisenberg, Stadtroda, Pößneck oder Zeitz, die z. T. sogar ihre einstige Bedeutung als Gewerbezentrum eingebüßt hatten, zu Wirtschafts- und Verwaltungszentren.

Erholungswesen und Tourismus: Besonders durch die Saaletalsperren und das Plothener Teichgebiet erhielt das Gebiet herausragende touristische Bedeutung. Zahlreiche Campingplätze entstanden an den Stauseen und an den Teichen. Die ausgedehnten Waldgebiete des Hochlandes, des Gebietes um die Talsperren, die reizvollen Täler und der damit verbundene Erholungswert durch sauerstoffreiche saubere Luft sowie die interessanten Wanderrouten, Sehenswürdigkeiten der Städte und Ortschaften und deren Ausflugsziele führten zu einer zunehmenden Bedeutung als Urlaubs- und Feriengebiet; Ferienheime, Jugendherbergen, Bungalowsiedlungen und andere Touristen- und Urlaubseinrichtungen entstanden. (↗ Bl. 14, 15)

Saaletalsperren

In die Berge des Thüringischen Schiefergebirges, dessen Berge und die Hochflächen 600 bis 800 m hoch liegen, sind die Saaletalsperren eingebettet. Die wellige Rumpffläche ist im Tertiär entstanden, in sie haben sich die Saale und die Nebenflüsse während der Eiszeit in etwa 150 m tiefe Täler hineingesägt (Kerb- oder Sohlenkerbtäler). Durch sie und den mäanderreichen Lauf der Flüsse entstanden die reizvollen Landschaftsbilder, wodurch der heute sichtbare Mittelgebirgscharakter hervortreten konnte. Das obere Saaletal ist in seinem ursprünglichen Verlauf so eng gewesen, daß keine größeren Siedlungen sich darin ausbilden und Verkehrswege nicht entlangführen, sondern den Fluß nur überqueren konnten. Steinige Hänge, abfallende Steilwände, hervortretende Felssporne, kanzelartige Gesteinsbildungen schaffen einen imposanten Eindruck. In diesem Gebiet der oberen Saale wurde das Wasser fünfmal hintereinander gestaut. Da sind die beiden großen Seen der Bleilochtalsperre und der Hohenwartetalsperre, 28 km und 27 km lang, und die dazugehörigen Ausgleichsbecken.

Um die Talsperren ist eine vielfältige Pflanzenwelt vorzufinden. Die Halden mit ihrer sehr armen Vegetation und die Mischwälder mit ihrem überaus üppigen Unterwuchs bilden Gegensätze auf engstem Raum. Sehr viele Pflanzen stehen unter Naturschutz. Relikte der arktischen Flora sind genauso vertreten wie Arten der europäischen oder asiatischen, verschiedene Vertreter der südosteuropäischen oder der mediterranen. Sehr interessant bietet sich die Pflanzenwelt um den Heinrichstein an der Bleilochtalsperre, weil dort in unmittelbarer Nachbarschaft Vertreter aus der Flora des Mittelmeeres, des subatlantischen Bereichs, der Alpenflora und der nordischen Pflanzenwelt zusammentreffen.

Eine artenreiche Vogelwelt lebt in den Wäldern um die Saaletalsperren.

Hohenwartetalsperre

Vom Aussterben bedrohte Arten sind dort noch bzw. wieder heimisch. Neben den dauernd ansässigen Wasservögeln kommen während des Vogelzugs zahlreiche in unseren Breiten nicht vertretene Fluggäste vorbei und rasten an den Stauseen für längere oder kürzere Zeit.

Dieses Gebiet der oberen Saale ist zum Landschaftsschutzgebiet erklärt worden und beträgt über 212 km^2.

Die geringere Besiedlungsdichte des Gebietes und der Wasserreichtum der oberen Saale und ihrer Nebenflüsse veranlaßten zum wasserwirtschaftlichen Ausbau. So kam es nach kleineren Vorhaben aus dem Anfang der zwanziger Jahre (Wisentakraftwerk und Conrodkraftwerk nördlich von Burgk und bei Ziegenrück) ebenfalls zum Beginn der zwanziger Jahre zur Gründung der „Aktiengesellschaft Obere Saale“ und 1926/32 zum Bau der Bleilochtalsperre und 1936/43 der Hohenwartetalsperre. Dazwischen entstanden die Vorsperren und Ausgleichsbecken. Während die Bleilochtalsperre das Wasser aus einem Einzugsgebiet von 1232 km² faßt, fließen der Hohenwartetalsperre aus 1650 km² Fläche die Wassermengen zu. Eine kleinere Sperre mit einem Einzugsgebiet von 170 km² entstand an der Wisenta. Durch Anlage eines künstlichen Sees auf der Amalienhöhe entstand in den Jahren 1956/63 das Pumpspeicherwerk Hohenwarte II, dessen letzte Maschine 1966 in Dauerbetrieb ging. Neben der wasserwirtschaftlichen Nutzung besitzen die Talsperren vor allem energiewirtschaftliche Bedeutung. Besonders Hohenwarte II verwendet billigen Nachtstrom zum Zurückpumpen des Wassers, das dann dem Antrieb jener Aggregate dient, die kurzfristig einem überlasteten Stromnetz Energie zuführen können.

Das Gebiet der oberen Saale ist zu einem beliebten Urlaubs- und Ausflugsgebiet geworden. Zehntausende verbringen in Ferienheimen, auf Campingplätzen, in Bungalows ihren Urlaub. Versorgungseinrichtungen für den Ferienbetrieb sind entstanden. Auf den Stauseen verkehren Fahrgastschiffe der Weißen Flotte. Wassersportmöglichkeiten tragen zu erholsamem Urlaubsaufenthalt bei. Hunderttausende reisen jährlich als Touristen an, um die Saaletalsperren und die interessanten Ausflugsziele der Umgebung wie Schloß Burgk oder Burg Ranis zu besuchen. (↗ Bl. 14, 15)

Lobenstein

Lage und Bedeutung / Stadtgeschichte: Die heute 6400 Einwohner zählende Stadt liegt am nördlichen Rand des Frankenwaldes westlich der Bleilochtalsperre auf einem Bergrücken 500 m ü. d. M. Infolge der waldreichen Umgebung, der Heilkraft des Eisenmoorbades und der Nähe der Saaletalsperren wurde sie zu einem gern aufgesuchten Kur- und Ferienort.

1250 wurde der Rittersitz in einer Urkunde des Bischofs Heinrich von Bamberg wegen der Regelung eines Rechtsstreits erstmals genannt. Die Bürger der Stadt werden 1278 erwähnt, doch Lobenstein als Stadt erst nahezu hundert Jahre später, 1369. Stadt und Burg Lobenstein kamen 1274 an die Vögte von Gera. Mit dem Erlöschen dieser Linie wechselten die adligen Besitzer Jahrhunderte hindurch. Weit bekannt waren die Erzeugnisse Lobensteiner Tuchmacher und Wollkämmerer, deren Gewerbe im Mittelalter blühte, bis die Produkte durch die billigen Erzeugnisse vom mechanischen Webstuhl aus Greiz, Gera und anderen Orten von den Märkten verdrängt wurden. In der Umgebung blühten Bergbau und Hüttenwesen, so daß sich die Stadt im 18. und 19. Jh. stark erweiterte. Plünderungen im Dreißigjährigen Krieg und Brände im 18. und 19. Jh. führten dazu, daß kaum wertvolle Architektur erhalten blieb. Innere Spannungen führten zu Klassenkämpfen im 19. Jh. Die Entwicklung der Stadt ging zurück, die Tuchmacherei kam zum Erliegen, die Öfen in der Umgebung stellten ihre Arbeit ein. Die Gründung von Metallwarenfabriken, Zigarrenindustrie, Gerbereien und die Entdekkung der Eisenquelle konnte die Verarmung der Stadt und ihrer Umgebung nicht verhindern.

Die Nutzung des Moorvorkommens führte 1864 zur Gründung des Eisenmoorbades. Das Moorbad betreut heute jährlich etwa 2000 Patienten; Feriengäste und Tagestouristen erwandern von dort aus und aus den Heimen der Umgebung das reizvolle Oberland.

Seit 1952 ist Lobenstein Kreisstadt. Neue Industriezweige wie Feingußerzeugung und Elektronik kamen zu den bestehenden Betrieben hinzu. Die Stadt erweiterte sich wesentlich durch Neubaugebiete.

Sehenswürdigkeiten: Aus dem Jahr 1718 stammt der *Schloßbau*, der einige Räume mit barocken und klassizistischen Decken besitzt. Gegenüber dem

Schloß befindet sich der klassizistische Bau der ehemaligen *Wache*. Ebenfalls ein schlichter Barockbau befindet sich im Park – der *Pavillon*, von 1746 bis 1748 erbaut. Die wahrscheinlich bereits um 1200 gegründete *Burg Lobenstein* war schon vor dem Dreißigjährigen Krieg wüst, erhalten blieben der Bergfried, Mauerreste und ein Teil eines Turmes, der die *Heimatstube* beherbergt.

Im Ortsteil **Saaldorf** liegt das *Jagdschlößchen „Weidmannsheil"*, jetzt als Erholungsheim genutzt, ein neogotischer Bau, der 1968 wieder instand gesetzt worden ist.

Im nahe gelegenen **Ebersdorf** lohnt eine Besichtigung des *Barockschlosses* mit klassizistischer Säulenfront (heute Pflegeheim), davor der *Schloßpark* im englischen Stil und die Plastik von Barlach für das Grabmal des letzten, 1928 verstorbenen Ebersdorfer reußischen Fürsten. (↗ Bl. 14)

Schleiz

Lage und Bedeutung: Die Kreisstadt Schleiz liegt im Tal der Wisenta. In der Stadt von 8000 Einwohnern hat sich inzwischen eine vielseitige Industrie entwickelt, die heute eine über die Grenzen des Territoriums weit hinausgehende Bedeutung besitzt. So findet man Betriebe der Textilindustrie, der Ersatzteilherstellung für Pkw, Werke der optischen Industrie und der Lebensmittelindustrie (Fleischverarbeitung). Überregionale Bedeutung erhielt Schleiz als Veranstaltungsort der bekannten Dreiecksrennen, die sich immer größerer Beliebtheit bei Motorsportfreunden erfreuen.

Schleiz ist Geburtsort Johann Friedrich Böttgers, des Erfinders des europäischen Porzellans, und Wirkungsstätte Konrad Dudens, des Begründers des Standardwerkes der deutschen Rechtschreibung.

Stadtgeschichte: Die Stadt entstand als Gründung der Lobdeburger am Schnittpunkt bedeutender Fernhandelsstraßen in Zusammenhang mit einer Burggründung. 1297 erlangte Schleiz bereits Stadtrecht. Sehr bald entfaltete sich ein mittelalterliches Gewerbezentrum, das auch als Handelsmittelpunkt des Oberlandes bzw. des gesamten oberen Saalegebietes weit über die Grenzen des Territoriums hinausragende Bedeutung erhielt. Heimisch waren Tuchmacher- und Wollkämmererhandwerk. Durch den umliegenden Bergbau blühten Silber-, Blei-, Kupfer- und Eisenverarbeitung.

Im 15. Jh. entstand die reizvolle Bergkirche auf dem „Liebfrauenberge", eine ehemalige Wallfahrtskirche mit Aus- und Umbauten aus verschiedenen Jahrhunderten.

Sonst blieben in Schleiz infolge der verschiedenen Stadtbrände und der Zerstörung des Schlosses durch anglo-amerikanische Bombenangriffe kaum repräsentative Bauwerke erhalten. Vom 17. bis zum 19. Jh. avancierte die Stadt zur Residenz eines Teilfürstentums der Reußen jüngerer Linie. Nach der Vereinigung derselben blieb Schleiz Sommerresidenz der in Gera ansässigen Reußen. Mehrfach bildete Schleiz ein Zentrum revolutionärer Aktionen im Oberland. 1525 schlossen sich Bürger den Aktionen der aufständischen Bauern aus den Oberlanddörfern an, so daß der Landesherr gezwungen war, ihre Forderungen anzuerkennen; die sozialen Spannungen in der Stadt im ausgehenden 18. Jh. führten zu Unruhen, die von den ins Land geholten sächsischen Truppen niedergeschlagen wurden.

Schleiz bildete während des Faschismus eines der ersten Zentren antifaschistischer Widerstandsarbeit im Oberland.

Mit der Verwaltungsreform 1952 wurde Schleiz Kreisstadt eines Kreises mit bedeutender Viehwirtschaft des Bezirkes Gera und einer vielseitigen Industrie in den umliegenden Städten und größeren Orten des Gebietes an der oberen Saale.

Seit 1924 werden auf dem Schleizer Dreieck Rennen gefahren. Der Ausbau der Strecke erfolgte in den letzten Jahren. Bei Rennsportlern des In- und Auslands sowie den Motorsportbegeisterten erfreuen sich die Veranstaltungen auf dem Kurs großer Beliebtheit.

Sehenswürdigkeiten: In der *Pfarrkirche St. Georg* (15./16. Jh.) sind der einschiffige Chor mit seinen Netzgewölben und der Westturm sowie der reiche Altaraufsatz aus dem Anfang des 18. Jh. sehenswert. Die *Bergkirche* ist ein einschiffiger gotischer Bau mit Turm an der Nordseite und der Annenkapelle an der Südseite. Die Ausbauten in den verschiedenen Jahrhunderten ließen die Bergkirche zu einem der interessantesten Kirchenbauten ganz Thüringens werden. Die reiche Innenausstattung (vorwiegend 17. Jh.) lohnt den Besuch. Am Fuß des Berges befindet sich eine Straßenkapelle aus dem 15. Jh.

Ausflugsziele in der Umgebung: Hoch auf einem Felssporn an der oberen Saale liegt unweit der Kreisstadt Schleiz *Schloß Burgk*, einer der besterhaltenen Burgen- und Schloßbauten in diesem Territorium.

Die Felsspornburg war eine jener vielen Burg- und Befestigungsanlagen in der Saale-Elsterlinie, die sich in der Burgenkette von der Neuenburg bei Freyburg (Unstrut) über die Burgen an der Saale einschließlich der Osterburg bei Weida und Burg Ranis bei Hirschberg hinziehen. Sie sollten das eroberte Land deutscher Adliger, Klöster und Siedler gegen die Slawen in den unerbittlich harten Grenzkämpfen schützen. Erste urkundliche Erwähnungen liegen aus dem 14. Jh. vor, verbunden mit Besitzerwechsel. Wesentliche Erweiterungsbauten erfolgten im 15. Jh. Aufgrund der Bauernunruhen zu Anfang des 16. Jh. wurde die Befestigung verstärkt. Als im 16. Jh. derartige Anlagen ihre Bedeutung als Befestigungen verloren, setzte auch ein weiterer großer Umbau von Burgk ein: Es entstand das Schloß mit seiner prachtvollen Innenausstattung. Nachdem es Ende des 17. Jh. mit der Auflösung der selbständigen Herrschaft seinen Zweck als Wohnsitz einbüßte, ging es an die Reußen von Untergreiz und diente als Jagdschloß. Es entstanden der *Sophienweg*, das *Sophienhaus*, ein *Lustgarten* mit ausländischen Gehölzen, die jedoch wegen der ungünstigen klimatischen Bedingungen und Bodenverhältnisse nur schwer gediehen und häufig erneuert werden mußten. Sehenswert sind die erhaltenen *Wehranlagen*, am westlichen Wehrgang (um 1600) eine heute noch erhaltene und zu besichtigende Schloßküche.

Bereits 1952 wurde das Schloß der Öffentlichkeit als *Museum* übergeben. Die zahlreichen Museumsräume dienen Ausstellungen zur feudalen Lebensweise. Besonders bemerkenswert u. a. der Rittersaal mit seiner im Dachstuhl durch Hängewerk befestigten Decke, der Nürnberger Ofen von 1600, das mit dekorativen Elementen versehene Prunkzimmer (Schlafzimmer), der Kleine Saal mit den auf Stofftapeten ausgeführten Wandmalereien. Nicht unerwähnt bleiben sollen die Ofenplatten aus Gußeisen, wie sie auch im nahegelegenen Burgkhammer gefertigt worden sind. Die umfassende Bibliothek und die Exlibris-Sammlung von Ludwig Richter bis zur Gegenwart gehören ebenfalls zu den Schätzen des Museums. In der *Schloßkapelle* von 1624/25 befindet sich die Silbermann-Orgel (1743). Zahlreiche Konzerte finden dort und im Rittersaal sowie im Sophienpark statt.

Saalburg liegt am Stausee der *Bleilochtalsperre*, etwa 12 km von Schleiz entfernt, und wurde zur bedeutendsten Touristenstadt an der oberen Saale. Die Industrie des Ortes wird vom Marmorwerk bestimmt. Reste der Stadtmauer blieben aus dem 16./17. Jh. erhalten, darunter das *Steintor*, außerdem Reste des Bergfrieds der ehemaligen Burg. Die spätgotische *Stadtkirche* mit doppelten Emporen und Fürstenloge ist im 16./17. Jh. umgebaut worden. In der Stadt entstanden Ferienheime, Bungalowsiedlungen und Campingplätze. Saalburg ist zu einem bedeutenden

Ziegenrück: Wasserkraftmuseum

Ferienort im Oberland geworden und eine große Anzahl seiner Einwohner ist mit der Ferien- und Kurbetreuung verbunden. Die Heime dienen im Winterhalbjahr prophylaktischen Kuren mit umfangreichen Wandermöglichkeiten.

Ganz in der Nähe in Richtung Schleiz liegt der Ort **Kloster** mit der Ruine des ehemaligen Klosters „Zum heiligen Kreuz“. Es gehörte dem Zisterzienserorden als Nonnenkloster für unvermählt gebliebene adlige Töchter, wurde im 14. Jh. gegründet und nach dem Bauernkrieg und der Reformation aufgelöst. Nahe des Ortes lohnt die *„Steinerne Rose“* einen Besuch, eine Gesteinsbildung aus Diabas.

Ein beliebtes Ausflugsziel bildet das einzige *Wasserkraftmuseum* der DDR in **Ziegenrück.** Die ehemalige *„Fernmühle“* – erstmals urkundlich 1558 erwähnt – wurde 1900 zum Laufwasserkraftwerk umgebaut. 1965 stellte es seinen Betrieb ein. Heute gibt das Museum den Besuchern Einblick in die Anfänge der Elektroenergie und die Geschichte der Nutzung von Wasserkraft. Sehenswert sind auch die dreischiffige spätgotische *Hallenkirche* mit ihren Flachdecken aus dem 15. Jh., das *Pfarrhaus*, im Kern ein spätgotisches Gebäude mit reichem Renaissanceportal und Räumen mit Kreuz- und Tonnengewölben, das *Rathaus* aus dem 16. Jh. mit Wappenstein von 1577. Die Figuren an den Außenwänden stellen Berufe der Umgebung dar: Bauern, Jäger und Schäfer. Reste des Schlosses mit Wohnturm blieben aus dem 15. Jh. erhalten. (↗ Bl. 14)

Plothener Teichgebiet

Auf einer Fläche mit einem Radius von etwa 5 km befinden sich ganz in der Nähe von Schleiz, günstig zu erreichen über die Autobahnabfahrt Dittersdorf, über tausend Teiche auf engstem Raum. Hunderte sind im Verlauf der Jahrhunderte ausgetrocknet. Wasserundurchlässige Tonschiefer und Grauwacken bilden den festen Untergrund. Höhere Niederschläge als in der Umgebung und schlechte Abflüsse ließen auf dem undurchlässigen Boden das Wasser sammeln. Der Name „Plothen“ deutet auf Sumpfgebiet hin. Die größeren Teiche sind

u. a. Hausteich (28 ha), Fürstenteich (18 ha), Pörmitzteich (16 ha), Moosteich, Alter Teich (10 ha), Mahlteich, Starenteich, Mittelteich. Die Teiche werden zu intensiver Fischzucht genutzt.

Bewahrt hat sich eine artenreiche Tier- und Pflanzenwelt. Viele unter Naturschutz stehende Pflanzen und geschützte Tiere sind dort zu finden. Das gesamte Teichgebiet ist zum Naturschutzgebiet erklärt worden. In den letzten Jahrzehnten entwickelte sich das Plothener Teichgebiet zu einem gern aufgesuchten Urlaubsziel. Bungalows und Campingplätze entstanden. Viele Dauerzelter und Wochenendurlauber haben sich für die gesamte Saison an den Teichen eingerichtet. Auch Betriebe legten für ihre Werktätigen dort Bungalowsiedlungen an. Versorgungseinrichtungen und Sportanlagen sind ebenfalls entstanden. (↗ Bl. 14)

Pößneck

Lage und Bedeutung: Die Kreisstadt Pößneck ist Industrieort im Gebiet zwischen Elster und Saale, liegt in der Orlasenke und zählt etwa 18 000 Einwohner. Der graphische Großbetrieb Karl-Marx-Werk, die mit dem Saalfelder Betrieb vereinigte Süßwarenfabrik und verschiedene Firmen der Textil- und Lederbranche bilden die wichtigsten Betriebe der Stadt. Viele der Einwohner arbeiten in der Maxhütte Unterwellenborn.

Stadtgeschichte: Die Gründung des Ortes erfolgte im 13. Jh., 1324 wird Pößneck das erste Mal als Stadt genannt. Die Stadt bildete eine planmäßige Anlage mit regelmäßigem Straßennetz, befestigt mit Ringmauer, Türmen, Toren und Graben. Sie wechselte mehrfach ihre adligen Besitzer.

Die heimische Schafzucht führte in der 2. Hälfte des 15. Jh. zu einer bedeutenden Blüte des Tuchmacherhandwerks, im 19. Jh. entwickelte sich die Tuchmacherei in den kapitalistischen Unternehmen, fußend auf den Manufakturen des 18. Jh., die im Gegensatz zu anderen Thüringer Städten wie Gera und Greiz hier als zentrale Manufakturen arbeiteten. Trotz überlangem Arbeitstag verdrängten die kapitalistischen Unternehmen im 19. Jh. die Handwerksbetriebe des Tuchmachergewerbes immer mehr. Die Einführung von Maschinen und technischen Neuerungen durch zugereiste Tuchmacher erhöhte die Produktivität der Industriebetriebe gewaltig. Die zunehmende Ausbeutung in den Färbereien, Webereien, in der im 19. Jh. ebenfalls entstandenen Lederindustrie führte zu heftigen sozialen Auseinandersetzungen. 1891 fanden sich die Delegierten der Textilarbeiter aus ganz Deutschland zum 1. Textilarbeiterkongreß zusammen und gründeten den Textilarbeiterverband.

Um der großen Zahl der zur Maxhütte pendelnden Arbeitskräfte entgegenzuwirken – die traditionell ortsansässige Industrie beschäftigt überwiegend Frauen – entstand der Großbetrieb der Maschinenbauindustrie, der zahlreiche Arbeitskräfte an den Ort bindet. Vom Kreis Pößneck ging auch der Zusammenschluß verschiedener Landwirtschaftsbetriebe aus.

Sehenswürdigkeiten: Um den *Markt* gruppieren sich bedeutende Bürgerhäuser aus dem 16. bis 19. Jh., das mittelalterliche Straßennetz ist noch erkennbar. Reste der Stadtbefestigung blieben ebenfalls erhalten. Das bedeutendste Bauwerk der Stadt ist das *Rathaus*, ein dreigeschossiger spätgotischer Bau, von 1478 bis 1532 errichtet, mit Zierformen des Übergangs zur Renaissance. Besonders beeindrukkend ist die überdachte Freitreppe zur Marktseite mit den halbkreisförmigen Giebeln (1530/32). An der Nordseite befindet sich ein hoher Staffelgiebel mit reichen Zierformen von Blendmaßwerk und -nischen, im Erdgeschoß eine zweischiffige Halle mit Kreuzgratgewölben. Auf dem Markt steht der *Brunnen* mit dem Marktbornmännchen, dem Sinnbild des wehrhaften Bürgers. Sehenswert ist auch die *Pfarrkirche St. Bartholomäus*,

Burg Ranis

ein einschiffiger spätgotischer Bau (15. Jh., im 19. Jh. erneuert). Auf dem *Alten Friedhof* befinden sich zahlreiche historisch wertvolle Grabmäler aus dem 17./18. Jh. und die *Gottesakkerkirche* aus dem 13. bis 16. Jh.

Ausflugsziele in der Umgebung: Unweit von Pößneck liegt auf einem der Zechsteinriffe am Südrand der Orlasenke die *Burg Ranis* mit der sich am Burgberg entlangziehenden Stadt **Ranis.** Etwa 950 wurde sie als kaiserliche Domäne errichtet; von Ministerialen verwaltet, ist sie bis 1220 ausgewiesen. Die ältesten Bauteile sind aus dem 10. Jh. erhalten. Erweiterungen und Umbauten erfolgten bis ins 16. Jh., bestanden doch die frühen Gebäude aus Blockbauten, wie sie zu diesem Zeitpunkt allgemein für kaiserliche Pfalzen üblich waren. Häufig wechselten die Besitzer. Um- und Neubauten veränderten vor allem im Übergang vom 10. zum 11. und 13. und 14. Jh. das Antlitz der Burg. Der Ort, der 1381 erstmals als Stadt genannt wird, erhielt eine Mauer und wurde durch sie in die Wehranlage einbezogen. Besitzer waren im 11. Jh. Wiprecht der Ältere von Groitzsch, später die Herrscher von Lobdeburg. Im 12. Jh. gelangten Burg und Stadt an Kaiser Friedrich I.; Ranis wurde Reichsgut. Konrad von Ranis erschien als kaiserlicher Getreuer, in den Auseinandersetzungen mit dem Landgrafen Hermann von Thüringen nahm König Philipp die Burg zu Beginn des 12. Jh. wieder in Besitz. Nach Philipps Ermordung hieß der neue Besitzer Otto IV., der die Burg aus Geldverlegenheit an die Schwarzburger Grafen verpfändete. Mit dem ausgehenden 14. Jh. sind die Markgrafen von Meißen die Herren, im 15. Jh. die Wettiner, bis 1465 die Brandensteiner eingezogen.

Nach der denkmalpflegerischen Instandsetzung der Burg nach 1945 dienen die Räume seit 1956 als *Heimatmuseum* des Kreises Pößneck. Sie beherbergen u. a. die Abteilungen „Geologie, Entstehung und Entwicklung der Landschaft zwischen Saale und Orla“, eine umfassende Gesteins- und Mineraliensammlung, zahlreiche Fossilien aus der frühesten Zeit dieses Gebietes, Ur- und Frühgeschichte des Orlagaus, Geschichte der Burg und Geschichte der Arbeiterbewegung im Kreis Pößneck. Umfangreiche Sammlungen von Einzelobjekten vervollständigen den Einblick in Geschichte und Entwicklung des Territoriums. Vom Turm der Burg aus genießt man einen weiten Ausblick über die terrassenartig zur Burg emporsteigende Stadt nach dem Oberland, nach der Maxhütte und weit ins Thüringer Land.

Nur 12 km von Pößneck entfernt liegt in einer Weitung der Orlasenke die kleine Industriestadt **Neustadt.** Die Wirtschaftsstruktur wird von verschiedenen Gewerben beeinflußt. Tuchmacherei, Gerbereien, Drahtweberei, Möbelfabriken und Maschinenbau bestimmen u. a. die Wirtschaftsstruktur. Aus einer Kaufmannssiedlung des 12. Jh. entstand die 1287 urkundlich erwähnte „civitas". Noch heute deuten eine planmäßig angelegte gitterförmige Stadt mit rechteckigem *Markt* an der Hauptstraße, das spätgotische *Rathaus* (1495–1520) mit dem reich dekorierten Staffelgiebel an der Ostseite, dem ungewöhnlich schmuckvollen Erker, der Freitreppe, dem Stabwerkportal und dem Zwerchhaus mit Maßwerkgiebel, die *Stadtkirche St. Johannes,* eine spätgotische dreischiffige Hallenkirche aus dem 14./15. Jh., mit ihren wertvollen Kunstwerken der Innenausstattung auf das bereits im späten Mittelalter herrschende rege gewerbliche Leben hin (Tuchmachergewerbe und Gerbereien).

In das *Schloß,* einen Barockbau nach 1674, wurden bei seiner Anlage beträchtliche Teile eines spätgotischen Augustiner-Eremitenklosters einbezogen. (↗ Bl. 14)

Gera

Lage und Bedeutung: Die ostthüringische Bezirks- und Industriestadt (132 300 Einw.) liegt am Mittellauf der Weißen Elster und entfaltete sich dank ihrer günstigen Lage an wichtigen Verkehrswegen zu einem bedeutenden Gewerbezentrum bereits in vergangenen Jahrhunderten. Heute ist Gera ein bedeutendes Zentrum des Maschinenbaus, der Textilindustrie, der Lebensmittelerzeugung und -verarbeitung sowie der elektronischen Industrie.

Die Stadt liegt 205 m ü. d. M. an der Autobahn Dresden–Eisenach und an den Fernverkehrsstraßen Leipzig–Schleiz, Erfurt–Altenburg, Plauen–Gera. Gleichzeitig bildet sie einen wichtigen Bahnknotenpunkt.

Stadtgeschichte: Bereits 995 liegt die erste urkundliche Erwähnung des Ortes vor. 1237 wird Gera als Stadt bezeichnet. Wie auch die anderen reußischen Linien gingen die Geraer Reußen aus den Vögten von Weida hervor, die seit Anfang des 13. Jh. auf der Geraer Burg saßen. Diese sich nach Gera nennende Linie erhielt 1358 die Herrschaft von Gera von den Wettinern zu Lehen. Seit 1564 bildete die Stadt die Residenz der Linie der jüngeren Reuß. Als 1848 der Ebersdorfer Fürst abdankte – seit 1673 trugen die Reußen den Titel eines Reichsgrafen und seit 1806 den Fürstentitel – vereinigten sich die Linien Gera, Schleiz und Lobenstein–Ebersdorf zum Fürstentum Reuß jüngere Linie. Gera wurde zur Residenz und blieb es bis 1918 zur Bildung des Freistaates Reuß, der bis 1920 bestand und dann an Thüringen angeschlossen wurde.

Über Jahrhunderte hinweg bildeten Tuchherstellung, Gerberei und Bierbrauerei die wichtigsten Wirtschaftszweige der Stadt. Die „Geraer Statuten" von 1487 dienten anderen Thüringer Städten als Muster für die Stadtrechtsverleihung. Beträchtliche Kapitalien konzentrierten sich in der Stadt bei den Tuchmachermeistern und Wollhändlern, was ihre Macht in der Stadt stärkte, die des Patriziats um die Mitte des 15. Jh. zu brechen vermochte, die des Dienstadels zurückdrängte und sie selbst ratsfähig werden ließ. Bereits im 16. Jh. setzte sich die einfache kapitalistische Kooperation durch. Die Strafmaßnahmen durch die Feudalen (Sühnevertrag vom 16. August 1525 als Antwort auf das Sympathisieren der Stadt mit den revolutionären Bauern) vermochte das frühkapitalistische Gewerbe der Geraer Textilherstellung in seiner Entwicklung nicht aufzuhalten. In den siebziger Jahren des 17. Jh. ließen sich niederländische Emigranten in Gera nieder, brachten neueste Erkenntnisse für die Kammgarnweberei mit, führten das kapitalistische Verlagswesen ein und trugen wesentlich zur Entwicklung der Tuchherstellung in Gera bei.

Soziale Unruhen beeinflußten vor allem am Ausgang des 18. Jh. und im 19. Jh. das Leben in der Stadt. Trotz der anfangs erfolgreichen Versuche der Handweber, die Mechanisierung in der Kammgarnweberei zu verhindern, ließ sich die industrielle Revolution nicht aufhalten.

Revolutionäre Ereignisse überterritorialen Charakters bestimmten im 19. Jh. das politische Leben mit: der IV. Vereinstag des Verbandes Deutscher Arbeitervereine; die Agitationsreise Bebels, die in Gera begann; der große Textilarbeiterstreik 1890; der große Textilarbeiterstreik Westsachsens und Ostthüringens, der sein Zentrum in Gera hatte.

Mit der industriellen Entwicklung der Textilherstellung entstand der Spezialmaschinenbau. Zahlreiche Klassenauseinandersetzungen sind in den zwanziger Jahren zu verzeichnen: Generalstreik der Geraer Arbeiter im Kapp-Putsch. Viele Arbeiter der Stadt leisteten unter Führung solch überregional bekannter Kommunisten wie Rudolf Scheffel und Erwin Panndorf im Faschismus Widerstand.

Die Großindustrie prägt heute das Wirtschaftsleben der Stadt, darunter Betriebe der Textilindustrie, des Werkzeugmaschinenbaus und der elektronischen Industrie. Auch die Rekonstruktion der Altstadt und die Entstehung neuer Wohngebiete trugen zu ihrer Entwicklung als kulturelles und wirtschaftliches Zentrum des Bezirkes bei.

Sehenswürdigkeiten: Das *Rathaus* am Markt ist ein dreigeschossiger Renaissancebau (1573/76) von Grohmann, dem Erbauer des Altenburger Rathauses, nach dem großen Stadtbrand 1783/84 wiederaufgebaut. Beeindruckend wirkt das reiche Hauptportal im Untergeschoß des sechsgeschossigen 57 m hohen Treppenturmes. Am *Markt* findet der Besucher die *Stadtapotheke*, einen Renaissancebau von 1592 und 1606, mit dem reichverzierten Eckerker. Auf dem Marktplatz sprudelt der *Simsonbrunnen* von Junghans d. Ä., durch eine Kopie ersetzt.

Das dreigeschossige ehemalige *Regierungsgebäude*, ein Barockbau von 1720/22, wurde nach dem Stadtbrand 1780 unter Benutzung von Teilen aus dem 16. Jh. (Nordflügel) wiederhergestellt. In einem dreigeschossigen Barockbau von 1732/38, 1780 nach dem Brand wieder hergestellt, 1945 erneut ausgebrannt und 1951/52 neu erstanden, befindet sich das *Museum für Geschichte*. Das freistehende Gebäude wirkt durch seine reichgegliederte Fassade, den rechteckigen Grundriß und den kleinen aber auffälligen Dachreiter. Das Gebäude diente einst als Zucht- und Waisenhaus. Infolge der mehrfachen großen Stadtbrände blieben nur einige nach dem letzten Stadtbrand errichtete barocke Bürgerhäuser in der Großen Kirchstraße und der Greizer Straße erhalten. Mit der Rekonstruktion der Stadt und dem Neuaufbau des Stadtzentrums ist eine international anerkannte Synthese in der Zusammenführung und dem Nebeneinanderbestehen von historischem Baustil angeglichenem Neubau, der regionale Bautraditionen aufgreift und weiterführt, und den erhaltenswerten Altbauten gefunden worden. Reste der Stadtmauer sind ebenfalls erhalten und sind in den Wiederaufbau des erweiterten Stadtzentrums einbezogen worden. Infolge der Restaurierungsarbeiten, die vor allem an den Gebäuden des 19. und beginnenden 20. Jh. vorgenommen wurden, wird die für die Entwicklung Geras als Industriestadt entscheidende historische Bauperiode deutlich herausgestellt.

An sakralen Bauten sind erwähnenswert die *Salvatorkirche*, ein dreischiffiger Barockbau (1717/1720), die nach dem Stadtbrand 1780 wieder aufgebaut werden mußte. Sie beein-

Gera: Rathaus

druckt durch ihren eingebauten Westturm, der mit seiner geschweiften Haube und der Laterne auf dem Nikolaiberg das Zentrum der Stadt überragt. Die Innenausstattung ist einheitlich im Jugendstil (1903) gehalten.

Neben der Salvatorkirche befindet sich am Fuß des Nikolaiberges der Barockbau des nach Zerstörung 1686/88 neu errichteten *Schreiberschen Hauses*, der heute als *Naturkundemuseum* dient. Es ist ein dreigeschossiges Bauwerk mit einem reich ausgestatteten Barocksaal. Älter ist teilweise die *Trinitatiskirche*, ein einschiffiger, im Kern gotischer Bau (14. Jh., vermutlich 1611 nach Westen erweitert, Turm 1899), mit dreiseitig geschlossenem Chor, an der Nordseite die spätgotische Außenkanzel von 1500. Hervorzuheben sind ferner ein Epitaph von 1630, Grabmale aus dem Barock und die mit Figuren verzierte Marmorkanzel von 1611/15.

Im Ortsteil **Untermhaus** ist die *Orangerie* im ehemaligen Küchengarten, eine halbkreisförmige barocke Anlage von 1729/32, sehenswert. Im

Otto-Dix-Kabinett befindet sich eine Ausstellung des 1891 in Gera-Untermhaus geborenen Malers. Im *Park* steht das Mahnmal für die Opfer des Faschismus, 1953 von Kuhn und Oettel geschaffen. Auf dem *Osterstein* blieben ein im Kern romanischer Bergfried und Reste des Schlosses aus dem 17./18. Jh. nach dem Bombenangriff von 1945 erhalten. Auch in Untermhaus steht ein historisch wertvoller sakraler Bau: die *St. Marienkirche*, ein um 1440 errichteter einschiffiger spätgotischer Kirchenbau mit verwandten romanischen Teilen, einem dreiseitigen geschlossenen Chor mit Kreuzrippengewölbe; an der Nordseite ein bemerkenswerter Turmbau, dessen Dach von zwei sich kreuzenden Satteldächern gebildet wird, die mit Blendwerkmaßgiebeln verziert sind, darüber ein kleiner Dachreiter.

Sehenswert sind auch die *Bauwerke der Industriegeschichte*: Produktionsgebäude des VEB Halbmondteppiche in der Fridericistraße, 1924/27, der Klinkerbau der Volkswacht aus den Jahren 1928/29 und das Industriegebiet Ernst-Thälmann-Straße, ein zentrumnahes Arbeitsstättengebiet bedeutender Großbetriebe mit im Straßenbild wechselnden Industrie-, Geschoß- und Hallenbauten. Mit der Industriestadt entstanden auch interessante Wohnanlagen, Kulturbauten sowie Verkehrsbauten durch die wachsende Bedeutung der Eisenbahn (Gartenvorstadt Heinrichsgrün; Zweifamilienhäuser in der Vollersdorferstraße aus der Zeit nach der Jahrhundertwende und aus den zwanziger Jahren; auch aus dieser Zeit die Wohnhäuser in der Walter-Erdmann-Straße; von 1909 die Wohnbauten in der Leninstraße). Herausragende Beispiele der Architekturgeschichte sind der *Südbahnhof*, die *Bühnen der Stadt Gera* (ehemaliges Reußisches Theater), das *Haus Schulenburg* (heute Medizinische Fachschule), die ehemalige Zabelschule von 1887/89, die *Wohnhäuser* der Clara-Zetkin-Straße mit ihren spätklassizistischen Putzfassaden.

Interessante Akzente neuer Stadtgestaltung setzen die Bauten im Stadtzentrum mit dem *Haus der Kultur*, dem Interhotel, dem Café Rendezvous, den hochgeschossigen Appartementhäusern, die hervorragend gestalteten Fußgängerzonen in der Innenstadt, die Bezirksbibliothek u. a. Schwimmsporthalle und *Kongreß- und Sporthalle „Erwin Panndorf"* vervollständigen das Ensemble der Gesellschaftsbauten in der Bezirksstadt.

In den letzten Jahren entstand das große Wohngebiet im Stadtteil **Lusan** im Südwesten der Stadt. Die Bebauungsstrukturen wurden den unterschiedlichen Geländeverhältnissen angepaßt.

Ausflugsziele in der Umgebung: Das um die Mitte des 12. Jh. entstandene **Weida** liegt an der Mündung der Auma in die Weida, einem linken Nebenfluß der Elster, in einer Höhe von 223 m ü .d. M. Die Stadt zählt zu den wichtigen Industriestandorten im Bezirk Gera. Sehenswert in der Altstadt ist die Ruine der ältesten Pfarrkirche, der hochgotischen *Widenkirche* (einschiffiger Bau aus dem 12. Jh., zerstört 1633), die westliche Doppelturmfront (nur der Nordturm erhalten) wurde vermutlich von Werkleuten des Klosters Mildenfurth ausgeführt. Die Stadtkirche ist die ehemalige Franziskanerkirche, ein im Kern gotischer Bau (1267 urkundlich bereits erwähnt, nach dem Brand 1633 wiederhergestellt). Beachtenswert sind die Kassettendecke, die Emporen, zwei Fürstenstühle, an der Südwand die Reste spätromanischer Wandgemälde aus der Widenkirche, das frühgotische Westportal und die gediegene Ausstattung aus dem 17. Jh. Die *Osterburg* besitzt den ältesten Bergfried der DDR (vermutlich 1163/93), eine im Kern romanische Anlage, erhielt sie ihre Aus- und Umbauten in der Spätgotik und im 16. und 17. Jh. In der Neustadt befindet sich das *Rathaus*, ein dreigeschossiger Renaissancebau (1587/89), der nach dem Brand von 1687 wieder hergestellt wurde (Erweiterungsbau an der Ostseite aus dem 20. Jh.).

Zu empfehlen ist auch eine Wanderung durch das reizvolle Weidatal zu weiteren Ausflügen nach **Wünschendorf.** Auf dem Veitsberg steht die im Kern frühromanische *Veitskirche* (11. Jh.), die in spätromanischer, hochgotischer und spätgotischer Zeit umgebaut und erweitert worden ist (die Gründung geht wahrscheinlich sogar auf das Jahr 974 zurück, als sich dort der erste Stammsitz der Vögte von Weida befand). In Wünschendorf befindet sich auch eine der drei überdachten *Holzbrücken*, die als technische Denkmale in der DDR erhalten geblieben sind. Sie führt über die Elster, ihre Länge beträgt 71 m, ihre Anlage erfolgte um 1250, der heutige Bau stammt von 1286, der 1830 geringfügig verändert worden ist.

In **Mildenfurth** lohnt eine Besichtigung der *Klosterkirche* des ehemaligen Prämonstratenserklosters (1193 gegründet). Die kreuzförmige und im gebundenen System gewölbte Pfeilerbasilika stammt aus der 1. Hälfte des 13. Jh. (1225/50), beim Umbau (seit 1556 zum Wohnhaus, nach 1617 zum Jagdschloß) stark verändert; erhalten blieben u. a. Teile des Westbaus mit spätromanischem Stufenportal, im Innern spätromanische Kapitelle sowie hervorragende Steinmetzkunst.

Vor der Aumatalsperre nahe bei Weida liegt ein 1770 erbauter *Eisenhammer*, der bis 1921 in Betrieb war. Das noch funktionsfähige Hammerwerk ist die einzige derartige Schauanlage in der Region. (↗ Bl. 15).

Eisenberg

Lage und Bedeutung: Die Stadt, 292 m ü. d. M. (13 300 Einw.), liegt zwischen Saale und Weißer Elster auf der Saale-Sandsteinplatte am Nordrand des Altenburger Holzlandes. Sie ist von ausgedehnten Wäldern umgeben und seit 1952 Kreisstadt im Bezirk Gera. Ganz nah im Nordwesten führt die Autobahn Berlin-Hirschberg vorüber. Weit über die Grenzen des Ortes hinaus bekannt sind die Erzeugnisse der Möbelherstellung, der Fleischwarenproduktion, des Instrumentenbaus, des wissenschaftlichen Gerätebaus, der Sanitärtechnik, Porzellane, feuerfeste Steine, Etuis, Werkzeuge, Fliesen u. a., Weltgeltung erhielt das Rudolf-Elle-Krankenhaus für Orthopädie.

Stadtgeschichte: Der Ort wurde 1171 erstmals urkundlich erwähnt (Isenberc). Die 1924 freigelegten Grundmauern der dem heiligen Nikolaus geweihten Kirche deuten auf eine deutsche Gründung hin. Funde wie Raseneisenstücke, Bruchstücke von geschmolzenem Eisen und Blasebalgmundstücke weisen auf frühe Eisenverarbeitung hin.

Die Stadt wurde planmäßig angelegt und ebenfalls wie die frühere Siedlung mit Mauern umgeben, die in wenigen Resten noch erhalten sind. Der viereckige geräumige Marktplatz mit seinen an den Ecken rechtwinklig einmündenden Straßen läßt noch heute die planmäßige Anlage der Stadt aus der deutschen Besiedlung erkennen. 1274 erhielt Eisenberg durch den Meißner Markgrafen Albrecht der Entartete Stadtrecht. Viele Jahre blieb die Stadt ein bescheidenes Ackerbürgerstädtchen.

Mehrfach weilte Luther in Eisenberg, auf alle Fälle 1530, als er mit Melanchthon, Jonas, Spalatin und Agricola nach Augsburg zum Reichstag reiste bzw. 1537 auf seiner Fahrt zur Tagung des Schmalkaldischen Bundes.

Erhebungen während des Bauernkrieges in Eisenbergs Umgebung berührten auch die Stadt. Das seit 1219 bestehende Zisterzienserkloster wurde als eines der ersten dieses Gebietes mit der Reformation aufgelöst. In den folgenden Jahren wurde Eisenberg des öfteren von der Pest heimgesucht, die meisten Opfer forderte sie 1598. 1680 entstand das ernestinische Herzogtum mit den Ämtern Roda (heute Stadtroda), Ronneburg, Camburg und der Residenz Eisenberg. Herzog Christian von Sachsen-Eisenberg entfaltete eine für den Miniaturstaat enorme Bautätigkeit: Umbau der

Burg zum herzoglichen Residenzschloß, Bau der Schloßkirche, Anlage des Schloßgartens. Außerdem richtete er eine zweimal von Zeitz über Eisenberg nach Jena und von Gera nach Eisenberg verkehrende Post ein. 1707 erlosch das selbständige ernestinische Herzogtum. Einquartierungen im Dreißigjährigen und Siebenjährigen Krieg und anspruchsvolle Hofhaltung ließen die Stadt verarmen. Während der Befreiungskriege lagerten etwa 230 000 Mann der mit Preußen gegen Napoleon verbündeten Truppen in und um Eisenberg.

Im 19. Jh. entwickelte sich Eisenberg als Industriestadt (Eisenerzeugung; Porzellan- und Schamotteherstellung begannen um die Jahrhundertwende). Die 1880 gebaute Bahnlinie Krossen–Eisenberg brachte einen wirtschaftlichen Aufschwung, sie wurde 1905 über Bürgel nach Porstendorf und damit an die Saalebahn weitergeführt. Carl Spahn, der nach der achtundvierziger Revolution emigrieren mußte, gründete 1853 die Etuifabrik. Mit der industriellen Entwicklung konzentrierte sich in Eisenberg die Arbeiterklasse und bildete ihre Kampforganisationen, bis es zur Gründung der SPD und später der KPD kam. In Eisenberg sprachen August Bebel und Rosa Luxemburg, arbeitereigene Lokale und Sportstätten entstanden, 1918 bildete sich ein Arbeiter- und Soldatenrat.

Sehenswürdigkeiten: Reizvoll wirkt das Ensemble des alten Stadtkerns mit dem *Rathaus*, dessen erste Ausführung wahrscheinlich bereits nach 1274 begonnen worden ist. Heute bieten sich dem Betrachter zwei dreigeschossige Renaissancebauten (1579 und 1593, erweitert 1702), die mit zwei Türmen und zwei Rundbogenportalen ausgestattet sind. Auf dem hinteren Markt befindet sich der *Mohrenbrunnen* (1727), der auf eine Sage zurückgeht, nach der ein aus den Kreuzzügen mitgebrachter dunkelhäutiger Page wegen Diebstahls hingerichtet werden sollte, jedoch durch nachgewiesene Unschuld kurz vor der angesetzten Hinrichtung begnadigt wurde. Den Kopf eines farbigen Pagen finden wir auch im Stadtwappen. Die *Pfarrkirche St. Peter*, ebenfalls am hinteren Markt, ist ein einschiffiger spätgotischer Hallenbau (1494, 1585, 1880 stark umgebaut) und diente als Marktkirche. Von der Innenausstattung sind der dreiseitig geschlossene Chor mit Rippengewölben, der querrechteckige Westturm und vier Gemälde, die Geburt Christi, Kreuzigung, Abendmahl und Ausgießung des Heiligen Geistes darstellend, sehenswert. Am Markt 11 befindet sich die *Superintendentur*, ein dreigeschossiger Renaissancebau von 1599, der bereits Merkmale des Barocks zeigt. Ein achteckiger Treppenturm mit freitragender Steintreppe, ein reicher Eckerker, ein dekoratives Sitznischenportal mit flachem Erker darüber sind Besonderheiten des Gebäudes.

Schloß Christianenburg (Sitz des Rates des Kreises) besteht aus einer dreigeschossigen barocken Anlage über quadratischem Grundriß und wurde von Gundermann und Richter d. J. erbaut. Es besteht aus Hauptfront mit Seitenflügel, beachtenswert der Dachaufsatz mit Segmentgiebel und der von zwei Säulen getragene Balkon. Im Ostflügel schließt sich die *Schloßkirche* (1679/87, geweiht 1692) mit an drei Seiten umlaufenden Emporen und umfangreichen Stuckdekorationen an, die die Oberitaliener Quadro, Caroveri und Tavilli schufen.

Im Teeschlößchen *Friedrichstanneck* (1750/51) befindet sich das Heimatmuseum mit Ausstellungen von frühgeschichtlichen Funden aus dem Kreisgebiet, bäuerlicher Volkskultur und Altenburger Trachten.

Ausflugsziele in der Umgebung: Zwischen Eisenberg und Jena (12 km westlich von Eisenberg), eingebettet in die Landschaft zwischen den Muschelkalkhöhen östlich des Saaletals und ausgedehnten Wäldern der Buntsandsteinplatte des Holzlandes auf einem Bergrücken des Gleisatales, liegt **Bürgel.** Seine Bedeutung besteht in den weit über seine Grenzen hinaus bekannten Töpferwaren. Als „Bürgeler Blau-Weiß" gehen sie in alle Welt. Die Stadt entstand im Schutz einer Befestigung aus dem 10. Jh. an der alten Handelsstraße, die von der Furt Maua das Saaletal verließ, über die Gleise auf die Hochfläche und dort nördlich in Richtung Naumburg führte. 1133 ist der Name erstmals in der Stiftungsurkunde des Klosters „Zu dem Burgelin" genannt. Die Verleihung der Stadtrechte erfolgte 1216, 1234 gehört der Ort zum Besitz des Klosters. Mit der Erschließung des Saaletals sank Bürgel in den Rang eines Ackerbürgerstädtchens, das nur für die umliegenden Dörfer Bedeutung behielt. Aufschwung bekam die Stadt mit der Töpferei. Fünf Töpfermeister gründeten 1660 eine Innung, die in hundert Jahren auf 35 Mitglieder und bis 1861 auf 43 Meister, 38 Gesellen und 20 Lehrlinge anwuchs. Die Bürgeler Töpferwaren, besonders das salzglasierte Steinzeug mit der blauen Kobalt„schürze", ließen die Stadt in ganz Thüringen und darüber hinaus bekannt werden. Im *Museum* in der Eisenberger Straße befinden sich interessante Exponate aus 300 Jahren Töpfergeschichte. Der in der Töpfergasse 14 zu besichtigende Töpferofen ist ein Kasseler Ofen mit Holzfeuerung und diente bis 1935 der Herstellung des salzglasierten Steinzeugs.

Einen Ausflug lohnt **Thalbürgel** zur Besichtigung der 1133 gegründeten *Benediktiner-Klosterkirche*, eine dreischiffige romanische Flachdeckenbasilika (Verfall ab 1526, umfassende Wiederherstellung im 19. Jh., letzte Restaurierung 1964/70). (↗Bl. 14)

Mühltal

Geographische Besonderheiten: Von Eisenberg aus führen Wanderwege ins Mühltal, ein seit langem stark frequentiertes Ausflugs- und Ferienziel. Die Rauda, aus dem Holzland kommend, durchfließt das gesamte Tal. Im feuchten Bachgrund und in den Seitentälern wachsen seltene und meist geschützte Pflanzen, darunter verschiedene Farne, Bärlappgewächse, Fichtenspargel, Nestwurz, Siebenstern und Glockenheide. Oft tritt das Wasser aus den Sandsteinschichten heraus. Am Wege aus dem Tal nach Tautenhain nahe der Schössersmühle gibt ein alter Steinbruch Aufschluß über die dicht unter der Erdoberfläche liegenden mächtigen Buntsandsteinschichten (roter Sandstein). Das Tal wurde 1953 zum Landschaftsschutzgebiet erklärt (für den Kraftfahrzeugverkehr ist die entlangführende Straße gesperrt).

Geschichte: Bereits im ausgehenden 12. Jh. soll hier eine der ersten Thüringer Glashütten infolge der reichen Sandvorkommen gearbeitet haben. Als erste wird die Pfarrmühle urkundlich in einem erhaltenen Schriftstück des ehemaligen Klosters Eisenberg 1290 erwähnt. Der Raudenbach trieb einst zahlreiche Mühlen, die im Tal entstanden waren und durch die es seinen Namen erhielt. Die Namen weisen elf Mühlen aus, deren letzte bis 1953 (Schössersmühle) arbeitete. Sie stellten im Verlauf der Jahrhunderte ihren Mahlbetrieb ein, entstanden doch in den Dörfern eigene, so daß die Bauern den weiten Fahrweg ins Mühltal nicht mehr zu unternehmen brauchten. Die Mühlen standen einst in Rufweite voneinander, damit bei ausbrechendem Feuer eine Verständigung möglich war.

Erholungswesen und Tourismus: Die meisten Mühlen dienen heute als Ferienheime von Großbetrieben, als Jugendherberge oder als Gaststätte. In einigen Mühlen sind die Mahlwerke als technische Denkmale bewahrt, sie werden zum Teil sogar noch betriebsfähig gehalten wie Schössersmühle und Walkmühle. Das Mühltal hat sich zu einem beliebten Feriengebiet entwickelt und zieht viele Touristen zu einer Mühltalwanderung an, zeichnet es sich doch wegen des nicht zugelassenen Fahrverkehrs durch seine wohltuende erholungsfördernde Ruhe aus. (↗Bl. 14)

Altenburger Holzland

Geographische Besonderheiten: Der Weg das Mühltal entlang führt in das Altenburger Holzland. Im Ostthüringer Raum erstreckt sich eine weite Waldfläche, Altenburger Holzland genannt, auf der Saale-Sandstein-Platte in einer Höhe von 300 bis 350 m ü.d.M. zwischen Saale und Weißer Elster. Es erhielt seinen Namen, weil es früher zum Herzogtum Sachsen-Altenburg gehörte. Das Klima ist rauher als in den beiden Flußtälern, trotzdem besitzt es günstige Voraussetzungen für Erholung und Genesung. Der Untergrund besteht ausschließlich aus Buntsandstein, was Pflanzenwuchs und Landwirtschaft stark beeinflußt. Obwohl hier eine stärkere Beregnung als im Thüringer Becken auftritt, können sich die Ernten bei trockenen Sommern sehr ungünstig gestalten, läßt doch der sandige Boden das Wasser rasch versickern. Das Gebiet ist vor allem von Kiefer- und Fichtenbeständen bewachsen, in den feuchten Schluchten und Tälern gedeihen ähnlich wie im Mühltal Farne, Bärlappgewächse, schmarotzender Fichtenspargel, Nestwurz, Zweiblatt, Siebenstern und Glockenheide, selten gewordene, zum Teil unter Naturschutz stehende Pflanzen.

Geschichte: Die frühen Daten der Besiedlung stehen mit der Klostergründung in engem Zusammenhang. Erstmals 1173 urkundlich erwähnt wurde „Das Kloster an der Lusznice" (sorbisch: Luza – Sumpf), wahrscheinlich vor 1137 gegründet. Das Kloster ließ nicht nur Wälder roden, sondern besaß bereits im 12. Jh. eine eigene Glashütte (die älteste in dieser Region), die von Leibeigenen und Hörigen betrieben wurde. Der in den umliegenden Wäldern reich vorhandene Brennstoff förderte das Unternehmen. Wie auch im Mühltal stand Sand als notwendiger Rohstoff ausreichend zur Verfügung. Ein Dorf bestand nicht. Dem Kloster flossen aber seit 1256 Grundrenten aus den Dörfern Hermsdorf und Kraftsdorf zu. Regelmäßige Märkte erhöhten die Einkünfte des Klosters der Augustinerchorfrauen. Nach 1150 entstand eine dreischiffige romanische Pfeilerbasilika, die seit dem 16. Jh. verfiel und 1863 bis 1866 nach Plänen v. Quasts auf den freigelegten Fundamenten wiedererrichtet worden ist. Besonders im 13. Jh. war das Kloster reich begütert, flossen ihm doch die Einkünfte aus der niederen Gerichtsbarkeit neben den Grundrenten zu. Nach der Aufhebung des Klosters 1526 entstand das Dorf Lausnitz, das 1657 bereits aus 60 Häusern bestand.

Auch **Hermsdorf** bildet eine Gründung aus der Zeit der deutschen Besiedlung zwischen dem 10. und 12. Jh. Der erste urkundliche Nachweis vom 10. Januar 1256 besagt, daß Hermsdorf zusammen mit Kraftsdorf dem Kloster zum Eigentum, nicht zum Lehen vom Landesherrn übergeben worden ist. Wie auch in den nach und nach entstehenden weiteren Holzlanddörfern – zum Holzland zählen die Orte **Hermsdorf, Bad Klosterlausnitz, Oberndorf, Tautenhain, Weißenborn, Kraftsdorf, St. Gangloff** und **Schleifreisen** – zwang der karge Boden die Hermsdorfer Bauern nach zusätzlichem Broterwerb. So entstand hier im Holzland die weit über die Grenzen des Gebietes hinaus bekannte Holzwarenindustrie. Mit dieser Fertigung kamen die Hermsdorfer Fuhrleute auf, die wie jene aus den anderen Holzlanddörfern die Holzprodukte auf fernen Märkten vertrieben. Noch heute sind Höfe als Zeugen dieses aufblühenden Fuhrmannsgewerbes in Hermsdorf erhalten (Karl-Marx-Straße). Wertvolle Fachwerkbauten als Dreiseithöfe finden wir auch in Weißenborn, Tautenhain und Kraftsdorf aus dem 18. bzw. 19. Jh. Das Fuhrmannsgewerbe ging mit der entstehenden Eisenbahnlinie Weimar–Jena–Gera zurück (1876).

Im 19. Jh. entwickelte sich Hermsdorf zu einem Industrieort, anfangs Gebrauchs- später Elektroporzellan. Die Wirtschaftsstruktur von Hermsdorf, das 1969 Stadtrecht erhielt, wird heute hauptsächlich von der elektronischen Industrie bestimmt. Daneben läuft in Hermsdorf und in den Holzlanddörfern die Fertigung von Holzwaren in den Produktionsgenossenschaften des Handwerks und in der volkseigenen Industrie weiter.

Erholungswesen und Tourismus: Um 1880 setzte wegen des milden Reizklimas die Entwicklung von Klosterlausnitz zum Luftkurort ein. Auch in anderen Holzlanddörfern mieteten sich Feriengäste ein. 1929 entwickelte sich das Moorbad aus bescheidenen Anfängen, doch die Qualität des Moores, wie es in den umliegenden Sümpfen lagerte, ließ den Badebetrieb aufleben. Nach 1955 wurde der Kurbetrieb wesentlich erweitert, so daß heute Patienten u. a. mit chronisch-rheumatischen und degenerativen Gelenkerkrankungen behandelt werden können. (↗ Bl. 4)

Zeitz

Lage und Bedeutung: Die Kreisstadt Zeitz (43 000 Einw.)liegt im Süden des Ballungsgebietes Halle–Leipzig am Eintritt der Weißen Elster in die Leipziger Tieflandsbucht 198 m. ü. d. M. Die Weiße Elster, die sich hier tief in den anstehenden Buntsandstein eingeschnitten hat, fließt am Fuß der sich am Berg hinaufziehenden Stadt entlang und trennt Teile der Stadt vom alten Stadtkern. Zu den bedeutenden Industriebetrieben zählen der VEB Zemag, das Hydrierwerk, die volkseigenen Betriebe Zekiwa, Zuckerkombinat und Zetti. Von Zeitz gehen Bagger und die traditionell hier gebauten Kinderwagen in die weite Welt. Durch das Hydrierwerk gilt Zeitz als wichtiger Standort der chemischen Industrie im Bezirk Halle. Der Maschinenbau entwickelte sich in Anlehnung an den Abbau bitumenreicher Braunkohle und an die auf ihrer Grundlage produzierenden Schwelereien. Auch die Leichtindustrie blieb für Zeitz von Bedeutung. Benachbarte Braunkohlenreviere haben Zeitz zu einer Bergbaustadt werden lassen, und viele Einwohner arbeiten auch heute noch in den umliegenden Tagebauen.

Stadtgeschichte: Die früheste urkundliche Erwähnung der Siedlung unter dem Namen „Citice" ist seit der Synode von Ravenna 967 bekannt. Gleichzeitig mit der Gründung des Erzbistums Magdeburg 968 entstand neben den Bistümern Meißen und Merseburg auch das Zeitzer Bistum. Bereits im 11. Jh. verlegte der Bischof seinen Sitz nach Naumburg, um den sich zuspitzenden Auseinandersetzungen mit der unterworfenen slawischen Bevölkerung auszuweichen. Später kehrten die Bischöfe zeitweise nach Zeitz zurück.

Noch heute beeindruckt der Grundriß der planmäßig angelegten Oberstadt. Sie erhielt 1147 Stadtrecht. Die Lage an der Kreuzung verschiedener Handelsstraßen führte zu raschem wirtschaftlichen Aufschwung. Doch wie bereits die Verlegung des Bischofssitzes, so beeinflußten Städte wie Naumburg und später Leipzig die Entwicklung von Zeitz. Die Märkte behielten infolge der Messen in Naumburg und besonders Leipzig nur lokale Bedeutung, was zur wirtschaftlichen Stagnation führte. Nachdem um 1500 die Stadt und das Bistum fast völlig von Ländereien des sächsischen Kurfürsten umschlossen waren, ließ sich deren Einfluß nicht verhindern. Trotz der Gegenmaßnahmen des Stifts (Bannandrohungsbulle gegen Luther) wurde durch diese Lage die Reformation begünstigt. Zusammenstöße mit der Bevölkerung folgten den Bemühungen des Bischofs und des Stifts, die Reformation zurückzudrängen und die Einsetzung eines protestantischen Pfarrers zu verhindern. Kurfürst Johann Friedrich unterstützte die Einsetzung des evangelischen Predigers.

Von den Bauernkriegsunruhen wurde Zeitz wenig berührt. Die Bauern sammelten sich südlich von Zeitz und schlossen sich den Heeren in den reußischen Gebieten an. Zur Vorbereitung der Bischofswahl und bei der Durchsetzung der Reformation weilte Luther des öfteren auch bei seinem Freund, dem evangelischen Bischof Nikolaus von Amsdorf in Zeitz, um ihn in seiner Amtstätigkeit zu unterstützen und die protestantischen Angelegenheiten im ersten protestantischen Bistum voranzutreiben. Nachdem Herzog Moritz 1653 die Administration des Stifts übernommen hatte, wählte er Zeitz zu seiner Residenzstadt, die es bis zum Erlöschen des Herzogtums Sachsen-Zeitz 1718 blieb. Bis 1815 wurde es kursächsisch; nach dem Wiener Kongreß gelangte das Stift Naumburg-Zeitz zusammen mit anderen Teilen des Königreiches Sachsen an Preußen.

Bestand im Mittelalter die wirtschaftliche Bedeutung von Zeitz in seiner Rolle als Fernhandelsplatz, so bewirkte die aufkommende Zeugwirkerei zu Anfang des 17. Jh. die Entfaltung einer bedeutenden Textilindustrie. Verbesserte Verkehrswege und die damit verbundene Ausdehnung des Handels gaben zu Beginn des 19. Jh. der Stadt erneuten Aufschwung. Neue Industriezweige konnten sich entwickeln: Pianoforte- und Kinderwagenproduktion, Zucker- und Lebensmittelfabriken, Schwermaschinenbau u. a. Im Raum Zeitz entstanden Betriebe des Braunkohlenbergbaus. Der Ausbau der Verkehrsverbindungen (1858/59 Bau der Eisenbahnlinie Weißenfels – Zeitz – Gera und 1873 Eröffnung der Linie Zeitz – Leipzig) förderten die industrielle Entwicklung.

Sehenswürdigkeiten: Das *Schloß Moritzburg* (1657/78), eine Dreiflügelanlage über trapezförmigem Grundriß von J. M. Richter d. Ä., zählt zu den ältesten einer Gruppe nach dem Dreißigjährigen Krieg in Thüringen errichteter Residenzen des Frühbarocks, die festungsähnlichen Charakter besitzen. Der Westflügel wird hofseitig durch Erdgeschoßarkaden und dem massigen Turm architektonisch besonders hervorgehoben. Beachtenswert ist das dreiläufige, durch alle Geschosse führende Treppenhaus, eines der frühesten Beispiele dieses Typs im deutschen Raum, das für die Gestaltung weiterer Treppenaufgänge beim Schloßbau als Vorbild diente.

Der ehemalige Sitz der Herzöge von Sachsen-Zeitz dient heute als *Museum* mit verschiedenen ständigen Ausstellungen (Kunst, Bergbau, Geschichte und Entwicklung spezifischer Zeitzer Wirtschaftszweige wie Kinderwagenfabrikation), hier finden auch die beliebten Schloßkonzerte statt.

Das wuchtige Torgebäude ist ein vierstöckiger Bau über quadratischem Grundriß, darüber befindet sich ein turmartiger Aufsatz. Vier Schornsteine erhöhen die vortretende Wirkung, sie sind an den Ecken des abschließenden Zeltdaches angebracht. Monumentale Portale führen beiderseitig in die tonnengewölbte Durchfahrt, ein großes Wappenrelief schmückt das Ganze.

Die *Schloßkirche* (ehem. Dom) ist eine im Kern dreischiffige romanische Hallenkirche, die 1430 spätgotisch umgebaut und 1660 barock verändert wurde. In ihr befindet sich eine Krypta mit den Särgen der Herzöge von Sachsen-Zeitz; an den Bündelpfeilern der Kreuzrippengewölbe sind dreizehn fast lebensgroße Heiligenfiguren aus dem 15. Jh. und an der Südwand eine Figur in Fuhrmannstracht aus dem 15. Jh. mit dem Spruchband „ich heiße Käselieb", sowie ein wertvoller romanischer Taufstein, Reste frühgotischer Fresken, barocke Einbauten aus der 2. Hälfte des 17. Jh., sehenswert. Bemerkenswert sind auch die Bronzegrabplatten und Steinepitaphe aus vorreformatorischer Zeit, Grabstätten von Georgius Agricola (Arzt, Naturforscher und Bürgermeister von Chemnitz) und Julius Pflug, dem letzten katholischen Bischof des Bistums. An der Südseite der Kirche verläuft der im wesentlichen frühgotische Kreuzgang.

In der planmäßig angelegten Oberstadt befindet sich der ehemalige Marktplatz, der Platz des Friedens, mit dem *Rathaus* aus dem frühen 16. Jh., 1505/09 von Woltstein erbaut, das 1909 stark verändert und erweitert worden ist. Erhalten blieben das hohe Satteldach, die fünf reichen Maßwerkzwerchgiebel und der fialenbekrönte Ziergiebel sowie die vier Joche im Ratskeller mit den herabgezogenen Kreuzrippengewölben.

An weiteren bedeutenden sakralen Bauwerken verfügt Zeitz über die *Pfarrkirche St. Michael*, die im Kern romanisch (12. Jh.), im 13. Jh. frühgotisch und nach der Zerstörung in den Hussitenkriegen 1429 zu einer spätgotischen Halle umgebaut wurde. Frühgotische Wandmalereien blieben erhalten. Die *Klosterkirche* des um 1238 gegründeten und 1541 wieder aufgehobenen Franziskanerklosters entstand um 1300 als einschiffiger frühgotischer Bau. Durch seine auffallend langgestreckte Gestalt vertritt er den auch in der Bettelordenarchitektur seltenen Typ der Saalkirche. Reste frühgotischer Fresken im Kreuzgang vorhanden. Die Bauzeit währte wohl sehr lange und schloß auch spätere Umbauten ein (im 17. Jh. barockisierender Innenausbau, 19. Jh. umfassende Restaurierung und 1951/53 Wiederherstellung nach teilweiser Kriegszerstörung). Die einschiffige *Barockkirche St. Stephan* mit ihrem Glockenturm entstand als Pfarrkirche auf dem Gelände des ehemaligen Stephansklosters. Die Ausstattung stammt einheitlich aus der Bauzeit (1739/41).

Aus der Spätgotik und der Frührenaissance heben sich eine Reihe von Häusern durch Fassadengestaltung oder Schmuckformen, Sitznischenportale und dekorative Giebelgestaltungen hervor. Friedensplatz 24 ist ein spätgotisches Haus mit Stabwerkfenstern und dem reichen Staffelgiebel mit Maßwerk und Fialen; erwähnenswert sind das *Seckendorffsche Palais*, die Renaissancehäuser in der Brüderstraße, am Nikolaiplatz und in der Messerschmiedestraße bzw. am Brühl oder die Barockbauten in der Rahnestraße, der Badstubenvorstadt, der Steinvorstadt.

Eine große Blüte erlebte die Bautätigkeit in der 2. Hälfte des 17. Jh., als Zeitz herzogliche Residenz war. In der Altstadt hat sich ein Großteil der Bebauung des 16. bis 19. Jh. über den bis zum Mittelalter ausgebildeten Grundrissen der einzelnen Viertel erhalten. Vorzufinden sind noch geschlossen erhaltene Straßen und Plätze sowie Teile der *Stadtbefestigung* (15./16. Jh. erneuert). (↗ Bl. 15)

Saaletal

Geographische Besonderheiten: Das Tal der thüringischen Saale zählt zu den schönsten und touristisch interessantesten Tälern im Süden der DDR. Mit ihren Nebenflüssen Ilm, Unstrut und Weiße Elster entwässert die Saale die gesamte Westhälfte der Nordabdachung des Mittelgebirgsgürtels auf dem Gebiet der DDR, das Thüringer Becken und mit der Bode und Wipper auch den größten Teil des Harzes.

Während der Fluß im Thüringer Schiefergebirge einen nach Nordwesten gerichteten Verlauf hat, folgt er nach dem Verlassen des Gebirges der generellen Abdachungsrichtung nach Norden und Nordosten. Damit beginnt der Mittellauf durch die südöstlichen und östlichen Randbereiche des Thüringer Beckens. Er ist das landschaftlich reizvollste Teilstück des ganzen Saaletales, das hier bis zu 200 m in seine Umgebung eingetieft ist. Bei Großkorbetha erreicht die Saale in rund 90 m ü. d. M. das östliche und danach das nordöstliche Vorland des Harzes. Von hier ab ist der Fluß nur noch 20 bis 30 m in seine Umgebung eingesenkt. Am Unterlauf der Saale geht das östliche Harzvorland ohne merkliche Grenze in die Leipziger Tieflandsbucht über.

Der landschaftliche Reiz des Tales und der umgebenden Landschaften beruht hauptsächlich auf der Vielfalt der Oberflächenformen und im besonderen der Talformen. Diese geomorphologischen Gegebenheiten sind durch den geologischen Bau des Gesamtgebietes bedingt. In seinem Mittellauf von Saalfeld bis Großkorbetha hat sich der Fluß ein Tal in den Schichten des Buntsandsteins und des Muschelkalkes geschaffen, die hier nach dem Mittelpunkt des Thüringer Beckens nördlich von Erfurt hin geneigt sind und dort unter die Schichten des Keupers untertauchen. Der Oberlauf des Flusses liegt in gefalteten Schichtgesteinen des Erdaltertums (Paläozoikum). In allen diesen geologischen Formationen sind verschiedene, aber für die jeweiligen Gesteinsverhältnisse charakteristische Oberflächen- und insbesondere Talformen ausgebildet. So findet man im Schiefergebirge südlich von Saalfeld die Kerbsohlentäler, das sind steile Talhänge mit einer Flußaue, in der die Saale fließt. Im Thüringer Becken (Saalfeld bis Großkorbetha) geht das Talquerprofil von der Talaue über gut ausgebildete Terrassen mit deutlichen Terrassenstufen in sanft ansteigende Talhänge aus Sandsteinen über in die steilen oberen Talhänge aus Kalksteinen. Auf der saalezeitlichen Hauptterrasse liegen alle Städte und Dörfer des mittleren Saaletales (Saalfeld, Rudolstadt, Kahla, Jena, Naumburg), d. h. also oberhalb des im Mittelalter bis in die Neuzeit nicht regulierten Flusses und seiner Überschwemmungsgebiete. Wie in vielen anderen Gebieten Thüringens bestehen auch hier sehr enge Zusammenhänge zwischen geologischer Geschichte, geologischem Bau und Landschaftsbild.

Zwischen Saalfeld und Großkorbetha wird das mittlere Saaletal von mehr oder weniger stark zertalten Hochflächen begleitet, die sich nach Norden hin stärker senken als die Talsohle, bis sie bei Großkorbetha fast das Niveau des Flusses erreicht haben. In diesem Abschnitt verbreitert sich der Talboden stellenweise bis auf 1,5 km. Die an zahlreichen Stellen durch Terrassen gestuften Talhänge sind im Buntsandstein verhältnismäßig flach. Hier reihen sich zahlreiche Siedlungen, darunter mehrere Städte, im Tal aneinander. Wo der Fluß den Muschelkalk durchzieht, wird das Tal enger. Das Tiefland an der unteren Saale ist weigehend flach und wird intensiv landwirtschaftlich genutzt, sein Bild ist jedoch in erster Linie durch mehrere Großbetriebe der chemischen Industrie und die Großstädte Halle sowie Halle-Neustadt geprägt.

Geschichte: Schon im frühen Mittelalter hatte die Saalelinie eine große Bedeutung. Hier berührten und durchdrangen sich die Gebiete überwiegend slawischer Besiedlung im Osten und überwiegend germanischer Besiedlung im Westen. Ob die zahlreichen Burgen an der Saale in diesem Zusammenhang eine Funktion hatten, ist allerdings nicht bekannt. Viele Orte und Städte an der Saale waren Schauplatz wichtiger historischer Ereignisse und weisen Kunstdenkmale von hohem Rang auf. Mehrere Städte waren längere oder kürzere Zeit Residenzstädte kleiner thüringischer Herzogtümer, ohne daß daraus Zentren von überregionaler Bedeutung hervorgegangen sind.

Zu einer wichtigen Verkehrsader wurde das Saaletal jedoch erst im 19. Jh. durch den Eisenbahnbau, als die Bahnlinie von Berlin über Halle und Leipzig nach München durch das Tal gelegt wurde. Die entsprechende Nord-Süd-Verbindung des Autobahnnetzes wurde aber auf der Wasserscheide zwischen Saale und Weißer Elster auf der Hochfläche ohne größere Höhenschwankungen angelegt. Mit seiner hohen Bevölkerungsdichte und seiner großen Verkehrsbedeutung wurde das Saaletal zum Standort wichtiger Industriebetriebe. An der Saale liegen die Universitätsstädte Jena (Friedrich-Schiller-Universität) und Halle (Martin-Luther-Universität Halle-Wittenberg). In Merseburg wurde nach dem zweiten Weltkrieg die Technische Hochschule „Carl Schorlemmer" gegründet.

Erholungswesen und Tourismus: Die Vielfalt der landschaftlichen Gegebenheiten und ihre Reize haben das Saaletal und seine Umgebung zum begehrten Ziel vieler Erholungsuchender und Touristen werden lassen. Im Süden ist Saalfeld ein Knotenpunkt des Tourismus. Die Stadt hat nicht nur eine sehr reizvolle landschaftliche Lage am Gebirgsrand, sondern ist dank ihrer günstigen Verkehrslage auch Ausgangspunkt für die Besucher des Gebirges, dessen Hochlagen mit ihren ausgedehnten Wäldern nicht nur zu schönen Wanderungen einladen, sondern auch einen großen Erholungswert haben. Das gilt auch für den Winter, denn in Lagen über 600 m sind die Schneeverhältnisse bereits günstig. Nicht weniger Anziehungskraft als die Höhen des Gebirges üben die tief eingeschnittenen Nebentäler aus, unter denen das Schwarzatal ein gewichtiger Schwerpunkt im Urlauberverkehr des ganzen Thüringer Schiefergebirges ist. Hier liegen mehrere vielbesuchte Erholungs- und Ferienorte mit einer großen Zahl von entsprechenden Unterkünften.

Im Gebirgsvorland sind vorwiegend die Sandsteingebiete waldreich. Auch hier liegen zahlreiche Urlaubsorte. Sie sind günstig zu erreichen, denn das gesamte Saalegebiet ist durch die Eisenbahn und Omnibuslinien sehr gut erschlossen. Sie liegen meist in der Nähe bemerkenswerter kulturhistorischer Sehenswürdigkeiten. Einen besonderen landschaftlichen Reiz stellen die steilen Talhänge aus Muschelkalk in der Umgebung von Jena dar. Bad Kösen und Bad Dürrenberg sind vielbesuchte Solbäder. Halle ist nicht nur die größte Stadt an der Saale und Bezirksstadt, sondern zeichnet sich auch durch wichtige wissenschaftliche und kulturelle Einrichtungen aus. (↗Bl. 10, 11, 14, 15)

Saalfeld

Lage und Bedeutung: Die Stadt (33 500 Einw.) liegt am Austritt der Saale aus dem Schiefergebirge in einem Talkessel und hat eine reizvolle Umgebung, die verschiedenen Landschaften angehört. Im Süden und Südwesten erhebt sich mauerartig der Rand des Schiefergebirges und bildet eine eindrucksvolle Bergkulisse für die Stadt. Nach Osten öffnet sich die breite Orlasenke, und nach Norden schließt sich ein Sandsteinbergland an, durch das die Saale ihren weiteren Lauf nimmt.

Die Anlage der mittelalterlichen Stadt erfolgte hochwasserfrei auf einer Schotterterrasse der Saale, etwa 15 m über dem Fluß. Saalfeld ist

Kreisstadt, ein wichtiger Verkehrsknoten sowie Ziel und Durchgangsstation eines starken Urlauberverkehrs.

Stadtgeschichte: Schon im frühen Mittelalter hatte Saalfeld dank seiner Lage eine große Bedeutung. Hier kreuzten sich wichtige mittelalterliche Fernhandelsstraßen. Dazu hatte die Stadt eine Vermittlerfunktion zwischen Gebirge und Vorland inne. Seit 1071 bestand hier ein Benediktinerkloster, 1208 wird Saalfeld erstmalig als „civitas" genannt. Bergbau auf Kupfer und Silber im Schiefergebirge und in der nahen Orlasenke verhalf der Stadt vom 14. bis zum 16. Jh. zu einer Blütezeit, Saalfeld galt damals als eine aufstrebende Berg- und Münzstadt. Der wiederholte Wechsel der Besitzer der Stadt spiegelt die bewegte Territorialgeschichte und politische Zersplitterung wider, die für ganz Thüringen charakteristisch war. Saalfeld gehörte von 1208 bis 1389 den Grafen von Schwarzburg, dann bis 1680 den Wettinern, war bis 1735 Residenz des selbständigen Herzogtums Sachsen-Saalfeld und gehörte von 1826 bis 1918 zum Herzogtum Sachsen-Meiningen. Im 19. Jh. erlebte die Stadt zunächst einen Aufschwung durch Manufakturen, später kamen Maschinenfabriken hinzu, die noch heute in der wirtschaftlichen Struktur eine große Bedeutung haben. Den stärksten Entwicklungsimpuls erhielt Saalfeld durch den Eisenbahnbau. Es wurde ein wichtiger Bahnknotenpunkt. Von der Hauptstrecke Berlin–München zweigten vier Nebenbahnen ab: nach Arnstadt, Sonneberg, Lobenstein und nach Gera. Noch 1837 hatte Saalfeld nur 6 400 Einwohner. Seine Entwicklung zu einer mittleren Industriestadt ist darüber hinaus auch eng mit der Eisenhüttenindustrie im nahen Unterwellenborn (Maxhütte) verbunden.

Sehenswürdigkeiten: Architektonisches Wahrzeichen der Stadt ist der *Hohe Schwarm*. Zwei hohe schlanke Türme und einige Mauern sind die Überbleibsel eines Kastells, dessen Anlage nach dem Vorbild Schweizer Schlösser bis in das 11. Jh. zurückgehen dürfte. Die *Stadtbefestigung* aus dem 13. und 14. Jh. ist noch zu großen Teilen erhalten, darunter vier von ehemals fünf Toren, die allerdings nicht mehr ihre ursprüngliche Gestalt haben. Aus der 2. Hälfte des 13. Jh. stammt das ehemalige *Franziskanerkloster* am Münzplatz. Aus dieser Zeit ist auch seine einfache *Saalkirche* mit einem gotischen Dachstuhl erhalten geblieben, in die im 18. Jh. eine mit Stuck und reicher Bemalung verzierte Barockdecke eingezogen wurde. 1534 säkularisiert, dienten die Klostergebäude verschiedenen Zwecken. Seit 1904 beherbergt das ehemalige Kloster das *Thüringer Heimatmuseum*, mit mittelalterlichen Holzplastiken, einem 500 Jahre alten Schnitzaltar sowie Exponaten zur Stadt-, Regional- und Bergbaugeschichte. Nach dem zweiten Weltkrieg wurde in der Kirche ein repräsentativer Konzertsaal eingerichtet.

Das *Rathaus* am Markt, 1526/37 nach französischen Schloßvorbildern erbaut, ist ein repräsentativer spätgotischer Bau mit zahlreichen Renaissance-Elementen, er ist eine dreigeschossige Zweiflügelanlage mit einem Treppenturm, zwei Zwerchgiebeln und zwei reich verzierten Erkern. Die ehemalige Hofapotheke, jetzt *Marktapotheke*, gegenüber dem Rathaus, einst Sitz des landesherrlichen Vogtes, war eines der ältesten Gebäude der Stadt. 1180 wurde es als befestigtes Turmhaus errichtet, diente verschiedenen Zwecken und war seit 1681 Apotheke. Nach einem Brand von 1880 wurde das Gebäude stilgerecht wiederaufgebaut. Am Markt steht u.a. das *Haus „Zum Goldenen Anker"* mit Renaissanceschmuckelementen, das erstmalig als Hotel „Zur Güldenen Gans" erwähnt wird, in dem Kaiser Karl V. mit seinem Gefangenen, dem Kurfürsten Johann Friedrich von Sachsen, Quartier nahm. Vom Markt im Norden nur durch eine Häuserreihe, die „Lieden", getrennt, steht die *Stadtkirche St. Johannis*, eine der großartigsten Hallenkirchen in Thü-

Saalfeld: Rathaus

ringen, erbaut im 14. und 15. Jh. Der Bau ist eine dreischiffige Stufenhalle mit Kreuzrippengewölben, Bündelpfeilern und einem einschiffigen Chor mit dreiseitigem Abschluß. Eine ursprünglich geplante, reiche bauplastische und ornamentale Verzierung der Außenfassade wurde nicht ausgeführt. Die beiden Türme wurden erst 1891/94 fertiggestellt.

Das am Nordende des Schloßgartens gelegene *Schloß*, in dem jetzt der Rat des Kreises untergebracht ist, wurde von 1676 bis 1720 als Residenz der Herzöge von Sachsen-Coburg-Saalfeld erbaut. Bemerkenswert ist seine *Barockkapelle* mit wertvollen Stuckdekorationen und einem Dekkengemälde im Nordflügel. An dieser Stelle war 1071 das Benediktinerkloster gegründet worden, das wichtiger politischer und kultureller Mittelpunkt eines größeren Gebietes war. Im 16. und 17. Jh. verfallen, wurden seine Überreste 1676 für den Schloßbau beseitigt. Stadtinformationen erteilt die Saalfeld-Information, Obere Str. 24.

Ausflugsziele in der Umgebung: Die *Feengrotten* am Rand Saalfelds an der Straße nach Sonneberg (F 281) sind ein interessantes Zeugnis des alten Bergbaus. Diese Grotten sind die Grubenbaue eines ehemaligen Bergwerkes, in dem Graptolithenschiefer des Gotlandiums (Abschnitt des Erdaltertums) abgebaut wurde, aus dem man Alaun zum Gerben und Eisenvitriol u. a. für medizinische Zwecke gewann. Die unterste der drei Sohlen dieses ehemaligen Bergwerkes „Jeremiasglück“ wurde vor 300 Jahren aufgegeben. In den verlassenen Stollen und Strecken haben sich seitdem verschiedene Mineralien neu gebildet, neben Kalksinter vor allem der seltene Diadochit (Phosphor-Eisen-Sinter). Sie sind häufig als Tropfsteine und Sinterkaskaden ausgebildet und bieten einen farbenprächtigen Anblick, der einen Besuch der Grotten unbedingt lohnt. Der mittleren Sohle des alten Bergwerkes entspringen an zahlreichen Stellen heilkräftige phosphorsäurehaltige Eisen-Arsen-Wässer mit zahlreichen Spurenelementen. Sie haben sich vor allem bei der Heilung von Blut-, Nerven- und Knochenerkrankungen sowie Frauenleiden gut bewährt. Nach ihrer Erschließung konnten die Feengrotten 1914 erstmalig besichtigt werden.

Am **Bohlen**, nur 2 km südlich von Saalfeld entfernt, hat die Saale auf ihrer Ostseite einen natürlichen Aufschluß geschaffen, aus dem der geologische Aufbau nicht nur der Umgebung der Stadt, sondern des gesamten Südens der DDR deutlich wird. Auf einer Länge von 700 m und über 100 m Höhe sind die stark gefalteten Schichten des Erdaltertums (Devon bis Unterkarbon) sichtbar. Die großen Gesteinsfalten sind von oben her abgeschnitten und werden von hellen Kalken des Zechsteins überlagert. Aus gefalteten Schichten des Erdaltertums ist das gesamte Schiefergebirge aufgebaut. Sie wurden im Laufe der Erdgeschichte stark gehoben und von allen einst darüber abgelagerten jüngeren Gesteinsfolgen entblößt. Das Vorland des Schiefergebirges hingegen besteht aus ungefalteten Gesteinsserien, wie sie im obersten Teil des Bohlenprofils noch erhalten sind, sowie vor allem aus den darüber abgelagerten Schichten des Buntsandsteins und des Muschelkalkes, die alle zusammen über 800 m mächtig sind.

Der Saalfelder **Kulm**, der sich als Einzelberg in nur 3 km Entfernung von Saalfeld auf 481 m erhebt und seine Umgebung um 100 m überragt, gewährt einen ausgezeichneten Blick über den gesamten Saalfelder Talkessel und seine weitere Umgebung im Norden. Er gehört einer schmalen Scholle von Muschelkalk an, die von nordwestlich-südöstlich verlaufenden Störungen begrenzt wird und in das Niveau des umgebenden Sandsteins abgesenkt worden ist. Bei der späteren Abtragung ist der mehr Widerstand leistende Kalkstein stehengeblieben, während der Sandstein in der Umgebung abgetragen worden ist. Vom *Aussichtsturm* auf dem Kulm ist im Süden Saalfeld vor der eindrucksvollen Gebirgsrandkulisse zu sehen, nach Südosten schließt sich die Orlasenke an, ostwärts geht der Blick über das waldreiche Buntsandsteinland der Rudolstädter Heide, in das kleine Waldhufendörfer mit schönen Fachwerkhäusern eingebettet sind. Nach Norden ist die Heidecksburg in Rudolstadt sichtbar; der Blick fängt sich erst an der Landstufe des Muschelkalks, die das Sandsteinland begrenzt und den Horizont bildet. Westwärts geht der Blick auf Bad Blankenburg und den Ausgang des Schwarzatales aus dem Schiefergebirge, davor liegt das Chemiefaserwerk „Wilhelm Pieck" in Rudolstadt-Schwarza. Nach Nordwesten fällt der Blick schon kurz jenseits der Saale auf die Muschelkalkstufe, mit der hier die Hochfläche im Muschelkalk beginnt, die die gleiche Höhenlage wie der Saalfelder Kulm hat.

Bad Blankenburg ist ein vielbesuchter Ferien- und Ausflugsort, der auf dem Weg ins Schwarzatal leicht über die F 85 und F 88 zu erreichen ist. Die Stadt hatte schon im Mittelalter Bedeutung, denn in ihrer Umgebung wurde Bergbau auf Kupfer und Silber betrieben. Trotzdem blieb Blankenburg ein bescheidenes Ackerbürgerstädtchen. Bis in das 18. Jh. hinein wurde hier auch Weinbau betrieben. Friedrich Fröbel gründete 1840 den ersten Kindergarten in Deutschland. 170 m über der Stadt liegt auf einer an zwei Verwerfungen abgesunkenen Muschelkalkscholle die Ruine einer der größten deutschen Feudalburgen mit einem Grundriß von 250 x 100 m – die *Burg Greifenstein*. Sie stammt wahrscheinlich aus der Zeit um 1000, im 12. Jh. erstmalig erwähnt, war sie seit Beginn des 13. Jh. Besitz der Schwarzburger. Die nähere Umgebung der Burg ist mit ihrer für Muschelkalkhänge typischen und an wärmeliebenden Arten und Orchideen reichen Vegetation Naturschutzgebiet.

Unter dem **Schwarzatal** wird gewöhnlich nur der landschaftlich besonders reizvolle, etwa 8 km lange Talabschnitt zwischen Bad Blankenburg und Schwarzburg verstanden, obwohl dies nur etwa ein Sechstel der gesamten Tallänge ist. Hier ist das Tal in Quarziten und Schiefern des Erdaltertums eng und windungsreich, seine Hänge sind ganz besonders steil, seine Tiefe gegenüber der Umgebung erreicht 350 m. Neben dem Fluß ist meist nur noch Raum für die schmale Fahrstraße, für Siedlungen ist hier kein Platz. Der Eindruck eines engen Tales wird durch den dichten Wald noch unterstrichen. Der größte Teil dieses Talabschnittes ist Naturschutzgebiet, durch zahlreiche Wanderwege ist er gut erschlossen.

Schloß Schwarzburg erhebt sich malerisch auf einem Talsporn am oberen Ende der Engtalstrecke des Schwarzatales 90 m hoch über den Fluß. Es wurde 1940 teilweise abgerissen und sollte als „Reichsgästehof" umgebaut werden. 1942/43 wurden die Bauarbeiten eingestellt. Der von 1699 bis 1719 vom Schloß getrennt errichtete Kaisersaal wurde restauriert. Er enthält eine interessante, in Tempera und als Fresken ausgeführte Darstellung von 127 römischen und deutschen Kaisern, zum Teil in Lebensgröße. 21 weitere Bildnisse konnten nicht mehr erhalten werden.

Sitzendorf, nur 2 km von Schwarzburg talaufwärts gelegen, steht in seiner Bedeutung für das Erholungswesen im Schwarzatal Bad Blankenburg und Schwarzburg nicht nach. Der Ort ist ein langes Straßendorf. 1850 wurde hier eine Porzellanmanufaktur zur Herstellung von Zier- und Kunstporzellan gegründet. Mit der Bahn Rudolstadt–Katzhütte, die bei Schwarzburg von Norden her das Tal erreicht, setzte ein Aufschwung des Tourismus ein, der den Ort geprägt hat.

Von Schwarzburg aus ist ein Besuch des 26 m hohen *Fröbelturmes* bei **Oberweißbach** zu empfehlen. Vom Bahnhof Obstfelderschmiede führt eine Seilzugbahn den südlichen Talhang des Schwarzatales von 340 m auf 660 m hinauf. Vom Fröbelturm hat man einen weiten Blick über große Teile des Schiefergebirges bis in die Gegend von Jena und Kahla, zum Schneekopf, zum Großen Inselsberg und zum Großen Wetzstein bei Lehesten. Von hier präsentiert sich auch eindrucksvoll die Formenwelt des Schiefergebirges: eine Hochfläche, in die zahlreiche Täler tief eingesenkt sind.

Nur 12 km von Schwarzburg entfernt, von Saalfeld wie von Rudolstadt aus leicht zu erreichen, im engen Tal des Rottenbaches, eines Zuflusses der Rinne, liegt der kleine Ort **Paulinzella.** Hier wurde um 1105, der Tradition des Benediktinerordens entsprechend, in einer ungerodeten Gegend mit dem Ziel der Erschließung neuen Siedlungslandes und der Verbreitung des Christentums das Kloster Marienzell gegründet, das später nach der Stifterin den Namen Paulinzella erhielt. Die *Ruine der Klosterkirche* ist eines der herausragenden romanischen Baudenkmale in der DDR. Vom dreischiffigen Presbyterium ohne Krypta von 1105/07 sind nur noch Teile der Grundmauern vorhanden. Nach der Eingliederung des Klosters in den Verband der Hirsauer Reformklöster 1107 erfolgte der Weiterbau nach dem Vorbild der Peter-und-Paul-Kirche von Hirsau (Schwarzwald, 1081/91). Je sechs Monolithsäulen mit Würfelkapitellen aus Sandstein als Langhausstützen ergeben eine beeindruckende Raumwirkung der Basilika (1124). Einem dritten Bauabschnitt, bis zur Mitte des 12. Jh., entstammen die Doppelturmanlage, das prachtvolle Westportal – ein trichterförmiges Säulenportal – und die Vorkirche. 1534 wurde das Kloster aufgegeben, schon dreißig Jahre später wurden die Klausurgebäude und der nördliche Westturm, 1679 die Ostpartie abgebrochen. Heute sind der südliche Westturm als Stumpf, die Südwand und die Mittelschiffarkaden der Vorkirche, die Nordwand und die Mittelschiffarkaden des Langhauses und beide Querschiff-Flügel mit der nördlichen Apsis erhalten. Eine erste Pflege des Denkmals begann erst 1811. Die letzte große und aufwendige Restaurierung, die weitgehend am mittelalterlichen Originalzustand orientiert war, erfolgte von 1963 bis 1969. Gleichzeitig wurde die Ruine gesichert. (↗ Bl. 14)

Rudolstadt

Lage und Bedeutung: Rudolstadt (32 300 Einw.) liegt am linken Ufer der Saale, wo Fluß und Tal aus der Nordnordwestrichtung in annähernd rechtem Winkel nach Nordosten umbiegen. Ihre planmäßige Anlage erfolgte zwischen der Saale und einer kleinen, schroff ansteigenden Höhe, einer kleinen Scholle aus emporgepreßtem älteren Gestein, die schon im frühen Mittelalter Anlaß zur Befestigung gab. Die Stadt liegt verkehrsgünstig an der Bahnlinie Berlin–Saalfeld und an der F 88.

Wichtigster Industriebetrieb ist das Chemiefaserwerk „Wilhelm Pieck“ in Rudolstadt-Schwarza. Das 1935 gegründete Werk ist heute einer der wichtigsten Produzenten für Chemiefasern. Zusammen mit dem Maschinenbau bestimmt er das Profil der Industrie im Gebiet von Rudolstadt und Saalfeld.

Stadtgeschichte: Rudolstadt findet bereits in einem Güterverzeichnis des Klosters Hersfeld aus dem 9. Jh. Erwähnung. In einer Urkunde von 1264 ist eine obere Burg im Besitz des Grafen von Orlamünde genannt, aber schon 1334 sind eine untere Burg und eine Hälfte der Stadt unter der Herrschaft der Schwarzburger angeführt, die ab 1571 auch hier residierten. Die planmäßige Anlage der Stadt erfolgte wahrscheinlich um die Wende vom 14. zum 15. Jh. Etwa zur selben Zeit erhielt Rudolstadt auch Markt- und Stadtrecht. 1710 wurden die Schwarzburger Grafen in den Reichsfürstenstand erhoben und Rudolstadt ihre Residenz (bis 1918). Handel und Gewerbe erfuhren aber keine Förderung. So blieb Rudolstadt bis weit in das 18. Jh. hinein ein bescheidenes Ackerbürgerstädtchen. 1736 wurde zwar eine Fayencefabrik gegründet, 1762 die Volkstedter Porzellanmanufaktur, es kamen auch noch einige andere Unternehmen dazu, dann aber stockte die wirtschaftliche Entwicklung wieder bis in die Mitte des 19. Jh., als die Industrialisierung einsetzte. Rudolstadt trug bis zum Ende des zweiten Weltkrieges den Charakter einer Verwaltungs- und Garnisonstadt.

Sehenswürdigkeiten: Wahrzeichen der Stadt ist die *Heidecksburg*, die die Grafen von Schwarzburg-Rudolstadt in repräsentativer Weise auszugestalten bestrebt waren. Nach einem großen Brand 1735 wurde mit dem Bau des heutigen Schlosses begonnen. Baumeister waren Knöffel aus Dresden und ab 1742 Krohne aus Weimar. Der schlichten, aber repräsentativen Fassade mit einem Turm am Südende des Haupttraktes steht eine reiche Rokokoausstattung der Räume gegenüber, von denen ein großer Festsaal mit schönen Stuckarbeiten und einem großen Deckengemälde besonders hervorzuheben sind. Die Wohnräume im Südflügel sind zum Teil im Empire-, Neorokoko- und Biedermeierstil eingerichtet. Die Heidecksburg ist das am prachtvollsten ausgestattete Barockbauwerk Thüringens. Im Nordflügel des Schlosses sind historische Ausstellungen untergebracht, darunter eine berühmte Waffensammlung mit prunkvollen Stücken. Die Kunstsammlungen im Südflügel enthalten Gemälde, Sakralplastiken und Möbel, Kunsthandwerk des 16. bis 19. Jh., Porzellan sowie Kunstwerke der Gegenwart. Ein Naturkundemuseum ist aus dem fürstlichen Mineralienkabinett hervorgegangen.

Zu den Staatlichen Museen der Heidecksburg gehört als Außenstelle seit 1964 das *Volkskundemuseum „Thüringer Bauernhäuser“* im Heinrich-Heine-Park südlich der Saale, Er-

Rudolstadt: Rathaus und Heidecksburg

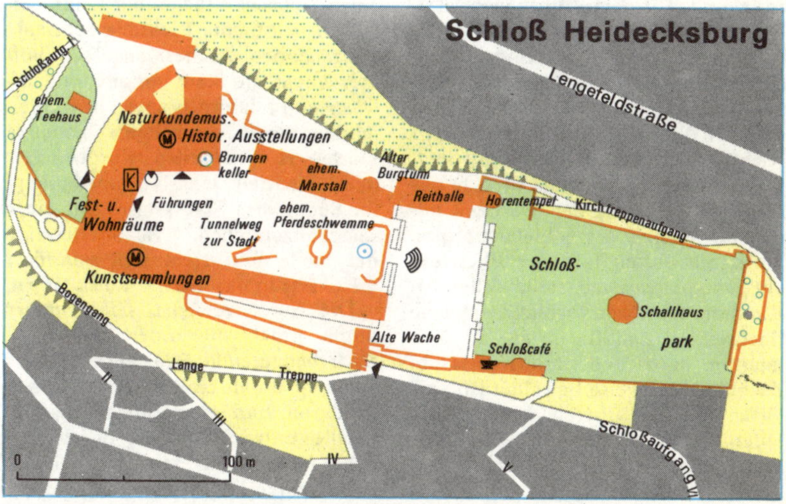

gebnis denkmalpflegerischer Bemühungen zur Erhaltung von Zeugnissen bäuerlicher Volkskultur. 1914/15 wurden zwei Bauernhäuser und eine Scheune hierher versetzt und nach und nach mit bäuerlichem Arbeits- und Hausgerät ausgestattet.

Ausflugsziele in der Umgebung: Von Rudolstadt nördlich erreicht man über die F 85 nach nur 12 km das kleine Dorf **Großkochberg** mit seinem *Wasserschloß* und seinem großen *Park*. Das Bauwerk im Stil der Spätrenaissance (mit einem neogotischen Anbau) entstand im 16. Jh. und wurde 1733 von dem Freiherrn von Stein, dem kaiserlichen Gesandten beim Reichstag in Regensburg, erworben. Sein Sohn war Oberstallmeister des Großherzogs in Weimar und mit der Hofdame Charlotte von Stein verheiratet. Zwischen 1775 und 1788 weilte Goethe oft hier, ein Museum und eine Gedenkstätte erinnern an diese Aufenthalte. Nach der Übernahme der gesamten Anlage durch die Nationalen Forschungs- und Gedenkstätten der klassischen deutschen Literatur erfolgte von 1968 bis 1975 eine umfangreiche Rekonstruktion von Schloß und Park. In dem ebenfalls erneuerten *Liebhabertheater*, das zu Anfang des 19. Jh. aus einem barocken Gartenhaus entstanden war, finden Konzerte und Theateraufführungen statt.

Von hier lohnt sich eine Wanderung auf den nahen **Hummelsberg** (516 m) auf der Höhe der Muschelkalkstufe. Nach Westen und Osten geht der Blick die Stufe entlang, die in Richtung Orlamünde weit vorspringt. Davor liegt im Süden wieder das Buntsandsteinland, den Horizont bilden die Höhen des Schiefergebirges. Nach Südwesten fällt der Blick auf ein Kalkplateau mit steilabfallenden Rändern. Nordwärts schließt sich eine flachwellige Landfläche an, die sich langsam nord- und nordostwärts abdacht und teilweise bewaldet ist. Das Offenland im Oberen Muschelkalk leitet bereits zu den Altsiedlungsgebieten im Innern des Thüringer Beckens über. (↗ Bl. 14)

Jena

Lage und Bedeutung: Jena (107 600 Einw.) liegt zu beiden Seiten der Saale in einer Talweitung, in die mehrere Nebentäler einmünden, kurz nachdem das Tal in den Muschelkalk eingetreten ist. Während die bis zum Bau der Talsperren an der oberen Saale 1935 und 1942 hochwassergefährdete Flußaue unbebaut blieb, breitet sich die Stadt auf den Flachhängen im Buntsandstein aus, über die sich die steilen Kalkhänge erheben und einen festen Rahmen für das Stadtwachstum bilden. Die Muschelkalksteinhänge sind auf der Ostseite des Tales größtenteils kahl und verleihen mit ihren wärmeliebenden und wämeresistenten Pflanzenarten besonders den nach Süden gerichteten Hängen ein südländisches Gepräge. Diese Hänge sind Standorte für Trockenrasengesellschaften, in denen wie in den Laubwäldern anderer Hangbereiche Orchideen verbreitet sind. Das NSG „Leutratal" südlich von Jena, unmittelbar nördlich von dem Ort Leutra, ist ein Beispiel für solche Trockenrasen. Die Schattenhänge tragen meist Buchen- und Buchenmischwaldbestände, an trockeneren Standorten Kiefern. Mit Erfolg wurde auch die Schwarzkiefer eingeführt.

Die mittelalterliche Stadt wurde auf einem Schwemmfächer der Leutra, eines aus westlicher Richtung der Saale zustrebenden Baches, angelegt. Von hier wuchs die Stadt vor allem talaufwärts und talabwärts sowie in die Seitentäler hinein, wo mehrere ehemalige Dörfer zu Stadtteilen wurden. Der neue Stadtteil Jena-Neulobeda liegt im Süden des Stadtkreises auf einer saalekaltzeitlichen Schotterterrasse der Saale und zieht sich von dort westwärts in das Tal der Roda hinein.

Die Stadt zeichnet sich weniger durch prachtvolle oder kunsthistorisch bedeutende Bauwerke aus, als vielmehr durch eine reiche kulturelle Tradition und eine einmalige industrielle Entwicklung, die durch eine enge Verbindung mit der Wissenschaft eingeleitet wurde und die die

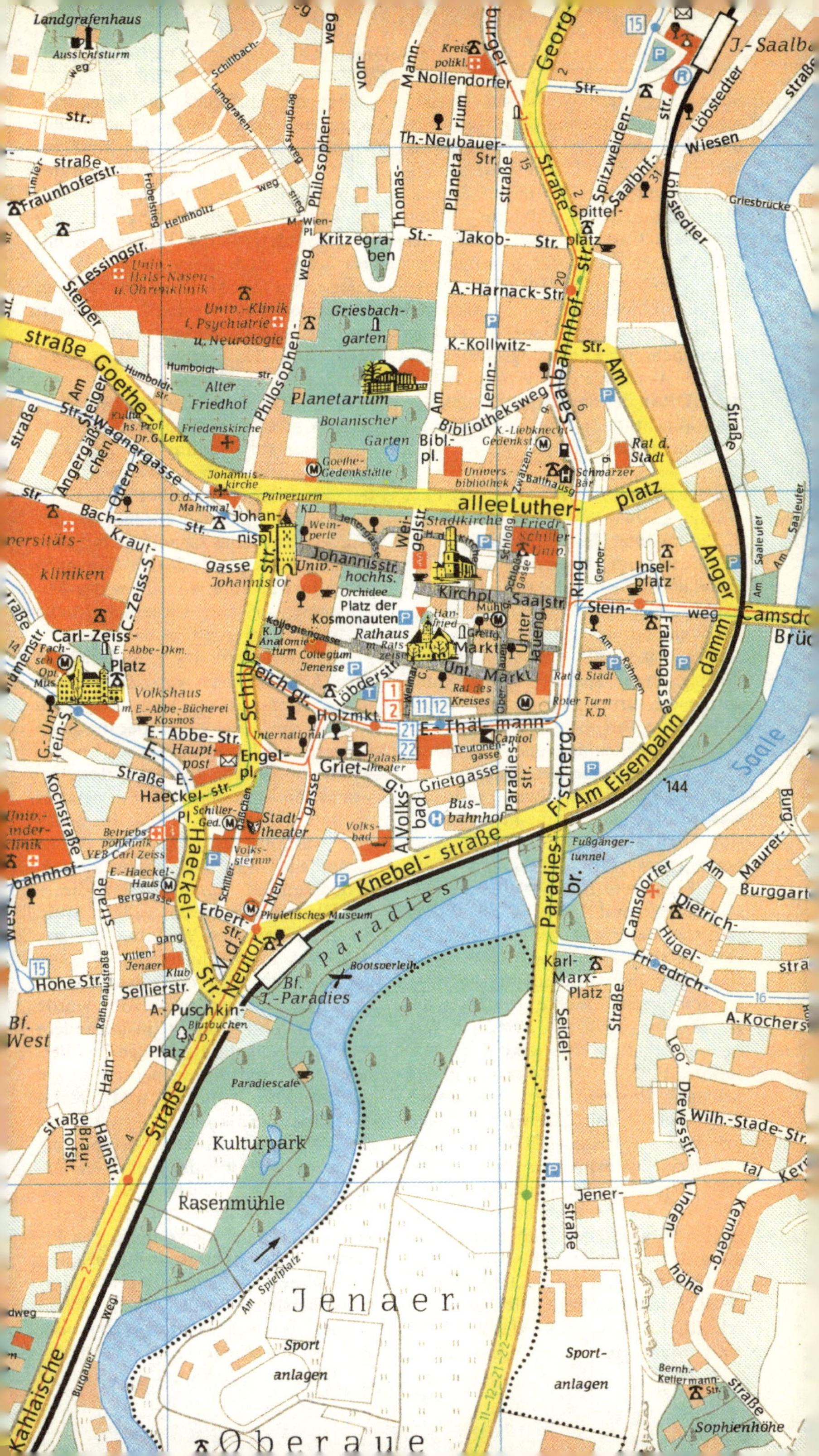
Landgrafenhaus
Aussichtsturm
J.-Saalbahnhof
Nollendorfer Str.
Löbstedter Str.
Th.-Neubauer-Str.
Wiesen straße
Griesbrücke
Fraunhoferstr.
Philosophenweg
Kritzegraben
Jakob-Str.
Spittelplatz
Lessingstr.
Univ.-Hals-Nasen- u. Ohrenklinik
Univ.-Klinik f. Psychiatrie u. Neurologie
Griesbachgarten
A.-Harnack-Str.
K.-Kollwitz-Str.
Goethestraße
Alter Friedhof
Planetarium
Botanischer Garten
Bibliotheksweg
Saalbahnhofstr.
Friedenskirche
Goethe-Gedenkstätte
Bibl.-pl.
Univers.-bibliothek
Rat d. Stadt
Johanniskirche
Pulverturm
Lutheralleeplatz
Stadtkirche
Friedr.-Schiller-Univ.
Bachstr.
Krautgasse
Universitätskliniken
Johannistor
Johannisstr.
Univ.-hochhs.
Kirchpl.
Saalstr.
Inselplatz
Anger
Steinweg
Camsdorfer Brücke
Platz der Kosmonauten
Rathaus
Markt
Unt. Markt
Carl-Zeiss-Platz
Volkshaus
Teichgr.
Löbderstr.
Holzmkt.
Roter Turm
Frauengasse
Am Rähmen
Saale
E.-Abbe-Str.
E.-Thälmann-Str.
Capitol
Engelpl.
Griet
Grietgasse
Haeckel-str.
Stadttheater
Volksbad
Busbahnhof
Paradiesstr.
Fischerg.
Am Eisenbahndamm
Knebelstraße
Fußgängertunnel
Paradies
Phyletisches Museum
Neutor
Bootsverleih
Bf. J.-Paradies
Karl-Marx-Platz
Dietrich-Hügel-
Friedrich-
A.-Kochers-
Puschkin-Platz
Bf. West
Paradiescafe
Kulturpark
Wilh.-Stade-Str.
Rasenmühle
Jenerstraße
Lindenhöhe
Kernberg-
Jenaer
Sport anlagen
Oberaue
Kahlaische Straße
Sophienhöhe

Stadt zu einem wichtigen wissenschaftlich-technischen Zentrum werden ließ. Jena ist Universitätsstadt und ein Mittelpunkt des wissenschaftlichen Gerätebaus sowie der feinmechanisch-optischen Industrie. Neben dem VEB Carl Zeiss bestimmen der VEB Jenaer Glas, der pharmazeutische Großbetrieb VEB Jenapharm und die Universität die Wirtschaftsstruktur der Stadt. Daneben gibt es noch mehrere Forschungseinrichtungen der Akademie der Wissenschaften der DDR in der Stadt, unter ihnen das Zentralinstitut für Mikrobiologie und experimentelle Therapie.

Stadtgeschichte: Ein Ort mit dem Namen „Jani“ wird bereits Ende des 9. Jh. erwähnt, die planmäßige Gründung der Stadt erfolgte um 1230. Die mittelalterliche Stadt war unbedeutend, ihre wirtschaftliche Grundlage der Weinbau, der erst im 19. Jh. völlig aufgegeben wurde. Entscheidend für die gesamte spätere Entwicklung wurde die Gründung der Universität 1558, denn von ihr gingen im 19. Jh. die Impulse aus, die Jena zum Standort eines weltbekannten Betriebes der feinmechanisch-optischen Industrie werden ließ. Obwohl die neue Universität klein war, weist ihre Geschichte bemerkenswerte Höhepunkte auf. Eine besondere Blüte erlebte sie zwischen 1789 und 1819. In dieser Zeit waren Männer von Rang an der Universität tätig, wie Friedrich Schiller (Professor der Geschichte, 1789/99), Johann Gottlieb Fichte (Professor der Philosophie, 1794/99), Friedrich Wilhelm v. Schelling (Professor der Philosophie, 1798–1803), August Wilhelm Schlegel (Professor der Philosophie, 1798–1801) und Georg Wilhelm Friedrich Hegel (Privatdozent, 1801/05; Professor der Philosophie, 1805/07). Jenaer Studenten gründeten 1815 die Jenaer Burschenschaft, die erste bürgerliche Studentenverbindung in Deutschland. Bis weit in das 19. Jh. hinein galt die Jenaer Universität als besonders freiheitlich und fortschrittlich. 1841 promovierte an ihr Karl Marx mit seiner Dissertation „Über die Differenz der demokritischen und epikureischen Naturphilosophie“ zum Dr. phil. Von 1862 bis 1909 war Ernst Haeckel Professor der Zoologie in Jena. Den größten Aufschwung nahm die Universität, die seit 1938 den Namen Friedrich Schillers trägt, nach dem zweiten Weltkrieg. Ihre Tätigkeit ist in starkem Maße von den Wechselbeziehungen zum wichtigsten Industriebetrieb der Stadt und des Bezirkes, dem VEB Carl Zeiss, charakterisiert.

Ein rascheres Wachstum der Stadt setzte erst nach 1880 als unmittelbare Folge der Entwicklung des Zeißwerkes aus einem kleinen, 1846 gegründeten „mechanischen Atelier“ ein. Ernst Abbe, damals Privatdozent an der Universität, stellte zusammen mit dem Mechaniker Carl Zeiß den Bau optischer Instrumente, vor allem der Mikroskope, auf eine wissenschaftliche Grundlage, während bis dahin nur experimentiert worden war. Das sicherte dem Unternehmen von Zeiß einen dauerhaften Erfolg und trug ihm Weltruf ein. Aus der Forderung nach Gläsern mit besseren, vorher berechneten optischen Eigenschaften erwuchs die Gründung des Glaswerkes „Schott & Genossen“ 1884, des heutigen VEB Jenaer Glas. Auf diesen Grundlagen wurde das Zeißwerk zum bedeutendsten Unternehmen dieses Industriezweiges in der ganzen Welt. Nach dem zweiten Weltkrieg gewann das Werk nach schwierigem Wiederaufbau seine frühere Bedeutung zurück. Das Fertigungsprogramm wurde erweitert und umfaßt insbesondere optisch-physikalische Meßgeräte, Vermessungs- und Bildmeßgeräte sowie medizinische Apparate und Geräte der Lasertechnik. Eine Erweiterung der Wirtschaftsstruktur erfuhr die Stadt mit der Gründung des pharmazeutischen Großbetriebes VEB Jenapharm, der aus dem Glaswerk hervorging und bei der Herstellung von Penizillin eine wichtige Rolle gespielt hat und heute neben Antibiotika Hormone herstellt.

Die Nachkriegsentwicklung der Stadt ist durch ein starkes Wachstum

Jena: Marktplatz

gekennzeichnet. Ihre Einwohnerzahl ist gegenüber 1939 um die Hälfte gewachsen. Ausdruck dieser Entwicklung ist vor allem das große Neubaugebiet Neulobeda an der südlichen Peripherie der Stadt, wo gegenwärtig mehr als 45 000 Menschen leben.

Sehenswürdigkeiten: Das auffälligste und weit über die Grenzen der Stadt hinaus sichtbare Bauwerk ist das von 1970 bis 1972 errichtete, 124 m hohe *Universitätshochhaus*, ein Turmgebäude mit einem großen Flachbau. Verhältnismäßig klein wirkt dagegen die spätgotische *Stadtkirche St. Michael*, erbaut zwischen 1390 und 1556, eine siebenjochige Hallenkirche mit einem fünfseitig geschlossenen Chor, unter dem ein gewölbter Durchgang hindurchführt. Ihre Hauptschauseite ist die Südfront mit zwei Schmuckportalen und reichen Maßwerkfenstern. Von der mittelalterlichen Ausstattung ist nur wenig erhalten, darunter eine hölzerne Michaelisstatue aus der Zeit um 1400. Seit 1571 befindet sich die 1549 in Erfurt gegossene Bronzegrabplatte für Martin Luther in der Kirche.

Das *Rathaus* am *Markt*, ein zweigeschossiges unverputztes Doppelhaus mit zwei hohen Walmdächern und einem barocken Turm, ist 1337/80 entstanden. Das schlichte schmucklose Bauwerk kann als Symbol der bescheidenen Wirtschaftskraft der mittelalterlichen Stadt gelten. In einem bemerkenswerten spätgotischen Haus auf der Nordseite des Marktes ist das *Stadtmuseum* untergebracht. Seit 1857 steht auf dem Markt das *Denkmal des Kurfürsten Johann Friedrich*, des Gründers der Universität. Von der Stadtbefestigung sind neben einem kleinen Mauerrest der *Johannisturm*, der *Pulverturm* sowie ein Rest des sog. *Anatomieturmes* auf der Westseite der Altstadt erhalten. In der Südwestecke der ehemals ummauerten Stadt lag das 1286 gegründete und 1525 aufgehobene Dominikanerkloster, in dem die 1548 von Kurfürst Johann Friedrich als Ersatz für die im Schmalkaldischen Krieg verloren gegangene Universität Wittenberg gegründete Hohe Schule untergebracht wurde, aus der zehn Jahre später die *Universität Jena* hervorging. Die hier vorhandenen Gebäude um einen stimmungsvollen Hof sind meist Erweiterungen oder Neubauten aus späterer Zeit. Die ehemalige Kloster- und spätere Kollegienkirche wurde im zweiten Weltkrieg zerstört. Von 1861 bis 1908 war das Barockgebäude in der Goetheallee 23 Hauptgebäude der Universität. Das 1905 bis 1908 anstelle des ehemaligen herzoglichen Schlosses an der Nordostecke der Altstadt erbaute gegenwärtige *Hauptgebäude* der Universität ist ein bedeutender Hochschulbau und steht unter Denkmalschutz. Das Bauwerk mit einem 42 m hohen Turm fügt sich gut in das Stadtbild ein. Auf der Nord- und Ostseite des Gebäudes stehen mehrere *Denkmäler:* eine große *Bronzebüste Schillers* nach Dannecker, ein *Burschenschaftsdenkmal* von Donndorf (1883), eine *Marxbüste* aus Bronze von Lammert und seit 1987 ein *Bronzedenkmal Hegels* von Appelt. Eine ganze Reihe weiterer Denkmäler für berühmte Professoren der Universität säumt die Goetheallee.

Nach Norden schließt sich hier der *Botanische Garten* an. Sein *Inspektorhaus*, Goetheallee 26, hat Goethe zwischen 1817 und 1822 oft bewohnt, eine kleine Gedenkstätte erinnert daran. An der Goetheallee liegt auch das weitgehend im Originalzustand überkommene Wohnhaus des Buchhändlers und Verlegers Friedrich Ernst Frommann, in dem neben Goethe unter anderen Jean Paul, Ludwig Tieck und die Brüder Schlegel ein- und ausgingen. Am Botanischen Garten steht der Kuppelbau des *Zeiß-Planetariums.* Hier wurde 1925 das erste Planetarium der Welt aufgestellt.

An der Westseite der Altstadt liegt das Hauptwerk des VEB Carl Zeiss, darunter das Hochhaus für Forschungsabteilungen aus den Jahren 1960/65. Auf dem *Carl-Zeiß-Platz* steht ein *Ernst-Abbe-Denkmal* (1909/11). In einem von van de Velde entworfenen Achteckbau sind Reliefs von Meunier mit Szenen aus dem Arbeiterleben angebracht, in der Mitte steht eine Herme Abbes, von Klinger gefertigt. Die Südseite des Carl-Zeiß-Platzes nimmt das 1901/03 im Stil thüringischer Renaissanceschlösser erbaute *Volkshaus* mit zwei Sälen, Klubräumen und einer großen Leihbibliothek ein. Im Volkshaus fand 1905 ein Parteitag der SPD statt, weitere 1911 und 1912. Hier versammelten sich Jenaer Arbeiter zu machtvollen Demonstrationen. 1921 tagte der II. Parteitag der KPD mit Ernst Thälmann im Volkshaus. Heute ist es das zentrale Kulturhaus des VEB Carl Zeiss. Das Gebäude daneben teilen sich die Optikerschule „Hermann Pistor“ sowie das sehenswerte *Optische Museum.*

Von den Häusern, die Schiller zwischen 1789 und 1799 in Jena bewohnt hat, ist nur sein *Gartenhaus*, Schillergäßchen 2, erhalten geblieben. Der Garten mit einem kleinen Küchenhäuschen und einem erneuerten zweigeschossigen Gartenpavillon – „Gartenzinne“ – ist wieder in seinen ursprünglichen Zustand gebracht worden. An Schiller erinnert ferner die Dorfkirche des 1908 eingemeindeten **Wenigenjena** auf der Ostseite der Saale. In dieser Kirche ließ sich Schiller 1790 mit Charlotte von Lengefeld trauen.

Unweit von Schillers Garten, Berggasse 7, ließ sich Ernst Haeckel 1882/83 sein Wohnhaus im Stil einer römischen Villa erbauen. Sie ist heute *Ernst-Haeckel-Museum* und der Universität angeschlossen. Das *Phyletische Museum*, Vor dem Neutor 1, wurde 1907 von Haeckel gegründet und ist eine Einrichtung, die mit der Abstammungslehre bekannt macht. Von der ehemals ummauerten Altstadt wurden 1945 große Teile durch Bombenangriffe zerstört. Häuser mit bemerkenswerten Fassaden sind nur wenige erhalten geblieben. Erwähnt werden soll das *Haus „Zur Rose"*, das seit 1561 im Besitz der Universität ist. Das *Romantikerhaus* am Ernst-Thälmann-Ring ist eines der wenigen Gebäude aus der Zeit um 1800. Von 1799 bis 1803 war es die Wohnung der Brüder Schlegel, der Begründer der romantischen Bewegung in Jena. In diesem Hause waren u. a. Schelling, Ludwig Tieck, Novalis, Goethe und Hegel zu Gast. Die Jena-Information befindet sich Ernst-Thälmann-Ring 35.

Ausflugsziele in der Umgebung: Auf dem **Landgrafen**, nur 1 km vom Zentrum der Stadt entfernt, gewährt ein *Aussichtsturm* einen umfassenden Blick über die Stadt und ihren landschaftlichen Rahmen. Nur 2 km weiter nordwestlich befindet sich der *Napoleonstein* am Rand des Schlachtfeldes vom 14. Oktober 1806. Die Hochfläche ermöglichte den preußischen Truppen die Anwendung der veralteten friederizianischen Lineartaktik, die der von den Franzosen unter Napoleon angewandten Kampfweise in lockeren Schützenschwärmen weit unterlegen war. Das preußische Heer wurde vernichtend geschlagen. Ein kleines, modern gestaltetes *Museum* befindet sich in dem Dorf **Cospeda.** Seine Exponate – Waffen, Uniformen, Ausrüstungsgegenstände, Pläne, Karten sowie eine große Reliefkarte – verdeutlichen den Verlauf der Schlacht.

Drei Burgen an der Ostseite des Tales sind lohnende Ausflugsziele. Unmittelbar über Neulobeda liegt die *Ruine der Lobdeburg* aus dem 12. Jh., östlich der Altstadt ist der *Fuchsturm* der einzige Rest von ehemals drei Burgen, die die Höhe zwischen dem Gemdental und dem Ziegenhainer Tal krönten und deren älteste aus dem 10. Jh. stammte. In 5 km Entfernung vom Stadtzentrum erreicht man die *Ruine der Kunitzburg* aus dem 11. Jh. über dem Dorf **Kunitz.** Von den beiden letztgenannten Burgen hat der Besucher aus 200 m Höhe über der Saaleaue einen ausgezeichneten Blick über die Stadt und das Saaletal.

Kahla, 10 km südlich von Jena am linken Saaleufer auf einer Flußterrasse gelegen, schon im 9. Jh. erwähnt, hatte zwar zeitweise die Funktion eines Handelsplatzes, blieb aber schließlich bis in das 19. Jh. hinein unbedeutend. 1844 wurde hier eine Porzellanfabrik gegründet, die sich zu einem großen Werk entwickelte, das nach dem zweiten Weltkrieg als volkseigener Betrieb völlig erneuert, heute einer der wichtigsten Porzellanhersteller der DDR ist. Ein großer Teil der Stadtmauer ist bis heute erhalten geblieben.

Östlich der Saale überragen bei Kahla drei Berggipfel markant ihre Umgebung. Unmittelbar über der Saale erhebt sich der *Dohlenstein.* Hier sind 1780, 1828 und zuletzt 1881 mächtige Bergstürze erfolgt. Große Partien hellen Kalkgesteins sind abgebrochen und zu Tale gestürzt, wo sie als Bergsturzmassen vor der senkrechten Abbruchwand liegen. Wenig südöstlich davon krönt die *Leuchtenburg* einen zweiten Gipfel in 400 m ü. d. M. Alle drei Gipfel gehören einer schmalen Scholle von Muschelkalk an, die wie der Saalfelder Kulm in Form eines Grabenbruches bis in das geologische Niveau des Mittleren Buntsandsteins abgesenkt und durch die Abtragung des leichter zerstörbaren Sand-

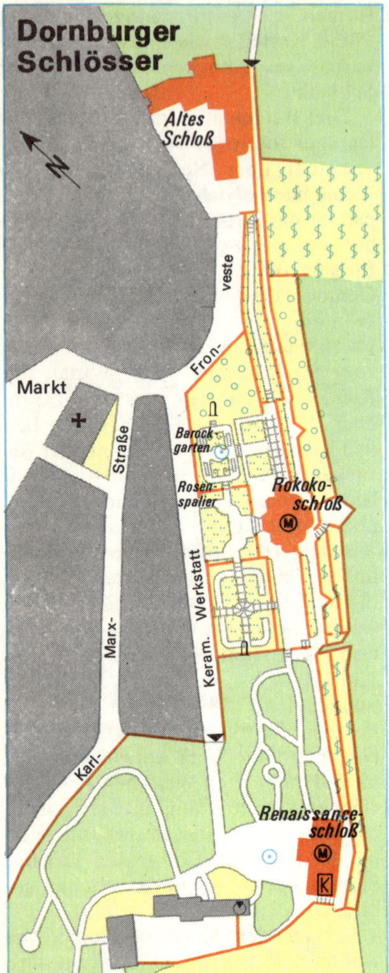

steins freigelegt worden ist. Die Leuchtenburg stammt aus dem frühen 13. Jh. Bis auf den spätromanischen Bergfried ist die ganze Anlage im 19. Jh. stark verändert worden. Das ehemalige Herrenhaus enthält ein sehenswertes *Heimatmuseum*, u. a. mit einer Abteilung zur Geschichte der Porzellanherstellung. Im Nordflügel ist eine Jugendherberge eingerichtet worden. Der Ausblick vom Turm lohnt den Besuch der Burg. Nach Norden reicht der Blick bis Jena, wo die Saale in den Muschelkalk eintritt. Von Südwesten zieht die Landstufe des Muschelkalkes in Richtung Jena und weiter nordostwärts gegen Eisenberg. Nach Süden geht der Blick über das waldreiche Buntsandsteinland, das vom Saalfelder Kulm überragt wird, bis zu den Höhen des Schiefergebirges.

Von Jena aus ist auch ein Besuch von **Kapellendorf** mit seiner *Wasserburg* zu empfehlen. Der Ort liegt südlich von der F 7 Jena–Weimar. Die Wasserburg ist eine gut erhaltene Rundburganlage aus dem 12. bis 16. Jh. Von 1348 bis 1508 im Besitz der Stadt Erfurt, diente sie als Schutzburg für den weitläufigen Handel dieser Stadt. Kern der Anlage ist ein großer Wohnbau, die Kemenate. Ein *Museum* gibt dem Besucher einen Überblick über die Burgen Thüringens.

Apolda, 14 km nordwestlich von Jena, liegt bereits im Thüringer Bekken. Die Kreisstadt ist ein Zentrum der Obertrikotagenindustrie, die hier seit dem 17. Jh. ansässig ist. Zu Anfang des 18. Jh. galt Apolda als wichtigste Strumpfmanufaktur Deutschlands. Ein *Wirk- und Strickmuseum* sowie ein *Glockenmuseum* befinden sich in der Bahnhofstr. 41. Letzterem soll die stillgelegte und unter Denkmalschutz gestellte Glockengießerei angeschlossen werden, in der 1923 die größte Glocke für den Kölner Dom gegossen wurde.

Östlich von Jena liegt in 10 km Entfernung das Dorf **Thalbürgel** mit der *Klosterruine* des ehemaligen *Benediktinerklosters*, einer Gründung von 1133. Der Kirchenbau fällt in die Zeit von 1142 bis nach 1200. Das Bauwerk läßt wie das in Paulinzella Hirsauer Bauweise erkennen. Von der dreischiffigen Basilika mit einer Flachdecke sind nur das Langhaus und das Querhaus erhalten, ein Teil davon rekonstruiert. Chorpartie und Vorkirche sind Ruinen bzw. in ihren Grundrissen erkennbar. Die Kirche gehört zu den bedeutendsten romanischen Bauwerken in der DDR.

In 10 km Entfernung saaleabwärts von Jena liegen auf einem fast senk-

Dornburg: Altes Schloß

recht aufragenden Felsen von Muschelkalk, 90 m über der Saale, die drei *Dornburger Schlösser* unmittelbar nebeneinander. Das nördliche geht auf einen Bau aus dem 10. Jh. zurück, das mittlere, ein kleines Rokokoschlößchen, wurde in der ersten Hälfte des 18. Jh. erbaut. Das südliche ist ein Renaissancebau aus der Mitte des 16. Jh. und diente Goethe wiederholt als Wohnung, zuletzt 1828. In den parkartigen Schloßgärten blühen im Sommer Tausende von Rosen. Von den Schloßterrassen hat man einen schönen Blick in das Saaletal und auf das Plateau des auf der anderen Talseite liegenden Tautenburger Forstes, ein ausgedehntes Waldgebiet mit schönen Buchen- und Buchenmischwaldbeständen. Im Tautenburger Forst steht seit 1960 ein astronomisches Observatorium der Akademie der Wissenschaften der DDR, das mit einem Zweimeter-Universalspiegelteleskop aus dem VEB Carl Zeiss Jena ausgestattet ist. (↗ Bl. 14)

Naumburg

Lage und Bedeutung: Die Lage Naumburgs (32 100 Einw.) ist typisch für viele mittelalterliche Siedlungen. Sie wurde hochwassergeschützt auf einer in der Saalekaltzeit entstandenen Schotterterrasse 25 m über dem Fluß südlich von der Mündung der Unstrut angelegt. Von hier aus wuchs sie auf den südlichen Talhang und in die Saaleaue hinein. Bis zum zweiten Weltkrieg hatte Naumburg überwiegend kleinstädtischen Charakter ohne eine nennenswerte Industrie. Mehrere Betriebe u. a. des Werkzeugmaschinenbaus, der Holzverarbeitung und Möbelindustrie sowie der Elektronik bestimmen das gegenwärtige wirtschaftliche Profil der Stadt. Eine große Anzahl von Naumburgern ist in den Großbetrieben der chemischen Industrie von Leuna und Buna beschäftigt. Mit seinen kulturhistorisch bedeutsamen Bauwerken ist Naumburg ein beliebtes Ziel für Touristen,

Naumburg: Dom St. Peter und Paul

sein historischer Stadtkern steht unter zentralem Denkmalschutz.

Stadtgeschichte: Ansatzpunkt der Siedlung war die um 1000 entstandene Burg der Eckehardinger Markgrafen, in deren Schutz sich eine Marktsiedlung entwickelte. Mit der Verlegung des Bischofssitzes von Zeitz hierher (1028) entstand die Domfreiheit. Noch heute läßt der Grundriß der Stadt diese beiden Kerne erkennen, die annähernd in einem Rechteckschema angelegte Ratsstadt der Bürger und die winklige Domfreiheit des Klerus. Im 14. und 15. Jh. war die Stadt ein bedeutender Fernhandelsplatz und gewichtiger als Leipzig. Dank kaiserlichen Privilegien von 1497 und 1507 nahm aber Leipzig nicht zuletzt auch mit seinem leistungsfähigeren Hinterland einen größeren Aufschwung und überflügelte Naumburg. Es verlor den Charakter einer Handelsstadt und erhielt ihn auch nach dem Eisenbahnbau nicht wieder zurück.

Sehenswürdigkeiten: Das Wahrzeichen der Stadt, ihr frühmittelalterlicher *Dom St. Peter und Paul*, ist ein Kulturdenkmal von hohem Rang. Das spätromanisch-frühgotische Bauwerk ist eine dreischiffige Basilika mit zwei Chören, zwei Osttürmen in den Winkeln zwischen Querhaus und Ostchor und zwei Westtürmen am Westchor. Der Bau wurde kurz vor 1213 begonnen und 1242 geweiht. Um 1250 entstand der frühgotische Ostchor, im 14. Jh. erfolgte eine hochgotische Erweiterung des Ostchores, die an die Stelle einer romanischen Apsis trat. Die romanischen Osttürme wurden im 15. Jh. in spätgotischem Stil erhöht, die Westtürme, begonnen im 14. und 15. Jh., erst im 19. Jh. vollendet. Der Innenraum wird durch zwei Lettner gegliedert. Ein spätromanischer Lettner trennt den Ostchor vom Langhaus, ein Westlettner dieses vom frühgotischen Westchor. Das Lettnerportal zum Westchor ist eine Darstellung des Gekreuzigten mit Maria und Josef. Zu beiden Seiten des Portals ist in Reliefbildern der Leidensweg Christi dargestellt. Für den Westchor schuf derselbe unbekannte Naumburger Meister die zwölf weltbekannten Stifterfiguren aus Kalkstein. Der gesamte Dom wurde 1961/64 umfassend restauriert.

Der *Wilhelm-Pieck-Platz*, Marktplatz der Stadt, ist von schönen alten Bürgerhäusern aus dem 16. bis 18. Jh. umgeben. Große Speicher in den Dachgeschossen erinnern an die mittelalterliche Handelstätigkeit. Das *Rathaus* von 1528 mit sehenswerter Innenausstattung ist ein dreigeschossiger spätgotischer Bau, dessen besondere Zierde Zwerchgiebel sind. 1611 wurde das Rathaus durch die Einbeziehung der Nachbarhäuser erweitert. Aus dieser Zeit stammt auch das prächtige Renaissanceportal.

Die spätgotische *St.-Wenzels-Kirche* unmittelbar neben dem Markt war die Pfarrkirche der Bürgerstadt. Sie ist eine dreischiffige Hallenkirche mit extrem kurzem Langhaus. Von ihrer Ausstattung sind zwei Gemälde von Cranach d. Ä. und die Orgel von Hildebrand hervorzuheben. Der 67 m hohe Turm der Kirche gewährt eine gute Sicht über die Stadt und das Saaletal. Von der alten *Stadtbefestigung* ist neben Mauerresten an der Nordostecke der Altstadt das spätgotische *Marientor* aus der Mitte des 15. Jh. erhalten, eine kleine Torburg mit Innen- und Außentor und einem von Wehrmauern eingefaßten Hof. Die Naumburg-Information befindet sich Lindenring 38.

Ausflugsziele in der Umgebung: Zwischen Naumburg und Bad Kösen liegt **Schulpforte** am Südrand der Saaleaue. Kern der kleinen Siedlung ist das ehemalige *Zisterzienserkloster „Zur Pforte"*, das 1128 in Schmölln als Benediktinerstift gegründet, später mit Zisterziensern besetzt und hierher verlegt wurde. Es war eines der reichsten und mächtigsten Klöster in Mitteldeutschland. Der Tätigkeit der Zisterzienser sind umfangreiche landeskulturelle Maßnahmen im Saale-Unstrut-Gebiet zu verdanken. Der reiche Landbesitz des Klosters wurde nach seiner Säkularisierung 1543 zur Gründung und Erhaltung einer fürstlichen Landesschule bestimmt. Bekannte Zöglinge dieser Schule waren u.a. Klopstock, Fichte und Nietzsche. Die Klosterkirche, begonnen 1136, war eine romanische Basilika. Schon im 13. Jh. erfolgte ein frühgotischer Neubau, der 1268 großenteils beendet war. Spätere Teile lassen den Stilwandel von der Früh- zur Hochgotik erkennen. Die Klostergebäude sind teilweise abgebrochen, teilweise stark umgestaltet worden. Die Abtskapelle aus der Zeit um 1230 gilt als Beispiel ästhetischer Raumgestaltung.

Auf die Zisterziensermönche geht wahrscheinlich auch die Einführung des Weinbaus im Saale-Unstrut-Gebiet zurück, der im Mittelalter und danach in weit größerem Umfang betrieben wurde als heute. Gegenwärtig erstreckt sich Rebland über 550 ha, das sind vor allem Terrassenanlagen und Steilhänge im Saaletal zwischen Großheringen und Burgwerben, im Unstruttal um Freyburg und Vitzenburg sowie um den Süßen See östlich von Eisleben. Gezogen werden u.a. die Sorten Müller-Thurgau, Silvaner, Riesling, Weißer Burgunder und Traminer. Für die Standortbedingungen der Weinberge ist das Mikroklima der Südhänge von entscheidender Bedeutung.

Rudelsburg

Bad Kösen, ein alter Brückenort, ist heute ein vielbesuchtes Solbad. Solquellen wurden hier bereits 1632 entdeckt, jedoch erst nach 1730 nutzbar gemacht, nachdem durch den Bergingenieur Borlach stärkere Quellen erschlossen und eine Fördereinrichtung für die Sole geschaffen worden war. Die Sole diente ursprünglich nur der Salzgewinnung, um 1800 wurden jährlich 2500 t erzeugt. Nach der Erschließung von Salzlagerstätten, die billigeres Speisesalz liefern konnten, wurde der Salinenbetrieb 1859 eingestellt. Die bis dahin nur nebenbei betriebene Nutzung der Sole zu medizinischen Zwecken wurde danach zum Ausgangspunkt für die moderne Entwicklung der Stadt. Nachdem ihr bereits die 1846 eröffnete Bahnlinie Erfurt–Halle einen Aufschwung gebracht hatte, wurde Kösen 1859 Bad. Das große Gradierwerk über der Stadt, in dem die Sole über Reisig geleitet wurde, um Wasser verdunsten zu lassen und damit die Konzentration des Salzes zu erhöhen, wurde zum Freiluftinhalatorium.

Unweit des Gradierwerkes steht eines der ältesten Profanbauwerke, ein Wirtschaftshof des nahen *Zisterzienserklosters Pforta*, der erstmalig 1138 genannt wird. Das romanische Gebäude aus Kalkstein enthält ein *Museum* zur Bedeutung des Klosters Pforta, zur Geschichte der Stadt sowie des Volkssolbades Bad Kösen. Die Stadt hat den Charakter einer Villenbzw. Gartenstadt. Dem modernen Badebetrieb dient ein gut ausgestattetes Kurmittelhaus im Kurpark an der Saale.

Von Bad Kösen nur 3 km talaufwärts liegen auf schmalen Spornen aus Kalkgestein in nur 400 m Abstand die *Saaleckburg* und die *Rudelsburg*. Die Saaleckburg ist um 1050 erbaut worden. Erhalten geblieben sind nur zwei 23 m hohe runde Türme, zwischen denen einst der Palas lag. Nach einem urkundlichen Hinweis von 1140 war die Burg Saaleck eine markgräflich-meißnische Ministerialburg. Im 14. Jh. wurde sie eine Domäne des Naumburger Domstifts. 1523 wurde die Burg aufgegeben, bis 1800 war sie

Steinbruch, im 19. Jh. wurde sie junkerlicher Privatbesitz. Die Rudelsburg wurde etwa 100 Jahre später als die Saaleckburg angelegt. Burgherren waren wie auf Saaleck die Markgrafen von Meißen, die sie als Stiftslehen vom Naumburger Bischof erhalten hatten. Die Burg ist als Herrensitz angelegt worden, ihr Kern ist gut erhalten. Heute sind die Burgen beliebte Ausflugsziele; von Bad Kösen aus sind sie auf schönen Wanderwegen oder mit einem Motorboot zu erreichen, das unmittelbar unter der Rudelsburg anlegt. Besonders vom Turm der Saaleckburg hat man einen schönen Blick auf das zwischen Großheringen und Bad Kösen besonders reizvolle Saaletal. Nach der Einmündung der Ilm pendelt der Fluß in großen Bögen von einer Seite der Talaue zur anderen. Dabei sind zahlreiche Prallhänge entstanden, die meist sehr steil, fast senkrecht abfallen und ohne jeglichen Bewuchs hell leuchten. Die Bahnstrecke Erfurt–Halle–Leipzig führt über mehrere große Brücken über die Saale. Die Fernverkehrsstraße Jena–Naumburg verläuft zwischen Camburg und Naumburg in großem Abstand vom Tal über die Hochfläche.

Bei den Ortschaften **Hassenhausen**, **Taugwitz** und **Poppel** führt die Straße Naumburg–Eckartsberga über das zweite Schlachtfeld der Doppelschlacht von Jena und Auerstedt vom 14. Oktober 1806, in der die preußischen Truppen von Napoleons Armeen geschlagen wurden. Im etwa 5 km entfernten Dorf **Auerstedt** befand sich das Hauptquartier der preußischen Armee. Die Kämpfe fanden wie bei Jena auf einer Hochfläche statt.

Wo die Straße den Rand dieses Plateaus erreicht, liegt die *Eckartsburg* bei Eckartsberga. Der Ausblick vom Turm der Burg läßt die landschaftliche Situation deutlich werden. Nach Osten geht der Blick zurück auf das Schlachtfeld, eine Landoberfläche aus Muschelkalk, die fast vollständig mit Löß bedeckt und landwirtschaftlich genutzt ist. Nach Nordwesten setzt sie sich in einem Plateau fort, das aus Buntsandstein besteht, den Namen „Finne" trägt und weithin bewaldet ist. Nach Süden und Südwesten fällt das Plateau mit einer markanten Landstufe zum flachwelligen bis hügeligen Keuperbecken mit seinen äußerst fruchtbaren Gefilden in Höhenlagen um 150 bis 250 m ab. Schwarzerden, z.T. auf Löß ausgebildet, und ein günstiges Klima sind hier die Voraussetzungen für eine ertragreiche Landwirtschaft. Der Fernblick reicht bis zum Thüringer Wald, zur Neuenburg bei Freyburg an der Unstrut und zum Leipziger Völkerschlachtdenkmal. Die heute als Ruine vorhandene Burg ist eine Anlage aus der 2. Hälfte des 12. Jh., die wie die Wartburg bei Eisenach und die Neuenburg an der Unstrut der Festigung der Macht der Landgrafen von Thüringen diente.

Am Fuße der Eckartsburg, wo die mittelalterliche Handelsstraße von Frankfurt und Nürnberg auf die Finne hinaufführte, entstand im 11. Jh. die Siedlung **Eckartsberga**. Hier hatte sich auf einem schmalen Bergriedel schon eine frühmittelalterliche Siedlung befunden, in die gegen Ende des 10. Jh. eine Burg gebaut wurde. Seit 1288 besitzt Eckartsberga Stadtrecht. Die verkehrsgünstige Lage Eckartsbergas wird deutlich, wenn man erfährt, daß 1594 über 13 000 Pferde die Stadt passiert haben. Mit dem Bau der Bahnlinie Erfurt–Halle 1847 geriet sie in eine Abseitslage, auch die um die Jahrhundertwende eröffnete Bahnlinie Großheringen–Straußfurt führte im Abstand von 2 km an Eckartsberga vorbei. Die Landstraße verödete, es kam keinerlei Industrieansiedlung zustande.

Freyburg liegt nur 7 km nördlich von Naumburg entfernt, wo sich das Tal der Unstrut nach einem engen Durchbruch zu weiten beginnt, ehe der Fluß in die Saale mündet. Es ist Mittelpunkt des Weinbaugebietes an Saale und Unstrut. Freyburg entstand als Ansiedlung zu der 1090 gegründeten Neuenburg. Hier überschritt die Königsstraße die Unstrut. Lebensgrundlage des Städtchens bildeten lange Zeit die Weberei und der Weinbau. Der VEB Rotkäppchen Sektkellerei, 1856 als Champagnerfabrik gegründet, ist international bekannt. Das *Rathaus* von 1682 ist ein schlichter Renaissancebau. Die *Stadtkirche „Zu unserer lieben Frau"* wurde zwischen 1210 und 1230 als dreischiffige Basilika schon im romanisch-gotischen Übergangsstil erbaut. Die ursprünglich romanische Apsis wurde im 14. Jh. durch einen gotischen Chor ersetzt, im 15. Jh. hat man das Langhaus zu einer Halle umgestaltet.

In Freyburg lebte von 1825 bis zu seinem Tod der Begründer der Turnbewegung Friedrich Ludwig Jahn, sein Haus am Schloßberg ist heute *Friedrich-Ludwig-Jahn-Museum.*

Die *Neuenburg* bei Freyburg war einer der wichtigsten Stützpunkte der thüringischen Landgrafen. Aus einer romanischen Burg entstand in mehreren Bauperioden eine umfangreiche Anlage. Der westliche Teil ist der älteste. Die frühesten Wohnbauten und die Doppelkapelle aus der 1. Hälfte des 13. Jh. liegen neben dem Bergfried. Er gewährt eine hervorragende Aussicht, bei günstiger Wetterlage bis Leipzig, Jena und zum Brocken im Harz.

Die Gegend um **Burgscheidungen** ist wahrscheinlich Schauplatz der Schlacht von 531 gewesen, in der die Thüringer von den Franken besiegt wurden. Das *Schloß Burgscheidungen*, heute Parteischule der CDU, entstand in der Nachfolge einer alten Höhenburg, die schon im 9. Jh. genannt wird. Das heutige Schloßgebäude (1726/32) aus grauem und rotem Sandstein ist eine barocke Anlage.

Das Gebiet um das Unstrutried hatte im frühen Mittelalter eine bemerkenswerte zentrale Funktion: das bereits im 8. Jh. erwähnte **Memleben** war ein wichtiges Machtzentrum der deutschen Könige und Kaiser aus dem sächsischen Hause. Hier befand sich ein befestigter Königshof, Heinrich I. starb 936 im Memleben. Kaiser Otto I. ließ ab 942 in Memleben eine frühromanische Basilika erbauen, eine der größten ihrer Zeit. Aus noch vorhandenen Resten konnten ihre genaue Lage und ihre Ausmaße ermittelt werden. Auch Otto I. starb in Memleben. Otto II. stiftete hier ein Benediktinerkloster. Um die Mitte des 13. Jh. entstand eine neue Klosteranlage, u. a. eine spätromanisch-frühgotische Basilika mit Kreuzgang und Klausur. Nach einem Blitzschlag 1722 ist die Kirche verfallen. Die *Ruine der Klosterkirche* steht unter Denkmalschutz und wird erhalten. Die *Krypta* befindet sich in ihrem ursprünglichen Zustand.

Südlich der Stadt Querfurt am Westrand der Querfurter Platte liegt die *Burg Querfurt*, eine der ältesten und größten Feudalburgen auf dem Gebiet der DDR. Ihr ältester Vorläufer war vermutlich schon gegen Ende des 8. Jh. ein karolingischer Verwaltungssitz. Seit dem 10. Jh. war die Burg Stammsitz der Grafen von Querfurt, im Dreißigjährigen Krieg vorübergehend in schwedischem Besitz, im 17. und 18. Jh. Residenz der Herzöge von Sachsen-Weißenfels-Querfurt und seit 1815 preußisch. Zwei Ringmauern aus der Zeit um 1200 und um 1350, drei mächtige Bastionen, drei Türme – darunter im Westen der Kernburg der „Dicke Heinrich" aus dem 11. Jh., unter dem die Umfassungsmauern eines karolingischen Wohnbaus gefunden wurden – und zahlreiche Gebäude, die zum Teil aus späteren Jahrhunderten stammen und das ursprüngliche Bild der Anlage immer wieder verändert haben, bieten insgesamt ein eindrucksvolles Bild. Die *Burgkirche* in der Mitte der Anlage ist ein schöner, klar gegliederter romanischer Bau mit Chor, Querschiff und drei Apsiden aus dem frühen 12. Jh., dessen Inneres zu Anfang des 18. Jh. barock umgestaltet wurde. Im *Korn- und Rüsthaus*, erbaut 1535 unter Verwendung von Bauteilen des vermutlich ältesten Palas aus der Zeit um 1000, informiert ein *Museum* über die Geschichte der Burg und der Stadt Querfurt.

Saaleabwärts von Naumburg wird in 4 km Entfernung mit der *Schönburg* die Reihe der Burgen an der Saale fortgesetzt. Von der im späten 12. Jh. und zu Anfang des 13. Jh. 70 m über der Saale erbauten Anlage ist vor allem der 32 m hohe Rundturm erhalten. (↗Bl. 14)

Weißenfels

Lage und Bedeutung: Die Stadt (38 800 Einw.) liegt rechts der Saale, kurz bevor der Fluß die Leipziger Tieflandsbucht erreicht, an der südlichen Peripherie des Westteils des Ballungsgebietes Halle–Leipzig. Weißenfels ist ein wichtiger Industrieort, insbesondere ein Zentrum der Schuhindustrie (VEB Schuhfabrik „Banner des Friedens“, Schuhmaschinenfabrik).

Stadtgeschichte: Die im 12. Jh. gegründete und planmäßig angelegte Stadt hatte ursprünglich die Funktion einer Marktsiedlung. Von 1656 bis 1746 war sie Residenzstadt des Herzogtums Sachsen-Weißenfels, seit 1814 preußisch. Ihre entscheidende Entwicklung zur Industriestadt, die auch maßgeblich ihr Bild geprägt hat, vollzog sich im 19. Jh. Mit der Herausbildung des großen Ballungsgebietes der Industrie um Leipzig und Halle ist Weißenfels auch Wohnort für die Arbeiter der chemischen Großbetriebe Leuna und Buna geworden.

Sehenswürdigkeiten: Die Stadt wird überragt vom monumentalen Barockbau des *Schlosses Neu-Augustusburg* (1660/92), in dem die Herzöge von Sachsen-Weißenfels residierten. In ihrer ursprünglichen Ausstattung ist jedoch nur die sehenswerte *Schloßkapelle* (1664/82) erhalten. Im Schloß ist ein *Schuhmuseum* untergebracht. Ältere Bauten in der Stadt wurden durch wiederholte Stadtbrände früherer Zeiten größtenteils vernichtet. Einige schöne Bürgerhäuser am ehemaligen Markt, dem heutigen *Wilhelm-Pieck-Platz*, stammen aus dem 17. und 18. Jh. Das *Rathaus* (1718/22) ist ein Barockbau. Im ehemaligen *Geleitshaus*, Große Burgstraße 22, einem Renaissancebau, befindet sich das Obduktionszimmer des Schwedenkönigs Gustav II. Adolf, der in der Schlacht bei Lützen gefallen war. Eine *Heinrich-Schütz-Gedenkstätte* wurde in der Nicolaistr. 13 eingerichtet. Für den unter dem Pseudonym *Novalis* bekannten bedeutenden Dichter der deutschen Frühromantik Friedrich von Hardenberg wurde im Gartenpavillon seines Wohnhauses Klosterstr. 24 eine *Memorialstätte* geschaffen. (↗ Bl. 14)

Merseburg

Lage und Bedeutung: Merseburg (46 200 Einw.) liegt am Ostrand der Querfurter Platte, wo sich von Osten her die breite Elster-Luppe-Niederung der Saale nähert und von Westen her die kleine Geisel in die Saale mündet. Bedeutsamer ist jedoch, daß die Stadt annähernd im Mittelpunkt des westlichen Teiles des Ballungsgebietes Halle–Leipzig liegt und für das Industriegebiet des Geiseltales sowie die großen Chemiebetriebe Leuna und Buna das politische, wirtschaftliche und kulturelle Zentrum ist.

Stadtgeschichte: Merseburg ist eine sehr alte Siedlung, sie wird bereits im 9. Jh. in einem Zehntverzeichnis des Klosters Hersfeld genannt. Schon im frühen Mittelalter war Merseburg ein wichtiger Missionsstützpunkt und Handelsplatz. Unter Heinrich I. bestand an der Stelle des heutigen Schlosses ein Königshof. Sein Sohn Otto I. gründete in Merseburg ein Bistum, das zwar 981 aufgehoben, jedoch unter Heinrich II. 1004 wiedergegründet wurde. Zwischen 933 und 1213 fanden in Merseburg mehr als 20 Reichstage der deutschen Kaiser statt. Diese bedeutsame Entwicklung Merseburgs im frühen Mittelalter setzte sich nicht fort. Die späteren Funktionen der Stadt waren bescheidener. 1653 bis 1783 war sie Residenz des Herzogtums Sachsen-Merseburg. Die Stadt gewann auch nicht mehr an Bedeutung, als sie 1815 preußisch und

Merseburg: Dom und Schloß

Sitz der Verwaltung eines Regierungsbezirkes sowie der gesamten Provinz Sachsen geworden war. Ein stärkerer wirtschaftlicher Aufschwung setzte erst ab 1906 mit der Ausbeutung der Braunkohlenvorkommen im nahen Geiseltal ein. Mit der Gründung des Leuna- und des Bunawerkes wurde Merseburg Wohnort für die dort beschäftigten Arbeiter. Der wichtigste Impuls für Merseburgs Entwicklung in der Gegenwart ging von der Gründung der Technischen Hochschule für Chemie „Carl Schorlemmer“ 1955 aus.

Sehenswürdigkeiten: Die Dominante im Bild der Altstadt von Merseburg ist die Baugruppe von *Dom* und *Schloß*. Der Dom, ein 1015 begonnener, aber wiederholt veränderter Bau, ist eine dreischiffige spätgotische Hallenkirche mit Querschiff, die ursprünglich ein romanisches Langhaus hatte. Auch Chor und Apsis wurden schon im 13. Jh. frühgotisch umgestaltet. Die ebenfalls dreischiffige Krypta stammt aus dem 11. Jh., die Vorhalle im Westen ist frühgotisch. Von den vier Türmen sind die zu beiden Seiten des Chores rund; die beiden Westtürme in den Fluchten der Seitenschiffe zwischen Vorhalle und Langhaus sind quadratisch. Bemerkenswert ist die außerordentlich reiche Ausstattung des Domes: wertvolle Schnitzaltäre, Triptychen, Altaraufsätze, ein Sakramentshäuschen, eine holzgeschnitzte Kanzel, ein Taufbekken, Einzelskulpturen und Gemälde sowie Grabmäler aus Stein, Bronze und Holz. Nach Süden schließen sich an den Dom die Klausurgebäude an. Die Bibliothek des Domkapitels enthält zahlreiche Inkunabeln. Hier wurden 1841 die „Merseburger Zaubersprüche“ aufgefunden, wertvolle Zeugnisse deutschen Schrifttums aus dem 10. Jh.

Nach Norden schließt sich an den Dom unmittelbar das *Schloß* an, eine Dreiflügelanlage, erbaut ab 1470 mit spätgotischen, Renaissance- und Barockelementen. Der Ostflügel ist nach schweren Beschädigungen im zweiten Weltkrieg in seiner ursprünglichen Gestalt wiederhergestellt worden und enthält ein Museum. Seit über hundert Jahren ist das Schloß Verwaltungssitz. Nordwärts schließt sich der *Schloßgarten* mit dem Schloßgarten-Salon an. Das benachbarte *Zech'sche*

Palais diente bis zum Bau des *Ständehauses* (Haus der Kultur) 1892/95 als Parlamentsgebäude der Provinz Sachsen.

In der Altstadt sind das alte *Rathaus*, im wesentlichen ein Renaissancebau, die *Marktkirche St. Maximi*, eine spätgotische Hallenkirche aus der Mitte des 15. Jh., und die *Ruine der St.-Sixti-Kirche* aus dem 16. Jh., deren Turm 1888 zu einem *Wasserturm* umgebaut wurde, sehenswert. Außerhalb der Altstadt sind das *„Versunkene Schlößchen"*, ein als Wohnhaus errichteter Barockbau, sowie der 1881 angelegte *Friedhof* mit einer *Friedhofskapelle* von 1613 und mehreren bemerkenswerten Grabmälern zu nennen. Stadtauskunft erteilt die Merseburg-Information in der Bahnhofstr. 17.

Ausflugsziele in der Umgebung: Bad Dürrenberg ist eine wichtige Wohngemeinde der Leuna-Arbeiter, mehr als ein Viertel seiner Bewohner sind im Leuna-Werk beschäftigt. Bad Dürrenberg hat einen gepflegten *Kurpark* mit einem großen Gradierwerk. Die Solquelle wurde 1763 von Borlach erschlossen. Ein *Museum* vermittelt einen Einblick in die Geschichte der Salzgewinnung.

Bad Lauchstädt liegt in 10 km Entfernung westlich von Merseburg. Nach der Entdeckung einer Mineralquelle um 1700 entwickelte sich hier ein Badebetrieb mit zunächst bescheidenen Kuranlagen, die aber 1776/86 erweitert und neugestaltet wurden, nachdem Lauchstädt zum Modebad adliger Familien besonders aus Kursachsen geworden war. Seine Glanzzeit erlebte das Bad, als hier das Weimarer Hoftheater unter der Leitung von Goethe ab 1791 zwei Jahrzehnte hindurch in den Sommermonaten spielte. Dem Wirken Goethes ist auch die Errichtung eines kleinen *Theaters* zu verdanken, das 1802 an die Stelle eines unzulänglichen Holzbaus getreten war und das sich nach einer Restaurierung der gesamten Kuranlagen seit 1986 wieder in seiner ursprünglichen schlichten Schönheit zeigt. Hier gastieren im Sommer namhafte Solisten und Ensembles sowie ständig das Landestheater Halle.

Die Landschaft um Merseburg beherrschen die *Leuna-Werke „Walter Ulbricht"* und das *Buna-Werk*. Über 20 km Länge erstreckt sich hier ein Industrie- und Siedlungskomplex, durch den die F 91 sowie die Bahnlinie Weißenfels–Halle hindurchführen. Das Leuna-Werk wurde 1916 gegründet und produzierte vor allem Ammoniak als Ersatz für die ausgefallenen aber kriegswirtschaftlich wichtigen Lieferungen von Chilesalpeter. Auch im zweiten Weltkrieg hatte das Leuna-Werk eine große Bedeutung als Rüstungsbetrieb, der vor allem Benzin lieferte. Es war ein bedeutendes Zentrum der deutschen Arbeiterbewegung und des Widerstandes gegen den Faschismus. Gegenwärtig verarbeitet das Werk neben Braunkohle jährlich 4 bis 5 Mill. t Erdöl. Unter seinen mehr als 400 Erzeugnissen sind u. a. Stickstoffdünger, Stickstoffprodukte, Benzin, Phenol, Kaprolaktam als Ausgangsstoff für synthetische Fasern, organische Werkstoffe sowie Plaste. Die Werkanlagen, in denen 30 000 Menschen arbeiten, erstrecken sich auf über 650 ha Fläche und bieten mit ihren zahlreichen Schornsteinen, Gasometern, Silobauten und ihren verwirrenden Rohrleitungen den imposanten Anblick eines Industriegiganten.

Das Buna-Werk (1936 gegründet), nördlich von Schkopau ist nach den Leuna-Werken der bedeutendste Betrieb der chemischen Industrie im Raum Halle-Merseburg. (↗ Bl. 10, 11, 14, 15)

Halle

Lage und Bedeutung: Halle (236 100 Einw.) liegt am rechten Ufer der Saale nördlich von der Einmündung der Weißen Elster, wo der für das Thüringer Becken und seine Randgebiete typische geologische Bau aus Schichtgesteinen des Erdmittelalters, der größtenteils von Ablagerungen des Tertiärs und des Quartärs verdeckt ist, von einem Komplex des Rotliegenden aus Sedimenten und Porphyren abgelöst wird. Während die weitere Umgebung der Stadt durch weitgehende Ebenheit gekennzeichnet ist, bilden die Porphyre schon im nördlichen Stadtgebiet landschaftlich reizvolle Kuppen. Die Gewinnung von Salz aus hier an Störungen auftretenden Solquellen ist seit der Bronzezeit belegt und war nicht nur der Anlaß für die frühe Gründung einer Siedlung, sondern bis in die Neuzeit auch die wichtigste wirtschaftliche Grundlage der späteren Stadt.

In den letzten hundert Jahren ist Halle zu einem wirtschaftlichen, politischen und kulturellen Zentrum geworden. Die Stadt ist Standort der chemischen Industrie, zahlreicher Betriebe des Maschinen- und Fahrzeugbaus und ein Verkehrsknotenpunkt.

Zu den bedeutendsten kulturellen und wissenschaftlichen Einrichtungen der Stadt gehören die Martin-Luther-Universität, eine Pädagogische Hochschule, die Hochschule für industrielle Formgestaltung Burg Giebichenstein, ein Konservatorium, das Landestheater, die Staatliche Galerie Moritzburg, das Landesmuseum für Vorgeschichte und das Geiseltalmuseum. Seit 1878 hat auch die Deutsche Akademie der Naturforscher Leopoldina ihren ständigen Sitz in Halle.

Stadtgeschichte: Für das heutige Stadtgebiet gibt es Belege für eine sehr frühe Besiedlung. Schon 806 wird ein fränkisches Kastell Halla am Ostufer der Saale genannt, das wahrscheinlich Stützpunkt in Kämpfen gegen die Slawen war, aber wohl auch dem Schutz der hier entdeckten Solquellen diente. 961 gehen der Ort und die Reichsburg Giebichenstein mit den Solquellen durch einen Schenkungsakt Ottos I. in den Besitz des neugegründeten Erzbistums Magdeburg über. Jahrhunderte hindurch hat die Stadt große Anstrengungen zur Befreiung von der Herrschaft der Magdeburger Erzbischöfe gemacht, zumal sie später immer mehr in Gegensatz zu der sich anbahnenden Entwicklung der Stadt geriet. 987 erhielt der Ort Zoll-, Bann- und Münzrecht. Mittelpunkt der älteren Stadt war der heutige Alte Markt, in dessen Nähe die vier ergiebigen Solbrunnen lagen. Bis weit in das 18. Jh. hinein blieben die Saline mit ihrer Salzerzeugung und der Salzhandel die wichtigste wirtschaftliche Grundlage der Stadt. Über die geologischen Voraussetzungen der Salzgewinnung, das Produktionsverfahren sowie die Geschichte der Salzwirker (Halloren) unterrichtet das *Saline- und Hallorenmuseum* auf der Saline-Halbinsel, Mansfelder Straße.

Im 11. Jh. nahm die Stadt einen nachhaltigen Aufschwung, so daß um 1120 mit einer großen Stadterweiterung begonnen wurde. Es entstand der heutige große Markt als Zentrum der Altstadt mit dem Rathaus, den Kirchen St. Gertrauden und St. Marien und Verkaufshäusern. An der Stelle der heutigen Ringstraßenzüge wurde eine mächtige Stadtbefestigung aufgeführt. 1280 wurde Halle Mitglied der Hanse. 1680 fiel das Erzbistum und damit auch Halle an das Kurfüstentum Brandenburg. Die Stadt wurde gefördert und erhielt 1694 eine Universität, die zu einem Mittelpunkt der frühbürgerlichen Aufklärung und des Pietismus wurde. Die Stiftungen von August Hermann Francke wurden zu einem zweiten Zentrum des geistigen Lebens im 18. Jh. Im 19. Jh. erfolgte die Industrialisierung, zugleich erstarkte die Arbeiterbewegung. Seit 1952 ist Halle Bezirksstadt.

Ab 1963 entstand **Halle-Neustadt** als Wohnort mit allen Nachfolgeeinrichtungen für die Arbeiter der großen Chemiebetriebe Leuna und Buna. Die moderne kreisfreie Stadt schließt sich westlich unmittelbar an den Stadtkörper von Halle an und hat bereits etwa 93 500 Einwohner.

Sehenswürdigkeiten: Vom Hauptbahnhof her bietet sich dem Besucher mit dem neu gestalteten *Thälmannplatz* mit Hochhäusern, Verwaltungsgebäuden und dem Haus des Lehrers

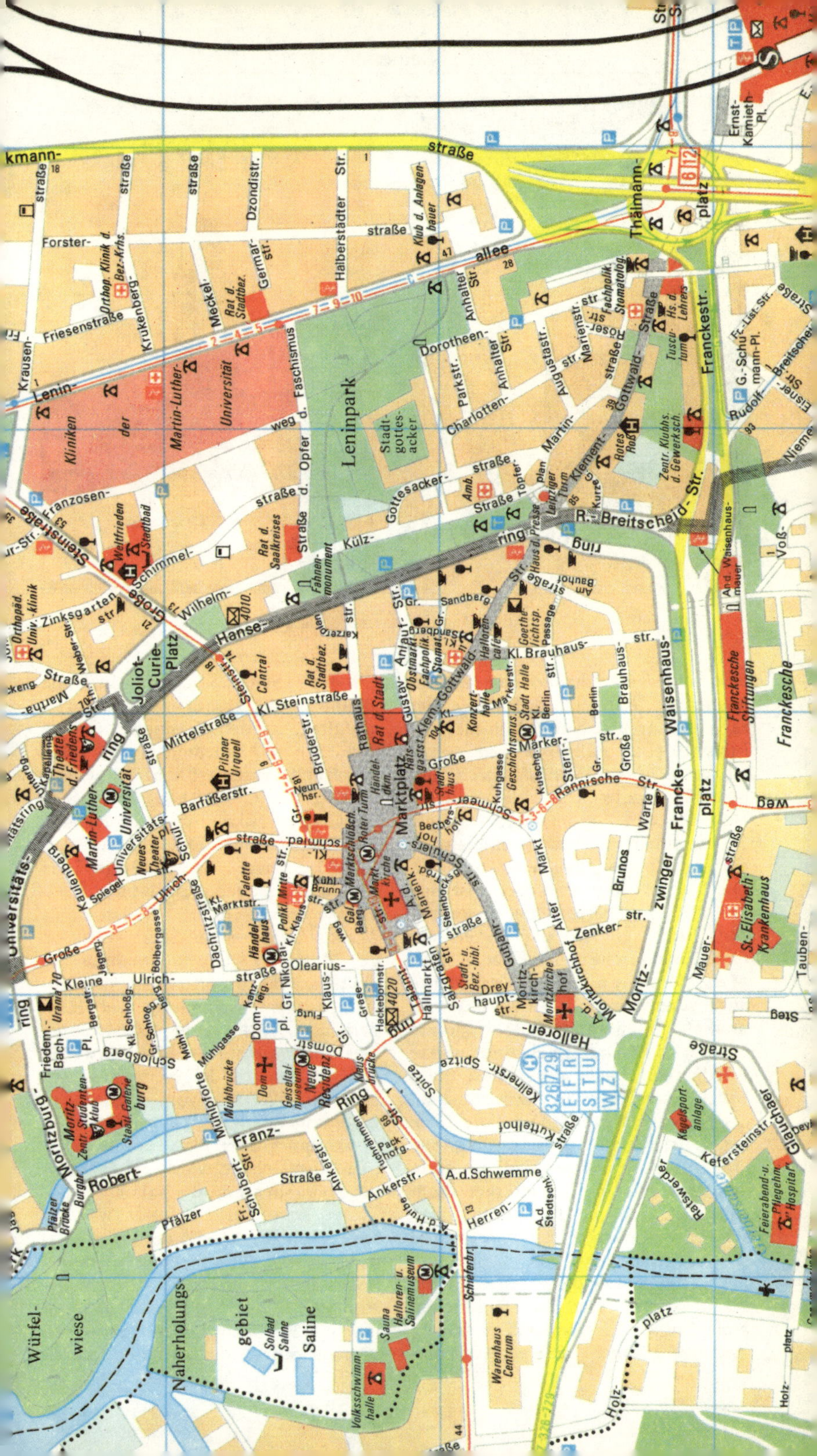

straße
Forster-
Friesenstraße
Krukenberg-
Meckel-
Germar-str.
Dzondistr.
Halberstädter Str.
Lenin-allee
Kliniken der Martin-Luther-Universität
weg d. Opfer d. Faschismus
Leninpark
Stadtgottesacker
Gottesacker-straße
Dorotheen-
Parkstr.
Charlotten-
Anhalter Str.
Auguststr.
Marienstr.
Thälmann-platz
Francke-str.
Gottwald-Straße
Rotes Roß
R.-Breitscheid-Str.
Franzosen-
Steinstraße
Große
Schimmel-
Weltfrieden
Stadtbad
Wilhelm-
Hanse-ring
Kül-z-ring
Fahnenmonument
Joliot-Curie-Platz
Zinksgarten
Orthopäd. Univ.-klinik
Martha-Straße
Theater d. Friedens
Universitäts-ring
Kl. Steinstraße
Mittelstraße
Pilsner Urquell
Barfüßerstr.
Rat d. Stadt
Rathaus
Marktplatz
Roter Turm
Händeldkm.
Marktschlößch.
Marktkirche
Große Ulrich-str.
Kleine Ulrich-straße
Schulstr.
Neues Theater
Martin-Luther Universität
Dachritzstraße
Händelhaus
Olearius-
Gr. Nikolai-
Domplatz
Dom
Neue Residenz
Mühlgasse
Mühlpforte
Moritzburg-Ring
Moritzburg
Staatl. Galerie
Friedemann-Bach-Pl.
Robert-Franz-Ring
Schubert-Str.
Hallmarkt
Moritzkirche
Moritzkirchhof
Hallorenring
Gutjahr-
Zenker-str.
Brunos Warte
Moritz-zwinger
Francke-platz
Waisenhaus-
Franckesche Stiftungen
St.-Elisabeth-Krankenhaus
Mauer-
Glauchaer
Ankerstr.
A.d. Schwemme
Herren-
Kefersteinstr.
Kegelsportanlage
Feierabend- u. Pflegeheim „Hospital"
Ratswerder
Pfälzer Brücke
Würfelwiese
Naherholungsgebiet
Saline
Hallorenu. Salinemuseum
Volksschwimmhalle
Warenhaus Centrum
Holz-platz
Schieferbr.
Kutschgasse
Rannische Str.
Schmeerstr.
Leipziger Turm
Martin-
Waisenhaus-mauer
Voß-
Rudolf-
Ernst-Kamieth-Pl.

Halle: Marktkirche und Roter Turm

eine moderne Stadtsilhouette dar. Ein Monument erinnert an Kämpfe der revolutionären Arbeiter. Von hier aus führt, zu einer Fußgängerzone gestaltet, die *Klement-Gottwald-Straße* mit bemerkenswerten gründerzeitlichen Hausfassaden vorbei am *Leipziger Turm*, einem Rest der mittelalterlichen Stadtbefestigung, auf den *Markt*. Die Marien- oder *Marktkirche* ist eine dreischiffige spätgotische Hallenkirche. Ihre vier Türme gehörten der Gertraudenkirche und einer älteren Marienkirche an, die in einer Achse angeordnet waren. In der Marktkirche predigte wiederholt Luther, lernte Händel das Orgelspiel und wirkte Friedemann Bach, der älteste Sohn von Johann Sebastian Bach, von 1746 bis 1764 als Organist. Der *Rote Turm* neben der Kirche wurde 1418 bis 1506 erbaut und brachte das erstarkte Selbstbewußtsein der Bürger zum Ausdruck. Das im zweiten Weltkrieg schwer beschädigte Bauwerk wurde stilgerecht erneuert, die Umbauung neu gestaltet. Die Rolandfigur ist die Nachbildung einer mittelalterlichen Holzplastik. Das *Denkmal für Georg Friedrich Händel* von Heidel stammt von 1859. Seit 1952 werden in Halle alljährlich die Händel-Festspiele veranstaltet, bei denen Händels Opern, Oratorien und Instrumentalwerke hervorragend inszeniert und aufgeführt werden. Das Geburtshaus Händels in der Großen Nikolaistraße ist *Händel-Memorialmuseum*. Das alte Rathaus und das erste Universitätsgebäude sind den Bomben des zweiten Weltkrieges zum Opfer gefallen. Das *Marktschlößchen* auf der Westseite des Marktes ist ein Patrizierhaus der Spätrenaissance und enthält die Musikinstrumentensammlung des Händelhauses sowie eine Kunstgalerie. Das *Stadthaus* auf der Südseite wurde 1891/93 im Stil der Neorenaissance errichtet. Westlich vom Markt liegt unterhalb der Marktkirche der *Hallmarkt*, ein großer Platz, der auch als „Tal" bezeichnet wurde. Hier lagen die Solquellen und die Saline.

Der *Dom* am Domplatz war ursprünglich die Kirche der Dominikaner, die sich 1271 in Halle niedergelassen hatten. Kardinal Albrecht bestimmte sie zur Stiftskirche des von ihm 1520 ins Leben gerufenen „Neuen Stifts", das zu einer katholi-

Halle: Neubaugebiet Brunos Warte

schen Universität werden sollte. Die dreischiffige frühgotische Hallenkirche mit einem leicht überhöhten Mittelschiff wurde reich ausgestattet und mit einem Dachgiebelkranz versehen, der als frühes Zeugnis der Renaissance in Halle gilt. Die neue Residenz südlich vom Dom ist durch spätere Umbauten als Bau der Frührenaissance völlig entstellt. Hier zeigt das *Geiseltalmuseum* eine weltberühmte Sammlung paläontologischer Funde aus der Braunkohle des Geiseltals, die die Lebewelt des Alttertiärs repräsentieren.

Die *Moritzburg* an der Nordwestecke der Altstadt ließ der Erzbischof Ernst von Magdeburg als „neue Burg zu Halle" von 1484 bis 1503 erbauen, nachdem er 1478 die Stadt unterworfen und besetzt hatte. Sie galt als Symbol verhaßter Fürstenwillkür und städtischer Unfreiheit. Erzbischof Kardinal Albrecht entfaltete hier eine glänzende Hofhaltung. Die Burg ist eine Vierflügelanlage in spätgotischem Stil mit vier mächtigen Rundbastionen an den Ecken. Im Dreißigjährigen Krieg wechselten verschiedene Besatzungen, bis die Burg Anfang 1637 zum Teil ausbrannte. 1641 wurde sie aufgegeben. Die Ruine war frühzeitig Gegenstand denkmalpflegerischer Bemühungen. Die hier untergebrachte *Staatliche Galerie Moritzburg* besaß eine bedeutende Sammlung espressionistischer deutscher Malerei sowie Werke proletarisch-revolutionärer Maler der zwanziger Jahre. Von den Faschisten als „entartete Kunst" bezeichnet, wurden in den dreißiger Jahren viele dieser Kunstwerke vernichtet oder verschleppt, zum Teil auch in das Ausland verkauft. Gegenwärtig sammelt die Einrichtung u. a. zeitgenössisches Schaffen sozialistischer Künstler, vor allem Plastik und Malerei der DDR.

Die Ringstraßen um die Altstadt führen, beginnend am Universitätsring, vorbei am *Hauptgebäude der Martin-Luther-Universität* mit der Aula (1832/34) und am *Robertinum*, dem Museum und Institut der Universität für klassische und orientalische Archäologie mit einzigartigen Sammlungen. Das *Theater des Friedens* am Universitätsring, 1883/86 erbaut, wurde 1945 zerstört, aber bereits 1951 konnte es wieder eröffnet werden. Am anschließenden Hansering steht das Gebäude der *Post* von 1894 in neoromanischem Stil. Das *Fahnenmonument „Flamme der Revolution“* wurde aus Anlaß des 50. Jahrestages der Großen Sozialistischen Oktoberrevolution errichtet. Der *Stadtgottesacker* vom Ende des 16. Jh. ist eine regelmäßige Rechteckanlage mit Arkadenbögen. Das *Gerichtsgebäude* (1901/05) ist ein Bauwerk in neogotischem Stil.

Am Südrand der Altstadt folgt am Waisenhausring der große Gebäudekomplex der *Franckeschen Stiftungen*. Das Hauptgebäude ist ein repräsentativer Barockbau mit einer Freitreppe aus den Jahren 1698 bis 1701. Im großen Innenhof steht ein *Denkmal für Francke*, 1829 von Rauch geschaffen. Am Hallorenring steht schließlich die *St.-Moritz-Kirche*, eine spätgotische Hallenkirche mit berühmten Plastiken.

Außerhalb der Altstadt, Richard-Wagner-Str. 9/10, liegt das *Landesmuseum für Vorgeschichte.* Das Gebäude von 1913/14 weist Elemente des Jugendstils und des Funktionalismus auf und enthält die größte archäologische Sammlung zur Ur- und Frühgeschichte in der DDR. Sitz der Halle-Information ist Kleinschmieden 6.

Ausflugsziele in der Umgebung: Höhepunkt einer Saalewanderung ist ein Besuch der *Oberburg Giebichenstein.* Die Burg wurde 1636 durch einen Brand zerstört, erhalten sind nur die Ringmauer, ein romanischer Eckturm sowie die Fundamente verschiedener Bauten. Die ältesten Teile stammen aus dem 10. Jh., seit 968 war die Burg Residenz der Magdeburger Erzbischöfe. Im 15. Jh. wurde der Wirtschaftshof zur Unterburg ausgebaut. Auch sie wurde im Dreißigjährigen Krieg zerstört, jedoch als Amtssitz wieder instand gesetzt. Nach dem ersten Weltkrieg zog hier eine städtische Kunstgewerbeschule ein, aus der die Hochschule für industrielle Formgestaltung hervorging. Von der Oberburg hat der Besucher einen schönen Blick auf die Saalelandschaft. Die Lage der Stadt Halle an der Saale mit ihrer breiten Aue bot günstige Voraussetzungen für die Anlage eines großen Naherholungsgebietes, zumal sich der Fluß auf seiner gesamten Laufstrecke innerhalb des Stadtgebietes in mehrere Arme gabelt. Während die südlichen der so entstandenen Inseln zum Teil bebaut worden sind, wurden vor allem die *Ziegelwiese* und die *Peißnitz* zu einem *Kultur- und Erholungspark* gestaltet. Das zweite wichtige Erholungsgebiet ist die **Dölauer Heide**, ein 764 ha großes Waldgebiet im Nordwesten der Stadt, das mit allen Nahverkehrsmitteln gut erreichbar ist. (↗ Bl. 10, 11)

Vogtland

Geographische Besonderheiten: Als äußerster Winkel der thüringisch-sächsischen Bucht erstreckt sich im Süden der DDR das Vogtland. Die von Erzgebirge, Fichtelgebirge und Frankenwald eingerahmte Landschaft beiderseits der Weißen Elster umfaßt teilweise die Bezirke Gera und Karl-Marx-Stadt. Von zahlreichen Tälern durchschnitten, steigt sie als unregelmäßig gewellte Hochfläche, im Norden bei Greiz ihren Anfang nehmend, nach Süden zu an. Bei Bad Brambach werden mehr als 600 m Höhe erreicht, im Elstergebirge 800 m überschritten. Die höchsten Erhebungen des Vogtlandes sind der Große Rammelsberg (963 m), der Aschberg (936 m) und der Kapellenberg (759 m). Danach fällt die Berglandschaft des oberen Vogtlandes steil zum Becken von Cheb (ČSSR) ab. Der Übergang zum westlich gelegenen Thüringer Schiefergebirge dagegen erfolgt ganz allmählich.

Geologisch weist die etwa 40 km breite und 50 km lange Region etliche Besonderheiten auf. Aus Schiefern, Konglomeraten, Grauwacken und Kalksteinen aufgebaut, hat sie Anteil an den kristallinen Schiefern des Westerzgebirges, den Graniten und Gneisen des Fichtelgebirges sowie am Schichtgestein des Frankenwaldes.

Auffällig sind die vielen, dem Hochland aufgesetzten Diabaskuppen, die der sonst sanftwelligen Landschaft zusammen mit zahlreichen Wäldern das Gepräge geben. Flüsse und Bäche haben sich meist tief in die Täler eingeschnitten, deren Steilhänge bizarre Bilder vermitteln. Das Klima des Vogtlandes ist in den höheren Lagen recht rauh, häufig streichen Winde über Kuppen und Hügel, die Niederschläge sind verhältnismäßig gering.

Die Pflanzenwelt trägt Übergangscharakter, und in den verschiedenen vogtländischen Teillandschaften ist auch die Fauna unterschiedlich reich vertreten.

Zwischen Greiz und den Auenlandschaften, die als Landschaftsschutzgebiet die Stadt umgeben, gibt es neben dem LSG „Vogtländische Schweiz" und dem LSG „Oberes Vogtland" noch weitere Landschafts- und Naturschutzgebiete, deren Geologie, Pflanzen- und Tierwelt Interessantes bieten.

Geschichte: Bereits vor der Zeitrechnung von germanischen Stämmen besiedelt, erfolgte vom 6. bis zum 9. Jh. die Landnahme durch die Sorben. Seit dem 10. Jh. begann die Landnahme im Zuge der feudalen Ostexpansion im Mittelalter. Das Gebiet gelangte an die Mark Zeitz. Ab dem 12. Jh. hatten die Reichsvögte von Weida die Verwaltung des reichsunmittelbaren Gebietes inne, was der Region auch den Namen gab („terra advocatorum" – „Land der Vögte").

Teilungen, Verkäufe, Verpfändungen und „Erbgaben" bescherten dem Vogtland unterschiedliche Oberherren, bis es größtenteils an Sachsen fiel, dessen „Voigtländischen Kreiß" es ab 1602 bildete. Unter den sächsischen Herrschern begann die wirtschaftliche Entwicklung des Vogtlandes. Als Grenz- und Durchgangsland war es aber gerade in Kriegszeiten Brandschatzungen, Plünderungen und Verwüstungen ausgesetzt. Im Dreißigjährigen Krieg wütete hier der kaiserliche Feldmarschall Holk, der „Schinder des Vogtlandes", mit seinen berüchtigten „Holkschen Reitern".

Die günstige Nord-Süd-Verkehrslage förderte im Mittelalter die Herausbildung der Tuchmacherei und Leineweberei. Der Handel mit diesen vogtländischen Erzeugnissen erlebte eine hohe Blüte, „Plauensche Ware" wurde bald auf den Messen zu Leipzig „unbesehen geordert". Zur Hausweberei gesellte sich die

Holzverarbeitung. Es waren böhmische Exulanten, die – ihres protestantischen Glaubens wegen aus Österreich vertrieben – in Markneukirchen/Klingenthal den sog. „Musikwinkel" begründeten. Der Einsatz des von dem Vogtländer Louis Schönherr gebauten mechanischen Webstuhls begünstigte den weiteren wirtschaftlichen Aufstieg. In Plauen, Greiz, Reichenbach, Auerbach und anderen Orten entstand eine für die Verhältnisse jener Zeit moderne Textilindustrie, deren Erzeugnisse, zusammen mit denen der weiterhin zahlreich vertretenen Hausweberei, den Namen der Landschaft bekannt machten. Die Textilindustrie war eng mit der Herausbildung des Maschinenbaus verbunden, das Verkehrsnetz wurde erweitert. Das Vogtland gehörte zu den Gebieten Deutschlands mit der größten Verkehrsdichte. Kühne Brückenbauten künden noch heute von den bedeutenden Ingenieurleistungen. Talsperren versorgten die sich stürmisch entwickelnde Industrie mit dem für ihre speziellen Zwecke benötigten weichen Wasser. Dennoch waren Teile des Vogtlandes durch Not gekennzeichnet. Die vogtländische Geschichte kennt viele Protestaktionen des Volkes. 1525 marschierten im deutschen Bauernkrieg vor Plauens Mauern mehr als 2 000 aufständische Bauern auf; 1799 gab es den ersten, 1831 den zweiten Weberaufstand. In der Revolution von 1848 standen auch viele Vogtländer in der vordersten Reihe des Kampfes für demokratische Rechte.

Zahlreich waren die revolutionären Aktionen der vogtländischen Arbeiter in den Klassenauseinandersetzungen des 20. Jh. In Plauen, der damals sog. „Stadt der 140 Millionäre", wo 1932 jeder zweite erwerbsfähige Einwohner arbeitslos war, bekannten sich bei den Reichstagswahlen des Jahres 1932 14 000 Wähler zur Kommunistischen Partei Deutschlands. Heute werden in den sechs südwestlichen Kreisen des Bezirkes Karl-Marx-Stadt, die den wesentlichen Teil des Vogtlandes umfassen, diese fortschrittlichen Traditionen bewahrt.

Erholungswesen und Tourismus: Während vor 1945 nur das Aschberggebiet und der sog. „Musikwinkel" um die Orte Klingenthal und Markneukirchen für die Erholungsuchenden, die vornehmlich der besitzenden Klasse angehörten, erschlossen waren, konnten nach 1949 durch den FDGB-Feriendienst und die volkseigenen Betriebe immer mehr Orte und selbst kleine Siedlungen für den Urlaubsaufenthalt der Werktätigen genutzt werden. Das Vogtland bietet ganzjährig erholsame Ferien in landschaftlich reizvollen Gegenden. Die Kapazität der Staatsbäder Bad Elster und Bad Brambach beträgt heute ein Vielfaches an Kurgästen gegenüber der Zeit von vor 1945. In den herrlichen Landschaften um den Aschberg, Mühlleithen und Schöneck entstanden moderne Möglichkeiten ganzjähriger Erholung. An vielen Talsperren sind regionale Sommererholungsgebiete eingerichtet worden, so z. B. an der Talsperre Pöhl, wo zehn Campingplätze mit einer Tageskapazität von 8 730 Personen Urlauber erwarten, und an der Talsperre Pirk, wo ein großer Campingplatz mit einer Tageskapazität von 2 275 Plätzen entstanden ist. In der Nähe großer Industriezentren wurden Naherholungsgebiete ausgebaut. Das Vogtland hat sich zu einer beliebten Ferienlandschaft entwickelt, die auch aus der benachbarten ČSSR immer mehr Touristen und Erholungsuchende empfängt. (↗ Bl. 14/15)

Plauen

Lage und Bedeutung: Die frühere Hauptstadt des sächsischen Vogtlandes und heutige Kreisstadt Plauen (77 500 Einw.) liegt in landschaftlich schöner Umgebung an der Weißen Elster. Seit dem späten Mittelalter war der Ort durch seine Herstellung von Textilien und als wichtiger Handelsplatz in der Vogtlandregion bekannt. Plauener Spitzen und Gardinen errangen weltweite Anerkennung. Aus der 1945 schwer zerbombten Stadt ist wieder ein Industrie- und Kulturzentrum von Rang geworden.

Plauen: Rathaus

Stadtgeschichte: 1122 ist erstmals „vicus plawe" urkundlich als Sitz einer Burg erwähnt, die mit der ebenfalls im 12. Jh. errichteten Johanniskirche den Mittelpunkt des alten Plauen bildete. Mitte des 13. Jh. kam die planmäßig angelegte Neustadt hinzu. Geschickt die Machtinteressen der verschiedenen Oberherren ausnutzend, errang die strebsame Bürgerschaft eine Reihe von Privilegien. Die verkehrsgünstige Lage begünstigte den wirtschaftlichen Aufstieg. Seit dem 15. Jh. dominierte die Textilherstellung, ab 1600 wurden Schleier, Musseline und Kattun produziert. Plauen, seit 1602 „Hauptstadt des Voigtländischen Kreißes", stieg zur führenden Webereistadt Sachsens auf. 1702 arbeitete in der Weberstadt eine der ersten Manufakturen. 1740 begann die Stickerei- und Spitzenherstellung, die Plauens Weltruf begründen half. Mit dem Eisenbahnanschluß 1851 nahm die traditionelle Industrie einen stürmischen Aufschwung. Innerhalb von sechzig Jahren verzehnfachte sich die Einwohnerzahl. Maschinenbaubetriebe entstanden, die die Werke der vogtländischen Weißwaren-, Stickerei- und Spitzenindustrie sowie anderer Branchen versorgten. Rund 140 Millionäre zählte die Stadt – prozentual mehr als anderswo in Sachsen. Früh schon hatte sich die Arbeiterklasse gegen die Unterdrückung der Textilmillionäre zur Wehr gesetzt. Zu machtvollen Aktionen kam es während der Märzkämpfe 1920. Die Weltwirtschaftskrise traf die exportorientierte Wirtschaft Plauens schwer. 1932 waren von 45 000 Einwohnern im erwerbsfähigen Alter allein 23 400 arbeitslos.

Am Ende des zweiten Weltkrieges wurde Plauen zu 75 Prozent zerstört, Fabriken und Werkstätten, dazu 27 000 Wohnungen, lagen in Trümmern.

Sehenswürdigkeiten: Mittelpunkt des ältesten Stadtteils, links der Weißen Elster, ist der *Altmarkt*. Einen architektonischen Glanzpunkt bildet das

Alte Rathaus. Der spätgotische Bau entstand um 1508. Seine herrliche Renaissancefassade (nach 1548) mit der *Kunstuhr* zählt zu den schönsten im Süden der DDR. Geschickt mit dem Alten Rathaus verbunden, wurde 1912/13 das Neue Rathaus (Turm 64 m) erbaut.

Dem 12. Jh. entstammt die *Stadtkirche St. Johannis.* Mehrfach in verschiedenen Jahrhunderten verändert, wurde die dreischiffige Hallenkirche nach Kriegsschäden wiederaufgebaut und umfassend restauriert. Herausragend ist die Vogtskapelle mit dem Sterngewölbe. Zur bemerkenswerten Innenausstattung gehören der spätgotische Flügelaltar (Anfang 16. Jh.), der Taufstein (um 1520) und ein gotisches Kruzifix (14. Jh.). Die 52 m hohen Doppeltürme wurden um 1250 errichtet.

Südlich des Marktes liegt auch das barocke *Malzhaus,* 1727/30 aus den Resten einer mittelalterlichen Burg der Grafen von Everstein entstanden.

Besonders empfehlenswert ist ein Besuch des *Vogtlandmuseums* in den barocken Bürgerhäusern des 18. Jh. in der Nobelstr. 9/13. Vom Reichtum der Fabrik- und Handelsherren zeugt u. a. der große, repräsentative Festsaal von 1786. Die umfangreichen Sammlungen des Museums vermitteln einen vollständigen Überblick über die Geschichte des Vogtlandes bis zur Gegenwart. Zu sehen sind auch schöne Ausstellungsstücke bäuerlicher Volkskunst sowie der Spitzen- und Gardinenproduktion.

Zweitälteste Kirche der Stadt ist die *Lutherkirche,* die von 1693 bis 1722 entstand, ein barocker Zentralbau. Der Vierflügelaltar eines Erfurter Meisters von 1490, bis 1722 in der Leipziger Thomaskirche aufgestellt, zählt zu den bemerkenswerten sakralen Kunstwerken.

Der restaurierte *Nonnenturm* ist ein Zeugnis der ehemaligen Stadtbefestigung.

Die 1903/05 errichtete *Friedensbrücke* war mit 90 m Spannweite und 18 m Höhe in dieser Zeit eine der größten Steinbogenbrücken Europas.

Die einzige mit Oberleitung betriebene *Pioniereisenbahn* führt auf einer Strecke von 1 km durch den Park an der Hainstraße.

Ausflugsziele in der Umgebung: Gern besucht werden die Naherholungsgebiete Bärenstein und Kleinfriesen. Nur 8 km sind es bis zur landschaftlich reizvoll gelegenen *Talsperre Pöhl* (1958/64 errichtet, 62,4 Mill. m^2 Stauraum), der größten Trink- und Brauchwassertalsperre des Vogtlandes. In diesem Landschaftsschutzgebiet befinden sich zehn Campingplätze mit vielen Sport- und Freizeitmöglichkeiten.

Zu einem besonderen Erlebnis wird eine Wanderung von der Talsperre Pöhl aufwärts durch das romantische Naturschutzgebiet des Triebtales mit seinen steilen Felspartien.

Bei Jocketa, am Eingang des Triebtals, erhebt sich die 1846/51 errichtete *Elstertalbrücke* (279 m lang, 68 m hoch; Technisches Denkmal), die zu jener Zeit als die zweithöchste Eisenbahnbrücke der Erde gefeiert wurde.

Im Dorf **Kürbitz** befindet sich die wohl bedeutendste *Dorfkirche* des Vogtlandes, ein Renaissancebau von 1624/26. Der schöne spätgotische Schnitzaltar stammt aus der Zeit um 1500. In **Jößnitz**, einen anerkannten Ferienort, ist in der Dorfkirche ein Altar-Gemälde aus der Cranach-Werkstatt besonders ansehenswert.

Als eine der schönsten Schauhöhlen der DDR gilt die 1928 entdeckte und heute viel besuchte *Tropfsteinhöhle Syrau,* auch Drachenhöhle genannt, u. a. mit den reizvollen Stalaktiten „Tropfsteingardine“ und „Elefantenohr“. Außerhalb des Ortes steht die letzte Windmühle des Vogtlandes.

Die Kreisstadt **Reichenbach**, zusammen mit Mylau und Netzschkau ein Zentrum der Textilindustrie des Ostvogtlandes bildend, ist seit dem 15. Jh. durch seine Tucherzeugung bekannt. In der Geburtsstadt der *Neuberin* erinnert eine *Gedenkstätte* an die in der deutschen Theatergeschichte bedeutende Schauspielerin und Prinzipalin Friederike Caroline Neuber.

Elstertalbrücke

Mit **Netzschkau** untrennbar verknüpft ist die berühmte, denkmalgeschützte *Göltzschtalbrücke*. 1846/51 erbaut, ist sie 78 m hoch, 574 m lang und verfügt über Vier-Etagen-Bögen. Sie galt einst als die größte Eisenbahnbrücke der Welt und ist heute noch eine der größten Ziegelbrücken der Erde.

Falkenstein, seit 1463 mit Stadtrecht belegt, ist eng verbunden mit dem Namen des Revolutionärs Wilhelm Adolph von Trützschlers, der als Reichskommissar von Baden an der Seite der Aufständischen wirkte und 1849 von der preußischen Reaktion erschossen wurde. Im ehemaligen Schloß befand sich 1920 das Hauptquartier der von Max Hoelz im Vogtland aufgestellten „Roten Garden".

Die *Talsperre im Göltzschtal* ist ein beliebtes Erholungsgebiet (LSG „Unteres Göltzschtal").

Auerbach war lange Zeit durch Bergbau und Pechgewinnung bekannt, ehe die Textilerzeugung (Wäschekonfektion) heimisch wurde. Hier wurde 1803 der spätere Adorfer Bürgermeister und Mitglied der Dresdner Revolutionsregierung (1849) Todt geboren.

In **Rodewisch** hat eine der namhaftesten *Schulsternwarten* der DDR ihren Sitz. Sehenswert ist ferner die *Ringwallanlage* in Obergöltzsch mit den Grundmauern eines Hauses aus dem 13. Jh. sowie das Heimatmuseum.

In **Morgenröthe-Rautenkranz** wurde Siegmund Jähn geboren, der erste Fliegerkosmonaut der DDR. Besonders eindrucksvoll und informativ gestaltet ist die *„Ständige Ausstellung Erster gemeinsamer Kosmosflug UdSSR/DDR"*.

Nördlich von Plauen erstreckt sich in landschaftlich reizvoller Lage des unteren Vogtlandes, im Tal der Weißen Elster, waldumsäumt die Park- und Schloßstadt **Greiz.** 1209 urkundlich ersterwähnt, war sie von 1306 bis 1918 Residenz des Fürstentums Reuß (ältere Linie). Tuch- und Zeugweberei bestimmten neben der Färberei das Wirtschaftsleben der Stadt, die heute vor allem durch ihre Textilherstellung ein wichtiger Industriestandort des Bezirkes Gera ist. Wiederholt erhoben sich Handweber gegen die enorme Ausbeutung. Ende des 19. Jh. kam es zu ausgedehnten Streiks, 1920 wehrten revolutionäre Arbeiter erfolgreich den Kapp-Putsch ab („Schlacht bei Zickra").

Dominante des Stadtbildes auf dem steilen Schloßberg ist das *Obere Schloß*, eine Mehrflügelanlage (mittelalterlicher Kern, mehrfach ausgebaut, u. a. Rokokostil). Den ältesten Teil bildet der Schloßturm. Am Ostflügel befinden sich mehrere schöne Ziergiebel in Renaissanceformen. Etliche Säle und Räume weisen noch Barock- und Rokokodekoration auf.

Das *Untere Schloß*, nach dem Stadtbrand von 1802 klassizistisch bis 1809 wiederaufgebaut, beherbergt das *Heimatmuseum* mit seinen sehenswerten Ausstellungen, u. a. zur vogtländischen Volkskunst. Ein besonderer Anziehungspunkt ist der etwa 40 ha große, weiträumige *Leninpark* mit vielen seltenen Bäumen und Sträuchern sowie dem Parksee. Der Landschaftspark nach englischem Vorbild, aus einem barocken Lustgarten hervorgegangen, wurde ab 1873 nach Plänen des Muskauer Parkdirektors Petzold durch Reinecken neu gestaltet. Das klassizistische *Sommerpalais* im Leninpark (prächtiger Festsaal, Repräsentationsräume, Gartensaal, genutzt für Ausstellungen und Konzerte) ist Sitz der *Staatlichen Bücher- und Kupferstichsammlung*. Zum Fundus gehören z. B. 1200 wertvolle englische Schabkunstblätter sowie 12 000 Blätter der Druckgraphik, besonders des 17. bis 20. Jh., ferner alte Landkarten. Das in der DDR einzigartige *Greizer Satiricum* umfaßt eine Sammlung von Karikaturen und satirischen Zeichnungen (u. a. von Hogarth und Daumier) von der Vergangenheit bis zur Gegenwart.

Wie die gesamte innere Stadt nach dem Brand von 1802 wurde auch die *Stadtkirche St. Marien* neuerrichtet. Erwähnenswert ist ihre große Kreutzbach-Orgel.

Im mittleren Vogtland liegt im Tal der Weißen Elster, von Hügeln und Bergen malerisch umgeben, die Kreisstadt **Oelsnitz**. Schon im 13. Jh. erwähnt, bestimmte neben Leinwand- und Tuchweberei lange Zeit der Zinnbergbau das Wirtschaftsgeschehen. Seit dem 19. Jh. entwickelte sich Oelsnitz zur „Teppichstadt". Sehenswert ist das nach 1860 errichtete *Rathaus*, vor allem *Schloß Voigtsberg*, in dem das *Heimatmuseum* über die Geschichte der Region Auskunft gibt.

Wenige Kilometer südwärts erstreckt sich **Adorf**, Stadt seit dem 13. Jh. Seit dem 19. Jh. ist Adorf ebenfalls Standort der vogtländischen Teppichindustrie. Das *Heimatmuseum* im Freiberger Tor mit einem hübschen Fachwerkobergeschoß gibt Auskunft über Geschichte und Entwicklung von Handwerk und Industrie der Stadt. (↗ Bl. 14, 15)

Musikwinkel

Dieser Name wurde im 19. Jh. von dem Zwotaer Heimatdichter Max Schmerler geprägt; treffend bezieht er sich auf die berühmte vogtländische Musikinstrumentenherstellung in der Gegend um Klingenthal und Markneukirchen. Aus dem katholischen Böhmen ihres protestantischen Glaubens wegen vertriebene Musikinstrumentenbauer brachten im letzten Drittel des 17. Jh. ihre Kunst in die Einsamkeit der bis dahin von Köhlern, Rußknechten, Flößern und Hammerknechten besiedelten Täler des südöstlichen Vogtlandes. Gab es Ende des 17. Jh. in Markneukirchen, einem einige Dutzend Hütten zählenden Städtchen, etwa zehn Geigenbauer, so wuchs ihre Zahl in den folgenden zwei Jahrhunderten auf 800. Zusammen mit zahlreichen Hilfskräften, die vorwiegend in Heimarbeit wirkten, entstanden im „Sächsischen Cremona" um 1900 etwa 200 000 Violinen, darunter hervorragende Imitationen von Meistergeigen. Ähnlich verlief die Entwicklung in der heutigen Kreisstadt Klingenthal, die lange Zeit eine Ansiedlung von Geigenbauern war. Im 19. Jh. kamen neue Musikinstrumente hinzu, als der Holzblasin-

Markneukirchen: Paulusschlössl

strumentenmacher und -händler Johann Wilhelm Glier von einer Reise die „Mundäoline" mitbrachte, aus der die Mundharmonika entwickelt wurde. Mit der Mund- und Ziehharmonikaproduktion sowie der Herstellung von Akkordeons errang Klingenthal schnell Weltruf. Heute werden die Qualitätserzeugnisse aus dem Musikwinkel in alle Welt geliefert.

Ein Anziehungspunkt für Touristen aus dem In- und Ausland ist in **Markneukirchen** das *Musikinstrumentenmuseum* im Barockbau des „Paulusschlössls". Es verfügt über eine einmalige Sammlung von Musikinstrumenten aus allen Erdteilen und vieler Kulturepochen (etwa 1500 Stück) und veranschaulicht die Geschichte der Musikinstrumentenherstellung, nicht nur dieser Gegend.

Das wertvollste Baudenkmal Klingenthals ist die Kirche „Zum Friedensfürsten". Der 1737 auf achteckigem Grundriß errichtete barocke Zentralbau ist nach der 1945 erfolgten Zerstörung der berühmten Dresdner Frauenkirche das letzte sakrale Zentralbauwerk Sachsens.

Als eines der Wintersportzentren der DDR und beliebtes Erholungsgebiet zu jeder Jahreszeit empfängt der Kreis Klingenthal allein an den Wochenenden durchschnittlich etwa 10 000 Tagestouristen. Gut zu erreichen ist der *Aschberg* (936 m), eine der markanten Erhebungen, im Winter gern besucht von Freunden des alpinen Skisports. Die *Große Aschbergschanze*, Austragungsort nationaler und internationaler Skisprungwettbewerbe, ist ein besonderer Anziehungspunkt. Das *Aschberggebiet* bildet mit **Mühlleithen** eines der großen Erholungsgebiete im Bezirk Karl-Marx-Stadt, das im Winter dank seiner Schneesicherheit vielseitigen Skisport ermöglicht und immer zu herrlichen Wanderungen einlädt. Von Mühlleithen aus führt ein gut markierter Wanderweg zum *Schneckenstein*, dem einzigen Topasfelsen Europas (Naturdenkmal).

Ein weiteres Erholungsgebiet, das sich sommers wie winters zunehmender Beliebtheit erfreut, erstreckt sich um **Schöneck**, der höchstgelegenen Stadt des Vogtlandes. Im vorigen Jahrhundert war Schöneck als „Stadt der Zigarrenmacher" bekannt, denn von 5000 Einwohnern waren 1000 in diesem Gewerbe tätig. Das moderne FDGB-Erholungsheim „Karl Marx" ist ein gelungenes Beispiel für anspruchsvolle Urlauberbetreuung in landschaftlich reizvoller Gegend.

Lohnenswert ist auch ein Ausflug nach **Muldenberg**, einem kleinen Ferienort in hügelreicher Umgebung mit Talsperre (5,8 Mill. m^2). (↗ Bl. 15)

Bad Elster: Kurhaus

Bäderwinkel

In der abwechslungsreichen Mittelgebirgslandschaft des südwestlichen oberen Vogtlandes unweit der Staatsgrenze zur ČSSR liegen zwei der bekanntesten Kurorte der DDR: die Staatsbäder Bad Elster und Bad Brambach.

Bad Elster erstreckt sich im breiten Tal der Weißen Elster, die im nahen Elstergebirge entspringt. Das vorherrschende Mittelgebirgsklima wird durch den Schutz der umliegenden, meist bewaldeten Berge gemildert.

Vorrangig werden hier Erkrankungen des Herz-Kreislauf-Systems, des Bewegungsapparates sowie chronische Frauenkrankheiten behandelt. Als natürliche Heilmittel dienen drei Trinkquellen sowie mehrere Mineral- und kohlensäurehaltige Badequellen. Darüber hinaus stehen Moorbäder zur Verfügung.

Urkundlich bereits im 14. Jh. erwähnt, blieb der Ort Jahrhunderte hindurch eine bedeutungslose Ansiedlung armer Häusler, ehe im 19. Jh. der Wert der vorgefundenen Heilwasser erkannt wurde. 1848 wurde die erste Badesaison eröffnet. Von Jahr zu Jahr kamen mehr Gäste in das nunmehrige königlich-sächsische Modebad, vor allem adlige Beamte, Offiziere und Industrielle. Nach 1945 wurden die Bäder systematisch ausgebaut, so daß heute etwa 28 000 werktätige Kurgäste bei einem kostenlosen Kuraufenthalt Heilung und Genesung finden. Die Sehenswürdigkeiten der Kurstadt konzentrieren sich vorrangig um den traditionellen Kurbereich mit dem *Badeplatz*, dem *Brunnentempel* der *Marienquelle* und dem alten *Badehaus* von 1850/51. Die Kurbauten stammen von 1908/10 und 1926/27. Mittelpunkt der Wandelhalle ist die *Moritzquelle*, die älteste Quelle des Staatsbades. Zur Zeit der Rhododendron- und Rosenblüte sind die gepflegten *Kuranlagen* ein Anziehungspunkt nicht nur für die Kurgäste.

Von Bad Elster führen gutmarkierte Wanderwege aller Schwierigkeitsgrade in die nähere und fernere Umgebung, darunter auch in das kleine Dorf **Landwüst.** Es ist bekannt durch das aufschlußreiche *Vogtländische Bauernmuseum* mit seiner reichen Sammlung bäuerlichen Haus- und Hofrats. Vom nahen *Wirtsberg* (683 m) reicht der Blick weit ins Land.

Raun ist vor allem wegen seines einmaligen *Dorfensembles* (Denkmalschutz) sehenswert. Erhalten ist hier eine große Anzahl von Blockhäusern mit stattlichen Fachwerkgiebeln im schönen Egerländer Stil. Die *Kirchkapelle* zählt wohl zu den ältesten der Region.

Unmittelbar an der Staatsgrenze zur ČSSR erstreckt sich in der äußersten Südwestecke des Vogtlandes **Bad Brambach.** Die geschützte Lage im romantischen Tal des Röthenbaches, verleiht dem einzigen Radonbad der DDR seinen besonderen Reiz. Unter den stark radonhaltigen Mineralquellen und Eisensäuerlingen ist die zu Trinkkuren genutzte Wettinquelle besonders bemerkenswert, sie ist die mit Abstand stärkste Radonquelle der Welt. Das Staatsbad Bad Brambach wird jährlich von etwa 8000 Kurpatienten aufgesucht, die an Rheuma-, Gelenk- und Kreislauferkrankungen leiden.

Der Wert der hier zutage getretenen Heilwasser war schon lange bekannt, ehe dann 1910 der Wert der Radonquelle nachgewiesen wurde. Am 1. Mai 1912 begann der Kurbetrieb. Einen umfassenden Überblick über die Geschichte des Ortes, seines Bades und die Persönlichkeit Fritz Rödigers, eines aufrechten Demokraten der Revolution von 1848, gibt die *Heimatstube* von Bad Brambach.

Abwechslungsreich sind Wanderungen in die reizvolle Umgebung des Ortes mit ihren Naturschönheiten sowie nach **Bärendorf**, das sich durch seine volkskünstlerischen Aktivitäten („Bärendorfer Musikanten") einen Namen gemacht hat, und zum nahen **Kapellenberg**, der mit 759 m höchsten Erhebung dieser Gegend. Unweit des Grenzüberganges zur ČSSR liegt **Schönberg**, das südlichste Dorf der DDR. (↗ Bl. 15)

Westliches Erzgebirge

Geographische Besonderheiten: Das eine Fläche von etwa 4000 km^2 umfassende Erzgebirge erstreckt sich als markanter Teil der Mitteleuropäischen Mittelgebirgsschwelle im Süden der DDR. Es reicht vom Elster- bis zum Elbsandsteingebirge und weiter in die ČSSR (Krusné hory). Das als Pultscholle charakterisierte Gebirge ist seiner Oberflächengestalt nach eine Hochfläche mit aufgesetzten Bergkuppen und tiefeingeschnittenen Tälern, deren steile Wände und zahlreiche Windungen zu jeder Jahreszeit einen eigenartigen Reiz ausüben.

Das Erzgebirge ist etwa 130 km lang und etwa 35 km breit. Begrenzt wird es im Süden (in der ČSSR) vom Ohřetal und der Teplasenke; es fällt hier zum Teil treppenartig ab und läßt Partien von großer landschaftlicher Schönheit entstehen. Die Staatsgrenze zur ČSSR verläuft auf dem Kamm. Im Norden grenzt das Gebirge, allmählich abflachend, an das Erzgebirgische Becken als einen Teil des Erzgebirgsvorlandes. Dieses dichtbesiedelte und industriell hochentwickelte Becken nimmt etwa den Raum zwischen Flöha/Karl-Marx-Stadt und Zwickau ein. Das Flöhatal teilt das Gebirge in West- und Osterzgebirge.

Aufgebaut ist es aus kristallinen, hochmetamorphen und magmatischen Gesteinen (Gneise, Glimmerschiefer, Granit), wobei im Westerzgebirge Glimmerschiefer und Phyllit überwiegen. Die Erhebungen bestehen größtenteils aus Granit, Basalt und Porphyr. Höchste Erhebungen des sächsischen Erzgebirges sind der Fichtelberg (1214 m) und der Auersberg (1018 m), des gesamten Erzgebirges der Klinovec (Keilberg, ČSSR, 1244 m).

Das Klima des Gebirges ist rauh und niederschlagsreich. Die meiste Zeit des Jahres liegen die oberen Regionen unter einer dichten Schneedecke, wodurch die Vegetationszeit erheblich zusammengedrängt wird. Einstmals urwaldähnlich stark bewaldet, hat die intensive Besiedlung bis in die Höhenlagen hinein die ausgedehnten Mischwaldflächen seit dem Mittelalter systematisch reduziert – im Osten stärker als im Westen. Die vom 18./19. Jh. an üblich gewordene Monokultur der Fichte, die die widerstandsfähigen Mischwälder ablöste und zur „Verfichtung“ führte, hat das äußere Bild der Gebirgslandschaft geprägt. Die Auswirkungen unserer hochindustrialisierten Zeit (Luftverschmutzung) sind an den Bäumen des Erzgebirges nicht zu übersehen.

Geschichte: Ursprünglich als undurchdringlicher Urwald („Miriquidi“) gefürchtet, wurde der Erzreichtum des Gebirges Anlaß der zunehmenden Besiedlung. Als 1168 in der Freiberger Flur Silber entdeckt wurde, lockte das daraufhin angestimmte „Bergkgeschrey“ schnell Bergleute an. Sie kamen vorwiegend aus dem Harz und erhofften sich nicht nur einen Anteil an dem zu erwartenden „Bergsegen“, sondern zugleich mehr Rechte und Freiheiten, die sie in ihrer strikt feudal bestimmten Heimat nicht fanden. Bald griff der Bergbau von Freiberg, der „Mutter der Bergstädte“, auf andere Teile der Landschaft über. Er folgte damit den silberführenden Gängen, die sich in südwestlicher Richtung schräg durch das Gebirge hinzogen und praktisch von Meißen/Freiberg über Marienberg/Annaberg bis nach Joachimsthal (Jáchymov, ČSSR) führten. Den Silberbergbau begleitete der Bergbau auf Zinn (Geyer, Ehrenfriedersdorf, Altenberg), Nickel und Kobalt (Schneeberg, Annaberg) sowie Kupfer- und Eisenerze. Im 15. Jh. hatte der Silberbergbau seine Blütezeit erreicht. Eine Bergstadt nach der anderen entstand. Wenige nur waren „Wilde Wurzel“-Gründungen, viele wurden statt dessen planmäßig angelegt und mit wachsendem Reichtum ausgebaut. Prächtige Sakral- und Bürgerbauten sind entstanden, weithin vom

Wohlstand des sächsischen Bergbaus kündend. Zusammen mit den wettinischen Oberherren (die hier in seltener Einmütigkeit auftraten) erzielten auch ausländische Kapitalanleger riesige Gewinne. Silber aus Sachsen wurde in ganz Deutschland gern gekauft, ebenso fanden andere sächsische Erze veredelt ihre Interessenten.

Die Besiedlung war indessen in immer größere Höhen vorgedrungen. Langgestreckte Waldhufendörfer hatten sich in vielen der ausgedehnten Täler gebildet. An Bächen und Flüssen arbeiteten Poch-, Hammer- und Eisenwerke. Die zunehmend spezialisierte Metallverarbeitung verlangte immer größere Holzmengen, die dichten Wälder lichteten sich. In der Nähe der neuen Städte hatten sich viele Bauern angesiedelt, die die Stadtbewohner versorgten. Alte und neue Handelswege waren belebt wie nie zuvor. Sächsische Waren wurden in viele Länder exportiert.

In den wohlhabenden Bergstädten des Erzgebirges, das seit dem 16. Jh. diesen Namen trug, residierte ein geschäftstüchtiges Patriziat. Es zog berühmte Künstler und namhafte Gelehrte an. Agricola, universeller Naturforscher und Begründer der Montanwissenschaften, und Adam Ries, der „Rechenmeister des deutschen Volkes" und zugleich Finanz- und Wirtschaftsberater der Bergstädte, wirkten hier. Thomas Müntzer, der spätere Revolutionär und Volksreformator, predigte den Tuchknappen. Großartige Bildschnitzer und Bildhauer, Maler und Tonkünstler, humanistische Aufklärer und Städteplaner – sie fanden in dieser Region ihre Tätigkeitsbereiche.

Als der Bergbau in der zweiten Hälfte des 16. Jh. stagnierte bzw. zurückging, waren bald andere Erwerbszweige im Kommen, die der Ende des 16. Jh. einsetzenden sozialen Not allerdings nicht zu begegnen vermochten. Die durch den Bergbau besonders im Westerzgebirge konzentrierte Bevölkerung suchte Arbeit im Textilgewerbe (Klöppeln, Wirken, Sticken), im Holzgewerbe (Schnitzen, Spielwaren, Möbel), im Papier- und Glasgewerbe, im Musikinstrumentengewerbe und schließlich in der Metallverarbeitung (Eisenwaren, Emaille, Uhren).

Der Dreißigjährige Krieg hatte die erzgebirgische Wirtschaft weit zurückgeworfen. Erst Ende des 18. Jh. verzeichnete das Westerzgebirge wieder einen Aufschwung. Die ersten Manufakturen kamen auf. Die aufblühende Textilindustrie verlangte nach neuen Herstellungsverfahren, der später so bedeutende sächsische Maschinenbau entstand. Nun setzte auch ein neuer Bergbauschub ein (Erze, Kohle). Gebirge und Vorland wandelten ihr Profil. Viele Persönlichkeiten ließen diesen Teil Sachsens weithin bekannt werden; u. a. Robert Schumann und die Brüder Silbermann.

Heute ist die Region des Westerzgebirges mit ihrem gewichtigen Vorland (im wesentlichen der Bezirk Karl-Marx-Stadt) ein pulsierendes Zentrum der Volkswirtschaft. Solche traditionellen Industrien wie der bekannte Maschinen- und Fahrzeugbau (Anteil an der gesamten DDR-Produktion 16 Prozent), die Textilindustrie (Anteil an der gesamten DDR-Produktion 55 Prozent), die Leichtindustrie (Anteil an der gesamten DDR-Produktion 18 Prozent ohne Textilindustrie) und die Elektrotechnik/Elektronik (Anteil an der gesamten DDR-Produktion 12 Prozent) bestimmen heute ebenso das Bild der großen und kleinen Städte wie neue Wohnstädte und -gebiete, Kultureinrichtungen und Erholungsmöglichkeiten.

Erholungswesen und Tourismus: Obwohl das Westerzgebirge mit dem Erzgebirgischen Becken als industrielles Ballungsgebiet bezeichnet werden muß, wo selbst in kleinen Orten Betriebe angesiedelt sind, besitzt diese Landschaft dank ihres reizvollen Gebirgs- und Vorgebirgscharakters einen außerordentlich hohen Stellenwert für Urlaub und Tourismus. Schon Ende des 19. Jh. wurde das Gebiet mit seinen weiten, oft bewaldeten Hochflächen und tiefeingeschnittenen

Tälern für den Fremdenverkehr entdeckt und in unserem Jahrhundert systematisch vor allem für den Wintersport erschlossen. Bezeichnend für diese Entwicklung ist Oberwiesenthal.

Mit der Gründung der DDR und dem Ausbau des Ferien- und Erholungswesens setzte ein gänzlich neuer Abschnitt der Erschließung des Erzgebirges als Urlaubsgebiet ein. Das betraf vorerst die vorhandenen Wintersportmöglichkeiten. Neben der Erweiterung der bekannten Wintersportzentren profilierten sich immer mehr kleine Orte zu anerkannten Erholungszentren; die für den ganzjährigen Urlauberverkehr eingerichtet sind. Daneben entstanden am Gebirgsfuß zahlreiche Naherholungsgebiete. Gut erschlossene Wanderwege ziehen sich durch Landschafts- und Naturschutzgebiete. Weiterhin laden Naturbühnen, Talsperren und Freibäder, allein über 40 große Museen und etwa 120 Erinnerungsstätten der revolutionären Arbeiterbewegung, Heimatmuseen und -stuben, technische Museen, architektonische sowie technische Denkmale zu Besuchen ein. Zahlreiche Volkskunstgruppen geben durch ihre Auftritte erzgebirgische Bräuche an die Besucher weiter. Im Winter, wenn das Erzgebirge zum „Weihnachtsland“ mit schönen alten Lichterstädten wird, zieht es viele Urlauber, besonders auch aus den Großstädten, hierher. Dann sind auch erzgebirgische Spielwaren, Nußknacker, Räuchermännchen und Weihnachtspyramiden im In- und Ausland begehrt.

Ein gut entwickeltes Straßen- und Schienennetz ermöglicht es, alle Erholungszentren und Wintersportorte zu erreichen. Ausleihstationen für Sportgeräte aller Art sind vorhanden. (↗ Bl. 15, 16)

Karl-Marx-Stadt

Lage und Bedeutung: Im mittleren Teil des Erzgebirgischen Beckens, vor der Nordabdachung des Erzgebirges, erstreckt sich in einem weiten Talkessel, am Ufer der Chemnitz, die traditionsreiche sächsische Bezirksstadt Karl-Marx-Stadt (313 800 Einw.). Der einstige königliche Fernhandelsplatz des frühen Mittelalters Chemnitz, zu Reichtum und Macht gelangt als „Landesbleiche“ und kurfürstlich-sächsisches Wirtschaftszentrum, stieg im 19. Jh. schnell zum „sächsischen Manchester“ auf.

1952 Bezirksstadt des gleichnamigen Bezirkes geworden, 1953 in Würdigung seiner Rolle in der deutschen Arbeiterbewegung in Karl-Marx-Stadt umbenannt, ist die noch 1945 durch Luftangriffe schwer zerstörte Stadt großzügig wieder aufgebaut worden. Die viertgrößte Stadt der DDR ist mit ihren Großbetrieben und der 1953 gegründeten Technischen Hochschule für Maschinenbau, seit 1986 Technische Universität, heute ein international bekannter Standort von Industrie und Wissenschaft.

Stadtgeschichte: 1136/37 stiftete Kaiser Lothar in der bevölkerungsleeren Waldregion des erzgebirgischen Urwaldes das Benediktinerkloster Chemnitz, dem der Fluß Kamenice (Steinfluß) seinen Namen gab. Es bildete einen Stützpunkt für die weitreichende kaiserliche Territorialpolitik dieser Zeit.

Kaiser Konrad bedachte das bald für den weiteren Landesausbau bedeutsame Kloster mit Marktrechten. Kaiser Friedrich I., genannt Barbarossa, war es wohl, der in Weiterführung der strategisch-expansiven Pläne die reichsunmittelbare Stadt Chemnitz schuf. 1216 erstgenannt, wurde sie bereits als Mittelpunkt einer „provincia“ bezeichnet. Nach wechselvollem Geschick gelangte das „Reichsstadt“ genannte Chemnitz in den Besitz der Wettiner. In der Nähe von Handelswegen gelegen, entwickelten sich mit der Zeit mehrere am Fernhandel orientierte Gewerbe. 1357 wurde das Recht erteilt, eine Bleiche einzurichten. Fortan mußte alle Rohleinwand des Gebietes nach Chemnitz, der „Landesbleiche“, gebracht werden. Die Stadt wurde Mittelpunkt der Leinwandproduktion in Westsachsen und zugleich ihr Handelszentrum. Im 16. Jh. war Chemnitz der größte Hersteller von Textilien im damaligen Kurfürstentum.

Namhafte Persönlichkeiten wirkten in dem aufstrebenden Gemeinwesen. 1486/87 führte der pädagogische Reformer Paulus Niavis humanistisches Gedankengut in das Schulwesen ein. 1531 kam der Gelehrte Georgius Agricola als Stadtmedicus hierher, bis zu seinem Tod Bürgermeister der Stadt. Der Dreißigjährige Krieg machte die wirtschaftliche Blüte zunichte.

Die traditionsreiche Textilindustrie bewirkte im 18. Jh. erneut einen wirtschaftlichen Aufschwung. Kattundruck und Strumpfwirkerei wurden eingeführt, Spinnereien errichtet. Zu Beginn des 19. Jh. war Chemnitz unumstritten die erste Industriestadt Sachsens. Die neuen Industrien bedurften moderner Maschinen. 1822/26 schlug die Geburtsstunde des Chemnitzer Maschinenbaus. 1871 war Chemnitz schon eines der bedeutendsten deutschen Maschinenbau- und Textilzentren, zwölf Jahre später eine Großstadt, die ihre Einwohnerzahl bis 1900 auf 200 000 verdoppelt hatte. Sog. Mietskasernen entstanden, vom Rauch Tausender Fabrikschornsteine überzogen. Die Stadt erhielt den Beinamen „Ruß-Chemnitz".

Die Industriemetropole an der Chemnitz war längst ein Mittelpunkt lebhafter politischer Bewegungen geworden. In der Revolution von 1848 forderten große Arbeiterversammlungen demokratische Rechte für das Volk. In Chemnitz forderte 1866 Wilhelm Liebknecht, von den Chemnitzer Arbeitern herzlich aufgenommen, sich der „I. Internationale des Proletariats" anzuschließen. 1871 schuf sich die Sozialdemokratische Arbeiterpartei hier ein eigenes Kampforgan, die „Freie Presse". 1912 hatte die Partei in Chemnitz bereits zwei Drittel der Wählerstimmen auf sich vereint. Im „roten Chemnitz" kam es 1914 zu gewaltigen Antikriegsdemonstrationen. 1916/18 existierte in der Stadt eine der stärksten Spartakusgruppen in Deutschland. Fritz Heckert gründete am 6. Januar 1919 in Chemnitz eine der ersten Ortsgruppen der KPD in Deutschland. Die KPD-Bezirksorganisation Erzgebirge/Vogtland avancierte dank einer klugen Politik zu einer der mitgliedstärksten im Deutschen Reich, im Stadtparlament Chemnitz konnte die Bildung gemeinnütziger Wohnungsbaugenossenschaften durchgesetzt werden. Mehrere große Arbeitersiedlungen entstanden. Von Chemnitz aus organisierte der Arbeiterführer Ernst Schneller 1923 den Aufbau proletarischer Hundertschaften in Sachsen, um der Gefahr des Faschismus zu begegnen. Als es im Oktober 1923 zu Massendemonstrationen kam, rückte die Reichswehr ein und verhaftete 1200 Personen. Auch in der antifaschistischen Einheitsfront und im illegalen Kampf gegen den deutschen Faschismus standen revolutionäre Arbeiter in vorderster Front. Die Antifaschisten Ernst Enge und Rudolf Harlaß knüpften geschickt Verbindungen zu anderen Widerstandsgruppen, bis sie 1944 verhaftet und ermordet wurden.

Wenige Wochen vor Kriegsende griffen starke anglo-amerikanische Bomberverbände Industrie- und Wohngebiete von Chemnitz an. Das Stadtzentrum wurde zu über 80 Prozent zerstört. Mehr als 4000 Menschen fanden den Tod.

Am 6. Januar 1946 forderte die Belegschaft des RAW Chemnitz als erste in der sowjetischen Zone die Vereinigung der beiden Arbeiterparteien als wichtige Voraussetzung für eine demokratische Gesellschaft. 86,8 Prozent aller Chemnitzer stimmten am 30. Juni 1946 für die entschädigungslose Enteignung aller Kriegsverbrecher und Naziaktivisten. Damit stand die Arbeitermetropole an der Spitze aller fünf großen Städte Sachsens.

Am 10. Mai 1953 wurde Chemnitz der Ehrenname Karl-Marx-Stadt verliehen.

Sehenswürdigkeiten: Seit 1967 wurde der 1945 schwer zerstörte Stadtkern nach modernen städtebaulichen Kon-

Karl-Marx-Stadt: Stadthalle und Hotel „Kongreß"

zeptionen neuerbaut. Neben hochaufragenden Gesellschaftsbauten entstanden auch ausgedehnte Wohnviertel, darunter das Neubaugebiet „Fritz Heckert" für etwa 100 000 Menschen.

Der *Karl-Marx-Platz* im Stadtzentrum wird beherrscht von der Stadthalle, dem 24stöckigen Interhotel „Kongreß" (Bettenhaus 93 m hoch) und dem *Karl-Marx-Monument* des sowjetischen Bildhauers Kerbel (1971 eingeweiht). Die eindrucksvolle *Karl-Marx-Gedenkstätte* vermittelt durch ihre Ausstellungen von Dokumenten und Geschichtszeugnissen Einblick in Leben und Werk von Karl Marx und Friedrich Engels. Sie informiert ferner über die Rolle des Marxismus-Leninismus für die Weltgeschichte. Für einen Besuch zu empfehlen ist die in der Nähe gelegene *Fritz-Heckert-Gedenkstätte* (Mühlenstraße) in dem hierher umgesetzten Geburtshaus des Arbeiterführers.

Der *Rote Turm*, ein Rest der einstigen Stadtbefestigung, war 1945 kriegszerstört, 1957/59 wurde er wieder aufgebaut. Am *Markt* erhebt sich das *Alte Rathaus* von 1496/98 mit der Ratsstube (spätgotisches Gewölbe). 1945 zerstört, stammt seine heutige Gestalt von 1950. Hier war einst die Wirkungsstätte des Gelehrten und Chemnitzer Bürgermeisters Georgius Agricola. Am Turm des Alten Rathauses ist das *Judith-Lucretia-Portal* von 1559 sehenswert. Neuaufgebaut wurde auch der *Hohe Turm*. Das *Neue Rathaus* (Neorenaissance) ist von 1907/11, das Innere ist im Jugendstil gehalten. Am Markt 20 steht das *Siegertsche Haus*, 1953/54 in seiner ursprünglichen Barockgestalt von 1741 wiedererrichtet. Das Eckhaus Klosterstr. 1 erinnert an den ehemaligen Bürgermeister Agricola, dessen Wohnhaus hier einst stand (Gedenktafel; Büste). Der *Rosenhof* war im Mittelalter Holz- und Roßmarkt, heute präsentiert er sich als gern besuchter Fußgängerbereich mit Läden, Gaststätten, Springbrunnen.

Erwähnenswert am *Centrum-Warenhaus* ist die denkmalgeschützte Fassade (Mendelsohn, 1929/30).

Am *Theaterplatz*, dem einstigen Königsplatz und mittelalterlichen Markt, ziehen mehrere interessante Bauwerke den Blick auf sich, darunter das *Städtische Opernhaus* (1945 kriegszerstört, modern gestaltet neuerrichtet), die neogotische *Petrikirche* von 1888 und die *Städtischen Museen*. Die *Städtischen Kunstsammlungen* mit dem Graphikkabinett umfassen eine beachtliche Sammlung zur deutschen Kunst des 19./20. Jh. und zur Kunst der DDR. Darunter befinden sich auch Werke des in Chemnitz-Rottluff geborenen Künstlers Karl Schmidt-Rottluff, des Hauptmeisters des deutschen Expressionismus, die die Vernichtungsaktionen der Faschisten überdauert haben. Das Geburtshaus des Künstlers befindet sich in der ehemaligen *Rottluffer Mühle*. Einen einmaligen Überblick über die technische und künstlerische Entwicklung der Möbel-, Druck- und Dekorationsstoffe der letzten 100 Jahre gibt die *Städtische Textil- und Kunstgewerbesammlung*. Im Haus besuchenswert auch das *Museum für Naturkunde*. Am Ostgiebel des Gebäudes steht der berühmte *„Versteinerte Wald“*, 250 Mill. Jahre alte, verkieselte Baumstämme, einmalig in Europa.

Der 6 ha große, heutige *Park der Opfer des Faschismus*, mit *Plastikgruppe Marx/Engels* von Howard und dem *Mahnmal für die Opfer des Faschismus* von Dietrich. Den Park säumen mehrere repräsentative Gebäude, darunter das *Schauspielhaus*. Interessant auch die *Gedenkstätte „Der Kämpfer“* in der Immermannstraße, wo in einer Ausstellung die Geschichte der Arbeiterbewegung in der Stadt und im Bezirk veranschaulicht wird.

Auf dem *Schloßberg* stand einst das aus dem ehemaligen Benediktinerkloster St. Maria hervorgegangene kurfürstliche Schloß, das nach dem Dreißigjährigen Krieg verfiel. Erhalten geblieben ist nur der frühgotische Ostflügel sowie der Renaissanceflügel, in dem nach dem umfangreichen Rekonstruktionsarbeiten wieder das *Schloßbergmuseum* untergebracht werden soll. In der denkmalgeschützten *Schloßkirche* ragen mehrere wertvolle Arbeiten des bedeutendsten obersächsischen Meisters der Spätgotik, Hans Witten, hervor, darunter die 3,60 m hohe Geißelsäule von 1515.

Nahe dem Schloßberg liegt der *Küchwaldpark* (im Mittelalter Garten der Klosterküche), ein beliebtes Freizeitparadies mit Kosmonautenzentrum, Pioniereisenbahn, Freilichtbühne, Sport- und Spielplätzen. Weltbekannt wurde der Name durch den Eissportkomplex, Trainings- und Wettkampfstätte des Sportclubs Karl-Marx-Stadt, aus dem viele Olympiasieger sowie Welt- und Europameister hervorgingen.

Viele Erholungsmöglichkeiten bieten der *Zeisigwald*, der Stadtpark und -teich, sowie der *Tierpark* im Naherholungsgebiet *Pelzmühle* (auch Reit- und Fahrtouristik).

Ausflugsziele in der Umgebung: Lohnenswert ist ein Besuch **Rabensteins** mit den unterirdischen Felsendomen in einem 1907 stillgelegten Kalksteinbergwerk, heute *Schaubergwerk* (die beiden oberen Solen sind begehbar; Brennmeisterhaus, Kalkofen). Von der *Oberburg* (im Kern 12. Jh., mehrfach erneuert) sind Reste des Bergfrieds und des Palas erhalten. Im *Burgmuseum* werden Grabungsergebnisse, barocke Plastiken, historische Waffen und bäuerliches Gerät gezeigt.

Im Ortsteil **Ebersdorf** interessant in der *Stiftskirche „Unser Lieben Frauen"* (um 1400; Wallfahrtskirche) die ungewöhnlich reiche Ausstattung aus dem 15./16. Jh., u. a. schöne Arbeiten von Hans Witten.

Die landschaftlich reizvoll im mittelsächsischen Hügelland, nördlich von Karl-Marx-Stadt gelegene *Talsperre Kriebstein* ist ein vielbesuchtes Ausflugsziel. Besonders beliebt eine Motorschiffahrt über den 9 km langen See nach **Lauenhain** und zurück.

Im nahen **Grüna** wirkte 1871/82 als Oberförster der Konstrukteur des ersten lenkbaren Luftschiffes, Georg Baumgarten, an dessen Werk Graf Zeppelin später anknüpfte.

Limbach-Oberfrohna, aus zwei Waldhufendörfern entstanden, war im 18. Jh. der Ausgangsort der sächsischen Wirkerei, zunächst der Strumpfwirkerei. Im 19. Jh. Standort der wichtigsten Strumpffirmen Sachsens, dann der sächsischen Wirkwarenproduktion, wurde der 1950 vereinte Ort bekannt durch die Erfindung des nähwirktechnischen Verfahrens Malimo von Mauersberger. Im *Heimatmuseum* vermitteln viele Exponate (in der Strumpfwirkerstube u. a. Wirkstühle) einen Einblick in dieses Gewerbe.

In **Penig** beachtenswert die spätgotische *Kirche „Unser Lieben Frauen"* mit einem Werk Lucas Cranachs d. Ä. Erstaunlich die große Bergkelleranlage von 2 km Gesamtlänge, im Mittelalter wohl Zufluchtsstätte der Einwohner.

Rochsburg lädt mit seinem herrlichen *Schloß* ein, einem Bau von 1470/82, der Hauptbau mit Renaissanceausstattung. Im *Museum* werden u. a. Zeugnisse der Rolle Rochsburgs während des kursächsischen Bauernaufstandes von 1548 sowie schöne Stilzimmer gezeigt.

Die *Wechselburg* war einstmals eine gewichtige Stütze der Politik der Wettiner. Die *Stiftskirche* von 1160/80 (später umgebaut) zählt zu den herausragenden romanischen Kirchenbauten Sachsens, sie enthält viele bedeutende Werke der deutschen Plastik. Weitere bemerkenswerte Bauten sind das *Schloß*, das *Kleine Schloß* und die *Pfarrkirche* mit reicher Stuckdecke.

Wiederau ist der Geburtsort Clara Zetkins. 1857 wurde sie im ehemaligen Pfarrhaus als Tochter des Dorfschullehrers Eißner geboren, *Gedenkstätte* für die Arbeiterführerin.

In **Hohenstein-Ernstthal** (vereint seit 1898), einem Weber- und Wirkerort, die *Karl-May-Gedenkstätte* mit Zeugnissen aus dem Leben des Schriftstellers; sehenswert auch das *Bergmannsdenkmal* und der *Karl-May-Gedenkstein*. Bei Hohenstein-Ernstthal befindet sich der weltbekannte *Sachsenring*, eine 8,7 km lange Rennstrecke für Motorrad-, Auto- und Radrennen.

Augustusburg liegt 13 km südöstlich von Karl-Marx-Stadt am 516 m hohen Schellenberg, mit *Schloß Augustusburg* ein gern besuchtes Ausflugsziel. Im 13. Jh. als Schellenberg erstmals genannt, wurde der Ort 1899 nach der Schloßanlage in Augustusburg umbenannt. Diese gewaltige Vierflügelanlage in der Form eines griechischen Kreuzes ließ Kurfürst August I. von Sachsen 1568/72 auf den Ruinen der Schellenburg errichten. Die Augustusburg blieb nicht lange Mittelpunkt höfischer Jagdabenteuer. Als die Macht der Kurfürsten sank, verlor der prachtvolle Bau jede Bedeutung, bis er um 1800 baufällig geworden war und durch umfassende Reparaturarbeiten sein heutiges Aussehen erhielt. Bemerkenswert u. a. das *Torhaus* von 1800 (Gedenktafel an die hier 1933 eingekerkerten Antifaschisten), Steinbrücke, Nordtor (Haupteingang, durch Restaurierung ursprüngliches Aussehen wiederhergestellt). Links vom Hauptportal das 46 Räume umfassende *Lindenhaus*, einstmals das Wohnhaus der kurfürstlichen Familie. Es wurde bei den Umbauten stark verändert. Herrlich die ehemalige *Schloßkapelle*, seit 1961 umfassend restau-

Augustusburg: Schloß

riert. Sie ist eine der wenigen erhaltenen deutschen Schloßkapellen im Renaissancestil mit wertvoller Ausstattung (Gemälde von Cranach d. J.). Gegenüber dem Lindenhaus das *Sommerhaus*, dessen Mittelgeschoß eine Jugendherberge aufweist. Prächtig ist auch das Wappentor an der Südseite des Schloßhofes. Der Glockenturm verfügt über eine wohlklingende Glocke aus dem 18. Jh. Anschauenswert im *Hasenhaus* die Malerei (die Darstellung beschreibt satirisch das Treiben am kurfürstlichen Hof) und das *Museum für Jagdtier- und Vogelkunde* des Erzgebirges. Im ehemaligen Fürstenhaus befindet sich die Ausstellung „Vögel unseres Waldes". Im ehemaligen *Küchenhaus* hat das berühmte *Motorrad-Museum* seinen Sitz, im früheren Stallhof befindet sich ein *Kutschenmuseum*, vorwiegend Kutschen des Dresdner Hofes werden hier ausgestellt. Im *Brunnenhaus* von 1831 der 170 m tiefe *Brunnen* mit Göpelwerk. Eine weitere Attraktion ist die *Seilbahn* vom Bahnhof Erdmannsdorf nach Augustusburg.

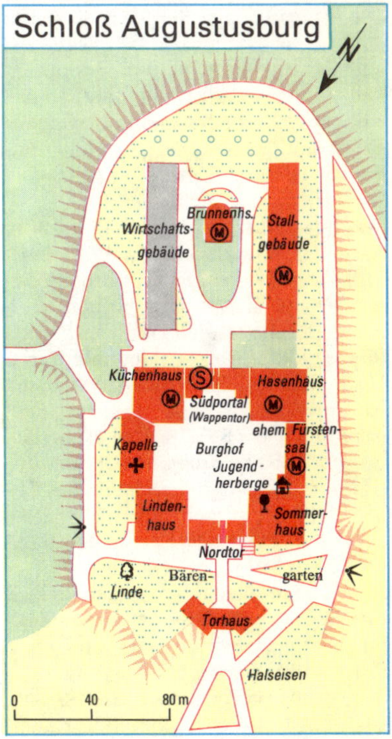

In **Grünhainichen**, wo im 18. Jh. ein auf Spielzeugherstellung orientiertes bäuerliches Nebengewerbe aufkam (berühmt der Musikantenengel und das Blumenmädchen), gibt es eine *Ausstellung „Erzgebirgische Volkskunst“* (untere Schule).

In **Hainichen**, dem Geburtsort Christian Fürchtegott Gellerts, sei dem Literaturinteressierten ein Besuch des *Kreisheimatmuseums* empfohlen, das eine beachtliche Gellert-Sammlung über diesen wohl bedeutendsten deutschen Dichter vor Lessing zeigt. Ferner sehenswert ist das *Gellert-Geburtshaus* sowie das *Gellert-Denkmal* von Rietschel. (↗ Bl. 15, 16)

Freiberg

Lage und Bedeutung: Die sächsische Kreisstadt Freiberg (50 400 Einw.), untrennbar verbunden mit der Geschichte des sächsischen Erzbergbaus, erstreckt sich unweit der Freiberger Mulde am Nordfuß des Erzgebirges. Die ehemalige alte Bergstadt ist heute dank ihrer berühmten Bergakademie und der mit ihr effektiv kooperierenden Industriewerke ein anerkanntes Zentrum montanwissenschaftlicher Lehre und Forschung sowie des modernen Hüttenwesens.

Stadtgeschichte: Als 1168 im Bereich der Bauernsiedlung Christiansdorf Silbererz entdeckt wurde, dauerte es nur kurze Zeit, bis aus dem Harz Bergleute herbeieilten. Es erfolgte „wilder Abbau“, der bald durch ein geregeltes Zechenwesen abgelöst wurde. 1218 erstmals als „Friberch“ urkundlich erwähnt, zählte es bereits mehr als 5000 Einwohner. Von der Obrigkeit gefördert, gelangte alles Silbererz, das „uf dem gebirch“ gefördert und geschmolzen wurde, nach Freiberg zur Münze. Die in ganz Europa starke Nachfrage nach diesem Edelmetall, dem bevorzugten Zahlungsmittel, bewirkte seine steigende Produktion. Bis ins 15. Jh. stieg Freiberg zum Bankzentrum der Region auf. Ein selbstbewußtes Bürgertum, das am reichen „Bergsegen“ Anteil hatte, erzwang sich ein Privileg nach dem anderen. Durch die Entwicklung eines „Bergrechtes“, für viele europäische Länder beispielgebend, erhob sich die „erste freie deutsche Bergstadt“ in den Rang eines „Oberhofs“ des Bergrechts. Ulrich Rülein von Calw und Georgius Agricola eröffneten mit ihren „Bergbüchern“ neue wissenschaftliche Horizonte für den gesamten Bergbau. Rhagius Aestcampianus, ein Lehrer Ulrich von Huttens, wirkte in der Stadt.

Als Ende des 16. Jh. billiges Silber aus Übersee nach Europa eingeführt wurde, verlor der kursächsische Silbererzbergbau seine führende Rolle, auch wenn die Stadt ihren Ruf als Bergstadt wahrte. 1765 entstand die Bergakademie, eine für den Kontinent einzigartige Hochschule, die berühmte Lehrer aufwies. Michail Lomonossow studierte in Freiberg, Goethe fühlte sich zu ihren Gelehrten hingezogen. Die Akademie leistete Hervorragendes zur Entwicklung des Berg- und Hüttenwesens und der Montanwissenschaft.

Der Ende des 19. Jh. einsetzende rigorose Silberpreisverfall bewirkte einen Rückgang des Silbererzbergbaus. 1913 wurden die letzten Gruben geschlossen. Seit Beginn des Silbererzbergbaus war die gewaltige Menge von 5500 t Reinsilber erschmolzen worden.

Nach 1945 setzte ein umfassender Neuanfang des städtischen Berg- und Hüttenwesens ein. Vornehmlich wurden Edel- und Nichteisenmetalle erwirtschaftet. Das moderne Bergbau- und Hüttenkombinat „Albert Funk“ entwickelte in enger Kooperation mit der Bergakademie neuartige Verfahren zur Verarbeitung von Nichteisenmetallen (Zinn, Zink, Blei).

Die Geschichte der alten Bergstadt erschöpft sich nicht nur in montanen Traditionen, sie ist ebenso reich an gesellschaftlichen Auseinandersetzungen. Schon im Mittelalter führten „arme Bergleut“ Klage über die zunehmende Ausbeutung. Die 2. Hälfte des 15. Jh. verzeichnet daher manchen

Freiberg: Rathaus am Obermarkt

„Unfleiß und Ufruhr" der Ausgebeuteten. Während der Revolution von 1848/49 bewährten sich Freiberger Bergarbeiter, Studenten und Gesellen als Kämpfer für die Rechte des Volkes. Der Amtmann Heubner wurde Mitglied der Dresdner Revolutionsregierung. Als die Regierung vor der Konterrevolution weichen mußte, fand sie in Freiberg Aufnahme. Anfang der siebziger Jahre wirkte in der Stadt eine Organisation der „Eisenacher", 1886 eine gut funktionierende Tarnorganisation der Sozialdemokratie, die geschickt das Sozialistengesetz umging. 1923 kam es zu Hungerunruhen, die Reichswehrgarnison eröffnete das Feuer auf die Demonstranten, 29 Menschen kamen dabei ums Leben. 1945 bewahrte das mutige Engagement aufrechter Bürger die Stadt vor dem Untergang, als sie von der faschistischen Wehrmacht eine kampflose Übergabe erzwangen.

Sehenswürdigkeiten: An die frühere Glanzzeit der „Mutter der Bergstädte" erinnern noch heute zahlreiche prachtvolle Bauwerke, die größtenteils unter Denkmalschutz stehen. Herausragend das Ensemble des *Obermarktes*, seit dem 13. Jh. das Zentrum der Stadt. Wohlrestauriert wie der ganze Markt das alte *Rathaus* (13. Jh., hauptsächliche Bausubstanz aus dem 15. Jh.), ein langgestreckter Bau. Besonders sehenswert die *Ratsstube*, der heutige Ratssitzungssaal, sowie die kleine *Lorenzkapelle*. Am Obermarkt erheben sich mehrere repräsentative *Patrizierhäuser* im Renaissancestil. Herauszuheben ist vor allem das Gebäude *Obermarkt 16*, das ehemalige Kaufhaus mit reichgeschmücktem Renaissanceportal, und das Haus *Obermarkt 17* mit beachtenswerter Reliefdarstellung der Bergbauentwicklung. Das Hausportal ist das künstlerisch herausragendste im Frührenaissancestil in der Stadt. Eine Zierde des Platzes ist das *Brunnendenkmal* mit dem Standbild des Markgrafen Otto von Meißen.

Auf dem *Petriplatz* die *Petrikirche* (15. Jh., nach Brand im 18. Jh. erneuert). Sie verfügt über eine Silbermann-Orgel von 1733/35. Vom Hauptturm hat man einen herrlichen Blick auf die Stadt. In der Nähe befindet sich das *Naturkundemuseum der Stadt* (Einfluß des Bergbaus auf die Landschaft).

Seit 1959 umfassend restauriert, gehört der *Freiberger Dom* zu den repräsentativsten Sakralbauwerken auf dem Boden der DDR. Er wurde anstelle eines abgebrannten Baus bis 1512 als eindrucksvolle spätgotische

Hallenkirche errichtet, deren Ausmaß 40 m Länge, 22,5 m Breite und etwa 20 m Höhe betragen. Baukünstlerisch einmalig ist die *Goldene Pforte* (um 1230), eines der ersten und zugleich reichsten deutschen Gewänderportale mit einem großen Figurenprogramm; im Innern u.a. die berühmte Tulpenkanzel von Hans Witten (1508/10), die Bergmannskanzel von 1638, die spätromanische Kreuzigungsgruppe (um 1230). Eine Kostbarkeit von europäischem Rang stellt die große Silbermann-Orgel von 1711/14 dar, die größte noch vollständig und in ihrem ursprünglichen Zustand erhaltene Orgel (45 Register, 2674 Pfeifen) des berühmtesten sächsischen Orgelbauers. Im Dom gibt es noch eine kleine Silbermann-Orgel von 1718/19, die aus der Johanniskirche stammt. Beachtenswert besonders auch der Domaltar, der Taufstein, die kurfürstliche Begräbniskapelle und die „Schwesterngruft" mit Permoser-Plastiken in der ehemaligen Allerheiligenkapelle.

In der *Jakobikirche* befindet sich gleichfalls ein wertvolles Werk Permosers, das Altarkruzifix.

Im ehemaligen *Domherrenhof* hat das *Stadt- und Bergbaumuseum* seinen Sitz (sächsische Holzbildhauerkunst um 1500, bergbaubezogene Kunst, Produktionsinstrumente des Bergbaus und Hüttenwesens). Neben weiteren schönen Bürgerhäusern in der denkmalgeschützten Altstadt sind auch die alten *Bergmanns- und Hüttenmannshäuser* aus dem 16. Jh. nahe Pfarr-, Donats- und Berggasse zu erwähnen. Nahe dem Untermarkt lädt in der Brennhausgasse die berühmte und einzigartige *Mineraliensammlung der Bergakademie Freiberg* zu einem Besuch ein.

Von der *Stadtbefestigung* mit den einstmals 39 Türmen sind beachtliche Teile erhalten, so an der Schillerstraße, im Bereich des *Donatsturmes*, am Schlüsselteich sowie zwischen Schloß Freudenstein und Mönchsstraße. Freiberg weist auch mehrere Erinnerungsstätten an die Bergbauära auf: am *Abrahamsschacht* die *Mannschaftskaue*, das *Huthaus*, die *Bergmannsschmiede* usw. sowie am *Neuen Schacht* der *Grube „Alte Elisabeth"* Untertageanlagen, darunter eine seltene Betstube der Bergleute.

Ausflugsziele in der Umgebung: Bemerkenswert in der Umgebung von Freiberg sind die vielen Sehenswürdigkeiten der Technikgeschichte. **Großschirma** z.B. weist bedeutende technische Denkmale des Freiberger Reviers auf, wie den *Churfürst-Friedrich-Erbstollen* (Huthaus von 1747, Dachreiter), *Unterer Wächter* u.a. 1831 entstand in Großschirma der „Bergmannsgruß" und damit begann eine systematisch von der Bergobrigkeit geförderte Verklärung des harten Bergmannsberufs. „Bergfeste", „Bergmannsmusik", das strikte Gebot, die Bergmannsuniform zu tragen, an „Bergparaden" teilzunehmen usw. sollten die Bergmänner streng-konservativ in den „Bergstaat" eingliedern und dem Einfluß der klassenkampforientierten Gewerkschaften entgegenwirken.

Reinsberg verfügt über dem „4. Lichtloch" wohl über die am besten erhaltene *Übertageanlage* des Hauptentwässerungsstollens des gesamten Freiberger Reviers. Der Stollen war über 20 km lang und das größte technische Vorhaben in der Region.

In **Zug** existierte seit 1697 die *Grube „Beschert Glück hinter den 3 Kreuzen"*, die zu den wichtigsten zählte und die seinerzeit auch Goethe besuchte, der ihren Aufbau mit Interesse wahrnahm. An der Straße Freiberg–Brand-Erbisdorf liegt die kleine Andachtsstätte „Drei Kreuze" (1564), wohl schon in vorreformatorischer Zeit von gläubigen Bergleuten zu Andachtszwecken genutzt.

Halsbrücke zählt ebenfalls zu den technischen Denkmalen des Bergbaus. Neben dem „8. Lichtloch" des ehemaligen Rothschönberger Stollens erhebt sich die einzige erhaltene Kaue des gesamten Erzgebirges.

Die *Kunstteiche* in **Großhartmannsdorf** lieferten einst das Anschlagwasser für die Hebetechnik des Freiberger Erzbergbaus. (↗ Bl. 16)

Zwickau

Lage und Bedeutung: Die sächsische Industriestadt Zwickau (120 900 Einw.) erstreckt sich im weiten Vorland des Erzgebirges am Ufer der Zwickauer Mulde. Schon im frühen Mittelalter ein Ausgangspunkt für die Erschließung des Erzgebirges, gelangte der Ort durch Handel und Gewerbe zu Wohlstand. Wirkungsstätte Thomas Müntzers und Geburtsort Robert Schumanns, wurde Zwickau im 19. und 20. Jh. Mittelpunkt eines ausgedehnten Steinkohlebergbaus und auch anderer Industrien. Heute ist die Stadt ein wichtiger Standort des Automobilbaus.

Stadtgeschichte: Urkundlich 1118 ersterwähnt, entstand am strategisch wichtigen Muldeübergang eine deutsche Burganlage. Diese handelsgünstige Lage bewog deutsche Könige zum Ausbau Zwickaus, das 1212 Stadt genannt, neben Chemnitz und Altenburg zur dritten Reichsstadt Sachsens aufstieg. Der „böhmische Steig", der hier den Fluß passierte und weiter durch das urwaldähnliche Erzgebirge nach Prag führte, erwies sich von großem Vorteil. Gewerbe wie Bierbrauerei und Tuchmacherei ließen Zwickau wirtschaftlich erstarken. Seit 1400 entwickelte es sich zum führenden Tuchhersteller Westsachsens. „Zwickisch Tuch" ging in viele Länder, die Tuchhändler waren auf allen wichtigen Messen anzutreffen. Nach 1500 arbeiteten mindestens 250 Tuchmachermeister in der Stadt. Den wirtschaftlichen Reichtum repräsentierten zahlreiche Bauten. Gelehrte und Künstler fanden in Zwickau eine Wirkungsstätte. An der Stadtschule lehrten u.a. Georgius Agricola und Petrus Plateanus. Der spätgotische Bildschnitzer Peter Breuer bereicherte die Kunst Sachsens um bedeutende Werke. Die Stadt wurde auch Wirkungsort des Malers Hans Hesse. Thomas Müntzer wirkte von Mai 1520 bis April 1521 an den Kirchen St. Marien und St. Katharinen, schloß sich den „aufrührerischen Tuchknappen" an und nahm Einfluß auf die chiliastische Sekte der Wiedertäufer um Niklas Storch.

Im 17. Jh. war die Blüte Zwickaus längst vorbei. Durch den Dreißigjährigen Krieg ging die Bevölkerung um zwei Drittel zurück. Zu erneutem wirtschaftlichem Aufschwung kam es, als im 19. Jh. vor den Toren der Stadt Steinkohle abgebaut wurde. Bald prägten Schachtanlagen das Bild der Stadt. 1872 existierten in der nunmehrigen Bergbaustadt 72 Kohlewerke. Die Arbeiterklasse erreichte im Zwikkauer Raum einen hohen Organisationsgrad. 1863 wurde der erste Bergarbeiterverein der Region gegründet. Es waren Bergarbeiter des Zwickau-Lugauer Reviers, die sich 1867 als erste deutsche Arbeiter mit Karl Marx in London in Verbindung setzten. 1870 tagte in der Stadt der erste Bergarbeiterkongreß. 1874/75 und 1886/87 wurde August Bebel auf Schloß Osterstein von der Reaktion eingekerkert.

Der 1894 in Zwickau geborene Albert Funk, selbst lange Zeit Bergarbeiter des Reviers, war ein hervorragender Bergarbeiterführer während der Zeit der Weimarer Republik. Unter der Leitung von Ernst Grube, 1920 nach Zwickau gekommen, entwickelte sich der KPD-Unterbezirk Zwickau zum stärksten Unterbezirk der Bezirksorganisation Erzgebirge/Vogtland.

Mit dem Beginn des 20. Jh. bestimmte zunehmend der Automobilbau das Profil, seit 1904 durch Horch und ab 1909 durch die Audi-Werke. 1958 wurden beide zum VEB „Sachsenring Zwickau" vereinigt, in dem seit 1967 der „Trabant" produziert wird. Mit dem Auslaufen des Steinkohlebergbaus Ende der sechziger Jahre wurden planmäßig neue Industrien angesiedelt. Die nach 1945 geschaffenen Hochschulen, z.B. die Pädagogische Hochschule „Ernst Schneller", spielen im geistigen Leben der Stadt eine wichtige Rolle. Das Robert-Schumann-Konservatorium pflegt das Erbe des großen Komponisten. Dabei arbeitet es eng mit der Nationalen Forschungs- und Gedenk-

Zwickau: Marktplatz und Kirche St. Marien

stätte „Robert Schumann" zusammen. Seit 1963 ist Zwickau der Austragungsort des internationalen Robert-Schumann-Wettbewerbes für junge Künstler.

Sehenswürdigkeiten: Am *Hauptmarkt* befindet sich das *Rathaus* (neogotische Fassade von 1862), vom mittelalterlichen, alten Bau ist die *Jakobskapelle* von 1473/77 erhalten, heute ein eindrucksvoller Rats- und Empfangssaal, am Hauptmarkt 27 auch das *Gewandhaus* (1522/25), seit 1823 das *Stadttheater* beherbergend, zur Marktseite hin mit besonders reich geschmücktem Giebel. Das Marktensemble mit Rathaus und Gewandhaus steht unter zentralem Denkmalschutz. Zu den bemerkenswerten Bürgerhäusern gehört auch das *Dünnebierhaus* mit dem mehrgeschossigen Staffelgiebel von 1480. Das *Robert-Schumann-Haus,* das Geburtshaus des Komponisten, wurde 1956 zu einer Nationalen Forschungs- und Gedenkstätte ausgebaut. Das *Museum* verfügt über eine umfangreiche Sammlung von Handschriften, Erstdrucken und Originalnoten Schumanns.

Dem „Silbersegen" des Erzgebirges verdankt die *Kirche St. Marien* (Dom) ihre Entstehung. Nach 1206 gegründet, erhielt die damalige Stadtkirche ab 1506 ihre heutige beeindruckende Gestalt. Die Hallenkirche, die späteren Bauten in Westsachsen als Vorbild diente, besitzt eine reiche Ausstattung (spätgotischer Hochaltar, Frührenaissancekanzel und Taufstein um 1560, mobiles, über 5 m hohes Heiliges Grab). Die *Katharinenkirche* entstand Anfang des 13. Jh., ihre Hauptbauperiode währte vom Ende des 14. bis zum Ende des 15. Jh., sehr schön das Altargemälde (um 1517) aus der Cranach-Werkstatt.

Am Dr.-Friedrichs-Ring das ehemalige *Schloß Osterstein* von 1587/90, seit 1775 „Arbeits- und Zuchthaus", heute Verwaltungssitz. Die Zuchthauszelle, in der der antifaschistische Widerstandskämpfer *Martin Hoop* eingekerkert war und 1933 ermordet wurde, ist eine würdige *Gedenkstätte.*

Besuchenswert ist das *Städtische Museum* mit seinen reichen Sammlungen zur Stadt- und Regionalgeschichte, ferner eine Ausstellung über das Schaffen des 1881 in Zwickau geborenen Malers Max Pechstein, eine Abteilung zur Kunst des Bergbaus, eine umfangreiche graphische Sammlung. Im Ostflügel hat die einmalige Ratsschulbibliothek mit zahlreichen kostbaren Ausstellungsstücken ihr Domizil.

Der *Stadtpark am Schwanenteich* bietet viele Möglichkeiten der Erholung (Musikpavillon, Reit- und Spielwiese, Bootsverleih u.a.), hier befindet sich ein *Robert-Schumann-Denkmal.*

Ausflugsziele in der Umgebung: In **Oelsnitz** vermittelt das im ehemaligen Lugau-Oelsnitzer Steinkohlenrevier entstandene *Bergbaumuseum Karl-Liebknecht-Schacht* einen interessanten Einblick in die Geschichte des sächsischen Steinkohlenbergbaus und seiner Technik; hier auch die historische Stätte, wo der Häuer Adolf Hennecke mit seiner Schichtnormenerfüllung von 387 Prozent die schöpferische Massenbewegung für eine hohe Arbeitsproduktivität (Aktivistenbewegung) begründete.

Im erzgebirgischen Städtchen **Lugau** stellt das *Heimatmuseum* wertvolle Zeugnisse zur Geschichte der örtlichen Arbeiterbewegung aus, darunter auch die Briefe (Reproduktionen) der Lugauer Bergleute an Karl Marx vom 15. November 1868 und 31. Januar 1869 sowie die Beitrittserklärung der Bergleute zur I. Internationale vom 31. Januar 1869; Erinnerung daran auch auf einer Gedenktafel in der Stollberger Str. 6 (ehemaliger Gasthof „Zum Jägerhaus").(↗ Bl. 15)

Annaberg-Buchholz

Lage und Bedeutung: Beiderseits des Sehmatals erstreckt sich am Westfuß des Pöhlberg-Basaltkegels die sächsische Kreisstadt Annaberg-Buchholz (26 000 Einw.). Die einstige freie Bergstadt des ausgehenden Mittelalters, bekanntgeworden durch das breitgefächerte Wirken des Rechenmeisters Adam Ries, ist heute das wirtschaftliche und kulturelle Zentrum des oberen Erzgebirges und mit der Stadtkirche St. Annen, der größten und bedeutendsten spätgotischen Hallenkirche Obersachsens, ein Anziehungspunkt für Besucher aus nah und fern.

Stadtgeschichte: Annabergs Geschichte begann mit den Silbererzfunden am Schreckenberg bei Frohnau, als am 21. September 1492 eine herzögliche Anordnung festlegte, die „Neustadt am Schreckenstein" anzulegen. 1501 St. Annaberg genannt, wuchs die Stadt rasch zur größten städtischen Neugründung dieser Zeit im gesamten deutschen Land heran. 1509 wies Annaberg schon 8000 Einwohner auf – mehr als Leipzig. nach 1510 war es bereits eine der reichsten Städte Deutschlands. Bis 1537, der Blüte des hiesigen Erzbergbaus, waren 380 Gänge und 600 Gruben in Betrieb.

Buchholz, in dessen Nähe gleichfalls Erzvorkommen entdeckt wurden, entstand 1501, blieb immer im Schatten der Schwesterstadt.

In das neue Bergbauzentrum flossen große Kapitalien frühkapitalistischer Kaufleute (Fugger, Welser). Prächtige Bauten wuchsen empor, vom Reichtum der neuen Stadt kündend. Die Annaberger Bergordnung setzte Maßstäbe für den Bergbau. Von 1523 bis 1559 wirkte hier der berühmte Rechenmeister Adam Ries als Bergschreiber und Finanzkontrolleur des Landesherrn. Ries, dessen zweites Rechenbuch mehr als 100 Auflagen erlebte, beriet die Bergstädte auch in wichtigen Finanzangelegenheiten. Die im frühen 16. Jh. gegründete Lateinschule hatte einen guten Namen.

Als in der 2. Hälfte des 16. Jh. die Erzerträge zurückgingen und der Absatz stagnierte, verbreiteten sich Klöppeln, Posamentieren und Bortenwirken als Ausgleichsgewerbe in und um Annaberg. Diese Entwicklung war mit dem Namen der wohlhabenden Annabergerin Barbara Uttmann verbunden, die selbst 900 Klöpplerinnen beschäftigte.

Im 19. Jh. entwickelte sich die Annaberger Posamentenindustrie nach Anschluß der Stadt an das Eisenbahnnetz besonders rasch. Bald hatte die „Posamenten-Handelsstadt" den Weltmarkt erobert. Der heutige VEB Obererzgebirgische Posamenten- und Effektenwerke (OPEW), der größte Betrieb des oberen Erzgebirges, setzt diese Tradition fort.

Neben Adam Ries sind die Namen weiterer Persönlichkeiten mit Annaberg-Buchholz verbunden: Gottfried Arnold zählte Ende des 17. Jh. mit seiner berühmten Ketzerhistorie zu den Wegbereitern der deutschen Aufklärung. Christian Felix Weiße, ein gewandter Stückeschreiber, gilt als einer der Begründer der deutschen Jugendliteratur.

Annaberger Bürger, an ihrer Spitze die Freien Turner unter Fritz Hesse, nahmen am Dresdner Aufstand 1849 teil. Als 1923 reaktionäre Gruppen einen provokatorischen Aufmarsch in Annaberg inszenierten, um die revolutionäre Arbeiterschaft des oberen Erzgebirges einzuschüchtern, traten ihnen proletarische Hundertschaften mutig entgegen („Pöhlbergschlacht").

Nachdem 1945 beide Städte vereinigt wurden, zog der 1946 einsetzende Uranbergbau der SDAG Wismut viele tausend Menschen in die Stadt. Auch die Posamentenindustrie nahm wieder einen Aufschwung und errang bis in unsere Zeit Weltgeltung.

Sehenswürdigkeiten: Das historisch gewachsene Stadtbild wird hoch überragt von der *St.-Annen-Kirche* (1499–1525), der größten ihrer Art in Sachsen. Landschaftstypisch ist ihr Aufbau aus erzgebirgischem Gneis, selten schön sind die Gewölbe. Der herrliche spätgotische Bergaltar (1521) von Hans Hesse zeigt auf seiner Rückseite eine gemalte Darstellung des historischen Erzbergbaus. Künstlerisch gestaltet ist die „Schöne Tür" von Hans Witten (1512), ebenso die Altäre, die „Lebensalter" und die Kanzel von Franz Maidburg. Der Turm hat eine Höhe von 78,6 m.

Das *Rathaus* am Markt, ursprünglich von 1522/38, ist ein Neubau von 1751. Von den *spätgotischen Bauten* der Stadt sind der Gasthof „Wilder Mann" (Anfang 16. Jh.) sowie das ehemalige Haus „Goldene Gans" (1508) mit reichem Portal erhalten. Von der einstigen *Stadtmauer* (fünf Türme, 19 Wachtürme und zwei Pforten) sind Reste vorhanden.

In der Großen Kirchgasse 19 hat das sehenswerte *Erzgebirgsmuseum* seinen Sitz. Es gibt anhand zahlreicher Sachzeugen vielfältige Einblicke in die Geschichte des Silbererzbergbaus und der Posamentenherstellung (insgesamt 15 000 Exponate). Herausragend sind auch die schönen Sammlungen zur erzgebirgischen Volkskunst.

Ausflugsziele in der Umgebung: Der *Schreckenberg* bei **Frohnau** war einst der Ausgangspunkt des profitablen Annaberger Silbererzbergbaus. In der Frohnauer Münze wurde 1501 der berühmte wie begehrte „Engelsgroschen" geschlagen. Hauptattraktion des ehemaligen Waldhufendorfes ist der *Frohnauer Hammer*, eines der ältesten erhaltenen Hammerwerke der DDR. Im 17. Jh. Silber-, Kupfer- und Eisenhammer, war er der erste sog. Zainhammer des Erzgebirges, heute *Technisches Museum*. Interessant ist

Frohnau: Technisches Museum Frohnauer Hammer

auch die historische Maschinenbauwerkstatt aus der Zeit um 1840. Im ehemaligen Wohnhaus des Hammerherrn befindet sich eine kleine *Volkskunststube*.

In **Geyer**, im Mittelalter bekannt durch den Zinnabbau, wird heute die erzgebirgische Volkskunst gepflegt. Das *Heimatmuseum* veranschaulicht besonders den heimischen Zinnbergbau. Zwischen Geyer und Ehrenfriedersdorf gehören die *Greifensteine*, bis zu 731 m hohe Granitklippen (sieben Felsen), zu den meistbesuchten Touristenzielen. Vom Aussichtsfelsen hat man einen schönen Rundblick. Lohnenswert ist auch ein Besuch im *Bergbau- und Greifensteinmuseum*. Der *Greifenbachstauweiher*, einst die älteste Talsperre des Erzgebirges, gewährt vielfältige Erholungsmöglichkeiten (Zelt- und Campingplätze, Wassersport, Sportanlagen).

In **Cranzahl** befindet sich eine der ersten Talsperren der DDR (1948/51, 30 ha Fläche). Sie wurde geschaffen, um den Trinkwasserbedarf der durch den Uranbergbau zunehmenden Bevölkerung zu decken.

Nahe **Scheibenberg**, einer planmäßig angelegten ehemaligen Bergstadt, erheben sich die berühmten, bis zu 40 m hohen *„Orgelpfeifen“* (Basaltsäulen), ein seltenes Naturdenkmal.

Scharfenstein ist der Geburtsort des „Stülpner Karl“, eines legendenumwobenen Wildschützen, der in den erzgebirgischen Wäldern gegen die feudale Unterdrückung der Armen und Entrechteten focht. Bekannt ist Scharfenstein auch als Standort der Haushaltsgeräteproduktion.

Großrückerswalde verfügt mit seiner guterhaltenen *Wehrkirche* aus der Mitte des 15. Jh. über ein bemerkenswertes Baudenkmal des sächsischen Raumes. Der Wehrgang mit Schießscharten verläuft direkt unterhalb des Daches.

Lengefeld im Erzgebirge besitzt mit dem *Kalkwerk* heute ein seltenes *Museum*. Hierher ließen faschistische Behörden im April 1945 einen Großteil der weltberühmten Dresdner Gemäldegalerie Alte Meister bringen. In den 40 m tiefen, feuchten Lagerstätten erlitten die wertvollen Gemälde Schäden. Ende Mai 1945 spürte eine

Kurort Seiffen

Gruppe sowjetischer Fachleute und deutscher Antifaschisten diese Kostbarkeiten der Weltkultur auf, die nach ihrer Bergung in der UdSSR sorgsam restauriert und 1954 der DDR zurückgegeben wurden.

Marienberg ist mit seinem großen, quadratischen Markt und dem von ihm ausgehenden, rechtwinkligen Straßennetz eine städtebauliche Kostbarkeit. Diese wohl nördlich der Alpen früheste Art städtischer Grundrißlösung gilt als Urbild neuzeitlichen Städtebaus. Sie entstammt den Ideen des Ulrich Rülein von Calw, des berühmten Freiberger Gelehrten. Hier auch ein sehenswertes *Heimatmuseum* mit Zeugnissen zur Geschichte des Silber- und Zinnbergbaus.

Das Städtchen **Olbernhau**, im 17. Jh. durch die Ansiedlung von Suhler Büchsenschmieden zur „Waffenkammer Sachsens" aufgestiegen, verfügt mit dem *Althammer* in **Grünthal** über ein bedeutendes *Technisches Museum*, einmalig in seiner Art. Hinter einer teilweise gut erhaltenen Wehrmauer des Werkes liegt ein Ensemble von 22 historischen Gebäuden. Die für den mitteleuropäischen Raum einzigartige Anlage veranschaulicht, wie ein großer Montanbetrieb im 16./17. Jh. arbeitete. Dazu gehört auch eine informative Ausstellung im Althammerhaus. Das *„Haus der Heimat"* (ehemaliges Erbgericht) vermittelt einen Einblick in die Entwicklung der Spielwarenindustrie.

Von Touristen gern besucht ist der **Kurort Seiffen**, das reizvoll zwischen den Bergen gelegene erzgebirgische Spielzeugmacherdorf. Ursprünglich eine Bergbausiedlung, zwang der zurückgehende Erzbergbau zur Aufnahme anderer Gewerbe, wobei die Holzbearbeitung an die erste Stelle rückte. Das Jahr 1644 erwähnt erstmals „Teller- und Spindeldreher". Aus der Herstellung von Holzartikeln für den Hausgebrauch (Teller, Löffel, Schalen usw.) ging die ab 1699 sogenannte „Seiffener Ware", Spielzeug und Festschmuck aus Holz, hervor. Lange Zeit als „Arme-Leute-Spielzeug" verachtet, setzte es sich dank seiner Robustheit, Einfachheit und Formenvielfalt durch und eroberte die Märkte im In- und Ausland.

Einen Eindruck von den damaligen Arbeits- und Lebensbedingungen gewinnt man im *Freilichtmuseum*. Schöne Ausstellungsstücke zeigt das *Erzgebirgische Spielzeugmuseum* (mit Schauwerkstatt). Sehenswert auch das *Kulturdenkmal „Binge und Geyerin"*. Die Barockkirche ist von 1776/79.

Kurort Oberwiesenthal

Lage und Bedeutung: Die unbestritten bedeutendste Stadt (3600 Einw.) im Kreis Annaberg-Buchholz ist der am Fuß des 1214 m hohen Fichtelberges gelegene Kurort Oberwiesenthal. Die mit 850 bis 1050 m höchstgelegene Stadt der DDR ist mit dem Fichtelberggebiet einer der reizvollsten und vielseitigsten Erholungs- und Wintersportorte der DDR.

Stadtgeschichte: Als „Wizinthal" 1406 ersterwähnt und um die Wende vom 15. zum 16. Jh. durch Silberfunde bekanntgeworden, entstand im Ergebnis von „Groß Hoffnung, zu Wiesenthal ein mächtig Erz zu hauen", Neustadt zu Wiesenthal, der Vorläufer der heutigen Stadt. Planmäßig angelegt, wurde es vornehmlich von Bergleuten bewohnt, die der erhoffte „Bergksegen" angelockt hatte. Nach dem Auslaufen des Erzbergbaus wurde Oberwiesenthal Sitz zahlreicher anderer Gewerbe, die als Neben- oder Nachfolgegewerbe Bedeutung erlangten (Klöppeln, Sticken, Wirken usw.). Eine wirtschaftliche Blüte erfolgte jedoch nicht. Erst Ende des 19. Jh. setzte mit dem Anschluß an das Bahnnetz (1897) und dem aufkommenden Wintersport ein Aufschwung ein. In kurzer Zeit gewann der Ort den Ruf eines „sächsischen St. Moritz". Später wurde er auch für die Sommerfrische entdeckt. 1935 wurde Oberwiesenthal Kurort.

Nach der Gründung der DDR wurden große Ferienheime der Gewerkschaften auf- oder ausgebaut. Heute gewährt Kurort Oberwiesenthal etwa 100 000 Urlaubern jährlich Erholung, und etwa eine Million Tagesgäste sucht im ausgedehnten Gebiet um den Kurort Entspannung. Als Leistungssportzentrum des Wintersports brachte Oberwiesenthal zahlreiche Olympiasieger, Welt- und Europameister hervor (Biathlon, Rennschlitten, Nordische Kombination, Skisprung, Langlauf). Seine modernen Wintersportanlagen sind häufig Austragungsort internationaler Wettkämpfe. Die größte naturvereiste Rennrodelbahn der DDR ist 1100 m lang und hat 18 Kurven.

Sehenswürdigkeiten: In der Umgebung besuchenswert sind vor allem der *Fichtelberg* mit dem *Fichtelberghaus* (42 m hoher Aussichtsturm), die *Fichtelberg-Schwebebahn* (1924 erbaut, 1175 m Länge), das komfortable FDGB-Urlauberhotel „Am Fichtelberg" (Gaststätten, Schwimmbad, Sauna, Kultureinrichtungen usw.) und das moderne Jugendtouristenhotel „Karl Liebknecht".

Im *Alten Forsthaus* informiert eine Ausstellung über die Geschichte des Wintersports in und um Oberwiesenthal. Eine Attraktion ist die alte *Schmalspurbahn* von 1897, die mit Dampflokbetrieb nach Cranzahl führt (17,4 km Streckenlänge). Wanderwege führen in die nähere und fernere Umgebung, in den Naturschutzgebieten ist seltene Flora zu entdecken.

Aue

Lage und Bedeutung/Stadtgeschichte: Am Zusammenfluß des Schwarzwassers mit der Zwickauer Mulde erstreckt sich die sächsische Kreisstadt Aue (27 900 Einw.). Urkundlich wohl der älteste Ort des Westerzgebirges (Klostergründung „Klösterlein Zelle" 1173 durch Kaiser Friedrich I., genannt Barbarossa), ist seine Geschichte untrennbar mit dem Bergbau verwoben. 1635 entstand die erste große Farbenmühle Sachsens, wobei „Schneeberger Kobold" zu Blaufarbe verarbeitet wurde. Kobaltblau aus Aue wurde vorrangig für Delfter Keramik, Venezianisches Glas und Meißner Porzellan eingesetzt. Bis Anfang des 18. Jh. besaß Sachsen dafür das Weltmonopol. 1682 war die Errichtung eines Eisenschneidewerkes von erheblicher Bedeutung. In der „Weißerdenzeche St. Andreas" wurde Kaolin gefördert – in Meißen entschied man sich nach gründlicher

Auswahl für das Kaolin aus Aue. Es bildete für eineinhalb Jahrhunderte die Basis des berühmten Meißner Porzellans. Bis 1914 besaß Aue auch das Weltmonopol für Wismut, das aus dem Schneeberger Kobalt gewonnen wurde.

Durch die Gründung der SAG Wismut 1946 (seit 1953 SDAG Wismut), deren Zentrum Aue wurde, veränderte sich das städtische Antlitz beträchtlich, so daß die Stadt heute das wirtschaftliche und kulturelle Zentrum des Westerzgebirges darstellt.

Sehenswürdigkeiten: Mit der Geschichte des Bergbaus macht die *„Traditionsstätte Erzbergbau Aue"* (Bergfreiheit) bekannt.

Sehenswert ist auch die *Kirche* des ehemaligen Augustiner-Chorherrenstifts „Klösterlein Zelle". (↗ Bl. 15)

Schneeberg

Lage und Bedeutung/Stadtgeschichte: Die nur 6 km von Aue entfernte Bergstadt Schneeberg (22 100 Einw.) entstand 1471 im Ergebnis reicher Silberfunde, so daß bereits drei Jahre später mehr als 1200 Bergleute in 150 Zechen tätig waren. Bald bestimmten aber nicht mehr einzelne „Eigenlehner" das Bild, sondern große Gewerke, die den Silbererzbergbau auf frühkapitalistische Weise betrieben und so eine ungewöhnliche Blüte hervorriefen. Als nach 1540 der Silbererzbergbau zurückging, folgte der auf Kobalt und Wismut. Schneeberg wurde zugleich „Kontor des Obergebirgs", d. h. Bergamtssitz, sowie Zentrum des Blaufarbenkartells und endlich auch Sitz der „Obergebirgischen Blechcompagnie".

Im 17. Jh. verbreitete sich das Klöppeln zunehmend. Das feudalistisch begründete hierarchische Abstufungssystem im Bergwesen fand im „Schneeberger Bergstaat" Ausdruck. Er umfaßte eine soziale Rangordnung mit genau festgelegter Einstufung der Bergleute, die an den Uniformen zu erkennen war. Schneeberg war nach 1945 für 12 Jahre das bedeutendste Bergbauzentrum auf Uranerze. Heute ist die alte Bergstadt ein gern besuchter Mittelpunkt der erzgebirgischen Volkskunst, wo alte bergmännische Bräuche bewahrt werden. In der „Weihnachtsstadt des Erzgebirges" findet alljährlich am zweiten Advent (Samstag/Sonntag) das „Fest der Freude und des Lichtes" statt, das mit seinen Veranstaltungen (u. a. Bergparade) Zehntausende Besucher anlockt.

Sehenswürdigkeiten: Wiederaufgebaut ist die spätgotische *St.-Wolfgangs-Kirche* von 1515/40 mit Altarbildern Cranachs. *Barockbauten* erheben sich am *Thälmann-* und am *Schnellerplatz.* Herausragend ist das *Museum für bergmännische Volkskunst*, ein ethnographisches Spezialmuseum, in dem viele schöne Beispiele erzgebirgischer Schnitzkunst zu bewundern sind. In der Nähe befindet sich eine *Schauwerkstatt.*

Ausflugsziele in der Umgebung: Bei **Sosa** liegt die 1949 gebaute *„Talsperre des Friedens"*, das erste zentrale Jugendobjekt der DDR (1951 eingeweiht).

In **Antonsthal** empfiehlt sich ein Besuch der *Schauanlage* in der ehemaligen „Wäsche samt Pochwerk Unverhofft Glück", ein bemerkenswertes Technisches Denkmal; in **Zwönitz** das *Technische Museum Papiermühle*, die einzige erhaltene Papiermühle in der DDR.

Die sächsische Kreisstadt **Schwarzenberg**, im 13. Jh. mit einer bedeutenden Rolle in der Reichspolitik der Staufer bedacht, war seit dem 16. Jh. Zentrum des wohl ergiebigsten sächsischen Eisenerzreviers. Die Wasserkraft von Schwarzwasser und Pöhlwasser, Schwarzbach und Pöhlbach trieb zahlreiche Hammerwerke an, darunter auch den ersten Waffenhammer des Gebirges (1574 erstgenannt). Die Eisenverarbeitung besaß bald schon Tradition. Die Emailleindustrie entwickelte u. a. auch die „Wiegenbadschaukel", den Urtyp der stehenden Badewanne, die Ende des 19. Jh.

weithin bekannt wurde. Heute gehen die gefragten Erzeugnisse des großen Waschgerätewerkes in viele Länder.

1918 entstand in Schwarzenberg die erste Spartakusgruppe des Erzgebirges, von 1919 bis 1924 wirkte hier als Lehrer Ernst Schneller, 1923 der Leiter der Proletarischen Hundertschaften Sachsen, bald darauf der führende Militärexperte der KPD.

Das spätgotische *Schloß* (im 13. Jh. ersterwähnt, später kurfürstliches Jagdschloß, heutige Gestalt von 1878) beherbergt das *Museum Erzgebirgisches Eisen* (u. a. Nagelschmiede des 19. Jh.). die *Pfarrkirche St. Georg* weist schöne Eisenschmiedearbeiten auf. Im Oswaldtal liegt das *Schaubergwerk „Herkules-Frisch-Glück"*, ein interessantes Untertagemuseum.

Das 1654 von böhmischen Exulanten begründete **Johanngeorgenstadt**, von Kurfürst Johann Georg I. von Sachsen zur Stadt erhoben, lebte lange Zeit von einem ergiebigen Bergbau. 1723 wurden 350 Zinn- und Eisenerzgruben gezählt, dazu kamen 85 Silbererzgruben. Nach 1945 wurde der Bergbau auf Uranerze von der SAG Wismut betrieben. Zeitweilig arbeiteten in 19 Schachtanlagen bis zu 115 000 Menschen.

Als 1956 der Uranerzbergbau auslief, waren bereits andere Industrien angesiedelt. Das idyllisch am Kamm des Gebirges gelegene Johanngeorgenstadt, das schon in den zwanziger Jahren ein beliebtes Erholungsgebiet, besonders im Winter, war, nahm diese Traditionen wieder auf. Systematisch wurden die Ödlandschaften des Bergbaus rekultiviert, 325 ha Ödland wiederaufgeforstet.

Der sich in 700 bis 900 m ü. d. M. zwischen Fastenberg und Auersberg erstreckende Ort, seit 1969 staatlich anerkannter Erholungsort, ist heute ein bedeutendes Ferien- und Wintersportzentrum.

Rittersgrün:
Im Eisenbahnmuseum

Im *Technischen Denkmal Schaubergwerk* ist eine Untertagebesichtigung möglich. Prominentester Besucher des Johanngeorgenstädter Kobaltbergbaus war Goethe 1785.

Empfehlenswert ist auch eine Wanderung zum LSG „Auersberg" (1018 m).Vom Aussichtsturm bietet sich ein schöner Blick ins Land.

In **Markersbach** steht das größte Pumpspeicherwerk der DDR (1973/80, das Oberbecken hat ein Volumen von 6 Mill. m^3, die Maschinenhalle liegt 100 m tief im Berg).

In **Rittersgrün** wird das Bahnhofsgelände des *„Bimmelbähnel"* gern besucht. Die ehemalige Schmalspurbahn fuhr von 1888/89 bis 1971. Zu sehen sind u. a. eine *technische Schauanlage*, ein *Museumszug* und das *Eisenbahnmuseum*. (↗ Bl. 15)

Osterzgebirge

Geographische Besonderheiten: Der östliche Teil des Erzgebirges unterscheidet sich in vieler Hinsicht vom westlichen und mittleren Erzgebirge. Durch die Nähe der Elbe, die als einziges Gewässer den Gebirgswall im Süden der DDR durchbricht, werden die hier auf dem Kamm des Erzgebirges entspringenden Flüsse abgelenkt und fließen in kurzen, tief eingeschnittenen und landschaftlich reizvollen Tälern direkt der Elbe zu. Gottleuba, Müglitz, Rote und Wilde Weißeritz (von Ost nach West) sind die wichtigsten und nur die Freiberger Mulde findet den Weg zur Elbe nicht mehr, sie wendet sich nach Westen, um sich später mit den anderen Erzgebirgsflüssen in der Mulde zu vereinen, sie bildet damit auch eine natürliche Grenze des Osterzgebirges. Die Täler zerschneiden die als Pultscholle bekannte Nordabdachung des Erzgebirges, die auf die kurze Entfernung von nur 25 km um fast 800 m bis zum Elbtal abfällt. Die weitgeschwungenen, bis in Höhen von 700 m landwirtschaftlich genutzten Hochflächen werden nur von einem bewaldeten Rücken aus Quarz- und Granitporphyr mit dem Kahleberg (905 m) als höchstem Punkt deutlich überragt. Auch die als markante Landmarken den Gneishochflächen aufsitzenden Kegelberge aus Basalt – Geising (824 m), Luchberg (576 m) und Wilisch (478 m) – spiegeln den Nordabfall des Gebirges charakteristisch wider.

Geschichte: Noch um das Jahr 1000 war das gesamte Osterzgebirge mit Wald bedeckt, der wohl nur vereinzelt zur Jagd und zum Sammeln von Wildfrüchten von den benachbarten slawischen Siedlungsgebieten aus durchstreift wurde. Von wenigen Herrschaftssitzen und Stützpunkten an den Wegen nach Böhmen aus (Dohna, Lauenstein, Liebstadt) stießen fränkische und thüringische Einwanderer ab Ende des 12. Jh. allmählich in das Bergland vor, rodeten den Wald und legten Dörfer an. Die ersten Funde von Silbererz um diese Zeit brachten im Osterzgebirge (Dippoldiswalde) nicht die erhofften großen Erträge wie etwa im benachbarten Freiberg. Erst als nach 1400 Zinnerz bei Altenberg und Eisenerz bei Berggießhübel gefunden wurde, blühte auch hier der Bergbau auf und hatte eine zweite Besiedlungswelle und die Gründung kleiner Bergstädte zur Folge (Bärenstein, Geising, Glashütte). Eine dritte Periode begann im 17. Jh., als Exulanten aus Böhmen auch die Kammregion besiedelten (Zinnwald, Georgenfeld). Der wenig ergiebige Bergbau und die ungünstigen geographischen Verhältnisse waren die Ursachen dafür, daß im Osterzgebirge oftmals die Entwicklung stagnierte und einige Städte sich bis heute nicht wesentlich vergrößerten (Lauenstein, Liebstadt, Bärenstein). Im 19. Jh. brachten die verkehrsmäßige Erschließung und die Einführung neuer Industrien, wie die Herstellung von Uhren (Glashütte), sowie der beginnende Kurbetrieb (Gottleuba) und der aufkommende Wintersport einigen Gebieten eine ökonomische Belebung und erstmals den Fremdenverkehr. In der jüngsten Zeit prägen der planmäßige Ausbau auch traditioneller Betriebe (VEB Zinnerz Altenberg), der stark gestiegene Transitverkehr zur ČSSR und die Verbesserung und Erweiterung des Erholungswesens die Entwicklung des Osterzgebirges.

Erholungswesen und Tourismus: Mit einer Fläche von 441 km^2 ist das Osterzgebirge das größte Landschaftsschutzgebiet im Bezirk Dresden und zugleich ein bedeutendes Erholungsgebiet. Der Urlauberverkehr konzentriert sich in der Umgebung des Kurortes Kipsdorf und um Altenberg. Hinzu kommt der Wochenendverkehr aus dem Dresdner Raum, der zusätzlich noch vom Transitverkehr überlagert wird. Das gilt besonders für die Wintermonate, da in diesem schneesicheren Gebiet traditionell Wintersport getrieben wird und entsprechende Einrichtungen dafür vorhanden sind. Aber auch alle Randgebiete des Osterzgebirges sind heute in den Tourismus, besonders in die Nah- und Wochenenderholung, einbezogen und werden unterschiedlich genutzt. Um Bad Gottleuba konzentriert sich der Kurbetrieb, im Gebiet um die Talsperre Malter herrscht reiner Saisonverkehr mit Bade- und Wassersport vor. Mehrere Naturschutzgebiete und ein ausgedehntes Wanderwegenetz ermöglichen stille und geruhsame Erholung. Reizvoll gelegene Kleinstädte, interessante Museen und Bergbauanlagen geben Einblicke in die Geschichte der Landschaft.

Im weiten Talkessel an der Weißeritz, der Vereinigung von Wilder und Roter Weißeritz, liegt die Kreisstadt **Freital.** Sie besteht aus mehreren durch den Steinkohlenbergbau im 19. Jh. groß gewordenen ehemaligen Dörfern, die sich 1921 unter dem neuen Namen Freital zusammengeschlossen haben. Die bedeutende Industriestadt wird wesentlich vom Edelstahlwerk „8. Oktober 1945" geprägt. Sehenswert ist das *Heimat- und Bergbaumuseum „Haus der Heimat"* im *Schloß Burgk.* Am Bahnhof Freital-Hainsberg zweigt eine *Schmalspurbahn* ab, die im Tal der Roten Weißeritz aufwärts bis Kurort Kipsdorf fährt. Schon nach kurzer Fahrt beginnt das NSG „Rabenauer Grund", ein stark gewundenes, steilwandiges und enges Tal mit interessanten Felsbildungen und artenreichen Laubmischwäldern. Weiter aufwärts liegt das Naherholungsgebiet an der *Talsperre Malter.* Die Talsperre Malter ist die älteste (erbaut 1909/13) und kleinste (9 Mill. m^3 Stauinhalt) des Talsperrensystems im Osterzgebirge. Sie ist die einzige, an der Gaststätten, Bademöglichkeiten, Campingplätze, Wochenendsiedlungen und andere touristische Einrichtungen vorhanden sind. Weitere Möglichkeiten für die Naherholung befinden sich in der benachbarten Dippoldiswalder Heide.

Im engen Tal der Wilden Weißeritz liegt die Kleinstadt **Tharandt.** Die Ruine neben der *Kirche* auf dem schmalen Felsensporn gehört zu den ältesten *Burganlagen* (vor 1216), die schon vor der Rodung des Gebirgswaldes und der planmäßigen Besiedlung erbaut worden war. Die 1811 von Heinrich Cotta hier eingerichtete Forstlehranstalt, bekannt als Forstakademie, gehört heute als Sektion Forstwissenschaft zur Technischen Universität Dresden. Zu dieser bedeutenden forstwissenschaftlichen Einrichtung der DDR gehört auch der *Forstbotanische Garten* mit wertvollen und seltenen Gehölzbeständen. Er liegt am Rande des LSG „Tharandter Walt", der eine geschlossene Waldfläche von 60 km^2 bedeckt und ein beliebtes Naherholungsgebiet ist.

Am Waldrand liegt der **Kurort Hartha** und in der Mitte des Waldes die kleine Siedlung **Grillenburg** mit einem von Teichen umgebenen *Jagdschloß,* in dem sich eine forst- und jagdkundliche Lehrschau befindet.

Dippoldiswalde ist Verkehrsknotenpunkt und administratives Zentrum des Osterzgebirges. Die Gründung der Stadt um 1200 geht auf den Erzbergbau zurück, der aber hier keine große Bedeutung erlangt hat und später ganz einging. Sehenswerte Bauwerke sind *Schloß, Rathaus, Stadtkirche* und die außerhalb der Stadt liegende *Nikolaikirche,* eine gut erhaltene romanische Basilika aus dem 13. Jh. Eine Besonderheit ist das *Stadt- und Lohgerbermuseum* in einem stattlichen Wohnhaus und den ehemaligen Produktionsräumen einer Lohgerberei. Im Tal der Roten Weißeritz fährt eine *Schmalspurbahn* durch **Schmiedeberg** mit der *Dreifaltigkeitskirche,* einem kleinen barocken Zentralbau (Bähr, 1713/16) und großer Eisengießerei zum Kurort Kipsdorf, dem Endpunkt der Eisenbahn in 530 m Höhe.

Durch das windungsreiche **Müglitztal** gelangt man ins Zentrum des

Osterzgebirges nach Altenberg. Dabei werden folgende sehenswerte Orte berührt: **Dohna** war einst Sitz mächtiger Burggrafen, die sich um die Rodung und Besiedlung des Berglandes verdient gemacht haben, aber infolge persönlicher Fehden in den Machtkämpfen zwischen dem Markgrafen von Meißen und dem König von Böhmen nach 1400 untergingen. Von der Burg ist nichts mehr vorhanden, nur die kleine Stadt liegt auf der Höhe hinter dem Burgberg, während sich im Tal vorwiegend Industriebetriebe angesiedelt haben. Sehenswert ist das *Schloß Weesenstein* (14. Jh.), ein bedeutendes Bau- und Kulturdenkmal, das sich mit seinen Höfen und Gebäudekomplexen dem hohen Felsenriff anpaßt. Im Schloß ist ein *Kunstmuseum* untergebracht und auch die barocke *Parkanlage* (1781) lohnt einen Besuch.

Glashütte ist bekannt durch seine Uhrenindustrie, in der Ingenieurschule für Feinwerktechnik befindet sich eine astronomische Kunstuhr.

Bärenstein und **Lauenstein** liegen jeweils mit Marktplatz, Schloß und Kirche auf Höhen über dem Müglitztal. Beide Orte spielten für die Besiedlung des Landes und den Bergbau vom 13. bis zum 16. Jh. eine wichtige Rolle, sind aber dann wegen der abseitigen Lage nicht mehr gewachsen, heute sind sie bedeutende Erholungsorte. In Lauenstein sehenswertes *Renaissanceschloß mit Museum*. Ab Bahnhof Lauenstein (470 m) verlassen Bahn und Straße das Müglitztal und steigen über Geising auf die Hochfläche von Altenberg (750 m) im Zentrum des Osterzgebirges. Auf einer aussichtsreichen Strecke windet sich die Bahn in einem großen Bogen um den Geisingberg.

Altenberg ist ein Verkehrsknotenpunkt und größtes Wintersportzentrum des Osterzgebirges. Die unregelmäßig gebaute Bergstadt wird auch jetzt noch vom Bergbau geprägt, dazu gehören die auffallenden Betriebsanlagen des VEB Zinnerz, die Bergbauschauanlage über Zinnaufbereitung, die Pinge, ein über 100 m tiefer Einsturztrichter (seit 1620, nicht zu betreten), die beiden *Galgenteiche* in 787 m Höhe (seit 1550) mit Bad und Campingplatz. In der Nähe der Stadt liegen der Kahleberg, mit 905 m die höchste Erhebung im sächsischen Osterzgebirge und der markante *Geisingberg* (824 m) mit Gaststätte und *Aussichtsturm.* Wichtigste Wintersportanlagen sind das *Biathlonstadion* und die *Bob- und Rennschlittenbahn* im Hirschgrund, 1985 eingeweiht.

Der ehemalige Bergort **Geising** liegt im weiten Hüttenbachgrund zwischen Geisingberg und Kohlhaukuppe (786 m). Die unregelmäßige Ortsanlage mit barocken Fachwerkbauten, z. B. mit dem *Saitenmacherhaus* von 1688, steht unter Denkmalschutz. Heute ist Geising ein bedeutender Sommer- und Winterferienort mit Bad, Eisstadion, Sprungschanze und *Schaubergwerk Silberstollen.*

Zinnwald-Georgenfeld ist eine Bergbaustreusiedlung in über 800 m Höhe (Grenzübergang der E 55 zur ČSSR) mit schöner *Bergkirche* (1909) und *Bergbauschauanlage Huthaus* (1983). Im Ortsteil **Georgenfeld**, einer Exulantensiedlung aus dem 17. Jh., liegt das NSG „Georgenfelder Hochmoor“ mit seltener Moorvegetation.

Rehefeld-Zaunhaus, abseits gelegene, ringsum von weiten Wäldern eingeschlossene Streusiedlung im Tal der Wilden Weißeritz, gilt als einer der kältesten und niederschlagsreichsten Orte der DDR und ist daher sehr schneesicher und ein beliebter Wintersportort.

Zum Gemeindeverband Kipsdorf gehören die vier kleinen Erholungsorte Kurort Kipsdorf, Kurort Bärenburg, Kurort Bärenfels und Schellerhau mit insgesamt bedeutenden Urlauberkapazitäten. Alle vier Orte sind von ausgedehnten Wäldern umgeben, die bis zu Höhen von über 800 m ansteigen und nicht so stark von den Rauchschäden beeinflußt sind wie die Wälder in der Kammregion. Sehenswert sind der für den Touristenverkehr gebaute *Kopfbahnhof* (1926/35) und die *Bergkirche* (1908) in **Kurort Kipsdorf**, die *Waldkirche* mit Trauka-

Altenberg-Geising

pelle (1913) in **Kurort Bärenburg**, der *Kurpark* mit Glockenspiel aus Meißner Porzellan (1955) in **Kurort Bärenfels** und in **Schellerhau** der *Botanische Garten* mit Gebirgspflanzen aus aller Welt sowie die *Bergkirche* (1591) in 763 m Höhe. Hier entstand auch das neue Ferienheim „Otto Buchwitz“.

In der Umgebung des Kurortes Kipsdorf liegen die Ferienorte **Falkenhain** und **Dönschten, Hermsdorf** (Kalkwerke) und **Schönfeld**.

Das Gebiet um Frauenstein, das bereits zum Bezirk Karl-Marx-Stadt gehört, liegt aber geographisch noch im Osterzgebirge. **Frauenstein** ist staatlich anerkannter Erholungsort, hier befindet sich eine der größten Ruinen einer mittelalterlichen Burg (um 1200), mit hervorragender Aussicht aus 680 m Höhe weit über das Land. Das dahinter liegende *Schloß* (1585/88) beherbergt ein *Museum* für den Orgelbauer *Gottfried Silbermann*, der im Ortsteil **Kleinbobritzsch** geboren wurde (Gedenktafel am Geburtshaus).

Im Tal der Wilden Weißeritz liegt die *Trinkwassertalsperre Lehnmühle* (22 Mill. m^2 Stauinhalt), die größte des Talsperrensystems im Osterzgebirge. Die *Weicheltmühle* im Gimmlitztal ist *Technisches Museum.* Im Waldgebiet südlich von Frauenstein bilden das lange Waldhufendorf **Nassau, Rechenberg-Bienenmühle** (Holzverarbeitungsbetrieb) und **Holzhau** ein weiteres Erholungsgebiet im oberen Osterzgebirge.

Durch den östlichen, schon niedrigeren Teil des Osterzgebirges fließt die Gottleuba, die in Pirna in die Elbe mündet. Teilweise greift der Sandstein der Sächsischen Schweiz auf das Gebiet über und bildet kleine Felsreviere, so daß hier eine abwechslungsreiche Landschaft entstanden ist. Im Gottleubatal liegen die beiden Kurorte Berggießhübel und Bad Gottleuba.

Die Kleinstadt **Berggießhübel** liegt an der Transitstraße von Pirna nach Usti n. L., die am Grenzübergang Bahratal in die ČSSR wechselt. Wichtigste Einrichtung der Stadt ist heute das *Kneippkurbad* mit jährlich 3000 Kurgästen. An den einst bedeutenden Eisenerzbergbau erinnern nur noch Schachteingänge und das Portal des ehemaligen Bergamtes. Ein *Gedenkstein* erinnert an die Hochwasserkatastrophe von 1927, die 88 Todesopfer forderte.

Im Gegensatz zu Berggießhübel, wo der Badebetrieb nach dem Entdecken von Heilquellen schon in der Mitte des 18. Jh. begann, wurde in **Gottleuba** erst am Ende des 19. Jh. ein kleines Kurhaus mit Badezellen eingerichtet. 1909 erfolgte der Bau des *Kliniksanatoriums*, das mit seinen weitläufigen Anlagen nicht nur das Panorama der Stadt beherrscht, sondern mit seinen jährlich 8000 Kurgästen heute auch das gesamte Leben von Bad Gottleuba beeinflußt. Beliebte Ausflugsziele sind der **Augustusberg** (513 m) und die **Panoramahöhe** (439 m). Von größter Bedeutung für das gesamte Osterzgebirge wurde der Bau der *Trinkwassertalsperre Gottleuba* (1968/74), die heute als zentrales Objekt im Hochwasserschutzsystem im Verband mit mehreren Rückhaltebecken die früher oftmals verheerenden Katastrophen verhindert.

Der kleine, langgestreckte Ferienort **Oelsen** ist das höchstliegende (bis über 600 m) und älteste Dorf im gesamten Gebiet, es wurde von Böhmen aus besiedelt und schon 1169 urkundlich erwähnt. In der Nähe liegen mehrere Naturschutzgebiete mit artenreicher, hochcolliner und submontaner Grünlandflora.

Über der kleinen Stadt **Liebstadt** thront das massive *Schloß Kuckuckstein* (der Name stammt aus der Zeit der Romantik), mit wertvollem *Museum* über die Geschichte des Territoriums.(↗ Bl. 16, 17)

Dresdner Elbtal

Geographische Besonderheiten: Das Elbtal um Dresden und Meißen nimmt zwischen den Bergländern im Süden der DDR sowohl hinsichtlich der geologischen Struktur als auch im geographischen Erscheinungsbild eine Sonderstellung ein. Zwischen den bis über 900 m aufragenden Höhen des Osterzgebirges und den fast 800 m hohen Bergen der Lausitz verläuft das Elbtal in etwa 120 m Höhe im Zuge einer alten Schwächezone der Erdrinde, dem Elbelineament, in dem es im Laufe der erdgeschichtlichen Entwicklung mehrmals zu Störungen, Krustenbewegungen, Ablagerungen und Ausräumungen gekommen ist. Nachdem die Elbe bei Pirna das Engtal im Sandsteingebiet der Sächsischen Schweiz verlassen hat, beginnt die 40 km lange und 4 bis 8 km breite Dresdner Elbtalweitung, in der die Elbe in großen Windungen hin und her pendelt oder entlang der Steilhänge fließt. Bei Meißen durchbricht sie dann noch einmal in einem schmalen Tal ein Granitgebiet, bevor sie endgültig das Tiefland erreicht. Die mit fruchtbaren Ablagerungsböden ausgefüllte und klimatisch begünstigte Elbtalweitung wird von ausgeprägten Verwerfungslinien begrenzt, die das Landschaftsbild beherrschen und von deren Oberkanten aus sich herrliche Blicke auf Dresden und die die Stadt umgebenden Landschaften bieten. Nur im mittleren Teil der Umrandung sind die Hänge etwas flacher und erleichtern die Querung des Tales. Damit bestanden günstige geographische Voraussetzungen für die Entwicklung der Stadt Dresden an den wichtigen Ost-West-Verbindungswegen am Nordrand des Berglandes. Nördlich der Elbtalweitung sind wegen der dort vorhandenen schlechteren Böden größere Waldgebiete, die Dresdner Heide und der Friedewald mit dem Moritzburger Teichgebiet, erhalten geblieben; sie gehören ebenso wie die zahlreichen kleinen Täler, die die Steilhänge zerschneiden, zu den Naherholungsgebieten dieses dicht besiedelten Raumes. Die Vielgestaltigkeit der Landschaftsformen in der unmittelbaren Umgebung von Dresden – hierzu zählen auch die nahe gelegenen Landschaftschutzgebiete Osterzgebirge und Sächsische Schweiz – bilden die Merkmale der vielgepriesenen Schönheit der Dresdner Landschaft.

Geschichte: Die Dresdner Elbtalweitung gehörte schon in ur- und frühgeschichtlicher Zeit zu den bedeutenden Siedlungsgebieten im mitteleuropäischen Raum, das ist durch zahlreiche Funde und Bodendenkmale belegt. Hier entstand in der Slawenzeit ab dem 6. Jh. der Gau Nisan, der von einem nahezu geschlossenen Waldgebiet umgeben war. Obwohl der Wald im Bergland nur vereinzelt von Sammlern und Jägern durchstreift wurde, bestanden Wegeverbindungen bereits über den Kamm des Osterzgebirges hinweg, sowie zu den benachbarten slawischen Siedlungsgebieten der Daleminzer und auch zu den Milzenern in der Lausitz. Das Elbtal konnte wohl wegen seiner Enge nur als Wasserweg genutzt werden.

Mit der Gründung der Burg Meißen (929) nahm der deutsche Feudalstaat das von den Slawen bewohnte Land in seinen Besitz, aber erst ab Mitte des 12. Jh. erfolgte ein Zustrom von meist fränkischen Einwanderern. Die slawischen Dörfer wurden vergrößert und die Bevölkerung vermischte sich mit den deutschen Siedlern. Bis weit ins Bergland wurde der Wald gerodet und langgestreckte Waldhufendörfer angelegt, Burgen und später feudale Herrensitze errichtet und Städte gegründet. Während das Elbtalgebiet stets im Besitz der Meißner Markgrafen, seit 1423 sächsische Kurfürsten, war, wechselten im Bergland, bis um die Mitte des 15. Jh. oftmals die Besitzverhältnisse. Im Vertrag von

Eger 1459 wurde dann die Grenze zwischen dem Kurfürstentum Sachsen und dem Königreich Böhmen so festgelegt, wie sie im wesentlichen bis heute zwischen der DDR und der ČSSR besteht. Die gefestigte Macht und die gewachsene Stärke des Kurfürstentums wird auch in der Verlegung der Hauptstadt von Meißen nach Dresden spürbar, das sich von nun an zum politischen und kulturellen Zentrum Sachsens entwickelte.

Trotz der Rückschläge im Dreißigjährigen Krieg und im Siebenjährigen Krieg erfolgte jedoch gleichzeitig im gesamten Elbtalgebiet eine kontinuierliche ökonomische Entwicklung; infolge der günstigen Voraussetzungen erlangten Spezialkulturen wie Garten- und Weinbau besondere Bedeutung. Im 19. Jh. nahm die Besiedlung im Elbtal weiter zu und die Industrie entwickelte sich stürmisch, während im Bergland, besonders im Osterzgebirge, wegen der ungünstigen geographischen Verhältnisse und dem Versiegen der Rohstoffquellen (Erzbergbau) die Entwicklung stagnierte.

Erholungswesen und Tourismus: Dresden und seine Umgebung gehören zu den am meisten besuchten Gebieten in der DDR. Die großartigen Bauten der Stadt, die Kunst- und Kulturschätze und die reizvolle Umgebung locken jährlich Millionen Touristen an. Über Dresden erfolgt größtenteils die Einreise in die beliebten Erholungsgebiete Sächsische Schweiz und Osterzgebirge und die Urlauber dieser Gebiete besuchen meist auch Dresden. Große Bedeutung besitzt der Transitverkehr zwischen der DDR und den südosteuropäischen Ländern, für den Dresden ein wichtiger Knotenpunkt ist. Die Nähe der Grenze zur ČSSR und gute Verkehrsverbindungen ermöglichen auch kurzfristige gegenseitige Besuche von Touristeneinrichtungen. So überlagern sich im Dresdner Raum die verschiedensten Formen des Tourismus.

Die Wanderbewegung hat in den abwechslungsreichen Landschaften um Dresden schon eine lange und reiche Tradition, von hier aus nahmen die landschaftstypischen Sportarten ihren Ausgang: der Klettersport in der Sächsischen Schweiz und der Wintersport im Osterzgebirge. (↗ Bl. 16)

Dresden

Lage und Bedeutung: Die Bezirksstadt Dresden, drittgrößte Stadt der DDR (519 800 Einw.), liegt beiderseits der Elbe in 115 m Höhe. Vom mittelalterlichen, in der Mitte der Dresdner Elbtalweitung gelegenen Stadtkern ausgehend, hat sich die Stadt nach allen Seiten ausgebreitet und ist über die flache Ebene hinaus auf die umliegenden Höhen gewachsen. Von den ehemaligen Dörfern, die längst im Weichbild der Stadt aufgegangen sind, sind nur noch einige denkmalgeschützte Ortskerne erhalten geblieben, z. B. Kaditz, Coschütz, Gostritz, Pillnitz u. a. Mit 226 km^2 besitzt Dresden nach Berlin die größte Flächenausdehnung einer Stadt in der DDR. Am Taubenberg bei Bühlau und bei Gittersee werden dabei Höhen von fast 300 m erreicht, und von zahlreichen Aussichtspunkten ergeben sich umfassende und schöne Blicke auf die Stadt.

Dresden ist bekannt als Stadt der Kunst, Kultur und Wissenschaften, es ist aber auch Verwaltungszentrum, Verkehrsknotenpunkt und Sitz bedeutender Industriebetriebe. Zu den wichtigsten Industriezweigen gehören die elektrotechnische und elektronische Idustrie, der vielseitige Maschinenbau, die Kartonagen- und Verpackungsindustrie, die optische Industrie, die Nahrungs- und Genußmittelindustrie. Aber auch solche Betriebe wie z. B. die Kunstgärtnereien sind für Dresden charakteristisch. In Dresden hat eine Vielzahl von wissenschaftlichen Einrichtungen ihren Sitz, darunter sieben Hochschulen. Die Technische Universität Dresden ist die größte naturwissenschaftlich-technische Bildungseinrichtung der DDR.

Dr.-Neustadt
Katharinenstr.
Antonstr.
Bautzner Str.
Holzhof-
Marienbrücke
Karl-Marx-Platz
Japanisches Palais
Techn. Museum
Köpcke straße
Bellevue
Wigardstraße
Rat d. Bezirkes
Dr.-Rud.-Friedrichs-Ufer
Brücke der Einheit
Sachsenplatz
Dr.-Rud.-Friedrichs-Brücke
Georgi-Dimitroff-Brücke
Anlegestelle der Weißen Flotte
Terrassenufer
Semperoper
Theaterplatz
Kath. Hofk.
Zwinger
Schloß
Neumarkt
Ruine d. Frauenk.
Albertinum
Pillnitzer Str.
Postplatz
Kulturpalast
Ernst-Thälmann-Str.
Altmarkt
Pirnaischer Platz
Grunaer Str.
Kreuzkirche
Rathaus
Dr.-Külz-Ring
Waisenhausstr.
Centrum-Warenhs.
Prager Str.
ALTSTADT
Leningrader Str.
Deutsches Hygienemuseum in der DDR
Lingnerallee
Bürgerwiese
Blüherpark
Dynamostadion
Ausstellungshalle
MIT
Budapester Straße
Lenindenkmal
Dr.-Hauptbahnhof
Leninplatz
Wiener Straße
Zoologischer Garten
Tiergartenstr.
Strehlener Straße
Schnorrstr.
Reichenbachstraße
Juri-Gagarin-Str.
Juri-Gagarin-Platz
Lukasplatz
Rich.-Strauss-Platz
Ernst-Thälmann-Platz
Teplitzer Str.
Friedr.-List-Pl.
Fučikplatz
Güntzplatz
Sportplätze

Die kulturelle Bedeutung der Stadt wird durch die zahlreichen, z. T. weltberühmten Baudenkmale, Museen und Theater sowie künstlerische Ensembles und Veranstaltungen (z. B. Dresdner Musikfestspiele) geprägt. Die bemerkenswerten Dresdner Kulturbauten fügen sich zu einem geschlossenen Ensemble, das der Stadt auch nach den schweren Zerstörungen von 1945 im Zusammenspiel mit der reizvollen Landschaft wieder den Ruf eingebracht hat, eine der schönsten und besuchenswertesten Städte Europas zu sein.

Stadtgeschichte: Dresden entstand als planmäßige Stadtgründung unter Markgraf Dietrich dem Bedrängten um 1200, im Rahmen der feudalen deutschen Ostexpansion. Der Name wird von Drazdany (Sumpfwaldleute) abgeleitet, den Bewohnern der slawischen Siedlungen an einem Elbübergang. Ihre Kirche war die spätere Frauenkirche. Ganz in der Nähe hatte der Markgraf von Meißen einen Herrenhof, der um 1200 zur Burg, dem späteren Schloßkomplex, ausgebaut wurde. 1206 erstmals in einer Urkunde genannt, wurde Dresden schon 1216 als Stadt bezeichnet und besaß einen quadratischen Markt mit einem regelmäßigen Straßennetz. Die ältesten Befestigungsanlagen ließen das alte slawische Dorf außerhalb der Stadt und die neue Brücke, die schon 1286 als „steinern" genannt wurde, führte direkt von der Burg aus über die Elbe. In Verbindung mit den vom Markgraf gewährten Privilegien kam die Stadt rasch zu Wohlstand. Trotzdem blieb Dresden fast 300 Jahre lang ein unbedeutendes Landstädtchen und das auf der anderen Elbseite an der Brücke liegende Altendresden erhielt erst 1403 Stadtrecht. Mit der Übersiedlung des Wettiner Herrscherhauses aus Meißen in das Dresdner Schloß 1485 wurde Dresden dann 1547 Hauptstadt des Kurfürstentums Sachsen. Nach der Vereinigung mit Altendresden 1549 erfolgte unter Einbeziehung des Geländes um die Frauenkirche mit dem Neumarkt ein großzügiger Ausbau der Stadt. Von den gewaltigen Festungsanlagen aus dieser Zeit ist nur die Brühlsche Terrasse erhalten geblieben. Nach Rückschlägen infolge des Dreißigjährigen Krieges erreichte die Stadtentwicklung in der ersten Hälfte des 18. Jh., im sog. Augustäischen Zeitalter, ihren Höhepunkt. Die prunkliebenden Kurfürsten Friedrich August I., genannt August der Starke (1694–1733), und Friedrich August II. (1733/63), beide gleichzeitig Könige von Polen, haben mit prachtvollen Bauten (Zwinger, Hofkirche) und kostbaren Sammlungen (Gemäldegalerie, Grünes Gewölbe) Dresden zur schönsten barokken Residenzstadt gemacht. Zu diesem Ruhm trugen aber auch städtische Bauten (Frauenkirche), Straßenfronten mit neuen Bürgerhäusern, zahlreiche Palaisbauten und weiträumige Parks (Großer Garten) bei. Nach einem verheerenden Brand von Altendresden wurde großzügig eine „Neue Königsstadt" aufgebaut. Sie heißt seitdem Dresden-Neustadt, während der Name „Altstadt" auf die andere Seite der Elbe wechselte.

Der Siebenjährige Krieg brach diese Entwicklung jäh ab und brachte Dresden wieder Leid und Zerstörung. In der folgenden Zeit kam es zwar zu einer zögernden Wiederbelebung der wirtschaftlichen Verhältnisse in der Stadt und sogar zu einem Aufschwung auf kulturellem (Gründung der Kunstakademie) und administrativ-ökonomischem Gebiet (Bau von Landhaus und Gewandhaus), aber am Anfang des 19. Jh. kam neue politische Unruhe über Dresden. Napoleon erhob Sachsen 1806 zum Königreich, er war selbst oft in Dresden und residierte hier 1812 und 1813 längere Zeit. Hier nahm er die Heerschau seiner „Großen Armee" zum Feldzug gegen Rußland ab und hier errang er im August 1813 seinen letzten Sieg über die Verbündeten. Napoleons endgültige Niederlage in der Völkerschlacht bei Leipzig brachte für Dresden neues Elend, da hier eine französische Besatzung verblieb und die Stadt mehrere Wochen eingeschlossen war.

Dresden: Zwinger

Durch Demolierung der Festungswerke kam es zur weiteren Ausdehnung der Stadt, aber die Restaurationspolitik der Fürstenhäuser nach dem Wiener Kongreß verzögerte zunächst in dem nunmehr verkleinerten Königreich Sachsen eine fortschrittliche Entwicklung. Erst die bürgerlichen Reformen und Strukturveränderungen im Staatswesen nach den revolutionären Unruhen von 1830, sowie die industrielle Revolution verhalfen auch in Dresden den kapitalistischen Produktionsverhältnissen zum Durchbruch. Mit der Verbesserung der Verkehrsverhältnisse, insbesondere im Ergebnis der Fertigstellung der ersten deutschen Ferneisenbahn von Leipzig nach Dresden, wurden Industriebetriebe gegründet und es kam zu einer raschen Vergrößerung der Stadt. Nach wie vor spielte das kulturelle Leben eine entscheidende Rolle (Bau der ersten Semperoper) und es ist bezeichnend für Dresden, daß in die bürgerliche Revolution von 1848 auch Künstler wie Richard Wagner und Gottfried Semper aktiv eingegriffen haben. Die stürmische Entwicklung zur kapitalistischen Großstadt bis zum ersten Weltkrieg ist in zahlreichen repräsentativen Bauten sichtbar (Neues Rathaus, Landtagsgebäude, Ministerialgebäude am Neustädter Elbufer), die mit den barocken Bauten das Panorama im Stadzentrum prägen. Selbst bemerkenswerte Industriebauten aus dieser Zeit (Zigarettenfabrik im Baustil einer Moschee, Hafenmühle und Schlachthof, Ernemannturm, Gaswerk Reick, Beyerbau in der Technischen Universität) stehen heute unter Denkmalschutz. Als Hauptstadt von Sachsen, einem dichtbesiedelten Industrieland in Deutschland, entwickelte sich Dresden auch zu einer Hochburg der Arbeiterbewegung, in der u. a. August Bebel viele Jahre lebte und wirkte.

Unvorstellbares Leid brach über Dresden herein, als am 13. Februar 1945, gegen Ende des zweiten Weltkrieges, ein anglo-amerikanischer Bombenangriff ohne militärische Notwendigkeit die Stadt in Schutt und Asche legte. Über 35 000 Menschen

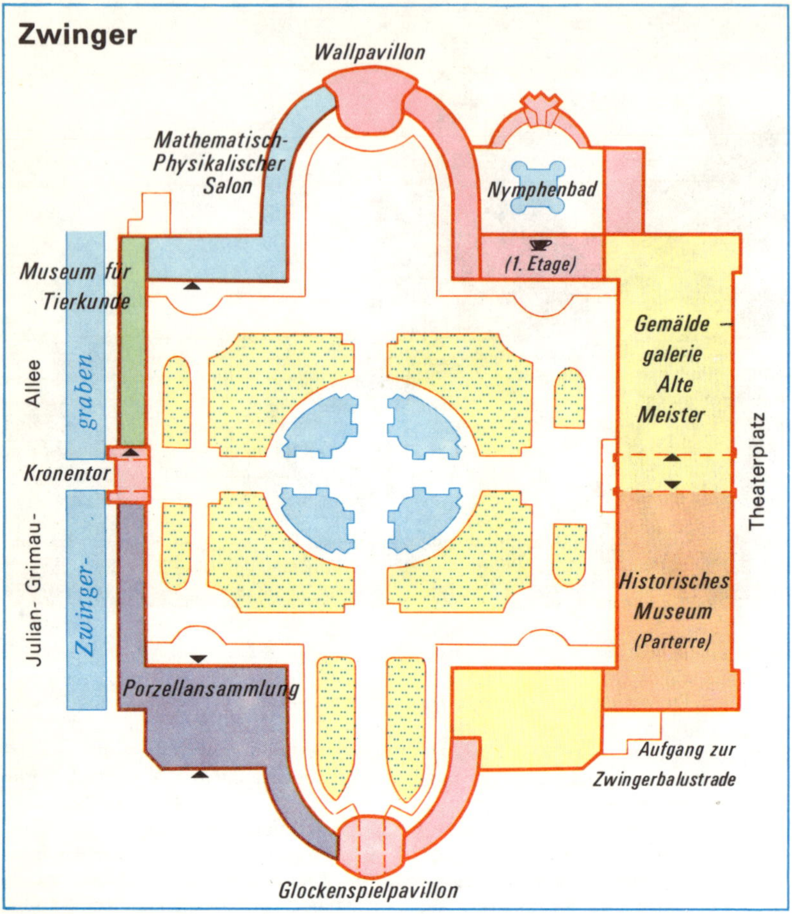

starben einen grauenvollen Tod. Nahezu alle historisch wertvollen Bauwerke wurden ein Raub der Flammen. Von den 220 000 Wohnungen wurden 80 000 total zerstört, nur 45 000 blieben unbeschädigt. Auf einer fast geschlossenen Fläche von 15 km² eng bebauten Stadtgebietes lagen 18 Mill. m³ Trümmer.

Der Besucher von Dresden findet heute eine moderne Großstadt vor. Neubauten beherrschen den größten Teil des Stadtzentrums und auch am Stadtrand entstanden moderne Wohnbezirke (Prohlis, Zschertnitz, Gorbitz). In der Stadt sind nur noch wenige Ruinen von kulturhistorisch wertvollen Bauwerken zu finden, ihr Wiederaufbau ist in den meisten Fällen vorgesehen. Die Ruine der Frauenkirche bleibt Erinnerungs- und Mahnmal an den 13. Februar 1945. Die Überwindung der Zerstörungen von 1945 und die Wiedererlangung der internationalen Bedeutung von Dresden als Kultur- und Kunststadt zählen zu den größten Leistungen ihrer Bewohner.

Sehenswürdigkeiten: Die meisten Sehenswürdigkeiten Dresdens liegen nahe beieinander im Zentrum der Stadt unweit der Elbe. Berühmtestes Bauwerk ist der *Zwinger*, der als repräsentative Festplatzanlage für den sächsischen Hof unter August dem Starken nach französischen und italienischen Vorbildern von Matthäus Daniel Pöppelmann von 1711 bis 1732 geschaffen wurde. Der Name stammt von den in der Festungsbaukunst so bezeichneten Freiflächen zwischen den Gräben, Mauern und Wällen der Bastion Luna, die in Resten heute noch zu sehen sind. Der große freie Innenraum des Zwingers wird von verschiedenartigen Bauten umschlossen, drei Torbauten und vier Eckpavillons, die durch Lang- und Bogengalerien miteinander verbunden sind. Ein Zugang zum Innenraum führt über eine historisch gestaltete Holzbrücke über den Wallgraben und durch das *Kronentor*, das mit einer goldenen Königskrone und vier polnischen Adlern geschmückt ist. Die beiden anderen Torbauten liegen dann in der Längsachse, rechts der *Stadt- oder Glockenspielpavillon*, benannt nach dem in ihm vorhandenen Glockenspiel aus Meißner Porzellan, und links der *Wallpavillon*. Er gilt als künstlerisch besonders wertvoll und wird von einem die Erdkugel tragenden Herkules gekrönt. Im Innern führen verschlungene Treppen auf den Zwingerwall, hinter dem der Zwingerteich liegt. Vor dem Wallpavillon finden im Sommer regelmäßig Konzerte und Ballettaufführungen statt. In den Galerien und den symmetrisch angeordneten Eckpavillons befinden sich Museen und Sammlungen, nach denen sie ihre Namen erhalten haben, *Mathematisch-Physikalischer Salon* und *Porzellanpavillon*, sowie *Französischer* und *Deutscher Pavillon*, weil dort früher die entsprechenden Gemälde untergebracht waren. Die einmalige architektonische Gestaltung der gesamten Zwingeranlage, der überaus reiche bildhauerische Schmuck, vorwiegend aus der Werkstatt von Balthasar Permoser, spiegeln hier die graziöse Leichtigkeit und Eleganz des Dresdner Barocks wider. Ein Kleinod besonderer Art ist das hinter dem Französischen Pavillon liegende *Nymphenbad* mit seinen Plastiken und Wasserspielen. Nach den schweren Zerstörungen von 1945 wurde der Zwinger bis 1965 in vorbildlicher Weise wiederhergestellt.

Die ursprünglich offene Seite des Zwingerhofes wird durch den *Museumsbau der Gemäldegalerie* abgeschlossen, so wird der intime Charakter der Anlage betont. Das Museum wurde von Semper im Stil der italienischen Hochrenaissance von 1847 bis 1854 erbaut und beherbergt das *Historische Museum* und die weltberühmte *Gemäldegalerie Alte Meister*. Sie ist eine der bedeutendsten Gemäldesammlungen der Welt mit Werken der italienischen Meister Tizian, Veronese, Correggio, Raffael (Sixtinische Madonna), der flämischen und niederländischen Meister Rubens, van Dyck, Rembrandt u. v. a. Die Gemälde wie auch andere Kunstschätze Dresdens waren im zweiten Weltkrieg ausgelagert. Sie wurden von der Sowjetunion sichergestellt und restauriert und zur 750-Jahrfeier Dresdens 1956 dem wiederaufgebauten Galeriebau zurückgegeben. Eine Originalinschrift in russischer Sprache – „Museum geprüft, keine Minen" – an der Eingangsecke erinnert noch an das Schreckensjahr 1945.

Gegenüber dem Kronentor öffnet ein Durchgang den Weg vom Zwinger zum *Theaterplatz*. Der Theaterplatz ist mit seinen ringsum stehenden Bauten der schönste und monumentalste Platz Dresdens. Er wird beherrscht durch die Oper, die in einem komplizierten Wiederaufbau nach den schweren Zerstörungen von 1945 als (dritte) *Semperoper* 1985 eröffnet wurde. Gottfried Semper hatte an dieser Stelle 1841 das erste Hoftheater errichtet, das 1869 durch Brand vollständig zerstört wurde. Nach seinen Plänen baute sein Sohn Manfred Semper von 1871 bis 1878 das zweite Hoftheater im Stil der Hochrenaissance, das als Semperoper ein weltberühmtes Theaterbauwerk wurde. Das hier einst zum Höhepunkt gelangte Dresdner Musikleben wird im neuen Haus fortgesetzt und hat wieder seinen internationalen Ruf zurückgewonnen. Die äußere Architektur des Bauwerkes so-

Dresden: Theaterplatz mit Semperoper und
Reiterstandbild Johanns v. Sachsen

wie die prunkvolle künstlerische Ausgestaltung im Innern entsprechen dem Semperschen Original, nur die an der Hinterfront angegliederten Funktionsgebäude sind modern gestaltet worden und fügen sich harmonisch an. Vom Theaterplatz aus sind in der reich gegliederten und figurengeschmückten Fassade die Funktionen der einzelnen Bauteile klar erkennbar. An die mit einer Pantherquadriga gekrönte Exedra schließen sich beiderseits die leicht gekrümmten Foyers und dann die Treppenhäuser mit Toreinfahrten an. Zurückgesetzt erhebt sich darüber der halbrunde Zuschauerraum, der vom Giebel des Bühnenhauses überragt wird.

Die *Katholische Hofkirche*, seit 1980 Kathedrale des Bistums Dresden-Meißen, wurde von 1739 bis 1755 von dem Italiener Chiaveri als dreischiffige Anlage mit Prozessionsumgang im Stil des römischen Barocks erbaut. 78 Statuen schmücken die Balustraden und den feingliedrigen 86 m hohen Turm, der ein markantes Wahrzeichen des Panoramas der Stadt von der Elbseite her darstellt. In den Grüften der Kirche liegen die Sarkophage der katholischen Herrscher von Sachsen.

Weitere Bauten auf dem Theaterplatz sind die als Besucherservice der Staatstheater genutzte ehemalige *Altstädter Wache*, 1830/32 von Thürmer nach Plänen Schinkels erbaut, und die von Erlwein 1911/13 errichtete *Gaststätte „Italienisches Dörfchen“*. Sie erhielt ihren Namen nach den ehemals dort stehenden Häuschen der italienischen Bauarbeiter, die die Hofkirche erbaut haben. Außer dem in der Mitte des Platzes stehenden *Reiterstandbild für König Johann von Sachsen* (Schilling, 1889) befindet sich rechts neben der Gemäldegalerie das *Denkmal* des Komponisten und Musikdirektors der Dresdner Oper *Carl Maria von Weber* (Rietschel, 1860).

Intimer als der große Theaterplatz wirkt der danebenliegende, ebenfalls von Monumentalbauten umgebene, kleine Georgi-Dimitroff-Platz (Schloßplatz). Obwohl direkt vom Platz aus die älteste und zentrale

Brücke der Stadt über die Elbe führt, ist seine Einbindung in das Straßennetz recht regellos. Gegenüber der Hofkirche führt die breite *Freitreppe* auf die Brühlsche Terrasse, geschmückt von vier Figurengruppen, sie verkörpern die Tageszeiten Morgen, Mittag, Abend und Nacht (Schilling, 1868). Daneben steht das *Ständehaus*, 1901/06 als Landtagsgebäude von Wallot errichtet, es beherbergt heute u. a. das Institut für Denkmalpflege, das Museum für Mineralogie und Geologie und die Deutsche Fotothek der Sächsischen Landesbibliothek. Die andere Seite der schmalen *Augustusstraße*, die zum Neumarkt führt, wird von der *Wand des „Langen Ganges"* des dahinterliegenden Stallhofes eingenommen. Dort befindet sich der über 100 m lange *Fürstenzug*. Auf 24 000 Meißner Porzellanfliesen sind die sächsischen Markgrafen, Kurfürsten und Könige dargestellt. Vom Historienmaler Wilhelm Walther 1873/76 als Sgraffito geschaffen, erfolgte 1904/07 die Umsetzung auf Fliesen und 1978/79 eine Restaurierung und Reinigung. Der umfangreiche *Schloßkomplex* wird vom pompösen *Georgenbau* beherrscht, der in dieser Form erst um 1900 entstand. Durch das Georgentor gelangt man in die Schloßstraße und zum Stadtzentrum. Die rechts dahinterliegenden, in Jahrhunderten vielmals umgebauten und 1945 schwer in Mitleidenschaft gezogenen Schloßbauten werden wiederaufgebaut, sie sind für kulturelle und museale Einrichtungen vorgesehen. Auch der nur provisorisch gesicherte *Schloßturm* wird mit seiner schlanken Spitze in voller Höhe von über 100 m wiedererrichtet. Links an das Georgentor schließt sich der in seiner ursprünglichen Form mit Säulen einer Stechbahn für ritterliche Turnierspiele wiederhergestellte *Stallhof* an. Die Pferdeschwemme mit dem dahinterliegenden Amtshaus bietet einen malerischen Anblick. Das ehemalige Stallgebäude aus dem 16. Jh. wurde als *Johanneum* für Museumszwecke mehrmals umgebaut, in ihm ist das *Verkehrsmuseum* untergebracht. Der Eingang mit der großen Freitreppe erfolgt vom *Neumarkt* aus. Die *„Schöne Pforte"* links daneben, um 1555 entstanden, und der *„Friedens- oder Türkenbrunnen"* davor, von 1649 bzw. 1683 gehören zu den ältesten Baudenkmalen ihrer Art in Dresden. Der vor 1945 mit geschlossenen Häuserfronten bebaute Neumarkt zeigt sich seit der Beräumung der Trümmer als freie Fläche, auf der die beiden *Denkmäler von Martin Luther* (Donndorf, 1885) und *König Friedrich August II.* (Hähnel, 1866) recht verloren stehen. Mit dem Hotel „Dresdner Hof" ist die Neugestaltung des Neumarktes eingeleitet. Die *Ruine* der 1726/43 von George Bähr erbauten *Frauenkirche*, eines gewaltigen, das Panorama des alten Stadtbildes beherrschenden Kuppelbaues, bleibt als Mahnmal für die Zerstörung der Stadt von 1945 erhalten. Von dem bedeutenden Palais Cosel hinter der Frauenkirche blieben nur die beiden, wieder aufgebauten Flügelbauten erhalten.

Die *Brühlsche Terrasse* ist eine breite Fußgängerpromenade auf den Festungsanlagen des 16. Jh. mit herrlichen Ausblicken auf den weit geschwungenen Elbbogen mit den Anlegestellen der Weißen Flotte am Terrassenufer und auf die Bauten in Dresden-Neustadt bis weithin zu den entfernten Höhenzügen der Lößnitz elbabwärts und der Dresdner Heide elbaufwärts. Ihren Charakter als ehemalige Festungsbauwerke erkennt man noch an Vorsprüngen, Bastionen und Schießscharten für Geschütze. Hier befinden sich mehrere *Denkmäler*, so für den Bildhauer *Ernst Rietschel* (Schilling, 1872) und den Baumeister *Gottfried Semper* (Schilling, 1892), ferner das *Moritzmonument* unter dem äußersten Aussichtsvorsprung (Dresdens ältestes Denkmal, nach 1553) und eine Stele für *Johann Friedrich Böttger* (1982), der in den darunterliegenden Kasematten 1708 das Porzellan erfand. Auf der Terrasse liegen die als Gaststätte ausgebaute, in neobarocken Formen 1897 errichtete *Sekundogenitur* und die *Hochschule für Bildende Künste* (1885/94) mit der von einem goldenen Engel bekrönten Glaskuppel. Am Ende der Brühlschen Terrasse steht mit dem *Albertinum*, hervorgegangen aus dem ehemaligen von 1884 bis 1887 umgebauten Zeughaus, ein bedeutendes Museumsgebäude, in dem nicht nur das *Grüne Gewölbe*, die *Skulpturensammlung*, die *Galerie Neue Meister* und das *Münzkabinett* untergebracht sind, sondern in dem auch Sonderausstellungen, z. B. die regelmäßig alle 4 Jahre stattfindenden *Kunstausstellungen der DDR* gezeigt werden.

Das Geschäfts- und Wohnzentrum von Dresden rings um den *Altmarkt* besteht fast ausschließlich aus Neubauten aus der Zeit nach 1955, von denen der *Kulturpalast*, 1969 eröffnet, und die Bauten auf der *Prager Straße* (Rundkino, Centrum-Warenhaus, Hotels) die auffallendsten sind. An beachtenswerten historischen und wieder aufgebauten Bauwerken befinden sich hier das *Schauspielhaus* (1912/14), das *Landhaus* (18. Jh.) mit dem großartigen Treppenhaus, Sitz des *Museums für Geschichte der Stadt Dresden*, das *Neue Rathaus* (1905/10) mit dem massigen, von einem „Goldenen Mann“ gekrönten 100 m hohen Turm, daneben die *Kreuzkirche*, ihr jetziges Aussehen erhielt die im Laufe der Geschichte mehrmals abgebrannte älteste Stadtkirche im 18. Jh., und das *Gewandhaus* (1768/70; jetzt Hotel). Von der *Aussichtsplattform des Rathausturmes* bietet sich dem Besucher ein lohnender Blick auf die Stadt und die Umgebung von Dresden.

Unweit vom Neuen Rathaus beginnen Park- und Grünanlagen (Bürgerwiese, Blüherpark), die das Stadtzentrum mit dem Großen Garten verbinden. Hier befinden sich zentrale Sportanlagen (Dynamostadion mit den auffallenden Masten der Flutlichtanlage, Georg-Arnhold-Bad) und das *Deutsche Hygiene-Museum in der DDR* (Kreis, 1928/30). Das Hygiene-Museum ist hervorgegangen aus der ersten Internationalen Hygiene-Ausstellung 1911 in Dresden und ist heute wichtiges Institut für medizinische Aufklärung und Produktionsstätte der international begehrten „Gläsernen Frau“ und anderer Lehr- und Anschauungsmittel. Der *Volkspark Großer Garten* ist mit 155 ha die größte und auch die älteste Parkanlage Dresdens, angelegt seit 1676. Im Schnittpunkt der beiden Achsen des Gartens, der Haupt- und der Querallee, steht genau in der Mitte der Anlage das frühbarocke, schon 1678/83 von Starcke gebaute *Palais*, umgeben von Schmuckgartenanlagen, dem *Palaisteich* und zierlichen *Kavaliershäuschen*. Durch den Großen Garten fährt eine *Pioniereisenbahn*, die die meisten Objekte, wie Gaststätten, Freilichtbühne, Naturtheater miteinander verbindet, dazu gehören auch die am Rande liegenden *Zoologischer und Botanischer Garten*, Ausstellungsgelände und Vergnügungspark.

Von den vier Straßenbrücken, die in der Innenstadt über die Elbe führen und die Verbindung mit **Dresden-Neustadt** herstellen, ist die *Georgi-Dimitroff-Brücke* die wichtigste. Die 1910 als Friedrich-August-Brücke erbaute und nach dem Wiederaufbau 1949 umbenannte Brücke liegt an der gleichen Stelle wie die älteste Brücke Dresdens aus dem 13. Jh., die 1727/30 vom Zwingerbaumeister Pöppelmann zur berühmten Augustusbrücke umgebaut worden war. Die *Straße der Befreiung* ist mit ihrer gelungenen Mischung von barocken Bürgerbauten und modernen Wohn- und Geschäftsbauten, mit ihrem alten Baumbestand, mit Wasserspielen und Kleinplastiken ein belebter Fußgängerbereich. Auf dem *Neustädter Markt* steht das vergoldete *Reiterstandbild Augusts des Starken* (Wiedemann u. a., 1736). Das Blockhaus direkt an der Brücke, die frühere Neustädter Wache, ist heute das *Haus der Deutsch-Sowjetischen Freundschaft*. Im danebenliegenden Hotel Bellevue wurde geschickt ein barockes Bürgerhaus in die moderne Architektur einbezogen. Von den zahlreichen barocken Palaisbauten aus dem 18. Jh. ist das *Japanische Palais* erhalten geblieben, es beherbergt heute die *Museen für Vorgeschichte*

Dresden-Neustadt: In der Straße der Befreiung

und für Völkerkunde. Außerden sind in der inneren Neustadt die wiederaufgebaute, gewaltige *Dreikönigskirche* und der aus dem 16. Jh. stammende Jägerhof, in dem das *Museum für Volkskunst* untergebracht ist, sehenswert. Auf dem in der Mitte des 19. Jh. großzügig als Rundplatz mit strahlenförmig abgehenden Straßen angelegten Platz der Einheit befinden sich der Brunnen „Stilles Wasser" (1893), ein sowjetisches Ehrenmal sowie das Schillerdenkmal (1913).

In Verlängerung der Großenhainer Straße liegt der *Städtische Heidefriedhof,* auf dem ein Ehrenhain und Gedenkstätten an die Opfer des Faschismus und an die des Luftangriffes auf Dresden erinnern. Diese Straße führt dann weiter nach Moritzburg und ist die kürzeste Verbindung in das Naherholungsgebiet. Das *Armeemuseum der DDR* am Dr.-Kurt-Fischer-Platz gibt einen Überblick über die deutsche Militärgeschichte vom Mittelalter bis zur Gegenwart. Nach Osten führt die Bautzner Straße (F 6), vorbei am Waldschlößchen, schöner Rückblick über die Elbe auf Dresden, zu den Vororten **Weißer Hirsch** und **Bühlau** am Rande des Naherholungsgebietes Dresdner Heide.

Auskünfte erteilt die Dresden-Information mit Reisebüro Elbe-Tourist, Prager Str. 10/11.

Ausflugsziele in der Umgebung: Zu den beliebtesten Touristenattraktionen in Dresden gehören die Fahrten mit der Weißen Flotte auf der Elbe. Die Abfahrtstelle befindet sich am Terrassenufer unter der Brühlschen Terrasse. Besonders begehrt sind die Fahrten elbaufwärts, nicht nur, weil sie in die Felsenwelt des LSG „Sächsische Schweiz" führen, sondern auch, weil schon in der Nähe von Dresden reizvolle Landschaften in das Blickfeld geraten und bekannte Sehenswürdigkeiten leicht erreicht werden können. Als erste liegen auf den beginnenden Höhenzügen die drei *Albrechtsschlösser* (1851/54), heute Sitz des Pionierpalastes, des Dresdner Klubs der Intelligenz und eines Jugendtouristenhotels. Beeindruckend dann die Durchfahrt durch das *„Blaue Wunder"*, die 1891/93 erbaute eiserne Hängebrücke zwischen den Villenvororten **Blasewitz** und **Loschwitz**. Auf die *Loschwitzer Höhen*, die u. a. vom Luisenhof (Gaststätte) markiert werden, führen zwei der ältesten, unter Denkmalschutz stehenden Bergbahnen, die *Standseilbahn* (1895; 95 m Höhenunterschied) und die *Schwebebahn* (1901; 85 m Höhenunterschied). Lange Zeit beherrscht dann der *Fernsehturm* auf den **Wachwitzer Höhen** das Bild, sein Fuß liegt etwa 140 m über der Elbe, er ist 252 m hoch und wurde bis 1969 erbaut. Nach der kleinen Hosterwitzer *Schifferkirche „Maria am Wasser"* folgt mit dem *Schloß Pillnitz* die bedeutendste Sehenswürdigkeit an der Elbe. Die in ostasiatischen Stilformen gehaltene, umfangreiche Schloßanlage entstand in mehreren Etappen zwischen 1720 und 1826. Sie besteht aus den beiden symmetrisch angeordneten Flügelbauten, dem *Bergpalais* und dem *Wasserpalais*, das wegen der Schmuckformen und Bemalungen, der weit geschwungenen Freitreppe zur Elbe hin mit den interessanten Hochwassermarkierungen die Besucher ganz besonders anzieht. Zwischen beiden liegt das *Neue Palais*, das mit seinen Anbauten den Fliederhof umschließt. Die ausgedehnten *Parkanlagen* enthalten alle gärtnerischen Gestaltungsformen, vom barocken Lustgarten mit streng geschnittenen Hecken bis zum Englischen Garten mit geschwungenen Wegen, überall sind prächtige Bäume, seltene Koniferen und dendrologische Besonderheiten zu finden. Anziehungspunkte sind eine *Prunkgondel*, die *Kamelie* von 1770 (8 m hoch, 35 m Umfang), das *Palmenhaus* und die *Orangerie*.

Hinter Pillnitz liegt **Graupa** mit *Erinnerungsstätten an Richard Wagner*, der hier 1846 die Oper „Lohengrin" komponierte. Nördlich dieser Orte erreicht der Steilhang der Elbtalweitung seine größte Höhe und gipfelt im 355 m hohen *Borsberg*.

Eine weitere bedeutende *Parkanlage* liegt noch vor Pirna in **Heidenau-Großsedlitz**, mit Schiff, Bahn oder über die F 172 erreichbar. Von der unter August dem Starken großzügig geplanten Anlagen blieb der Schloßbau unvollendet, aber der Barockgarten im französischen Stil zählt zu den vollkommensten seiner Art, er ist geschickt eingefügt in die geschwungenen Geländeformen und mit Wasserspielen und Treppen, mit Parterren und reichem Figurenschmuck ausgestattet.

In der nahezu zusammenhängend besiedelten Elbtalweitung zwischen Dresden und Meißen liegen die Städte Radebeul und Coswig. Obwohl sich entlang der Bahnlinie bedeutende Industriebetriebe niedergelassen haben (Produktionsstätten für Arzneimittel, Druckmaschinen, Energieanlagen, Lacke und Farben, Brems- und Kupplungsbeläge u. a.), überwiegen die gartenbaulich genutzten Flächen, und die mit Weinbergen bestellten Steilhänge der Lößnitz beherrschen das Bild der Siedlungslandschaft. Dort sind Spitzhaus, Friedensburg, Jacobstein (Volkssternwarte auf den Ebenbergen) u. a. herrliche Aussichtspunkte mit Blick auf die gesamte Elbtalweitung und weit darüber hinaus bis ins Osterzgebirge.

In **Radebeul** befinden sich die *Museen Schloß Hoflößnitz* (Weinbau) und das *Karl-May-Museum* im ehemaligen Wohnhaus des Schriftstellers. Eine Sehenswürdigkeit besonderer Art ist die *Schmalspurbahn* von Radebeul-Ost nach Radeburg. Im Sommer finden regelmäßig Sonderfahrten mit der Traditionsbahn statt. Sie fährt durch den romantischen *Lößnitzgrund* mit dem Bilz-Bad (Wellenbad), 1905 begründet von dem Naturheilkundler Eduard Bilz, und dann durch die *Moritzburger Teichlandschaft*. Dieses Landschaftsschutzgebiet ist ein bedeutendes Naherholungsgebiet mit mehreren Campingplätzen und Bademöglichkeiten (Mittelteich, Dippelsdorfer Teich, Oberer und Niederer Waldteich) und reichhaltigen Wandermöglichkeiten im Friedewald. Auf einer Insel im Schloßteich liegt das *Schloß Moritzburg*, ein monumentaler

Dresden-Pillnitz: Bergpalais

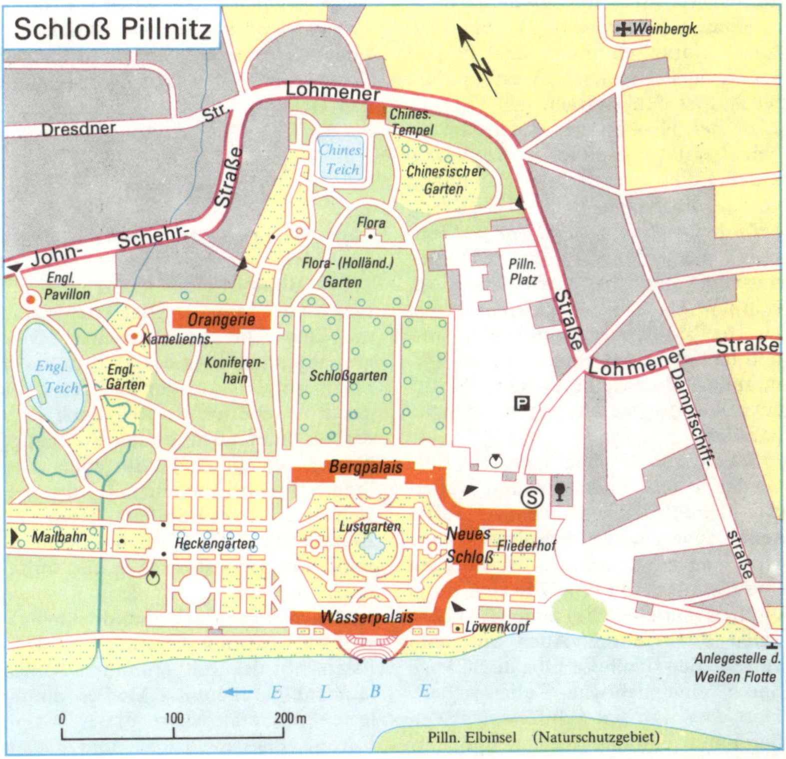

Moritzburg: Schloß

Bau mit vier runden Ecktürmen, umgeben von einer als Sockel wirkenden großen Terrasse. An der Stelle eines Jagdhauses aus dem 16. Jh., das Kurfürst Moritz inmitten des großen Jagdreviers errichten ließ, erfolgte unter August dem Starken von 1723 bis 1736 der Neubau des Schlosses. Es beherbergt ein wertvolles *Barockmuseum* und eine einzigartige Sammlung von Jagdtrophäen. In der Umgebung befinden sich ein *Wildgehege* (Tierpark), das *Fasanenschlößchen* (Vogelmuseum) und die historische Gaststätte Waldschänke. Das *Hengstdepot* im Ort **Moritzburg** veranstaltet jährlich mehrmals auf einem großen Turnierplatz die vielbesuchten Pferdezucht-Leistungsschauen und Hengstparaden.

Schon vor Meißen tritt die Elbe wieder in ein Engtal ein und isoliert das kleine, in der Talweitung aufragende **Spaargebirge**, durch das schöne Höhenwege vorbei an Weinbergen und historischen Gaststätte zum Botanischen Garten und zum *Aussichtspunkt Bosel* führen. Auch unterhalb von Meißen fließt die Elbe noch lange durch eine liebliche Tallandschaft. Dort wird mit den Schiffen der Weißen Flotte gern das Urlaubs- und Ausflugsgebiet um **Diesbar-Seußlitz** mit *Schloß, Landschaftspark und Naturschutzgebiet* besucht, es ist das nördlichste Weinbaugebiet im Elbtal. Erst hinter *Hirschstein*, einem trutzigen Schloß hoch über der Elbe, beginnt das Tiefland. (↗ Bl. 16)

Meißen

Lage und Bedeutung: Der Stadtkern von Meißen (37 800 Einw.) liegt in 110 m Höhe in einer kleinen Talweitung an der Mündung der Triebisch in die Elbe. Die Stadt erweiterte sich vorwiegend entlang des Triebischtales und besonders auf der anderen Seite der Elbe. Sie wuchs aber auch über die bis über 60 m hohen Steilhänge hinaus, die die Stadt umgeben. Das Stadtbild wird beherrscht von den Bauten auf dem Burgberg, Dom und Albrechtsburg. Sie künden weithin ins Land von der historischen und kulturellen Bedeutung Meißens und sie sind gemeinsam mit der denkmalgeschützten Altstadt das Ziel vieler Touristen. Mit der weltberühmten Porzellanmanufaktur besitzt Meißen die älteste Produktionsstätte dieser Art in Europa, Platten-, Turbo- und Kabelwerke sind weitere bedeutende Industriebetriebe, und in der Kreisstadt befindet sich auch das Zentrum der keramischen Industrie der DDR.

Stadtgeschichte: Im Jahre 929 ließ König Heinrich I. zur Sicherung der Ostgrenze des von ihm eroberten Slawenlandes die Burg Meißen erbauen. Hier hatten neben dem Burggrafen später auch der Markgraf und der Bischof ihren Sitz. Dieser deutsche Vorposten gab nicht nur der im Schutz der Burg angelegten Stadt den Namen, sondern auch dem ganzen Land, der Mark Meißen. Mit der planmäßigen bäuerlichen Besiedlung des weiten Landes seit der Mitte des 12. Jh. entwickelte sich die Stadt zu einem mittelalterlichen Wirtschaftszentrum und schon im 13. Jh. wird von einer Brücke über die Elbe berichtet. Auf dem Burgberg begann im 13. Jh. der Bau des gotischen Domes, dessen Türme aber erst nach 1900 vollendet wurden. Am Ende des 15. Jh. wurde für die Hofhaltung des Markgrafen die Albrechtsburg errichtet. Da aber als Haupt- und Residenzstadt 1485 Dresden auserwählt wurde, verlief die weitere Entwicklung der Stadt ohne besondere Höhepunkte und in die Albrechtsburg zogen 1710 die Produktionsstätten der Porzellanmanufaktur ein. 150 Jahre lang erfolgte hier ungestört und abgesichert die Herstellung von Porzellan, das Meißen zu weltweitem Ruhm verhalf. Wegen der verkehrsungünstigen Lage setzte die industriell-technische Revolution des 19. Jh. in Meißen relativ spät ein, zumal sich auch historisch gewachsene Verwaltungsstrukturen hemmend auf die Entwicklung der Stadt auswirkten. Eine den territorialen Bedingungen des Umlandes angepaßte Entwicklung trat nach 1945 ein, so mit der Gründung der Hochschule für Landwirtschaftliche Produktionsgenossenschaften und mit der Wiederbelebung und Förderung des Weinanbaus.

Sehenswürdigkeiten: Die *Albrechtsburg*, 1471 von Arnold von Westfalen begonnen, ist ein baugeschichtlich epochemachendes, profanes Bauwerk. Erstmals wurde mit der deutschen Burgenarchitektur des Mittelalters gebrochen und in Anlehnung an französische Vorbilder ein spätgotisches Wohnschloß mit reicher künstlerischer Ausgestaltung errichtet, wobei sich besonders die verschlungenen Rippengewölbe in fast allen Räumen und der großen Wendelstein hervorheben. Die Fertigstellung erfolgte 1525. Trotz 150jähriger, zweckentfremdeter Nutzung durch die Porzellanmanufaktur blieb die Renaissancearchitektur erhalten und wurde in mehreren Restaurierungen (zuletzt 1985) wiederhergestellt.

Der sich unmittelbar anschließende *Dom* entstand ab 1260 an der Stelle einer älteren Bischofskirche. Trotz der langen Bauzeit des Kirchenschiffes bis etwa 1530, die beiden markanten Westtürme wurden sogar erst nach 1900 gebaut, ist sie ein gotisches Bauwerk von großartiger künstlerischer Geschlossenheit. Zahlreiche Grabmale sächsischer Markrafen und Kurfürsten vom 13. bis 16. Jh. erinnern an die Bedeutung Meißens für die sächsi-

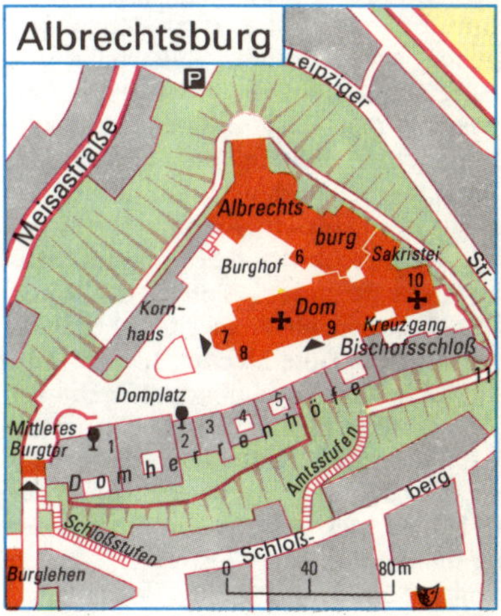

1 Burgkeller (Schotterei)
2 Domkeller (Glöcknerei)
3 Scholasterei
4 Dompropstei
5 Domdechantei
6 Gr. Wendelstein
7 Fürstenkapelle
8 Georgskapelle
9 Johanniskapelle
10 Maria-Magdalenen-Kapelle
11 Liebenstein

Meißen: Burgberg mit Dom und Albrechtsburg

sche Geschichte. Der Kreuzgang am Dom leitet über zum *Bischofsschloß*, heute Kreisgericht, mit dem *Bischofsturm*, einem markanten Eckpfeiler der alten Burganlage. Der Zugang zum *Domplatz* führt durch die beiden Burgtore über die dazwischen liegende *Schloßbrücke*. Außerhalb des Burgberges liegt die *Afranische Freiheit* mit der *St.-Afra-Kirche* und verschiedenen Bauten des ehemaligen Afraklosters, in denen sich heute Einrichtungen der Hochschule für Landwirtschaftliche Produktionsgenossenschaften befinden. Von den Gassen und Treppen hat man einen großartigen Blick auf die Dächer der Altstadt. Im Zentrum der Stadt liegen am *Markt* das *Rathaus* und die schon 1205 genannte *Frauenkirche*. Die heutigen Bauten stammen aus der 2. Hälfte des 15. Jh. Im Turm der Frauenkirche, der bestiegen werden kann, befindet sich ein Glockenspiel mit 37 Glocken aus Meißner Porzellan, es ist die älteste derartige Anlage in der Welt, eingerichtet 1929. Aus Meißner Porzellan ist auch die Figur am *Kändler-Brunnen* an der Elbbrücke. Das ehemalige *Franziskanerkloster* besitzt noch wertvolle Bausubstanz und beherbergt heute das *Stadtmuseum* mit seltenen Sachzeugen aus der reichen Stadtgeschichte. Das *Stadttheater* befindet sich im ehemaligen Gewandhaus, das im Zentrum des ältesten Siedlungskernes von Meißen liegt, er war als Handelsplatz im Schutz der Burg schon im 10. Jh. entstanden, noch vor der mittelalterlichen Stadt um den Marktplatz. Im *Triebischtal* liegt die *Staatliche Porzellanmanufaktur*. Gegenüber dem *Denkmal* für den Erfinder des Porzellans, *Johann Friedrich Böttger*, ist der Eingang zur *Schausammlung* und Vorführwerkstatt. Genauso wie die ältesten Schaustücke der berühmten Porzellankünstler Johann Gregor Höröldt und Johann Joachim Kändler beweisen auch die modernen Erzeugnisse die hohe Kunst der Meißner Porzellangestaltung. Weitere Auskünfte erteilt die Meißen-Information in der Willy-Anker-Str. 32.

Außerhalb der Stadt liegt über der Elbe *Schloß Siebeneichen*, zu Beginn des 19. Jh. kulturelles Zentrum der Frühromantik, seit 1963 Fachschule für Klubleiter. (↗ Bl. 16)

Sächsische Schweiz

Geographische Besonderheiten: Die Sächsische Schweiz nimmt mit ihrer Fülle von Naturschönheiten einen bevorzugten Platz unter den Reisezielen in der DDR ein. Sie ist im wesentlichen identisch mit dem Anteil der DDR am Elbsandsteingebirge und greift an ihrem Nordrand auf den Granit der Lausitzer Ausläufer über. Von 368 km^2 entfallen 260 auf den Kreis Pirna und 180 auf den Kreis Sebnitz. Beide Kreisstädte liegen außerhalb des Landschaftsschutzgebietes, gelten aber infolge ihrer Verkehrslage als Einfallstore zur Sächsischen Schweiz.

Aus der Gesteinslagerung ergibt sich die stockwerkartige Gliederung in die Tal-, die Ebenheits- und die Felsregion. Die tiefe Zerschneidung des Sandsteinkomplexes durch die Elbe betont den unterschiedlichen Charakter des rechts- und des linkselbischen Raumes. Während rechtselbisch die wildzerklüfteten Felsgebiete der Bastei und der Schrammsteine liegen, erhält das linkselbische Landschaftsbild seinen Reiz vom Kontrast zwischen weiträumigen Hochflächen, Ebenheiten genannt, und aufsitzenden Tafelbergen.

Der Sandstein entstand vor rund 100 Mill. Jahren, als das Kreidemeer weite Teile Mitteleuropas bedeckte. Nach seinem Rückgang überlagerten die in etwa 7 Mill. Jahren abgesetzten Sandmassen als verfestigter Stein mit 600 m Mächtigkeit den Untergrund. Die Schollenbewegungen des Tertiär führten zu Hebungen im Lausitzer Granit und im Gneis des Erzgebirges, so daß die Sandsteintafel in der Senke dazwischen starken Druckbeanspruchungen ausgesetzt war. Es entstand ein System von Rissen und Klüften, das der Erosion den Weg öffnete. Wasser und Wind modellierten so über Jahrmillionen einzigartige Felsgebilde, freistehende Türme und schluchtartige Täler heraus. Dagegen geht die terrassenförmige horizontale Gliederung auf die unterschiedliche Ausbildung des Sandsteins aus gröberen und feineren Sanden mit eingelagerten tonigen Zonen zurück. Vertikale Klüftung und horizontale Schichtung ermöglichten den quaderförmigen Abbau, daher die Bezeichnung Quadersandstein. Auf die ständig weiterwirkenden Erosionskräfte machen mit Nachdruck die jüngsten Felsstürze am Papststein 1972, bei Hřensko (ČSSR) 1978 und bei Postelwitz 1985 aufmerksam.

Im Zusammenhang mit dem tertiären Vulkanismus im Böhmischen Mittelgebirge durchdrangen glutflüssige Basalte an einzelnen Stellen auch den Sandstein. Sie treten als unterirdische Gänge oder als schlotartige Austrittsstellen in Erscheinung, teils im Sandstein steckengeblieben wie auf dem Großen Zschirnstein oder teils den Sandstein kuppenartig überlagernd wie auf den beiden Winterbergen.

Im Quartär vollendeten eiszeitliche Ausräumungen und Aufschotterungen der Täler das Relief des Elbsandsteingebirges, wobei das nordische Inlandeis in der Elsterkaltzeit vor rund 450 000 Jahren bis in das Gebiet von Bad Schandau vordrang.

Der Gebirgscharakter des Elbsandsteingebietes beruht nicht so sehr auf der absoluten Höhe der Gipfel – bleiben doch die höchsten Punkte, der Hohe Schneeberg (ČSSR) mit 726 m und der Große Zschirnstein mit 562 m unter den Höhenmarken des Osterzgebirges oder der Lausitz – als vielmehr auf der relativen Höhe, mit der die Felsen ihre Umgebung überragen, wie beispielsweise die Basteiwände das Elbtal um fast 200 m.

Das Klima der Sächsischen Schweiz ist wärmer und trockener als in den benachbarten Mittelgebirgen.

In dem stark gegliederten Relief vollzieht sich auf engstem Raum ein nahezu übergangsloser Wechsel von feuchtkühlen Schluchten und sonnendurchglühten Felspartien, von windstillen Tälern und luftdurchströmten Ebenheiten. Diese mikroklimatische Differenzierung hat eine Umkehr der üblichen Vegetationshöhenstufen zur Folge. So steht in der Talregion ein montaner Fichtenwald mit arktisch-alpinen Florenelementen und zahlreichen Farnen, von denen besonders der dekorative Straußfarn auffällt. Auf den flachgründig-trockenen Felspartien stockt ein reich mit Heidekraut und Adlerfarn durchsetzter Kiefern-Birken-Wald, wie er eigentlich für Tieflandstandorte typisch ist.

Die sauberen, abwasserunbelasteten Gebirgsbäche (außer dem Unterlauf der Biela) bieten Forellen und Äschen, Wasseramsel und Eisvogel Lebensraum. In den Felsrevieren haben Sperber und Turmfalke, Sperlings- und Rauhfußkauz, Schleier- und Waldohreule ungestörte Nistplätze. Häufig läßt sich äsendes Rehwild an Talhängen und Waldrändern sehen. Das Rotwild steht in den siedlungsfernen Wäldern an der Staatsgrenze und das eingebürgerte Muffelwild in den Hangwäldern der nördlichen Randgebiete.

Landschafts- und Naturschutz: Erste Schutzbestrebungen reichen bis an den Anfang des Jahrhunderts zurück, als es dem Verein zum Schutze der Sächsischen Schweiz, dem Landesverein Sächsischer Heimatschutz und dem Gebirgsverein für die Sächsische Schweiz gelang, den weiteren Abbau des Sandsteins im Elbtal und den Bau von Bergbahnen auf Bastei und Lilienstein zu verhindern. Unter dem Einfluß weitsichtiger Forstleute vollzog sich seit 1914 die Umstellung auf landschaftsgerechten und standortgemäßen Waldbau. 1938/40 entstanden die ersten NSG „Bastei" und „Polenztal". Im Rahmen der Naturschutzgesetzgebung der DDR von 1954 wurde die Sächsische Schweiz am 1. September 1956 zum Landschaftsschutzgebiet erklärt. Spezifische Schwerpunkte des Landschaftsschutzes in der Sächsischen Schweiz sind die Einflußnahme auf Bauprojekte, die Verhinderung einer Zersiedelung der freien Landschaftsräume, die Intensivierung des Naturschutzes und die Integration des Tourismus.

Folgende Naturschutzgebiete bestehen innerhalb des Landschaftsschutzgebietes: NSG „Großer Winterberg und Zschand", 1096 ha, mit Totalreservat am Bösen Horn; NSG „Bastei", 782 ha, mit Totalreservat Dachsenhälter; NSG „Zeschnigleiten", 99 ha; NSG „Polenztal", 91 ha; NSG „Kirnitzschklamm", 53 ha, davon 22 ha Totalreservat; NSG „Wesenitzhang" bei Zatzschke, 7 ha. Darüber hinaus werden 86 Flächen- und Baumdenkmale ausgewiesen; infolge seiner dendrologischen Ausstattung ist auch der Park von Thürmsdorf geschützt.

Der Wanderverkehr bleibt auf das gut ausgebaute und sichere Netz von 1200 km markierter Wanderwege beschränkt. Den Waldschäden infolge Schwefeldioxid-Immission wird mit dem Anbau von rauchhärteren Baumarten begegnet. Im Staatlichen Forstwirtschaftsbetrieb Königstein arbeitet eine Brigade Landeskultur an der Erosionssanierung in den Felsgebieten, unterstützt vom Deutschen Verband für Wandern, Bergsteigen und Orientierungslauf der DDR (DWBO). So beseitigten beispielsweise Bergsteiger die Bauschäden an der Basteibrücke, besorgten Neufassungen von versiegten Quellen, konservierten den Gipfelkopf der Barbarine, für die seither Kletterverbot besteht, um die charakteristische Felsnadel in ihrer gewohnten Gestalt zu erhalten. Neu im Landschaftsschutz der DDR ist die Einführung einer Verhaltensordnung für Besucher der Sächsischen Schweiz, die der Rat des Bezirkes Dresden 1983 beschlossen hat; denn an Schönwettertagen halten sich schätzungsweise immer 60 000 bis 80 000 Besucher in der freien Natur auf.

Geschichte: Die früheste menschliche Ansiedlung im Gebiet war die befestigte Niederlassung auf dem Pfaffenstein im 12. bis 10. Jh. v. u. Z. Bodenfunde bei Obervogelgesang, von der Bastei und bei Schöna lassen den Elbweg als Durchzugsstraße zwischen den jungsteinzeitlichen und bronzezeitlichen Siedlungsräumen der Dresdner und der nordböhmischen Elbtalweitungen erkennen. Nachdem dort seit dem 6. Jh. Slawen seßhaft geworden waren, ist das unwirtliche Gebirge zu Jagd, Fischfang und Zeidelei aufgesucht worden, wie aus den zahlreichen slawischen Flur- und Gewässernamen hervorgeht.

Im Zusammenhang mit der Ostexpansion der deutschen Feudalherren erfolgte im 12. und 13. Jh. die Ansiedlung deutscher Bauern aus Franken und Thüringen. Auf den Ebenheiten entstanden die langgestreckten Waldhufendörfer, meist benannt nach den Lokatoren, die die Siedler geführt hatten, wie Hennersdorf, Hermsdorf, Reinhardtsdorf u. a. Die mittelalterliche Agrarstruktur dieser Dörfer erhielt sich im Prinzip bis ins 20. Jh. Seit dem 16. Jh. gesellten sich die Häusler dazu, das waren Handwerker, Steinbrecher, Waldarbeiter, Schiffer. Sie machten im 18. Jh. etwa die Hälfte der Dorfbevölkerung aus.

Im Mittelalter traten der König von Böhmen, der Markgraf von Meißen und der Bischof von Meißen neben- und miteinander als Grundherren auf. Eine Regelung ihrer Machtbereiche erfolgte in der Oberlausitzer Grenzurkunde von 1241, wonach im wesentlichen die Gebiete südlich der Elbe und östlich der Polenz zu Böhmen gehörten. Im 15. Jh. dehnten die Markgrafen von Meißen, seit 1423 Kurfürsten von Sachsen, ihren Besitz durch militärische Eingriffe, Pfandkäufe und Gebietstausch schrittweise elbaufwärts aus (1402 Dohna, 1404 Pirna und Wehlen, 1408 Königstein, 1443 Hohnstein, 1451 Wildenstein).

Seit dem 13. Jh. entstanden im Elbtal städtische Neugründungen, von denen Pirna und Schandau zu bedeutenden Elbhandelsplätzen aufblühten. Der Elbhandel zwischen Böhmen und Meißen ist seit dem 10. Jh. bezeugt. Mit den Anfängen einer Forstbewirtschaftung im 16. Jh. entwickelten sich Holzeinschlag, Fuhrwesen, Sägemühlen und Flößerei zu bemerkenswerten Erwerbsquellen. Im südwestlichen Teil entfaltete sich seit dem 15. Jh. die handwerklich betriebene Eisengewinnung, da sich dort die notwendigen Voraussetzungen zusammenfanden: Brauneisenerz, Holzkohle und Wasserkraft für die Hammerwerke. Die Steinbrecherei erreichte Höhepunkte, als im 17. Jh. die sächsischen Festungsbauten, im 18. Jh. die Bauwerke des Dresdner Barocks und im 19. Jh. die Industrie- und Hafenbauten (u. a. Hamburg, Kopenhagen) entstanden.

Unter dem Einfluß der industriellen Revolution veränderte sich die Wirtschaftsstruktur, indem mit der Verkehrserschließung (1848/52 Bahnbau im Elbtal, 1875/77 Bahnbau Schandau – Sebnitz und Elbbrücken von Pirna und Schandau, seit 1837 Dampfschiffahrt) das Industrieballungsgebiet von Pirna mit Betrieben der Metallverarbeitung, der Zellstoff- und Kunstseidenproduktion entstand, in dem ein großer Teil der Gebirgsbevölkerung noch heute beschäftigt ist. Innerhalb der Sächsischen Schweiz gingen die wenigen Industriestandorte in der Regel aus einstigen Mühlen hervor, wie beispielsweise Linoleumwerk Kohlmühle, Feinpapierfabrik Königstein, Möbelwerk Prossen, Bandstahlveredlung Porschdorf u. a. Land- und Forstwirtschaft werden heute von leistungsfähigen Großbetrieben getragen. Landwirtschaftliche Produktionsgenossenschaften wie die LPG „Oberes Elbtal“ Reinhardtsdorf oder die LPG Pflanzenproduktion Ehrenberg bewirtschaften die fruchtbaren Hochflächen links und rechts des Elbtales. Der Waldbau, in der Sächsischen Schweiz auf rund 60 Prozent des Territoriums, obliegt dem Staatlichen Forstwirtschaftsbetrieb Königstein.

Mit zunehmender Wertschätzung der landschaftlichen Schönheit seit dem 19. Jh. nahm das Erholungswesen einen Aufschwung auch in der Sächsischen Schweiz. Heute hat diese Landschaft jährlich etwa 3 Mill. Besucher.

Verkehr: Die Eisenbahnlinie im Elbtal nimmt den internationalen Reiseverkehr zwischen Berlin und Südosteuropa auf; auf ihr rollt der Gütertransit der südlichen Länder nach den Nord- und Ostseehäfen und der Ex- und Importverkehr der DDR. Auf dem Grenz- und Zollbahnhof Bad Schandau-Ost werden täglich etwa 60 Güterzüge abgefertigt. Seit der Elektrifizierung der Strecke 1976 gibt es S-Bahn-Betrieb zwischen Dresden und Pirna mit laufendem Anschluß nach Bad Schandau sowie ein tägliches Zugpaar für den grenzüberschreitenden Touristennahverkehr zwischen Dresden und Děčín. Die Nebenlinie der Eisenbahn Bad Schandau–Neukirch/Oberlausitz führt durch das romantische Sebnitztal. Mit 7 Tunnel, 2 Viadukten und 28 Brücken wird die Strecke gern als „sächsische Brennerbahn" bezeichnet. Nach dreißig Minuten Fahrt lädt Sebnitz, die Stadt der künstlichen Blumen, zum Besuch seiner Ausstellungen ein.

Der Straßenverkehr erreicht die Sächsische Schweiz, von Dresden kommend, auf der F 172. Sie bietet auf der Hochfläche südöstlich von Pirna einen weiträumigen Ausblick auf die Tafelberge mit der Festung Königstein im Mittelpunkt. Nach dem Eintritt der Fernverkehrsstraße in das Elbtal bei Königstein beherrschen der Strom, Bad Schandau und die Schrammsteine das Bild. Die F 172 endet am Grenzübergang Schmilka–Hřensko, der vornehmlich benutzt wird zum Besuch der nordböhmischen Touristenziele zwischen Děčín und Liberec. Den Grenzübergang für Straßenverkehr Bahratal–Petrovice erreicht man von Pirna über Bad Gottleuba. Er ermöglicht die kürzeste Straßenverbindung Pirna–Ústí n. L. und weiter nach Prag.

Die internationale Frachtschiffahrt benutzt die Elbe von Mělnik bis Hamburg als Binnenwasserstraße I. Ordnung. Der größte Teil der Gütertransporte, die die Sächsische Schweiz passieren, entfallen auf die ČSSR-Schiffahrt. Kohle, Baustoffe, Salz, Düngemittel, Braugerste, Futtermittel und Stahlwerkserzeugnisse sind traditionelle Elbfrachten. Dieselschlepper ziehen bis zu fünf Elbemaßkähne von je 1000 t. Güterselbstfahrer für 750 t Ladung und Schubverbände, bestehend aus einem Schubschiff und mehreren Prahmen, lösten erst in jüngster Zeit ihre Vorgänger, die Seitenradschleppdampfer, ab. Der letzte dieser Klasse, die „Württemberg", wurde 1974 außer Dienst gestellt und in Magdeburg als technisches Denkmal auf Land gesetzt.

Der Einzug der Dampfkraft im Schiffbau im 19. Jh. verlief nahezu zeitgleich mit der touristischen Erschließung der Sächsischen Schweiz. Deshalb bildete sich die Personenschiffahrt von Anfang an als reiner Touristen- und Ausflugsverkehr mit dem Schwerpunkt auf dem Stromabschnitt Dresden–Děčín heraus. 1837 unternahm die „Königin Maria" mit einer Maschinenleistung von 40 PS die ersten Fahrten nach Rathen und Schandau. Im Konkurrenzkampf mit böhmischen Unternehmen konsolidierte sich 1867 die „Sächsisch-Böhmische Dampfschiffahrtsgesellschaft AG" zum Personenschiffahrtsmonopol auf der Elbe zwischen Torgau und Litoměřice. Mit dem Bau der 70 m langen Salondampfer „Dresden" 1926 und „Leipzig" 1929 war der Höhepunkt im Personendampfschiffbau erreicht. Seit 1928 erhielten die Schiffe einen weißen Anstrich, es entstand der Name Weiße Flotte. Die katastrophale Zerstörung Dresdens 1945 berührte auch die Schiffahrt. Von 27 Schiffen blieben 10 einsatzfähige Dampfer übrig. Die Beförderungszahlen liegen etwa bei 1,5 Mill. Personen pro Jahr. Solche Leistungen lassen sich auf die Dauer nicht mit der Technik des 19. Jh. erbringen. Die Neuzugänge von vier Luxusmotorschiffen, gebaut 1963/64 im VEB Elbewerft Roßlau, gleichen in Abmessungen und Platzangebot etwa den Dampfern vom Typ „Dresden", sind aber mit einem äußerst manövrierfähigen dieselelektrischen Antrieb ausgestattet und damit den wechselnden sommerlichen Wasserverhältnissen der oberen Elbe hervorragend angepaßt. Luxusmotorschiffe werden vornehmlich vom Reisebüro der DDR für Tagesausflugsfahrten Dresden–Děčín und Bad Schandau–Ústí n. L. eingesetzt.

Erholungswesen und Tourismus: Die Anfänge des Fremdenverkehrs gehen bis ins 18. Jh. zurück, als unter dem Einfluß von Naturphilosophie und Romantik zahlreiche Buchpublikationen die Sächsische Schweiz bekannt machten. Den

Schweizer Malern Adrian Zingg und Anton Graff wird die neue Namensgebung zugeschrieben. Ludwig Richter illustrierte mehrere Reiseführer, Caspar David Friedrich fand hier viele seiner Motive, so daß die „Malerstraße“ bald zur klassischen Route zum Besuch der damals bekannten Anziehungspunkte wurde. Von Dresden und Pillnitz kommend, führte sie durch den Liebethaler Grund, über Lohmen nach Stadt Wehlen und auf die Bastei, von Rathen über Hohnstein nach Schandau, durch das Kirnitzschtal zum Kuhstall, auf den Großen Winterberg und zum Prebischtor (Pravčiská brána). Von Hřensko fuhr man mit Gondeln auf der Elbe nach Dresden zurück. Die Tour dauerte drei bis vier Tage, Übernachtung boten die Mühlen und erste Gasthöfe in den größeren Orten. Dort standen auch Maultiere und Tragsessel für mühelose, aber teure Besuche der Aussichtspunkte bereit.

Dampfschiff (1837) und Eisenbahn (1851) veränderten Richtung und Ausmaß des Tourismus merklich, indem neue Routen und Ziele erschlossen, An- und Abreisezeiten verkürzt und ein Besuch der Sächsischen Schweiz breiten Kreisen der Bevölkerung möglich wurde. So erschlossen sich neue Wanderziele wie das Bielatal, das Gebiet der Steine und die hintere Sächsische Schweiz um Hinterhermsdorf. Es entstanden Touristenhotels und Berggaststätten (Kuhstall, Großer Winterberg, Lichtenhainer Wasserfall, Schweizermühle u. a.). Nachdem die Thorwalder Wände seit 1898 mit der Kirnitzschtalbahn erreichbar und die Schrammsteine durch die Wegebauten von 1890 zugänglich geworden waren, kann die touristische Erschließung als beendet angesehen werden. Mit der Breitenausdehnung des Tourismus entstanden neue Formen des Fremdenverkehrs. Die Sächsische Schweiz entwickelte sich zu einem ausgesprochenen Sommererholungsgebiet. Pensionen und Gasthäuser entstanden. Es setzte das private Vermieten von Zimmern an „Sommerfrischler“ ein, vor allem auf den Dörfern. Daraus ging dann der Urlauberverkehr des FDGB-Feriendienstes hervor, der jährlich 90 000 Urlaubsreisen in die Sächsische Schweiz vermittelt. Die Urlaubsorte tragen heute das Prädikat „Staatlich anerkannter Erholungsort“.

Der Wochenend- und Tagesausflugsverkehr mit Eisenbahn, Schiff oder Auto aus dem Dresdner Ballungsgebiet zielt nach wie vor auf die Bastei, die Festung Königstein, den Lichtenhainer Wasserfall, die Felsenbühne Rathen, die Obere Schleuse bei Hinterhermsdorf und die zahlreichen Mühlengaststätten. Allerdings beeinträchtigt der hohe Motorisierungsgrad in unerwünschter Weise die gesuchte Erholung. Sicher auch deshalb erfreuen sich in jüngster Zeit die vom DWBO organisierten Sportwanderungen einer zunehmenden Beliebtheit.

Alle diese unterschiedlichen Arten des Erholungswesens werden noch überlagert vom ausländischen Besucherverkehr des Reisebüros der DDR, vom Campingbetrieb auf den Plätzen Königstein und Bad Schandau, von den zahlreichen Kinderferienlagern im Juli und August und vom Kurwesen in den traditionellen Kurorten Bad Schandau und Gohrisch.

Das **Felsklettern,** die spezifische Sportart der Sächsischen Schweiz, hat sich zu einer Massensportbewegung mit hohem international anerkannten Leistungsstand entwickelt und steht als selbständige Form des Bergsteigens gleichrangig neben der Alpinistik. Heute werden 1060 Gipfel auf etwa 9000 Wegen bestiegen. Als Klettergipfel gelten freistehende Felsen ab 10 m Höhe, die nur durch Kletterei zu ersteigen sind. Kletterwege sind selbständige Aufstiege, deren Durchsteigung klettertechnisches Können und sportliche Kondition erfordern. Sie werden in Schwierigkeitsgrade von I (leicht) bis X (extrem schwer) eingeteilt. Nach der Regelordnung des DWBO von 1980 heißt sportliches Klettern, den Fels nur mit eigener Körperkraft an von Natur aus vorhandenen Haltepunkten zu überwinden, ohne künstliche Hilfsmittel zu verwenden. Seil, Karabiner und Ring dienen ausschließlich der Sicherung.

Vor wildem Klettern wird dringend gewarnt. Die weitaus meisten Bergunfälle sind auf Unkenntnis der Gefahren und auf Selbstüberschätzung zurückzuführen. Der Bergunfalldienst des DRK unterhält ständig besetzte Stationen in Rathen im Amselgrund und im Bielatal oberhalb der Ottomühle. Außerdem sind, über das Gebirge verteilt, 40 Bergungsboxen eingerichtet, in denen Material und Transportgeräte zur Selbsthilfe bereitstehen. Jeder Schaden an den Unfallhilfsstellen kann unter Umständen das Leben Verunglückter gefährden.

Die Entwicklungsetappen des sächsischen Felskletterns sind mit der schrittweisen Ausbildung sportlicher Klettertechniken verbunden. In der Zeit der Früherschließung, die 1864 mit der Besteigung des Falkensteins durch Schandauer Turner begann, benutzte man Steigbäume, Griffeisen und andere Hilfsmittel. Die klettersportliche Haupterschließung des Gebirges setzte nach 1890 ein, als mit der Ausbildung der Kamin- und Rißkletterei die künstlichen Hilfsmittel verworfen wurden und aufsehenerregende Erstbesteigungen gelangen, u. a. Bloßstock 1899, Barbarine 1905, Teufelsturm 1906. Nach 1912 sind hohe und ausgesetzte Wände bezwungen worden, so 1920 Falkenstein-Westkante oder 1936 Teufelsturm-Talseite. Seit den fünfziger Jahren führten die Breitenentwicklung des Sports und neue Sicherungstechniken zur Nacherschließung noch unbekannter Gipfel, zur Begradigung bisheriger Wegverläufe und zu schwierigsten Neutouren wie beispielsweise Falkenstein-Südwand 1954 oder Kreuzturm-Westkante 1966. Die damals übliche Schwierigkeitsskala von I bis VII reichte für solche Leistungen nicht mehr aus, so daß sie seit 1981 bis IX erweitert und in jüngster Zeit der Grad X eingeführt werden mußte. In der vorerst letzten, nicht abgeschlossenen Etappe sind über 300 neue extreme Aufstiege der Ausdruck enormer sportlicher Leistungen. Einer dieser Wege, Großer Wehlturm-Superlative von 1979, verläuft durch die 50 m hohe Felswand, die den Bühnenraum der Felsenbühne Rathen als mächtige Naturkulisse überragt. (↗ Bl. 16, 17)

Pirna

Lage und Bedeutung: Pirna liegt am Austritt der Elbe aus dem cañonartigen Sandsteintal in die Dresdner Elbtalweitung und gilt als Eingangstor zur Sächsischen Schweiz. Die Kreisstadt (47 000 Einw.) ist Industriezentrum mit so bedeutenden Großbetrieben wie dem VEB Kunstseidenwerk „Siegfried Rädel“, dem VEB Vereinigte Zellstoffwerke und dem VEB Strömungsmaschinenbau.

Stadtgeschichte: Der Name der Stadt geht auf das sorbische „na pernem“ (auf dem harten Stein) zurück, womit die ersten Ansiedler den Übergang zum Sandsteinplateau bezeichneten. Alte Handelswege, von den Osterzgebirgspässen kommend, überquerten hier die Elbe. An der Furt gründeten deutsche Kolonisten im 12. Jh. eine Siedlung, die 1233 erstmals urkundlich und 1245 im Besitz des Stadtrechtes erwähnt wird. Pirna entwickelte sich zu einem führenden Elbhandelsplatz mit Vorkaufs- und Stapelrechten und einer privilegierten Eisenkammer der osterzgebirgischen Eisenverhüttung. Nach dem Bahnbau Dresden–Prag 1848/52 setzte die Industrialisierung ein, deren stetiges Wachstum zum nahtlosen Anschluß an das Dresdner Ballungsgebiet führte. In Pirna entfaltete sich ein starker linker Flügel der Arbeiterbewegung, aus dem der Reichstagsabgeordnete und enge Mitkämpfer Ernst Thälmanns, Siegfried Rädel, hervorging. Seit der Gründung der DDR erfolgte der Aufbau neuer Stadtteile auf dem Sonnenstein und in Copitz.

Sehenswürdigkeiten: Im Kapitelsaalgebäude des *Dominikanerklosters* aus dem 14. Jh. befindet sich das *Stadtmuseum*, empfehlenswerter Ausgangspunkt eines Stadtrundganges. Das Ensemble im mittelalterlichen *Stadtkern* östlich der Karl-Marx-Straße mit Architektur aus Gotik, Renaissance und Barock und einer Formenvielfalt kunstvoller Giebel, Portale und Erker

Pirna

steht unter Denkmalschutz. Besonders sehenswert sind der *Engelserker* (1624) in der Barbiergasse 10, der *Teufelserker* (1622), Obere Burgstr. 1, das *Renaissanceportal* (etwa 1540), Niedere Burgstr. 1, die *Postmeilensäule* (1722), Eingang Jakobäerstraße. Von der Südwestecke des Marktes bietet sich der berühmte Canalettoblick auf das *Rathaus* (16. Jh.) mit Barockturm und Kunstuhr (1718), auf die gotische *Marienkirche* (16. Jh.), auf feingliedrige Giebel und Fassaden und, das Bild krönend, auf die ehemalige *Festung Sonnenstein*. Bernardo Belotto, genannt Canaletto, malte diese Vedute 1752, sie gehört zum Besitz der Dresdner Gemäldegalerie.

In Pirna befindet sich auch die Sächsische Schweiz-Information (Karl-Marx-Straße), die weitere Auskünfte über die Stadt und die Sächsische Schweiz erteilt. (↗ Bl. 16)

Basteigebiet

Das Basteigebiet umfaßt das stark zergliederte Felsrevier rechts der Elbe zwischen Rathen und Stadt Wehlen mit dem touristischen Mittelpunkt der Bastei (305 m, 190 m über der Elbe), dem ältesten und bekanntesten Aussichtspunkt der Sächsischen Schweiz. Hier ist das charakteristische Landschaftserlebnis „Sächsische Schweiz“ mit seinen starken Kontrasten schon immer leicht zugänglich gewesen. Die Basteiaussicht bietet beeindruckende Tiefblicke auf die Elbtalschleife um den Lilienstein und ein großräumiges Panorama, im Nordosten beginnend, von Hohnstein über Großen Winterberg und Rosenberg (ČSSR) auf nahezu alle Tafelberge bis zum fernen Geising im Südwesten. Die steil aus dem Elbtal aufsteigenden, von trockenen Schluchten zerklüfteten Basteiwände gehen in die bewaldete Basteihochfläche über. Sie befindet sich an der Ostseite in starker erosiver Auflösung und bildet dort mit zahlreichen abgespaltenen Felstürmen und Riffen im Wehlgrund und beiderseits des Amselgrundes den sog. Rathener Klettergarten.

Bereits 1592 wird in der sächsischen Landesaufnahme der Felsvorsprung „Pastey“ (von Bastion) genannt. 1797 taucht der Name erstmals in der Reiseliteratur auf, die von da an die Bastei stets als Hauptpunkt der damaligen Standardroute anführt. 1812 entstanden Schutzgeländer, Rindenhütten mit einfachem gastronomischen Angebot, ein Treppenaufstieg von Rathen durch die Vogeltelle und 1816 die Basteistraße von Lohmen her. 1826 ließ der sächsische Staat ein massives Gasthaus mit 60 Betten und eine hölzerne Brücke über die Mardertelle bauen. An ihre Stelle trat 1851 die steinerne Brücke von 76 m Länge mit sieben Bogen verschiedener Spannweite. Sie steht als Baudenkmal unter Schutz. Um die Jahrhundertwende nahm die Gastwirtschaft den Charakter eines luxuriösen Berghotels an. Heute fügt sich der inzwischen notwendig gewordene Neubau des Restaurants von 1975 infolge weitgehender Verwendung der bodenständigen Baustoffe Holz und Sandstein in einer dem Wald und den Felsen entgegenkommenden Architektur reizvoll in die Landschaft ein. Zur Bastei führt die Autostraße Dresden–Pirna–Lohmen (35 km); der Parkraum verfügt über 3000 Stellplätze.

Die mittelalterliche *Felsenburg Neurathen*, unmittelbar östlich der Basteibrücke, umfaßt ein felsiges Terrain von etwa 150 mal 50 m. Sie war vom 13. bis zum 15. Jh. ständig bewohnt und wurde 1469 wegen Landfriedensbruch der Lehnsleute von kurfürstlichen Truppen zerstört. Die Ausgrabungen brachten mehrstöckige Felsgemächer, Aufbauten, eine großräumige Zisterne, Waffen und Keramik zutage. Nach der umfassenden Rekonstruktion von 1982 bis 1985 kann die Anlage mit dem in schwindelnder Höhe verlaufenden Wehrgang besichtigt werden. Die *Felsenbühne Rathen*, im Wehlgrund unterhalb der Bastei gelegen, ist mit 2000 Plätzen vor einer malerisch-romantischen Naturkulisse aus Wald und Fels eines der bekanntesten Freilichttheater der DDR. Seit 1953 begründeten die Landesbühnen Sachsen mit attraktiven Inszenierungen des klassischen Theaters und sog. Abenteuerstücken in den Schulferien den Ruf der Bühne. Sie zählt in einer Spielzeit von Mai bis September rund 100 000 Zuschauer. Durch den Anstau des Grünbaches im *Amselgrund* entstand der 500 m lange *Amselsee* als beliebter Gondelteich. Etwa 1 km oberhalb bildet der von der Rathewalder Hochfläche kommende Bach an einer 10 m hohen Gesteinsstufe den *Amselfall*. Unweit davon führt ein Steig (blau markiert) durch die Felsenschluchten der *Schwedenlöcher* auf die *Bastei*. Der Name erinnert an Zufluchten der Bewohner in den Kriegen des 17. und 18. Jh. Von **Stadt Wehlen** aus führen markierte Wanderwege durch den Schwarzberggrund, den Wehlener Grund, den Zscherregrund und den Höllengrund auf die Bastei. Die frühe Geschichte des Elbortes ist eng mit der Burg Wehlen aus dem Anfang des 13. Jh. verbunden, deren Reste den Schloßberg mitten im reizvollen Zentrum des „Wehlstädtels" bilden. Anziehungspunkte sind das *Heimatmuseum* als Landeskulturkabinett des Kulturbundes der DDR inmitten eines wissenschaftlich betreuten *Pflanzengartens* und das *Robert-Sterl-Haus* als museale Gedenkstätte für den Dresdner Maler des Impressionismus.

Festung Königstein

Zu den herausragenden Sehenswürdigkeiten dieser Gegend gehört die *Festung Königstein*. Die zentral in der Sächsischen Schweiz gelegene Festung ist in ihrer Art einmalig unter den geschützten Baudenkmalen der DDR. Sie zieht mit den vollständig erhaltenen Defensivwerken und den Bauten aus Renaissance und Barock sowie den vielseitigen militärtechnischen und kunsthistorischen Ausstellungen jährlich über 500 000 Besucher aus aller Welt an. Vom Rundweg entlang der 1,8 km langen Mauerkronen (360 m, 240 m über der Elbe) hat man einen ungehinderten Fernblick in jeder Richtung auf alle umliegenden Mittelgebirge und in die Dresdner Elbtalweitung.

Von der mittelalterlichen Burganlage aus böhmischer Zeit sind nur noch urkundliche Zeugnisse vorhan-

1 Eingang mit Ravelin und Zugbrücke
2 Torhaus
6 Ostspitze der Festung (Königsnase)
7 Abstieg vom Felsen
3 Streichwehr
4 Kommandantenhaus
5 Standort der zerstörten Blitzeiche

den, so der Grenzvertrag zwischen König Wenzel I. und dem Bischof von Meißen von 1241, der „in lapide regis“, d. h. auf dem Stein des Königs, unterzeichnet wurde. Im Zuge der wettinischen Machtausweitung gegen Böhmen eroberte der Markgraf von Meißen 1408 die Burg. Unter Kurfürst Christian I. begann 1589 der Ausbau zur Landesfestung, der mehr als zwei Jahrhunderte andauerte. Die beeindruckendste Leistung aus der Sicht der Nachwelt war dabei die Ummauerung des gewaltigen Bergmassivs in einer Länge von 1800 m über steilen Felsabstürzen. Der Königstein war nur selten militärisches Aktionszentrum, so zu Beginn des Siebenjährigen Krieges, als 1756 das um die Festung zusammengezogene sächsische Heer von 17 000 Mann von den Truppen Friedrichs II. von Preußen gefangengenommen wurde. 1813 bezog Napoleon die Festung in seine Kriegspläne ein. Er ließ die Linie Burg Stolpen–Nollendorfer Paß (Nakléřov, ČSSR) militärisch sichern, die Kaiserstraße von Stolpen nach Königstein bauen, zwei Schiffsbrücken über die Elbe schlagen und Artilleriestellungen bei Hohnstein, am Lilienstein und im Osterzgebirge anlegen. Während der Schlacht von Dresden, in der die österreichische Armee zurückgeschlagen wurde, kam es am 26. August 1813 auf der Ebenheit westlich der Festung zu dem denkwürdigen Gefecht von Krietzschwitz, in dem 14 000 deutsche und russische Soldaten in Waffenbrüderschaft der nach dem Osterzgebirge vordringenden französischen Garde von 40 000 Mann den Weg verlegten. Das verhinderte den Plan, der österreichischen Armee den Rückzug nach Böhmen abzuschneiden, womit eine folgenschwere Vorentscheidung für die endgültige Niederlage Napoleons in der Völkerschlacht von Leipzig fiel.

Die nahe und verkehrsgünstige Lage zu Dresden und die einst bombensicheren Kasematten bestimmten die Festung zum Zufluchtsort des sächsischen Hofes in Revolutionszeiten, wie 1848, und zum Sicherheitsdepot für die Dresdner Kunstsammlungen, von denen während des Siebenjährigen Krieges die vollständige Gemäldegalerie und während des zweiten Weltkrieges die Sammlung des Grünen Gewölbes auf der Festung verwahrt wurden. Von 1591 bis 1922 saßen in den Kerkern des Königsteins insgesamt 993 Staatsgefangene, u. a. der sächsische Kanzler Nikolaus Krell von 1591 bis 1601, Johann Friedrich Böttger, der Erfinder des europäischen Porzellans 1706/07, Michail Bakunin und die Revolutionsführer von 1849, der Arbeiterführer August Bebel 1874, der Mitbegründer der KPD Fritz Heckert 1919/20. Im 19. und 20. Jh. diente die Festung als Garnison und Kriegsgefangenenlager. 1955 öffnete sie als *Museum* ihre Tore den interessierten Besuchern aus aller Welt.

Zum Festungseingang gelangt man zu Fuß von der Stadt Königstein auf dem Latzweg, auf der alten Festungsstraße in etwa 45 Minuten, oder vom Parkplatz an der F 172 in 10 Minuten. Nochmals 15 Minuten dauert der Aufstieg auf das Plateau. Bei einem ersten Besuch ist dieser Aufstieg zu Fuß durch die Torwerke besonders zu empfehlen (in der Saison kann auch ein elektrischer Aufzug benutzt werden). Die *Torwerke* aus Wallgängen, Grabenschere und Georgenbatterie bilden mit den Überbauten der Georgenburg, der Streichwehr und dem Kommandantenhaus ein architektonisch geschlossenes Ensemble, das den Zugang zur Festung unter Einbeziehung des natürlichen Felsens so glaubhaft abschließt, wie 1591 gefordert: „... die Westseite der Festung mit zehn oder zwölf Soldaten zu verwahren." Verstärkt wird der imposante Eindruck noch vom Glanz des rekonstruierten plastischen Torschmuckes mit den kursächsisch-polnischen Insignien Augusts des Starken. Nach dem Passieren des Haupttores führen der Dunkle und der Helle Aufgang – zwei von Hand aus dem Fels gehauene Rampen mit Verteidigungswerken – steil auf das *Festungsplateau*, von dessen Bebauung nachstehend die kulturhistorisch bedeutendste genannt sei. Das *Neue Zeughaus* überdeckt seit 1631 den Dunklen Aufgang. In seinem 40 m langen Heldensaal feierte August der Starke rauschende Feste. Heute dient er militärhistorischen *Ausstellungen des Armeemuseums der DDR*. Das *Brunnenhaus*, 1735 von de Bodt gebaut, schützt mit starken Steindecken das Mundloch des ehemaligen Festungsbrunnens, der von Freiberger Bergleuten 1563/69 abgeteuft wurde und noch bis 1967 zur Wasserversorgung diente. Bei 152,5 m Tiefe und 3,5 m Durchmesser liegt die Brunnensohle 88 m über der Elbe. Die *Magdalenenburg* beherbergte von 1725 bis 1819 in ihren Felsenkellern das Riesenfaß von 250 000 Liter Rauminhalt, das allerdings nur einmal gefüllt war. Die Ausstellungsetage der Magdalenenburg ist der Sächsischen Schweiz vorbehalten und zeigt u. a. ein großmaßstäbliches Relief der Landschaft und ein Modell der Festung. Das *Alte Zeughaus*, ein Renaissancebau von 1594 mit wuchtigen toskanischen Säulen unter schlichten Kreuzgewölben, birgt eine Sammlung historischer Geschütze, darunter das Riesengeschütz „Die faule Magd" von 1450 mit einem Kaliber von 34,5 cm. Die *Friedrichsburg*, ein zierliches barockes Lustschlößchen von 1731, gibt den nüchternen Festungswerken der Nordseite einen schmückenden Akzent, der insbesondere in der Ansicht vom Elbtal her zur Wirkung kommt.

Von der Königsnase, dem östlichen Felsvorsprung der Festung bietet sich ein einzigartiger Tiefblick in das Elbtal und auf die Stadt **Königstein**, die sich seit dem 14. Jh. im „Schatten" von Burg und Festung entwickelte; denn die erste urkundliche Erwähnung 1379 heißt „Kunigstein mit dem stetil". Zur Ausbreitung war die Stadt auf die schmalen Talböden der Elbe und Biela angewiesen. Die Bewohner lebten von städtischem Handwerk, Brauerei, Weberei, Elbschiffahrt und

Blick ins Elbtal mit Lilienstein

Bielaflöße. Im Ortsteil Hütten gab es seit dem 15. Jh. Hammerwerke und Eisenkunstguß. Bedeutend war die Steinbrecherei vom 16. bis 19. Jh. in den zusammen 3 km langen Brüchen im Elbtal, insbesondere im 18. Jh. beim Bau des Dresdner Zwingers und des Schlosses Christiansborg in Kopenhagen. An die Stelle der traditionellen Gewerke sind heute der VEB Feinpapierfabrik (Papiermühle 1569), der VEB Schiffswerft Oberelbe (Schiffsbauplatz 1889) und der Staatliche Forstwirtschaftsbetrieb Königstein getreten. Bei einem Stadtrundgang finden die *Postmeilensäule* von 1727, die Hochwassersäule Pirnaer Str. 5 mit den Markierungen seit 1635, und die *Gedenksteine* für namhafte Königsteiner Musiker (z. B. Kreuzkantor Julius Otto, Komponist Camillo Schumann, Bachforscher Wilhelm Werker) das Interesse der Besucher.

Das Bielatal, das sich nach Süden bis an die Staatsgrenze erstreckt, bildet einen der Zugänge in das Gebiet der Steine. Das ist der linkselbische Teil der Sächsischen Schweiz mit den charakteristischen freistehenden Tafelbergen, von denen der **Große Zschirnstein** (562 m) und der **Papststein** (451 m) wegen ihrer hervorragenden Aussicht und der **Pfaffenstein** (428 m) aus prähistorischem Interesse gern besucht werden.

Der schönste und bekannteste Tafelberg ist wohl der **Lilienstein** (415 m). Er liegt, getrennt durch den großen Elbbogen, der Festung Königstein rechtselbisch gegenüber und überragt in nahezu formvollendeter

Symmetrie die Ebenheit um 180 m. Im Mittelalter stand auf dem Gipfelplateau eine Burganlage in Korrespondenz zur böhmischen Burg auf dem Königstein, nachgewiesen durch Grabungsfunde aus dem 13. bis 15. Jh. 1708 bestieg August der Starke spektakulär auf einem extra dazu angelegten Stufenweg den Fels. In der Mitte des 19. Jh. begann die touristische Erschließung, 1863 entstand das erste Gasthaus und 1886 ein *Aussichtsturm.* Auf dem Westvorsprung steht die *Säule der sächsischen Landesvermessung* von 1865 und an der Südwestseite der *Wettin-Obelisk* von 1889. Infolge der zentralen Lage bietet der Lilienstein eine umfassende Rundsicht über die gesamte Sächsische Schweiz. (↗ Bl. 16, 17)

Bad Schandau

Lage und Bedeutung: Bad Schandau (4000 Einw.) ist staatlich anerkannter Erholungsort und Kneippkurort. Jährlich werden 35 000 Urlauber und 3000 Kurgäste beherbergt. Die Einbindung der Stadt in die Hauptverkehrslinien von Eisenbahn, Schiffahrt und Straßenfernverkehr und ihre Lage im Zentrum einer berühmten Landschaft machen Bad Schandau zum bedeutendsten touristischen Knotenpunkt der Sächsischen Schweiz. Die wirtschaftliche Struktur wird von Erholungswesen und Gastronomie, von den örtlichen Industriebetrieben (VEB Schiffswerft Oberelbe, VEB Fahrzeugsitze, VEB Raumkunst) und vom Verkehrswesen (Eisenbahn, Nahverkehr, Zoll) geprägt. Zu Bad Schandau gehören die Stadtteile Postelwitz und Schmilka, zwei traditionsreiche Schifferdörfer mit malerischen Fachwerkhäusern, und Ostrau auf der Hochfläche zwischen Kirnitzschtal und den Schrammsteinen.

Stadtgeschichte: Während der bäuerlichen Kolonisation im 13./14. Jh. ließen sich deutsche Siedler an der Kirnitzschmündung nieder. Maßgebend für die Wahl des Platzes war die Elbe als damals wichtigster Verkehrsweg zwischen Böhmen und Meißen. Die ursprünglichen Züge einer typischen altdeutschen Stadtanlage sind bis heute sichtbar geblieben: der rechteckige Markt mit der Kirche an der Ostseite, der Oberring aus Markt-, Post- und Kirchstraße und der Unterring zur Elbe hin. Von 1430 stammt der erste urkundliche Nachweis; 1443 wurde Schandau sächsisch, indem der Kurfürst die Lehnshoheit über die böhmische Feudalherrschaft Hohnstein erlangte; 1445 wird Schandau als Stadt bezeichnet. Die Bewohner lebten von Handwerk, Brauerei, Schiffahrt und Flößerei. Eine dominierende Stellung nahm der Elbhandel ein, der mit Stapelrechten, Vorkaufsrechten, Zwischenhandel nach der Lausitz, kurfürstlicher Salzniederlage und Geleitsstelle gleichrangig neben dem von Pirna stand. Im 19. Jh. begann der Fremdenverkehr die Entwicklung zum Kurort einzuleiten. Es entstanden die Hotelbauten an der Elbe, die Kurhäuser und Pensionen im Kirnitzschtal und die Villen auf der Ostrauer Scheibe. Seit 1920 heißt die Stadt offiziell Bad Schandau. Die Übernahme der Hotels und Kureinrichtungen durch den FDGB seit 1950 ist Ausdruck eines neuen sozialen Inhalts des Erholungs- und Kurwesens der Stadt.

Sehenswürdigkeiten: Die *Elbfront* mit den Hotels und Ferienheimen steht als charakteristische Stadtansicht, die infolge des Reiseverkehrs auf Elbe und internationaler Bahnlinie weit bekannt geworden ist, unter Denkmalschutz. Das *Ernst-Thälmann-Haus* an der Westseite des Marktes entstand nach dem Stadtbrand von 1704 als Brau- und Gasthof und wurde 1984 unter Wahrung der beispielhaften Renaissancearchitektur erneuert. Es steht, wie auch die *Kirche* gegenüber, die gleichfalls nach dem Stadtbrand von 1704 neu erbaut wurde, unter Denkmalschutz. Sie besitzt zwei bedeutende Renaissancekunstwerke: eine monolithische Kanzel aus Sandstein und einen mit einheimischen Edelsteinen ausgeschmückten Altar. Der *Aufzug* nach **Ostrau** (Technisches Denkmal) verkürzt seit 1904 mit 50 m Hubhöhe den Aufstieg nach dem 130 m höher gelegenen Ortsteil. Die *Kirnitzschtalbahn* erleichtert den Zugang zur hinteren Sächsischen Schweiz. In 30 Minuten legt sie die etwa 8 km lange Strecke bis zum **Lichtenhainer Wasserfall** zurück. Sie wurde 1898 in Betrieb genommen und 1927 nach einem Großbrand des Depots neu ausgestattet. So repräsentiert sie heute die Technik der zwanziger Jahre und wird als umweltfreundliches Verkehrsmittel für den Ausflugsverkehr geschätzt. Neben dem Bahnsteig auf dem Stadtmühlenplatz steht der *Eiszeitmarkierungsstein*, der auf einer Bronzetafel die Südgrenze des skandinavischen Inlandeises im Quartär anzeigt. Am Stadtpark befindet sich das *Heimatmuseum*, dessen Ausstellungen interessante Einblicke in die Natur des Elbsandsteingebirges und in die gesellschaftliche Entwicklung im oberen Elbtal vermitteln. Der *Stadtpark* geht in die *Anlagen des Kneippkurbades* über. Seit 1936 werden hier Kneippkuren durchgeführt, vornehmlich geeignet bei Herz-Kreislauf- und Stoffwechselerkrankungen. Hinter dem Kurhaus liegt am linken Talhang der *Pflanzengarten*. 1900 angelegt, beherbergt er heute 1500 Arten, insbesondere Charakterpflanzen und Farne der Sächsischen Schweiz, Reliktpflanzen der Eiszeit und eine reiche Sammlung von Alpenrosen und Azaleen.

Ausflugsziele in der Umgebung: Die **Schrammsteine** sind die stark verwitterte, zerrissene und in ihrer Wildheit einmalige Felsenwelt östlich von Bad Schandau mit einer Ausdehnung von etwa 12 km^2, begrenzt im Norden vom Kirnitzschtal, im Süden vom Elbtal und im Osten von den beiden Winterbergen. Sie werden unterteilt in Vordere Schrammsteine (vom Falkenstein bis zur Breiten Kluft) und Hintere Schrammsteine (von den Affensteinen bis zu den Winterbergen). Die **Schrammsteinaussicht** (417 m) erreicht man auf markierten Wanderwegen von Bad Schandau aus in 1,5 Stunden. Am Satanskopf in den Hinteren Schrammsteinen befindet sich eine *Gedenkstätte* des antifaschistischen Widerstandskampfes der sächsischen Bergsteiger. Der *Lehrpfad Flößersteig* verläuft abseits der Autostraße durch das Kirnitzschtal bis zum Beuthenfall (9 km) und weiter bis zur Neumannmühle (6 km). Texttafeln informieren über topographische Details dieses reizvollen Mittelgebirgstales. Am **Lichtenhainer Wasserfall** (Anstau über einer 5 m hohen Gesteinsstufe, Gaststätte seit 1852) führt der klassische Fremdenweg auf den **Kuhstall**, ein imposantes Felsentor von 11 m Höhe, 17 m Breite und 24 m Tiefe. Der Name stammt aus dem 15. Jh. bzw. dem Dreißigjährigen Krieg, als dort das Vieh der Raubritter und später der geflüchteten Lichtenhainer Bauern stand. Auf dem Plateau über dem Kuhstall liegen die Reste der mittelalterlichen *Felsenburg Wildenstein*.

Zu den beliebtesten Zielen in der hinteren Sächsischen Schweiz gehört die *Obere Schleuse* bei **Hinterhermsdorf.** In der Kirnitzschklamm wird der Bach durch ein altes *Floßwerk* auf 700 m Länge angestaut, dessen Sperrmauer (Neubau von 1931) als Denkmal der Produktionsgeschichte unter Schutz steht. Die Flutwelle flößte einst das Holz aus dem oberen Kirnitzschtal bis an die Elbe. Heute dient der Stau einer Kahnfahrt in einer Natur von seltener Schönheit.

Über den Grenzübergang Schmilka–Hřensko kann das LSG „Česke Labské pískovce“ besucht werden. Touristenziele: Felsentor Pravčiská brána, Klamm Tichá soutěška und Felswände Tiské stěny. (↗ Bl. 17)

Oberlausitz und Zittauer Gebirge

Geographische Besonderheiten: Die landschaftlich überaus vielfältige Oberlausitz, von der Niederlausitz geographisch nicht scharf getrennt, steigt aus dem Tiefland über das Lausitzer Bergland allmählich zum Lausitzer Gebirge an. Im Norden dieser Landschaft erstreckt sich die ausgedehnte Lausitzer Gefilde- und Hügellandregion von Kamenz/Bischofswerda bis Görlitz/Zittau. Lößbedeckt und fruchtbar, herrscht eine intensive Landwirtschaft vor (Gemüseanbau). Nach Süden hin erfolgt dann ein schroffer Anstieg zum Lausitzer Bergland, einem aus Granit aufgebauten, im Norden von Hügeln bedeckten Gebiet, das Bergrücken und Basaltdurchbrüche malerisch überragen. Es wird von breiten Talmulden durchzogen. Das Zittauer Gebirge schließt mit seinen eindrucksvollen Basalt- und Phonolithbergen (Lausche 793 m, Hochwald 749 m) diese reizvolle Landschaft ab.

Bedeutungsvoll für die Entwicklung der Oberlausitz wurde vor allem das sich zwischen Zittau und Görlitz erstreckende Zittauer Becken. Braunkohlebergbau sowie Gemüseanbau zeichnen die Senke aus, die sich in der Phase des abklingenden Vulkanismus in der Landschaft gebildet hat. Im Lausitzer Bergland sind ausgedehnte Wälder zu finden, Fichten- und Kiefernbestände haben die einstigen Tannen- und Buchenwälder längst abgelöst. Im Osten der Oberlausitz sind noch Laubmischwälder vorhanden.

Das 48 km^2 große Zittauer Gebirge erstreckt sich im äußersten Südwesten der DDR im sog. Dreiländereck DDR, VR Polen und ČSSR. Als ein Sandsteingebirge ähnlich dem Elbsandsteingebiet, erhebt es sich 500 bis 600 m über dem Zittauer Becken und bildet den DDR-Anteil des in die ČSSR reichenden Lausitzer Gebirges. Die Lausche als seine höchste Erhebung ist zugleich der höchste Berg östlich der Elbe.

Tiefe Täler zerschneiden das Zittauer Gebirge, auf hellem Sandstein erheben sich dunkle Nadelwälder, während auf dem dunklen Vulkangestein helle Laubwälder den eigentümlichen Reiz dieser formenreichen, stimmungsvollen und daher gernbesuchten Mittelgebirgslandschaft erhöhen. Von ganz besonderer Eigenart ist dabei der Oybin (514 m), ein steil aus einem Talkessel aufragender, breiter Kegelstumpf aus Sandstein.

Geschichte: Im 6./8. Jh. siedelte sich in der Nieder- und Oberlausitz das westslawische Volk der Sorben an. Es setzte sich aus zahlreichen einzelnen Stämmen mit unterschiedlichen Namen zusammen, die zwischen Saale und Bobr/Kwisa siedelten und von Karl dem Großen tributpflichtig gemacht wurden. Ihre Unterwerfung setzte im 10. Jh. unter dem deutschen König Heinrich I. ein; sie schritt einher mit einer blutigen Christianisierung. Die Gebiete der Daleminzer (um Meißen und Lommatzsch) und der Nisaner (um Dresden und Pirna) wurden zur deutschen „ Mark Meißen", der schließlich auch die Milzener, die in der Oberlausitz siedelten, Tribut zahlen mußten. Das Territorium der Lusizer bildete dann die nach ihnen benannte „Mark Lausitz".

In zahlreichen Aktionen leistete die sorbische Bevölkerung den Feudalherren Widerstand, der seit dem 12. Jh. trotz der zunehmenden Besiedlung der einst sorbischen Gebiete durch deutsche Bauern und Bürger niemals erlosch. Erst allmählich kam es zur Verschmelzung der deutschen und sorbischen Bevölkerung; zahlreiche rigorose Verbote (z. B. das Verbot der sorbischen Sprachausübung vor Gericht, bei religiösen Handlungen usw.) verstärkten den Assimilierungsprozeß noch.

An der alten Ost-West-Handelsstraße, die am Fuß des Oberlausitzer Berglandes entlangführte, entwickelten sich im 13. Jh. die bedeutenden Handelsstädte Görlitz (1220), Kamenz (1225), Bautzen (1240). An dem Zweig der Handelsstraße, der nach Böhmen führte, entstanden Löbau (1221) und Zittau (1238). Handel und Handwerk, begünstigt auch durch den Zuzug flandrischer Weber, beförderten den wirtschaftlichen Aufschwung der oberlausitzischen Städte. Bäuerliche deutsche und sorbische Siedler erschlossen in mühevoller Arbeit die urwaldähnlichen Waldgebiete und verwandelten sie in fruchtbares Ackerland.

Die Oberlausitzer Städte wurden schließlich so mächtig, daß sie 1346 den Sechsstädtebund gründeten, ein Schutz- und Trutzbündnis, dem Görlitz, Zittau, Bautzen, Kamenz, Löbau und Lauban (Luban) angehörten. Kaiserliche Rechte festigten den Bund, Handelsprivilegien untermauerten die Vorherrschaft über die Region. Manch einträgliches Gewerbe blieb nur diesen sechs Städten vorbehalten.

Im 16. und 18. Jh. fanden die aus dem katholischen Böhmen wegen ihres protestantischen Glaubens geflohenen Exulanten sowie aus Frankreich vertriebene Hugenotten in der Oberlausitz Aufnahme, sie übten einen positiven Einfluß auf die wirtschaftliche Entwicklung aus. Dennoch wurde auch dieses Gebiet durch den verheerenden Dreißigjährigen Krieg von schweren Rückschlägen betroffen. Seit dem 16. Jh. umfaßte der eigentliche sorbische Sprachbereich nur noch die Nieder- und Oberlausitz.

Die politische Aufteilung in böhmisch-sächsisches und preußisches Gebiet leitete noch eine unterschiedliche nationale Entwicklung ein. Es entstanden eine nieder- und eine obersorbische Schriftsprache. Der seit Jahrhunderten betriebene Germanisierungsprozeß verlangsamte sich etwas.

Im 18. Jh. wurde die Leineweberei der vorherrschende Wirtschaftszweig, in dem sich im 19. Jh. relativ schnell die kapitalistische Großproduktion durchsetzte. Das Hausweberdorf wurde Industriedorf. Viele Hausweber verloren ihre Existenzgrundlage und wanderten aus. Die breite Palette der Textilherstellung begünstigte die Ansiedlung des Maschinenbaus, der sich bald auch auf andere Bereiche ausdehnte (Waggon- und Fahrzeugbau). In der Nähe von Zittau begann der Bergbau auf Braunkohle.

Im Zusammenhang mit der progressiven bürgerlichen Entwicklung im Königreich Sachsen erstarkte im 19. Jh. die sorbische Nationalbewegung. Eine sorbische Presse entstand, sorbische Schriften erschienen. 1847 bildeten fortschrittliche Sorben den ersten sorbischen Volksbildungsverein, die Mačica Serbska, jetzt setzte verstärkt die Erforschung der eigenen Geschichte ein. Das sich entfaltende sorbische Nationalbewußtsein stieß auf den erbitterten Widerstand deutscher nationalistisch und chauvinistisch orientierter Kreise. Im Ringen um die nationale Selbsterhaltung schlossen sich alle bestehenden sorbischen Vereinigungen 1912 zur Domowina, dem Bund der Lausitzer Sorben, zusammen. Er fand in der Zeit der Weimarer Republik zunehmenden Einfluß unter der werktätigen sorbischen Bevölkerung, die in vielen sozialen und politischen Kämpfen längst Seite an Seite mit den deutschen Arbeitern stand. Vielfältige kulturelle Veranstaltungen und politische Zusammenkünfte festigten das Zusammengehörigkeitsgefühl der Sorben. Als einzige deutsche Partei berücksichtigte die Kommunistische Partei die Interessen der sorbischen nationalen Minderheit.

Nach der Machtübernahme durch die Faschisten wurde eine Germanisierungspolitik betrieben, die offenem Terror gleichkam. Sorbische Sprache und Kultur wurden verboten, antifaschistische Sorben verfolgt, eingekerkert und ermordet. Sorbische Lehrer und Geistliche waren gezwungen, ihre Heimat zu verlassen. Schließlich wurde die physische Ausrottung des gesamten Volkes vorbereitet. Die Befreiung durch die Rote Armee kam dem zuvor. Sie war zugleich die Befreiung der Sorben von jeglicher Verfolgung und Diskriminierung. Schon am 10. Mai 1945 konnte die Domowina wiederbegründet werden. Sie setzte sich gemeinsam mit deutschen Antifaschisten aktiv für eine fortschrittliche gesellschaftliche Ordnung ein.

Heute leben etwa 100 000 Menschen sorbischer Nationalität in der DDR. Ihre Rechte sind in der Verfassung garantiert. Sie erfahren staatliche Förderung bei der Pflege ihrer Sprache und Kultur und sind als einzige nationale Minderheit in der DDR gleichberechtigte Bürger.

Erholungswesen und Tourismus: Neben der Lausitzer Gefilde- und Heidelandschaft und dem Spreewald sind auch das Lausitzer Bergland und das Zittauer Gebirge vielbesuchte Erholungslandschaften. Der im Lausitzer Bergland bereits Ende des 19. Jh. einsetzende Fremdenverkehr entwickelte sich – bedingt auch durch die Armut vieler Dörfer – nur langsam. Erst der Bau der Schmalspurbahn von Zittau ins Gebirge 1890 brachte einen deutlichen Aufschwung. Pensionen und Hotels entstanden, zahlreiche der gerade in der Oberlausitz noch vorhandenen Umgebindehäuser, in denen einst Weber wohnten und arbeiteten, wurden modernisiert. Die ehemaligen Webereidörfer Oybin, Jonsdorf, Lückendorf und Waltersdorf wandelten sich zu gernbesuchten Kur- und Ferienorten. Dem zunehmenden Städtetourismus bieten die Oberlausitzer Städte mit ihrem wertvollen Bestand an Architektur- und Geschichtsdenkmalen erlebnisreichen Aufenthalt. Bereits seit 1963 steht das gesamte Lausitzer Bergland unter Landschaftsschutz.

Etwa 1,5 Mill. Menschen besuchen jährlich das Zittauer Gebirge. 6270 ha des Zittauer Gebirges sind zum Landschaftsschutzgebiet erklärt worden. Das Zittauer Land, einstmals im Besitz der Stadt Zittau, bietet im Sommer wie im Winter eine Fülle von Erholungs-, Wander- und Sportmöglichkeiten. Stellen die Wände des Kelchsteins bei Oybin oder der Oybin selbst anspruchsvolle Klettermöglichkeiten für Bergsteiger dar, so sind die Lauschehänge bei Waltersdorf ein gernbesuchtes Skigebiet, dem aber auch die Skigebiete bei Lückendorf und Oybin Konkurrenz machen können. Gutmarkierte Wanderwege gibt es überall in großer Zahl. Sie führen als sog. Ringwege meist um die Orte herum, so daß der Wander- und Naturfreund ungestört die Schönheiten der hier besonders reizvollen Natur genießen kann. (↗ Bl. 12, 16, 17, 18)

Bautzen

Lage und Bedeutung: In einer fruchtbaren Lößlandschaft der Oberlausitz, am Ufer der Spree, liegt die alte sächsische Kreisstadt Bautzen (sorb. Budyšin; 52 400 Einw.). Die wegen ihres eindrucksvollen mittelalterlichen Stadtbildes und der vielen prächtigen Bauten gernbesuchte Stadt hat sich in unserer Zeit zu einer ökonomischen und kulturellen Metropole der Oberlausitz entwickelt. Seit 1847 Sitz der sorbischen nationalen Bewegung, ist sie heute als Zentrum der Domowina sowie als Mittelpunkt des sorbischen Kulturlebens weithin bekannt.

Stadtgeschichte: Es war der sorbische Stamm der Milzener, der sich im 6. Jh. in der Bautzener Gegend niederließ und dort wohl auch ein Stammeszentrum errichtete. Im 10. Jh. im Ergebnis der deutschen Ostexpansion nach hartem Widerstand unterworfen, wurde das Milzener Land Bestandteil des deutschen Staates und dem Bistum Meißen tributpflichtig. 1002 erstmals urkundlich erwähnt, hatte die Marktsiedlung bereits um 1200 den Umfang des heutigen Altstadtkerns. 1240 zur Stadt erhoben, war es im 14. Jh. ein so starkes Gemeinwesen, daß es bei der Gründung des Lausitzer Sechsstädtebundes eine führende Rolle spielte und Bundeshauptstadt wurde.

Bautzen hatte einen hohen sorbischen Bevölkerungsanteil, er betrug um 1400 etwa zwei Fünftel der Stadtbevölkerung (2000 von 5300 Einwohnern waren Sorben).

Taucherfriedhof
Schloß Ortenburg
Fußgängerbrücke
Kreispoliklinik
Stadtwall
Ziegelstraße
Heldenfriedhof
Sowj. Ehrenmal
Poln. Ehrenmal
Am Ziegelwall
Ingenieurschule
Taucherkirche
Holzmarkt
Boleslaw-straße
Töpferstraße
Wanoga
Nord
Jugendklubhaus
Jahnturnh.
Neugasse
Dr.-Maria-Grollmuß-Str.
Vor dem Schülertor
Zum Gerber
Zwinger
Schülerturm
Rat d. Kreises
Wendisch. Turm
Wendische Str.
Schloßstraße
Fleischergasse
Petrikirche
Petridom
Fleischmarkt
Rat der Stadt
Brüdergasse
Ruine
Mönchskirche
Hauptmarkt
Reichenstraße
Budyšin
Gewandhaus
Lubin
Stadt Bautzen
Gastm. d. Meeres
Steinstraße
Liebfrauenkirche
Kirchplatz
Kaniga
Schwimmhalle
Stadtmauer
Pionierhaus
Kreiskulturhaus
Lusatia
Keglerheim
Reichenturm
Stadtmus.
Platz der Roten Armee
Kesselstr.
Schulstr.
Lauenturm
Mühltor
Michaeliskirche
Mühlbastei
Alte Wasserkunst
Staatl. Ensemble f. Sorbische Volkskultur
Friedensbrücke
Lauengraben
Clara-Zetkin-Str.
Fiedlerstraße
Allgem.- u. Zahnabt. Neustadt
Tuchmacherstraße
Rosenstr.
Dornschabel
Stadtbad
Betreuungsst. f. Lungenkrankh.
Siegfriedstr.
Thomas-Mann-Straße
Orthopäd. Abt.
Syrena
Kinderabt.
Augenabt.
Jugendgesundheitsschutz
Lessingstr.
Tagescafé
Haus der Sorben
Karl-Marx-Straße
Puppentheater
Zum Echten
Milchbar
Goschwitzstraße
Weißes Roß
Zur Post
Postplatz
Hauptpost
Exquisit
Deutsch-Sorbisches Volkstheater
Thälmanndenkm.
Äußere Lauenstraße
Neue Wasserkunst
Schilleranlagen
Dresdener Straße
Lindenkeller
Klement-Gottwald-Straße
Tzschirnerstraße
St.-Benno-Krankenhaus
Zahnarzt
Rathenauplatz
Bf. Bautzen
Kegelbahn
Stadion Müllerwiese
Zahnabt.
Bahnhofscafé
Rat des Kreises
Thälmannstraße
August-Bebel-Str.
August-Bebel-Platz
Maria-Martha-Kirche
Allgem. Abt.
Friedrich-Engels-Platz
Karl-Liebknecht-Straße
Lindenschenke
Psychiatr. Abt.
Goethestraße
Zinzendorfstr.

Anfang des 15. Jh. kam es wiederholt zu Aufständen der Handwerker gegen die patrizische Herrschaft. 1635 fiel Bautzen, nachdem fast ununterbrochen die Oberherren gewechselt hatten (Mark Meißen, Königreich Polen, Königreich Böhmen, Brandenburg, Ungarn), an Sachsen. Im Dreißigjährigen Krieg wurde die Stadt schwer heimgesucht. Wallenstein ließ Bautzen 1634 einäschern.

1848/49 war Bautzen das Zentrum der politischen Bewegung um die Durchsetzung bürgerlich-demokratischer Rechte in der Oberlausitz. Der Advokat Tzschirner war ihr führender Vertreter, 1849 gehörte er der Dresdner Revolutionsregierung an und war am Dresdner Aufstand der Demokraten beteiligt.

1868 erfolgte die amtliche Umbenennung der bis dahin noch Budissin genannten Stadt in Bautzen. Mitte des 19. Jh. entstanden erste sorbische Publikationen, auch wurden 1832/46 sorbische Elementarschullehrer ausgebildet. 1845/47 gründete Handrij Zejler die wissenschaftliche Gesellschaft Mačica Serbska. 1904 wurde aus Spenden der Sorben das Wendische Haus als kulturell-organisatorisches Zentrum des sorbischen Volkes geschaffen, das seit 1912 Sitz der Domowina war und das von den Faschisten zerstört wurde.

Bautzen war auch ein Zentrum der Arbeiterbewegung. Von hier aus breitete sich seit 1868 der Allgemeine Deutsche Arbeiterverein (ADAV) in der Oberlausitz aus. 1872 errangen die „Eisenacher" in der Lassalleanischen Hochburg Bautzen erste Erfolge. Am 11. April 1943 wurde Ernst Thälmann, der Vorsitzende der KPD, in der Landesstrafanstalt Bautzen eingekerkert.

Im 19., aber besonders im 20. Jh. hatte sich Bautzen zu einem wichtigen Industriestandort der Oberlausitz entwickelt (Waggon- und Maschinenbau, Förder- und Fernmeldeanlagen, Gießereien, Lederwarenindustrie).

Sehenswürdigkeiten: Bautzen entzückt den Besucher nicht nur wegen seiner einmaligen Silhouette, es vermittelt mit seinen Wahrzeichen Wasserkunst, Ortenburg und Petridom, den vielen Türmen, Toren, Basteien, verwinkelten Straßen und Gassen einprägsam eine Vorstellung von der Anlage feudaler Städte. Daher zählt die historische Altstadt, die in den letzten Jahren restauriert wurde, zu den gesetzlich fixierten Denkmalen der Stadtbaukunst. Der Tourist findet an allen bedeutenden Gebäuden Informationstafeln.

Im Zentrum befindet sich der *Hauptmarkt,* auf den sieben Straßen und Gassen münden. An seiner Nordseite steht das *Rathaus.* Gegründet im 13. Jh., erhielt es nach mehreren Bränden sein heutiges barockes Aussehen 1729/32, im Innern sind noch Türen der Spätrenaissance vorhanden. Am Turm zwei mechanische Uhren und eine Sonnenuhr. Die Ost- und Westseite des Marktes zieren schöne *Patrizierhäuser* („Handtuch", „Goldenes Buch", Stadtapotheke, „Jahreshaus"). An der Ecke Hauptmarkt/Innere Lauenstraße steht das *Gewandhaus* von 1882/83 (Neorenaissance), ursprünglich das erste Kaufhaus der Handelsstadt, mehrfach abgebrannt und erneuert, Ratskeller von 1472. Ganz im Stil des berühmten Dresdner Hochbarocks ist die *Innere Lauenstraße* gestaltet. Beachtenswerte Fassaden an der Westseite, z. B. am Haus Innere Lauenstr. 6. Durch diese Straße führte einst der alte Handelsweg nach Prag. Der *Lauenturm* wurde 1400/03 erbaut.

In der *Reichenstraße,* heute beliebter Fußgängerbereich, zahlreiche Bürgerhäuser mit reich verzierten Barockfassaden (z. B. Nr. 4, 5, 12, 14) sowie der mittelalterliche *Reichenturm* (1490/92) mit barockem Oberbau, auch „schiefer Turm" genannt wegen seiner Lotabweichung von 1,44 m. Von der Aussichtsplattform ergibt sich ein weiter Rundblick. In der Nähe der *Wendische Turm* und die einstige Kaserne, Semperbau von 1842/44.

Der größte Platz der Altstadt, der *Fleischmarkt,* erstreckt sich zwischen Rathaus und Dom. Auf ihm das

Bautzen: Alte Wasserkunst

Denkmal des sächsischen Kurfürsten *Johann Georgs I.* (1865). Schön gestaltete Portale und Haustüren an den Bürgerhäusern Fleischmarkt 2 und 4.

Der *Petridom* mit dem 85 m hohen Turm stellt ein großartiges Symbol der einstigen kirchlichen Macht in der Vergangenheit der Stadt dar. Die vierschiffige Hallenkirche von 1293–1303, vermutlich mit Vorgängern von 999 und 1213/21 ist seit 1523 Simultankirche (beiden Konfessionen dienend) und zugleich Konkathedrale des katholischen Bistums Dresden/Meißen. Im katholischen Teil schöne Ausstattung (Hochaltar von Fossati, 1722/24; das Kruzifix, eine Arbeit Permosers). Hinter St. Petri das *Domstift* (1683) mit bemerkenswertem Barockportal.

Auf dem Schloßberg, einem Felssporn, das Symbol der weltlichen Macht, die *Ortenburg*. Einst Sitz der königlichen Verwalter der Oberlausitz, entstand sie an Stelle einer älteren Anlage auf Anweisung des Ungarnkönigs Matthias Corvinus von 1483 bis 1486, der auch Herr über Bautzen und die Oberlausitz war. Spätgotisch das Hauptgebäude mit den markanten Renaissancegiebeln von 1698. Ein architektonisches Kleinod ist der Audienzsaal mit Darstellungen zur Geschichte der Lausitz. Am gotischen *Schloßturm* (Aussichtspunkt) ein 9 m hoher *Gedenkstein Königs Matthias Corvinus.* Sehenswert das **Museum für sorbische Geschichte und Kultur**, das die Entwicklung der Sorben in Vergangenheit und Gegenwart anschaulich darstellt. Vor dem Museum der Sorbische Brunnen (v. Woyski, 1980).

Zu Beginn der Schülerstraße steht der *Schülerturm*, einer der vielen bis heute unverfälscht erhaltenen Stadttürme Bautzens. Sehenswert auch die alte *Stadtmauer*; zwischen Schüler- und Nikolaiturm die Gerberbastei von 1503, einst eine mächtige Festungsanlage. In der *Burgstadt*, dem ältesten Teil Bautzens, steht in der

Schloßstr. 10 das ehemalige *Ständehaus* von 1668, in dem die Stände der Oberlausitz dreimal jährlich berieten. Das „gemeine Volk“ freilich blieb davon ausgeschlossen. Bekanntes Wahrzeichen der Stadt ist die *Alte Wasserkunst*, erster Bau von 1495/96, 1558 in Stein errichtet, eine Schutz- und Versorgungsanlage gleichermaßen (heute Technisches Museum). Der Wasserversorgung der Stadt diente ebenfalls die *Neue Wasserkunst* von 1606/10. In der Nähe der Alten Wasserkunst befindet sich die 1429 entstandene *Michaeliskirche* der evangelischen Sorben.

Sehenswert auch die sorbisch-katholische *Pfarrkirche „Unser Lieben Frauen“* in der Steinstraße.

Von der Friedensbrücke aus hat der Besucher einen besonders schönen Blick auf die Altstadt.

Im *Stadtmuseum*, Platz der Roten Armee, sind interessante Exponate zur Ur- und Frühgeschichte der Oberlausitz zu sehen. Es vermittelt auch einen Überblick über die Stadtgeschichte bis zur Gegenwart; hier auch eine Gemäldesammlung und die *Thälmann-Gedenkstätte*, beeindruckend ist die originalgetreue Nachgestaltung der Zuchthauszelle Ernst Thälmanns, in der das faschistische Regime den Arbeiterführer vom 11. August 1943 bis zum 17. August 1944 gefangenhielt. Kurz vor dem Ende seiner Haft verfaßte Thälmann den „Brief an einen Kerkergenossen“, sein politisches Testament. Ein *Ernst-Thälmann-Denkmal* von Förster befindet sich vor dem *Deutsch-Sorbischen Volkstheater*.

Gegenüber dem Postamt steht das *Haus der Sorben* von 1956, Sitz des Bundesvorstandes der Domowina.

Ausflugsziele in der Umgebung: Nicht nur im Sommer vielbesucht ist das etwa 600 ha große Erholungszentrum *Talsperre Bautzen*. Es dient als Wasserreservoir für das Großkraftwerk Boxberg. An der Ostseite der Talsperre kann gesegelt, gesurft, gerudert und geangelt werden. Auch ein FKK-Strand und ein Campingplatz sind vorhanden. Das LSG „Spreeniederung“ bietet Ruhe und Entspannung. Ein schöner Spazierweg führt auch durch das LSG „Oberes Spreetal“.

Eine einmalige Touristenattraktion findet man in **Kleinwelka:** die *Saurierparkanlage* mit naturgetreuer Nachbildung von mehr als 60 Sauriern. Der 2 ha große Urzoo vermittelt einen wirklichkeitsnahen Eindruck der Tierwelt des Erdmittelalters in seiner Formenvielfalt.

Neschwitz war einst die junkerliche Hochburg des Gebietes, ja des damaligen Königreiches Sachsen. 1895 gab es hier 130 Rittergüter und 142 Gutsbezirke, 40 Prozent der landwirtschaftlichen Nutzfläche gehörten den Rittergütern. Sehenswert vor dem *Alten Schloß* die 5,5 ha große *Parkanlage* im Stil englischer Gartengestaltung, der älteste Teil ist noch barock mit seltenem Baumbestand.

Panschwitz-Kuckau mit dem weithin berühmten *Zisterzienser-Nonnenkloster St. Marienstern*, einem der wenigen Ordenshäuser, das seit seiner Entstehung im Mittelalter (gestiftet 1248) bis heute als Kloster erhalten blieb. Das Kloster unterhält einen Landwirtschafts- und Gärtnereibetrieb und betreut in seinem Maria-Martha-Heim geistig behinderte Mädchen. Ähnlich einer mittelalterlichen Stadt umgibt eine hohe Mauer den Klosterbereich, überragt von der dreischiffigen gotischen *Hallenkirche* (teilweise barockes Gepräge). Im Innern herausragend der prachtvolle barocke Hochaltar, im Nonnenchor das wertvollste Bildwerk, ein Vesperbild aus dem 14. Jh. (Besichtigungen der Kirche, des Klosterhofes und -friedhofes sind möglich). Auch außerhalb der Klausur noch Bemerkenswertes: Mariensäule, Nepomuksäule, Dreifaltigkeitssäule, Brunnen mit böhmischen Löwen, Kruzifix und Schmerzensmutter.

Im 19. Jh. wiederholt durch demokratische Aktionen sorbischer Bauern bekannt geworden, ist der Ort heute ein kultureller Mittelpunkt, in dem noch viele sorbische Volksbräuche gepflegt werden. Der Klosterhof von St. Marienstern ist alljährlich Ausgangs-

Panschwitz-Kuckau: Osterreiten

punkt des traditionellen sorbischen Osterreitens, einem ursprünglich heidnischen Brauch. Osterreiten finden u. a. auch in Storcha, Radibor, Nebelschütz und Ralbitz statt.

Erinnerungsstätten an den bedeutendsten sorbischen Volksdichter Jakub Bart, genannt *Čišinski*, der 1856 in Kuckau geboren wurde und 1909 dort starb, sind das *Geburtshaus* und das *Museum* in der Oberschule.

Im nahen **Rosenthal** eine Wallfahrtsstätte, die barocke *Wallfahrtskirche St. Maria* und eine Brunnenkapelle (die Marienquelle gilt als wunderheilkräftig).

Kamenz liegt an der Schwarzen Elster. Die Kreisstadt, in der 1729 der bedeutende Vertreter der deutschen Aufklärung Gotthold Ephraim Lessing geboren wurde, verfügt über zahlreiche sehenswerte Bauten. Einen herausragenden Platz nimmt dabei das *Lessinghaus mit Lessingmuseum und -bibliothek* am Lessingplatz ein. Ferner befindet sich eine *Gedenkstätte* im Lessinggäßchen, hier stand das Geburtshaus des Dichters. Gegenüber die spätgotische *Hauptkirche St. Marien* von 1447/80 mit sehenswerter Innenausstattung (u. a. schöner Hauptaltar). Quadratisch angelegt wurde einst der Markt, der Platz der Befreiung, mit dem *Rathaus* von 1842 im italienischen Renaissancestil sowie dem Andreasbrunnen von 1570 (böhmisches und Kamenzer Wappen). Im *Ponickauhaus*, einem Bürgerhaus mit schöner Barockfassade, das *Museum der Westlausitz*, eine bedeutende regionale Bildungsstätte. Am Stadtrand der 294 m hohe *Hutberg* mit *Aussichtsturm* und *Freilichtbühne*. Um Pfingsten erlebt man hier eine prachtvolle Rhododendronblüte.

Südwestlich von Bautzen liegt das „westliche Eingangstor zur Oberlausitz", die Stadt **Bischofswerda**, von

Wäldern und Bergen umgeben. Bischofswerda hat einen sehenswerten Stadtkern, vor allem das *Rathaus* und die meist klassizistischen Bürgerhäuser lohnen einen Besuch. Um die Stadtmauer Grünanlagen und Parks. Vom *Napoleonstein* Sicht auf die Stadt, ebenso vom *Aussichtsturm des Butterberges*.

Zu den herrlichsten Barockschlössern des sächsischen Raumes zählt das von Knöffel 1721/35 erbaute *Schloß Rammenau*. Anfang des 19. Jh. war es Treffpunkt des progressiven Lausitzer Adels. In **Rammenau** wurde der „Plebejer unter den deutschen Philosophen" und erster gewählter Rektor der Berliner Universität, Johann Gottlieb Fichte, 1762 als Sohn eines Bandwirkers geboren. Durch die Protektion des Freiherrn von Miltitz erhielt er eine gute Schulbildung. Im Schloß Rammenau befindet sich eine *Fichte-Gedenkstätte*; ein *Fichte-Denkmal* auch im Schloßpark, einer englischen Parkanlage sowie im Ort.

Gaußig verfügt über den schönsten *Landschaftspark* der Bautzener Gegend. Um 1750 von Knöffel im französischen Stil angelegt, wurde er um 1800 nach englischem Stil umgestaltet, er hat eine Größe von etwa 28 ha. Im Schloß ist heute ein Erholungsheim untergebracht.

Wilthen, bekannt durch die größte Weinbrandbrennerei der DDR, entwickelt sich zunehmend auch zu einem Ferienort. Sehenswert sind die malerischen *Umgebindehäuser* in der Altstadt. Empfehlenswerte Wanderungen führen zum *Mönchswalder Berg* (449 m) und zum *Großen Picho* (499 m).

In dem 15 km südwestlich von Bautzen entfernt liegenden **Neukirch** ist vor allem das Töpferhandwerk ansässig; *Heimatmuseum*. Von Neukirch aus lohnt eine Wanderung zum *Valtenberg*, mit 588 m ist er die höchste Erhebung des Lausitzer Berglandes. Der *Aussichtsturm* bietet eine schöne Aussicht.

Schirgiswalde, wegen seiner reizvollen Lage ein beliebter Ferienort, wird auch als Perle der Oberlausitz bezeichnet. Im *Heimatmuseum* dokumentiert eine Ausstellung die Geschichte der Stadt. Fast einmalig in der Oberlausitz sind zwei *Laubenhäuser* (Marktecke), ferner hübsche *Umgebindehäuser*. Das klassizistische *Rathaus* wurde 1818 erbaut. Prächtig ist die barocke *Pfarrkiche* mit ihren spätbarocken Altären und der Kanzel. Interessant ist die historische Vergangenheit der Stadt: Als Österreich 1809 Teile seines Staatsgebietes in der Oberlausitz verlor, vergaßen die Politiker, Schirgiswalde einer anderen Herrschaft zuzuschlagen. So begann die kuriose Periode der „Republik Schirgiswalde", die bis 1845 währte und ein Aufblühen des von Steuern freien Territoriums herbeiführte.

In **Crostau**, am Nordhang des Oberlausitzer Berglandes idyllisch gelegen, ist die *Kirche* mit der Silbermann-Orgel von 1732 bemerkenswert; im Sommer finden hier Konzerte statt. Von Crostau aus lohnt sich eine Wanderung zum *Burgberg mit „Körse"*, Ruine der einzigen Höhenburg des Lausitzer Berglandes.

Sohland, an der oberen Spree gelegen, wird seiner herrlichen Lage wegen im Sommer und im Winter (gute Ski- und Rodelmöglichkeiten) gern besucht. Als ältestes Naturschutzgebiet des Bezirkes Dresden verfügt die Gegend über die wohl bedeutendsten Eibenvorkommen in der DDR. Zahlreich anzutreffen sind hier die denkmalgeschützten Lausitzer *Umgebindehäuser*, in einem befindet sich das *Heimatmuseum* mit Ausstellungsstükken zur Weberei. Altes Wahrzeichen des Ortes ist die *„Himmelsbrücke"* von 1796. Die *Talsperre* ist beliebtes Naherholungsgebiet. Ein Wanderweg führt zur *Grenzbaude* (Aussichtsturm).

Hochkirch, etwa 11 km von Bautzen entfernt, wird überragt von seiner barocken *Dorfkirche*. Hier fand eine der größten und verlustreichsten Schlachten des Siebenjährigen Krieges statt. Im Morgengrauen des 14. Oktober 1758 überfiel der österreichische Feldmarschall von Daun das Heer Friedrichs II. von Preußen, das schwere Verluste erlitt. Insgesamt gab es über

15 000 Tote, außerdem verlor Preußen 101 Kanonen sowie den überwiegenden Teil seines Kriegsgerätes. Spuren der Schlacht, z. B. eingemauerte Kanonenkugeln an alten Häusern des oberen Dorfteiles findet man noch heute. Entlang der Kirchhofsmauer führt die sog. Blutgasse, sie erinnert an die schrecklichen Tage von 1758; auch an der *Kirche* sind noch Einschußspuren zu sehen. Hinter dem Altar ein Marmordenkmal für den preußischen Feldmarschall Keith, das Friedrich II. errichten ließ. Von Hochkirch schöne Wanderung nach dem *Czorneboh*, dem höchsten Berg der mittleren Oberlausitz (561 m, Felsklippen).

Löbau spielte im Sechsstädtebund der Oberlausitz eine wichtige Rolle. Für Touristen von Interesse ist neben den Resten der alten Stadtmauer und Bebauung besonders das *Ensemble des Platzes der Befreiung* (Markt) mit mehreren stattlichen Bauten, darunter das barocke *Rathaus*, ebenso die Häuser der Badergasse. Im *Stadtmuseum*, Johannisstr. 5, sind u. a. sakrale Plastik und Lausitzer Bauernschränke zu sehen. Beachtlich sind mehrere barocke Grüfte auf dem *Alten Friedhof*. Auf dem *Löbauer Berg* (447 m) hat man vom ältesten gußeisernen *Aussichtsturm* Europas von 1854 eine schöne Fernsicht.

Obercunnersdorf, heute Ferienort in der Oberlausitz, stellt mit der Gesamtheit seiner *Umgebindehäuser* ein seltenes Architekturdenkmal ländlicher Baukunst dar und ist daher Bestandteil der zentralen Denkmalliste der DDR. Rund 280 Häuser sind Beispiele der traditionellen Lausitzer Umgebindebauweise, bei der das Balkengefüge als tragendes Gerüst einem Teil der Erdgeschoßwände wie eine Blendarkade vorgelegt ist. Reizvoll die Vielzahl der Formen und Muster sowie die Fensterumrahmungen.

Ebersbach ist ein Zentrum der sorbischen Volkskunst. Im *Heimatmuseum* (Humboldtbaude, Schlechteberg) wird u. a. bäuerliche Volkskultur der Oberlausitz gezeigt. Wanderung zum *Kottmar* (583 m, größter Phonolithstein der Oberlausitz) mit dem *Aussichtsturm* sowie zur gefaßten Spreequelle.

Herrnhut, 1722 von böhmischen Exulanten gegründet, die ihres religiösen Glaubens wegen (Böhmisch-Mährische-Brüder) aus dem katholischen Böhmen flüchten mußten. Stifter war Nikolaus Ludwig Graf von Zinzendorf, der um 1727 die inzwischen von zehn auf 300 Mitglieder angewachsene Herrnhuter Brüdergemeine, deren Bischof er wurde, hier ansiedelte. Herrnhut ist noch heute Sitz und Zentrum der weltweiten Brüder-Unität, die in 22 Ländern arbeitet. Nach schweren Kriegsschäden wurde 1953 am Zinzendorfplatz der schlichte *Kirchensaal*, seine Besonderheit besteht darin, daß Kanzel, Altar und Taufstein fehlen, wiederaufgebaut. Vor der Kirche das *Zinzendorfdenkmal*. Das wiedererstandene Gebäude gegenüber (einst Haus des Grafen v. Zinzendorf) beherbergt das Förderzentrum „J. A. Comenius“, ein Ausbildungs- und Rehabilitationszentrum für geistig behinderte Jugendliche. Im Vogtshof befindet sich die Unitäts-Direktion, benachbart das zentrale Archiv. Das *Völkerkundemuseum*, 1878 als Missionsmuseum gegründet, Außenstelle des Museums für Völkerkunde Dresden, birgt eine Vielzahl ethnographischer Exponate u. a. aus Amerika, Asien, Australien und Afrika. Einblick in die Wohnkultur des 19. Jh. („Herrnhuter Stuben“) gewinnt man im *Heimatmuseum* (Comeniusstraße). Am **Hutberg** liegt der *Friedhof* der Brüdergemeine (Gräber seit 1730, bemerkenswerte Anlage, in „Quartiere“ geteilt), auf dem Berg von *„Altan“* (Aussichtsturm) Blick auf Herrnhut und das Zittauer Gebirge. (↗ Bl. 17)

Görlitz

Lage und Bedeutung: Die ihrer zahlreichen prächtigen Bauwerke wegen als „Perle der Lausitz“ gerühmte Kreisstadt (78 900 Einw.) erstreckt sich auf dem linken Ufer der Neiße in der klimatisch begünstigten Vorberg-

Görlitz

zone des Oberlausitzer Berglandes. Im ausgehenden Mittelalter bereits das mächtigste der Lausitzer Gemeinwesen, hat sich die an der Neiße gelegene Stadt seit dem 19. Jh. zu einer ausgeprägten Industriemetropole der Oberlausitz entwickelt, die in unserer Zeit zunehmend Bedeutung für den Tourismus gewinnt.

Stadtgeschichte: Urkundlich 1071 als „villa gorelic“ in einer Urkunde Heinrichs IV. ersterwähnt, entstand um 1220 am Schnittpunkt des alten Handelsweges der Königsstraße und der Böhmischen Straße eine kleine Siedlung, aus der sich die Stadt Görlitz entwickelte. Für 1303 sind bereits die von den Brandenburger Markgrafen verliehenen Stadtrechte belegt. Siedler aus Franken, Thüringen und der Mark waren die Bewohner, denen sich Kaufleute und vor allem Tuchmacher hinzugesellten. Schnell bildete sich ein starkes Handwerk heraus, Tuchmacher, Gerber und Leineweber gaben den Ton an. Görlitzer Tuche, gefärbt mit Thüringer Waid, waren im In- und Ausland begehrt. Ausgedehnter Waid- und Salzhandel brachte weitere Gewinne, so daß die Stadt am Neiße-Übergang bald zu einem weithin bekannten Handels- und Gewerbezentrum wurde. Beredter politischer Ausdruck dieser systematisch ausgebauten Machtpositionen war die Vormachtstellung, die Görlitz im Lausitzer Sechsstädtebund als die kapitalkräftigste und einflußreichste Stadt innehatte. Der vom Kaiser privilegierte Bund diente der Sicherung des Landfriedens gegen räuberischen

Landadel sowie der Herrschaft des Patriziats gegen innerstädtische Opposition, die „aufsässigen“ Handwerker, die sich wiederholt gegen Ratswillkür auflehnten. Anfang des 16. Jh. war Görlitz eine reiche Handelsstadt, und als architektonischer Ausdruck des neuen Machtbewußtseins entstanden zahlreiche herrliche Bauwerke, die die Zeitläufe überdauert haben und noch jetzt einen besonderen Reiz auf den Besucher ausüben.

Bedeutende Vertreter des frühbürgerlichen Humanismus wirkten am Görlitzer „Gymnasium Augustinum“. Jakob Böhme, Schuhmacher und Philosoph, veröffentlichte seine gegen die dogmatische Theologie gerichteten Schriften. Als die Stadt, die fast schon den Rang einer Freien Reichsstadt innehatte, im Schmalkaldischen Krieg die Erwartungen des Kaisers nicht erfüllte, beschloß dieser ein furchtbares Strafgericht. Görlitz verlor alle Rechte und Privilegien sowie große Ländereien und wurde wirtschaftlich schwer belastet. Durch den Prager Frieden kam es 1635, nachdem es bereits in der Vergangenheit die verschiedensten Oberherren kennengelernt hatte (Meißen, Böhmen, Brandenburg), schwerverschuldet an Sachsen. 1815 fiel es an Preußen, wirtschaftlicher Niedergang war die Folge.

Erst seit den dreißiger Jahren des 19. Jh. zeichnete sich ein Aufschwung ab. Moderne Industriebetriebe entstanden. Der Textilindustrie gesellte sich eine 1849 erstmals zwei Eisenbahnwaggons produzierende Waggonfirma hinzu, die als Großbetrieb 1872 immerhin schon 2000 Waggons jährlich herstellte – Vorläufer jenes Großbetriebes, der heute den Namen der Stadt weithin bekannt macht.

Mit der kapitalistischen Industrialisierung formierte sich auch die Arbeiterklasse, der bekannte Arbeiterführer Otto Buchwitz führte die Görlitzer Sozialdemokratie. Viele Kampfaktionen verzeichnet die Geschichte der örtlichen Arbeiterbewegung, darunter den Waggonarbeiterstreik von 1912, die große Friedensdemonstration von 1914 sowie 1920 den Generalstreik gegen Kapp. Nach der Machtergreifung des Faschismus organisierten Görlitzer Antifaschisten unter Führung der KPD den Widerstandskampf. Zu ihnen gehörte der Schriftsteller, Maler und Graphiker Johannes Wüsten, ein Vertreter der Neuen Sachlichkeit. Seit 1922 in Görlitz ansässig, war sein Atelier Kahle 7, heute Johannes-Wüsten-Straße, ein Zentrum des Widerstandes, bis der Künstler und Kommunist 1934 ins Exil fliehen mußte.

Heute bietet die 1945 im wesentlichen unzerstört gebliebene Stadt eine besonders reizvolle Synthese aus wohlbewahrten Zeugnissen einer bewegten Geschichte und der Wirtschaftskraft einer modernen volkseigenen Industrie.

Sehenswürdigkeiten: Die als komplexes Denkmal des Städtebaus gänzlich unter Denkmalschutz gestellte historische *Altstadt* weist eine ganze Reihe architektonischer Glanzpunkte auf. Um die Einzigartigkeit des Stadtbildes in seiner Einheit zu bewahren, wird mit großer Anstrengung an der Erhaltung, Rekonstruktion und Modernisierung gearbeitet.

Eine baukünstlerische Meisterleistung stellt im östlichen Teil der Altstadt der *Untermarkt* dar, das älteste Handelszentrum von Görlitz, rechtekkig angelegt, in der Mitte durch die sog. „Zeile“ getrennt. Eindrucksvoll an der Westseite das *Rathaus*, aus vier Gebäuden bestehend, das jüngste und größte von 1902/03. Der Rathausturm wurde 1743 auf 60 m erhöht und mit barocker Haube versehen. Einmalig an ihm sind die beiden schön restaurierten Kunstuhren von 1584 – Tag, Stunde und Mondphase angebend. Von außergewöhnlichem Kunstsinn zeugt die *Rathaustreppe* mit der in reichen Renaissanceformen gehaltenen *Verkündigungskanzel* (1537/37) sowie dem *Standbild der Justitia* (1591, 1952 wiedererbaut). Über der Freitreppe das spätgotische Wappen (1488) des Königs Matthias Corvinus von Ungarn. Im Rathaus das Ratsarchiv mit kostbarer Renaissancedecke (1568) und der Ratssitzungssaal (prachtvolle

Innengestaltung von 1564). Den Rathaushof zieren der *Gerichtserker* (1564) im Renaissancestil und die *Armesündertreppe*. Herausragend am Untermarkt eine Vielzahl schöner Renaissance- und Barockfassaden, teilweise mit gotischem Unterbau wie *Alte Börse*, 1706 als „neues Kaufhaus" erstes Barockgebäude der Stadt; *Waage* (1600); *Ratsapotheke* mit kunstvoller Sonnenuhr (sog. Planetarium, 1550); der Barockbau von 1722 *„Brauner Hirsch"* mit vorgelagerten Lauben von 1486 und 1539. Über den *„Langen Lauben"* die prächtigen Häuser Nr. 2 bis 5, jene weiträumigen Tuchhallenhäuser, auch „Görlitzer Hallen" genannt, die in der deutschen Baukunst einzigartig sind. Zu ihnen gehört das Haus *„Goldener Baum"* (heute Gaststätte). Am Haus Untermarkt 22 ein spätgotisches Portal, das wegen seiner Akustik den Namen *„Flüsterbogen"* trägt. Auf dem Platz der Neptunbrunnen von 1756.

Besuchenswert ist auch die *Neißstraße* mit ihren vielen schönen Bauten. *Neißstr. 30*, ein großartiger Barockbau von 1726/29, der größte der Stadt, ab 1807 Sitz der Oberlausitzischen Gesellschaft der Wissenschaften, heute *Museumssitz* (Kunst und Kunsthandwerk, graphisches Kabinett, Volkskunst der Oberlausitz, Johannes-Wüsten-Ausstellung sowie Oberlausitzische Bibliothek der Wissenschaften). Das *Biblische Haus* stammt von 1570 (Hochrenaissance). Eine besondere baukünstlerische Leistung verkörpert die *Kirche St. Peter und Paul*, zweifellos das bedeutendste Bauwerk des mittelalterlichen Görlitz. Die fünfschiffige Hallenkirche ist ein spätgotischer Bau unter Verwendung von Teilen einer spätromanischen Basilika. Das Türmepaar ist neogotisch aus Beton. Sehenswert die Innenausstattung der Kirche. In der Nähe der wohl älteste Profanbau der Stadt, das *Waid- und Renthaus*, ferner der *Vogtshof*. Hinter der Peterskirche am Neiße-Steilhang sind Teile der alten *Stadtmauer* erhalten. In diesem Gebiet befand sich die frühere Burg (1126). Von der Stadtbefestigung besonders interessant ist der *Nikolaiturm* mit barocker Haube und das *„Finstertor"* mit mittelalterlichem Torbogen.

Die *Nikolaikirche*, 1432–1520 erneuert, existierte bereits um 1100. Auf dem 1310 erstgenannten Nikolaifriedhof sind reichgestaltete barocke und schlicht gestaltete klassizistische Grabmale zu finden. Hier wurde auch der Philosoph Jakob Böhme, der von Hegel und Marx geschätzte Denker, begraben. Auf dem Alten Städtischen Friedhof das Grab der Minna Herzlieb, einer Freundin Goethes.

In der Heilig-Grab-Straße das kulturhistorisch herausragende *Heilige Grab* von 1481–1504, eine originalgetreue Nachbildung des Heiligen Grabes und der Heiligen-Grab-Kirche zu Jerusalem.

Am *Demianiplatz* der stolze *Kaisertrutz*, ein wehrhafter Rundbau (1490) mit einer Mauerstärke von etwa 4,50 m, das einzige erhaltene Festungswerk dieser Art in der DDR. Im Dreißigjährigen Krieg hielt es den kaiserlichen Truppen stand und erhielt daher seinen Namen. Im Kaisertrutz ist heute ein Teil der *Städtischen Kunstsammlungen* (stadtgeschichtliche Abteilung, bemerkenswerte Kunstschätze, Galerie der Oberlausitz) untergebracht. Gegenüberliegend das Wahrzeichen von Görlitz, der *Reichenbacher Turm*, der zu den schönsten Wehrtürmen zählt (Rundblick). Die *Museumsabteilung* im Turm zeigt eine interessante Waffensammlung.

Dem *Leninplatz*, früher Obermarkt, geben vor allem die stattlichen Barockhäuser an der Nordfront das Gepräge. Reich ornamentiert ist die Fassade des palaisartigen Gebäudes *Leninplatz 29*, 1718 erbaut und heute Sitz der Görlitz-Information. Vom Platz zweigt die *Verrätergasse* ab, so genannt zur Abschreckung „verräterischer Rotten", der 1527 aufsässigen Handwerker gegen das Patriziat; Steintafel.

1234 wurde von Franziskanern die *Dreifaltigkeitskirche* gegründet, sie gilt als erstes gotisches Bauwerk der Stadt. Von der Ausstattung bemerkenswert sind der barocke Altarauf-

Görlitz: Verrätergasse

satz (1713), die Grablegungsgruppe (1492) und ein Schnitzaltar (um 1515). Vor der Kirche steht der Rolandbrunnen von 1590, Kriegerfigur um 1670.

Häuser der Renaissance und des Barocks bestimmen das Antlitz der *Brüderstraße*, herausragend der *Schönhof* (1526), als frühestes Renaissancebürgerhaus beispielgebend in der deutschen Baukunst. Anschauenswert auch der fast 700 Jahre alte *Dicke Turm* mit Stadtwappen von 1477 am Marienplatz; auch am Marienplatz das *Staatliche Museum für Naturkunde* und die ehemalige *Annenkapelle* (1508/12). Spätgotisch die *Frauenkirche* (1449/86). Lohnend ist ein Spaziergang durch den nach Plänen Lennés angelegten *Stadtpark*. Hier ist der *Meridianstein*, genau die Lage des 15. Grades östlicher Länge (von Greenwich) bezeichnend, zu sehen.

Der *Neiße-Viadukt* von 1844/47, 475 m lang, 32 Bögen, wurde 1954/57 von polnischen Arbeitern wiederrichtet. Er war noch einen Tag vor der Kapitulation Hitlerdeutschlands von den Faschisten gesprengt worden.

Im *Park der Thälmann-Pioniere* ist die *Oldtimer-Pioniereisenbahn* besonderer Anziehungspunkt. Über einen reichen Tierbestand verfügt der *Tierpark*, in einer Parkanlage gelegen.

Von der *Landeskrone*, einem 420 m hohen Basaltkegel, weiter Blick auf Görlitz (Aussichtsturm, Theodor-Körner-Gedenkstein).

Ausflugsziele in der Umgebung: Reste einer slawischen Schanze finden sich am *Schwarzen Berg* (393 m). Vom Ortsausgang des Gebirgsdorfes **Jauernick-Buschbach,** einer der ältesten Gemeinden Ostsachsens, Ausblick auf das Braunkohlengebiet Berzdorf-Schönau und die Kraftwerke „Völkerfreundschaft“ Hagenwerder.

Ostritz, im Neiße-Tal gelegen, wurde bereits 1006 erstmals urkundlich erwähnt. Neben hübschen *Umgebindehäusern* anschauenswert die *Pfarrkiche* (Chorbau 1. Hälfte des 13. Jh.; Sandsteinkanzel von 1609; Hochaltar von 1773) sowie das *Heimatmuseum* (Lausitzer Schränke des 18./19. Jh.). In **Marienthal** befindet sich das um 1230 gegründete *Zisterzienser-Nonnenkloster*, nach 1683 unter Einfluß des böhmischen Barocks umgestaltet. In der weiträumigen Anlage u. a. Klosterkirche, Konventgebäude, Michaeliskapelle, Dreifaltigkeitssäule (1716), Figur des Hl. Nepomuk (1755). Vom *Stationsberg* mit der kolossalen Kreuzigungsgruppe (1728) Blick auf das Kloster, das sich karitativen Aufgaben widmet.

10 km nordwestlich von Görlitz liegen **Königshain** und die **Königshainer Berge**, auf dem Weg zum *Hochstein* (406 m, Aussichtsturm) das *Naturdenkmal Totenstein*, vorgeschichtliche Kultstätte.

Westlich von **Niesky**, einer ehemaligen Gründung böhmischer Exulanten (1742), das Urlauberparadies *Talsperre Quitzdorf* (über 500 ha Wasserfläche, Bungalowdörfer, Campingplätze, Wassersport). (↗ Bl. 17)

Zittau

Lage und Bedeutung: Die Oberlausitzer Kreisstadt Zittau (39 300 Einw.), an der Mündung der Mandau in die Neiße gelegen, war seit dem Mittelalter durch ihre blühende Tuch- und Leineweberei berühmt. Heute ist die frühere „dritte Barockstadt Sachsens" ein Industriestandort von Rang, Sitz einer Technischen Hochschule und zugleich weithin bekannt als Eingangstor zum Zittauer Gebirge.

Stadtgeschichte: 1238 als Zitawa ersterwähnt, jedoch unzweifelhaft älter, entwickelte sich im Schutz einer Burganlage der Herren von Zittau die planmäßig angelegte Stadt. 1255 erhob König Otakar II. von Böhmen das ihm zugehörige Zittau seiner strategischen Lage wegen zur königlichen Stadt, reich bedacht mit Privilegien. Der Sage nach soll ein Umritt des Böhmenkönigs den Umfang der Stadt festgelegt haben. Auch Kaiser Karl IV. förderte die Oberlausitz und das Zittauer Land, Schutzburgen entstanden. Das wohlhabende Zittau war Mitglied des Sechsstädtebundes von 1346. Ständiger Landerwerb, Bierbrauerei und Tuchmachergewerbe begründeten den städtischen Reichtum. 1367 zählte Zittau allein 600 Tuchmacher in seinen Mauern. Die Zünfte erzwangen ein Mitregiment, dadurch konnten innerstädtische Konflikte aber nicht gelöst werden. Infolge des Schmalkaldischen Krieges verlor die Stadt ihre Privilegien und den reichen Besitz, doch die Leineweberei brachte Zittau wieder eine wirtschaftliche Blüte. Der Zuzug böhmischer Exulanten ließ das Zittauer Land zu dem am dichtesten besiedelten Deutschlands aufsteigen. Gegen 1700 exportierte es „weißgarnichte Leinwand" in alle Welt. Im Siebenjährigen Krieg 1757 legte österreichische Artillerie Zittau zu 75 Prozent in Schutt und Asche.

Seit Mitte des 19. Jh. siedelten sich weitere Industrien an, 1889 das Fahrradwerk Phänomen, das später Kraftfahrzeuge produzierte (heute VEB Robur). Neben der traditionellen Leichtindustrie und der Nahrungsgüterwirtschaft (Gemüse und Obst) ist auch der Bergbau von Bedeutung.

Zu Beginn der faschistischen Diktatur 1933 organisierten Zittauer KPD-Mitglieder den Aufbau eines illegalen Kurierdienstes in die benachbarte Tschechoslowakei, von der Verhaftung bedrohte Genossen wurden über die Grenze geschleust.

Sehenswürdigkeiten: Mit Sorgfalt wurde und wird der historische Stadtkern Zittaus restauriert. In beispielhafter Weise sind hier alle Sehenswürdigkeiten von Rang über einen sog. *Kulturpfad* erschlossen. Alle erhaltenswerten Bauten wurden numeriert und mit Erläuterungstafeln versehen.

Die am *Platz der Jugend*, dem ehemaligen Marktplatz, sich erhebenden Gebäude (1967/69 restauriert) bringen die architektonische Vielfalt Zittaus besonders schön zum Ausdruck. Hervorzuheben ist das *Rathaus* von 1840/45, das von K. A. Schramm unter Benutzung eines Entwurfs von Schinkel historisierend im Stil der italienischen Renaissance errichtet wurde. Der ehemalige *Gasthof „Zur Sonne"*, ein prächtiger Barockbau von 1710, erinnert an Zittaus Zeit als bedeutende Handelsstadt Sachsens. In der Fürstenherberge (Rokoko), historisch von Interesse, stiegen die Kaiser Maximilian II. (1564), Rudolf II. (1577), Ferdinand II. (1617), viele Könige und noch mehr Fürsten sowie 1813 Napoleon ab.

Auffallend ferner das ehemalige *Amtsgericht*, stilistisch stellt es den Übergang von der Spätrenaissance zum Frühbarock dar. Eines der schönsten Patrizierhäuser ist das *Noacksche Haus* von 1689. Den früheren Reichtum der Stadt symbolisierte der *Rolandbrunnen* (auch Marsbrunnen) von 1585. In der Nähe die *Johanniskirche*, vormals spätgotisch, klassizistischer Umbau 1834/37 nach Entwurf von Schinkel; vom *Turm* Blick auf Stadt und Land. Am *Alten Gymnasium*, einem Renaissancebau von 1602, lehrte Christian Peschek, der Adam Ries' Rechenbuch den Bedürfnissen des

Handels im 18. Jh. anpaßte. Der Zittauer Dichter und Pädagoge Christian Weise, ein Vorläufer der bürgerlich-emanzipatorischen Aufklärungsliteratur des 18. Jh., war hier bis zu seinem Tod Rektor. Renaissance verkörpert auch das *Dornspachhaus* von 1553, vom Zittauer Bürgermeister und Gründer des Gymnasiums errichtet. Das *Grötzsche Haus* von 1710/17 (Innere Weberstraße) entstand im Stil des selbstbewußten Hochbarocks. Es demonstriert den Reichtum Zittauer Kaufleute. Im Rokokostil erhebt sich das *Priebersche Haus*, 1770 geschaffen. Eindrucksvolle *Handelshöfe* mit den großen Flurgewölben fallen in der Innenstadt auf.

Am Ende der Inneren Weberstraße steht die *Weberkirche*, ursprünglich vor der Stadtmauer an einen Turm des Webertores angebaut, sowie der *Weberfriedhof* mit schönen Grabmalen. Die *Brunnensäule* vor dem Stadtbad von 1873 erinnert an die frühere Zittauer Mineralquelle. Vor dem Johanneum, spätklassizistisch von 1869/71 mit 56 m hohem Turm, die einzige erhaltene *Konstitutionssäule* Sachsens zum Gedenken an die erste sächsische Verfassung von 1831. Die *Kreuzkirche* stammt aus dem 14. Jh., interessant ist hierbei, daß die Steinmetzzeichen denen des Prager Veitsdoms gleichen. Im 17. Jh. abgebrannt, wurde sie wieder instand gesetzt. Zu ihrer Ausstattung gehört die schönste mittelalterliche Schnitzarbeit der Stadt, eine spätgotische Kreuzigungsgruppe. Eine Vielzahl bemerkenswerter Grabmale und reichgeschmückter barocker Gruftkapellen sind auf dem *Kreuzfriedhof* zu finden.

An der *Fleischerbastei* (eine der starken Befestigungsanlagen, neben 13 Basteien gab es noch 11 Türme) ein Besuchermagnet, die *Zittauer Blumenuhr*. Zur vollen Stunde erklingt das Meißner Porzellanglockenspiel (1966). Die *Kleine Bastei* ist ein erhaltener Wehrturm aus dem 16. Jh. In der Nähe steht das Geburtshaus Heinrich Marschners, eines bedeutenden Vertreters der deutschen Oper zwischen Carl Maria von Weber und Richard Wagner. Den August-Bebel-Platz beherrscht der *Marstall*, einst das Zittauer Salzhaus, zugleich Rüstkammer und Magazin; schön der *Samariterinnenbrunnen* (1679), der *Herkulesbrunnen* (1708) und der *Schwanenbrunnen* (1710); herausragend prächtige Renaissance- und Barockhäuser wie der ehemalige *„Sächsische Hof"*. Am Klosterplatz die *Petri-Pauli-Kirche* (ehemalige Franziskaner-Klosterkirche), beachtlich u. a. Altar und Kanzel (1668), barocke Betstuben. Das *Stadtmuseum* im Klostergebäude (unveränderte Mönchszellen) besitzt eine reiche Sammlung zur Südlausitzer Volkskultur, Zittauer Fayencen, Innungsaltertümer. Der schönste Brunnen der Stadt, der *Grüne Born*, steht vor dem Stadtmuseum. Eine Meisterleistung stellt der sog. *Heffterbau* mit dem herrlichen Spätrenaissancegiebel dar. Im Sommer finden hier Klosterhofkonzerte statt.

In der Frauenvorstadt steht die *Frauenkirche* (1355 ersterwähnt), im Übergangsstil zur Gotik errichtet.

Erholsam nach einem Stadtrundgang ist ein Besuch des Naherholungszentrums *Weinau* (Landschaftspark mit Spiel- und Sportstätten, Tierpark, Kinderspielplätzen usw.).

Ausflugsziele in der Umgebung: Als „Perle der Oberlausitz" gilt der **Kurort Oybin,** am Fuße des Berges *Oybin* gelegen. 1546 erfolgte die Dorfgründung. Die ersten Bewohner waren arme Steinbrecher und Holzarbeiter. 1842 kamen die ersten Sommerfrischler, die sich in der herrlichen Landschaft – Oybin liegt in einem Kessel zwischen Sandstein-Felspartien und bewaldeten Bergeshöhen – erholten. 1905 Kurort geworden, 1953 als Wintersportgebiet bestätigt, ist der Ort heute ein Zentrum des Feriendienstes der Gewerkschaften, wo alljährlich Zehntausende ihren Urlaub verleben. Attraktion des Ortes ist der 514 m hohe Berg Oybin, der schon in vorgeschichtlicher Zeit besiedelt gewesen sein muß. 1258 bestand dort eine Feste, die bald Sitz von Raubrittern wurde. 1311/16 ließ Heinrich von

Leipa, der oberste Marschall von Böhmen, auf dem Oybin die *Burganlage* errichten (durch Kaiser Karl IV. erweitert), von der noch heute Reste erhalten sind. Das Kaiserhaus entstand (ebenfalls Reste vorhanden). 1365 kam der Coelestinerorden auf den Oybin und schuf hier ein *Kloster* (Ruine der Kirche, heute *Oybinmuseum;* in den Felsen der Klosterruine der Friedhof). Am Klosterbau wirkte offenkundig auch der Meister der berühmten Prager Parler-Schule mit (Steinmetzzeichen). Die stimmungsvolle Ruine inspirierte Maler der Romantik wie Caspar David Friedrich und Carl Gustav Carus. Die *Dorfkirche* am Berg enthält eine schöne Barockausstattung.

In die herrliche Umgebung führen zahlreiche Wanderwege, besonders beliebt der Ringweg um die Burg, Aussichten auch zum *Scharfenstein,* zum *Töpfer* (Felsgebilde), zum *Kelchstein* (einziger Pilzfelsen der Landschaft) oder zum 749 m hohen *Hochwald* (Turm).

Reizvoll ist eine Fahrt nach Kurort Oybin mit der *„Bimmelbahn“*, einer Schmalspurbahn von 1890. Idyllisch liegt **Lückendorf** mit der *Ruine Karlsfried* (1357). Die Steine der Feste dienten einst zum Bau der Barockkirche von 1690.

Der **Kurort Jonsdorf** war früher ein typisches Weberdorf in der Oberlausitz mit großer Bleicherei (Gedenkstein 1773), das auch durch die Herstellung von Mühlsteinen bekannt war. Ein kleines *Mühlsteinmuseum* in der Steinbruchschmiede erinnert an dieses Gewerbe. In Jonsdorf sieht der Tourist schöne *Umgebindehäuser.* Ausgedehnte Wanderungen sind möglich (Jonsberg, Buchberg, Nonnenfelsen mit Aussichtsplateau). Vielbesucht das *Bergbad* und die *Waldbühne.*

In **Waltersdorf** war einst das Steinbrecherhandwerk zu Hause, wovon heute noch an stattlichen *Umgebindehäusern* die zahlreichen Türstöcke aus Sandstein, wahre Schmuckstücke, zeugen. Neben der barocken *Dorfkirche* mit Orgelprospekt aus dem Rokoko lohnt ein Besuch des *Heimat- und Mühlenmuseums.*

Gute Wintersportmöglichkeiten bieten die *Lauschewiesen.* Vom Gipfel der *Lausche* (793 m) hat man einen Rundblick über das Zittauer Land und in die ČSSR. Die Spazier- und Wanderwege sind gut markiert.

Großschönau, einst ein Ratsdorf Zittaus, ist heute ein bedeutender Industrie- und Erholungsort. 1666 wurde hier mit der Damastherstellung begonnen. Im *Heimat- und Damastmuseum* erhält man einen Einblick in die Geschichte der Weberei. Im Sommer vielbesucht das *Waldstrandbad* mit dem Campingplatz. Reizvoll das NSG „Lausurtal“ sowie der Hutberg (378 m) mit Blick auf das Zittauer Gebirge.

In **Hainewalde** befindet sich das wohl bedeutendste barocke Grabmalkunstwerk der Oberlausitz, die *Kanitz-Kyausche Gruftkapelle* auf dem Friedhof, ein ungewöhnlich reich geschmückter Bau von 1715.

Geologieinteressierten sei ein Besuch von **Seifhennersdorf** mit den Halden des ehemaligen Polierschieferbergwerkes und dem *Museum* (reiche fossile Funde) empfohlen. Im Ort gibt es viele *Umgebindehäuser.* Erholungsmöglichkeiten bietet das *Waldbad Silberteich* (10 ha, Park- und Sportanlage, Gondelteich). (↗ Bl. 17)

- Straßenbahnlinie mit Halte- und Endhaltestelle
- Buslinie mit Halte- und Endhaltestelle
- Fußgängerbereich
- Treppe
- Stadtmauer
- Öffentliches Gebäude
- Wald, Park
- Friedhof
- Kulturhistorisch wertvolle Kirche
- Kirche
- Kapelle
- Hotel
- Restaurant
- Café
- Postamt
- Gericht
- Museum
- Freilichtbühne
- Theater
- Kino
- Parkplatz
- Taxihalteplatz
- Busbahnhof
- Reisebüro
- Information
- Denkmal
- Bad
- Jugendherberge
- Mahnmal
- Tankstelle
- Reparaturwerkstatt
- Anlegestelle
- Öffentliche Toilette
- Aussichtspunkt
- Brunnen
- Eingang
- Kasse
- Souvenir

Geographisches Register

V. Barthold, Leipzig (229); K.-G. Beyer, Weimar (329); T. Böttger, Karl-Marx-Stadt (227); D. Breitenborn, Berlin (42); G. Feuereißen, Plauen (252); H. Fräßdorf, Dessau (19, 152, 155, 255, 444); G. Galinsky, Freiberg (415); Gedenkstätte der Befreiung Seelow (123); I. Handy, Schmalkalden (343); J. Haupt, Berlin (59); R. Heym, Suhl (20); G. Hoffmann, Berlin (83, 418); W. Hoffmann, Oelsnitz (290); F. Ihlow, Potsdam (53, 66, 206, 254, 299); R. Kampmann, Berlin (99); K. Kappes, Zella-Mehlis (334); G. Kirchner, Sachsenbrunn (331); R. Kitte, Görlitz (457, 470); M. Klemp, Berlin (101); H. Kley, Schmalkalden (339); E. Klöppel, Berlin (350); K. König, Berlin (17, 22, 52, 94, 154, 164, 167, 183, 193, 201, 219, 221, 225, 241, 261, 292, 336, 343, 354, 356, 379, 384, 403, 446, 453, 465, 467, 473); H. Krumbholz, Berlin (226, 281, 303, 326, 383); P. Kühn, Dessau (203, 287, 297, 316); J. Müller, Frankfurt (Oder) (125, 127); H. Musewald, Schwerin (93, 100); P. Neubert, Berlin (69, 258); M. Nitzschke, Leipzig (26, 371, 375); H. Opitz, Leipzig (324); U. Pellmann, Dresden (179, 359, 399, 413, 422, 435, 438); J. Pietsch, Leipzig (321); H. Praefke, Berlin (301); J. Richau, Woltersdorf (136); H. Riederer, Eichwalde (8); K. Rossa, Berlin (36, 54, 253); K.-D. Röding, Berlin (11, 14, 23, 30, 62, 73, 90, 95, 114, 117, 118, 119, 142, 145, 304, 309, 323, 336, 345, 443); R. Rössing, Leipzig (181); G. Rothe, Augustusburg (106, 163, 347); W. Rudolph, Dessau (108, 386); R. Schlegel, Lunzenau (333); T. Schlegel, Lunzenau (46); W. Schmidt, Berlin (75, 81, 97, 147); W. Schmidt, Karl-Marx-Stadt (425); S. Schütze, Halle (11, 141, 171, 196, 213, 215, 216, 236, 239, 247, 250, 263, 264, 269 – Kreisheimatmuseum Bad Frankenhausen, 277, 283, 308, 390, 394, 395, 401, 410); W. Thieme, Karl-Marx-Stadt (421); R. Vetter, Dresden (441); N. Vogel, Eichwalde (430); H. Wanke, Schwerin (165); L. Wendel, Leipzig (257, 322); H. Wotin, Neubrandenburg (87, 104, 105); B. Wurlitzer, Berlin (133, 185, 318, 404)

Sehenswürdigkeiten an Ihrem Reiseweg

Zeichenerklärung

- Nationale Mahn- und Gedenkstätte
- Historisches Ortsbild
- Mittelalterliche Stadtbefestigung
- Schloß, Burg
- Kirche, Kloster
- Ruine
- Bedeutendes Denkmal und Mahnmal
- Museum
- Gedenkstätte zu Persönlichkeiten der Politik, Kunst und Wissenschaften
- Theater
- Freilichttheater
- Technisches Denkmal
- Schaubergwerk
- Höhle
- Park
- Zoo
- Tiergarten, Wildgehege
- Botanischer Garten
- Fernsehturm
- Natursehenswürdigkeit
- Staatsgrenze
- Staatsgrenze im Wasserlauf
- Autobahn mit Anschlußstelle
- Fernverkehrsstraße
- Landstraße
- Eisenbahn
- Schiffsverbindung
- Grenzübergang
- A Autofähre
- Flughafen
- Hafen
- · 280 Höhenangabe
- Wald

Maßstab 1 : 600 000

5 0 5 10 15 20 25
km

Blattschnittübersicht

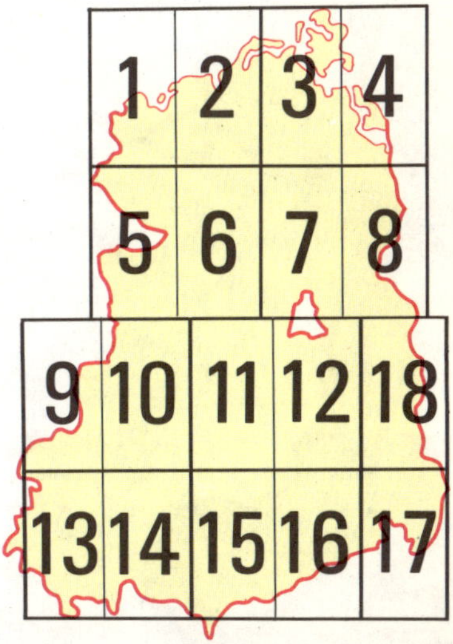

1
Rødby
Däne
Rødby Havn
Lolland
Fehmarnbelt
Eisenbahnfähre
Vogelfluglinie
Markelsdorfer Huk
Petersdorf
207
Fehmarn
Burg
27
Heiligenhafen
Großenbrode
Neukirchen
OST
202
Oldenburg
501
Mecklen
B R D
Dahme
Bungsberg
164
Lensahn
Cismar
Kellenhusen
Eutin
Ostseebad
Rerik
Neustadt
Lübecker Bucht
Wismar-
Neubukow
Ostseebad
Boltenhagen
Kirchdorf
Poel
207
Timmendorferstrand
bucht
79
TRAVEMÜNDE
Klütz
Bad
Schwartau
Dassow
105
105
WISMAR
LÜBECK
Selmsdorf
Schönberg
Grevesmühlen
Dorf Mecklenburg
104
Lüdersdorf
208
106
192
Stepenitz
Rehna
Hohen Viecheln
Bad Kleinen
Mühlen Eichsen
39
Schweriner
208
Gadebusch
Vietlübbe
104
Ratzeburg
104
See
207
SCHWERIN
Seedorf
Mölln
Crivitz

mark
Nysted
Falster
Gedser
2
S E E
Eisenbahnfähre Warnemünde - Gedser
burger Bucht
Fischland
Darßer Ort
Ostseebad Prerow
Ostseebad Zingst
Darß
Ostseebad Ahrenshoop
Ostseebad Wustrow
Saaler Bodden
Ostseebad Dierhagen
Ostseebad Graal-Müritz
Klockenhagen
Damgarten
Ribnitz-Damgarten
Ravenhorst
Markgrafenheide
Hinrichshagen
Warnemünde
Rövershagen
Elmenhorst
Petersdorf
Ostseebad Kühlungsborn
Heiligendamm
Lichtenhagen
Marlow
Recknitz
Steffenshagen
Bad Doberan
Bad Sülze
Tribsees
Groß Lüsewitz
Sanitz
Kröpelin
ROSTOCK
Tessin
Warnow
Göldenitz
Satow
Gnoien
Schwaan
Laage
Prebberede
Liessow
Rossewitz
Diekhof
Tellow
Thürkow
Neukloster
Bützow
Rühn
Güstrow
Warin
Blankenberg
Lalendorf
Teterow
Mecklenburger Sch
Brüel
Karstorf
Malch
Sternberg
Malchiner See
Krakow am See
Krakower See
Ulrichshusen
Dobbertin
Bossow
Goldberg
Mestlin
105
103
110
108
104
192
128
127
123
72
10

3
Putgarten
Kap Arkona
Vitt
Wittow
Altenkirchen
Wiek
Breege
Schaabe
Kloster
72
Vitte
Bug
Hiddensee
Neuendorf
5
Schaprode
Trent
Glowe
Spyker
Bobbin
161
Jasmund
Jasmunder Bodden
Sagard
Saßnitz
Lietzow
Ralswiek
57
96
Schmale Heide
Ummanz
Ummanz
Freesenort
Gingst
Ostseebad Zingst
Zingst
Der Bock
Kubitzer Bodden
Bergen
Karow
196a
Ostseebad Binz
196
Rügen
Der Grabow
Barth
Samtens
Putbus
Vilmnitz
Lauterbach
Lancken Granitz
Vilm
8
STRALSUND
Altefähr
96
Garz
Velgast
Greifswalder Bodden
96
96a
Reinberg
Ravenhorst
Richtenberg
Franzburg
Riems
Kobs
194
8
Lubmin
Ludwigsburg
Wieck
Eldena
Sülze
Tribsees
Grimmen
Kirch Baggendorf
Griebenow
Greifswald
109
96
Glewitz
110
Gnoien
Trebel
Loitz
Züssow
111
Karlsburg
Gützkow
Jarmen
Dargun
Demmin
110
Quilow
Groß Polzin
Peene
Neetzow
Tollense
194
Verchen
Neukalen
Peene
Kummerower See
123
Schweiz
104
Neuendorf B
Spantekow
Sarnow
Kummerow
Altenhagen
Gültz
Großer Landgraben
Malchin
Tützpatz
197
Ivenack
Basedow
Malchiner See
Ostpeene
Reuterstadt Stavenhagen
Altentreptow
96
Friedland
104
Varchentin
Groß Gievitz

4
Eisenbahnfähre Saßnitz–Trelleborg
OSTSEE
Ostseebad Sellin
Ostseebad Göhren
Mönchgut
Thiessow
Greifswalder Oie
Ruden
Peenemünde
Karlshagen
Zinnowitz
Oderbucht
Dziwnow
Koserow
Wolgast
Achterwasser
Usedom
Peenestrom
Ückeritz
111
54
Seebad Bansin
Seebad Heringsdorf
Seebad Ahlbeck
Międzyzdroje
Lubiewo
Wolin
VR Polen
Lassan
Neppermin
Mellenthin
Świnoujście
Warszów
T16
Ziethen
110
Zirchow
Usedom
Anklam
Wolin
Oderhaff
Zalew Szczeciński
Ducherow
Mönkebude
Ueckermünde
Nowe Warpno
Ueckermünder Heide
15
109
Eggesin
Ferdinandshof
Uecker
Trzebież
Torgelow
Randow
Marienthal
Police
120

5
Gudow
Zarrentin
Crivit
195
106
Wittenburg
Lehsen
Störkanal
Friedrichsmoor
Hagenow
Schaale
Hagenower Heide
Wöbbelin
Neustadt-Glewe
Dersenow
Boizenburg
Redefin
Sude
5
Lübtheen
Ludwigslust
23
Zierzow
Neuhaus
Bleckede
195
191
Grabow
Eldena
Elde-Müritz-Wasserstr.
Neu Darchau
Kaarßen
5
Dahlenburg
Elbe
Hitzacker
Oldendorf
Dömitz
Göhrde
216
Metzingen
191
Jeetze
195
Lenzen
Dannenberg
Löcknitz
Lanz
Zernien
Laase
B
Hohenzethen
R
D
191
248
Schnackenburg
Gartow
Cumlosen
Rosche
Lüchow
Woltersdorf
Clenze
Suhlendf.
71
Wustrow
Lübbow
Schmarsau
Trabuhn
Bergen
Seebenau
190
Salzwedel
Arendsee
Osterwohle
Dambeck
Lückstedt
Fleetmark
Biese
248
Jeetze
Diesdorf
Brunau
Wittingen
A
Beetzendorf
l
t
m
a
Mellin
Kalbe
29
Bismark
Klötze
71
Brome
Hellberge
160
Ehra-Lessien
Drömling
Milde
248
Kloster Neuendorf
Barwedel
244
Gardelegen
Rühen
188
Mittellandkanal
Miesterhorst
Vorsfelde
Letzlingen
er Heide

Mestlin
Warnow
Karow
Alt Schwerin
Malchow
Waren
Kölpinsee
Klink
Müritz
Lübz
Plau
Elde
Plauer See
Eldekanal
Parchim
Röbel
Suckow
Ruhner Berge
Stepenitz
Meyenburg
Freyenstein
Dosse
Below
Putlitz
Karstädt
Pritzwalk
Heiligengrabe
Wittstock
Zechlin
Perleberg
Rossow
Wittenberge
Geest-gottberg
Aland
Plattenburg
Bad Wilsnack
Glöwen
Stolpe
Kyritz
Jäglitz
Beuster
Elbe
Seehausen
Wusterhausen
Neustadt
Buckwitz
Werben
Havelberg
Havel
Wische
Sandau
Krevese
Osterburg
Uchte
Strohdehne
Rhinow
Friesack
Briesen
Goldbeck
Scharlibbe
Arneburg
Rathenow
Nennhausen
Stendal
Fischbeck
Premnitz
Havelland
Tangermünde
Pritzerbe
Marzahne
Jerichow
Klietznick
Mecklenburgische Seenplatte
Prignitz
321
191
192
198
103
189
107
5
102
188

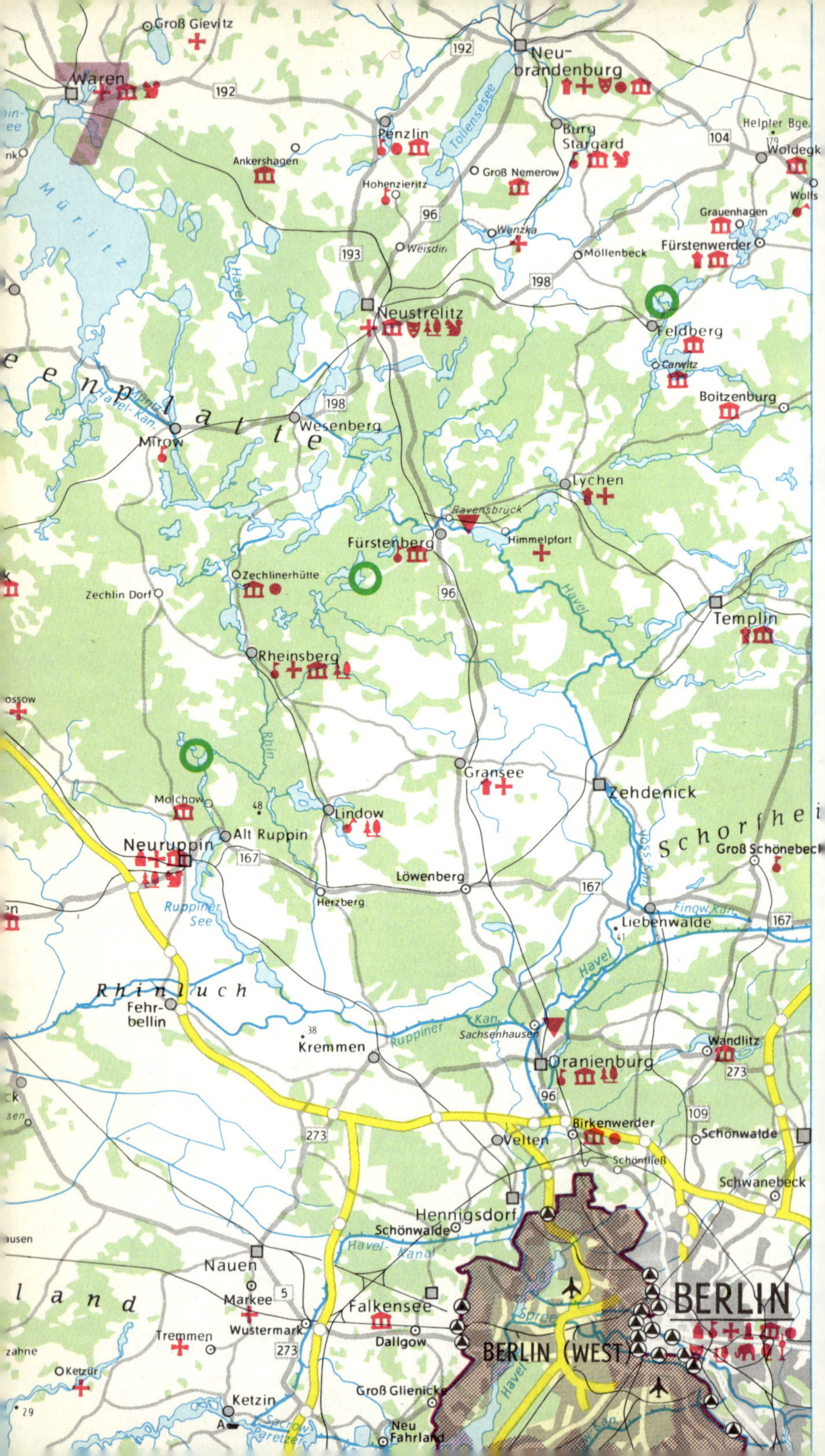
Groß Gievitz
Waren
192
Neubrandenburg
Penzlin
Tollensesee
Burg Stargard
Helpler Bge.
104
Woldegk
Ankershagen
Groß Nemerow
Hohenzieritz
Wolfs
Müritz
96
Grauenhagen
Wanzka
193
Weisdin
Möllenbeck
Fürstenwerder
198
Havel
Neustrelitz
Feldberg
Carwitz
Boitzenburg
Müritz-Havel-Kan.
198
Mirow
Wesenberg
Seenplatte
Lychen
Ravensbrück
Himmelpfort
Fürstenberg
Zechlinerhütte
Zechlin Dorf
96
Havel
Templin
Rheinsberg
Rhin
Gransee
Zehdenick
Schorfheide
Molchow
48
Lindow
Alt Ruppin
Neuruppin
167
Voss-Kan.
Groß Schönebeck
Löwenberg
167
Herzberg
Ruppiner See
Liebenwalde
41
Finow-Kan.
167
Havel
Rhinluch
Fehrbellin
38
Kremmen
Ruppiner Kan.
Sachsenhausen
Wandlitz
Oranienburg
273
96
109
273
Birkenwerder
Velten
Schönwalde
Schönfließ
Schwanebeck
Hennigsdorf
Schönwalde
Havel-Kanal
Nauen
Havelland
Markee
5
Falkensee
BERLIN
Wustermark
Tremmen
Dallgow
273
BERLIN (WEST)
Spree
Havel
Ketzür
Groß Glienicke
29
Ketzin
Sacrow-Paretzer-Kan.
Neu Fahrland

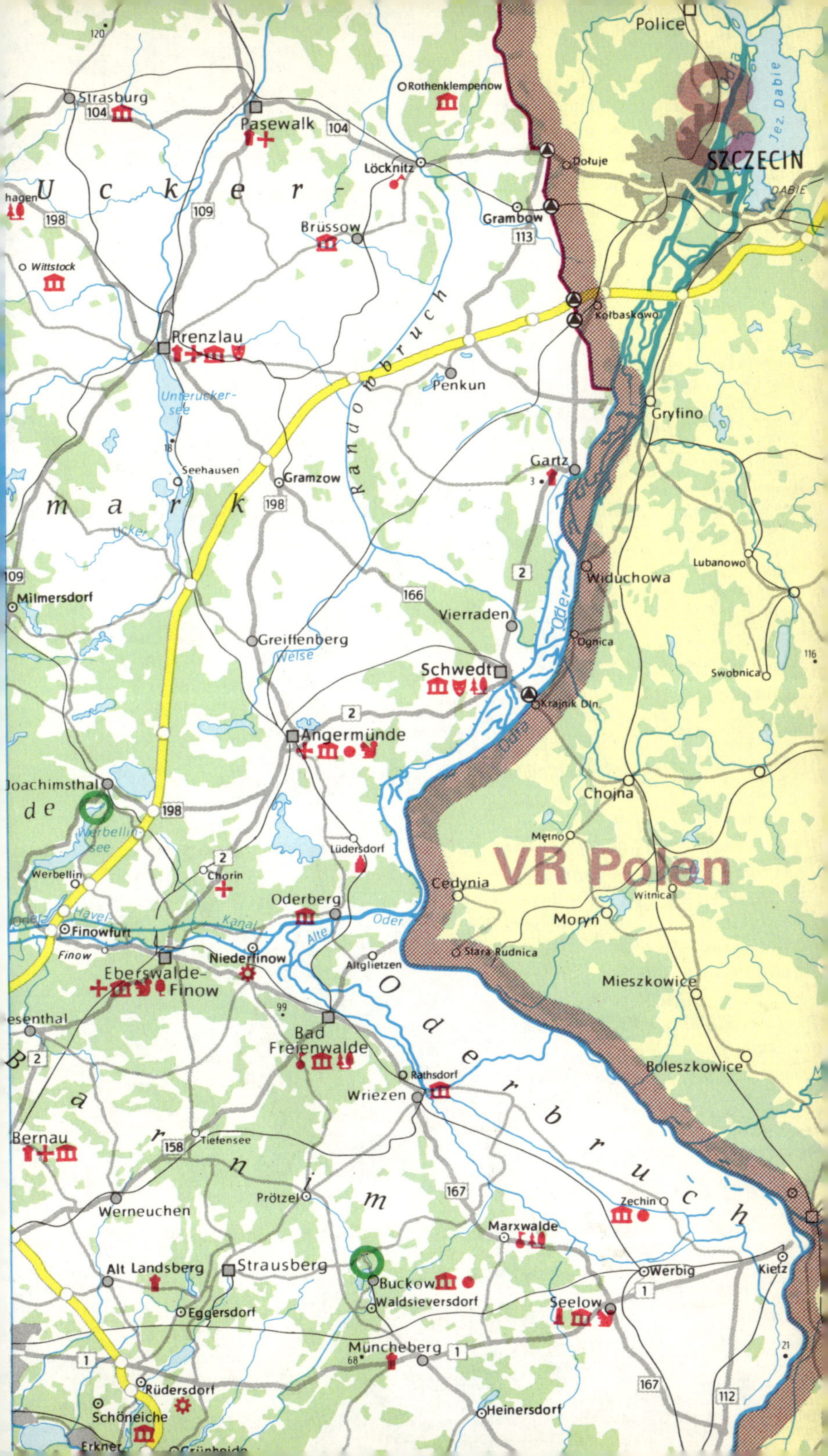
8
120
Strasburg
104
Pasewalk
104
Rothenklempenow
Police
Odra
Jez. Dabie
SZCZECIN
DABIE
Dołuje
Löcknitz
Grambow
113
hagen
U c k e r -
m a r k
109
198
Brüssow
Wittstock
Prenzlau
Kołbaskowo
R a n d o w b r u c h
Penkun
Gryfino
Unterucker-see
18
Seehausen
Gramzow
198
Gartz
3
Ucker
Widuchowa
Lubanowo
109
Milmersdorf
166
2
Vierraden
Oder
Greiffenberg
Welse
Ognica
116
Swobnica
Schwedt
Krajnik Dln.
Angermünde
2
Oder
Joachimsthal
Chojna
198
Werbellin-see
Mętno
Lüdersdorf
2
Chorin
Werbellin
VR Polen
Cedynia
Witnica
Oderberg
Havel-Kanal
Oder
Alte
Moryn
Finowfurt
Finow
Niederfinow
Stara Rudnica
Altglietzen
Eberswalde-Finow
Mieszkowice
O d e r b r u c h
99
esenthal
Bad Freienwalde
B a r n i m
2
Boleszkowice
Rathsdorf
Wriezen
Bernau
158
Tiefensee
Prötzel
167
Zechin
Werneuchen
Marxwalde
Alt Landsberg
Strausberg
Werbig
Kietz
Buckow
1
Seelow
Waldsieversdorf
Eggersdorf
Müncheberg
68
1
1
21
Rüdersdorf
167
112
Schöneiche
Heinersdorf
Erkner

9
Vorsfelde
188
WOLFSBURG
Velpke
Oker
Querenhorst
Neindorf
244
Peine
Ochsendf.
Marienta
Supplingenbg.
Königslutter
Emmerstedt
BRAUNSCHWEIG
Helmst
314
Elm
Räbke
HILDESHEIM
WOLFENBÜTTEL
Esbeck
Schöningen
Schöppenstedt
Groß Dahlum
Grasdorf
Wartjenstedt
Ohrum
79
244
SALZGITTER
Watenstedt
Bad Salzdetfurth
243
248
82
Jerxheim
Winnigstedt
Börsum
Selde
Dedeleben
Bockenem
Liebenburg
Schladen
Hornbg.
Hessen
Bornum
Lutter
Lamspringe
248
6
Osterwieck
Dardesheim
79
303
Gr. Rhüden
82
241
Langelsheim
Vienenburg
Altgandersheim
Goslar
Stapelburg
Bad Gandersheim
Seesen
Rammelsbg.
636
Oker
64
Kreiensen
Münchehof
Lautenthal
241
Schalke
763
498
Bad Harzburg
Ilsenburg
Derenburg
Minsleben
81
Drübeck
Wildemann
4
6
Heimburg
3
Clausthal-Zellerfeld
Wernigerode
B
R
Bad Grund
H
D
Altenau
Brocken
1142
244
Blankenburg
Echte
Bruchbg.
928
901
248
242
Schierke
Elbingerode
27
498
Wurmberg
971
Elend
Rübeland
Northeim
Osterode
Braunlage
Königshütte
Warme Bode
241
St. Andreasberg
Rappbode-talsperre
Dorste
243
a
Tanne
Hasselfelde
Katlenbg.-Duhm
Lindau
Wulften
687
242
Nörten-Hardenberg
Rhume
27
Hohegeiß
r
Stiege
Gillersheim
Herzberg
Benneckenstein
81
Güntersberge
247
27
Bad Lauterbg.
Gieboldehsn.
Oder
4
Ebergötzen
Bad Sachsa
Ellrich
Walkenried
Ilfeld
Neustadt
Stolberg
Tettenborn
Nieder-sachswerfen
GÖTTINGEN
446
Mackenrode
Herrmannsacker
243
Duderstadt
Weißenborn-Lüderode
Nordhausen
529
Teistungen
Ohmgeb.
Uftrungen
80
Bremke
Goldene
Berga
Wintzingerode
Haynrode
Heringen
Worbis
Eichsfeld
Bleicherode
80
4
Aue
Leine
Heilbad Heiligenstadt
Leinefde.
Gebra
Groß-lohra
Wolkramshsn.
Steinthalbn.
80
Hainleite
Windleite
Beuren
Sondershausen
Deuna
401
247
Göllingen

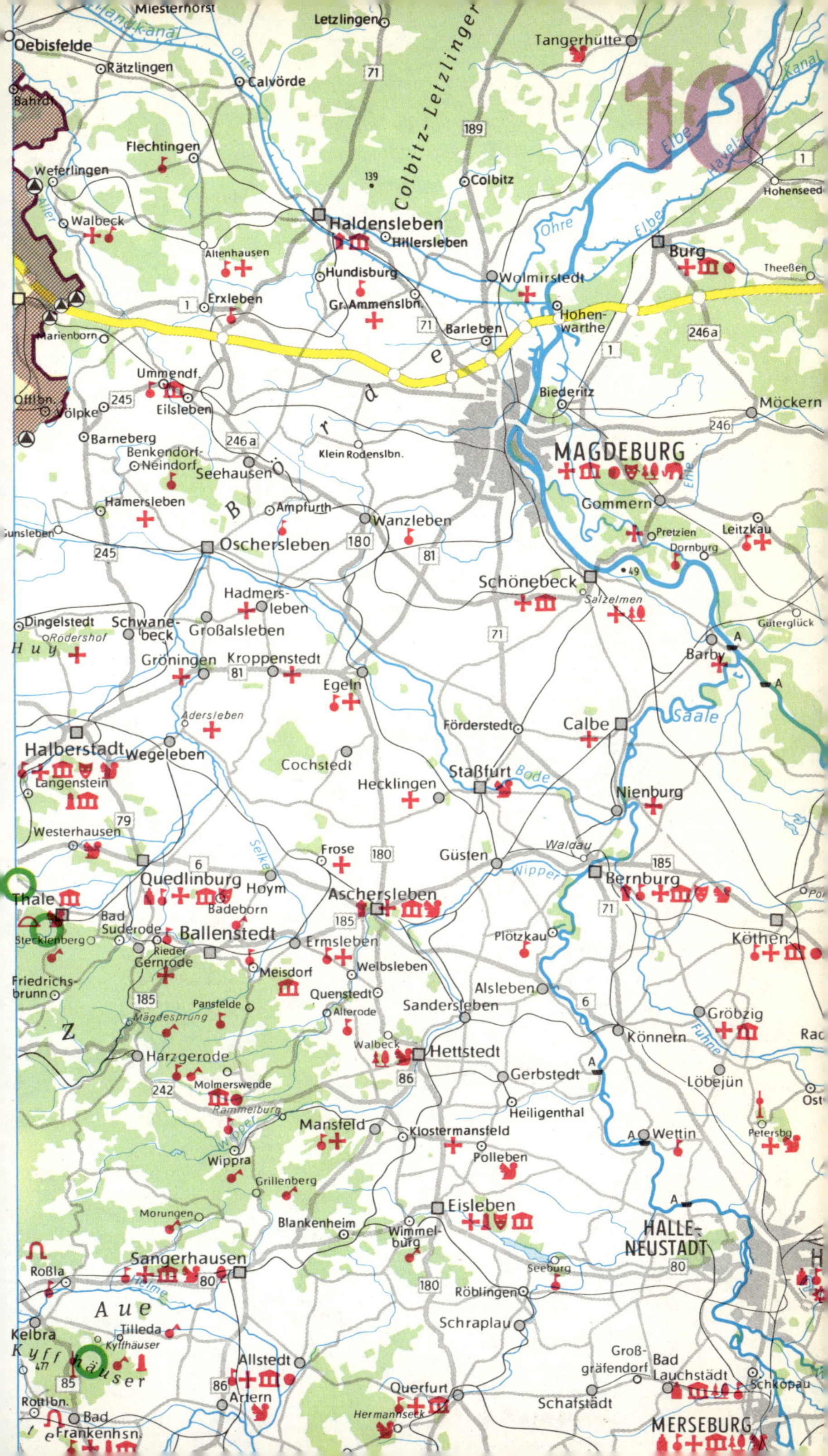

10
Miesterhorst
Letzlingen
Oebisfelde
Rätzlingen
Calvörde
Tangerhütte
Colbitz-Letzlinger
71
189
Bahrdf.
Flechtingen
Elbe
Havel
Kanal
Weferlingen
139
Colbitz
1
Hohenseeden
Walbeck
Haldensleben
Hillersleben
Ohre
Burg
Altenhausen
Hundisburg
Wolmirstedt
Theeßen
Erxleben
Gr. Ammenslbn.
Hohenwarthe
Barleben
246a
Marienborn
Ummendf.
Eilsleben
Völpke
245
Biederitz
Möckern
Barneberg
246
Benkendorf-Neindorf
246 a
Klein Rodenslbn.
MAGDEBURG
Seehausen
Börde
Hamersleben
Ampfurth
Gommern
Pretzien
Leitzkau
Wanzleben
180
Oschersleben
81
Dornburg
245
Schönebeck
49
Salzelmen
Hadmersleben
Dingelstedt
Schwanebeck
Großalsleben
Gütergluck
Rodershof
Huy
71
Barby
Gröningen
Kroppenstedt
Egeln
Saale
Adersleben
Förderstedt
Calbe
Halberstadt
Wegeleben
Cochstedt
Langenstein
Hecklingen
Staßfurt
Bode
Nienburg
79
Westerhausen
Frose
180
Güsten
Waldau
185
6
Selke
Wipper
Bernburg
Quedlinburg
Hoym
Aschersleben
71
Thale
Badeborn
185
Bad Suderode
Ballenstedt
Ermsleben
Plötzkau
Köthen
Stecklenberg
Rieder
Gernrode
Meisdorf
Welbsleben
Friedrichsbrunn
Quenstedt
Alsleben
185
Pansfelde
Alterode
Sandersleben
6
Gröbzig
Mägdesprung
Könnern
Fuhne
Walbeck
Hettstedt
Harzgerode
Molmerswende
86
Gerbstedt
Löbejün
242
Rammelburg
Heiligenthal
Mansfeld
Klostermansfeld
Wettin
Petersbg.
Wippra
Polleben
Grillenberg
Morungen
Eisleben
Blankenheim
Wimmelburg
HALLE-NEUSTADT
Sangerhausen
80
Roßla
Helme
80
Seeburg
180
Röblingen
Aue
Kelbra
Tilleda
Schraplau
Kyffhäuser
Kyffhäuser
477
85
Allstedt
Groß-gräfendorf
Bad Lauchstädt
Schkopau
86
Querfurt
Artern
Schafstädt
Rottlbn.
Bad Frankenhsn.
Hermannseck
MERSEBURG

11
Genthin
PLAUE
Plauer See
Havel
KIRCHMOSER
BRANDENBURG
Werder
Glindow
Schwielochsee
Caputh
Michendorf
Fiener Bruch
Wenzlow
Wollin
Plane
Golzow
Lehnin
Zauche
Ziesar
Beelitz
Altengrabow
Brück
Görzke
Hagelberg
201
Wiesenburg
Belzig
kern
Loburg
Fläming
Treuenbrietzen
Pechüle
Niemegk
Lindau
Raben
171
Marzahna
131
Hundeluft
Thießen
Straach
Kropstädt
Zerbst
Zahna
Roßlau
Coswig
Seyda
Aken
DESSAU
Wörlitz
Lutherstadt Wittenberg
Elster
Eutzsch
Oranienbaum
Dübener Heide
Jessen
Porst
Mulde
Kemberg
Quellendorf
Raguhn
Gräfenhainichen
Jeßnitz
Reinharz
Pretzsch
Bad Schmiedeberg
Wolfen
Thalheim
Radegast
187
Prettin
Bitterfeld
Tornau
Elbe
Zörbig
Dommitzsch
Ostrau
Bad Düben
Wellaune
Brehna
Torgau
Delitzsch
Landsberg
Wölkau
Mockrehna
HALLE
E.-Ost
Glesien
Rackwitz
Eilenburg
Thallwitz
Schildau
Podelwitz
Schkeuditz
Taucha
Weiße Elster
Nischwitz
LEIPZIG
Horburg
Dahlen
Wurzen
Brandis
Machern
Engels-

Fahrland
BERLIN (WEST)
Erkner
Grünheide
Babelsberg
Teltow
Schönefeld
Stahnsdorf
Neu Zittau
Spree
POTSDAM
Oder-Spree-Kan.
Ziegen-hals
Niederlehme
12
Königs Wusterhausen
Bad
Ludwigsfelde
Mittenwalde
Storkow
Märkisch Wilmersdf.
Blankensee
Prieros
Trebbin
Zossen
Wendisch Rietz
Mellensee
Töpchin
Dahme
Wünsdorf
Sperenberg
Klausdorf
Teupitz
Nuthe
Spree
Halbe
Märkisch Buchholz
Neu Lübbenau
Luckenwalde
Unter-spree-wald
Stülpe
Baruth
Golmberg
Kloster Zinna
Jüterbog
Golßen
Höllenbge.
Lübben
Lübbenau
Lehde
Wiepersdorf
Dahme
Uckro
Luckau
Schönewalde
Schweinitz
Riedebeck
Schwarze Elster
Drehna
Calau
Schlieben
Annaburg
Sonnewalde
Trebbus
Herzberg
Doberlug-Kirchhain
Finsterwalde
Uebigau
Falkenberg
Sallgast
Freien-hufen
Kl. Elster
Wahrenbrück
Gröditz
Bad Liebenwerda
Lauchhammer
L-Ost
Schwarzheide
Belgern
Martinskchn.
L-West
L-Süd
Schwarze Elster
Ruhland
Hosena
Elsterwerda
Mühlberg
Gröditz
Pulsnitz
Lichtensee
Großkmehlen
Ortrand
Zabeltitz
Strehla
Zeithain

13
BRD
Eschwege
Wanfried
Faulungen
Weißenborn
Treffurt
Netra
Ringgau
Ifta
Creuzburg
Herleshsn.
Wartha
Gerstungen
Berka
Dippach
Marksuhl
Förtha
Wilhelmsthal
Dorndorf
Vacha
Kieselbach
Möhra
Bad Salzungen
Stadtlengsfeld
Barchfeld
Dermbach
Zella
Kaltennordheim
Dingelstädt
Wachstedt
Zella
Deuna
Keula
Dün
Obermehler
Volkenroda
Schlotheim
Körner
Mühlhausen
Seebach
Langula
Nazza
Mihla
Hainich
Unstrut
Großengottern
Thamsbrück
Neunheilingen
Kirchheilingen
Bad Langensalza
Ebeleben
Helbe
Großenehrich
Clingen
Greußen
Göllingen
Hainleite
Weißensee
Straußfurt
Rückhalteb.
Bad Tennstedt
Gebesee
Gräfentonna
Dachwig
ERFURT
EISENACH
Behringen
Nesse
Hörselberge
Friedrichswerth
Wutha
Thal
GOTHA
Neudietendf.
Wanders-
lbn.
Molsdorf
Drei Gleichen
Ruhla
Winterstein
Tabarz
Waltershausen
Schönau
v. d. Walde
Georgenthal
Mühlberg
Holzhausen
Arnstadt
Inselsberg
Brotterode
Friedrichroda
Bad
Liebenstein
Pappenheim
Tambach-
Dietharz
Finsterbergen
Ohrdruf
Siegelbach
Trusetal
Luisenthal
Liebenstein
Plaue
Gräfenroda
Thüringer Wald
Breitungen
Wernshsn.
Weidebrunn
Asbach
Zillbach
Mittel-
schmalkalden
Schmalkalden
Steinbach-
Hallenberg
Oberhof
Elgersburg
Ilmenau
Langewiesen
Gehren
Schneekopf
Beerberg
Zella-
Mehlis
Stützerbach
Wasungen
Dolmar
Schwarza
Schmiedefeld
Neustadt
Großbreitenbach
Walldorf
Geba-
bg.
Herpf
Kühndorf
Suhl
Meiningen
Rohr
Melpers
Fladungen
Obermaßfeld-
Grimmenthal
Bauerbach
Henneberg
Themar
Henfstädt
Hinternah
Steinbach
Gießübel
Schleusingen
Kloster Veßra
Ostheim v.d.Rh.
Bibra
Rentwertshsn.
Mellrichstadt
Reurieth
Hildburghsn.
Brünn
Sachsenbrunn
Eisfeld
Dingsleben
Werra
Schalkau
Römhild
Gr. Gleichbg.
Unsleben
Heustreu
Grabfeld
Irmelshsn.
Rottenbach
Rodach
Bad Neustadt a. S.
Wülfershsn.
Fränk. Saale
Saal
Königshofen
Trappstadt
Steinach
Kleinbardf.
Münnerstadt
Hausen
Obereßfeld
Heldburg
Ummerstadt
Beiersdf.
Coburg
Creidlitz
B

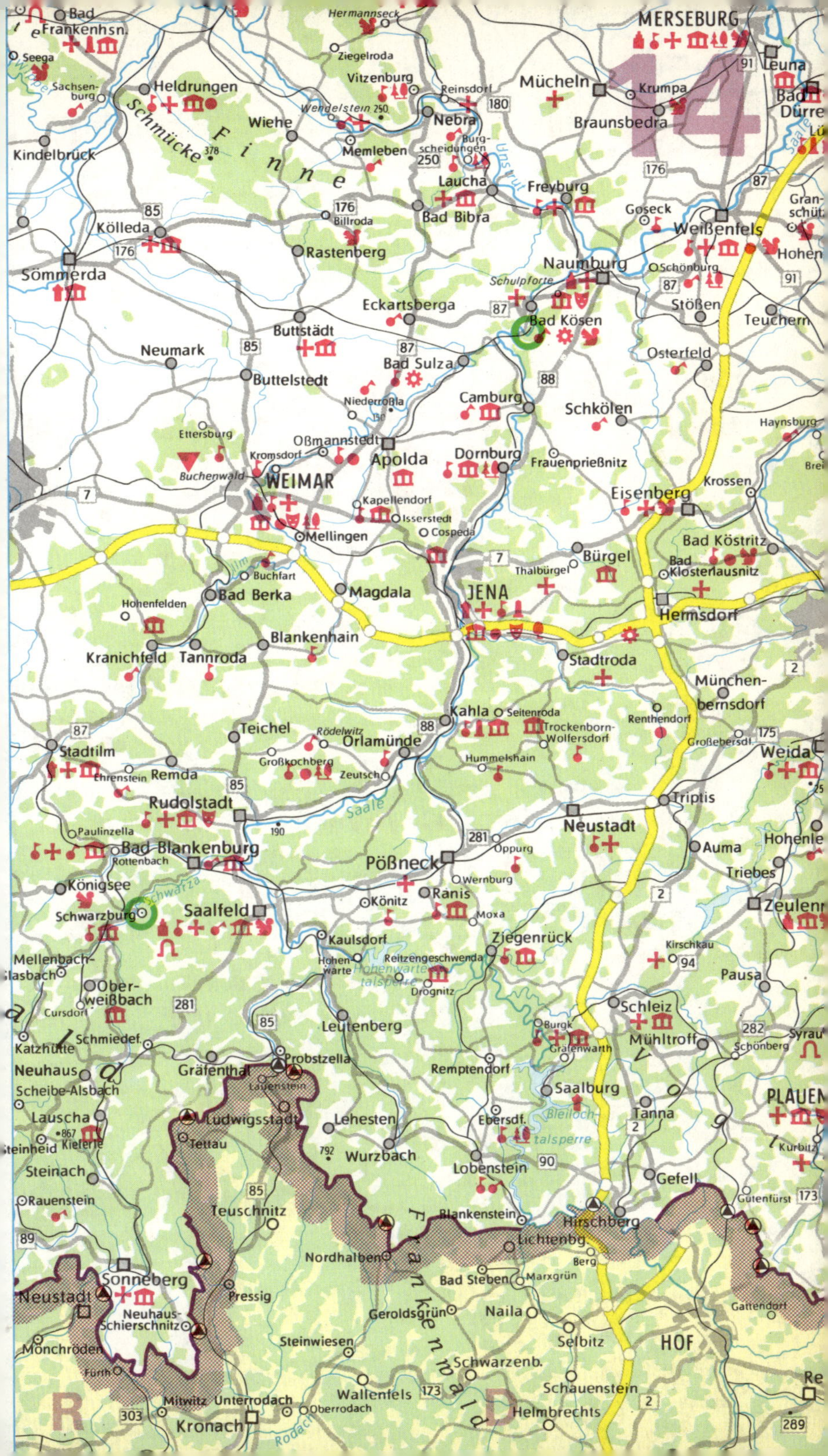
14
Bad Frankenhsn.
Seega
Sachsenburg
Heldrungen
Schmücke
378
Finne
Wiehe
Kindelbrück
Hermannseck
Ziegelroda
Vitzenburg
Wendelstein 250
Memleben
Reinsdorf
Nebra
Burgscheidungen
250
180
Unstrut
Laucha
Mücheln
Braunsbedra
Krumpa
MERSEBURG
Leuna
Bad Dürrenberg
Saale
91
87
176
Freyburg
Bad Bibra
176
Billroda
Rastenberg
85
Kölleda
176
Sömmerda
Goseck
Weißenfels
Granschütz
Hohen
Naumburg
Schulpforte
Schönburg
87
91
Stößen
Teuchern
Eckartsberga
87
Bad Kösen
Osterfeld
Buttstädt
85
87
Neumark
Buttelstedt
Bad Sulza
Niederroßla
130
Camburg
88
Schkölen
Haynsburg
Ettersburg
Oßmannstedt
Kromsdorf
Apolda
Dornburg
Frauenprießnitz
Buchenwald
WEIMAR
Kapellendorf
Isserstedt
Cospeda
Eisenberg
Krossen
7
Mellingen
7
Bad Köstritz
Bürgel
Thalbürgel
Bad Klosterlausnitz
Ilm
Buchfart
Bad Berka
Magdala
JENA
Hermsdorf
Hohenfelden
Blankenhain
Kranichfeld
Tannroda
Stadtroda
2
München-bernsdorf
Kahla
Seitenroda
Trockenborn-Wolfersdorf
Renthendorf
87
88
Teichel
Rödelwitz
Orlamünde
Großebersdf.
175
Weida
Stadtilm
Großkochberg
Zeutsch
Hummelshain
Ehrenstein
Remda
85
Rudolstadt
Saale
Neustadt
Triptis
Paulinzella
190
281
Oppurg
Auma
Hohenleuben
Bad Blankenburg
Rottenbach
Pößneck
Triebes
Wernburg
Königsee
Schwarza
Könitz
Ranis
Moxa
2
Zeulenroda
Schwarzburg
Saalfeld
Kaulsdorf
Ziegenrück
Mellenbach-Glasbach
Hohenwarte
Reitzengeschwenda
Hohenwarte-talsperre
Drognitz
Kirschkau
94
Pausa
Ober-weißbach
281
Cursdorf
85
Leutenberg
Schleiz
Burgk
Mühltroff
282
Syrau
Katzhütte
Schmiedef.
Gräfenwarth
Schönberg
Neuhaus
Probstzella
Gräfenthal
Remptendorf
Scheibe-Alsbach
Lauenstein
Saalburg
PLAUEN
Lauscha
867
Ludwigsstadt
Lehesten
Ebersdf.
Bleiloch-talsperre
Tanna
2
Steinheid
Kieferle
Tettau
792
Wurzbach
Kurbitz
Steinach
Lobenstein
90
Gefell
Rauenstein
85
Teuschnitz
Blankenstein
Hirschberg
Gutenfürst
173
89
Frankenwald
Lichtenberg
Nordhalben
Berg
Sonneberg
Neustadt
Bad Steben
Marxgrün
Gattendorf
Pressig
Neuhaus-Schierschnitz
Geroldsgrün
Naila
Mönchröden
Steinwiesen
Selbitz
HOF
Schwarzenb.
Fürth
Wallenfels
173
Schauenstein
2
Re
Mitwitz
Unterrodach
Oberrodach
303
Kronach
Rodach
R
D
Helmbrechts
289

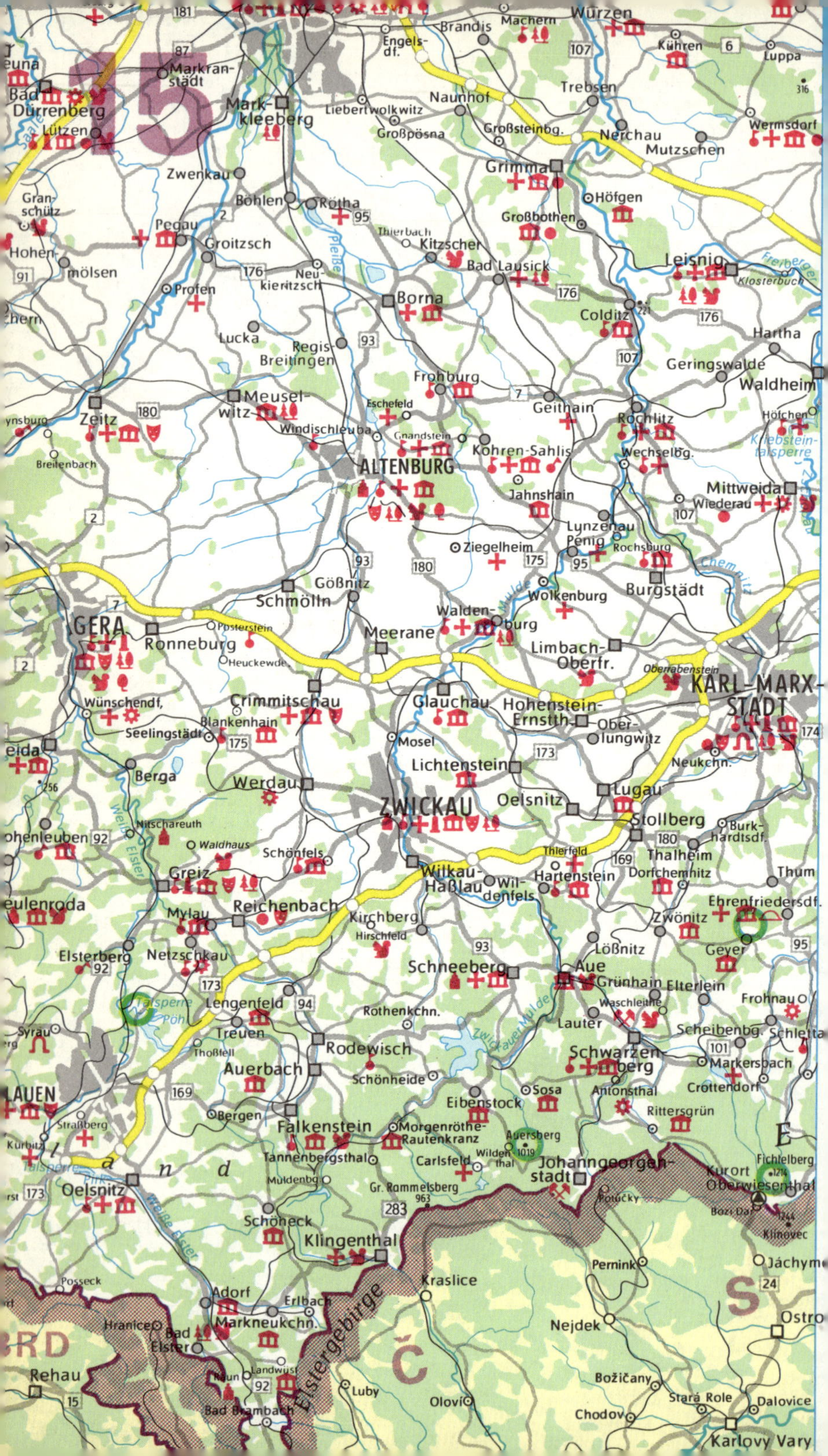

15
Bad Dürrenberg
Lützen
Markranstädt
Markkleeberg
Engelsdf.
Brandis
Machern
Wurzen
Kühren
Luppa
Liebertwolkwitz
Naunhof
Trebsen
Großpösna
Großsteinbg.
Nerchau
Mutzschen
Wermsdorf
Zwenkau
Grimma
Granschütz
Böhlen
Rötha
Höfgen
Pegau
Großbothen
Hohenmölsen
Groitzsch
Thierbach
Kitzscher
Leisnig
Neukieritzsch
Bad Lausick
Klosterbuch
Profen
Pleiße
Borna
Colditz
Lucka
Regis-Breitingen
Hartha
Geringswalde
Waldheim
Frohburg
Zeitz
Meuselwitz
Eschefeld
Geithain
Rochlitz
Höfchen
Windischleuba
Gnandstein
Kohren-Sahlis
Wechselbg.
Kriebsteintalsperre
Breitenbach
ALTENBURG
Jahnshain
Mittweida
Wiederau
Lunzenau
Penig
Rochsburg
Ziegelheim
Gößnitz
Schmölln
Wolkenburg
Burgstädt
Chemnitz
GERA
Ronneburg
Posterstein
Waldenburg
Meerane
Limbach-Oberfr.
Heuckewde.
Oberrabenstein
KARL-MARX-STADT
Glauchau
Hohenstein-Ernstth.
Oberlungwitz
Wünschendf.
Crimmitschau
Blankenhain
Seelingstädt
Mosel
Lichtenstein
Neukchn.
Weida
Berga
Werdau
Oelsnitz
Lugau
ZWICKAU
Stollberg
Burkhardtsdf.
Nitschareuth
Waldhaus
Hohenleuben
Schönfels
Thierfeld
Thalheim
Greiz
Wilkau-Haßlau
Wildenfels
Hartenstein
Dorfchemnitz
Thum
Zeulenroda
Reichenbach
Kirchberg
Ehrenfriedersdf.
Mylau
Hirschfeld
Zwönitz
Geyer
Elsterberg
Netzschkau
Lößnitz
Schneeberg
Aue
Grünhain
Elterlein
Talsperre Pöhl
Lengenfeld
Rothenkchn.
Waschleithe
Frohnau
Syrau
Treuen
Lauter
Scheibenbg.
Schlettau
Thoßfell
Rodewisch
Zwickauer Mulde
Schwarzenberg
Markersbach
Auerbach
Schönheide
Sosa
Antonsthal
Crottendorf
PLAUEN
Eibenstock
Bergen
Rittersgrün
Straßberg
Falkenstein
Morgenröthe-Rautenkranz
Auersberg
Kürbitz
Tannenbergsthal
Carlsfeld
Wildenthal
Johanngeorgenstadt
Kurort Oberwiesenthal
Fichtelberg
Vogtland
Oelsnitz
Muldenbg.
Gr. Rammelsberg
Potůčky
Boží Dar
Klínovec
Weiße Elster
Schöneck
Klingenthal
Pernink
Jáchymov
Posseck
Kraslice
Adorf
Erlbach
Hranice
Bad Elster
Markneukchn.
Nejdek
Ostrov
BRD
Rehau
Raun
Landwüst
Elstergebirge
Luby
Oloví
Božičany
Stará Role
Dalovice
Bad Brambach
Chodov
Karlovy Vary
ČS

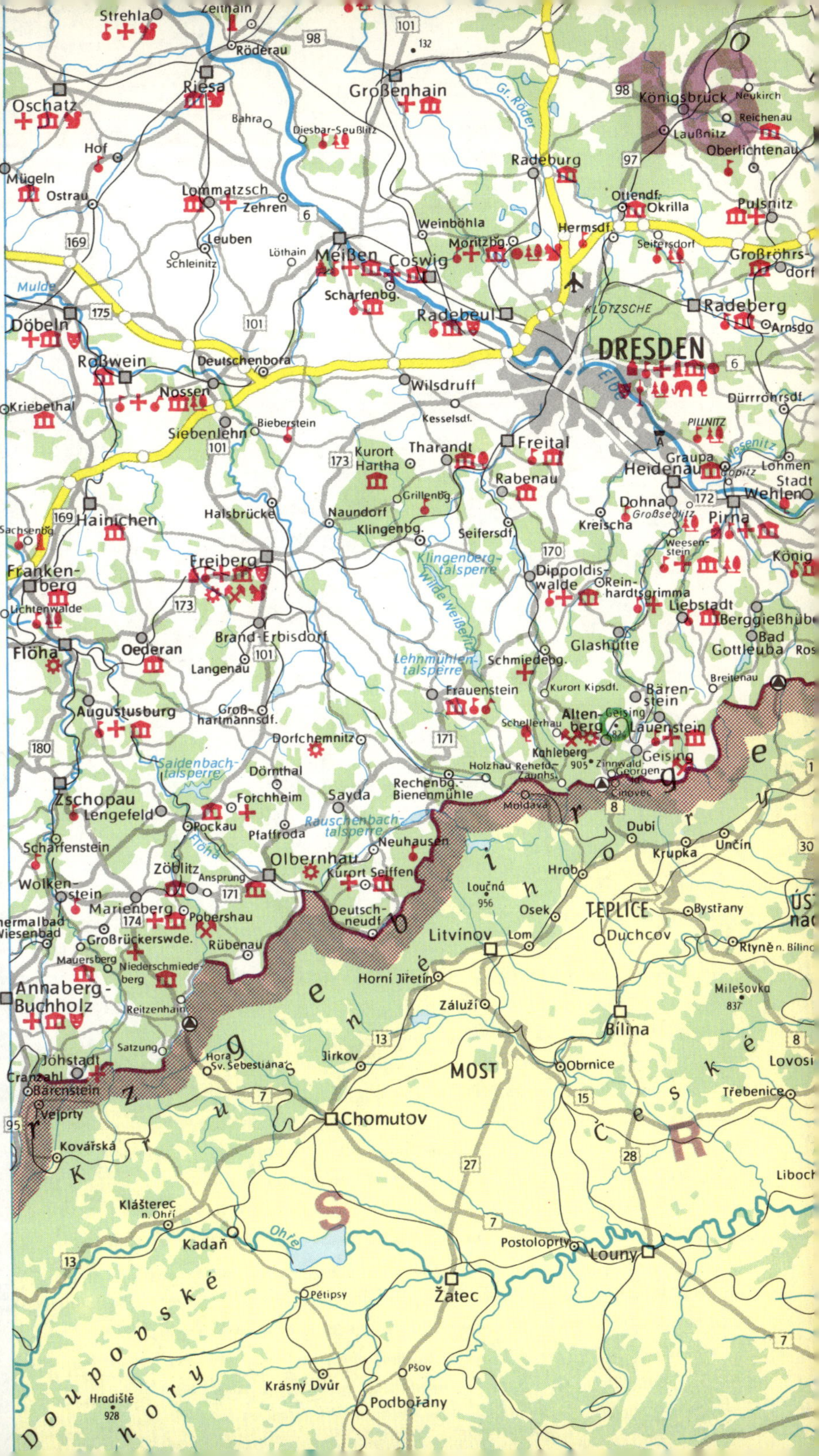

16
Strehla
Zeithain
Röderau
98
101
132
Riesa
Großenhain
Oschatz
Bahra
Diesbar-Seußlitz
Gr. Röder
Königsbrück
Neukirch
Reichenau
Laußnitz
Oberlichtenau
Hof
Mügeln
Ostrau
Radeburg
97
Lommatzsch
Zehren
6
Weinböhla
Ottendf.
Okrilla
Pulsnitz
Hermsdf.
Seifersdorf
Moritzbg.
169
Leuben
Schleinitz
Löthain
Meißen
Coswig
Großröhrsdorf
Mulde
Scharfenbg.
Radebeul
KLOTZSCHE
Radeberg
Arnsdo
Döbeln
175
101
Roßwein
Deutschenbora
DRESDEN
Elbe
Nossen
Wilsdruff
Dürrröhrsdf.
Kriebethal
Kesselsdf.
PILLNITZ
Siebenlehn
Bieberstein
101
Freital
Wesenitz
173
Kurort Hartha
Tharandt
Graupa
Heidenau
Lohmen
Stadt Wehlen
Rabenau
Copitz
Grillenbg.
Dohna
172
Halsbrücke
Naundorf
Kreischa
Großsedlitz
Pirna
Sachsenbg.
169
Hainichen
Klingenbg.
Seifersdf.
Weesenstein
König
170
Klingenberg-talsperre
Wilde Weißeritz
Freiberg
Frankenberg
Dippoldiswalde
Reinhardtsgrimma
Liebstadt
Berggießhübel
Lichtenwalde
173
Bad Gottleuba
Brand-Erbisdorf
Flöha
Oederan
Glashütte
Ros
101
Langenau
Lehnmühlen-talsperre
Schmiedebg.
Breitenau
Frauenstein
Kurort Kipsdf.
Bärenstein
Augustusburg
Groß-hartmannsdf.
Altenberg
Geising
824
Lauenstein
Schellerhau
171
Dorfchemnitz
Kahleberg
905
Zinnwald-Georgenfeld
Geising
180
Holzhau
Rehefd.-Zaunhs.
Cinovec
Saidenbach-talsperre
Dörnthal
Rechenbg.-Bienenmühle
Zschopau
Forchheim
Sayda
Moldava
8
Lengefeld
Pockau
Rauschenbach-talsperre
Dubí
Flöha
Pfaffroda
Neuhausen
Krupka
Unčín
30
Scharfenstein
Olbernhau
Zöblitz
Ansprung
Kurort Seiffen
Hrob
Wolkenstein
171
Loučná
956
Osek
TEPLICE
Bystřany
ÚST
Marienberg
Pobershau
Deutschneudf.
Litvínov
Lom
Duchcov
Thermalbad Wiesenbad
174
Großrückerswde.
Rübenau
Rtyně n. Bílinou
Mauersberg
Niederschmiedeberg
Horní Jiřetín
Milešovka
837
Annaberg-Buchholz
Reitzenhain
Záluží
Bílina
Satzung
13
8
Johstadt
Hora Sv. Šebestiána
Jirkov
MOST
Obrnice
Lovosi
Cranzahl
Bärenstein
7
15
Třebenice
Vejprty
95
Chomutov
Kovářská
28
Liboch
27
Klášterec n. Ohří
7
Ohře
Kadaň
Postoloprty
Louny
13
Pětipsy
Žatec
7
Pšov
Krásný Dvůr
Hradiště
928
Podbořany
Doupovské hory
Krušné hory
ČSR

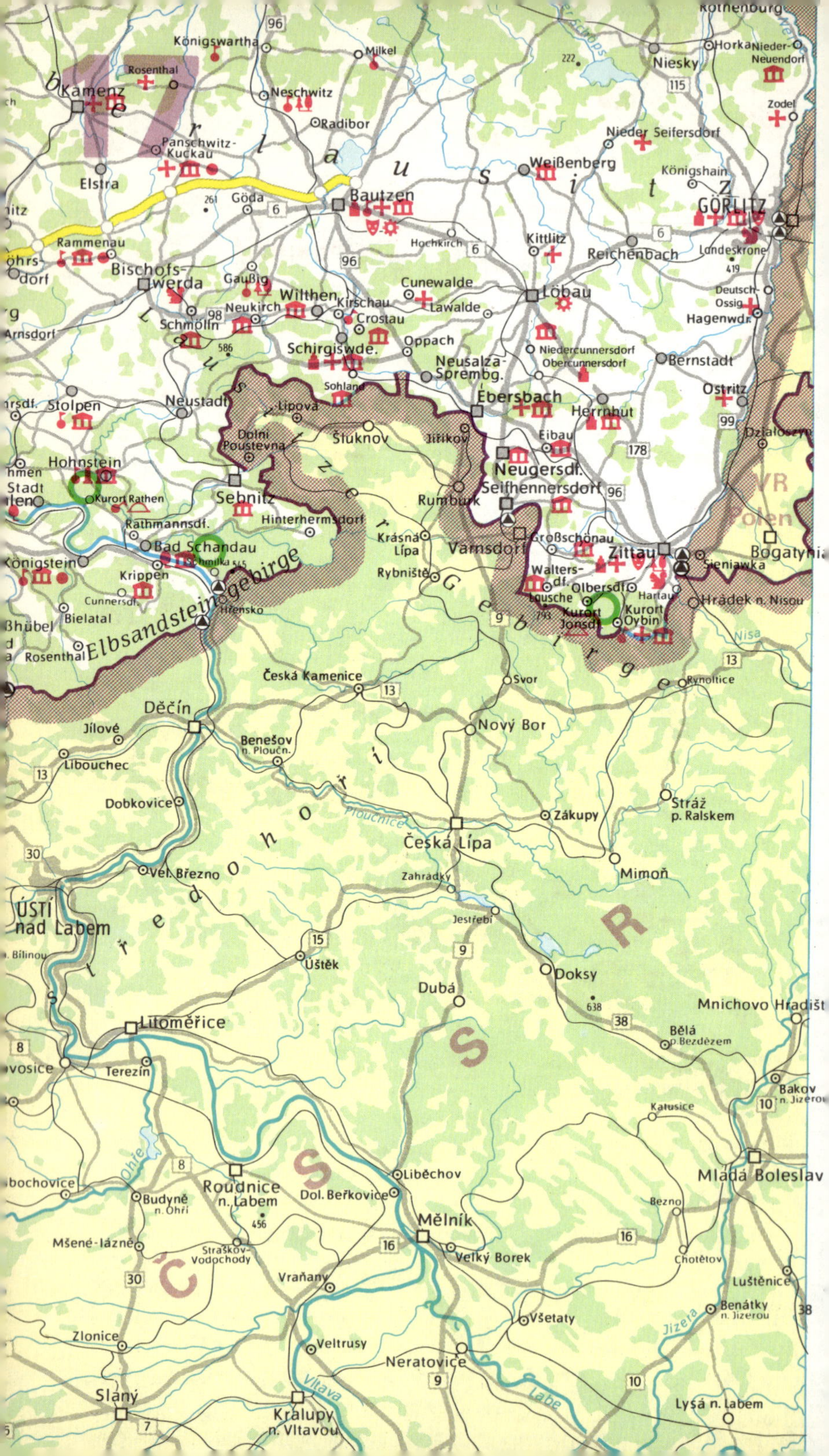

17
Kamenz
Rosenthal
Königswartha
Milkel
Neschwitz
Radibor
Panschwitz-Kuckau
Elstra
Göda
Bautzen
Rammenau
Bischofswerda
Gaußig
Wilthen
Kirschau
Crostau
Neukirch
Schmölln
Schirgiswde.
Sohland
Stolpen
Neustadt
Hohnstein
Kurort Rathen
Sebnitz
Hinterhermsdorf
Rathmannsdf.
Bad Schandau
Schmilka
Königstein
Krippen
Cunnersdf.
Bielatal
Rosenthal
Hřensko
Elbsandsteingebirge
Lausitz
Lausitzer Gebirge
Hochkirch
Cunewalde
Lawalde
Oppach
Neusalza-Spremberg.
Weißenberg
Kittlitz
Löbau
Reichenbach
Niesky
Horka
Nieder-Neuendorf
Rothenburg
Zodel
Nieder Seifersdorf
Königshain
GÖRLITZ
Landeskrone
Deutsch-Ossig
Hagenwdr.
Niedercunnersdorf
Obercunnersdorf
Bernstadt
Ostritz
Ebersbach
Herrnhut
Eibau
Neugersdf.
Seifhennersdorf
Großschönau
Zittau
Walters-df.
Olbersdf.
Lusche
Kurort Jonsdf.
Kurort Oybin
Hartau
Sieniawka
Bogatynia
Hrádek n. Nisou
Nisa
Dzialoszyn
VR Polen
Lipová
Dolní Poustevna
Šluknov
Jiříkov
Rumburk
Krásná Lípa
Varnsdorf
Rybniště
Česká Kamenice
Svor
Rynoltice
Děčín
Jílové
Libouchec
Benešov n. Ploučn.
Nový Bor
Dobkovice
Ploučnice
Česká Lípa
Zákupy
Stráž p. Ralskem
Mimoň
Zahrádky
Jestřebí
Vel. Březno
ÚSTÍ nad Labem
Bílinou
Středohoří
Úštěk
Dubá
Doksy
Mnichovo Hradiště
Bělá p. Bezdězem
Litoměřice
Terezín
Lovosice
Bakov n. Jizerou
Katusice
Mladá Boleslav
ČSSR
Ohře
Libochovice
Budyně n. Ohří
Roudnice n. Labem
Dol. Beřkovice
Liběchov
Mělník
Bezno
Mšené-lázně
Straškov-Vodochody
Velký Borek
Chotětov
Vraňany
Luštěnice
Benátky n. Jizerou
Jizera
Všetaty
Zlonice
Veltrusy
Neratovice
Vltava
Labe
Slaný
Kralupy n. Vltavou
Lysá n. Labem

18
Lebus
Słubice
Kunowice
Rzepin
Boczów
E8
45
Fürstenwalde
Berkenbrück
FRANKFURT
Świecko
MARKENDORF
Bad Saarow-Pieskow
Brieskow-Finkenheerd
Oder
40
Müllrose
87
38
112
Scharmützelsee
Gr. Rietz
Cybinka
246
Beeskow
Eisenhüttenstadt
162
Hutberg
Friedland
Neuzelle
33
Odra
Schwielochsee
87
Goyatz
168
Lieberose
Lamsfeld
320
Wałowice
Gubin
Wilhelm-Pieck-Stadt Guben
Gubinek
Spitzberg
112
320
97
112
Straupitz
Neiße
Lubsza
Lende
Malxe
Peitz
Spreewald
Heinersbrück
Burg
97
Brody
Lubsko
Vetschau
COTTBUS
Forst
Zasieki
Branitz
122
Lausitz
Groß-
Bademeusel
Klein-
Tuplice
91
Leuthen
115
Drebkau
97
Trzebiel
Altdöbern
Speicherbecken Spremberg
Döbern
169
Neupetershain
Großräschen
150
156
Welzow
Bad Muskau
Łęknica
Jessen
Spremberg
Kromlau
156
Schwarze Pumpe
Rohne
Senftenberg
Weißwasser
Spree
Lauta
115
167
115
Hosena
96
HOYERSWERDA
Boxberg
97
Wittichenau
156
Bernsdf.
Klitten
Schwarzer Schöps
Rothenburg
96
Königswartha
Horka
Neiße

Weitere Informationen finden Sie in unseren

tourist

WANDERKARTEN
TOURISTENKARTEN

Wanderkarten

1 Ostseeküste zwischen Rostock-Warnemünde und Ostseebad Rerik 1 : 50 000
2 Darß - Fischland 1 : 50 000
3 Feldberger Landschaft 1 : 30 000
11 Rheinsberger Landschaft 1 : 50 000
12 Werbellinsee - Parsteiner See 1 : 50 000
13 Wandlitzsee 1 : 50 000
14 Märkische Schweiz 1 : 30 000
15 Berliner Wald- und Seengebiet 1 : 50 000
16 Spreewald 1 : 50 000
17 Unterharz 1 : 50 000
18 Dübener Heide 1: 50 000
21 Westlicher Thüringer Wald 1 : 50 000
22 Umgebung von Friedrichroda und Finsterbergen 1 : 50 000
23 Mittlerer Thüringer Wald 1 : 50 000
24 Umgebung von Oberhof 1 : 50 000
25 Schwarzatal 1 : 50 000
26 Umgebung von Masserberg 1 : 50 000
27 Saaletalsperren 1 : 50 000
28 Mühltal und Holzland 1 : 50 000
31 Vogtland - Aschberggebiet 1 : 50 000
32 Umgebung von Bad Brambach und Bad Elster 1 : 50 000
33 Westerzgebirge 1 : 50 000
34 Fichtelberg und Klínovec 1 : 30 000
35 Mittleres Erzgebirge 1 : 50 000
36 Umgebung von Rechenberg-Bienenmühle 1 : 50 000
37 Osterzgebirge 1 : 50 000
38 Altenberg und Geising 1 : 30 000
39 Tharandter Wald - Rabenauer Grund 1 : 50 000
41 Moritzburger Teichgebiet 1 : 30 000
42 Dresdener Heide - Seifersdorfer Tal 1 : 30 000
43 Sächsische Schweiz 1 : 30 000
44 Sächsisch-Böhmische Schweiz 1 : 50 000
45 Zittauer Gebirge 1 : 30 000

Touristenkarten

51 Rügen - Hiddensee 1 : 100 000
52 Usedom - Haffküste 1 : 100 000
53 Usedom - Wolin 1 : 150 000
54 Mecklenburger Seenplatte 1 : 120 000
55 Uckermark - Untere Oder 1 : 150 000
56 Berlin - Nord 1 : 100 000
57 Berlin - Süd 1 : 100 000
58 Hoher Fläming - Havelseen 1 : 120 000
59 Untere Saale und Mulde 1 : 120 000
60 Harz 1 : 100 000

61 Thüringer Wald 1 : 100 000
62 Gera - Plauen 1 : 120 000
63 Mulde - Zschopau 1 : 120 000
64 Erzgebirge 1 : 100 000
65 Dresden 1 : 100 000
66 Oberlausitz 1 : 100 000

- 1:30 000
- 1:50 000
- 1:100 000
- 1:120 000 1:150 000

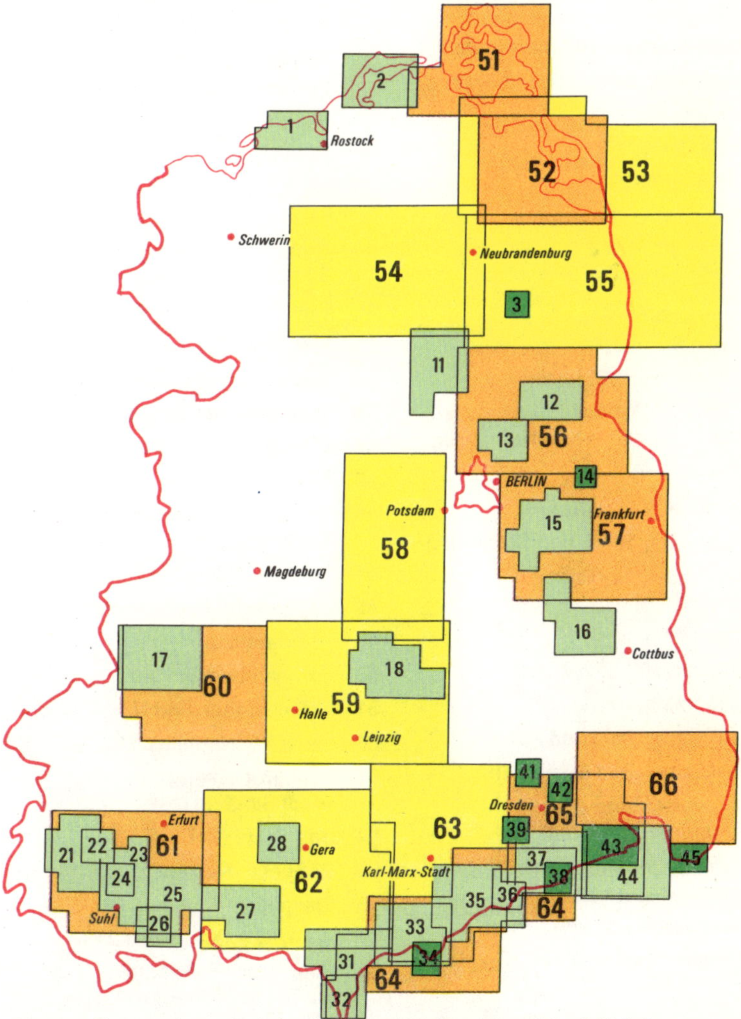

Unsere Erzeugnisse sind nur im einschlägigen Handel erhältlich.
Ab Verlag kein Verkauf

Weitere Informationen finden Sie in unseren

tourist

WANDERATLANTEN
WANDERHEFTEN

Wanderatlanten

1 Kühlungsborn - Warnemünde
2 Fischland - Darß
3 Rügen
4 Insel Usedom
5 Müritzgebiet
6 Rheinsberg - Neuruppin
7 Scharmützelsee - Bad Saarow-Pieskow
8 Der Spreewald
9 Bodetal
10 Nordhausen - Stolberg - Ilfeld - Neustadt
11 Kyffhäuser - Bad Frankenhausen
12 Masserberg
13 Rennsteigwanderung
14 Bad Liebenstein - Bad Salzungen
15 Friedrichroda - Tabarz - Finsterbergen
16 Oberhof
17 Schwarzatal
18 Saaletalsperren
19 Talsperren Pöhl und Pirk
20 Bad Elster - Bad Brambach
21 Schwarzenberg - Johanngeorgenstadt
22 Kurort Oberwiesenthal - Fichtelberggebiet
23 Sächsische Schweiz
24 Zittauer Gebirge

Wanderhefte

32 Wismar und die Insel Poel (3)
33 Insel Hiddensee
34 Ueckermünde und die Haffküste (24)
35 Templin - Lychen - Prenzlau - Ueckerseen
36 Feldberger Seen (15)
37 Neustrelitzer Seengebiet (4)
38 Neustadt-Glewe - Ludwigslust - Grabow (8)
39 Arendsee - Osterburg - Werben - Salzwedel - Seehausen (12)
40 Chorin und Umgebung (7)
41 Märkische Schweiz
42 Hoher Fläming (38)
43 Ilsenburg am Harz (32)
44 Blankenburg am Harz (23)
45 Naumburg (11)
46 Bad Sulza - Eckartsberga - Rastenberg (6)
47 Schmalkalden und Umgebung (36)
48 Brotterode - Pappenheim (10)
49 Arnstadt (25)
50 Ilmenau und Umgebung
51 Schleusingen und Umgebung
52 Lauscha - Neuhaus a.R. - Steinach (37)
53 Feengrotten und die Stadt Saalfeld (26)
54 Bad Berka (14)
55 Pößneck - Neustadt/Orla (1)
56 Eisenberg - Mühltal
57 Greiz-Zeulenroda (21)
58 Auerbach - Falkenstein - Rodewisch - Treuen (13)
59 Rund um den Schneckenstein (29)
60 Klingenthal (39)
61 Greifensteingebiet (19)

62 Wolkenstein - Jöhstadt (30)
63 Olbernhau - Schwarzwassertal - Pockau - Lengefeld (35)
64 Frauenstein (5)
65 Talsperren Malter und Klingenberg (34)
66 Tharandter Wald (17)
67 Kriebsteintalsperre (20)
68 Bad Lausick (31)
69 Dübener Heide (22)
70 Dresdner Heide (9)
71 Pillnitz und seine Umgebung (27)
72 Elbfahrt Dresden - Schmilka (33)
73 Berggießhübel - Bad Gottleuba (18)
74 Bad Schandau
75 Hohnstein - Polenztal - Stolpen (2)
76 Neukirch (Lausitz) (28)
77 Oybin - Lückendorf (16)

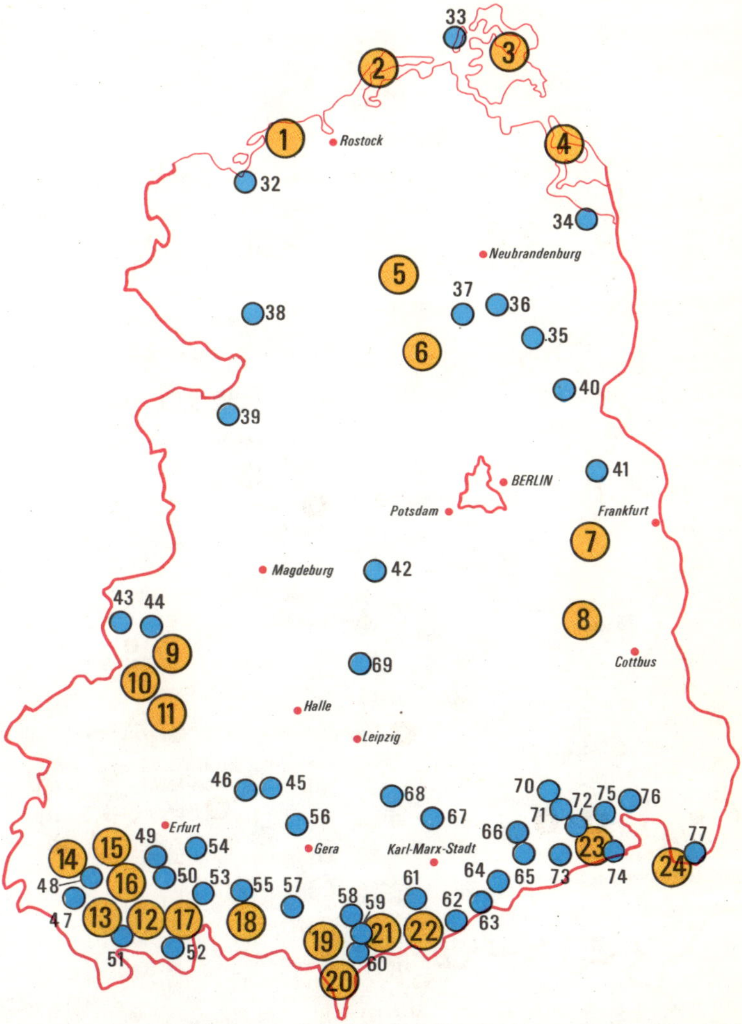

Unsere Erzeugnisse sind nur im einschlägigen Handel erhältlich
Ab Verlag kein Verkauf

Weitere Informationen finden Sie in unseren

tourist

- STADTPLÄNEN
- STADTFÜHRERATLANTEN
- STADTFÜHRERN

- Stadtplan
- Touristischer Plan
- Stadtführeratlas
- Stadtführer

Unsere Erzeugnisse sind nur im einschlägigen Handel erhältlich.
Ab Verlag kein Verkauf

53°
Perleberg
Wittenberge
Aland
Salzwedel
Luftkurort
Arendsee
Havelberg
Altmark
Havel
160
Stendal
Gardelegen
Tangermünde
Mittellandkanal
Elbe
Haldensleben
Magdeburg
41
Börde
52°
Bode
Schönebeck
Huy
314
Zerbst
Halberstadt
Wernigerode
1142
Blankenbg.
Brocken
Quedlinburg
Bernburg
Dessau
Harz
Thale
Ballenstedt
Aschersleben
Rappbode-
talsperre
582
Saale
Selke
Harzgerode
Gr. Auerberg 579
Stolberg
Wipper
Mansfeld
Lutherstadt Eisleben
250
Eichsfeld
Nordhausen
535
Helme
Sangerhausen
Halle
77
Leipzig
Leine
Sondershausen
463
Kyffhäuser
477
Heilb.
Heiligenstadt
520
Hainleite
Wipper
Bad Frankenhausen
Querfurt
Merseburg
Unstrut
378
Tieflandsbucht
Mühlhausen
Thüringer
Becken
Weißenfels
Werra
Unstrut
Bad Kösen
Naumburg
51°
494
478
Zeitz
Eisenach
215
Gotha
Erfurt
Weimar
Apolda
Eisenberg
Weiße Elster
Altenburg
Holzland
Ruhla
Gr. Inselsberg
916
Friedrichroda
Bad Berka
Jena
189
Gera
Bad Salzungen
Bad Liebenstein
Arnstadt
Rennsteig
Gera
Thüringer Wald
Schmalkalden
Oberhof
Rudolstadt
Zwickau
Bad Blankenburg
Saale
Rhön
982
Ilmenau
Wasungen
Pößneck
Greiz
751
Suhl
Saalfeld
Talsperre Pöhl
Meiningen
Schwarza
Hohenwarte-
talsperre
Schleiz
341
Werra
Moorbad
Lobenstein
Bleiloch-
talsperre
Plauen
Vogtland
Hildburghausen
679
Sonneberg
Klingenthal
11°
12°
Bad Elster